**COLEÇÃO
ABERTURA
CULTURAL**

Copyright © 1993 by the Intercollegiate Studies Institute
Copyright da edição brasileira © 2013 É Realizações
Título original: *The Politics of Prudence*

Editor
Edson Manoel de Oliveira Filho

Produção editorial, capa e projeto gráfico
É Realizações Editora

Revisão técnica e atualização do índice remissivo
Alex Catharino

Notas explicativas
Márcia Xavier de Brito & Alex Catharino

Preparação de texto
Rodrigo Farias & Flávio L. Alencar

Reservados todos os direitos desta obra. Proibida toda e qualquer reprodução desta edição por qualquer meio ou forma, seja ela eletrônica ou mecânica, fotocópia, gravação ou qualquer outro meio de reprodução, sem permissão expressa do editor.

DADOS INTERNACIONAIS DE CATALOGAÇÃO NA PUBLICAÇÃO (CIP)
(CÂMARA BRASILEIRA DO LIVRO, SP, BRASIL)

Kirk, Russell
    A política da prudência / Russell Kirk; tradução de Gustavo Santos e Márcia Xavier de Brito; apresentação à edição brasileira de Alex Catharino; introdução de Mark C. Henrie; estudos anexos de Bruce Frohnen, Gerhart Niemeyer e Edward E. Ericson Jr. – São Paulo: É Realizações, 2013.

    Título original: The politics of prudence.
    ISBN 978-85-8033-144-8

    1. Conservadorismo I. Catharino, Alex. II. Henrie, Mark C.. III. Frohnen, Bruce. IV. Niemeyer, Gerhart. V. Ericson Jr., Edward E. VI. Título.

13-09220   CDD-320.52

ÍNDICES PARA CATÁLOGO SISTEMÁTICO:
1. Conservadorismo : Ciências políticas   320.52

É Realizações Editora, Livraria e Distribuidora Eireli
Rua França Pinto, 498 · São Paulo SP · 04016-002
Telefone: (5511) 5572 5363
atendimento@erealizacoes.com.br · www.erealizacoes.com.br

Este livro foi reimpresso pela Mundial Gráfica em dezembro de 2021. Os tipos são da família Sabon Light Std e Frutiger Light. O papel do miolo é o Avena 80 g., e o da capa, cartão Supremo AA 300 g.

A POLÍTICA DA PRUDÊNCIA

Russell Kirk

TRADUÇÃO DE GUSTAVO SANTOS E MÁRCIA XAVIER DE BRITO
APRESENTAÇÃO DE ALEX CATHARINO
INTRODUÇÃO DE MARK C. HENRIE
ESTUDOS ANEXOS DE BRUCE FROHNEN, GERHART NIEMEYER E
EDWARD E. ERICSON JR.

4ª impressão

Às minhas quatro filhas – Monica, Cecilia, Felicia e Andrea – agora embarcando, confiantes, no turbulento mar dos descontentes modernos. Que possam manter-se distantes de Cila e de Caríbdis! Seguindo o exemplo de Yeats, nomeio vigorosos espíritos para guardá-las.

Sumário

Apresentação à Edição Brasileira: A Formação e o Desenvolvimento do Pensamento Conservador de Russell Kirk
Alex Catharino 11

Introdução: Russell Kirk e o Coração Conservador
Mark C. Henrie 59

Nota sobre a Tradução e as Notas Explicativas
Márcia Xavier de Brito 85

A POLÍTICA DA PRUDÊNCIA de Russell Kirk

Capítulo 1: Os Erros da Ideologia 91

Capítulo 2: Dez Princípios Conservadores 103

Capítulo 3: A Causa Conservadora: Dez Acontecimentos 117

Capítulo 4: Dez Livros Conservadores 129

Capítulo 5: Dez Conservadores Exemplares 145

Capítulo 6: A Política de T. S. Eliot 161

Capítulo 7: Donald Davidson e o Conservadorismo Sulista 177

Capítulo 8: A Economia Humana de Wilhelm Röpke 191

Capítulo 9: Malcolm Muggeridge e o Flagelo do Progressismo 201

Capítulo 10: O Conservadorismo Popular 215

Capítulo 11: Uma Avaliação Imparcial dos Libertários 227

Capítulo 12: Os Neoconservadores: Uma Espécie em Extinção 241

Capítulo 13: Os Conservadores Culturais 257

Capítulo 14: Para Uma Política Externa Prudente 271

Capítulo 15: O Estado Behemoth: Centralização 287

Capítulo 16: Cultivando Desertos Educativos 301

Capítulo 17: Perspectivas do Proletariado 313

Capítulo 18: Governo Popular e Mentes Imoderadas 331

Um Epílogo Exortatório: Poderá a Geração Futura Redimir o Tempo? 345

Notas Explicativas
   Márcia Xavier de Brito e Alex Catharino 351

Anexo 1: Russell Kirk: Redimindo o Tempo
   Bruce Frohnen 447

Anexo 2: Russell Kirk e a Ideologia
   Gerhart Niemeyer 455

Anexo 3: Russell Kirk e o Apogeu do Conservadorismo
   Edward E. Ericson Jr. 465

Índice remissivo 475

Agradecimentos

Os capítulos de 1 a 17 e o Epílogo deste livro baseiam-se em palestras proferidas na Heritage Foundation, em Washington, D.C., em várias ocasiões ao longo dos últimos cinco anos. O capítulo 18 originou-se de uma palestra ao Shavano Institute do Hillsdale College, em Michigan. À srtª. Kristen Sifert, à srtª. Eileen Balajadia, ao sr. Matthew Davis e ao sr. Alan Cornett – todos, *fellows* da Marguerite Eyer Wilbur Foundation – que muito me ajudaram na preparação do índice remissivo deste volume.

Russell Kirk

Apresentação à Edição Brasileira

A FORMAÇÃO E O DESENVOLVIMENTO DO PENSAMENTO CONSERVADOR DE RUSSELL KIRK
ALEX CATHARINO

A *Política da Prudência*[1] pode ser tomada como a melhor introdução ao conservadorismo político e cultural de Russell Kirk (1918-1994). O livro reúne os textos de dezoito conferências apresentadas pelo autor, entre 1986 e 1991, na Heritage Foundation e a versão escrita de uma palestra ministrada, em 1988, no Hillsdale College, oferecendo, assim, um panorama final das reflexões kirkeanas sobre temas sociais e políticos. A obra forma um díptico com o livro *Redeeming the Time*[2] [Redimir o Tempo], coletânea publicada, postumamente, em 1996, que trata dos aspectos cultural e social. Essas duas antologias sintetizam algumas das ideias centrais do autor sobre

---

[1] A obra foi publicada pela primeira vez em 1993, numa edição em capa dura, pelo Intercollegiate Studies Institute (ISI), com o título *The Politics of Prudence*. Em 2004 foi feita uma reimpressão da obra, na forma de brochura, com o acréscimo da introdução de Mark C. Henrie. Sugerimos ao editor Edson Filho, da É Realizações, que incluísse como anexos na presente edição os artigos "Russell Kirk: Redeeming the Time", de Bruce Frohnen (*Modern Age*, v. 36, n. 1, Fall 1993, p. 79-82), "Russell Kirk and Ideology", de Gerhart Niemeyer, e "Conservatism at Its Highest", de Edward E. Ericson Jr. (*The Intercollegiate Review*, v. 30, n. 1, Fall 1994, p. 35-38; *Ibidem*, p. 31-34), cujos direitos autorais, via Russell Kirk Center for Cultural Renewal, foram gentilmente cedidos pelos editores R. V. Young da *Modern Age* e Mark C. Henrie da *The Intercollegiate Review* para a É Realizações.

[2] Russell Kirk, *Redeeming the Time*. Ed. e intr. Jeffrey O. Nelson. Wilmington, ISI Books, 1996.

a preservação dos princípios que T. S. Eliot (1888-1965) chamou de "coisas permanentes"[3] e representam o corolário de uma carreira intelectual de quase meio século.

Na autobiografia *The Sword of Imagination: Memoirs of a Half-Century of Literary Conflict* [A Espada da Imaginação: Memórias de Meio Século de Conflito Literário],[4] publicada, postumamente, em 1995, Russell Kirk relata a cruzada que moveu ao longo de toda a vida adulta contra os erros ideológicos da modernidade. Utilizando a terminologia do historiador Arnold J. Toynbee (1889-1975), a época em que nasceu foi definida por Kirk como um "período de desordem"[5] no qual "a antiga casca da ordem moral e social havia sido quebrada"[6] em consequência da Primeira Guerra Mundial, da Revolução Bolchevique e do colapso do Império dos Habsburgos. "O breve século XX", cujos marcos temporais são o início da Primeira Guerra Mundial, em 28 de julho de 1914, e a dissolução da União Soviética, em 9 de dezembro de 1991, foi denominado "Era dos Extremos" pelo historiador marxista Eric Hobsbawm (1917-2012).[7] O historiador católico Paul Johnson descreveu que a identidade do século passado foi moldada pelo declínio dos valores tradicionais cristãos e a substituição destes por ideologias seculares de esquerda ou de direita, responsáveis, em última instância, pelas guerras, revoluções, genocídios, crises econômicas, degradação

---

[3] T. S. Eliot, *The Idea of a Christian Society*. Londres, Faber and Faber, 1939, p. 21.

[4] Russell Kirk, *The Sword of Imagination: Memoirs of a Half-Century of Literary Conflict*. Grand Rapids, William B. Eerdmans Publishing Company, 1995.

[5] No original, em inglês, a expressão de Arnold J. Toynbee na obra *A Study of History* [Um Estudo de História] é *"Time of Troubles"*; optamos, no entanto, pela tradução "período de desordem" por acreditarmos que tal terminologia é a mais apropriada para explicitar o contraste entre os acontecimentos históricos do século XX e o ideal voegeliano de ordem adotado por Russell Kirk.

[6] Russell Kirk, *The Sword of Imagination*, op. cit., p. 2.

[7] Eric Hobsbawm, *A Era dos Extremos: O Breve Século XX, 1914-1991*. Trad. Marcos Santarrita. São Paulo, Companhia das Letras, 1995.

cultural e relativismo moral do período.⁸ As circunstâncias históricas desse novo "mundo antagonista de loucura, discórdia, vício, confusão e vão pesar",⁹ criado pelas diferentes ideologias, influenciaram muito a percepção da realidade de Russell Kirk, que buscou na tradição o remédio para os males ideológicos que assolaram o século XX.

Russell Kirk assumiu para o pensamento conservador norte-americano a mesma importância de Edmund Burke (1729-1797) para a formação do conservadorismo britânico. A grande erudição e a prolífica produção de Kirk impressionaram renomados contemporâneos, como o já citado T. S. Eliot e, dentre tantos outros, Donald G. Davidson (1893-1968), Wilhelm Röpke (1899-1966), Leo Strauss (1899-1973), Eric Voegelin (1901-1985), Malcolm Muggeridge (1903-1990), Richard M. Weaver (1910-1963), Robert A. Nisbet (1913-1996), Ray Bradbury (1920-2012) e Flannery O'Connor (1925-1964), com os quais manteve contato e trocou vasta correspondência.¹⁰

No conjunto da ampla produção intelectual que antecedeu a publicação de *A Política da Prudência* e de *Redeeming the Time*, destacamos algumas obras que tratam mais extensivamente de temas políticos, antecipando alguns pontos apresentados nos ensaios da presente coletânea. A primeira delas, sem dúvida, é o livro mais famoso de Kirk, *The Conservative Mind* [A Mentalidade Conservadora],¹¹ que

---

⁸ Paul Johnson, *Tempos Modernos: O Mundo dos anos 20 aos 80*. Trad. Gilda de Brito Mac-Dowell e Sérgio Maranhão da Matta. 2. ed. Rio de Janeiro, Instituto Liberal, 1998.

⁹ Edmund Burke, *Reflections on the Revolution in France*. In: *The Works of the Right Honorable Edmund Burke*, volume III. Boston, Little, Brown and Company, 1865, p. 360.

¹⁰ O historiador e bibliotecário Charles C. Brown classificou e arquivou a vasta correspondência de Russell Kirk, que faz parte do acervo do Russell Kirk Center for Cultural Renewal. Atualmente, o pesquisador James E. Person Jr. está trabalhando na organização de uma coletânea da correspondência selecionada de Russell Kirk.

¹¹ O livro foi publicado originalmente, em 1953, pela Regnery Publishing com o título *The Conservative Mind: From Burke to Santayana*. A partir

se tornou obra de referência do conservadorismo em todo o mundo e é considerado, pela maioria dos analistas, como o "gênesis" do pensamento conservador norte-americano no período posterior à Segunda Guerra Mundial.[12] Oriunda de profundos estudos realizados, sem a orientação de nenhum professor, para a tese de doutorado,[13] a obra é um longo e erudito trabalho acadêmico que une, ao mesmo tempo, os campos da História das Ideias Políticas e da Crítica Literária, no qual é abordado o desenvolvimento do conservadorismo britânico e norte-americano a partir do pensamento burkeano, destacando as contribuições, dentre outras, de John Adams (1735-1826), Sir Walter Scott (1771-1832), Samuel Taylor Coleridge (1772-1834), John Randolph de Roanoke (1773-1833), James Fenimore Cooper (1789-1851), Alexis de Tocqueville (1805-1859), Nathaniel Hawthorne (1804-1864), Benjamin Disraeli (1804-1881), John Henry Newman (1801-1890), Irving Babbitt (1865-1933), Paul Elmer More (1864-1937) e George Santayana (1863-1952). O livro, que não pretendia ser um escrito político, recebeu enorme destaque e reconhecimento graças à exposição em seis cânones dos princípios fundamentais do conservadorismo, da apresentação da genealogia dessa corrente política e

---

da terceira edição norte-americana, publicada em 1960, a obra passou a ter como subtítulo *From Burke to Eliot*. A edição definitiva em inglês do livro é a seguinte: Russell Kirk, *The Conservative Mind: From Burke to Eliot*. 7. ed. Intr. Henry Regnery. Washington, D.C., Regnery Publishing, 1986. Essa versão será lançada em língua portuguesa pela É Realizações com o título *A Mentalidade Conservadora: De Edmund Burke a T. S. Eliot*. Recentemente a versão da primeira edição recebeu a seguinte reimpressão: Russell Kirk, *The Conservative Mind*. Miami, BN Publishing, 2008.

[12] Um panorama histórico do surgimento e desenvolvimento do conservadorismo norte-americano, destacando o papel de Russell Kirk para a corrente, é apresentado em: George H. Nash, *The Conservative Intellectual Movement in America: Since 1945*. 2. ed. Wilmington, ISI Books, 1996. Para uma visão histórica do movimento conservador, ver: Lee Edwards, *The Conservative Revolution: The Movement That Remade America*. Nova York, Free Press, 1999.

[13] Russell Kirk, William H. Mulligan Jr. e David B. Schock, "Interview with Russell Kirk". *Continuity: A Journal of History*, n. 18, Spring / Fall, 1994, p. 1-12.

da recuperação da dignidade conservadora junto à opinião pública, desafiando, assim, o aparente consenso liberal nos Estados Unidos.[14]

A biografia intelectual *Edmund Burke: A Genius Reconsidered* [Edmund Burke: Redescobrindo um Gênio],[15] de 1967, também merece destaque, pois nela o autor apresenta um amplo resumo da vida e das ideias centrais do estadista e escritor irlandês, sendo uma das melhores introduções ao pensamento político burkeano. Outra obra que deve ser lembrada é *A Program for Conservatives* [Um Programa

---

[14] Além do relato autobiográfico em *The Sword of Imagination* (p. 139-52), da introdução de Mark C. Henrie no presente volume ("Russell Kirk e o Coração Conservador", p. 59) e dos supracitados livros *The Conservative Intellectual Movement in America* de George H. Nash e *The Conservative Revolution* de Lee Edwards, ver, também, os respectivos ensaios: Henry Regnery, "Russell Kirk: Conservatism Becomes a Movement". In: *Memoirs of a Dissident Publisher*. Lake Bluff, Regnery Gateway, 1985. 146-66; Idem, "Russell Kirk and the Making of *The Conservative Mind*". *Modern Age*, v. 21, n. 4, Fall 1977, p. 338-53; Ronald Lora, "Russell Kirk: *The Conservative Mind* Three and One-Half Decades Later". In: *Modern Age*, v. 33, n. 1, Spring 1990, p. 59-74; Anne Carson Daly, "*The Conservative Mind* at Forty". *The Intercollegiate Review*, v. 29, n. 1, Fall 1993, p. 46-50; Vigen Guroian, "*The Conservative Mind* Forty Years Later". *The Intercollegiate Review*, v. 30, n. 1, Fall 1994, p. 23-26; George H. Nash, "*The Conservative Mind* in America". *The Intercollegiate Review*, v. 30, n. 1, Fall 1994, p. 27-30; Gerald J. Russello, "Russell Kirk and the Critics". *The Intercollegiate Review*, v. 38, n. 2, Spring 2003, p. 3-13; Mark C. Henrie, "Conservative Minds Revisited". *Modern Age*, v. 45, n. 4, Fall 2003, p. 291-94; W. Wesley McDonald, "Conservative Mind, The". In: Bruce Frohnen, Jeremy Beer e Jeffrey O. Nelson (Eds.), *American Conservatism: An Encyclopedia*. Wilmington, ISI Books, 2006, p. 186-88; Bradley J. Birzer, "More than 'Irritable Mental Gestures': Russell Kirk's Challenge to Liberalism, 1950-1960". *Humanitas*, v. XXI, n. 1-2, Spring-Fall 2008, p. 64-86.

[15] A obra foi publicada originalmente pela Arlington House. Uma edição revista pelo autor foi impressa em 1988 pela Sherwood Sudgen, e uma nova versão revisada por Jeffrey O. Nelson apareceu postumamente na seguinte edição: Russell Kirk, *Edmund Burke: A Genius Reconsidered*. 3. ed. Ed. Jeffrey O. Nelson, Pref. Roger Scruton. Wilmington, ISI Books, 1997. O livro será publicado, na tradução de Márcia Xavier de Brito, pela É Realizações, com o título *Edmund Burke: Redescobrindo um Gênio*.

para Conservadores],[16] lançada em 1954 e reeditada em 1989 como *Prospects for Conservatives* [Perspectivas para Conservadores],[17] que destaca alguns pontos práticos que precisam ser enfrentados para a renovação do entendimento das ordens moral e social. A curiosa obra *The Intelligent Woman's Guide to Conservatism* [O Guia do Conservadorismo para a Mulher Inteligente],[18] publicada em 1957, apresenta uma visão sintética do conservadorismo e ressalta suas conexões com a fé religiosa, a consciência, a individualidade, a família, a comunidade, o governo justo, a propriedade privada, o poder e a educação, discutindo, também, as relações entre permanência e mudança.

Vale destacarmos a coletânea intitulada *Beyond the Dreams of Avarice: Essays of Social Critic* [Além dos Sonhos de Avareza: Ensaios de Crítica Social],[19] de 1956, em que encontramos nalguns artigos a mais sistemática crítica kirkeana à ideologia liberal contemporânea. A coletânea *Enemies of the Permanent Things: Observations of Abnormity in Literature and Politics* [Inimigos das Coisas Permanentes: Observações sobre as Aberrações em Literatura e Política],[20] de 1969, discute, ao longo de diferentes ensaios, a maneira como os vícios modernos, tanto na literatura quanto no estadismo, estão relacionados ao processo de "desagregação normativa" criado pelas ideologias secularistas, que tentam ocupar o lugar das verdades tradicionais sobre as normas internas da alma e as normas externas da sociedade.

---

[16] A segunda edição revista e ampliada é a seguinte: Russell Kirk, *A Program for Conservatives*. 2. ed. Chicago, Regnery Publishing, 1962.

[17] Russell Kirk, *Prospects for Conservatives*. Washington, D.C., Regnery Publishing, 1989.

[18] Idem, *The Intelligent Woman's Guide to Conservatism*. Nova York, The Devin-Adair Company, 1957.

[19] A obra foi publicada em nova edição como: Russell Kirk, *Beyond the Dreams of Avarice: Essays of Social Critic*. 2. ed. Peru, Sherwood Sugden & Company, 1991.

[20] A obra foi reeditada como: Russell Kirk, *Enemies of the Permanent Things: Observations of Abnormity in Literature and Politics*. Peru, Sherwood Sugden & Company, 1984.

Merece nota, também, o livreto *The American Cause* [A Causa Americana],[21] lançado pela primeira vez em 1957, em que Kirk explica os princípios essenciais da nação norte-americana nas esferas da moral, da política e da economia. Outro livro que não pode deixar de ser mencionado é o monumental estudo de história comparada *The Roots of American Order* [As Raízes da Ordem Americana],[22] publicado, originalmente, em 1974. Refutando o mito da historiografia liberal, segundo o qual a independência dos Estados Unidos foi um empreendimento revolucionário iluminista, Kirk demonstra que a formação cultural e institucional da nação norte-americana foi uma experiência conservadora, caudatária dos legados do povo de Israel, da civilização greco-romana, da tradição medieval e da modernidade. Seguindo a mesma linha de argumentação, lembramos a coletânea *The Conservative Constitution* [A Constituição Conservadora],[23] de 1990, republicada, em 1997, numa versão editada com novos textos do autor, como *Rights and Duties: Reflections on Our Conservative Constitution* [Direitos e Deveres: Reflexões sobre nossa Constituição Conservadora],[24] que, em diferentes artigos, traz a tese de que a Constituição dos Estados Unidos não foi um projeto lockeano como muitos acreditam. Segundo Kirk, o intento original dos criadores do documento foi o de

---

[21] Publicada originalmente pela Regnery Publishing, a obra foi reeditada pela mesma editora, em 1966, com o acréscimo de um prefácio do escritor e pintor John Dos Passos (1896-1970), sendo reimpressa, em 1975, pela Greenwood Press. A obra se encontra disponível na seguinte edição: Russell Kirk, *The American Cause*. Ed. e intr. Gleaves Whitney. 3. ed. Wilmington, ISI Books, 2002.

[22] Lançado originalmente pela Open Court, o livro recebeu uma segunda edição pela Pepperdine University Press, em 1977, e uma terceira pela Regnery Gateway em 1991, estando disponível atualmente na seguinte edição: Russell Kirk, *The Roots of American Order*. 4. ed. Pref. Forrest McDonald. Wilmington, ISI Books, 2003.

[23] Russell Kirk, *The Conservative Constitution*. Washington, D.C., Regnery Gatway, 1990.

[24] Idem, *Rights and Duties: Reflections on Our Conservative Constitution*. Ed. Mitchell S. Muncy, Intr. Russell Hittinger. Dalas, Spence Publishing, 1997.

conservar a ordem, a liberdade e a justiça via equilíbrio entre direitos e deveres. Ainda na linha das análises sobre a cultura, a história e as instituições dos Estados Unidos, o livro *America's British Culture* [Cultura Britânica dos Estados Unidos],[25] lançado em 1993, pouco antes de *A Política da Prudência*, é, ao mesmo tempo, uma crítica aos erros relativistas do multiculturalismo, tal como propostos atualmente pela esquerda liberal, e uma defesa da identidade conservadora norte-americana, ao enfatizar que a manutenção da ordem social necessita da existência de fundamentos culturais comuns, expressos pela mentalidade, língua e literatura, costumes e instituições sociais da nação.

Nessa relação de obras que antecedem *A Política da Prudência* e *Redeeming the Time*, não podemos deixar de citar o primeiro dos livros de Russell Kirk publicado em português, *Eliot and His Age: T. S. Eliot's Moral Imagination in the Twentieth Century* [A Era de T. S. Eliot: A Imaginação Moral do Século XX], lançado originalmente em 1971 e no Brasil em 2011.[26] Além de ser a melhor biografia intelectual de T. S. Eliot, o livro pode ser considerado a obra-prima de Russell Kirk, pois ao tomar como fio condutor o pensamento elioteano, assim como a biografia e contexto histórico do literato, estrutura e condensa várias ideias da própria visão kirkeana de conservadorismo a respeito de tópicos como natureza humana, cultura, educação, história, sociedade e política, ressaltando o modo como a produção artística elioteana sempre esteve em um grande diálogo com a tradição, principalmente com as obras de Virgílio (70-19 a.C.), Dante Alighieri (1265-1321) e William Shakespeare (1564-1616).

---

[25] Idem, *America's British Culture*. New Brunswick, Transaction Publishers, 1993.

[26] A obra foi publicada originalmente pela Randon House. A Sherwood Sugden & Company publicou, em 1984, uma edição revista e ampliada do livro, reimpressa pela mesma editora em 1988. Em 2008, o Intercollegiate Studies Institute (ISI) fez uma reimpressão da obra com uma nova introdução de Benjamin G. Lockerd Jr. O livro foi publicado em português na seguinte edição: Russell Kirk, *A Era de T. S. Eliot: A Imaginação Moral do Século XX*. Apr. Alex Catharino, Intr. Benjamin G. Lockerd Jr., Trad. Márcia Xavier de Brito. São Paulo, É Realizações, 2011.

Assim, o resultado do pensamento kirkeano é apresentado nas antologias de ensaios *A Política da Prudência* e *Redeeming the Time*, cuja origem é a nomeação de Russell Kirk, em 1978, como *Distinguished Scholar* da Heritage Foundation.[27] Por isso, nessa ocasião, iniciou um ciclo de quatro palestras anuais na sede da instituição em Washington, D.C., das quais participaram vários políticos e formadores da opinião pública. Proferiu um total de sessenta conferências, sendo que algumas das que versam sobre sociedade e política foram publicadas no presente livro e outras, tratando da renovação da ordem cultural e do ordenamento da sociedade, em *Redeeming the Time*.

A ampla produção intelectual kirkeana, no entanto, foi além das sólidas muralhas do pensamento político, abrangendo os vastos campos da Filosofia do Direito, da História Filosófica, da Educação, da Crítica Cultural, da Análise Social e da Economia, bem como adentrou no campo literário ao legar uma vasta obra de ficção sobrenatural. Ao longo dos mais de cinquenta anos de trabalho como homem de letras, Russell Kirk nos legou cerca de 3.000 artigos de opinião para jornais, 814 artigos acadêmicos, 255 resenhas de livros, 68 prefácios ou introduções para obras de outros autores, 23 livros ou coletâneas de ensaios acadêmicos, 3 romances e 22 de contos de terror, publicados em diversos periódicos e reunidos em 6 livros diferentes.[28]

---

[27] Fundada em 1973, a Heritage Foundation é a principal instituição conservadora norte-americana dedicada à elaboração de políticas públicas que promovam os princípios dos valores tradicionais, do governo limitado, da economia de livre mercado, da defesa externa e da segurança interna. A história e o trabalho desse *think tank*, com várias passagens narrando a colaboração de Kirk, são objeto da seguinte obra: Lee Edwards, *The Power of Ideas: The Heritage Foundation at Twenty-Five Years*. Ottawa, Jameson Books, 1997.

[28] Uma compilação parcial das referências bibliográficas da vasta produção intelectual de Russell Kirk e dos estudos sobre o pensamento kirkeano foi organizada pelo historiador Charles C. Brown, arquivista e bibliotecário do Russell Kirk Center for Cultural Renewal, e publicada na seguinte edição: Charles C. Brown, *Russell Kirk: A Bibliography*. 2. ed. Wilmington, ISI Books, 2011.

Não é somente a ampla produção intelectual kirkeana que impressiona, mas também sua versatilidade, clareza, objetividade, profundidade, erudição e elegância estilística, que associados a uma grande lógica argumentativa e excepcional capacidade em compreender o modo como os problemas atuais da civilização ocidental são diretamente relacionados ao contexto cultural e à experiência histórica, nos conferindo uma prosa única e saborosa. Graças a tais características pouco usuais no mundo contemporâneo, Russell Kirk foi chamado de o Marco Túlio Cícero (106-43 a.C.) norte-americano pelo historiador Forrest McDonald,[29] de o Santo Agostinho (354-430) de nossa era pelo cientista político e historiador Jeffrey O. Nelson,[30] e de "Cavaleiro da Verdade"[31] pelo filósofo Gerhart Niemeyer (1907-1997).

Diferente da maioria dos intelectuais contemporâneos, Russell Kirk soube testemunhar com convicção os valores que propagou nas próprias obras, o que o fez muitas vezes utilizar exemplos pessoais na defesa da causa conservadora. Dentre os traços característicos de sua personalidade, destacam-se a timidez, a humildade, a sinceridade e a gentileza, o que, no entanto, não o impediu de ser um firme e enérgico defensor das verdades que aprendeu pelos estudos e pelas experiências pessoais. No ensaio "Reflections of a Gothic Mind" [Reflexões de uma Mente Gótica], uma breve autobiografia publicada, em 1963, na coletânea *Confessions of a Bohemian Tory: Episodes and Reflections of a Vagrant Career* [Confissões de um *Tory* Boêmio: Episódios e Reflexões de uma Carreira Errante], afirmou ser ao mesmo tempo um *tory*, "afeiçoado à ortodoxia da Igreja e do Estado", e um boêmio,

---

[29] Forrest McDonald, "Russell Kirk: The American Cicero". In: James E. Person Jr. (Ed.), *The Unbought Grace of Life: Essays in Honor of Russell Kirk*. Peru, Sherwood Sugden & Company, 1994, p. 15-18.

[30] Jeffrey O. Nelson, "An Augustine for Our Age". *The University Bookman*, v. XXXIV, n. 2, 1994, p. 13-15.

[31] Gerhart Niemeyer, "Knight of Truth". *The University Bookman*, v. XXXIV, n. 2, 1994, p. 6-7.

"errante e muitas vezes sem dinheiro, homem das letras e das artes, indiferente às fraquezas e aos modismos burgueses".³² Em *Sword of Imagination*, Kirk se autodefiniu com o bordão "eu sou o que sou, e isso é tudo o que sou",³³ utilizado por um de seus heróis de infância, a personagem marinheiro Popeye, criada, em 1929, pelo cartunista E. C. Segar (1894-1938).

Mesmo sendo o mais respeitado ícone do movimento conservador nos Estados Unidos, Russell Kirk não se deixou seduzir pelas riquezas materiais, preferindo cultivar uma vida intelectual plena, dedicada aos estudos e à escrita, longe da confusão das cidades, na tranquilidade da vida comunitária e do convívio com a natureza na pequena vila de Mecosta, no noroeste de Michigan, onde durante quase cinquenta anos dividiu o tempo de trabalho com a tarefa de plantar centenas de árvores, preservando a beleza natural do local para as gerações vindouras. Em termos materiais viveu de forma modesta; contudo, foi contemplado com a "graça natural da existência".³⁴ Um bom exemplo desse traço pessoal surge no seguinte trecho de uma carta de 13 de outubro de 1953, que enviou para o editor Henry Regnery (1912-1996):

> A pobreza nunca me incomodou; posso viver com quatrocentos dólares por ano, se for preciso. Tempo para pensar e liberdade de ação são-me muito mais importantes no presente que qualquer possível vantagem econômica. Sempre tive de viver à custa de meus esforços, sofrendo a oposição, e não tendo o amparo, dos tempos e dos homens que conduzem as coisas, e não me importo em continuar dessa maneira.³⁵

---

³² Russell Kirk, "Reflections of a Gothic Mind". In: *Confessions of a Bohemian Tory: Episodes and Reflections of a Vagrant Career*. Nova York, Fleet Publishing Corporation, 1963, p. 3.

³³ Idem, *The Sword of Imagination*, p. xii.

³⁴ Edmund Burke, *Reflections on the Revolution in France*, p. 331.

³⁵ Henry Regnery, "Russell Kirk and the Making of *The Conservative Mind*", op cit., p. 352.

O "Mago de Mecosta", denominação que gostava de utilizar para se referir a si mesmo,[36] rejeitou a glória transitória e a fortuna efêmera que poderia ter conquistado nos grandes centros acadêmicos ou nos bastidores da política e preferiu viver de modo simples e modesto em Piety Hill, a casa ancestral da família em Mecosta, cercado de parentes, amigos, alunos, andarilhos e refugiados políticos ou religiosos oriundos do Vietnã, da Polônia, da Tchecoslováquia e da Etiópia. Tal exemplo de hospitalidade o fez comparar a própria residência com Valfenda, o lar de Mestre Elrond, o senhor de Imladris, o sábio e valoroso elfo da trilogia *The Lord of the Ring* [O Senhor dos Anéis] de J. R. R. Tolkien (1892-1973): a "última casa amiga", um lugar de "entendimento, ações e curas, para preservar todas as coisas imaculadas".[37]

Russell Kirk viveu uma existência integrada, na qual os escritos e a atuação pública se harmonizaram, numa concepção mística e sacramental da realidade, com a vida privada.[38] Mais do que como intelectual público, o conservador Kirk dá testemunho de suas convicções pelo modo como desempenhou na própria vida os papéis de marido, pai de quatro meninas, amigo e orientador de vários jovens pesquisadores, o que torna o conhecimento da imaginação kirkeana inseparável da própria vida do autor.[39]

---

[36] Russell Kirk, *The Surly Sullen Bell: Ten Stories and Sketches, Uncanny or Unconfortable, with A Note on the Gostly Tales*. Nova York, Fleet Publishing Corporation, 1962; Louis Filler, "The Wizard of Mecosta: Russell Kirk of Michigan". *Michigan History*, v. 63, n. 5, Setember-October 1979, p. 12-18; M. E. Bradford, "The Wizard of Mecosta". *National Review*, v. XXXII, n. 25, December 12, 1980, p. 1513-14.

[37] J. R. R. Tolkien, *O Senhor dos Anéis: A Sociedade do Anel*. Trad. Lenita Maria Rímoli Esteves e Almiro Pisetta. São Paulo, Martins Fontes, 2001, p. 237, 299; p. 284. Essas duas passagens da obra de Tolkien são citadas em: Russell Kirk, *The Sword of Imagination*, op. cit., p. 344.

[38] Ian Boyd, C.S.B., "Russell Kirk: An Integrated Man". *The Intercollegiate Review*, v. 30, n. 1, Fall 1994, p. 18-22.

[39] Além dos próprios relatos de Russell Kirk no ensaio "Reflections of a Gothic Mind" e na autobiografia *The Sword of Imagination*, ver, também: Annette

Filho primogênito do maquinista de trem Russell Andrew Kirk (1897-1981) e da garçonete Marjorie Rachel Pierce Kirk (1895-1943), Russell Amos Kirk nasceu em 19 de outubro de 1918, na cidade de Plymouth, no sudeste do estado de Michigan. O menino herdou do pai o ceticismo em relação às teorias sociais abstratas, a indiferença aos modismos e o apreço pela sabedoria do senso comum. A mãe contribuiu decisivamente no despertar da imaginação do filho pela leitura dos contos de fadas e estórias, tendo estimulado nele o gosto pela leitura de obras literárias. Outra figura que exerceu grande influência na formação do menino durante os primeiros anos de vida foi o avô materno Frank H. Pierce (1867-1931), que tanto pelo exemplo quanto pela amizade fez o neto se interessar pelos estudos, principalmente da História. O gosto pela poesia foi adquirido com a mãe, com a avó materna Eva Johnson Pierce (1871-1953) e com a bisavó Estella Russell Johnson (1848-1936). As experiências familiares associadas às leituras dos clássicos abriram seus olhos para o fenômeno que G. K. Chesterton (1874-1936) chamou "democracia dos mortos"[40] e que Edmund Burke denominou "contrato primitivo da sociedade eterna",[41] ou seja, a aliança que une todos os seres humanos em um pacto imortal "feito entre Deus e a humanidade, e entre as gerações que desapareceram da Terra, a geração que ora vive, e as gerações ainda por chegar".[42]

Kirk, *Life with Russell Kirk*. Washington, D.C., Heritage Foundation, 1995. (The Heritage Lectures, 547); Cecilia Kirk Nelson, "A Literary Patrimony". *The University Bookman*, v. XXXIV, n. 2, 1994, p. 23-28; Alex Catharino, "A vida e a imaginação de Russell Kirk". In: Russell Kirk, *A Era de T. S. Eliot*, op. cit., p. 11-104.

[40] G. K. Chesterton, *Ortodoxia*. Apres., notas e anexo Ives Gandra da Silva Martins Filho, trad. Cláudia Albuquerque Tavares. São Paulo, Editora LTr, 2001, p. 69.

[41] Edmund Burke, *Reflections on the Revolution in France*, op. cit., p. 359.

[42] Russell Kirk, "A Arte Normativa e os Vícios Modernos". Trad. Gustavo Santos e notas de Alex Catharino. *COMMUNIO: Revista Internacional de Teologia e Cultura*, v. XXVII, n. 4, outubro-dezembro 2008, p. 993-1017. Cit., p. 1006.

Entre 1923 e 1936, Russell Kirk estudou na Starkweather School e na Plymouth High School, ingressando em seguida na Michigan State University, onde se bacharelou em História em 1940. Em 1941, defendeu o mestrado em História pela Duke University com sua pesquisa publicada, em 1951, como seu primeiro livro sob o título *John Randolph of Roanoke: A Study in Conservative Thought* [John Randolph de Roanoke: Um Estudo sobre Pensamento Conservador],[43] que recebeu mais três edições revistas e ampliadas com o título *John Randolph of Roanoke: A Study in American Politics* [John Randolph de Roanoke: Um Estudo de Política Americana].[44]

Durante a Segunda Guerra Mundial serviu no exército dos Estados Unidos, entre 1941 e 1946, nos estados de Utah e da Flórida, sob a patente de sargento, realizando serviços burocráticos. Ingressou, em 1946, na University of Saint Andrews, na Escócia, por onde recebeu o prestigioso título *Literatum Doctorem*, em 1952, com a tese que deu origem ao já citado livro *The Conservative Mind*. Entre 1946 e 1987 atuou como professor em diferentes instituições de ensino superior. Foi eleito juiz de paz, em 1961, da Morton Township, em Mecosta County, Michigan, ocupando o cargo até 1965. De 1979 a 1988 foi diretor do programa de ciências sociais do Educational Research Council of America, com sede em Cleveland, Ohio.

Russell Kirk aceitou o convite do escritor William F. Buckley Jr. (1925-2008) para escrever na nascente *National Review*[45] uma coluna

---

[43] Idem, *John Randolph of Roanoke: A Study in Conservative Thought*. Chicago, University of Chicago Press, 1951.

[44] A partir da segunda edição, publicada em 1964 pela Henry Regnery Company, o autor incluiu como anexo ao livro uma seleção de cartas e de discursos de John Randolph. Em 1978, a Liberty Press publicou a terceira edição da obra. Postumamente, apareceu a seguinte edição revista pelo autor: Russell Kirk, *John Randolph of Roanoke: A Study in American Politics – With Selected Speechs and Letters*. 4. ed. Indianapolis, Liberty Fund, 1997.

[45] A história da *National Review* e sua importância para o movimento conservador, ressaltando em várias partes o papel de Russell Kirk como inspirador

mensal, intitulada "From the Academy" [Da Academia], que apareceu na primeira edição em 19 de novembro de 1955 e foi publicada até 17 de outubro de 1980, quando decidiu cessar sua colaboração regular com o periódico, escrevendo apenas ocasionalmente artigos, obituários e resenhas de livros. Junto com o editor Henry Regnery fundou, em 1957, o periódico trimestral *Modern Age*, do qual foi editor até 1959. Visando difundir livros conservadores, fundou, em 1960, o periódico trimestral de resenhas *The University Bookman*, do qual foi editor até a morte. Em 30 de abril de 1962 foi lançado o primeiro artigo da coluna diária "To the Point" [Direto ao Ponto], escrita por Kirk como jornalista sindicalizado e publicada até 29 de junho de 1975 em diferentes jornais de todo o país.[46] De 1988 a 1994 coordenou a *The Library of Conservative Thought* [A Biblioteca de Pensamento Conservador], uma coleção de livros de autores conservadores clássicos e contemporâneos, publicada pela Transaction Publishers, para a qual escreveu prefácios ou introduções[47] na maioria dos mais de trinta títulos lançados.

Uma longa jornada espiritual e intelectual, que já vinha sendo trilhada desde 1948, fez Russell Kirk se converter ao catolicismo, recebendo o batismo e pela primeira vez o sacramento da Eucaristia no dia 15 de agosto de 1964, festa da Assunção de Nossa Senhora, e o sacramento da Confirmação em 1974, adotando o nome religioso de

---

e colaborador do periódico, é narrado em: Jeffrey Hart, *The Making of the American Conservative Mind*: National Review *and its Times*. 2. ed. Wilmington, ISI Books, 2006.

[46] A coluna "To the Point" foi objeto da seguinte dissertação de mestrado: Thomas Chesnutt Young, *Russell Kirk's Column "To The Point": Traditional Aspects of Conservatism*. Johnson City, East Tennessee State University, 2004. Uma listagem dos 294 artigos mais significativos da coluna aparece em: Charles C. Brown, "Section C – 'To the Point' Column: A Selection". In: *Russell Kirk: A Bibliography*, op. cit., p. 63-80.

[47] A relação completa dos sessenta e nove prefácios ou introduções escritos por Russell Kirk para livros de outros autores aparece em: Charles C. Brown, "Section G – Introductions and Forewords to Books". In: *Russell Kirk: A Bibliography*, op. cit., p. 115-20.

Russell Amos Augustine Kirk, em memória de Santo Agostinho (354-430) para testemunhar o próprio processo gradativo de aceitação da fé.[48] Após o cultivo de uma profunda amizade e de uma longa troca de correspondências, Russell Kirk se casou em 19 de setembro de 1964 com a bela e inteligente jovem conservadora Annette Yvonne Cecile Courtemanche, vinte e dois anos mais nova do que ele, a quem fora apresentado em fevereiro de 1960 numa conferência em Nova York patrocinada pela organização anticomunista AWARE, em que ambos foram palestrantes. Os principais frutos dessa união foram as quatro filhas do casal, a saber: Monica Rachel, Cecilia Abigail, Felicia Annette e Andrea Seton. A vida matrimonial, repleta de amor e alegria, possibilitou a sistematização e um maior desenvolvimento das potencialidades intelectuais de Kirk, que, mesmo não tendo descuidado dos estudos e da atuação na vida pública do país, passou a viver, principalmente, em função da família, e tornou-se um marido exemplar, bem como um pai carinhoso e atencioso.

Em 16 de fevereiro de 1994, uma quarta-feira de cinzas, Russell Kirk foi informado, numa consulta médica, que sofria de insuficiência cardíaca congestiva e, portanto, teria poucas semanas de vida. Diante da notícia aproveitou o tempo que lhe restava para continuar o trabalho na organização da coletânea *Redeeming the Time*, além de escrever o texto "Is Life Worth Living?" [A Vida Vale a Pena?],[49] o epílogo da autobiografia *The Sword of Imagination*. Ao questionar

---

[48] Alex Catharino, "A vida e a imaginação de Russell Kirk", op. cit., p. 46-56.

[49] Russell Kirk, "Is Life Worth Living?". In: *The Sword of Imagination*, op. cit., p. 471-76. O título é uma referência ao livro *Is Life Worth Living?* [A Vida Vale a Pena?] de W. H. Mallock (1849-1823), publicado originalmente em 1879, que é listado por Russell Kirk no capítulo 4 ("Dez Livros Conservadores", p. 138) da presente obra como um dos textos que, na diversidade do impulso conservador, deve ser lido por todos que buscam a sabedoria política e moral. Antecipando o lançamento da autobiografia de Russell Kirk, o ensaio foi publicado postumamente por Annette Kirk e Jeffrey O. Nelson em: Russell Kirk, "Is Life Worth Living?". *The University Bookman*, v. XXXIV, n. 2, 1994, p. 29-34.

o sentido da existência humana, o Mago de Mecosta relembra a importância dos pais na formação do caráter, ressalta o papel da crença na transcendência para a sobrevivência da civilização e defende que o homem é feito para a eternidade. No texto, o Kirk se define como alguém que foi ao mesmo tempo pré-moderno e pós-moderno, além de fazer a seguinte reflexão:

> A presente vida na Terra, muitas vezes o vislumbrara Kirk, é efêmera, duvidosa, mais parecida com uma arena que com um palco: alguns homens estão destinados a ser gladiadores ou cavaleiros andantes, não meros jogadores erradios. De espadas desembainhadas, postam-se na planície umbrosa em defesa de todos e contra tudo; quão bem eles se conduzirem em tal luta mortal determinará que condição poderão atribuir à incorrupção. Não obstante os próprios pecados omissivos e comissivos, na arena do arruinado século XX, Kirk soara a trombeta, empunhara a espada da imaginação e pudera investir contra as tolices do tempo.[50]

Russell Kirk faleceu serenamente em Piety Hill na presença dos familiares, no dia 29 de abril de 1994, sendo sepultado no cemitério da paróquia católica de St. Michael, em Remus, Michigan. Atrás da cova, a viúva e as quatro filhas plantaram uma de suas amadas árvores e mandaram erigir uma grande lápide de granito negro em forma de ogiva gótica, onde se lê: "Russell Kirk / 1918-1994 / Man of Letters" e o seguinte trecho dos versos de T. S. Eliot em "Little Gidding", o último dos *Four Quartets* [Quatro Quartetos], tantas vezes repetidos por Russell Kirk: "a comunicação dos mortos se propaga, em línguas de fogo, para além da linguagem dos vivos".[51]

Por defender esse elo entre as diferentes gerações, que chamamos de tradição, o alvo das reflexões de Russell Kirk foram os

---

[50] Idem, *The Sword of Imagination*, op. cit., p. 475-76.

[51] T. S. Eliot, "Little Gidding". I, 52-53. No original em inglês: *"the communication / Of the dead is tongued with fire beyond the language of the living"*. T. S. Eliot, "Little Gidding". In: *Four Quartets*. Nova York, Harcourt Brace 1943, p. 49-59. Cit., p. 51.

"remanescentes", a minoria criativa da sociedade que, ultrapassando as divisões de classe, as diferenças de raça e sexo ou orientação política, age como o sal da terra, lutando pela preservação dos princípios permanentes da civilização ocidental. Visando contribuir na formação de uma nova geração de lideranças intelectuais conservadoras, o Mago de Mecosta recebeu na própria casa inúmeros estudantes norte-americanos e europeus, que foram orientados como bolsistas da Wilbur Foundation, muitos dos quais ocupam, atualmente, cátedras em importantes instituições de ensino superior. De 1973 até 1993, o Intercollegiate Studies Institute (ISI)[52] desenvolveu programas de formação em Piety Hill, nos quais o Cavaleiro da Verdade, algumas vezes acompanhado por outros ilustres professores, lecionou em diferentes seminários sobre assuntos diversos para centenas alunos. Tanto os seminários organizados em parceria com o ISI quanto a orientação de pesquisas dos bolsistas da Wilbur Foundation foram a origem do trabalho desenvolvido, desde 1995, pelo Russell Kirk Center for Cultural Renewal, que, fundado e presidido por Annette Kirk, congrega diversos acadêmicos, dentre os quais inúmeros ex-alunos de Russell Kirk, e dá continuidade ao legado do pensamento kirkeano, preservando os arquivos do autor, mantendo uma ampla biblioteca, promovendo seminários acadêmicos e dando suporte para vários pesquisadores.

Mesmo tendo como alvo principal os "remanescentes", Russell Kirk não se eximiu das responsabilidades de inspirador do movimento conservador norte-americano. O literato George Gissing (1857-1903) afirmou que "a política é a preocupação dos semianalfabetos". Em diferentes momentos da vida pública, o Cavaleiro da Verdade se lembrou dessa advertência, mas, ao mesmo tempo, teve consciência que a

---

[52] A história e a atuação no movimento conservador do ISI, instituição que desde a fundação, em 1956, contou com o apoio de Kirk, é objeto do seguinte livro: Lee Edwards, *Educating for Liberty: The First Half-Century of the Intercollegiate Studies Institute*. Washington, D.C., Regnery Publishing, 2003.

política "não pode ser abandonada totalmente aos semianalfabetos".⁵³ A responsabilidade intelectual diante de graves problemas, tanto em questões domésticas quanto nas relações externas, fez com que Kirk se envolvesse, algumas vezes, com a prática política, mas sempre entendendo tal atividade como a arte do possível e evitando a associação com grupos radicais ou sectários. Manteve um amplo e respeitoso diálogo com inúmeros adversários políticos e intelectuais, sabendo diferenciar as divergências teóricas das relações pessoais. Um exemplo da atitude moderada e cordial do Mago de Mecosta nessas questões foi o contato com o historiador e crítico social Arthur M. Schlesinger Jr. (1917-2007), assessor do presidente John F. Kennedy (1917-1963) e membro do Partido Democrata, com quem debateu inúmeras vezes em artigos para jornais ou em eventos públicos, trocando uma vasta correspondência amistosa com esse interlocutor.⁵⁴

Russell Kirk esteve em contato com inúmeros políticos de diferentes tendências, vindo a conhecer pessoalmente e a trocar correspondências, entre outros, com o ex-presidente Herbert Hoover (1874-1964), o pacifista e socialista Norman Thomas (1884-1968), o senador republicano Barry Goldwater (1909-1998), o senador democrata Eugene J. McCarthy (1916-2005), o vice-presidente Hubert Humphrey (1911-1978),

---

⁵³ Russell Kirk, *The Sword of Imagination*, op. cit., p. 167.

⁵⁴ Tanto Russell Kirk quanto Arthur M. Schlesinger Jr. foram pioneiros nos estudos e na divulgação do pensamento de Orestes Brownson durante o século XX. Uma apreciação de Kirk sobre as ideias de Schlesinger aparece no seguinte artigo: Russell Kirk, "Arthur M. Schlesinger, Jr.". *Los Angeles Times*, August 24, 1962, (II), p. 5. A edição de 17 de julho de 1960 do *The New York Times Magazine* publicou os artigos "A Republican View of Democrats" de Russell Kirk e "A Democratic View of the Republicans" de Arthur M. Schlesinger Jr., bem como em 6 de novembro de 1960 os ensaios "The Case for Nixon" de Kirk e "The Case for Kennedy" de Schlesinger. Além da vasta correspondência entre os dois intelectuais, os arquivos do Russell Kirk Center preservam um vídeo de debate, gravado em Piety Hill na década de 1980, no qual Kirk e Schlesinger abordam de forma cordial as concepções divergentes que sustentavam sobre Filosofia da História.

o congressista republicano e futuro presidente Gerald R. Ford (1913-2006), os presidentes Lyndon B. Johnson (1908-1973), Richard M. Nixon (1913-1994), Ronald Reagan (1911-2004) e George H. W. Bush, bem como o futuro presidente George W. Bush.[55] Por acreditar que sua missão era trabalhar além das pequenas disputas do corpo político, Kirk declinou dos convites para assumir postos na administração pública feitos por Nixon e Reagan, dizendo ironicamente para o primeiro que "poderia ter tido esse tipo de cargo quando tinha trinta anos, se desejasse", e brincando com o segundo afirmou: "como você deve me odiar para tentar me transformar num burocrata".[56]

A coerência com os princípios defendidos sempre foi mais importante que as aparentes necessidades políticas do momento histórico, fator que fez Russell Kirk criticar o uso de bombas nucleares contra o Japão durante a Segunda Guerra Mundial, censurar a atuação do senador republicano Joseph R. McCarthy (1908-1957) e da John Birch Society na perseguição política e na denúncia aos comunistas, notar os defeitos gerados pelo conformismo do chamado "American Way of Life" [modo de vida norte-americano], desaprovar a doutrina da guerra preventiva e a entrada dos Estados Unidos na Guerra do Vietnã, assim como avaliar negativamente o apoio quase incondicional da diplomacia norte-americana a Israel e o envolvimento, direto ou indireto, dos Estados Unidos nos problemas do Oriente Médio, tal como se deu na guerra entre o Irã e Iraque, de 1980 a 1988, nos conflitos no Líbano, em 1983; e na Primeira Guerra do Golfo, em 1991. Kirk apoiou, em 1976, a candidatura independente de Eugene J. McCarthy, por acreditar que não existiam diferenças de programa político entre o

---

[55] O envolvimento de Kirk com a vida política é abordado em *The Sword of Imagination* nos capítulos 10 ("The Art of Politics and the Art of Love", p. 249-71), 11 ("Private Victory and Public Defeat", p. 273-303), 12 ("Imagination and Pratical Politicians", p. 305-36) e 16 ("Causes Gained, Causes Disputed", p. 437-69).

[56] Russell Kirk, *The Sword of Imagination*, op. cit., p. 435.

republicano Gerald Ford e o democrata Jimmy Carter. Em 1992, assumiu em Michigan a coordenação da campanha presidencial de Patrick Buchanan nas primárias do Partido Republicano como uma forma de expressar a desaprovação às direções tomadas pela administração de George H. W. Bush na política interna e nas relações externas.

A atuação de Russell Kirk em causas políticas não foi limitada ao apoio a campanhas eleitorais, ao contato com políticos e à crítica aos problemas governamentais, mas, também, pelo envolvimento em causas sociais e pela participação em inúmeros debates nos quais enfrentou, de forma cordial, vários oponentes famosos, como o líder do movimento negro Malcolm X (1925-1965),[57] a filósofa e romancista libertária Ayn Rand (1905-1982)[58] e o ativista social da "nova esquerda" Tom Hayden,[59] entre outros. As principais batalhas travadas pelo Cavaleiro da Verdade em sua atuação pública foram o combate ao avanço do radicalismo anárquico nas universidades,[60] a oposição à

---

[57] Malcolm X e Russell Kirk participaram juntos em Chicago de um debate no programa de televisão do apresentador Irving Kupcinet (1912-2003). Após o assassinato do líder do movimento, poucos meses após o debate, Kirk escreveu o seguinte artigo relatando parte do evento e as impressões dele sobre Malcolm X: Russell Kirk, "Words about Malcolm X". *The Helena Montana Independent Record*, Wednesday, March 3, 1965, p. 4.

[58] O debate entre Ayn Rand e Russell Kirk foi mediado pelo apresentador Eric Sevareid (1912-1992) num programa de televisão no canal CBS, sendo relatado por Kirk no seguinte artigo: Russell Kirk, "An Encounter with Ayn Rand". *Los Angeles Times*, August 6, 1962, (II) p. 5. O texto foi reimpresso no livro *Confessions of a Bohemian Tory*, op. cit., p. 181-82.

[59] O debate com Tom Hayden em 1968 na Michigan University, Ann Arbor, é relatado em: Russell Kirk, *The Sword of Imagination*, p. 406-07. Uma crítica geral sobre a chamada "nova esquerda" aparece no seguinte artigo: Russell Kirk, "Prospects of New Left". *The Spartanburg Herald*, August 1, 1966, p. 3.

[60] O diálogo mantido entre Russell Kirk e alguns líderes dos protestos estudantis da década de 1960 é narrado em: Russell Kirk, *The Sword of Imagination*, p. 405-17. A crítica de Kirk ao avanço do radicalismo anárquico nos *campi* universitários aparece em diversos artigos de opinião nas colunas *From the Academy* e *To the Point* e em diversos ensaios, dentre os quais destacamos o seguinte:

utilização do aborto como política de saúde pública ou como direito pleiteado pelo movimento feminista,[61] e a luta contra a redução da liberdade religiosa na esfera pública,[62] bem como o apoio à necessidade de uma reforma educacional pautada no primado da família, na competição de currículos, na diversidade de instituições de ensino com

---

Russell Kirk, "The University and Revolution: An Insane Conjunction". *The Intercollegiate Review*, v. 6, n. 1-2, Winter 1969-1970, p. 13-23.

[61] Russell Kirk apoiou ativamente o trabalho de inúmeros grupos pró-vida, atuando de forma efetiva, com a esposa Annette Kirk, na cruzada em defesa dos direitos do nascituro. Nessa ardorosa batalha, Kirk contribuiu escrevendo diversos artigos de opinião em jornais de grande circulação e ministrando várias palestras em diferentes cidades contra a legalização do aborto, sendo o mais importante porta-voz da organização PTAAA (People Taking Action Against Abortion / Pessoas Agindo Contra o Aborto). O envolvimento de Russell e Annette na causa pró-vida, bem como a luta do casal contra os defensores do aborto, são narrados em: Russell Kirk, *The Sword of Imagination*, op. cit., p. 417-32.

[62] Os principais escritos teóricos kirkeanos nos quais aparece a crítica à secularização da sociedade e a defesa da liberdade religiosa são os respectivos ensaios: Russell Kirk, "Moral Principle: Church and State". In: *The American Cause*, p. 35-46; Idem, "The First Clause of First Amendement: Politics and Religion". In: *The Conservative Constitution*, p. 128-42; Idem, "Civilization without Religion". In: *Redeeming the Time*, p. 3-15; Idem, "A Christian College in the Secular City". In: *Rights and Duties*, p. 166-79; Idem, "An Establishment of Humanitarianism?". In: *Rights and Duties*, p. 180-93. Assumindo uma posição contrária ao secularismo, Kirk escreveu alguns artigos de opinião sobre casos judiciais específicos, envolvendo a luta de determinados grupos de cidadãos contra a redução da liberdade religiosa proposta por reformas educacionais estatais. Uma das principais ações práticas envolvendo o problema em que Kirk se envolveu foi a participação como um dos organizadores e como palestrante da National Conference on Religion Liberty [Conferência Nacional para Liberdade Religiosa], seminário que reuniu mais de quinhentas pessoas, em Washington, D.C., no dia 22 de janeiro de 1984, em que intelectuais, juristas e parlamentares, a partir da análise de casos judiciais específicos, debateram o papel do executivo, do judiciário e do legislativo na luta contra o secularismo militante. Os anais do evento foram publicados como: *The Assault on Religion: Commentaries on the Decline of Religious Liberty*. Ed. e Intr. Russell Kirk, Pref. James McClellan. Lanham / Cumberland, University Press of America / Center for Judicial Studies, 1986.

ênfase em escolas privadas independentes, nos estudos clássicos, no retorno da História em substituição aos "Estudos Sociais" nos currículos escolares e na instrução dos princípios morais para os alunos.[63] Tal atuação política pode ser resumida numa carta para o amigo e editor Henry Regnery, datada de 6 de dezembro de 1987, em que escreveu:

> Os livros históricos, os escritos polêmicos, a crítica literária e mesmo a ficção que produzi foram no intuito de resistir às paixões ideológicas que têm devastado a civilização desde 1914 – aquilo que Arnold Toynbee chamou de "período de desordem" (...). Nadei contra a corrente da opinião dominante. Ao ver se aproximar meu septuagésimo aniversário, estou deveras surpreso de não ter sido lançado ao abismo profundo; de fato, fiz algum progresso contra a maré ideológica e os ferozes apetites de nossa época.[64]

---

[63] A temática da educação, com ênfase na defesa do modelo clássico da educação liberal e na crítica aos erros culturais e pedagógicos disseminados pelas concepções progressistas dos reformistas educacionais, é um ponto recorrente no pensamento kirkeano, tendo sido um dos principais objetos tratados nos artigos de opinião das colunas *From the Academy* e *To the Point* e em inúmeros ensaios acadêmicos, bem como nos seguintes livros: Russell Kirk, *Academic Freedom: An Essay in Definition*. 2. ed. Chicago, Regnery Publishing, 1962; *The Intemperate Professor and Others Cultural Splenetics*. 2. ed. Peru, Sherwood Sugden & Company, 1988; *Decadence and Renewal in the Higher Learning: An Episodic History of American University and College since 1953*. South Bend, Gateway, 1978. Dentre os inúmeros ensaios escritos por Kirk que dissertam sobre a educação, destacamos, além do capítulo 16 ("Cultivando Desertos Educativos", p. 301) da presente obra, a primeira parte ("Notas para uma Definição de Propósito Educacional", p. 541-59) do capítulo 10 ("Ilusões e Afirmações", p. 541-84) no já citado livro *A Era de T. S. Eliot: A Imaginação Moral do Século XX* e os capítulos III ("The Tension of Order and Freedom in the University", p. 29-40), IV ("The Conservative Purpose of a Liberal Education", p. 41-52), V ("Can Vitue Be Taught?", p. 53-67) e IX ("Humane Learning in the Age of the Computer", p. 114-27) na coletânea *Redeeming the Time*. O pensamento educacional kirkeano é analisado em: Peter J. Stanlis, "Prophet of Higher Education". *The Intercollegiate Review*, v. 30, n. 1, Fall 1994, p. 76-80; David G. Bonagura Jr., "The Sword of Education". *The University Bookman*, v. XLVI, n. 4, Winter 2008, p. 16-20.

[64] A correspondência completa trocada entre Henry Regnery e Russell Kirk, entre as décadas de 1950 e 1990, se encontra arquivada na Hoover Institution Library

O brilhantismo intelectual de Russell Kirk foi amplamente reconhecido, o que o levou a receber inúmeros prêmios pelas obras acadêmicas e de ficção, bem como doze doutorados *honoris causa*. Tanto os textos acadêmicos e os ensaios de opinião quanto os escritos literários de Russell Kirk têm chamado a atenção de inúmeros pesquisadores que, principalmente ao longo das últimas duas décadas, vêm produzindo um número crescente de livros,[65] capítulos de livros ou ensaios de referência,[66] bem como, artigos em periódicos e trabalhos

---

and Archives da Stanford University, em Palo Alto, na Califórnia. Fotocópias de toda essa vasta correspondência entre Kirk e Regnery fazem parte do acervo dos arquivos do Russell Center for Cultural Renewal, em Mecosta, Michigan.

[65] Além da já citada coletânea *The Unbought Grace of Life: Essays in Honor of Russell Kirk*, organizada por James E. Person Jr., foram publicados, até o presente momento, quatro livros em inglês dedicados à vida e ao pensamento de Russell Kirk, a saber: James E. Person Jr., *Russell Kirk: A Critical Biography of a Conservative Mind*. Lanhan, Madison Books, 1999; W. Wesley McDonald, *Russell Kirk and the Age of Ideology*. Columbia, University of Missouri Press, 2004; Gerald J. Russello, *The Postmodern Imagination of Russell Kirk*. Columbia, University of Missouri Press, 2007; John M. Pafford, *Russell Kirk*. Nova York, Continuum, 2010. Atualmente, o historiador Bradley J. Birzer, titular da Cátedra Russell Kirk de Estudos Americanos do Hillsdale College, está desenvolvendo uma pesquisa sobre a vida e o pensamento de Russell Kirk, cujo resultado dos estudos será publicado em 2014 pela University Press of Kentucky com o título *The Humane Republic: The Imagination of Russell Kirk*. Em polonês, foi publicada recentemente a seguinte biografia intelectual: Grzegorz Kucharczyk, *Russell Kirk (1918-1994): Myśl Polityczna Amerykańskiego Konserwatysty*. Varsóvia, Wydawnictwo Prohibita, 2012.

[66] Dentre os diversos capítulos de livro ou ensaios em obras de referência que abordam o pensamento kirkeano, destacamos os seguintes: John P. East, "Russell Kirk". In: *The American Conservative Movement: The Philosophical Founders*. Intr. George H. Nash. Chicago / Washington, D.C., Regnery Books, 1986, p. 17-37; James McClellan, "Russell Kirk's Anglo-American Conservatism". In: Bryan-Paul Frost e Jeffrey Sikkenga (Ed.), *History of American Political Thought*. Lanham, Lexington Books, 2003, p. 646-65; Vigen Guroian, "Russell Kirk: Christian Humanism and Conservatism". In: *Rallying the Really Human Things: The Moral Imagination in Politics, Literature, and Everyday Life*. Wilmington, ISI Books, 2005, p. 31-45; W. Wesley McDonald, "Kirk, Russell (1918-94)". In: Bruce Frohnen, Jeremy

de doutorado ou de mestrado sobre a temática,[67] não apenas nos Estados Unidos, mas, também, no Reino Unido, na Alemanha, na Itália, na Espanha, na Polônia, na República Tcheca, na Hungria, na Rússia, no Japão e no Brasil. A maior honra prestada ao Cavaleiro da Verdade foi oferecida por Ronald Reagan, quando, em 18 de janeiro de 1989, o condecorou com a *Presidential Citizen's Medal for Distinguished Service to the United States* [Ordem de Mérito da Presidência por Eminentes Préstimos aos Estados Unidos], afirmando que:

> Como profeta do conservadorismo norte-americano, Russell Kirk ensinou e inspirou uma geração. De sua sublime e elevada posição em Piety Hill, penetrou profundamente nas raízes dos valores norte-americanos, escrevendo e editando trabalhos centrais de filosofia política. Sua contribuição intelectual foi um profundo ato de patriotismo.[68]

Atuando, de fato, como uma espécie de profeta do conservadorismo, Russell Kirk foi um dos principais responsáveis pela recuperação da credibilidade intelectual da corrente nos Estados Unidos, durante o período subsequente à Segunda Guerra Mundial, fator que

---

Beer e Jeffrey O. Nelson (Eds.), *American Conservatism*, p. 471-74; George H. Nash, "The Life and Legacy of Russell Kirk". In: *Reappraising the Right: The Past & Future of American Conservatism*. Wilmington, ISI Books, 2009, p. 72-83; Gerard J. Russello, "Russell Kirk: Tradicionalist Conservatism in a Postmoderm Age". In: Kenneth L. Deutsch e Ethan Fishman (Eds.), *The Dilemmas of American Conservatism*. Lexington, University Press of Kentuky, 2010, p. 125-49; Andre Gushurst-Moore, "Russell Kirk and the Adventures in Normality". In: *The Common Mind: Politics, Society and Christian Humanism from Thomas More to Russell Kirk*. Tacoma, Angelico Press, 2013, p. 217-30. Em língua portuguesa, ver o seguinte verbete: Alex Catharino, "Russell Kirk (1918-1994)". In: Vicente Barreto e Alfredo Culleton (Eds.), *Dicionário de Filosofia Política*. São Leopoldo, Unisinos, 2010, p. 289-93.

[67] Uma listagem bibliográfica parcial dos textos sobre Russell Kirk pode ser encontrada em: Charles C. Brown, "Section L – Writings about Russell Kirk". In: *Russell Kirk: A Bibliography*, p. 169-89.

[68] Transcrevemos a referida passagem do documento original que se encontra nos arquivos da biblioteca do Russell Kirk Center for Cultural Renewal, na cidade de Mecosta, em Michigan, nos Estados Unidos.

desencadeou a criação e o fortalecimento de um movimento cultural e político amplo que sobrevive até os nossos dias e que rompeu o consenso liberal que parecia dominar o cenário norte-americano.[69] Mesmo guardando diversos pontos em comum com o pensamento liberal clássico, o liberalismo na Inglaterra e nos Estados Unidos ao longo do século XX está mais associado a uma visão política progressista, influenciada pelo romantismo de Jean-Jacques Rousseau (1712-1778) e pelo utilitarismo de Jeremy Bentham (1748-1832) e de John Stuart Mill (1806-1873), tal como se verifica nos escritos de Thomas Hill Green (1836-1882), John Hobson (1858-1940), Leonard T. Hobhouse (1864-1929), Woodrow Wilson (1856-1924), John Dewey (1859-1952), Hans Kelsen (1881-1973), John Maynard Keynes (1883-1946), Franklin Delano Roosevelt (1882-1945), Lionel Trilling (1905-1975), o já citado Arthur M. Schlesinger Jr., John Rawls (1921-2002) e Richard Rorty (1931-2007), entre outros.[70]

Russell Kirk moveu, ao longo de toda a vida adulta, uma cruzada contra os erros ideológicos da modernidade. Numa perspectiva kirkeana, portanto, o cenário político-intelectual dos últimos três séculos poderia ser descrito como o conflito entre três posturas distintas.

---

[69] Uma análise paradigmática que reflete ideia do liberalismo como única corrente intellectual nos Estados Unidos aparece em: Lionel Trilling, *The Liberal Imagination: Essays on Literature and Society*. Nova York, Viking Press, 1950.

[70] Para uma visão histórica ampla sobre o desenvolvimento do pensamento liberal, ver: José Guilherme Merquior, *O Liberalismo: Antigo e Moderno*. Pref. Roberto Campos, Trad. Henrique de Araújo Mesquita. 2. ed. Rio de Janeiro, Nova Fronteira, 1992. Acompanhada de uma atualizada relação bibliográfica, uma breve introdução histórica e a caracterização teórica do liberalismo aparecem no seguinte verbete: Alex Catharino, "Liberalismo". In: Vicente Barreto e Alfredo Culleton (Eds.), *Dicionário de Filosofia Política*, p. 307-11. As principais críticas de Russell Kirk ao moderno liberalismo se encontram nos respectivos ensaios: Russell Kirk, "The American Scholar and the American Intellectual", p. 3-15; Idem, "The Reform of American Conservatism and Liberalism", p. 16-31; "The Dissolution of Liberalism", p. 32-42; "The Age of Discussion", In: *Beyond the Dreams of Avarice*, p. 43-50; "Liberal Forebodings". In: *Enemies of the Permanent Things*, p. 172-196.

A primeira é a reacionária, que, pautada numa visão idealizada do passado, tenta defender as tradições contra qualquer forma de mudança, tal como advogada por Henry St. John (1678-1751), o 1º Visconde Bolingbroke. A segunda é a ideia liberal ou progressista, defendida por Thomas Paine (1737-1809), que, norteada por noções abstratas acerca da natureza do homem e da sociedade, se volta de forma ideológica contra os costumes e instituições, acreditando que a revolução é o melhor meio de implantar as mudanças necessárias. Finalmente, temos a mentalidade conservadora, tal como apresentada pelo pensamento burkeano, que tenta preservar os princípios fundamentais apreendidos pela experiência histórica e que, orientada pela virtude da prudência, aceita, por reformas gradativas, as mudanças culturais ou sociais inerentes à dinâmica histórica. Em termos teóricos, os três pilares da ordem na modernidade, segundo Russell Kirk, são o pensamento de Edmund Burke, de Samuel Johnson (1709-1784) e de Adam Smith (1723-1790), que apresentam a defesa das "coisas permanentes" nos campos da moral, das letras, da política e da economia.[71]

Tanto os liberais modernos e social-democratas, esquerdistas moderados, quanto os diferentes tipos de socialistas e comunistas, esquerdistas radicais, podem ser vistos como parte do grande grupo dos progressistas. De certa forma, alguns elementos ideológicos do progressismo são encontrados, também, em determinadas ideias defendidas pelos libertários e pelos neoconservadores. De acordo com Russell Kirk, a mentalidade progressista pode ser caracterizada pela crença nos seguintes fundamentos:

1. A perfectibilidade do homem e o ilimitado progresso da sociedade. Os radicais acreditam que a educação, a legislação positiva e a alteração do ambiente podem produzir homens semelhantes a deuses; negam que a humanidade tenha uma inclinação natural à violência e ao pecado: meliorismo.

---

[71] Russell Kirk, "Three Pillars of Order: Edmund Burke, Samuel Johnson, Adam Smith". In: *Redeeming the Time*, p. 254-270.

2. Desprezo pela tradição. A razão, o impulso e o determinismo materialista são respectivamente preferidos como guias mais confiáveis para o bem-estar social do que a sabedoria dos ancestrais. A religião formal é rejeitada e várias ideologias são apresentadas como substitutas.

3. Igualitarismo político. Ordem e privilégio são condenados; a democracia total, tão direta quanto possível, é o ideal declarado dos radicais. Aliadas a esse espírito estão, geralmente, a aversão ao antigo sistema parlamentarista e a ânsia por centralização e unificação políticas.

4. Igualitarismo econômico. Os antigos direitos de propriedade, especialmente a propriedade da terra, são suspeitos para quase todos os radicais, e os reformadores coletivistas decepam a instituição da propriedade privada com raiz e galhos.[72]

Desde Edmund Burke até Russell Kirk, a luta do pensamento conservador foi contra esses elementos ideológicos da mentalidade progressista. Após o término da Segunda Guerra Mundial, o renascimento do conservadorismo norte-americano é descrito pelo historiador George H. Nash, no já citado *The Conservative Intellectual Movement in America: Since 1945* [O Movimento Intelectual Conservador na América: Desde 1945], tendo como origem a coalizão de três forças distintas contra a agenda liberal dominante. A consciência de cada uma dessas forças antiprogressistas foi incrementada, respectivamente, por três livros específicos.

A primeira vertente era a dos libertários. Herdeiros das críticas elaboradas por escritores individualistas[73] como Albert Jay Nock (1870-1945) e Isabel Paterson (1886-1961) aos programas

---

[72] Russell Kirk, *The Conservative Mind: From Burke to Eliot*, p. 10.

[73] George H. Nash, "The Revolt of the Libertarians". In: *The Conservative Intellectual Movement in America*, p. 1-29. Para uma análise histórica detalhada do desenvolvimento da crítica ao intervencionismo estatal e da defesa do livre mercado no século XX, ver: Angus Burgin, *The Great Persuasion: Reinventing Free Markets since the Depression*. Cambridge, Harvard University Press, 2012.

governamentais do *New Deal* implementados pelo presidente Franklin Delano Roosevelt, condenavam a política pública liberal de solução dos problemas sociais e econômicos oriundos na Grande Depressão.[74] O grupo congregou-se, inicialmente, em torno das ideias expressas no livro *The Road to Serfdom* [O Caminho da Servidão][75] de Friedrich August von Hayek (1899-1992), lançado em 1944. A obra demonstra como o planejamento econômico estatal conduz, necessariamente, ao aumento das funções governamentais na sociedade e ao centralismo administrativo, gerando, assim, a redução das liberdades individual e política. O trabalho contra o avanço dos poderes estatais e a defesa do livre mercado promovidos pelos libertários recebeu um grande impulso com a criação da Foundation for Economic Education (FEE) por Leonard Read (1898-1983) em 1946, a publicação dos livros *Economics in One Lesson* [Economia numa Única Lição],[76] de Henry Hazlitt (1894-1993), em 1946, e *Human Action* [Ação Humana],[77] de Ludwig von Mises (1881-1973), em 1949, e a fundação do periódico *Freeman* em 1950.

---

[74] As causas da Grande Depressão, compreendidas a partir da teoria dos ciclos econômicos, são apresentadas em: Murray N. Rothbard, *A Grande Depressão Americana*. Intr. Paul Johnson, Trad. Pedro Sette-Câmara. São Paulo, Instituto Ludwig von Mises Brasil, 2012. Para uma visão sintética da Crise de 1929, bem como das tentativas de solução pelo *New Deal*, ver: Paul Johnson, "Degringolada". In: *Tempos Modernos*, p. 191-217.

[75] Acrescida de um longo estudo introdutório e de diversos anexos escritos por renomados economistas, foi publicada em inglês a seguinte edição crítica: F. A. Hayek, *The Road to Serfdom: Text and Documents – The Definitive Edition*. Ed. e Intr. Bruce Caldwell. Chicago, Chicago University Press, 2007. Traduzida com base na versão inglesa de 1976, a obra está disponível em português na seguinte edição: F. A. Hayek, *O Caminho da Servidão*. Trad. Ana Maria Copovilla, José Ítalo Stelle e Liane de Morais Ribeiro. 6. ed. São Paulo, Instituto Ludwig von Mises Brasil, 2010.

[76] Henry Hazlitt, *Economia numa Única Lição*. Trad. Leônidas Gontijo de Carvalho. 4. ed. São Paulo, Instituto Ludwig von Mises Brasil, 2010.

[77] Ludwig von Mises, *Ação Humana: Um Tratado de Economia*. Trad. Donald Stewart Jr. 3. ed. São Paulo, Instituto Ludwig von Mises Brasil, 2010.

No contexto da Guerra Fria, emergiu o segundo grupo, formado pelos anticomunistas. Inspiraram-se, principalmente, na autobiografia *Witness* [Testemunha][78] de Whittaker Chambers (1901-1961), publicada em 1952, em que o autor narra, entre outros fatos, o próprio envolvimento com ideias marxistas, sua conversão ao cristianismo e a luta que iniciou contra a ideologia esquerdista, denunciando a infiltração de agentes comunistas no governo norte-americano, na imprensa e nos meios educacionais e culturais, além do papel que teve na delação e no julgamento do agente soviético Alger Hiss (1904-1996).[79] As bases intelectuais da postura anticomunista nos Estados Unidos foram lançadas pelos trabalhos pioneiros dos ex-militantes socialistas Max Eastman (1883-1969), William Henry Chamberlin (1897-1969), Eugene Lyons (1898-1985) e Freda Utley (1898-1978), recebendo maior impulso com a autobiografia de Whittaker Chambers e com os escritos teóricos de James Burnham (1905-1987).[80] Um dos grandes méritos de Chambers, junto com a *National Review*, para o movimento conservador foi denunciar o processo de paganização da direita norte-americana promovido pelas obras de Ayn Rand. Em grande parte, a corrente do movimento conservador denominada por Russell Kirk de Conservadorismo Popular teve suas origens nos grupos anticomunistas.

As duas correntes supracitadas do movimento conservador, em suas lutas contra o coletivismo, estiveram mais preocupadas com

---

[78] A edição mais recente da obra, nunca traduzida para o português, é a seguinte: Whittaker Chambers, *Witness*. Pref. William F. Buckley Jr., Intr. Robert D. Novak. Washington, D.C., Gateway, 2001.

[79] George H. Nash, "Nightmare in Red". In: *The Conservative Intellectual Movement in America*, p. 74-117. Ver também: Patrick A. Swan (Ed.), *Alger Hiss, Whittaker Chambers, and the Schism in the American Soul*. Intr. Wilfred M. McClay. Wilmington, ISI Books, 2002.

[80] Samuel T. Francis, *Power and History: The Political Thought of James Burnham*. Lanham, University Press of America, 1984; Daniel Kelly, *James Burnham and the Struggle for the World: A Life*. Pref. Richard Brookhieser. Wilmington, ISI Books, 2002.

questões políticas e econômicas, ao passo que a terceira vertente enfatizou a importância das tradições moral e cultural clássica e judaico-cristã como fundamento da economia e da política.[81] Os autores ligados a tal segmento do movimento conservador, por conta da ênfase nos aspectos imateriais da existência humana, foram denominados conservadores culturais ou tradicionalistas, recebendo, posteriormente, o epíteto de paleoconservadores no embate com os chamados neoconservadores, mas prefeririam, no entanto, o simples rótulo de conservadores, sem acréscimo de nenhum prefixo ou adjetivo.

Tal como descrito no início do presente ensaio, o livro *The Conservative Mind* de Russell Kirk foi o grande divisor de águas na formação do movimento intelectual conservador nos Estados Unidos. A definição dos seis cânones que caracterizam a mentalidade conservadora e a exposição de uma genealogia do conservadorismo britânico e norte-americano foi fator determinante para o surgimento de uma nova identidade política nos Estados Unidos, o que serviu como uma espécie de catalisador num processo de precipitação contra a hegemonia liberal. As raízes desse movimento de retorno à tradição foram gestadas na crítica aos erros ideológicos do período, que, por sua vez, esteve marcado pela negação dos desvios teóricos modernos.[82] A resistência intelectual ao consenso liberal dominante teve como marcos a publicação dos livros *The Attack on Leviathan* [O Ataque ao Leviatã][83] de Donald G. Davidson em 1938, *Ideas*

---

[81] George H. Nash, "The Recovery of Tradition and Values". In: *The Conservative Intellectual Movement in America*, p. 49-61.

[82] Idem, "The Revolt Against the Masses". In: *The Conservative Intellectual Movement in America*, p. 30-48.

[83] Donald Davidson, *Regionalism and Nationalism in the United States: The Attack on Leviathan*. Intr. Russell Kirk. New Brunswick, Transaction Publishers, 1991. Ver também o capítulo 7 ("Donald Davidson e o Conservadorismo Sulista", p. 177-90) da presente obra.

Have Consequences [As Ideias Têm Consequências][84] de Richard M. Weaver em 1948, e *The New Science of Politics* [A Nova Ciência da Política][85] de Eric Voegelin em 1952. Juntamente com a obra *The Quest for Community* [Em Busca da Comunidade][86] de Robert A. Nisbet, também publicada em 1953, o lançamento do livro *The Conservative Mind* foi o ápice de uma gradativa resistência aos desvios da modernidade.

Como doutrina característica da Idade Moderna, o liberalismo é, ao mesmo tempo, raiz e fruto da modernidade. Mais do que um período histórico determinável por eventos específicos, a modernidade pode ser entendida como um processo de libertação das antigas crenças, o que, paradoxalmente, sujeitou parte da humanidade aos novos dogmas da ideologia. Nesse sentido, é possível compreender os desvios ideológicos da modernidade como um conjunto de paradoxos intelectuais e culturais com desdobramentos políticos e econômicos, em que a tentativa de derrubar as muralhas de proteção erigidas pela tradição criou prisões que subjugam pelo arbítrio. Ao negar os aspectos transcendentes da realidade, a busca pelo conhecimento puro e objetivo, pautado exclusivamente na razão, levou ao subjetivismo e à negação do reconhecimento de qualquer verdade acerca da natureza humana ou da ordem social. Ao descartar os critérios objetivos da normatividade e romper com os cânones estéticos universais, o moderno ideal de ampliação da criatividade artística e a valorização exacerbada da genialidade individual se transformaram nas raízes da cultura de massa de modelos padronizantes. O empenho pela autonomia total do indivíduo, liberto dos constrangimentos da moral tradicional ou das leis

---

[84] Richard M. Weaver, *As Ideias Têm Consequências*. Trad. Guilherme Araújo Ferreira. São Paulo, É Realizações, 2012.

[85] Eric Voegelin, *A Nova Ciência da Política*. Intr. José Pedro Galvão de Sousa, Trad. José Viegas Filho. Brasília, Editora Universidade de Brasília, 1982.

[86] Robert A. Nisbet, *The Quest for Community: A Study in the Ethics of Order & Freedom*. Pref. William A. Schambra. São Francisco, ISC Press, 1990.

da comunidade, gerou agrupamentos de átomos sociais tutelados pelo gigantesco poder massificante e uniformizante dos Estados nacionais. A crença no dogma democrático como garantia de maior igualdade social destruiu inúmeros padrões meritocráticos e nivelou os indivíduos por baixo, em condições inferiores às potencialidades humanas, ampliando o controle estatal na sociedade, e criando, assim, não uma única classe de iguais, mas duas classes divididas por um abismo: a dos privilegiados burocratas governamentais e a da pacata multidão amorfa. O anseio por progresso material ilimitado, alimentado pelo espírito da ganância e da avareza, produziu um gigantesco sistema industrial desumanizante e massificante, controlado pela burocracia corporativa e pela regulamentação e tributação estatais, que reprimem o pleno desenvolvimento das livres forças empreendedoras.

O conservadorismo kirkeano ressalta que as modernas sociedades ideologizadas são assombradas pela ansiedade, produzida pela "desordem na existência privada" e pela "desordem na experiência social", que cresce "na fraqueza, impotência e frustração" e, apesar dessa inquietação nunca poder ser totalmente abolida, só recuará quando estivermos em conformidade com as normas, tendo recuperado, assim, "o propósito da existência do homem".[87] Dentre os aforismos repetidos pelo Mago de Mecosta, recordamos a afirmação de Henry Stuart Hughes (1916-1999) de que "o conservadorismo é a negação da ideologia".[88]

A mentalidade conservadora defendida por Russell Kirk, portanto, não deve ser entendida à luz do "logicismo" moderno como mera construção intelectual, mas como uma disposição de caráter que nos move a lutar pela restauração e preservação das verdades da natureza humana e da ordem social, legadas pela tradição, e a rejeitar todos os esquemas racionalistas apresentados pelas diferentes concepções ideológicas. Segundo tal perspectiva, a ordem social

---

[87] Russell Kirk, "A Arte Normativa e os Vícios Modernos", p. 1002-03.

[88] Henry Stuart Hughes, "The End of Political Ideology". *Measure*, v. 2, n. 2 (Spring 1951), p. 153-54.

"começa a se desintegrar – ou é suplantada por um controle muito diferente – quando o costume político e a teoria política são completamente dominados pela ideologia".[89] O entendimento kirkeano do caráter ideológico da modernidade fundamenta-se tanto nas críticas de Edmund Burke aos "metafísicos abstratos" e aos "reformadores fanáticos"[90] como na filosofia de Eric Voegelin,[91] que vê a ideologia como uma "existência em rebelião contra Deus e o homem".[92] Na tentativa de definir a natureza desse mal, afirma Kirk:

> "Ideologia" não significa teoria política ou princípio, embora muitos jornalistas e alguns professores, comumente, empreguem o termo nesse sentido. Ideologia realmente significa fanatismo político – e, mais precisamente, a crença de que este mundo pode ser convertido

---

[89] Russell Kirk, "O Ópio das Ideologias". Trad. Márcia Xavier de Brito, notas Alex Catharino. In: COMMUNIO: *Revista Internacional de Teologia e Cultura*, v. XXVIII, n. 3, Julho-Setembro 2009, p. 767-90. Cit., p. 767.

[90] "Um homem ignorante, que não é tolo o bastante para interferir no mecanismo do próprio relógio, é, contudo, confiante o suficiente para pensar que pode desmontar e montar ao bel prazer uma máquina moral de outro estilo, importância e complexidade, composta de muitas outras engrenagens, molas e balanças e de forças que neutralizam e cooperam. Os homens pouco pensam quão imoralmente agem ao imiscuírem-se precipitadamente naquilo que não entendem. A boa intenção ilusória não é uma espécie de desculpa para a soberba. Verdadeiramente fariam bem aqueles que temessem agir mal" (Edmund Burke, *An Appeal from the New to the Old Whigs*. In: *The Works of the Right Honorable Edmund Burke*, volume IV. Boston, Little, Brown and Company, 1865, p. 209-10).

[91] "O pensamento voegeliniano é uma *interpretação noética* que busca criar uma filosofia da ordem, fundamentada na consciência do espírito, como alternativa à desordem gerada pela crise da modernidade. Embora não dê solução completa para curar os problemas de nossa época, ao identificar as raízes do mal-estar social contemporâneo, aponta os meios de cura do mal criado pela desculturação, fruto das ideologias". Alex Catharino, "Eric Voegelin (1901-1985)". In: Vicente Barreto e Alfredo Culleton (eds.), *Dicionário de Filosofia Política*, p. 538-41. Cit., p. 538.

[92] Eric Voegelin, *Ordem e História – Volume I: Israel e a Revelação*. Intr. Maurice P. Hogan, Trad. Cecília Camargo Bartolotti. São Paulo, Loyola, 2009, p. 32.

num paraíso terrestre pela ação da lei positiva e do planejamento seguro. O ideólogo – comunista, nazista ou de qualquer afiliação – sustenta que a natureza humana e a sociedade devem ser aperfeiçoadas por meios mundanos, seculares, embora tais meios impliquem numa violenta revolução social. O ideólogo imanentiza símbolos religiosos e inverte as doutrinas da religião.

O que a religião promete ao fiel numa esfera além do tempo e do espaço, a ideologia promete a todos na sociedade – exceto aos que forem "liquidados" no processo.[93]

A ideologia é uma "fanática doutrina armada que só pode ser confrontada por um poderoso corpo de princípios sadios".[94] Diante de tal problema, Russell Kirk reconhece que a característica decadência cultural e política de nossa época não é o resultado de "forças inelutáveis, mas a consequência da desobediência à verdade ética",[95] cujo resultado é a criação de um ambiente de anormalidade. Nas palavras de Kirk:

> O mal da desagregação normativa corrói a ordem no interior da pessoa e da república. Até reconhecermos a natureza dessa enfermidade, seremos forçados a afundar, cada vez mais, na desordem da alma e do Estado. O restabelecimento das normas só pode começar quando nós, modernos, viermos a compreender a maneira pela qual nos afastamos das antigas verdades.[96]

A correta apreensão das normas é possível pela revelação divina, pelos costumes do senso comum e pelo discernimento dos profetas, ou seja, pelo modo como são transmitidas por via das forças da tradição, responsáveis pela manutenção da ordem da alma e da comunidade. Ao distorcermos com visões ideológicas as artes da literatura e do estadismo, fomentamos a desagregação normativa, corrompendo a natureza humana e a ordem social, criando, assim, "uma geração de

---

[93] Russell Kirk, "O Ópio das Ideologias", p. 767-68.
[94] Idem, *The American Cause*, p. 4.
[95] Idem, "A Arte Normativa e os Vícios Modernos", p. 994.
[96] Ibidem, p. 993.

monstros, escravizada pela vontade e pelo apetite".[97] No processo de recuperação da normalidade, devemos compreender que a sociedade é "iluminada por um complexo simbolismo, com vários graus de compactação e diferenciação", que são partes integrantes da realidade e, por conta disso, nossa tentativa de entendimento da ordem deve ser elaborada "a partir do rico conjunto de autorrepresentações da sociedade".[98] O conceito kirkeano de ordem é o arranjo harmonioso entre duas formas distintas e complementares de normatividade, a saber: 1ª) a "ordem da alma", denominada "ordem moral"; 2ª) a "ordem da comunidade", conhecida como "ordem constitucional".[99] Na visão de Kirk:

> A ordem, no campo da moral, é a concretização de um corpo de normas transcendentes – de fato uma hierarquia de normas ou padrões – que conferem propósito à existência e motivam a conduta. A ordem, na sociedade, é o arranjo harmonioso de classes e funções que preservam a justiça, obtém o consentimento voluntário à lei e assegura que todos, juntos, estaremos a salvo. Embora não possa haver liberdade sem ordem, num certo sentido, há sempre um conflito entre os clamores da ordem e os da liberdade. Muitas vezes expressamos esse conflito como a competição entre o desejo de liberdade e o desejo de segurança.[100]

O conservador deve assumir, assim, o papel de guardião da ordem, da liberdade e da justiça, lutando pela restauração e pela preservação das normas que informam as verdades acerca da natureza humana e da organização social. No livro *The Conservative Mind*, Russell Kirk elenca os chamados "seis cânones do pensamento conservador", que caracterizam a doutrina e são assim expostos:

---

[97] Ibidem, p. 994.

[98] Eric Voegelin, *A Nova Ciência da Política*, p. 33.

[99] Russell Kirk, *America's British Culture*, p. 83.

[100] Idem, "The Tension of Order and Freedom in the University". In: *Redeeming the Time*, p. 33.

1. A crença em uma ordem transcendente, ou corpo de leis naturais que rege a sociedade, bem como a consciência. Os problemas políticos, no fundo, são problemas religiosos e morais. Uma racionalidade limitada, aquilo que Coleridge chamou de compreensão, não pode, por si só, satisfazer as necessidades humanas. "Todo *tory* é um realista", diz Keith Feiling: "sabe que existem grandes forças nos céus e na terra que a filosofia humana não pode sondar ou perscrutar". A verdadeira política é a arte de compreender e aplicar a justiça que deve triunfar em uma comunidade de almas.

2. Pendor pela prolífera variedade e mistério da existência humana, como algo oposto à uniformidade limitada, ao igualitarismo e aos propósitos utilitários dos sistemas mais radicais; os conservadores resistem ao que Robert Graves chama de "logicismo" na sociedade. Esse juízo prévio é chamado de "o conservadorismo da satisfação" – um senso de que vale a pena viver, e segundo Walter Bagehot, "a fonte apropriada de um conservadorismo vivaz".

3. Convicção de que a sociedade civilizada requer ordens e classes, em oposição a noção de uma "sociedade sem classes". Com razão, os conservadores foram chamados, muitas vezes, de "partido da ordem". Caso as distinções naturais entre os homens desapareçam, as oligarquias preencherão o vácuo. A igualdade suprema no Julgamento de Deus e a igualdade perante os tribunais de justiça são reconhecidos pelos conservadores, mas a igualdade de condições, creem, significa igualdade na servidão e no tédio.

4. Certeza de que propriedade e liberdade estão intimamente relacionadas: Separai a propriedade da posse privada e o Leviatã se tornará o mestre absoluto. Igualdade econômica, sustentam, não é progresso econômico.

5. Fé no uso consagrado e desconfiança de "sofistas, calculistas e economistas" que querem reconstruir a sociedade com base em projetos abstratos. O costume, a convenção e os usos consagrados são freios tanto ao impulso anárquico do homem quanto à avidez do inovador por poder.

6. Reconhecimento de que mudança pode não ser uma reforma salutar: a inovação precipitada pode ser uma voraz conflagração em vez de uma tocha do progresso. A sociedade deve modificar-se, visto que a mudança prudente é o meio da preservação, mas o estadista deve levar em conta a Providência, e a principal virtude do político, segundo Platão e Edmund Burke, é a prudência.[101]

Ao buscar uma renovação do entendimento das ordens moral e social, sugerindo meios adequados para preservar as "coisas permanentes" na luta contra a ideologia, Russell Kirk elencou, no já citado livro *A Program for Conservatives*, uma série de dez problemas que devem ser enfrentados pelos conservadores, a saber:

1. O problema da mente, ou de como proteger o intelecto da esterilidade e da uniformidade da sociedade de massa.

2. O problema do coração, ou como ressuscitar as aspirações do espírito e os ditames da consciência numa época que foi tragada há tanto tempo por horrores.

3. O problema do tédio, ou como nossa sociedade industrializada e padronizada pode oferecer um significado novo para pessoas verdadeiramente humanas.

4. O problema da comunidade, ou como o coletivismo pode ser evitado pela restauração da verdadeira comunidade.

5. O problema da justiça social, ou como evitar que a inveja e a avareza ponham o homem contra seu semelhante.

6. O problema do querer, ou como satisfazer as justas aspirações e repudiar os desejos injustos.

7. O problema da ordem, ou como variedade e complexidade devem ser preservadas em nosso meio.

8. O problema do poder, ou como a força posta em nossas mãos pode ser conduzida pela reta razão.

---

[101] Idem, *The Conservative Mind: From Burke to Eliot*, p. 8-9.

9. O problema da lealdade, ou como ensinar aos homens a amar o país, os antepassados e a posteridade.

10. O problema da tradição, ou como, nestes dias em que o Turbilhão[102] parece reinar, a continuidade poderá unir geração a geração.[103]

Seguindo os ensinamentos de Edmund Burke, o programa conservador apresentado por Russell Kirk reconhece que "um Estado sem meios de empreender alguma mudança está sem os meios para se conservar",[104] ao mesmo tempo em que ecoa os seguintes versos de Robert Frost (1874-1963): "A maioria das mudanças que cremos ver na vida / É devida ao favor e desfavor de verdades".[105] A aceitação de

---

[102] No original em inglês: *"Whirl"*. Referência a uma situação cômica apresentada na comédia *As Nuvens* de Aristófanes (447-385 a. C.), criadas a partir da palavra grega δίνη (díne / turbilhão), que tanto podia significar o movimento que originou a Terra, tal como explicado por Platão (427-347 a. C.) no diálogo *Fédon* (99b) e por Aristóteles (384-322 a. C.) no tratado *Sobre o Céu* (II, 13, 295a), como o fenômeno do vórtice, como no caso dos tornados e ciclones, cujo termo, popularizado pelo dramaturgo Eurípides (480-406 a.C.), era utilizado para referir-se a qualquer objeto torneado, como um vaso de cerâmica. Numa primeira passagem, após receber instruções do "sofista maluco" Sócrates de Melos – uma sátira ao filósofo ateniense Sócrates (469-399 a. C.) –, a personagem Estrepsíades conclui que "Zeus não existe, e no lugar dele reina o Turbilhão" (381). Num segundo momento, após elogiar para o filho Fidípides os méritos da educação recebida e revelar que "Zeus não existe!" (826), Estrepsíades afirma que "Quem reina é o Turbilhão, depois de ter expulsado Zeus" (827). Finalmente, ao destronar a divindade e passar a cultuar um vaso de cerâmica, Estrepsíades acredita que está livre das obrigações de cumprir a promessa de pagar as dívidas contraídas, afirmando a um dos credores que "para os entendidos, o Zeus dos seus juramentos é ridículo!" (1241). Utilizamos aqui os trechos da seguinte edição: Aristófanes, *As Nuvens*. Trad. Gilda Maria Reale Starzynski. São Paulo, Abril Cultural, 1972. (Coleção "Os Pensadores", Volume II: Sócrates), p. 175-230. Cit. p. 193, 208, 222.

[103] Russell Kirk, *A Program for Conservatives*, p. 16-17.

[104] Edmund Burke, *Reflections on the Revolution in France*, p. 259.

[105] Robert Frost, "The Black Cottage", Versos 109-110. No original em inglês: *"Most of the change we think we see in life / Is due to truths being in and out of favour"*. Robert Frost, "The Black Cottage". In: *North of Boston*. Nova York, Henry Holt and Company, 1915, p. 50-55. Cit. p. 54-55.

reformas saudáveis como meio de preservação e o reconhecimento de que muitas das aparentes mudanças se dão pela aceitação ou negação da verdade são fatores decisivos para entendermos que o conservadorismo kirkeano não é uma proposta reacionária que se volta contra toda e qualquer alteração na cultura ou na sociedade, nem uma defesa do *status quo*. A proposta conservadora de Kirk é um conjunto de conselhos prudenciais que nos alerta para os riscos de desconsiderarmos totalmente os valores e costumes testados historicamente pela tradição em nome da arrogância racionalista de erigir de uma nova ordem social a partir dos caprichos humanos. A noção de tradição defendida pelo pensamento kirkeano pode ser compreendida melhor pela seguinte definição do literato T. S. Eliot:

> Tradição não é única, ou mesmo primeiramente, a manutenção de certas crenças dogmáticas; essas crenças vieram a ganhar forma vívida no decorrer da formação de uma tradição. O que chamo de tradição abrange todas aquelas ações usuais, hábitos e costumes, que vão do rito religioso mais significativo ao nosso modo convencional de saudar um estranho, que representam os laços de sangue de um "mesmo povo que vive num mesmo lugar". Encerra muito do que pode ser chamado de *tabu* – tal palavra ser utilizada em nossa época em um sentido exclusivamente depreciativo é, para mim, uma curiosidade de algum relevo. Tornamo-nos conscientes desses detalhes, ou conscientes de sua importância, geralmente, só depois de terem caído em desuso, como tomamos ciência das folhas de uma árvore quando o vento de outono começa a fazê-las cair quando cada uma delas já perdera a vida.[106]

A essência do pensamento de Russell Kirk não pode ser entendida como uma doutrina política, mas, acima de tudo, como "um estilo de vida, forjado pela educação e pela cultura", que se expressa numa "forma de humanismo cristão, sustentado por uma concepção sacramental

---

[106] T. S. Eliot, *After Strange Gods: A Primer of Modern Heresy*. Londres, Faber and Faber, 1934, p. 18. Ver também: Russell Kirk, "The Question of Tradition". In: *Prospects for Conservatives*, p. 227-254; Idem, *A Era de T. S. Eliot*, p. 199-202, 373-74.

da realidade", em que fatos e circunstâncias culturais, como a moral e as instituições sociais, não são acidentes históricos, mas "desenvolvimentos necessários da própria natureza humana".[107] Ao sustentar que "a convicção não é produzida pela lógica da linguagem, nem pela acumulação dos fatos" e que "o verdadeiro conhecimento não é o produto de uma razão metódica",[108] o conservadorismo kirkeano encontra sua plenitude, via fundamento humanista, na promoção da concepção de "imaginação moral" e na defesa do ideal clássico de "educação liberal".

Tendo como pontos de partida a metáfora de Edmund Burke para definir a moderna perda de religiosidade e do senso de cavalheirismo, bem como algumas reflexões de John Henry Newman, de G. K. Chesterton, de Irving Babbitt, de T. S. Eliot e de C. S. Lewis (1898-1963),[109] Russell Kirk define a faculdade da imaginação moral como um "poder de percepção ética que atravessa as barreiras da experiência individual e de eventos momentâneos", e aspira "à apreensão da ordem correta na alma e da ordem correta na comunidade política" ao informar "sobre a dignidade da natureza humana".[110] A imaginação moral se opõe às formas anárquicas e corrompidas de imaginação que dominam o cenário cultural de nossa época, colaborando no processo de desagregação normativa da civilização ocidental. A primeira delas, tal como denominada e analisada por Irving Babbitt,[111] é a "imaginação idílica", um tipo anárquico que, na busca pela emancipação dos constrangimentos convencionais, se torna fantástica, isenta de restrições,

---

[107] Alex Catharino, "Russell Kirk (1918-1994)", p. 292.

[108] Russell Kirk, *The Conservative Mind: From Burke to Eliot*, p. 284.

[109] Alex Catharino, "A vida e a imaginação de Russell Kirk", p. 94-98.

[110] Russell Kirk, "A Imaginação Moral". Trad. Gustavo Santos e notas Alex Catharino. *COMMUNIO: Revista Internacional de Teologia e Cultura*, v. XXVIII, n. 1, Janeiro-Março 2009, p. 103-19. Cit. p. 104.

[111] Irving Babbitt, *Rousseau and Romanticism*. Pref. Claes Ryn. New Brunswick, Transaction Publishers, 2004; Idem, "Rousseau and the Idyllic Imagination". In: *Democracy and Leadership*, p. 93-119; Idem, "Burke and the Moral Imagination". In: *Democracy and Leadership*, p. 121-40.

primitivista, naturalista e utópica, numa total rejeição e revolta contra velhos dogmas, constrangimentos morais convencionais e costumes tradicionais. De uma controversa obra de T. S. Eliot,[112] a ideia de "imaginação diabólica" foi extraída por Russell Kirk para definir o imaginário corrompido pela perda do conceito de pecado e por uma concepção de natureza humana infinitamente maleável e mutável. A imaginação diabólica entende as normas morais como valores relativos às preferências individuais subjetivas ou à transitoriedade dos diferentes contextos culturais, defendendo a abolição de qualquer norma objetiva.

A base cultural de uma sociedade sadia é dada pela vida familiar, pela religião e pela educação, que deve ser orientada pelo modelo clássico da chamada educação liberal, pois Russell Kirk entende que "na falta de convenções sensatas, a ordem civil e social se dissolve. E na falta da variedade da vida e da diversidade das instituições, a normalidade sucumbe à tirania da padronização sem padrões".[113] A decadência dos esquemas pedagógicos vigentes, marcados por concepções ideológicas que se refletem no fanatismo e na mediocridade de professores e alunos, deve ser combatida pela livre adoção de um "modelo educacional humanista, pautado no ensino dos clássicos da civilização ocidental, comprometido com a sensibilidade artística, e preocupado em despertar a busca da sabedoria e a prática da virtude".[114] O caminho para que as novas gerações superem o fanatismo, a trivialidade e a mediocridade de nossa época é a adoção da educação liberal, renovar o contato com os clássicos com o propósito de conservar um corpo sadio de conhecimentos legados pelos "gigantes do passado", apreender as verdades eternas sobre a pessoa e a comunidade e romper os grilhões "do cativeiro do tempo e do espaço: só isso nos permitirá ter uma visão mais ampla e entender o

---

[112] T. S. Eliot, *After Strange Gods*, p. 56-57.
[113] Russell Kirk, "A Arte Normativa e os Vícios Modernos", p. 1005.
[114] Alex Catharino, "Russell Kirk (1918-1994)", p. 292.

que é ser plenamente humano – capacitando-nos a transmitir às gerações vindouras o patrimônio comum de nossa cultura".[115] Russell Kirk ressalta que:

> O objetivo primário de uma educação liberal, então, é o cultivo do intelecto e da imaginação do próprio indivíduo, para o bem do próprio indivíduo. Não deve ser esquecido, nesta era massificada em que o Estado aspira a ser tudo em tudo, que a educação genuína é algo além de mero instrumento de política pública. A verdadeira educação deve desenvolver o indivíduo humano, a pessoa, antes de servir ao Estado. (...) o ensino não foi originado pelo moderno Estado-Nação. O ensino formal começou, de fato, como uma tentativa de tornar o conhecimento religioso – o senso do transcendente e as verdades morais – familiar à geração nascente. Seu propósito não era doutrinar os jovens em civismo, mas sim ensinar o que é ser um homem genuíno, que vive dentro de uma ordem moral. Na educação liberal, a pessoa tem primazia. Contudo, um sistema de educação liberal também possui um propósito social, ou ao menos um resultado social. Ajuda a prover um corpo de indivíduos que se tornam líderes em muitos níveis da sociedade, em grande ou pequena escala.[116]

Ao reunir as principais conferências apresentadas por Russell Kirk na Heritage Foundation, durante as duas últimas décadas de vida do autor, as coletâneas *A Política da Prudência* e *Redeeming the Time* representam o corolário do pensamento cultural e político kirkeano. Os dezoito capítulos do presente livro se voltam mais para os aspectos políticos, ao abordar os princípios do conservadorismo, alguns eventos marcantes na luta contra o progressismo, a caracterização da doutrina por algumas obras e personalidades, a diferenciação de quatro formas do impulso conservador e o entendimento do autor sobre os problemas das relações externas, da centralização estatal, da deterioração do sistema de ensino, da proletarização da sociedade e da ideologia

---

[115] Russell Kirk, "The Conservative Purpose of a Liberal Education". In: *Redeeming the Time*, p. 42.

[116] Ibidem, p. 43.

do democratismo, ao passo que os vinte e dois capítulos de *Redeeming the Time* apresentam, por um lado, a questão da renovação da ordem cultural e, por outro, algumas reconsiderações sobre a ordem civil, ao tratar dos temas do secularismo, do multiculturalismo, do ensino das virtudes, da educação liberal, da imaginação moral, da consciência histórica, da lei natural, da justiça, da igualdade, dos direitos humanos e da degradação política e cultural promovida pelo dogma democrático.

Ao negar as modernas ideologias, o conservadorismo kirkeano transita entre o particular e o universal, pois, por um lado, reconhece as especificidades culturais e institucionais de cada nação, alertando para os riscos da simples transposição de modelos políticos e econômicos estrangeiros, mas, por outro lado, sabe que existem princípios absolutos transcendentes que devem ser o fundamento último da ordem, da liberdade e da justiça em diferentes contextos históricos. Nessa perspectiva, é tarefa dos conservadores brasileiros aderir ao que há de universal na proposta de Russell Kirk para a defesa da civilização ocidental contra o processo de "desagregação normativa", mas, também, recuperar nossa rica tradição de conservadorismo, cuja genealogia pode ser encontrada desde os escritos morais e econômicos de José da Silva Lisboa (1756-1835), o visconde de Cairu, até as obras literárias de Ariano Suassuna, passando, dentre outras, pelas contribuições de Paulino José Soares de Sousa (1807-1866), o visconde de Uruguai, José Antônio Pimenta Bueno (1803-1878), o marquês de São Vicente, José de Alencar (1829-1877), Joaquim Nabuco (1849-1910), Gustavo Corção (1896-1978), Gilberto Freyre (1900-1987), João Camilo de Oliveira Torres (1915-1973), José Pedro Galvão de Sousa (1912-1992) e Dom Lourenço de Almeida Prado O.S.B. (1911-2009).

Em uma carta datada de 31 de julho de 1952 e enviada de St. Andrews para o editor Henry Regnery, acompanhando o manuscrito do livro *The Conservative's Rout: Account of Conservative Ideas from Burke to Santayana* [A Diáspora dos Conservadores: Uma Análise das Ideias Conservadoras de Burke a Santayana] que viria a se tornar o clássico *The Conservative Mind*, Russell Kirk descrevia a obra com as seguintes palavras: "é minha contribuição ao nosso esforço de conservar a tradição espiritual, intelectual e política da civilização; e se temos de resgatar a mentalidade moderna, devemos de fazê-lo logo".[117] Desde o lançamento de *The Conservative Mind*, em 1953, até a publicação de *The Politics of Prudence*, em 1993, a "espada da imaginação" do Cavaleiro da Verdade foi erguida na mesma luta pelas "coisas permanentes" contra o dragão da ideologia, que, alimentado pelos "metafísicos abstratos" e pelos "reformadores fanáticos", se contrapõe à "democracia dos mortos", transformando a modernidade numa "terra desolada". Por defender a restauração de normas que transcendem a "lógica da linguagem" e a "acumulação dos fatos", o Mago de Mecosta foi coerente no conflito literário travado em quase meio século, defendendo ao longo de todo esse período os mesmos fundamentos descobertos, inicialmente, nos escritos de Edmund Burke, Alexis de Tocqueville, John Henry Newman, Paul Elmer More e Irving Babbitt, acrescentando, posteriormente, a sabedoria das reflexões de T. S. Eliot, Eric Voegelin e Christopher Dawson (1889-1970), entre outros.

Assim como uma sinfonia, composta por diversos movimentos, adornados com complexa variedade melódica e rítmica, executada por diferentes instrumentos, cujo tema principal é harmonizado, no entanto, por um baixo contínuo, o conjunto da obra de Russell Kirk caracteriza-se pelo exame atento de temas distintos, sempre mantendo, todavia, a unidade na defesa intransigente da verdade normativa apreendida pela grande tradição. Tal defesa das "coisas permanentes" se baseia na crença de que o verdadeiro pensamento político transcende as instituições particulares e o período em que foi elaborado, devendo, por isso, ser transmitido para as gerações vindouras. Em um

---

[117] Henry Regnery, "Russell Kirk and the Making of *The Conservative Mind*", p. 339.

discurso pronunciado na convenção nacional de 1954 da fraternidade feminina Chi Omega, Russell Kirk afirmou:

> O conservador esclarecido não acredita que o fim ou o propósito da vida seja a competição, o sucesso, o prazer, a longevidade, o poder ou as posses. Acredita, ao contrário, que o propósito da vida é o amor. Sabe que a sociedade justa e ordenada é aquela em que o amor nos governa, tanto quanto o amor pode nos reger neste mundo de dores; e sabe que a sociedade anárquica ou tirânica é aquela em que o amor está corrompido. Aprendeu que o amor é a fonte de todo ser, e que o próprio inferno é ordenado pelo amor. Compreende que a morte, quando findar a parte que nos couber, é a recompensa do amor. Percebe que a verdade de que a maior felicidade já dada ao homem é privilégio de ser feliz na hora da morte. Não tem intenção de converter esta nossa sociedade humana em uma máquina eficiente para operadores de máquina eficientes, dominados por mecânicos-chefe. Os homens vêm a este mundo, conclui, para lutar, para sofrer, para combater o mal que está no próximo e neles mesmos, e para ansiar pelo triunfo do amor. Vêm ao mundo para viver como homens, e para morrer como homens. Buscam preservar a sociedade que permite aos homens atingir a própria humanidade, e não aquela que os mantêm presos aos laços da infância perpétua. Com Dante, ergue os olhos para além deste lamaçal, deste mundo de górgonas e quimeras, em direção à luz que oferece seu amor para esta Terra e para todas as estrelas.[118]

Após vinte anos do lançamento da edição original em inglês, os leitores de língua portuguesa têm à disposição uma edição brasileira d'*A Política da Prudência* graças aos esforços de "abertura cultural" promovidos pela editora É Realizações. Agradeço ao editor Edson Manoel de Oliveira Filho pelo convite para escrever o presente estudo introdutório. Aproveito a oportunidade para expressar aqui a minha gratidão aos saudosos professores Og Francisco Leme (1922-2004) e Ubiratan Borges de Macedo (1937-2007), meus grandes mentores,

---

[118] Russell Kirk, "Conservatism, Liberalism, and Fraternity". *Eleusis of Chi Omega*, v. LVIII, n. 1, February 1956, p. 121-30. Cit. p. 125.

cuja amizade e a orientação nos estudos por mais de dez anos colaboraram profundamente para minha formação intelectual, despertando em mim o amor pela ordem, pela liberdade e pela justiça. Agradeço, também, o grande apoio dado por Annette Y. Kirk, desde 2008, à minha pesquisa sobre o pensamento de seu marido, ao partilhar valiosas informações e relatos familiares, sugerir leituras, apresentar pesquisadores e franquear o acesso aos arquivos e à biblioteca do Russell Kirk Center for Cultural Renewal, além de ter dedicado uma parcela significativa de seu tempo para debater comigo, em diversas oportunidades, os capítulos da obra e o conteúdo do presente estudo introdutório, ajudando-me a entender melhor o contexto de certas ideias de Russell Kirk. Finalmente, agradeço a Márcia Xavier de Brito pela gentileza de ter lido meu texto, debatido certos pontos e dado algumas sugestões. Acredito que esta edição crítica do livro *A Política da Prudência* permitirá ao público brasileiro ter uma compreensão mais ampla tanto do pensamento de Russell Kirk como do conservadorismo.

Alex Catharino

Vice-presidente executivo do Centro Interdisciplinar de Ética e Economia Personalista (CIEEP), editor assistente do periódico COMMUNIO: *Revista Internacional de Teologia e Cultura*, gerente editorial do periódico MISES: *Revista Interdisciplinar de Filosofia, Direito e Economia* e pesquisador do Russell Kirk Center for Cultural Renewal. Cursou a Faculdade de História na Universidade Federal do Rio de Janeiro (UFRJ) e fez estudos nas áreas de História, Literatura, Filosofia, Teologia, Economia e Ciência Política em diferentes instituições no Brasil, EUA, Portugal, Itália, Argentina, Colômbia e Uruguai. É coautor das obras *Ensaios sobre Liberdade e Prosperidade* (UNA Editoria, 2001) e *Dicionário de Filosofia Política* (Editora UNISINOS, 2010), além de autor de artigos em diferentes periódicos acadêmicos e do estudo introdutório "A vida e a imaginação de Russell Kirk" para a edição brasileira do livro *A Era de T. S. Eliot: A Imaginação Moral do Século XX* (É Realizações, 2011) de Russell Kirk.

Introdução

RUSSELL KIRK E O CORAÇÃO CONSERVADOR
MARK C. HENRIE

É um lugar-comum dizer que a característica que define aquela forma literária particularmente moderna, o romance, é a preocupação com a revelação da vida interior do homem comum. Daí o uso frequente, desde o início da história do gênero literário romance, do artifício de diários ou cartas – por exemplo, no *Clarissa*[1] de Samuel Richardson (1689-1761), ou no *Robinson Crusoe*[2] de Daniel Defoe (1660-1731) –, culminando, por fim, no estilo de fluxo-de-consciência de James Joyce (1882-1941). Esse foco interior da atenção apresenta-se em contraste com a preocupação clássica do épico com os feitos externos do homem *extra*ordinário.

A psique moderna anseia por identificar-se com um *protagonista* e, acanhada, evita o julgamento implícito contra o prosaico que é expresso por meio da vida exemplar do *herói*. O *self* moderno busca ter os gestos complacentes do sentimentalismo, confirmados como naturais, e mesmo louváveis, e espera que até a virtude burguesa seja revelada como uma inautenticidade hipócrita. No seu ânimo crítico,

---
[1] Samuel Richardson, *Clarissa, or, the History of a Young Lady*. Ed. Angus Ross. Londres, Penguin Classics, 1986.

[2] Daniel Defoe, *Robinson Crusoe*. Intr. John J. Richetti. Londres, Penguin Classics, 2001. [Em língua portuguesa a obra foi publicada, entre outras, na seguinte edição: Daniel Defoe, *Robinson Crusoé*. Intr. John J. Richetti, Trad. Sergio Flaksman. São Paulo, Penguin-Companhia das Letras, 2012. (N. T.)].

o *self* moderno busca vasculhar por debaixo dos feitos públicos das figuras heroicas convencionais, para descobrir aí o homem privado, "real", demasiado humano. Dessa maneira, o *self* moderno reencontra a confiança na própria mediocridade e nas falhas morais. A biografia detalhada e reveladora é um deleite especial para os modernos.

No livro *The Sword of Imagination* [A Espada da Imaginação],[3] uma autobiografia e sua última obra, o finado Russell Kirk (1918-1994) concluiu uma vida inteira de moderação das paixões e dos interesses desregrados dos homens modernos. Nesse livro, o leitor que busca a revelação confessional e a introspecção melancólica é rapidamente desconcertado, à medida que o decano do movimento intelectual conservador nos Estados Unidos narra uma vida de muitos incidentes, tanto públicos quanto privados, uma vida, como a chama, de "conflito literário". E ainda, da maneira como foi escrita, permanece uma vida na qual a figura de Kirk fica a certa distância, um pouco além do nosso alcance, em sua equanimidade decorosa. É uma vida de reserva formal, de correção em meio à felicidade doméstica; e é uma vida que termina em silenciosa gratidão pelas graças reconhecidas como imerecidas. As memórias de Kirk correspondem tão pouco à nossa moderna expectativa dessa forma literária que ficamos perplexos: por que se dar ao trabalho de escrever um livro de memórias, e então esconder o próprio autêntico "*self*" por detrás de uma máscara de trivialidades piedosas do século XVIII?

O mais extraordinário é que o leitor moderno fica desconcertado com a decisão de Russell Kirk de escrever as memórias em *terceira pessoa*, frustrando assim, definitivamente, a ânsia pela autorrevelação característica do romance. Por certo – já podemos ouvir uma objeção irritada –, isso é simplesmente impossível, é uma afetação que vai longe demais. Para alguns críticos, essa última escolha estilística

---

[3] Russell Kirk, *The Sword of Imagination: Memoirs of a Half-Century of Literary Conflict*. Grand Rapids, William B. Eerdmans Publishing Company, 1995.

constituiu uma espécie de prova que poderia descartar Kirk como alguém que não era de fato um pensador, mas tão-somente um maneirista, que praticou uma forma elaborada de "pomposo cacoete *Tory*". O estilo da prosa de Kirk – as frases tortuosas, as referências não atribuídas a John Bunyan (1628-1688), o uso promíscuo de aforismos e epigramas, o desinteresse pelos detalhes, a confiança pura e despreocupada nas afirmações históricas e teóricas – é certamente uma provocação para a mentalidade acadêmica contemporânea. Sua prosa adornada é, com frequência, uma pedra de tropeço até mesmo para aqueles que se aproximam dos escritos de Russell Kirk com boa vontade. Contudo, em vez de descartar a mensagem por causa do meio, talvez fosse mais sábio considerar o estilo provocador de Kirk sob outra luz – como um convite ao *questionamento*.

Resta a resolver o maior "problema de Kirk", passadas quase duas décadas de sua morte: o problema da categorização. Qual exatamente foi a natureza de seu projeto? Que *tipo* de pensador e de escritor foi Kirk? *The Conservative Mind* [A Mentalidade Conservadora],[4] a grande realização de Kirk e o livro que deu o próprio nome ao movimento conservador norte-americano moderno, é, em certo nível, uma obra de pesquisa histórica. Como pretende ser uma história de teorias políticas normativas, uma dimensão normativa não pode ser ignorada. Ao examinarmos o resto do grande corpo da obra de Kirk, encontramos os costumeiros ensaios,

---

[4] Russell Kirk, *The Conservative Mind: From Burke to Eliot*. 7. ed. rev. Intr. Henry Regnery. Washington, D.C., Regnery Publishing, 1986. [O livro foi publicado originalmente, em 1953, pela Regnery Publishing com o título *The Conservative Mind: From Burke to Santayana*. A partir da terceira edição norte-americana, publicada em 1960, a obra passou a ter como subtítulo *From Burke to Eliot*. Em língua portuguesa, com tradução baseada na sétima edição, o livro será publicado pela É Realizações com o título *A Mentalidade Conservadora: De Edmund Burke a T. S. Eliot*. Uma reimpressão da primeira edição foi recentemente lançada como: Russell Kirk, *The Conservative Mind*. Miami, BN Publising, 2008. (N. T.)].

reminiscências, crítica literária, histórias locais e universais, esboços de personagens históricas – até mesmo contos e romances de fantasmas e um livro-texto de economia – e, no presente livro, uma coleção de palestras, todas, exceto uma, proferidas pela primeira vez em Washington, D.C., na Heritage Foundation, uma das principais instituições de pesquisa em políticas públicas do país. Com poucas variações, o estilo é sempre o mesmo. O que Kirk tentou produzir por meio da sua escrita idiossincrática? Ao que respondia? Em que sentido poderiam seus escritos constituir uma resposta?

Mesmo que nos restrinjamos aos estudos mais acadêmicos de Kirk, devemos considerar *The Conservative Mind* uma obra de teoria política? Caso a resposta seja afirmativa, então se trata de teoria política de um tipo excêntrico. O livro começa com uma condensação do "pensamento conservador" em seis cânones. No entanto, parecem ter sido ajuntados sem nenhum nexo lógico, e nenhum deles tem mais do que uma relação indireta com formas e instituições políticas. Os cânones não apresentam a claridade redutiva dos termos pelos quais poderíamos considerar o desenvolvimento, por exemplo, do liberalismo: representação parlamentar, proteção de direitos individuais, precedência da propriedade privada, etc. À medida que Kirk avança na narrativa, fica mesmo evidente que várias das suas "mentes conservadoras" violam um ou outro desses cânones.

Devemos então considerar *The Conservative Mind* uma obra de história intelectual? Novamente, o livro seria uma contribuição muito estranha a esse ramo do conhecimento. Kirk não se preocupa absolutamente em demonstrar as cadeias de influências intelectuais, ficando satisfeito em aduzir algo como uma semelhança familiar entre os pensadores por ele examinados. O trabalho negativo de cuidadosa discriminação, tão necessário na história intelectual, aparece apenas esporadicamente. As particularidades das circunstâncias históricas tendem a se esvanecer, ao passo que Kirk monta um arquétipo conservador nesse prolongado "ensaio em definição".

Em vez de teórico político ou historiador das ideias, Russell Kirk considerava-se um "homem de letras", chegando a ter esse título inscrito em sua lápide no cemitério da paróquia católica de St. Michael, em Remus, Michigan.[5] É um termo que quase desapareceu do uso corrente. Visto que agora existe uma indústria caseira de jornalistas lamentando o esvaziamento do nosso estoque de "intelectuais públicos", o "homem de letras" está tão distante da nossa experiência contemporânea que mal podemos conjurar qualquer imagem desse tipo de pessoa. O homem de letras é um escritor; mas que tipo de escritor? Em sua imprecisão e deliberado arcaísmo, o termo parece meramente servir para manter Kirk a alguma distância. Contudo, também nos convida a penetrar mais fundo na questão de como Kirk concebia a própria obra – e como nós, também, podemos entendê-la. O lugar para começar é *The Conservative Mind*, publicado pela primeira vez há mais de meio século.

***

O ambiente intelectual em que o livro de Kirk apareceu foi já reconstituído várias vezes, com destaque para o estudo definitivo de George Nash, *The Conservative Intellectual Movement in America since 1945* [O Movimento Intelectual Conservador nos Estados Unidos desde 1945].[6] Em 1950, o crítico literário Lionel Trilling (1905-1975), da Universidade de Columbia, em Nova York, havia escrito que, nos Estados Unidos de então, "o liberalismo é não só a tradição

---

[5] Na grande lápide de granito negro em forma de arco gótico ogival estão escritas as palavras *"Russell Kirk / 1918-1994 / Man of Letters"* e uma citação dos versos 52 e 53 da primeira parte do poema "Little Gidding", o último dos *Four Quartets* [Quatro Quartetos] de T. S. Eliot (1888-1965), que afirmam: *"the communication / Of the dead is tongued with fire beyond the language of the living"* [a comunicação / Dos mortos se propaga, em línguas de fogo, para além da linguagem dos vivos]. (N. T.)

[6] George H. Nash, *The Conservative Intellectual Movement in America: Since 1945*. 2. ed. rev. Wilmington, ISI Books, 1996.

dominante, mas a única tradição intelectual".[7] Em 1955, o teórico político Louis Hartz (1919-1986), da Universidade de Harvard, iria além de Trilling, ao defender que, de fato, nunca tinha existido nem teria sido possível existir qualquer coisa diferente de uma tradição liberal lockeana nos Estados Unidos, porque os Estados Unidos haviam sido uma nação burguesa desde o início.[8] A máxima de Hartz era *sem feudalismo, sem socialismo*, mas um corolário necessário – não dito, por ser tão patente e óbvio – era: *tampouco sem um verdadeiro conservadorismo*. O livro de Daniel Bell (1919-2011) *The End of Ideology* [O Fim da Ideologia][9] de 1962 – composto de capítulos escritos ao longo da década de 1950 – apreendeu bem o espírito do período. Foi o *primeiro* "fim da história",[10] com as elites americanas incapazes de imaginar qualquer coisa que não fosse o infindável avanço de várias "sínteses" dos progressivismos liberais e socialistas.

O livro de Russell Kirk emitiu um tom perfeitamente dissonante.[11] No primeiro parágrafo de *The Conservative Mind*, defende que a sua

---

[7] Lionel Trilling, *The Liberal Imagination: Essays on Literature and Society*. Nova York, Viking Press, 1950, p. 5. [Atualmente esgotada em língua portuguesa, a obra foi lançada na seguinte edição brasileira: Lionel Trilling, *Literatura e Sociedade*. Trad. Rubem Rocha Filho. Rio de Janeiro, Lidador, 1965. (N. T.)].

[8] Louis Hartz, *The Liberal Tradition in America: An Interpretation of American Political Thought since the Revolution*. San Diego, Harcourt, Brace, 1955.

[9] Daniel Bell, *The End of Ideology: On the Exhaustion of Political Ideas in the Fifties*. Glencoe, The Free Press, 1960. [O livro foi publicado em língua portuguesa na seguinte edição brasileira: Daniel Bell, *O Fim da Ideologia*. Trad. Sérgio Bath. Brasília, Editora Universidade de Brasília, 1980. (N. T.)].

[10] Referência à noção hegeliana apresentada no livro *The End of History and the Last Man* do filósofo e economista neoconservador Francis Fukuyama, lançado originalmente em inglês no ano de 1992. A obra foi publicada em língua portuguesa na seguinte edição: Francis Fukuyama, *O Fim da História e o Último Homem*. Tradução Aulydes Soares Rodrigues. Rio de Janeiro, Rocco, 1992. (N. T.)

[11] O modo como o pensamento kirkeano desafiou o aparente consenso liberal nas décadas de 1950 e 1960 pode ser compreendido de forma mais detalhada

época não é um tempo de triunfo liberal, mas ao contrário um tempo de desintegração, tanto liberal quanto radical.[12] A união, no contexto desse julgamento, do liberalismo e do radicalismo – e, portanto, de John Locke (1632-1704) e de Jean-Jacques Rousseau (1712-1778) – é significativa.[13] Nos Estados Unidos da década de 1950, o desafio mais recente ao "progresso" esquerdista da sociedade norte-americana havia sido a oposição de certos elementos das classes capitalistas ao *New Deal*. A defesa de uma forma mais antiga do "liberalismo clássico" diante do emergente Estado de Bem-Estar Social tinha sido equacionada, na mentalidade norte-americana, com "conservadorismo". Kirk, no entanto, estava inaugurando um caminho bem diferente, rejeitando a visão de que as alternativas historicamente disponíveis nos Estados Unidos iam somente de um liberalismo mais clássico até as encarnações então correntes do liberalismo. De modo ainda mais tendencioso, Kirk identificaria até mesmo o coquetel moderado que

---

pela leitura do seguinte artigo: Bradley J. Birzer, "More than 'Irritable Mental Gestures': Russell Kirk's Challenge to Liberalism, 1950-1960". *Humanitas*, v. XXI, n. 1-2, Spring-Fall 2008, p. 64-86. (N. T.)

[12] Os termos "*liberalism*" e "*liberal*", no sentido norte-americano, sofreram uma modificação de significado no século XX, passando a conotar mais uma visão política de esquerda não marxista, ou "progressista", que a clássica defesa do livre mercado e dos limites ao poder do Estado, chamada nos Estados Unidos de "liberalismo clássico". Para maiores explicações sobre a temática, ver as notas explicativas 40 (p. 356-57) e 381 (p. 389-90) da presente edição. (N. T.)

[13] Também é significativo que, em *The Conservative Mind*, Karl Marx (1818-1883) é quase sempre uma presença apenas marginal. Há muitos que gostariam de considerar o movimento conservador norte-americano um artefato da Guerra Fria. Os temas do "conservadorismo da Guerra Fria" – a crítica da economia planificada e do coletivismo, a defesa da "liberdade" e do "individualismo" – estão quase totalmente ausentes da obra fundante de Russell Kirk. O bolchevismo revolucionário não se encontra entre os temas dominantes do livro, mas a Revolução Francesa e a Revolução Industrial, sim, e essas duas são frequentemente consideradas sob um mesmo ponto de vista. De todos os conservadores norte-americanos, foram os seguidores de Kirk os que ficaram menos desorientados teoricamente pelo surpreendente colapso do comunismo entre 1989 e 1991.

misturava liberalismo com o Estado de Bem-Estar Social – que, para Bell, apontava para o fim da ideologia – como uma forma de ideologia. Essa era uma afirmação portentosa.

Na época imediatamente após a Segunda Guerra Mundial, e movidos em grande parte pela obra de Hannah Arendt (1906-1975), muitos intelectuais ocidentais da esquerda e da direita vieram a perceber o perigo do *totalitarismo*, uma forma de extremismo ideológico que se incumbira de transformar a natureza humana por intermédio da política[14] – com os resultados desastrosos que, agora, compreendemos tão bem. A grande bravata do liberalismo clássico sempre fora a de ter fundamento na natureza humana e a de ser-lhe mais adequado – uma vez que tal natureza estivesse livre de ilusões e superstições. Para a mentalidade liberal, poderíamos mesmo dizer que, caso a ideologia seja definida como um projeto de alcançar uma abstração intelectual utópica, então o liberalismo clássico é o oposto da ideologia.

Para Kirk, porém, imerso na história, as enormidades da Revolução Francesa no século XVIII eram tão próximas quanto aquelas das revoluções bolchevique e nacional-socialista do século XX. Kirk viu que a pretensão de estar fundamentado sistematicamente sobre certos "fatos" da natureza humana não era uma propriedade exclusiva do liberalismo clássico, mas algo compartilhado por todas as ideologias. O socialismo podia pretender ser uma adequação mais verdadeira do que o liberalismo clássico à igualdade natural dos seres humanos, e o nacional-socialismo, à desigualdade natural. O comunismo entendia-se como um tipo de "ciência natural" dos movimentos da história humana. Cada um desses procedia mediante uma redução racionalista de seres humanos reais à "construção" ideológica de uma

---

[14] Hannah Arendt, *The Origins of Totalitarianism*. Nova York, Schocken Books, 1951. [O livro foi publicado em português na seguinte edição: Hannah Arendt, *Origens do Totalitarismo*. Trad. Roberto Raposo. São Paulo, Companhia das Letras, 1989. (N. T.)].

natureza humana abstrata, unida às instituições apropriadas àquela abstração. A resposta de Kirk foi a afirmação notável de que o *conservadorismo* era a verdadeira "negação da ideologia" e, portanto, a verdadeira (e largamente inexplorada) alternativa na era moderna.

Se o mundo moderno é, em grande parte, uma "construção" liberal, em vez de uma "revelação (e libertação) liberal da natureza", então o conservador deve aplanar e recuperar o terreno. Se essa construção liberal representa um "salto" para fora, supostamente, de um ultrapassado mundo da "tradição", então existe o ônus de se demonstrar que uma tradição conservadora alternativa persiste como possibilidade histórica. Era isso o que Kirk tentara fazer em *The Conservative Mind*, um livro que representa a si mesmo, em primeira instância, como uma recuperação intelectual do "submundo" da história do pensamento social e político moderno. Kirk daria voz àqueles que participaram do "grande dissenso" do projeto moderno – mas, em particular, àqueles cujo senso de responsabilidade política impedia que caíssem em uma mera contraideologia da reação. No polo oposto da política ideológica encontra-se a *política da prudência*.

Quando buscamos perceber a substância de uma ideia, política ou social, é útil examinar aquilo que é por ela negado. Quem são os alvos de um tratamento altamente desdenhoso em *The Conservative Mind*? Em primeiro lugar, os racionalistas do Iluminismo francês: Marquês de Condorcet (1743-1794), Anne Robert Jacques Turgot (1727-1781), Voltaire (1694-1778), o seu discípulo inglês, Thomas Paine (1737-1809) e ao menos parte de Thomas Jefferson (1743-1826). São os utilitaristas: Jeremy Bentham (1748-1832), James Mill (1773-1836) e John Stuart Mill (1806-1873). É Augusto Comte (1798-1857), em uma categoria própria. E os românticos naturalistas: Ralph Waldo Emerson (1803-1882) e, sobretudo, por toda parte, Jean-Jacques Rousseau. Todos são vistos como partidários da *inovação*. Contra eles, Kirk reúne a tradição conservadora, começando com o Edmund Burke (1729-1797) das *Reflections on the Revolution in France* [Reflexões sobre a Revolução em

França][15] e seguindo com John Adams (1735-1826), John Randolph (1773-1833) e John C. Calhoun (1782-1850), Sir Walter Scott (1771-1832) e Samuel Taylor Coleridge (1772-1834), Thomas Babington Macaulay (1800-1859) e Alexis de Tocqueville (1805-1859), Benjamin Disraeli (1804-1881) e John Henry Newman (1801-1890), e assim por diante (após um grupo bastante desanimador de personagens em torno da virada do século XX), até Irving Babbitt (1865-1933), Paul Elmer More (1864-1937) e George Santayana (1863-1952) – mais tarde, iria até T. S. Eliot (1888-1965). Representam o "partido da ordem", os defensores da "tradição" – entendida como a plena verdade a respeito do homem que é desbastada pela abstração ideológica. Uma política da prudência faz justiça àquelas verdades que são conhecidas, de um modo especial, na tradição.

Como se pode ver rapidamente, mesmo a partir desse relato parcial, a genealogia de Russell Kirk não era somente um ato de recuperação, ou reabilitação, de um grupo de mentes conservadoras marginalizadas. Também estava engajado na reinterpretação, ou na retomada, de certos pensadores renomados que, parece, poderiam, com igual plausibilidade, ser reclamados pelo "outro lado" – tais como Macaulay, Newman ou Coleridge. Kirk traria à luz certas dimensões do pensamento desses homens que haviam sido deliberadamente obscurecidas no "relato padrão" do progresso do pensamento moderno. Onde outros poderiam descontar os elementos conservadores do pensamento de tais personagens como lapsos compreensíveis e perdoáveis e, alternativamente,

---

[15] Edmund Burke, *Reflections on the Revolution in France*. In: *The Works of the Right Honorable Edmund Burke*, volume III. Boston, Little, Brown and Company, 1865. [Em língua portuguesa a obra foi lançada na seguinte edição: Edmund Burke, *Reflexões sobre a Revolução em França*. Intr. Connor Cruise O'Brien, Trad. Renato de Assumpção Faria, Denis Fontes de Souza Pinto e Carmen Lídia Richter Ribeiro Moura. Brasília, Editora Universidade de Brasília, 1982. Mais recentemente, houve uma nova edição: Edmund Burke, *Reflexões sobre a Revolução na França*. Trad. Eduardo Francisco Alves. Rio de Janeiro, Topbooks, 2012 (N. T.)].

concentrar-se nas visões mais progressistas tidas como "centrais", a avaliação que Kirk fazia dos indícios ambíguos era exatamente inversa. Simplesmente por destacar os pensamentos conservadores de intelectuais que poderiam ter sido "semiliberais", Kirk confrontava os leitores com os vieses mais profundos da história intelectual de seu tempo.

Ora, ao longo da última metade do século, o progresso da *Wissenschaft*[16] nas universidades norte-americanas criou montanhas de monografias a respeito de praticamente todas as figuras maiores e menores da história europeia e norte-americana, incluindo aquelas encontradas em *The Conservative Mind*. Também experimentamos o "renascimento da Filosofia Política" em várias "escolas" importantes, ensejando uma geração de leitores particularmente sofisticados nesse campo. Muitas vezes, encontramos um preconceito cético contra Russell Kirk, já que não teve um cargo universitário normal ou participou das rotinas da vida acadêmica. Como resultado, vários questionamentos diretos foram feitos a respeito dessa versão de tradição conservadora kirkeana, e tais questões são, com frequência, expressas em forma de acusação. Por exemplo, notam, às vezes, que Edmund Burke foi um *Whig* a vida inteira, em vez de um *Tory*:[17] poderia ele, dessa maneira, ser considerado um conservador no sentido robusto

---

[16] O termo alemão *wissenschaft* é utilizado para definir qualquer estudo ou disciplina que envolva pesquisa sistemática, incorporando as ciências, as formas de aprendizado e os diferentes tipos de conhecimento cujo processo de validação decorra da metodologia. A ideia de *wissenschaft* foi considerada como a ideologia oficial das universidades alemãs ao longo do século XIX. (N. T.)

[17] *Whig* e *Tory* são os dois principais partidos, ou agrupamentos políticos, da Inglaterra do século XVII ao século XIX, e termos historicamente locais, não diretamente traduzíveis pelos nomes dados às correntes políticas contemporâneas. Em suas origens, anteriores à época a que o presente relato se refere, os *Whigs* eram defensores dos limites constitucionais ao poder do soberano, e em especial às prerrogativas do Parlamento, enquanto os *Tories* defendiam a monarquia absolutista; mais tarde, os *whigs* viriam a se identificar com o liberalismo e suas bandeiras inovadoras, e os *tories*, com o conservadorismo político e a defesa dos valores e das instituições tradicionais. (N. T.)

que lhe é atribuído por Kirk? A rejeição por John Adams do direito canônico e da lei feudal não demonstra uma fundamental antipatia para com os tipos de instituições pelas quais Burke (e Kirk) nutriam tanto desvelo? Por outro lado, o Iluminismo foi realmente tão dogmático quanto Kirk afirma? Não há traços "conservadores" entre as *lumières*, e até mesmo em Rousseau? De um modo mais geral, Kirk realmente *recuperou* uma tradição ou inventou uma?

O livro escrito por Russell Kirk se sai muito bem, na verdade, se comparado com o nível das produções intelectuais norte-americanas de sua época, fato que os críticos mais severos de Kirk parecem ignorar.[18] Igualmente, continua sendo um valioso corretivo para tendências enganosas presentes, até na melhor produção acadêmica atual. Por exemplo, com relação às questões da Filosofia Política, os norte-americanos têm, caracteristicamente, nas últimas décadas, tomado pensadores alemães como referência, um produto da germanização da mentalidade norte-americana após a década de 1930. Antes do século XX, no entanto, o mundo anglo-americano mantinha somente um leve contato com o pensamento alemão. A orientação de Kirk relativa aos pensadores franceses é, seguramente, um ponto de partida mais defensável para a compreensão correta da história dos Estados Unidos. Além disso, alguns dos julgamentos históricos aparentemente excêntricos de Kirk, embora contrários, ainda hoje, aos entendimentos convencionais, demonstram potencial para um dia se tornarem mais amplamente aceitos: por exemplo, a visão de que Alexander Hamilton (1755-1804) fora essencialmente um mercantilista com os olhos no passado, ao passo que John Adams, profundo no estudo dos antigos, possuía uma compreensão mais correta das problemáticas futuras da economia política norte-americana.

---

[18] Uma exposição detalhada dos argumentos dos principais críticos do livro *The Conservative Mind* e uma defesa do posicionamento de Russell Kirk são o objeto do seguinte artigo: Gerald J. Russello, "Russell Kirk and the Critics". *The Intercollegiate Review*, v. 38, n. 2, Spring 2003, p. 3-13. (N. T.)

Quase sempre, quando as interpretações de Russell Kirk diferem do que "agora sabemos", podemos demonstrar que Kirk tinha consciência da alternativa excluída; só chegou a uma conclusão diferente. Isso é verdade, de maneira muito mais significativa, no que toca ao tratamento do caráter *Whig* da filosofia de Edmund Burke. Muitos estudiosos de teoria política tendem agora a considerar Burke mais estadista que filósofo, e caso tenha sido um (mero) estadista, então, necessariamente, era um estadista operando num horizonte político "legislado" por um verdadeiro filósofo. John Locke foi o grande filósofo *Whig* e o fundador da democracia liberal moderna; é, portanto, um equívoco descobrir em Burke, um *Whig*, qualquer revolta fundamental contra o mundo moderno. Kirk, todavia, não partilha da opinião contemporânea a respeito da supremacia dos filósofos: defendia claramente, de fato, que os *poetas* são os verdadeiros legisladores deste mundo, identificando a maior parte do século XX como "A Era de Eliot".[19] Kirk, por outro lado, também se esforça por demonstrar que, apesar dos compromissos políticos de caráter *Whig*, Burke, nas *Reflections on the Revolution in France*, "repudiou grande parte dos princípios de Locke".[20] O conservadorismo, após Burke, não deve "quase nada" a Locke. Essas são afirmações fortes e cuidadosamente refletidas.

De modo semelhante, os estudiosos da teoria política que aderem à noção da supremacia dos filósofos e que não conseguem encontrar em Burke um sistema adequadamente rigoroso buscaram alhures um fundador filosófico para o conservadorismo moderno, questionando implicitamente, dessa forma, um pilar central dos feitos de Kirk. Na maioria das vezes, tentam encontrar tal "verdadeiro" fundador em

---

[19] Russell Kirk, *Eliot and His Age: T. S. Eliot's Moral Imagination in the Twentieth Century*. Intr. Benjamin G. Lockerd Jr. 2. ed. rev. Wilmington, ISI Books, 2008. [O livro foi recentemente publicado em língua portuguesa na seguinte edição brasileira: Russell Kirk, *A Era de T. S. Eliot: A Imaginação Moral do Século XX*. Apr. Alex Catharino, Intr. Benjamin G. Lockerd Jr., Trad. Márcia Xavier de Brito. São Paulo, É Realizações, 2011. (N. T.)].

[20] Russell Kirk, *The Conservative Mind: From Burke to Eliot*, p. 27.

David Hume (1711-1776) ou G. W. F. Hegel (1770-1831), ambos filósofos "respeitáveis". Kirk rejeita ambos, porém, descrevendo-os como conservadores somente "por acaso". Há amplos indícios em *The Conservative Mind* da ponderação de Kirk no que concerne a certas questões sofisticadas de intepretação histórica e teórica, mas, diferente da maior parte dos escritos acadêmicos, tal trabalho intelectual é reprimido, em vez de destacado, no texto. Caso queiramos aprender com Kirk, temos de aprender um jeito diferente de fazer a leitura.

A afirmação proferida por Russell Kirk a respeito do repúdio de Burke aos princípios lockeanos suscita ainda outra pergunta. O que pode significar, no caso de um pensador, a rejeição dos princípios de Locke, enquanto se mantém a defesa de instituições políticas essencialmente *whigs*, ou "lockeanas", como aparentemente o faz Burke? Essa pergunta está ligada a outra objeção kirkeana à apresentação da tradição conservadora. Será que os pensadores citados por Kirk em seu livro não estão primordialmente engajados em alguma forma de *crítica* social e cultural? Não deixam de oferecer, com raras exceções, um conjunto de instituições qualquer que poderia ser considerado uma alternativa concreta ao mundo "construído" do liberalismo? Nas ocasiões em que realmente desenvolvem argumentos sobre instituições, as "mentes conservadoras" descritas por Kirk aparentam estar tanto em desacordo como em acordo, e Kirk nunca organiza a argumentação em torno de questões constitucionais. Por carecer de qualquer programa institucional evidente, em que sentido pode ser entendido o conservadorismo de Kirk? Como uma forma de pensamento *político*? Voltamos assim à nossa questão original. Que tipo de pensador foi Kirk? O que tentou alcançar com seus escritos?

***

Em certo sentido, também voltamos à questão do estilo e da maneira de escrever de Russell Kirk. Em *The Conservative Mind*, após alguns parágrafos superficiais que introduzem o tema, testemunhamos

Kirk fazer uma digressão para contar uma história, ou melhor, esboçar uma vinheta pessoal. Pausa para fazer uma observação sobre a Arran Quay, número 12, em Dublin, na Irlanda, o local de nascimento de Edmund Burke. Kirk, um pretenso peregrino, lamenta que, logo após, a casa tenha sido demolida em nome do progresso – em seu lugar, encontra-se um edifício malcuidado de escritórios do governo. Como os "conservadores" irlandeses pouco fizeram para celebrar seus grandes homens! Aqui, Kirk demonstra preocupação por uma herança concreta; suscita e afirma um impulso pela conservação em oposição ao espírito definidor da época, a autossuficiência inovadora; desaprova sardonicamente as tolices modernas dos filhos dos homens. Antes mesmo de começar, já "vagueou" para longe do academicismo. De qualquer forma, digressões como essa parecem ser intrínsecas à estrutura do livro, e por isso devem ser intrínsecas aos propósitos de Kirk.

Apesar de sua reserva formal, Kirk é sempre uma presença real mesmo nos escritos mais acadêmicos, quase uma "personagem" na "história", e essa presença tornou-se cada vez mais proeminente à medida que Kirk progredia na carreira. A qualidade inesperadamente pessoal da prosa de Kirk, que sob outros aspectos é arcaicamente formal, nunca foi, ao que parece, alvo de devida consideração. Nada obstante, não é exagero dizer que é a "figura" de Kirk, o "sábio de Mecosta", que, hoje em dia, permanece mais vívida em seus textos. Bem depois que este ou aquele julgamento sobre um pensador particular tiver sido esquecido, bem depois que o avanço disciplinado da pesquisa acadêmica tiver obscurecido o *insight* original dos argumentos, o que será lembrado – e muito sutilmente – é o tom elevado, imparcial, a recusa gótica em simplificar a prosa, de modo a atender às supostas necessidades da comunicação "eficiente", a estrutura de um tipo peculiar de sentimento romântico *Tory*, que "trocaria quaisquer frontões neoclássicos por uma insignificante gárgula desgastada".[21]

---

[21] Idem, *The Sword of Imagination*, p. 69.

O que continua a se insinuar é certa sensibilidade, associada, na compreensão de Kirk, à expressão "imaginação moral" de Burke.[22] Pelo final da década de 1950, Kirk havia, ele próprio, se tornado o ícone da mentalidade conservadora, mas essa mentalidade parece ter se concentrado no esforço de falar, comumente de modo bastante indireto, ao coração.

Existe talvez um precedente para esse tipo de escrita no lugar mais improvável: as obras de Jean-Jacques Rousseau. Teóricos políticos acadêmicos têm nos ensinado, ultimamente, a apreciar a sutileza e a perspicácia dos argumentos filosóficos de Rousseau a respeito do estado de natureza e da vontade geral, da virtude republicana e da religião civil – os elementos básicos do distinto pensamento político de Rousseau. Tais julgamentos favoráveis, no entanto, constituem uma evolução bastante recente. Entre os contemporâneos, *Du Contrat Social* [Do Contrato Social],[23] publicado originalmente em 1762, foi considerado o menos exitoso esforço de Rousseau. Até mesmo os *philosophes* consideravam os escritos políticos rousseaunianos pouco mais que fantasias visionárias. Todavia, Rousseau foi um fenômeno literário. As obras *Les Confessions* [As Confissões][24] de 1770 e *Émile* [Emílio][25] de 1762 foram *best-sellers* internacionais de amplo e escandaloso interesse. Em ambos, o próprio Rousseau é uma "personagem". Para além dos argumentos específicos dos livros, o que é mais memorável nessas obras (e o que era mais falado nos salões) é o próprio "Jean-Jacques", o "Cidadão de Genebra" por algum tempo,

---

[22] Edmund Burke, *Reflections on the Revolution in France*, p. 333. [Em português, ver: Edmund Burke, *Reflexões sobre a Revolução em França*, p. 101. (N. T.)].

[23] Jean-Jacques Rousseau, *Do Contrato Social*. Intr. Maurice Cranston, Trad. Eduardo Brandão. São Paulo, Penguin-Companhia das Letras, 2011. (N. T.)

[24] Idem, *Confissões*. Trad. Raquel de Queiroz e José Benedicto Pinto. Bauru, Edipro, 2008. (N. T.)

[25] Idem, *Emílio, ou Da Educação*. Intr. Michel Launay; Trad. Roberto Leal Ferreira. São Paulo, Martins Fontes, 1991. (N. T.)

que agora encarnava uma nova "virtude": o amor compassivo pela humanidade.

Como muito bem explicou o professor Clifford Orwin, se considerarmos que Nicolau Maquiavel (1469-1527) trabalhou na construção de "novos modos e ordens" na política, Rousseau, por sua vez, buscou insinuar "novas atmosferas e sentimentos" na mais privada das esferas. "Seu objetivo foi uma revolução interna, não racional, vinda daquelas razões do coração que a própria razão desconhece",[26] escreve Orwin. Rousseau viria a introduzir uma nova "sensibilidade", que poderia transformar tudo – deixando, ao mesmo tempo, "tudo" relativamente intacto. O humanitarismo suplantaria tanto as virtudes clássicas como as burguesas, no coração da vida moral. Naturalmente, esse esforço de educação sentimental estava relacionado a um grupo de ideias políticas radicalmente diversas, uma concepção distinta da natureza e das necessidades daquele ser histórico, o homem moderno, que habita os modos e as ordens de uma civilização burguesa. A "obra" de Rousseau, contudo, não seria consumada por um programa político; não seria efetuada simplesmente por um avanço filosófico; foi concluída por um apelo tácito aos movimentos mais profundos do coração. Rousseau participa simultaneamente, gostemos ou não, dos grupos dos legisladores filosóficos e poéticos de nossa era.

Edmund Burke compreendeu bem o caráter do projeto de Jean-Jacques Rousseau quando observou que "Rousseau é um moralista ou não é nada".[27] Muito da obra posterior do próprio Burke pode ser entendida como um método de educação sentimental (moral), com o objetivo de contrabalançar as conquistas de Rousseau – especialmente

---

[26] Clifford Orwin, "Moist Eyes – From Rousseau to Clinton". *The Public Interest*, n. 128, Summer 1987, p. 4.

[27] Edmund Burke, *A Letter to a Member of the National Assembly, in Answer to some Objections to his Book on French Affairs*. In: *The Works of the Right Honorable Edmund Burke*, volume IV. Boston, Little, Brown and Company, 1866, p. 25.

na medida em que a sensibilidade romântica rousseauniana formou uma síntese mortal com o racionalismo do Iluminismo francês.[28] Essa, ao menos, parece ser a lição decisiva que Kirk aprendeu de Burke, e que continua a ser o modelo extremo da mentalidade conservadora.

Ao seguir Edmund Burke, Russell Kirk inquietou-se com o opressivo desencantamento do mundo, produto da obra dos iluministas. Ao seguir Burke, Kirk inquietou-se com a "cura" sentimental oferecida

---

[28] Consideremos, por exemplo, o famoso trecho sobre a rainha Maria Antonieta (1755-1793) da França em *Reflections on the Revolution in France* (p. 331). Edmund Burke foi aconselhado repetidas vezes a removê-lo, porque o sentimento antiquado desse trecho tenderia a minar a força persuasiva dos seus argumentos políticos e econômicos. Burke, porém, insistiu na sua inclusão e, dois séculos depois, permanece o trecho singularmente mais memorável de todo o seu *corpus*. [O autor se refere à seguinte passagem da obra: "Faz dezesseis ou dezessete anos que vi a Rainha da França, então Delfina, em Versalhes; e certamente, jamais desceu à terra, que ela parecia nem tocar, alguma visão mais deliciosa. Vi-a logo acima do horizonte, decorando e alegrando a esfera elevada na qual começava a se mover – cintilante como uma estrela da manhã, cheia de vida, de esplendor e de alegria. Ah! Que revolução! E que coração precisaria ter para contemplar sem ficar comovido tanta elevação e tanta queda! Quando poderia imaginar que, enquanto acumulava protestos de veneração e de amor entusiástico, distante e respeitoso, ela seria obrigada a esconder em seu seio o antídoto contra a desonra! Quando poderia imaginar que veria tais desgraças ocorrem-lhe numa nação de homens galantes, numa nação de homens de honra e de cavalheiros! Julgava que dez mil espadas pulariam de suas bainhas para vingar até mesmo um olhar que ameaçasse insultá-la. – Mas a idade do cavalheirismo já passou. – Sucedeu-a aquela dos sofistas, dos economistas, dos calculadores; e a glória da Europa está extinta para sempre. Não veremos nunca mais as manifestações de generosa lealdade à classe dos indivíduos e ao sexo, de submissão orgulhosa, de obediência digna, de subordinação do coração, que, até na servidão, conservava vivo o elevado espírito da liberdade. Foram-se a graça natural da existência, a defesa desinteressada da nação, o berço dos sentimentos viris e de empreendimentos heroicos! Foram-se a delicadeza dos princípios e a castidade da honra, que faziam sentir como ferida a mácula, que inspiravam coragem ao mitigar crueldade, que enobreciam tudo quanto tocavam, e sob cujo domínio o vício perdia toda a força de seu mal, ao destituir-se, ao mesmo tempo, de toda a vulgaridade" (Edmund Burke, *Reflexões sobre a Revolução em França*, p. 100). (N. T.)].

por Jean-Jacques Rousseau, que consentia na construção da gaiola de ferro de autointeresse racional do liberalismo, ao mesmo tempo que oferecia como compensação apenas o idílio naturalista da compaixão indiscriminada. Ao seguir Burke, Kirk apreciava as reais conquistas políticas de várias instituições modernas; o problemático eram os sentidos ideológicos e sentimentais que cercavam essas instituições, e pelos quais o progresso era guiado. Assim, se o corte ideológico e a expressão sentimental das ideias tinham de ser superadas para o homem, por tradição, recuperar a nobreza que lhe cabia como direito de nascença, seria necessária uma educação da imaginação moral. A complexidade do bem humano e a exigente vida das virtudes precisavam ser tornadas atraentes via um novo – e bem diferente – apelo ao coração. "O conservador vê-se (...) um peregrino em um reino de mistério e maravilhamento, onde o dever, a disciplina e o sacrifício são necessários – e onde a recompensa é aquele amor que excede toda a inteligência."[29] São trechos como esse que marcam o legado central de Kirk, o quinhão de um moralista e educador dos sentimentos.

Vista de outra maneira, a qualidade *crítica* das "mentes conservadoras" na genealogia construída por Russell Kirk ilustra, com veemência, o fato de o conservadorismo não ser uma questão apenas de preservar o *status quo*, seja ele qual for. A intuição original do conservadorismo é a do *des*contentamento com a época presente. Há, portanto, certa semelhança formal entre o conservadorismo e o radicalismo, fato a que o próprio Karl Marx (1818-1883) prestou certa homenagem: grandes porções do *Manifesto do Partido Comunista*,[30] em muitos trechos, parafraseiam as típicas críticas conservadoras do século XIX a respeito do liberalismo. Não obstante, o descontentamento

---

[29] Russell Kirk, "Libertarians: Chirping Sectaries". In: *Redeeming the Time*. Ed. e intr. Jeffrey O. Nelson. Wilmington, ISI Books, 1996, p. 281.

[30] Karl Marx e Friedrich Engels, *Manifesto do Partido Comunista*. Org. e intr. Marco Aurélio Nogueira, Trad. Marco Aurélio Nogueira e Leandro Konder. 15. ed. Petrópolis, Vozes, 2010. (N. T.)

conservador se estende também a todas as soluções proferidas na tradição radical. O conservador procura recuperar a natureza humana escondida sob as construções ideológicas; mas, em acentuado contraste com Jean-Jacques Rousseau, o conservador reconhece que essa natureza é complexa, e não simples. A natureza do homem é descontínua e mais nobre do que a natureza não-humana. Quando o véu sombrio da dúvida iluminista cobrir tudo, tal convicção tornar-se-á fecunda tão somente pela educação da imaginação moral.

É sob essa luz que devem ser entendidos os seis cânones que Russell Kirk articula na introdução do livro *The Conservative Mind*.[31] Um deles, o quarto, diz respeito à relação entre a propriedade e a liberdade. É o único elemento de John Locke que sobrevive no pensamento conservador, um reconhecimento das conquistas práticas das instituições políticas modernas.[32] Os primeiros três cânones, porém, são os mais substantivos, e consistem praticamente num catálogo dos costumes aristocráticos que o próprio Alexis de Tocqueville considerou inviáveis no estado social democrático que marca a nossa era. O primeiro cânone é "a crença em uma ordem transcendente (...) que rege a sociedade, bem como a consciência":[33] na era pós-Iluminismo, a bravata é, justamente, a de que o homem é *autônomo*, o verdadeiro soberano do mundo. O segundo é um

---

[31] No presente volume, os seis cânones do conservadorismo são estendidos a "dez princípios conservadores", já que Russell Kirk fora solicitado a proferir uma série de palestras na Heritage Foundation sobre vários grupos de "dez" – eventos, livros, princípios, etc. Os seis cânones originais do livro *The Conservative Mind* também diferem, e em alguns pontos consideravelmente, das "seis premissas" do conservadorismo que Kirk apresentou em sua introdução a *The Portable Conservative Reader* [O Guia de Bolso de Textos Conservadores] (Nova York, Penguin Books, 1982). A flexibilidade, para não dizer indiferença, com que Kirk tratava de princípios políticos abstratos ilustra muito bem o que ele queria dizer com a afirmação de que o conservadorismo é a negação da ideologia.

[32] Russell Kirk, *The Conservative Mind*, p. 9.

[33] Ibidem, p. 8.

"pendor pela prolífera variedade e mistério da existência humana"[34] tradicional: a construção liberal resulta na homogeneização de todas as esferas sociais. O terceiro é a "convicção de que a sociedade civilizada requer ordens e classes":[35] o oposto direto do impulso igualitarista democrático. Kirk buscava cultivar algo como uma sensibilidade "aristocrática" no interior da moderna sociedade de massa, não obstante as dúvidas de Tocqueville.

Os dois últimos cânones de Russell Kirk dizem respeito à aderência ao "uso consagrado"[36] e ao ceticismo diante da "inovação precipitada",[37] e introduzem o resto da problemática que Kirk acreditava estar enfrentando. São "metaprincípios" conservadores – não são bens sociais substantivos, mas, antes, posturas críticas em relação à permanência e à mudança. Os primeiros pensadores liberais estavam engajados em um grande esforço para construir instituições nas quais o "progresso" poderia se tornar autossustentável. Pensadores liberais subsequentes, tais como John Stuart Mill, desenvolveram argumentos em favor da natureza benéfica da inovação experimental generalizada. Até mesmo Alexis de Tocqueville, que possuía dúvidas profundas a respeito dos efeitos da democracia sobre a dignidade humana, não pôde ver nenhum modo de interromper o progresso do

---

[34] Ibidem, p. 8.

[35] Ibidem, p. 8.

[36] No original: *"prescription"*. Tal como apresentado nas notas explicativas 53 (p. 359-60), 54 (p. 360) e 434 (p. 396-97) do presente livro, para garantir maior fidelidade conceitual e histórica ao termo, evitando confusões com termos jurídicos e falsos cognatos, optamos por traduzir o mesmo pela expressão "uso consagrado". Retirando a palavra do pensamento burkeano (Edmund Burke, *Reflections on the Revolution in France*, p. 307), o autor, no livro *The Conservative Mind*, define *prescription* como "o direito consuetudinário que surge da convenção e que une sucessivas gerações" (p. 42). Sobre a temática, ver também o seguinte artigo: Michael P. Federici, "The Politics of Prescription: Kirk's Fifth Canon of Conservative Thought". *The Political Science Reviewer*, v. XXXV, 2006, p. 159-78. (N. T.)

[37] Russell Kirk, *The Conservative Mind*, p. 9.

espírito moderno. No fim, o elemento mais incapacitante da era moderna é a convicção generalizada de que o progresso é inevitável, e, portanto, o conservadorismo, estritamente falando, é *impossível*.

* * *

F. J. C. Hearnshaw (1869-1946) observou, certa vez, que "em geral é suficiente, para propósitos práticos, que os conservadores, sem dizer coisa alguma, sentem e pensem, ou mesmo que apenas sentem";[38] mas tal avaliação não pode ser correta. Na era do progresso, ficar sentado em silêncio equivale a ser levado de roldão "para adiante" – em direção a que, exatamente, nunca fica muito claro. A crença moderna fundamental de que o progresso é "inevitável" – uma crença especialmente pronunciada na terra em que foi fundada para ser *novus ordo seclorum*[39] – convenientemente dispensa o partidário liberal da exigência de argumentar que este ou aquele pedacinho esperado do "progresso" é de fato, no fim das contas, *bom* para os seres humanos. A "inevitabilidade" histórica, afinal, atreve a atribuir-se a qualidade difícil de "fato", e dessa forma paira incontestavelmente por sobre todas as disputas subjetivas a respeito de meros "valores". "Fatos" não podem ser discutidos.

O estilo da prosa de Russell Kirk era um anacronismo impossível. Mesmo assim, na segunda metade do século XX, publicou mais de

---

[38] F. J. C. Hearnshaw, *The Social and Political Idea of Some Representative Thinkers of the Revolutionary Era*. Londres, G. G. Harrap & Company Ltd., 1931, p. 8. Citado em: Russell Kirk, *The Conservative Mind*, p. 3 (ref. p. 503, bibl. p. 519).

[39] A frase em latim se traduz para o português como: "a nova ordem dos séculos". A sentença foi inspirada nos versos 6 e 8 da quarta écloga das *Bucólicas* do poeta latino Virgílio (70-19 a.C.), que afirmam: "*Magnus ab integro saeclorum nascitur ordo / iam redit et Virgo, redeunt Saturnia regna, / iam nova progenies caelo demittitur alto*" [A grande série de séculos recomeça. / Já também retorna a virgem, voltam os reinos de Saturno; / do alto céu já é enviada uma nova geração.]. A inscrição aparece no *Great Seal* [Grande Selo] dos Estados Unidos, utilizado para autenticar documentos, e, também, no verso das notas de um dólar. (N. T.)

trinta volumes dessa mesma prosa, merecendo um amplo e dedicado contingente de leitores. A publicação dos livros provou a falsidade do "fato" de que apenas uma prosa acadêmica incisiva e eficiente é "possível" em nossa época. Foi possível revelar os "fatos" da era progressista como uma congérie de opinião e sentimento.

A própria vida de Russell Kirk seria igualmente considerada impossível. Por ter sido criado perto de Detroit, em Michigan, rotulou o automóvel de " jacobino mecânico", e parece, de fato, nunca ter aprendido a dirigir. Quem quer que visitasse a economicamente aflita e completamente trivial vila de Mecosta, em Michigan, passaria a noite na fantástica casa gótica de Kirk cantando músicas ao piano, ou escutando contos ao redor da lareira. Em passeios pelos bosques, Kirk podia saltar de trás de uma árvore para representar uma cena de um livro de Walter Scott. Deveríamos entender esses atos como anacronismos? Como idiossincrasias encantadoras? Como retiros fantásticos longe das duras "realidades" da era moderna ou como provas vivas de que o impossível continua a ser possível, mesmo nos dias de hoje, para aqueles que têm a imaginação moral? Como vislumbres do que estamos perdendo – e não precisamos perder, ou como afirmações de que a nossa "mera" nostalgia seguramente aponta o coração na direção do bem humano? A educação sentimental da imaginação moral levada a cabo por Kirk incluía tanto palavras quanto atos. E é impressionante perceber que a prosa "afetada" de Kirk revela, de fato, um homem autêntico, um homem que imaginou um caminho para fugir da prisão intelectual da ideologia moderna – e acenou a outros para que fizessem o mesmo.

Ao longo de seus escritos, e com intensidade especial nos últimos anos, diante de audiências mais jovens, Kirk pregou com sinceridade que *"a vida continua valendo a pena"*[40] – apesar de o "Gigante

---

[40] No original: *"life is worth living"*. Referência ao livro *Is Life Worth Living?* [A Vida Vale a Pena?] de W. H. Mallock (1849-1823), publicado originalmente em 1879, que é listado por Russell Kirk no capítulo 4 ("Dez Livros Conservadores", p. 138) da presente obra como um dos textos que, na diversidade

Tédio" caminhar sobre a terra. Era um conselho curioso a ser dado para uma geração emergente, cheia de planos e projetos ambiciosos, e alguns, sem dúvida, consideravam um clichê. Visto que a mentalidade de Kirk era muitas vezes descrita como medieval,[41] tal tema está longe de ser medieval: um escolástico teria oferecido uma demonstração da bondade da ordem criada, e ficado por aí. Essa insistente exortação demonstra quão profundamente Kirk havia perscrutado o coração da acédia moderna, com que imensa capacidade havia diagnosticado as tendências da sensibilidade especificamente moderna. Burke descreveu a interpretação liberal da natureza humana em termos assustadores: "Nesse novo esquema de coisas, um rei é apenas um homem; uma rainha, uma mulher; uma mulher, um animal; e não um animal de ordem muito elevada".[42] A quase irresistível tentação moderna é aquiescer a essa redução da dignidade humana e compensá-la com uma frenética atividade lockeana ou com uma idílica indulgência rousseauniana. Kirk sabia, no entanto, que o coração humano é digno de algo mais nobre; procurou capacitar seus leitores para alcançarem a mesma convicção, por meio do cultivo da imaginação moral:

> Não é inevitável que nos submetamos a uma vida-em-morte social de uniformidade e igualdade entediantes. Não é inevitável que indultemos os apetites até uma saciedade exaurida. Não é inevitável que reduzamos o ensino ao menor denominador comum. Não é inevitável que

---

do impulso conservador, deve ser lido por todos que buscam a sabedoria política e moral. O título do livro de Mallock é utilizado por Kirk como título do epílogo da já citada autobiografia póstuma *The Sword of Imaginagion* (p. 471-76), tendo sido escrito pelo autor logo após receber, na quarta-feira de cinzas de 1994, a notícia do médico de que devido ao estado de saúde lhe restava pouco tempo de vida. (N. T.)

[41] Ver, em especial, o seguinte texto autobiográfico: Russell Kirk, "Reflections of a Gothic Mind". In: *Confessions of a Bohemian Tory: Episodes and Reflections of a Vagrant Career*. Nova York, Fleet Publishing Corporation, 1963, p. 3-30. (N. T.)

[42] Edmund Burke, *Reflections on the Revolution in France*, p. 333. [Edmund Burke, *Reflexões sobre a Revolução em França*, p. 101. (N. T.)].

a obsessão com confortos criaturais tenha de eliminar a crença em uma ordem transcendente. Não é inevitável que o computador deva suplantar o poeta.[43]

Seria demasiado atribuir a Kirk uma forma excêntrica de socratismo? Enquanto os homens modernos em toda parte perseguem objetivos limitados, certos da retidão historicamente inevitável da dispensação moderna, Kirk estava convencido de que, em nossa época, uma vida *inimaginada* não é digna do ser humano. Trabalhou para reformar nossas sensibilidades, de modo que nos pudéssemos ver tanto por aquilo que nos tornamos quanto pelo que somos. Trabalhou para disponibilizar uma tradição intelectual discordante da era moderna. Trabalhou para libertar os corações da escravidão da ideologia.

Mark C. Henrie

Diretor acadêmico do Intercollegiate Studies Institute (ISI) e editor do periódico *Intercollegiate Review*. Cursou os estudos superiores em Filosofia Política no Dartmouth College, na Cambridge University, e na Harvard University. É autor do livro *A Student's Guide to the Core Curriculum* (ISI Books, 2000) e coautor das obras *The Enduring Edmund Burke: Bicentennial Essays* (ISI Books, 1997) e *American Conservatism: An Encyclopedia* (ISI Books, 2006), publicou diversos artigos em diferentes periódicos acadêmicos e organizou as coletâneas *Doomed Bourgeois: In Love Essays on the Films of Whit Stillman* (ISI Books, 2001) e *Arguing Conservatism: Four Decades of the Intercollegiate Review* (ISI Books, 2008).

---

[43] Russell Kirk, "The Wise Men Know What Wicked Things Are Written on the Sky". In: *Redeeming the Time*, p. 308.

Nota sobre a Tradução e as Notas Explicativas

MÁRCIA XAVIER DE BRITO

Por conta da rara formação intelectual, Russell Kirk (1918-1994) é um autor de muitos dons literários.

Dono de recursos estilísticos tidos por muitos como "barrocos", Kirk leva seu tradutor a empenhar-se por conhecer não só suas fontes e influências literárias, visto que recorre a expressões e citações de um vastíssimo repertório erudito adquirido durante a vida dedicada aos estudos, mas força o tradutor a mergulhar em sua obra e terminologia específicas, já que menciona trechos e faz referências cruzadas aos seus quase trinta livros.

Outra característica distintiva de Kirk é fazer-se notar ao longo dos textos pelo uso recorrente de certas expressões, que soam, ao fim de uma obra longa, como "estribilhos", conferindo, suavemente, unidade e coesão à escrita, ao mesmo tempo em que tornam a prosa, inegavelmente, kirkeana. Assim, recheados de idiossincrasias, os escritos de Kirk possuem um sabor "anacrônico", sem, curiosamente, perderem a atualidade.

Tais características, nem sempre perceptíveis ao leitor comum que desconhece a totalidade do *corpus* kirkeano, são, para o tradutor, desafios constantes, visto que a consistência da tradução está sempre em cheque. No caso específico d'*A Política da Prudência*, acrescemos a dificuldade de manter a sonoridade do discurso, uma vez que os capítulos são, na verdade, conferências.

A tradução e edição d'*A Política da Prudência* foi uma árdua empreitada conjunta. Dadas as dificuldades encontradas no percurso, editor, tradutores e revisores concordaram que haveria necessidade de alguns acréscimos para que um público tão culturalmente diverso como o nosso pudesse apreciar a obra na integralidade. Assim, surgiu a ideia de uma edição crítica e anotada. Na primeira citação das personagens históricas já falecidas, fizemos constar, entre parênteses, os respectivos anos de nascimento e de morte, para facilitar a compreensão cronológica dos acontecimentos.

No que diz respeito à terminologia, as soluções tradutórias foram obtidas, em parte, graças ao recurso a obras como *A Dictionary of the English Language*, do dr. Samuel Johnson (1709-1789), na edição de 1785, e *The Century Dictionary and Cyclopedia* (Nova York, The Century Co., 1904. 10v.), coordenado por William Dwight Whitney (1827-1894), muito consultadas pelo próprio autor, além de nos termos valido, também, da edição de 1789, do *Diccionario da Língua Portugueza*, de D. Rafael Bluteau (1638-1734), na busca pela precisão conceitual da linguagem antiga empregada por Kirk. A uniformização de conceitos e definição da terminologia contou com o auxílio da equipe de professores do Russell Kirk Center, além da valorosa ajuda de Alex Catharino, cuja visão abrangente do *corpus* kirkeano possibilitou um amplo debate terminológico com tradutores e revisores durante o longo inverno de Mecosta.

Sempre que possível, procuramos utilizar os trechos das obras citadas por Kirk em traduções já existentes em língua portuguesa, além de oferecer a indicação bibliográfica das edições em nosso idioma. Para os trechos bíblicos, utilizamos a versão da *Bíblia de Jerusalém* (São Paulo, Paulus, 1995).

A opção pelas polêmicas notas explicativas no presente livro deu-se não só pela distância temporal e geográfica de alguns fatos e localidades citados ao longo das palestras, mas também por sabermos faltar, ao leitor de língua portuguesa, conhecimento de particularidades da cultura e das instituições dos Estados Unidos que lhe permitam ler e compreender uma obra dirigida ao público norte-americano. Assim, as notas d'*A Política da Prudência* podem ser divididas nas seguintes categorias:

1. Referências bibliográficas das citações;
2. Explicação das referências inseridas no texto;
3. Definição de termos e conceitos;
4. Esclarecimento do contexto histórico-cultural dos exemplos;
5. Pequenas biografias de personalidades menores da cultura norte-americana;
6. Remissão a outros livros e textos do autor.

Como o livro é uma coletânea de palestras que podem ser lidas individualmente, sem necessidade de seguir a ordem estabelecida pelo autor, optamos por tratar cada capítulo como unidade independente; portanto, algumas notas podem repetir-se de maneira resumida em diferentes capítulos, mas sempre fazendo menção à nota original e mais extensa.

A primeira edição em português surge no ano das comemorações de duas décadas da publicação d'*A Política da Prudência*, por isso sugerimos ao editor acrescentar, além dos dois estudos introdutórios, de Alex Catharino e de Mark C. Henrie, três ensaios anexos ao final do livro, a saber: "Russell Kirk: Redeeming the Time", de Bruce Frohnen (*Modern Age*, vol. 36, n. 1, Fall 1993, p. 79-82), "Russell Kirk and Ideology", de Gerhart Niemeyer (1907-1997) e "Conservatism at Its Highest", de Edward E. Ericson Jr. (*The Intercollegiate Review*, vol. 30, n. 1, Fall 1994, p. 35-38; *Ibidem*, p. 31-34), cujos direitos autorais, obtidos por intermédio do Russell Kirk Center for Cultural Renewal, foram gentilmente cedidos pelos editores R. V. Young, da *Modern Age*, e Mark C. Henrie, da *The Intercollegiate Review*, para a É Realizações.

Em nome de todos os que trabalharam para que *A Política da Prudência* surgisse em português, agradeço ao nosso editor, Edson Manoel de Oliveira Filho, não só por nos permitir trabalhar com tempo e liberdade, visando um produto final digno da grandeza e profundidade do autor, mas também por oferecer aos leitores de língua portuguesa, pelas obras escolhidas para o catálogo da É Realizações, uma visão única do melhor que já foi produzido nas humanidades.

Novamente, não só em meu nome, mas em nome do meu querido colega de tradução, Gustavo Santos, Ph.D., dos revisores e ex-*Wilbur fellows*, Me. Flávio L. Alencar e Me. Rodrigo Farias, e de meu companheiro no "monastério intelectual" de Mecosta, Prof. Alex Catharino, agradeço a hospitalidade da viúva do autor, sra. Annette Y. Kirk, com quem mantivemos longas conversas para esclarecer dúvidas e debater o conteúdo das notas, e que nos permitiu franco acesso à biblioteca e aos arquivos da instituição, assim como somos gratos pelo carinho com que fomos e sempre somos tratados por toda a equipe do Russell Kirk Center for Cultural Renewal, em Mecosta, Michigan, em especial, na ocasião da preparação da presente tradução.

Mecosta, MI – Primavera de 2013
Márcia Xavier de Brito

Vice-presidente de relações institucionais do Centro Interdisciplinar de Ética e Economia Personalista (CIEEP), editora assistente do periódico *COMMUNIO: Revista Internacional de Teologia e Cultura*, e pesquisadora do Russell Kirk Center for Cultural Renewal. Cursou a Faculdade de Direito na Universidade do Estado do Rio de Janeiro (UERJ) e a pós-graduação de Tradução de Inglês na Universidade Gama Filho (UGF). Entre outros trabalhos como tradutora há mais de quinze anos, destacamos a tradução do livro *A Era de T. S. Eliot: A Imaginação Moral do Século XX* de Russell Kirk para a É Realizações.

A Política da Prudência

Capítulo 1 | Os Erros da Ideologia

Este pequeno livro é uma defesa da política prudencial, em oposição à política ideológica. O autor espera persuadir a geração emergente a se firmar contra o fanatismo político e esquemas utópicos, pelos quais o mundo tem sido muito afligido desde 1914. "A política é a arte do possível,"[1] diz o conservador: ele pensa nas políticas de Estado como as que intentam preservar a ordem, a justiça e a liberdade.

O ideólogo, ao contrário, pensa na política como um instrumento revolucionário para transformar a sociedade e até mesmo a natureza humana. Em sua marcha para a utopia, o ideólogo é impiedoso.

Desde o final da Segunda Guerra Mundial, a tendência da opinião pública norte-americana tem sido mais ou menos conservadora. Há certo perigo, no entanto, de que os próprios conservadores caiam em uma ideologia ou quase-ideologia estreita – muito embora se diga, como Henry Stuart Hughes (1916-1999) escreveu há uns quarenta anos, que "o conservadorismo é a negação da ideologia".[2]

Este livro é especialmente dirigido aos conservadores. Os seus capítulos são ensaios (originalmente palestras) que examinam princípios, pessoas, livros e problemas conservadores, e que contrastam visões conservadoras com dogmas ideológicos.

Neste primeiro capítulo, faço a distinção entre as crenças conservadoras e a ideologia. Nos quatro capítulos seguintes, examino princípios conservadores, eventos conservadores significativos, livros conservadores e líderes conservadores – dez de cada. Em seguida, nos capítulos 6, 7, 8 e 9, descrevo quatro escritores conservadores do século XX. Nos capítulos 10, 11, 12 e 13, examino quatro tipos ou facções dos conservadores norte-americanos. Depois, nos capítulos 14, 15, 16 e 17, defronto-me com alguns dilemas com os quais os conservadores tiveram de se bater – questões de política externa, da centralização política, dos padrões educacionais e a do proletariado norte-americano. No capítulo de conclusão, fulmino a ideologia do Democratismo, *vox populi vox Dei*. Permitam-me iniciar com uma tentativa de definir a *ideologia*.[3]

***

O termo *ideologia* foi cunhado na época de Napoleão Bonaparte (1769-1821). Antoine-Louis-Claude Destutt de Tracy (1754-1836), o autor de *Les Elements d'Ideologie* [Os Elementos da Ideologia],[4] era um "metafísico abstrato" do tipo que, desde então, se tornou comum na margem esquerda do Sena, um ponto de encontro para ideólogos incipientes, entre os quais, em décadas recentes, o famoso libertador do Kampuchea Democrático, Pol Pot (1928-1998). Destutt de Tracy e seus discípulos planejavam uma larga reforma educacional, que seria fundada sobre uma assim chamada ciência de ideias; eles se inspiraram fortemente na psicologia de Étienne Bonnot de Condillac (1715-1780) e, em menor grau, na de John Locke (1632-1704).

Rejeitando a religião e a metafísica, esses primeiros ideólogos acreditavam que poderiam descobrir um sistema de leis naturais – sistema que, caso obedecido, poderia tornar-se o fundamento da harmonia e do contentamento universais. Doutrinas de autointeresse, produtividade econômica e liberdade pessoal estavam ligadas a essas noções. Filhos temporãos de um moribundo Iluminismo, os ideólogos pressupunham que o conhecimento derivado das sensações, sistematizado, poderia aperfeiçoar a sociedade por meio de métodos éticos e educacionais e de uma direção política bem organizada.

Napoleão desprezou os ideólogos ao observar que o mundo não é governado por ideias abstratas,[5] mas pela imaginação.[6] John Adams (1735-1826) chamou essa recém-criada *ideologia* de "ciência da idiotice".[7] Mesmo assim, durante o século XIX, ideólogos surgiam como se alguém, à moda de um Cadmo, semeasse dentes de dragão que se transmutavam em homens armados. Tais ideólogos eram, em geral, inimigos da religião, da tradição, dos costumes, das convenções, dos usos e dos antigos estatutos.

O conceito de ideologia foi consideravelmente transformado em meados do século XIX, por Karl Marx (1818-1883) e sua escola. As ideias, Marx argumentou, não são nada além da expressão de interesses de classe, definidos em relação à produção econômica. A ideologia, a assim chamada ciência das ideias, torna-se, então, uma apologia sistemática das demandas de uma classe – nada mais.[8]

Para expressar esse ponto nos termos diretos e maliciosos do próprio Marx, aquilo que se chama de filosofia política é meramente uma máscara para o egoísmo econômico dos opressores[9] – assim declararam os marxistas. Marx escreveu numa carta a Friedrich Engels (1820-1895) que as ideias e normas dominantes constituem uma máscara ilusória sobre a face da classe dominante, revelada aos explorados como um padrão de conduta, em parte para ocultar, em parte para prover apoio moral à dominação.

Entretanto, os explorados, como disse Marx, também desenvolvem sistemas de ideias para avançar seus projetos revolucionários. Dessa forma, o que chamamos de marxismo é uma ideologia com o objetivo de alcançar a revolução, o triunfo do proletariado e, por fim, o comunismo. Para o marxista coerente, as ideias não têm nenhum valor em si mesmas: como toda arte, valem apenas como um meio para alcançar a igualdade de condições e a satisfação econômica. Ao mesmo tempo em que escarnece das ideologias de todas as outras convicções, o marxista constrói, com astuciosa paciência, a própria ideologia.

Apesar de ser uma das ideologias mais poderosas, o marxismo – que recentemente tem perdido força – possui competidores: várias formas de nacionalismo, a ideologia da negritude, o feminismo, o fascismo – uma quase-ideologia que nunca se concretizou por completo na Itália –, o nazismo – uma ideologia em embrião, como escreveu Hannah Arendt (1906-1975)[10] –, o sindicalismo, o anarquismo, a social-democracia e Deus sabe quais mais. Sem dúvida, outras formas de ideologia ainda serão criadas durante o século XXI.

Kenneth Minogue, no livro *Alien Powers: The Pure Theory of Ideology*[11] [Poderes Estrangeiros: A Teoria Pura da Ideologia], utiliza o termo "ideologia" para "denotar qualquer doutrina que apresente a verdade salvífica e oculta do mundo sob a forma de análise social. É característica de todas essas doutrinas a incorporação de uma teoria geral dos erros de todas as outras." Essa "verdade salvífica e oculta" é uma fraude – um complexo de "mitos" artificiais e falsos, disfarçado de história, sobre a sociedade por nós herdada. Raymond Aron (1905-1983), no livro *L'Opium des Intellectuels* [O Ópio dos Intelectuais],[12] analisa os três mitos que seduziram os intelectuais parisienses: os mitos da esquerda, da revolução e do proletariado.

Para resumir a análise da ideologia levada a cabo por estudiosos tais como os já citados Kenneth Minogue e Raymond Aron, bem como por Jacob Talmon (1916-1980),[13] Thomas Molnar (1921-2010),[14] Lewis Feuer (1912-2002)[15] e Hans Barth (1904-1965),[16] esta palavra – ideologia – significa, desde a Segunda Guerra Mundial, qualquer teoria política dogmática que consista no esforço de colocar objetivos e doutrinas seculares no lugar de objetivos e doutrinas religiosas; e que prometa derrubar dominações presentes para que os oprimidos possam ser libertados. As promessas da ideologia são o que Jacob Talmon chama de "messianismo político". O ideólogo promete a salvação neste mundo, declarando, ardentemente, que não existe outro tipo de realidade. Eric Voegelin (1901-1985),[17] Gerhart Niemeyer (1907-1997)[18] e outros escritores enfatizaram que os ideólogos "imanentizam os símbolos da transcendência" – isto é, corrompem a visão da salvação pela graça após a morte, com falsas promessas de completa felicidade neste reino terreno.[19]

A ideologia, em suma, é uma fórmula política que promete um paraíso terreno à humanidade; mas, de fato, o que a ideologia criou foi uma série de infernos na Terra. Abaixo listamos alguns dos vícios da ideologia:

1. A ideologia é uma religião invertida, negando a doutrina cristã de salvação pela graça, após a morte, e pondo em seu lugar a salvação coletiva, aqui na Terra, por meio da revolução e da violência. A ideologia herda o fanatismo que, algumas vezes, afetou a fé religiosa e aplica essa crença intolerante a preocupações seculares.

2. A ideologia faz do entendimento político algo impossível: o ideólogo não aceitará nenhum desvio da verdade absoluta de sua revelação secular. Essa visão limitada ocasiona guerras civis, a extirpação dos "reacionários", e a destruição de instituições sociais benéficas e em funcionamento.

3. Ideólogos competem entre si, em uma imaginada fidelidade à sua verdade absoluta; e são rápidos em denunciar os desviantes ou traidores de sua ortodoxia partidária. Dessa forma, facções pronunciadas se criam entre os próprios ideólogos, e fazem guerra sem piedade e sem fim, uns com os outros, como fizeram os trotskistas e stalinistas.

Os sinais da ruína ideológica se encontram à nossa volta. Como a ideologia ainda pode exercer tanto fascínio na maior parte do mundo?

***

A resposta a essa questão é dada, em parte, na seguinte observação de Raymond Aron:

Quando o intelectual não se sente mais ligado nem à comunidade nem à religião de seus antepassados, pede às ideologias progressivas tomarem conta da alma inteira. A diferença maior entre o progressismo do discípulo de Harold Laski (1893-1950) ou de Bertrand Russell (1872-1970) e o comunismo do discípulo de Vladimir Lênin (1870-1924) relaciona-se menos com o conteúdo do que com o estilo das ideologias e da adesão. São dogmatismos da doutrina e a adesão incondicional dos militantes que constituem a originalidade do comunismo, inferior, no plano intelectual, às versões abertas e liberais das ideologias progressivas e talvez superior para quem está à procura de uma fé. O intelectual, que não se sente mais ligado a nada, não se contenta com opiniões, quer uma certeza, um sistema. A revolução traz-lhe seu ópio.[20]

A ideologia oferece uma imitação de religião e uma filosofia fraudulenta, confortando, dessa forma, aqueles que perderam, ou que nunca tiveram, uma fé religiosa genuína e aqueles que não possuem inteligência suficiente para aprender filosofia de verdade.[21] A razão fundamental por que devemos francamente nos opôr à ideologia – assim escreveu o sábio editor suíço Hans Barth – é que a ideologia é contrária à verdade: nega a possibilidade da verdade na política ou em qualquer outro campo, pondo motivos econômicos e interesses de classe no lugar de normas permanentes. A ideologia nega até a consciência e o poder de decisão dos seres humanos. Nas palavras de Barth: "O efeito desastroso do pensamento ideológico em sua forma radical não é apenas lançar dúvidas a respeito da qualidade e da estrutura da mente humana, características distintivas do ser humano, mas também enfraquecer as bases da vida social".[22]

A ideologia pode atrair os entediados da classe culta, que se desligaram da religião e da comunidade, e que desejam exercer o poder. A ideologia pode encantar os jovens, parcamente educados, que, em sua solidão, se mostram prontos a projetar um entusiasmo latente em qualquer causa excitante e violenta. E as promessas dos ideólogos podem arregimentar seguidores dentre os grupos sociais postos contra a parede – ainda que tais recrutas possam não entender quase nada das doutrinas dos ideólogos. A composição inicial do partido nazista ilustra, suficientemente, o poder de uma ideologia para atrair elementos tão diversos.

Na primeira página deste ensaio, sugeri que alguns norte-americanos, dentre eles alguns com inclinações conservadoras, poderiam vir a abraçar uma ideologia do capitalismo democrático,[23] ou da Nova Ordem Mundial,[24] ou de um democratismo internacional. Entretanto, a maioria dos norte-americanos, com um afeto dissimulado pela palavra *ideologia,* não busca varrer violentamente todas as dominações e todos os poderes existentes. O que essas pessoas, de fato, demandam quando exigem uma "ideologia democrática" é uma fórmula para a religião civil, uma ideologia do americanismo ou, talvez, do mundo livre. O problema com essa noção de religião civil reside no fato de que a grande maioria dos norte-americanos acredita que já tenha uma religião própria, e não uma fé preparada por algum departamento governamental em Washington, D.C. Se tal religião civil oficial, ou essa suave ideologia, viesse a ser projetada para, por meio de algum processo insidioso, suplantar as miríades de credos que, atualmente, florescem nesta Terra – ora, a hostilidade para com a crença no transcendente seria enorme, bem como seria tamanho o desprezo pelas "altas religiões". Eis precisamente o artigo mais amargo do credo dessas ideologias, que têm castigado o mundo pelas últimas oito décadas.

Provavelmente, tudo o que pretendem os entusiastas dessa nova proposta de ideologia anticomunista é uma declaração de princípios e conceitos econômicos, amplamente promulgados, aprovados legislativamente como um guia para políticas públicas, e ensinados em escolas públicas. Se isso é tudo o que se espera por que insistir em rotular tal noção como uma ideologia? Uma ideologia inocente é tão improvável quanto seria o "diabolismo cristão"; aplicar à alguma ideia o sinistro rótulo de "ideologia" seria como convidar os amigos para uma inocente fogueira de Halloween, anunciando, porém, a festa como o "novo Holocausto".

Caso essa "ideologia democrática" acabasse por se revelar, na prática, como nada além de um programa nacional de civismo para escolas, ainda assim mereceria ser vigiada com muito cuidado. Exaltar sobejamente as belezas do capitalismo democrático em todas as salas de aula entediaria a maioria dos alunos e provocaria repulsa nos mais inteligentes. E não são aulas de educação cívica que formam, primariamente, as mentes e a consciência das novas gerações: esse é, sobretudo, o papel do ensino das humanidades. Não gostaria de ver o que resta dos estudos literários na escola pública típica sendo suplantado por uma propaganda oficial sobre a santidade do *American Way of Life*, do mundo livre ou do capitalismo democrático.[25]

Não compartilho da opinião de que seria bom jogar o inebriante vinho de uma nova ideologia goela abaixo dos jovens norte-americanos. Se invocarmos os espíritos das profundezas abissais, será que poderemos esconjurá-los? O que precisamos transmitir é prudência política, não beligerância política. A ideologia é a doença, não a cura. Todas as ideologias, incluindo a ideologia da *vox populi vox Dei*, são hostis à permanência da ordem, da liberdade e da justiça.[26] A ideologia é a política da irracionalidade apaixonada.

***

Permiti-me, portanto, tecer aqui, em uns poucos parágrafos, algumas reflexões sobre a prudência política, em oposição à ideologia.

Ser "prudente" significa ser judicioso, cauto, sagaz. Platão (427-347 a.C.),[27] e mais tarde Edmund Burke (1729-1797),[28] ensinaram-nos que, no estadista, a prudência é a primeira das virtudes. Um estadista prudente é aquele que olha antes de se lançar; que tem visão de longo alcance, que sabe que a política é a arte do possível.

Algumas páginas atrás especifiquei três erros profundos (vícios) do político ideológico. Agora, contrasto-os com certos princípios da política da prudência:

1. Conforme dito antes, a ideologia é uma religião invertida. No entanto, o político prudente sabe que "utopia" significa "lugar nenhum";[29] que não se pode marchar em direção a uma Sião terrena;[30] que a natureza e as instituições humanas são imperfeitas; que

a "justiça" agressiva na política acaba em massacre. A verdadeira religião é uma disciplina para a alma, não para o Estado.

2. A ideologia torna impossível o compromisso político, como fiz notar. O político prudente, *au contraire*, tem plena consciência de que o propósito original do Estado é manter a paz. Isso só pode ser alcançado via a manutenção de um equilíbrio tolerável entre os grandes interesses da sociedade. Partidos, interesses, grupos e classes sociais devem realizar acordos, caso queiram manter as facas longes dos pescoços. Quando o fanatismo ideológico rejeita qualquer solução conciliatória, os fracos vão para o paredão. As atrocidades ideológicas do "Terceiro Mundo", nas últimas décadas, ilustram o ponto: os massacres políticos no Congo, Timor, Guiné Equatorial, Chade, Camboja, Uganda, Iêmen, El Salvador, Afeganistão e Somália. A política prudencial busca a reconciliação, não o extermínio.

3. As ideologias são acometidas de um feroz facciosismo, na base do princípio da fraternidade – ou morte. As revoluções devoram os seus filhos. Por outro lado, os políticos prudentes, rejeitando a ilusão de uma verdade política absoluta, diante da qual todo cidadão deve se curvar, entendem que as estruturas políticas e econômicas não são meros produtos de uma teoria, a serem erigidos num dia e demolidos noutro; pelo contrário, instituições sociais se desenvolvem ao longo dos séculos, como se fossem orgânicas. O reformador radical, proclamando-se onisciente, derruba todos os rivais para chegar mais rapidamente ao Paraíso terreno. Conservadores, em nítido contraste, têm o hábito de jantar com a oposição.

Na frase anterior, utilizei, deliberadamente, a palavra *conservador,* na realidade, como sinônimo da expressão "político prudente". É o líder conservador que, determinado a resistir a todas as ideologias, é guiado pelo que Patrick Henry (1736-1799) chamou de "o lume da experiência".[31] No século XX, foi o conjunto das opiniões geralmente denominado de "conservador" que defendeu as "coisas permanentes"[32] contra os assaltos dos ideólogos.

Desde o final da Segunda Guerra Mundial, o público norte-americano tem visto, de modo cada vez mais favorável, o termo *conservador*.[33] Pesquisas de opinião sugerem que, em política, a maioria dos eleitores se considera conservadora. Se eles entendem bem os princípios políticos conservadores, isso é outra questão.

No meio da segunda administração do presidente Ronald Reagan (1911-2004), um estudante universitário de minhas relações conversava, em Washington, D.C., com um jovem que havia conseguido um cargo político na administração federal. Aquele jovem e inexperiente homem público começou a falar de uma "ideologia conservadora". O universitário recordou-lhe, de modo algo ríspido, o significado maléfico da palavra "ideologia". "Bem, você sabe o que quero dizer", respondeu-lhe o jovem político, meio sem jeito.

De toda forma, não é certo que aquele recém-empossado funcionário público soubesse, ele mesmo, o que verdadeiramente significava aquilo. Será tinha em mente *ideologia* como um corpo de princípios políticos bem estruturados? Queria ele talvez descobrir um conjunto de fórmulas simplistas, pelas quais o capitalismo pudesse se estender a todo o mundo? Ou desejava, de fato, derrubar, por meio de ações violentas, nossa ordem social vigente e substituí-la por uma sociedade artificial mais próxima de seus ideais?

Vivemos numa época em que o significado de antigas palavras, como tantas outras coisas, se tornou inseguro. "As palavras se distendem, / Estalam e muitas vezes se quebram, sob a carga",[34] como T. S. Eliot (1888-1965) o diz. "No princípio era o Verbo" (Jo 1,1). Hoje em dia, porém, o Verbo está sendo confrontado pela ideologia gigante, que perverte a palavra falada e escrita.

Não são apenas os talentos políticos emergentes de nosso tempo que não conseguem apreender o uso apropriado de certas palavras importantes – e que, particularmente, entendem mal o emprego de *ideologia*. Uma senhora idosa me escreve em defesa do antigo movimento chamado "Rearmamento Moral",[35] que, há três décadas, afirmava oferecer uma ideologia aos Estados Unidos. "Talvez eu me engane, mas sempre me pareceu que ideologia significa o poder das ideias", diz essa correspondente. "O mundo é governado por ideias, boas e más. Precisamos de uma grande ideia ou de um ideal para substituir as falsas ideias, hoje dominantes. Quanto tempo podemos sobreviver como uma nação livre, uma vez que a palavra *liberdade* foi corrompida?"

A conclusão dessa senhora é perspicaz. Contudo, tenho de acrescentar, "Por quanto tempo podemos sobreviver como uma nação livre, uma vez que a palavra *ideologia*, com seu poder corruptor, foi confundida como a guardiã da liberdade ordenada?"

Não tenho a intenção de escarnecer, pois encontro essa confusão em pessoas que conheço bem e respeito profundamente. Uma dessas pessoas, uma escritora capaz e de espírito arrojado retruca possuir dicionários – *Webster* e *Oxford* – que discordam da definição mais extensa de ideologia proposta por Russell Kirk. "Se o *Oxford* está certo e ideologia significa 'a ciência das ideias', não poderiam ser boas ideias? Concordo plenamente que muitas ideologias causam grande mal, mas certamente não são todas, não é? De qualquer maneira, sou uma pragmatista inata", conclui a senhora, "e a semântica não é o meu ponto forte".

Não, senhora, *todas* as ideologias causam confusão. Fico mais animado pela carta escrita por um publicista conservador influente e experiente, que aplaude a minha crítica aos jovens ideólogos que se imaginam conservadores, e aos jovens conservadores esperando apaixonadamente se converterem em ideólogos. Esse último correspondente concorda comigo que a ideologia está fundamentada meramente sobre "ideias" – isto é, sobre abstrações, sonhos, sem relação, na maior parte das vezes, com a realidade pessoal e social; enquanto as visões conservadoras estão fundadas sobre costumes, convenções, na longa experiência da espécie humana. Ele se vê confrontado, de tempos em tempos, por jovens, que se autodenominam conservadores, que não têm noção alguma de prudência, temperança, compromisso, tradições da civilidade ou patrimônio cultural.

"Os bosques estão cheios dessas criaturas", escreve esse cavalheiro. "O 'movimento' conservador parece ter criado uma nova geração de inflexíveis ideólogos. Preocupa-me encontrá-los tão numerosos e em tantas instituições. É claro, vários são libertários, não conservadores. Do que quer que se chamem, são ruins para nosso país e nossa civilização. A concepção de vida deles é brutal, desumana".

Amém. O conservadorismo é uma ideologia? Somente se, junto com Humpty Dumpty, arrogarmo-nos a prerrogativa de forçar as palavras a significar o que quer que desejemos que signifiquem, de modo que a questão "é saber quem é que vai mandar – só isso".[36] Que nós, conservadores, conservemos a língua inglesa, juntamente com várias outras boas coisas que restam. Levantemos a bandeira de um vocabulário honesto e preciso. Venturemo-nos, sejam quais forem os riscos, a lutar contra a "novafala"[37] dos ideólogos.

O triunfo da ideologia seria o triunfo do que Edmund Burke chamou de "mundo antagonista"[38] – o mundo da desordem; ao passo que aquilo que o conservador busca conservar é o mundo da ordem que herdamos, ainda que em estado imperfeito, de nossos ancestrais. A mentalidade conservadora e a ideológica gravitam em polos opostos, e a controvérsia entre as duas mentalidades não será menos ardorosa no século XXI do que o foi no século XX. Possivelmente, este livro poderá auxiliar aqueles da nova geração que têm a coragem de fazer oposição aos zelotas ideológicos.

Capítulo 2 | Dez Princípios Conservadores

Não sendo nem uma religião nem uma ideologia, o conjunto de opiniões chamado de *conservadorismo* não possui Sagradas Escrituras, nem um *Das Kapital*, como fonte dos dogmas. Até onde é possível determinar o objeto das crenças conservadoras, os primeiros princípios do pensamento conservador derivam do que os mais ilustres escritores e homens públicos conservadores professaram ao longo dos últimos dois séculos. Após alguns comentários introdutórios sobre esse tema geral, procederei a uma lista de dez desses princípios.

O sr. Eugene McCarthy (1916-2005), um espirituoso candidato à presidência em uma eleição recente,[39] disse publicamente, em 1985, que, hoje em dia, emprega a palavra *"liberal"*[40] meramente como adjetivo. Essa renúncia ao uso do termo *"liberal"* como substantivo da política, um rótulo partidário ou ideológico, dá alguma medida do triunfo da mentalidade conservadora durante a década de 1980 – incluindo-se o triunfo do lado conservador na própria mentalidade e caráter do sr. McCarthy.

Talvez fosse adequado, na maioria das vezes, utilizar a palavra "conservador"[41] mormente como um adjetivo. Não existe um modelo conservador, e o conservadorismo é a negação da ideologia: é um estado de espírito, um tipo de caráter, um modo de ver a ordem civil e social.

A posição chamada conservadora se sustenta em um conjunto de sentimentos, e não em um sistema de dogmas ideológicos. É quase verdade que um conservador pode ser definido como alguém que pensa em si mesmo como tal. O movimento ou o conjunto de opiniões conservador é capaz de acomodar uma diversidade considerável de pontos de vista sobre um bom número de assuntos, não exisitindo "Atos de Prova"[42] ou "Trinta e Nove Artigos"[43] da fé conservadora.

Em essência, o conservador é simplesmente alguém que acha as coisas permanentes mais agradáveis que "o Caos e a Noite Antiga".[44] No entanto, os conservadores sabem, com Edmund Burke (1729-1797), que uma saudável mudança é o meio de nossa preservação.[45] A continuidade histórica da experiência de um povo, diz o conservador, oferece um guia político muito melhor do que os projetos abstratos dos filósofos dos cafés; mas é claro que há mais na crença conservadora que esse propósito genérico.

Não é possível esboçar um catálogo sistemático das convicções dos conservadores; mesmo assim, ofereço, sumariamente, dez princípios gerais. Não seria temerário afirmar que grande parte dos conservadores aceitaria a maioria dessas máximas. Em várias edições de meu livro *The Conservative Mind* [A Mentalidade Conservadora],[46] enumerei certos cânones do pensamento conservador – a lista varia um pouco de edição para edição; em minha antologia *The Portable Conservative Reader* [O Guia de Bolso de Textos Conservadores],[47] ofereço variações sobre o tema. Agora, apresento um resumo dos pressupostos conservadores que difere um pouco dos meus cânones daqueles meus dois outros livros. A rigor, a existência de diversos modos pelos quais os pontos de vista conservadores podem ser expressos é, em si mesma, uma prova de que o conservadorismo não é uma ideologia fixa. Quais princípios específicos serão enfatizados pelos conservadores, em cada época, dependerá das circunstâncias e necessidades daquele determinado período. Os dez "artigos de fé" seguintes refletem aquilo que os conservadores, nos Estados Unidos de hoje, põem em relevo.

* * *

Primeiro, o conservador acredita que há uma ordem moral duradoura. Essa ordem é feita para o homem, e o homem é feito para ela: a natureza humana é uma constante, e as verdades morais são permanentes.[48]

A palavra ordem significa harmonia. Há dois aspectos ou tipos de ordem: a ordem interna da alma e a ordem externa da comunidade política.[49] Platão (427-347 a.C.) ensinou tal doutrina há vinte e cinco séculos, mas hoje em dia até mesmo pessoas instruídas têm dificuldade para entendê-la. O problema da ordem é uma preocupação primária dos conservadores desde que *conservador* se tornou um conceito em política.[50]

Nosso mundo do século XX experimentou as terríveis consequências do colapso da crença em uma ordem moral. Tal como as atrocidades e os desastres ocorridos na Grécia do século V antes de Cristo, a ruína de grandes nações no nosso século mostra o abismo no qual caem as sociedades que confundem o autointeresse inteligente ou controles sociais engenhosos com alternativas agradáveis a uma ordem moral ultrapassada.

Já foi dito por alguns intelectuais de esquerda que o conservador acredita que todas as questões sociais são, no fundo, questões de moralidade privada. Entendida corretamente, essa afirmação é bastante verdadeira. Uma sociedade em que os homens e as mulheres são governados pela crença em uma ordem moral duradoura, por um forte senso de certo e errado, por convicções pessoais de justiça e de honra, será uma sociedade boa – seja qual for o mecanismo político utilizado; enquanto, na sociedade, homens e mulheres estiverem moralmente à deriva, ignorantes das normas e voltados principalmente para a gratificação dos apetites, essa será uma sociedade ruim – não importa quantas pessoas votem, ou quão liberal seja a ordem constitucional formal. Para corroborar o último argumento, basta apenas olhar para o triste Distrito de Colúmbia.[51]

Segundo, o conservador adere aos costumes, à convenção e à continuidade.[52] São os antigos costumes que permitem que as pessoas vivam juntas e em paz; os destruidores dos costumes demolem mais do que suspeitam, ou desejam. É por meio da convenção – uma palavra excessivamente utilizada em nossos dias – que conseguimos evitar perpétuas disputas sobre direitos e deveres: a lei é basicamente um corpo de convenções. A continuidade é o meio de unir geração a geração; importa tanto para a sociedade quanto para o indivíduo; sem ela, a vida não faz sentido. Quando revolucionários alcançam o poder tendo apagado velhos costumes, escarnecido de antigas convenções, e interrompido a continuidade das instituições sociais – ora, logo descobrem a necessidade de estabelecerem novos costumes, novas convenções, e continuidade; mas o processo é lento e doloroso e a renovada ordem social que finalmente emerge pode ser muito inferior à antiga ordem derrubada pelos radicais, zelosos na busca do paraíso terreno.

Os conservadores são defensores dos costumes, da convenção e da continuidade, porque preferem o mal que conhecem ao mal que não conhecem. Ordem, liberdade e justiça, acreditam, são os produtos artificiais de uma longa experiência social, o resultado de séculos de experimento, reflexão e sacrifício. O corpo social é, dessa forma, um tipo de corporação espiritual, comparável à Igreja; pode até ser chamado de uma comunidade de almas. A sociedade humana não é uma máquina, para ser tratada de modo mecânico. A continuidade, o fluido vital de uma sociedade, não pode ser interrompida. A lembrança, feita por Burke, da necessidade de uma mudança prudente está sempre na mente dos conservadores; mas a necessária mudança, argumentam, deve ser gradual e judiciosa, nunca desenraizando antigos interesses de um só golpe.

Terceiro, os conservadores acreditam no que se pode chamar de princípio da consagração pelo uso.[53] Os conservadores percebem que as pessoas da era moderna são anões nos ombros de gigantes, capazes de enxergar muito além dos antepassados apenas por causa da grande estatura daqueles que os precederam. Portanto, os conservadores frequentemente enfatizam a importância da "consagração pelo uso" – isto é, da fruição das coisas estabelecidas pelo uso imemorial, de modo que a memória humana não corra às avessas.[54] Há direitos cuja principal sanção é a antiguidade – e abrangem, muitas vezes, os direitos de propriedade. De modo similar, nossa moralidade é, em grande parte, consagrada pelo uso. Conservadores afirmam ser improvável que nós, modernos, façamos qualquer descoberta nova e extraordinária em moral, política ou gosto. É arriscado ponderar cada fato ocorrido tendo por base o julgamento e a racionalidade privados. "O indivíduo é tolo [...] mas a espécie é sábia",[55] declarou Burke. Na política, faremos bem se permanecermos fiéis a preceitos e precognições, e até inferências, já que o grande e misterioso grêmio da raça humana obtém, pelo uso consagrado, uma sabedoria muito maior do que qualquer mesquinho raciocínio privado de um ser humano individual.

Quarto, os conservadores são guiados pelo princípio da prudência. Burke está de acordo com Platão acerca da proposição de que, no estadista, a prudência é a maior das virtudes.[56] Qualquer medida pública deve ser julgada pelas suas consequências de longo prazo, não apenas por vantagens ou popularidade temporárias. Os esquerdistas e os radicais, diz o conservador, são imprudentes, pois se lançam impetuosamente em direção aos próprios objetivos, sem dar muita atenção ao risco de novos abusos, ainda piores que os males que esperam debelar. Como dizia John Randolph of Roanoke (1773-1833), a "Providência anda devagar, mas o diabo sempre urge".[57] Complexa como é a sociedade humana, as soluções não podem ser simples, se têm de ser eficazes. O conservador declara agir somente após suficiente reflexão, tendo sopesado as consequências. Reformas rápidas e agressivas são tão perigosas quanto cirurgias rápidas e agressivas.

Quinto, os conservadores prestam atenção ao princípio da variedade.[58] Sentem afeição pela complexidade prolífera das instituições sociais há muito estabelecidas e seus modos de vida, em contraposição à uniformidade estreita e ao igualitarismo sufocante dos sistemas radicais. Para a preservação de uma diversidade saudável em qualquer civilização, devem remanescer ordens e classes, diferenças na condição material, e muitos tipos de desigualdade. As únicas formas reais de igualdade são a do Juízo Final e a perante uma corte de justiça; todas as outras tentativas de nivelamento levam, na melhor das hipóteses, à estagnação social. A sociedade almeja por uma liderança honesta e capaz; se as diferenças naturais e institucionais entre as pessoas forem destruídas, em breve algum tirano ou alguma sórdida oligarquia criarão novas formas de desigualdade.

Sexto, os conservadores são disciplinados pelo princípio de imperfectibilidade.[59] A natureza humana sofre irremediavelmente com certas falhas, sabem os conservadores. Por ser o homem imperfeito, uma ordem social perfeita jamais pode ser criada. Por conta do desassossego humano, a humanidade pode se rebelar caso sujeita a qualquer dominação utópica, e vir a explodir novamente em um descontentamento violento – ou terminar enfadada. Objetivar a utopia é terminar em desastre, dizem os conservadores: não fomos feitos para perfeição. Tudo o que razoavelmente podemos esperar é uma sociedade tolerantemente ordenada, justa e livre, na qual alguns males, desajustes e sofrimentos continuam à espreita. Ao dar a devida atenção à reforma prudente, podemos preservar e melhorar essa ordem tolerável. Se as antigas defesas morais e institucionais de uma nação forem esquecidas, irrompe o impulso anárquico no homem: "a cerimônia da inocência é afogada".[60] Os ideólogos que prometiam a perfeição do homem e da sociedade converteram grande parte do mundo no século XX em um inferno terreno.

Sétimo, os conservadores estão convencidos de que a liberdade e a propriedade estão intimamente ligadas.[61] Separai a propriedade da posse privada, e o Leviatã se transformará no senhor absoluto. Sobre o fundamento da propriedade privada grandes civilizações são erigidas. Quanto mais difundida for a propriedade privada, tanto mais estável e produtiva será uma comunidade política. A igualdade econômica, assim afirmam os conservadores, não é progresso econômico. Adquirir e gastar não são os principais objetivos da existência humana; mas uma base econômica sólida para a pessoa, a família e a comunidade política é o que se deve desejar.

Sir Henry Maine (1822-1888), na obra *Village-Communities in the East and West* [Comunidades de Aldeias no Oriente e no Ocidente],[62] articula com vigor a defesa da propriedade privada, em oposição à propriedade comunal: "Ninguém tem a liberdade de atacar as diversas propriedades e dizer, ao mesmo tempo, que valoriza a civilização. A história dessas duas coisas não pode ser desvinculada". A instituição das diversas propriedades – isto é, da propriedade privada – é até hoje um poderoso instrumento para ensinar responsabilidade a homens e mulheres, para dar incentivos à integridade, apoiar a cultura geral, elevar a humanidade acima do nível de uma mera lida repetitiva e opressora e proporcionar as horas vagas para pensar e a liberdade para agir. Poder conservar os frutos do próprio trabalho; poder ver que o próprio trabalho é duradouro; poder deixar as próprias posses aos descendentes; poder elevar-se da condição natural de uma pobreza opressora à segurança das conquistas permanentes; possuir algo que é realmente seu – são vantagens inegáveis. O conservador reconhece que a propriedade estabelece certos deveres aos possuidores; aceita com satisfação tais obrigações morais e legais.

Oitavo, os conservadores defendem comunidades voluntárias, da mesma forma que se opõem a um coletivismo involuntário.[63] Embora o povo norte-americano tenha sido sempre muito afeito à privacidade e aos direitos individuais, também sempre foi um povo notável pelo sucesso de seu espírito comunitário. Em uma verdadeira comunidade, as decisões que mais diretamente afetam a vida dos cidadãos são tomadas local e voluntariamente. Algumas dessas funções são levadas a cabo por organizações políticas locais; outras, por associações privadas: desde que permaneçam locais e sejam caracterizadas por uma concórdia geral entre aqueles a que se destinam, tais corpos constituem uma comunidade saudável. Quando essas funções são automaticamente transferidas ou usurpadas por uma autoridade centralizada, então a comunidade se encontra em sério perigo. O que quer que seja beneficente e prudente numa democracia moderna é possibilitado por volições cooperativas. Se, portanto, em nome de uma democracia abstrata, as funções da comunidade são transferidas a uma direção política distante – ora, aí o verdadeiro governo pelo consentimento dos governados dá ensejo a um processo padronizante, hostil à liberdade e à dignidade humana.

Uma nação não é mais forte do que as várias pequenas comunidades que a compõem. Uma administração central, ou um corpo seleto de gerentes e servidores públicos, não importando quão bem-intencionados e treinados sejam, não é capaz de conferir justiça, prosperidade e tranquilidade a uma massa de homens e mulheres privados de suas antigas responsabilidades. Essa experiência já foi feita no passado e foi desastrosa. É a execução de nossos deveres na comunidade que nos ensina prudência, eficiência e caridade.

Nono, o conservador vê a necessidade de limites prudentes sobre o poder e as paixões humanas. Em termos de política, o poder é a capacidade de fazer o que se quiser, independente da vontade dos outros.[64] Um Estado em que um indivíduo ou um pequeno grupo é capaz de dominar as vontades dos pares sem restrições é despótico, seja chamado de monarquia, aristocracia ou democracia. Quando cada um pretende ser um poder em si mesmo, então a sociedade cai na anarquia. A anarquia nunca dura muito, por ser intolerável para todos e contrária ao fato ineluctável de que algumas pessoas são mais fortes e inteligentes que seus semelhantes. À anarquia se sucedem a tirania ou a oligarquia, nas quais o poder é monopolizado por uns poucos.

O conservador procura limitar e equilibrar o poder político, de modo que a anarquia ou a tirania não tenham chances de surgir. Em todas as épocas, porém, homens e mulheres são tentados a derrubar as limitações impostas ao poder por causa de alguma imaginada vantagem provisória. É uma característica do radical pensar no poder como uma força para o bem – desde que o poder recaia em suas mãos. Em nome da liberdade, os revolucionários franceses e russos aboliram antigas restrições sobre o poder. Entretanto, o poder nunca é abolido; sempre acaba nas mãos de alguém. Aquele poder que os revolucionários haviam julgado opressivo nas mãos do antigo regime se tornou inúmeras vezes mais tirânico nas mãos dos novos senhores radicais do Estado.

Sabendo que a natureza humana é uma mistura de bem e mal,[65] o conservador não deposita a confiança na mera benevolência. Restrições constitucionais, freios e contrapesos políticos, um cumprimento adequado das leis, a velha e intricada rede de restrições sobre a vontade e o apetite – são aprovados pelo conservador como instrumentos da liberdade e da ordem. Um governo justo mantém uma tensão saudável entre as pretensões da autoridade e as pretensões da liberdade.

Décimo, o conservador razoável entende que a permanência e a mudança devem ser reconhecidas e reconciliadas em uma sociedade vigorosa.[66] O conservador não se opõe a melhorias sociais, embora duvide da existência de qualquer tipo de força semelhante a um progresso místico, com "P" maiúsculo, em ação no mundo. Enquanto uma sociedade progride em alguns aspectos, geralmente retrocede em outros. O conservador sabe que qualquer sociedade saudável é afetada por duas forças, que Samuel Taylor Coleridge (1772-1834) chamou de permanência e progressão.[67] A permanência de uma sociedade é o conjunto daqueles interesses e convicções duradouros que nos dão estabilidade e continuidade; sem essa permanência, as fontes do grande abismo se rompem, jogando a sociedade na anarquia. A progressão em sociedade consiste naquele espírito e conjunto de talentos que incitam a reforma e a melhora prudentes; sem tal progressão, o povo fica estagnado.

Portanto, o conservador inteligente procura reconciliar as exigências da permanência e as exigências da progressão. Considera que os esquerdistas e os radicais, cegos às justas pretensões da permanência, colocariam em perigo a herança recebida, na tentativa de impelir a um duvidoso paraíso terreno. O conservador, em suma, favorece um progresso refletido e moderado; opõe-se ao culto do progresso, cujos devotos acreditam que tudo o que é novo é necessariamente superior ao que é antigo.

A mudança é essencial ao corpo social, pensa o conservador, da mesma maneira que é essencial ao corpo humano. Um corpo que para de se renovar começa a morrer. Caso o corpo deva ser vigoroso, a mudança tem de ocorrer de uma maneira regrada, harmonizando-se com a forma e a natureza desse corpo; ou então a mudança produzirá um crescimento monstruoso, um câncer que devora o hospedeiro. O conservador trata de que, em uma sociedade, nada seja totalmente velho ou totalmente novo. Essa é a maneira pela qual se conserva uma nação, da mesma forma que se conserva um organismo vivo. A exata medida e o tipo da mudança exigida por uma sociedade dependem das circunstâncias de determinadas época e nação.[68]

***

Tais são, portanto, os dez princípios que têm sido preeminentes durante os dois séculos de pensamento conservador moderno. Outros princípios de igual importância poderiam ter sido discutidos aqui: a compreensão conservadora da justiça,[69] por exemplo, ou a visão conservadora da educação.[70] Tais assuntos, por falta de tempo, sou obrigado a deixar para a vossa investigação pessoal.

Quem afirma esses dez princípios conservadores nos dias de hoje? Em política prática, um conjunto de convicções gerais comumente encontra-se ligado a um grupo de interesses. Os marxistas argumentam, de fato, que os princípios políticos professados são um mero véu que oculta o avanço dos interesses econômicos de uma classe ou facção: isto é, não existe qualquer princípio verdadeiro – apenas a ideologia. Não é essa a minha visão, mas devem ser reconhecidas as conexões entre doutrinas políticas e interesses econômicos ou sociais, quando tais conexões existem; podem ser relativamente inocentes, ou podem avançar à custa do interesse público geral. Que interesse ou grupo de interesses está por trás do elemento conservador na política norte-americana?

A pergunta não é facilmente respondida. Muitos norte-americanos ricos apoiam causas radicais ou de esquerda; subúrbios afluentes votam muitas vezes em homens e em medidas esquerdistas; o apego a sentimentos conservadores não segue a linha que os analistas políticos marxistas esperariam encontrar. Os donos de pequenas propriedades tendem, como classe, a ser mais conservadores do que os possuidores de grandes propriedades (essa última frequentemente encontrada sob a forma abstrata de ações e títulos). Podemos notar que a maioria dos conservadores têm convicções religiosas; no entanto, os ministros das igrejas protestantes das principais denominações, junto com as burocracias eclesiais, frequentemente aliam-se a organizações radicais; ao mesmo tempo, algumas declarações políticas curiosas foram recentemente ouvidas dentro da hierarquia católica. Há meio século, poderia ser dito que a maioria dos professores universitários era conservadora; o mesmo não se poderia dizer, sem mentir, hoje em dia; entretanto, médicos, advogados, dentistas e outros profissionais autônomos – ou a maioria deles – assinam periódicos conservadores e, em geral, votam em pessoas que tomam por candidatos conservadores.

Em suma, o interesse conservador aparenta transcender a classificação rotineira da maior parte dos setores do eleitorado norte-americano por riqueza, idade, origem étnica, religião, ocupação, educação e critérios semelhantes. Se é possível falar de um interesse conservador, esse aparenta ser o grupo de interesse de pessoas que se preocupam com a estabilidade: aqueles cidadãos que consideram o ritmo das mudanças rápido demais; a perda da continuidade e da permanência, dolorosa demais; a ruptura com o passado norte-americano, por demais brutal; os danos à comunidade, desanimadores; os planos dos inovadores, imprudentes e desumanos. Certos interesses materiais estão ligados a essa resistência à mudança insensata: ninguém gosta de ter as próprias economias reduzidas a nada pela inflação monetária. A força motora por trás do renovado conservadorismo do público norte-americano, todavia, não é algum esquema de favorecimento pessoal ou corporativo; pelo contrário, é o impulso de sobrevivência de uma cultura que está despertando para o perigo que se aproxima no final do século XX. Poderíamos muito bem chamar os conservadores de militantes do Partido das Coisas Permanentes.

* * *

Talvez nenhuma outra palavra tenha sido mais mal utilizada, tanto na imprensa popular quanto no meio acadêmico, quanto *conservador* e *conservadorismo*. O *New York Times*, não ingenuamente, se refere algumas vezes aos estalinistas em países comunistas como conservadores. Panfletos anarquistas tolos, rotulados de *libertários*, são retratados em alguns setores como publicações conservadoras – isso, nos Estados Unidos da América, cuja constituição foi descrita por Sir Henry Maine como o dispositivo conservador de maior sucesso da história! Após mais de três décadas de renovação do pensamento conservador nestas paragens, mesmo assim, ainda é necessário deixar claro para o público que os conservadores não são apenas um grupo que se contenta com as dominações e as potestades do momento; nem anarquistas disfarçados que destruiriam, caso pudessem, a ordem política e moral; nem pessoas para quem a vida se resume à acumulação de dinheiro, como tantos Midas por aí.

Portanto, é de suma importância saber do que se fala, e não confundir o impulso conservador norte-americano com alguma ideologia limitada e pouco prática. "Se a trombeta emitir um som confuso, quem se preparará para a guerra?" (1Cor 14,8). Para haver desenvolvimento intelectual, a primeira coisa que se deve fazer é definir os próprios termos. Caso consigamos aprofundar a compreensão dos primeiros princípios do conservadorismo, teremos iniciado um processo de revigoramento da imaginação conservadora.

A grande linha demarcatória da política contemporânea, como Eric Voegelin (1901-1985) costumava apontar, não é a divisão entre os liberais, de um lado, e os totalitários, do outro. De um lado daquela linha, estão todos os homens e mulheres que imaginam que a ordem temporal é a única ordem, que as necessidades materiais são as únicas necessidades e que podem fazer o que quiserem com o patrimônio da humanidade. Do outro lado estão todos os que reconhecem a existência de uma ordem moral duradoura no universo, uma natureza humana constante e sublimes deveres para com a ordem espiritual e a ordem temporal.[71]

Os conservadores não podem oferecer aos Estados Unidos o paraíso terreno imaginário que, na realidade, sempre acaba se revelando um inferno na Terra. O que podem oferecer é a política como a arte do possível; uma oportunidade para se tomar o partido da velha e querida natureza humana; e a participação consciente na defesa da ordem, justiça e liberdade. Diversamente dos esquerdistas e radicais, os conservadores até mesmo se permitem rezar, diga o que quiser a Suprema Corte.

Lanço-vos essa descrição geral das hipóteses basilares dos conservadores, na esperança de vos persuadir a refletir nas horas vagas, pelo bem da República. É possível que tenha tido êxito em acirrar uns ânimos e suscitar algumas esperanças. *Pax vobiscum*.

Capítulo 3 | A Causa Conservadora: Dez Acontecimentos

Ao longo dos últimos dois séculos, os conservadores muitas vezes saíram à batalha, como os "celtas do crepúsculo"[72] – mas raramente para ganhar. Há quarenta anos, quando terminava o livro que agora se chama *The Conservative Mind* [A Mentalidade Conservadora],[73] tinha a intenção de chamá-lo de *The Conservative's Rout* [A Diáspora dos Conservadores] – não *a senda*, mas a *diáspora*.[74] Meu editor, Henry Regnery (1912-1996), porém, dissuadiu-me da ideia em 1953; e, de fato, eu poderia ter contribuído para um desastre, transformando uma diáspora em debandada, tivesse eu insistido nesse título pessimista.

Durante os últimos duzentos anos, todavia, conservadores têm empenhado-se em tomar medidas de retaguarda contra os antagonistas da ordem. Edmund Burke (1729-1797), cuja imaginação e eloquência deram aos homens de impulso conservador uma visão coerente da peleja contra as forças da ruptura, escreveu, por ocasião do início da dissolução da antiga ordem, que, se a humanidade exige aquilo que não pode ser, "a lei é violada, a natureza é desobedecida e os rebeldes, os cassados e os exilados são proscritos deste mundo de razão, ordem, paz, virtude e de expiação prolífica, para um mundo antagonista de loucura, discórdia, vício, confusão e vão pesar".[75] A disputa entre conservadores e radicais no mundo moderno tem sido uma batalha feroz entre o mundo da ordem, de um lado, e o mundo antagonista, do outro lado. Olhando para o mundo de hoje, será que alguém poderia defender que a nossa época é um tempo de sanidade, harmonia, virtude, ordem e proveitosa penitência? Não, mesmo que os conservadores tenham defendido sua posição aqui e ali, em geral o mundo antagonista prevaleceu.

Conforme escrevi em 1950, no *Queen's Quarterly*, vivemos em:

> Um mundo que condena a tradição, enaltece a igualdade e saúda a mudança; um mundo que abraçou Rousseau, engoliu-o inteiro e clamou por profetas ainda mais radicais; um mundo escoriado pelo industrialismo, padronizado pelo homem comum, unido por governos; um mundo atormentado pela guerra, trêmulo entre os colossos do Oriente e do Ocidente, que, ao emergir do precipício, cai em um abismo de degradação [...]. Os vaticínios lúgubres de Burke, que pareciam, aos liberais da geração de Buckle,[76] as tolices de um gênio velho e demente, tornaram-se realidade: os deuses dos cabeçalhos dos cadernos de cópia retornam, com fogo e carnificina.[77] Nações dissolvendo-se em meras agregações de indivíduos; propriedade redistribuída pelo poder político; grandes Estados europeus reduzidos a pó; a tranquila Grã-Bretanha transformada em uma comunidade política socialista; a antiga beleza do Oriente devastada, e o Império da Índia roendo as próprias entranhas; o mundo colonial vomitando os europeus, embora já, por eles, metamorfoseado; o Levante, nos confins orientais da Europa, de um frenesi igualitarista tão feroz que assustaria até os jacobinos; a transferência de riquezas e poder à república ocidental que Burke apoiou – mas uma prosperidade adquirida com pressa e associada à arrogância. Onde está a orientação divina que Burke discerniu na história? Vislumbrada, talvez, na punição da desobediência: "o Senhor fez tudo segundo a sua finalidade: até o ímpio para o dia da desgraça" (Pr 16,4). Tal horror pode ter sido inevitável; mas a última década do século XVIII proclamou a advertência de Burke, ainda ouvimos o seu eco, e talvez dela possamos tirar proveito. Podemos preservar: a preservação é uma boa parte do conservadorismo.[78]

Podeis perceber que não estava muito esperançoso em 1950. Estaria mais agora? O melhor que pode ser dito sobre a causa conservadora, umas quatro décadas depois, é o seguinte: a estrutura da civilização ainda se mantém em algumas partes do mundo. Vez ou outra, durante os últimos dois séculos, os conservadores defenderam a sua posição contra as forças do mundo antagonista; ou até montaram contra-ataques. Dessa forma, aventuro-me a vos descrever, muito sucintamente, dez acontecimentos ou ações nos quais a causa conservadora manteve ou até ganhou algum espaço.

No capítulo anterior, tentei tornar-vos cativos aos dez princípios conservadores. Esse número é mais difícil de alcançar ao tentar recapitular dez acontecimentos associados às vitórias conservadoras. Seria muito fácil mencionar algumas eleições ganhas, neste ou naquele país, por partidos de tendência conservadora; mas eleições são efêmeras, e a disputa entre o impulso conservador e o impulso radical é uma luta que transcende pequenas batalhas partidárias, que em geral não têm um efeito mais significativo ou duradouro do que jogos de *baseball*, ou de futebol.

Dessa maneira, ao selecionar dez acontecimentos, não discuto principalmente as batalhas de Tweedledum e Tweedledee – de Franklin Delano Roosevelt (1882-1945) contra Wendell Willkie (1892-1944), por exemplo, ou James Harold Wilson (1916-1995) contra Edward Heath (1916-2005).[79] Ao contrário, o que me preocupa é o conflito entre as forças da integração e as da desintegração. Ao falar de impulso conservador, refiro-me à inclinação de apoiar uma ordem social venerável, uma ordem social estabelecida, uma sociedade de comunidades voluntárias e instituições salutares como a propriedade privada e o governo representativo. Com a expressão "impulso radical", refiro-me ao desejo de emancipar todos os povos (quer queiram ou não) das obrigações morais, derrubar o Estado e a Igreja, produzir um coletivismo igualitário, descartar todas as estruturas do passado. O impulso radical trai a civilização em nome do que Burke chamou de mundo antagonista; e foi nesse antimundo que, nos últimos dois séculos, caiu a maior parte dos povos da Terra.

Mesmo assim, aqui e lá e uma vez ou outra, as forças da ordem resistiram com sucesso, por algum tempo, às forças da desordem – ou talvez até restauraram a ordem, após um período de violência e anarquia. Permiti-me sugerir, de forma bem arbitrária, dez desses episódios ou acontecimentos; caso encontreis dez exemplos melhores, poderei aceder prontamente a um tal julgamento. Minhas escolhas limitam-se aos dois séculos que transcorreram desde as Revoluções Americana e Francesa, utilizando o termo "conservador" no sentido político moderno. Seria possível entrar pelos séculos, apontando, em uma ou outra época, homens ou mulheres que poderíamos rotular, por analogia, como conservadores; mas esse exercício poderia vir a irritar a sensibilidade de alguns esquerdistas. Mesmo que raramente otimista, confesso ser, por vezes, sanguinário. A ordem de Marco Túlio Cícero (106-43 a.C.) para que os confederados de Lúcio Sérgio Catilina (108-62 a.C.) fossem estrangulados na Prisão Mamertina foi certamente um acontecimento notável de propósito conservador, que muito aprovo; mas também foi bastante inconstitucional; e, além disso, pensemos no que aconteceu ao pobre senador Barry Goldwater (1909-1998) em 1964,[80] quando ousou elogiar o extremismo na causa da liberdade!

**

Limito-me, portanto, a comentar os acontecimentos que ocorreram nas últimas seis ou sete gerações e, principalmente, no âmbito do que se chama civilização "ocidental". O primeiro desses eventos ocorreu na Filadélfia e foi um ato deliberado de conservação social. Refiro-me à assinatura da Constituição dos Estados Unidos.

Em 18 de setembro de 1787, uns trinta e nove políticos e cavalheiros subscreveram a nova Constituição, diretamente do cálamo de Gouverneur Morris (1752-1816) e do Comitê de Estilo, na Câmara Estadual da Pensilvânia, hoje chamada de Salão da Independência. Se quiserdes argumentar que o dia da ratificação da Constituição

Norte-Americana, o dia 2 de julho de 1788, é o evento mais significativo, não me oporei. No entanto, prefiro o drama do último dia da Convenção Constitucional, no qual os primeiros signatários da Constituição, esses homens notabilíssimos, lançaram suas penas ao papel.

Sir Henry Maine (1822-1888), meu historiador do Direito favorito, escreveu há um século que a Constituição dos Estados Unidos é o documento genuinamente mais conservador da história das nações.[81] Não me alongarei muito nesse ponto.[82] A cerimônia do Bicentenário da Constituição dos Estados Unidos, entre 1987 e 1991, deveria ter sido uma celebração do triunfo da mentalidade conservadora sobre o impulso radical nos Estados Unidos, nos últimos anos do século XVIII. Após uma dúzia de anos de guerras e tribulações, uns cinquenta e cinco cavalheiros de doze estados conseguiram produzir, em grande parte por meio de acordos (que os conservadores nunca deveriam desprezar), uma estrutura de governo que sobreviveu às gigantescas alterações tecnológicas, demográficas, econômicas, sociais, e mesmo morais, dos séculos XIX e XX. Nenhum conservador jamais construiu algo de modo tão inteligente. Hoje, os Estados Unidos constituem o principal poder que ainda resiste ao triunfo de um deprimente coletivismo ao redor do mundo. Tivesse emergido da Revolução Americana a mesma coisa que surgiu da Revolução Francesa, hoje todo o mundo poderia ser um único e sufocante despotismo.

O segundo acontecimento que destaco ocorreu dez anos depois, na Inglaterra. Edmund Burke, à morte, ordenou aos amigos que continuassem a lutar contra a "doutrina armada",[83] que hoje chamamos de ideologia, fanatismo político. "Nunca sucumbam ao inimigo", Burke os exortou; "trata-se de uma luta pela vossa existência como nação; e, se for necessária a morte, morram com a espada à mão; há um notável e ativo princípio de força na mentalidade pública da Inglaterra que apenas precisa de direcionamento adequado para capacitá-la a resistir a esse ou a qualquer outro adversário feroz; perseverem, até que tal tirania termine".[84]

Aquele ano de 1797 foi desastroso para a Inglaterra. Burke, contudo, já havia vencido, embora não o soubesse. A retórica popular de Thomas Paine (1737-1809) não persuadiu os ingleses a demolir a herança de liberdade ordenada,[85] ao passo que os últimos escritos de Burke cativaram as mentes mais ágeis da geração emergente que testemunhara o final do julgamento de Warren Hastings (1732-1818).[86] Foram o pensamento e a força expressiva de Burke que levaram a uma coalizão de *whigs* e *tories* no que se tornou o primeiro Partido Conservador, atualmente o partido mais antigo do mundo. Os talentos e a paixão de um homem persuadiram a Grã-Bretanha a continuar na luta, quando todos os aliados tinham-se perdido; e a lutar até que a força dos radicais se exaurisse.

Para tratar de um terceiro evento significativo para os conservadores, transporto-vos agora para a Câmara dos Deputados, na pequena cidade de Washington, em maio de 1824. John Randolph de Roanoke (1773-1833) tem a palavra, e fala com o seu humor impiedoso e mordaz. Ao longo dessa primavera, tem-se batido contra as chamadas "melhorias internas", a intervenção em assuntos europeus e os aumentos de tarifas tributárias;[87] e o Sul, ao menos, está começando a escutá-lo seriamente. Nesse momento, Randolph repreende os entusiastas do progresso rápido via políticas públicas. Apresento ao leitor uma pequena amostra de sua inteligência acostumada ao improviso, de um tipo hoje desconhecido no Congresso:

> Em todas as mudanças benéficas que ocorrem no mundo natural – e este sentimento é ilustrado por uma das mais belas efusões de imaginação e gênio que já li –, em todas essas mudanças, que são a obra de uma providência onissapiente, onisciente e superintendente, como na insensível gradação pela qual a criança, nos primeiros anos de vida, somente se desenvolve rumo à idade adulta, e da adulta à senil; ou, caso queirais, à própria caducidade, vós haveréis de encontrar mudanças imperceptíveis; não podeis ver o objeto mover, mas ao desviardes dele

os olhos por um momento, como o ponteiro deste relógio, vereis que se moveu. Diz o antigo provérbio, Deus faz o bem, e sempre aos poucos. O diabo, por outro lado, tem más intenções, e sempre é precipitado. *Ele* não consegue a permanência; seu objetivo é prejudicar; realiza, de supetão, o que é mais fácil, e logo se vai para outro lugar qualquer.[88]

As causas que Randolph defendeu foram todas perdidas, durante a sua vida ou pouco mais de três décadas depois. Entretanto, suas palavras talvez façam mais sentido, hoje, do que fizeram para os contemporâneos de Randolph. Como disse T. S. Eliot (1888-1965), "a comunicação dos mortos se propaga – língua de fogo – para além da linguagem dos vivos".[89]

Para o quarto acontecimento, dirigimo-nos à Nova Inglaterra. Orestes Brownson (1803-1876) – um pensador norte-americano de talentos extraordinários, que ainda hoje é ignorado nas universidades dos Estados Unidos, mas que fascinou tanto ao sr. Arthur M. Schlesinger Jr. (1917-2007)[90] quanto a mim – era, em 1840, o primeiro marxista norte-americano. No entanto, já em 1848, a situação dele era diferente; e apenas alguns meses após a publicação do *Manifesto do Partido Comunista*,[91] Brownson refutou Karl Marx (1818-1883) e Friedrich Engels (1820-1895) em um ensaio intitulado "Socialism and the Church" [O Socialismo e a Igreja], publicado em janeiro de 1849. A compreensão da condição humana defendida por Brownson nesse ensaio confinou, nos Estados Unidos, o marxismo a alguns diletantes nas universidades e a um punhado de amigos da União Soviética espalhados pelo território. Ofereço ao leitor uma passagem extraída do ensaio:

> Disfarçando-se sob formas cristãs, tentando distinguir entre cristianismo e Igreja, reclamando para si a autoridade e a imensa popularidade do Evangelho, denunciando o cristianismo em nome do cristianismo, suprimindo a *Bíblia* em nome da *Bíblia* e desafiando Deus em nome de Deus, o socialismo oculta, da multidão indistinta, seu verdadeiro caráter e, ao apelar para o sentimento dominante da

época e para alguma de nossas mais fortes inclinações naturais e paixões, afirma-se com terrível poder e segue a carreira de devastação e morte com tal força que os seres humanos, por si sós, não podem resistir. Os homens lhe são incorporados via a capacidade da própria natureza, e por intermédio da reverência pela religião. A fé e a caridade são pervertidas; as mais nobres simpatias e as mais sublimes esperanças tornam-se subservientes às paixões mais abjetas e às propensões mais aviltantes. Eis a força secreta do socialismo, e nela, também, sua principal fonte de perigo.[92]

O leitor reconhecerá nessas frases, escritas em 1848, a "Teologia da Libertação" da nossa época. Os escritos de Brownson, em meados do século XIX, foram consequência, visto que expressam a repugnância norte-americana à inveja socialista.

Como quinto acontecimento, indico a vitória de Benjamin Disraeli (1804-1881) contra os liberais na Inglaterra vitoriana. "O vetusto cavalheiro judeu que está sentado no topo do caos", como Augustus Hare (1834-1903) descreve de modo memorável o matreiro paladino da tradição,[93] dos costumes e dos privilégios legais do povo inglês, logicamente não conseguiu fazer retroceder para sempre as forças niveladoras e desintegradoras em ação no mundo; mas o que fez foi ressuscitar uma enfraquecida resistência a tais forças – uma resistência que ainda hoje atua dentro do partido *Tory*. Refiro-me, não ao Disraeli do projeto do *Reform Act* de 1867, mas ao jovem Disraeli do romance *Sybil or The Two Nations* [Sybil ou as Duas Nações], de 1845, e ao velho Disraeli, de 1874. Nesse mesmo ano, ao discursar no Guildhall em Londres, declarou que os sentimentos conservadores consistem em mais do que apenas a posse de riquezas. "Foi-nos dito que um trabalhador não pode ser conservador, porque não possui nada para conservar – não tem nem terra, nem capital; como se não houvesse no mundo outras coisas tão preciosas quanto terra e capital!", disse ele nessa ocasião. O trabalhador possui liberdade, justiça, segurança de sua pessoa e sua casa, a aplicação imparcial das leis, a livre industriosidade, continuou Disraeli: "Certamente esses são privilégios dignos de se preservar! (...) E, se é o caso, não é admirável que as classes trabalhadoras sejam conservadoras?"[94] Esse argumento apresentado em 1874 precisa ser retomado nos dias de hoje.

À medida que o socialismo e o nacionalismo começam a partir o mundo em pedaços, no último quartel do século XIX e no primeiro do século XX, a maré dos eventos volta-se contra a causa conservadora. Por isso, precisamos saltar para os embates que foram travados há meio século para visualizar a resistência conservadora às tropas do mundo antagonista.

Como nosso sexto acontecimento, ou melhor, grupo de eventos, portanto, vejo a derrota ou a ruína dos partidos e das forças comunistas na Europa central e oriental, nos anos imediatamente seguintes à Primeira Guerra Mundial: a rejeição do marxismo pelos finlandeses, poloneses, húngaros, alemães e outras nações.[95]

Ainda estava por vir o tempo em que a maioria desses povos seria, finalmente, abandonada às ambições soviéticas; mas, enquanto isso não acontecia, uma espécie de fronteira havia sido levantada contra Mordor[96] – quero dizer, Moscou. Um evento simbólico desse tipo, mais tardio, foi a derrota dos comunistas na Espanha, completada em 1939.

Nosso sétimo acontecimento é a derrota de uma ideologia diferente: o aniquilamento dos nazistas pelos Aliados na Segunda Guerra Mundial, em 1945; os Aliados ocidentais, mais precisamente.[97] É bom ser capaz de recordar uma grande vitória militar que ajudou a manter a ordem, a justiça e a liberdade. A constância da Inglaterra em geral, e de Winston Churchill (1874-1965) em particular, possibilitou essa exitosa resistência contra os inimigos de uma ordem social civil tolerável.[98]

Como oitavo acontecimento, escolho a mudança de residência de um homem de letras: Alexandr Solzhenitsyn (1918-2008), exilado da Rússia. Ao denunciar a tirania ideológica, Solzhenitsyn fez mais pela dissipação das ilusões – embora não na consciência de todos – do que qualquer outro escritor de nossa época. Em 1974, Solzhenitsyn chegou ao Ocidente; em 10 de maio de 1983, com o seu discurso na recepção do Prêmio Templeton, expressou a essência do impulso conservador com muita comoção:

> A nossa vida não consiste na busca do sucesso material, mas na procura de um crescimento espiritual digno. Toda a nossa existência terrena não é mais do que um estágio transitório do movimento em direção a uma realidade superior, e não podemos tropeçar ou cair, nem ficar presos, inutilmente, em um degrau da escada... As leis da física e da fisiologia nunca revelarão o modo incontestável como o Criador, constantemente, dia após dia, participa da vida de cada um de nós, concedendo-nos, sem falhar, o vigor da existência; quando tal auxílio nos deixa, morremos. Na vida de todo o nosso planeta, o Espírito Divino se move com a mesma força: é isso que devemos perceber neste nosso terrível momento de escuridão.[99]

O nono acontecimento de grande importância para a conservação do mundo da ordem é a eleição para o papado do sacerdote polonês Karol Wojtyla (1920-2005), que assumiu a cátedra de São Pedro com o nome de João Paulo II. Uma Igreja que rapidamente se deixara levar por modernices triviais ou, pior, fora impedida de transmitir sua herança, mais uma vez, começa a falar contra os inimigos da ordem, ordem tanto do espírito quanto da sociedade. O caráter heroico desse Sumo Pontífice, que conheceu o sofrimento de homens ignorados sob horríveis dominações e potestades, confere autoridade às próprias palavras, em regiões nunca dantes católicas. Roma é o poder retentivo, escreveu o cardeal John Henry Newman (1801-1890) em meados do século XIX; e, quando Roma cair, virá o Anticristo, em nome da libertação.[100] Há duas décadas, essa hora parecia estar às portas; mas João Paulo II, com poucos auxiliares, confrontou e venceu a vanguarda do mundo antagonista.[101]

Como nosso décimo evento, decidi-me pela eleição de Ronald Reagan (1911-2004) à presidência, em 1980. Caso mais republicanos tivessem percebido a direção em que ia a opinião pública nos Estados Unidos, e compreendido o modo como a retórica popular de Reagan conseguia falar às consciências dos cidadãos norte-americanos, o sr. Reagan poderia ter sido eleito anos antes – provavelmente, até mesmo em 1964 – e com isso muitos danos poderiam ter sido evitados.

Ronald Reagan será lembrado como o presidente que restaurou a confiança – ou, até mesmo, as grandes esperanças – do povo americano. Antigas certezas que esquerdistas "de frases feitas" ridicularizaram, mantinham-se inabaláveis na consciência de Ronald Reagan; e, ao reafirmar essas antigas convicções, o presidente Reagan começou a despertar a nação de um desânimo que já durava vinte anos ou mais.[102]

**

Ainda está para ser eleito um Congresso cuja maioria seja, de maneira inteligente, conservadora – por mais que os tempos de hoje clamem por uma renovação, reafirmação e restauração genuinamente conservadoras de algum nível de ordem, justiça e liberdade. De fato, ainda está para ser alcançado algum consenso entre as pessoas de inclinações conservadoras sobre o que se pretende conservar.

Já pegamos em armas, amigos, contra um oceano de problemas; e, fazendo-lhes oposição, poderemos vir a acabar com eles. O início do século XXI – por algum tempo, parecia que a humanidade não chegaria tão longe no tempo – pode vir a marcar o início de uma redescoberta da reta razão e da imaginação moral. Nossa "era de desordem",[103] como nos conta Arnold J. Toynbee (1889-1975), começou com os eventos catastróficos do ano de 1914. Atualmente, alguns historiadores sugerem que a nossa civilização apenas começa a se recuperar dos erros e dos apetites que tanto a aproximaram de uma rendição total ao mundo antagonista – ainda mais a nossa sociedade, tão satisfeita com as próprias aquisições materiais. Se alguns padrões conservadores forem erigidos num futuro próximo, haverá grandes eventos, dignos de comemoração; e é possível que alguns dos que hoje vivem, possam olhar para o século XX como a época remota e triste, quando certas coisas comandavam e dirigiam a humanidade; um tempo em que quase todos os grandes acontecimentos foram desastrosos. Esperemos ardentemente que isso seja verdade. Nunca teremos êxito ao "marchar para Sião"[104] – essa grande ilusão está, de fato, por trás de vários dos eventos destrutivos dos últimos dois séculos –, mas podemos aspirar a conservar muito do que merece ser salvo. Amigos, começai a "fazer acontecer", em vez de vos deixar dominar pelos acontecimentos.

Capítulo 4 | Dez Livros Conservadores

A atitude política e moral chamada de *conservadorismo* não vem de um livro; de fato, algumas das pessoas mais conservadoras que conheci eram distintamente avessas a livros. As fontes da ordem conservadora não são escritos teóricos, mas, em vez disso, o costume, a convenção e a continuidade. Edmund Burke (1729-1797) não conseguia imaginar nada mais perverso do que a alma de um "metafísico abstrato"[105] em política – isso é, um tolo ou um velhaco erudito que imagina poder varrer as complexas instituições de uma sociedade civilizada, penosamente desenvolvidas ao longo de séculos de experiência histórica, para pôr-lhes no lugar algum projeto livresco de um paraíso terrestre de própria autoria. Portanto, não existe um equivalente conservador do *Das Kapital* [O Capital],[106] de Karl Marx (1818-1883); e, se Deus quiser, nunca existirá.

Dito de outra forma, o conservadorismo não é um conjunto de teorias acumulado por algum filósofo recluso. Pelo contrário, a convicção conservadora nasce da experiência: a experiência da espécie, da nação, da pessoa. Como já notei algumas vezes nessas conversas, o verdadeiro conservadorismo é a negação da ideologia. Todo conservador bem-informado entende que as instituições sociais do século XX – o *Common Law* sendo um bom exemplo delas – desenvolveram-se lentamente em meio a negociações, consensos e no teste da natureza prática. As instituições não apareceram totalmente crescidas, a partir de um livro escrito por alguém; e é o estadista prudente, não o visionário recluso, quem sempre preservou uma tensão saudável entre as exigências da autoridade e as da liberdade; quem moldou uma constituição política tolerável.

A Constituição dos Estados Unidos, com dois séculos de existência, é exemplo suficiente da origem das instituições conservadoras a partir da experiência de um povo, e não de tratados abstratos.[107] Os delegados de melhor formação acadêmica que participaram da Convenção Constitucional da Filadélfia, em 1787, entre os quais Alexander Hamilton (1755-1804) e James Madison (1751-1836), fizeram referência vez ou outra à *Ética a Nicômacos*[108] e à *Política*[109] de Aristóteles (384-322 a.C.) ou ao *L'Esprit des Lois* [O Espírito das Leis][110] de Montesquieu (1689-1755), de modo a reforçar algum argumento; entretanto, a própria sabedoria política, bem como a Constituição que desenharam, tinha raízes na experiência pessoal direta das instituições sociais e políticas que se haviam desenvolvido nas Treze Colônias desde meados do século XVII, e em um conhecimento profundo do desenvolvimento britânico ao longo de sete séculos, do governo parlamentar, da liberdade ordenada e do império da lei. Não reconheciam nenhum escrito onisciente como oráculo político; e apesar da crença de vários professores norte-americanos de que os Pais da Pátria autores da Constituição tenham sido devotos entusiastas de John Locke (1632-1704), somente um orador da Convenção chegou a mencionar o *Segundo Tratado sobre o Governo Civil*.[111]

Tenho observado que a mentalidade conservadora confia nos costumes, na convenção e na continuidade para alcançar uma compreensão da ordem social civil – e não em construções artificiais, como o fictício Contrato Social. Definamos os nossos termos, tendo por referência os principais dicionários.

Costumes são usos ou práticas comuns, seja de um indivíduo ou de uma comunidade, mas especialmente desta; repetição habitual do mesmo ato ou procedimento; modos ou comportamentos estabelecidos. No Direito, *costumes* significam os *mores*[112] da comunidade tais como são e foram por um tempo incerto, e nela reconhecidos como os padrões do justo e do correto; uso antigo e geral com força de lei.

Convenção é o congregar; é uma coalizão; união. Esse termo também significa acordo geral, compreensão tácita, consentimento comum, ou o fundamento de um costume ou de uma instituição. A *convenção* encerra uma regra, uma regulamentação ou uma necessidade consuetudinária, ou o conjunto de tais regras; por vezes estabelecidos de forma mais ou menos arbitrária, ou exigidos pela opinião ou pelo consentimento comuns; uma formalidade; um precedente.

Continuidade significa a conexão ininterrupta das partes no tempo ou no espaço; o caráter do que é ininterrupto; em uma cultura ou em um sistema político, a *continuidade* encerra uma ligação ou uma série de ligações nunca rompidas, que unem geração a geração: conforme expresso pela liturgia da Igreja Oriental, unindo "eras a eras".

Livros podem trazer comentários sobre os costumes, a convenção e a continuidade; mas não podem criar tais essências sociais e culturais. A sociedade produz os livros; livros não produzem a sociedade. Enfatizo esse ponto porque vivemos em uma era de ideologias, e um bom número de pessoas – especialmente professores e estudantes de pós-graduação – acreditam na noção curiosa de que todas as instituições e toda a sabedoria são, de algum modo, extraídas de certos livros (em religião, isso é o que Coleridge chamou de *bibliolatria*). A *Bíblia* é na realidade um registro de experiências espirituais, não a *fonte* das experiências espirituais. De tempos em tempos, algum aluno vem perguntar-me, após uma palestra, "Puxa, professor, onde o senhor pegou essa informação toda? Eu não consegui achá-la no Livro" – quer dizer, o Livro-Texto Sagrado, em geral um trabalho túrgido e superficial, escrito por um professor medíocre, cuja motivação foi a cobiça financeira. A sabedoria da espécie não está contida em nenhuma estante de livros de dois metros de altura.

Portanto, senhoras e senhores, caso estejais procurando por algum "Manual Infalível do Conservadorismo Puro" – ora, estais perdendo o vosso tempo. O conservadorismo, não sendo uma ideologia, não tem nenhum gabarito presunçoso, estimada criação de algum terrível simplificador, ao qual o cândido devoto da salvação política possa recorrer toda vez que tiver alguma dúvida. Não caiais em bibliolatria política; em particular, não considereis as "Obras de Kirk" como se tivessem sido escritas por um ser dotado de divina inspiração profética.

Naqueles dias queridos de outrora, já quase esquecidos, em que tive uma livraria, numa tarde, um homem pequeno e taciturno passava os olhos descompromissadamente pelas minhas mesas e estantes, e logo me disse, quase com raiva, "estou procurando um livro que nos diga o que fazer para resolver todos esses problemas modernos; mas tem que ser um livro pequeno e sem nada sobre religião". Ai de mim! Nenhum livro pequeno, ou mesmo grande, foi escrito para nos dizer de maneira honesta e prática o que fazer com todos esses problemas modernos; jamais será publicado, nem mesmo se o autor for um conservador. Caso estejais buscando um bom livro de molde conservador que não tenha nada sobre religião, ora, isso é o mesmo que procurar a pedra filosofal; ou inquirir, juntamente com o imperador romano Tibério (42 a.C.-37 A.D.), que músicas cantavam as sereias.[113]

Dessa forma, amigos, ao recomendar-vos dez livros conservadores importantes, ofereço-vos apenas uma amostra da literatura do conservadorismo – não um corpo de escritos infalíveis sobre os quais um zelota possa fundamentar uns "Trinta e Nove Artigos" conservadores ou um "Ato de Prova".[114] Os conservadores compartilham de um estado de espírito ou de um conjunto de sentimentos; não necessariamente concordam acerca de assuntos prudenciais; a variedade de enfoques conservadores sobre questões políticas e morais é considerável. Não defendo que estes dez livros, os quais mencionarei a seguir, sejam os escritos conservadores mais importantes: apenas que são razoavelmente representativos do pensamento conservador. Realmente, os conservadores pensam, embora um estudioso conservador, F. J. C. Hearnshaw (1869-1946), note que, de ordinário, bastaria aos conservadores "sentar e pensar, ou talvez apenas sentar".[115] Não sendo um ideólogo, o pensador conservador não cai no erro de pensar que o orgulho, a paixão e as precognições da humanidade sejam passíveis de controle e direção satisfatórios por qualquer conjunto de ideias abstratas. Para citar o título de um livro de autoria de meu amigo de longa data, Richard M. Weaver (1910-1963), *Ideas Have Consequences* [As Ideias Têm Consequências][116] – que detestava esse título, dado pelo editor –, é verdade que as ideias têm consequências; mas, na política, ideias abstratas frequentemente têm más consequências; e o conservador sabe que os costumes, a convenção e a continuidade são forças socialmente mais benéficas do que as invectivas de qualquer fanático político obscuro. A escrita conservadora, portanto, em geral é iniciada com alguma relutância, e mormente em reação a tratados radicais ou esquerdistas que fingem apontar o caminho a uma "Sião terrena".[117] Foi assim com Edmund Burke, dois séculos atrás, e é assim hoje com Aleksandr Solzhenitsyn (1918-2008).

Da minha lista foram eliminados alguns grandes estadistas, porque o que escreveram exerceu pouca influência duradoura, apesar de suas realizações terem tido consequências grandiosas e prolongadas. Também deixei de fora os grandes romancistas conservadores, entre os quais Walter Scott (1771-1832), Benjamin Disraeli (1804-1881), Nathaniel Hawthorne (1804-1864), Robert Louis Stevenson (1850-1894), Rudyard Kipling (1865-1936) e Joseph Conrad (1857-1924), porque não escreveram especificamente a respeito de questões políticas conservadoras, embora a influência indireta deles sobre a opinião pública possa ter sido vasta. Em suma, limito-me neste momento a livros que são direta e inquestionavelmente políticos na temática e conservadores no tom.

Em 1955, em um discurso à União Conservadora de Londres, T. S. Eliot (1888-1965) nomeou a Henry St. John (1678-1751), o 1º Visconde Bolingbroke, Edmund Burke, Samuel Taylor Coleridge e Benjamin Disraeli como os principais homens de letras conservadores;

e de escritores norte-americanos vivos ou recentes – e, citando uma carta minha a ele – Eliot mencionou Irving Babbitt (1865-1933), Paul Elmer More (1864-1937), Bernard Iddings Bell (1886-1958) e Robert A. Nisbet (1913-1996). Visto que, entre Bolingbroke, Coleridge e Disraeli, nenhum escreveu um manual de política em um volume que possa ser rapidamente apreendido pelo leitor moderno, sou obrigado a desconsiderá-los na nossa discussão. Não obstante, direi alguma coisa sobre Burke, Babbitt, Eliot e Nisbet.

Algumas pessoas poderão querer iniciar um estudo sério do pensamento conservador pela leitura de um manual, sucinto, mas razoável, sobre o tema. Nessa hipótese, recomendo, em especial, um volume agradavelmente breve de autoria de Robert A. Nisbet, intitulado *Conservatism: Dream and Reality* [Conservadorismo: Sonho e Realidade],[118] encontrando-me de acordo com tudo naquele livro, exceto com a tentativa do dr. Nisbet de classificar o conservadorismo como uma ideologia e dos elogios que ele faz à obra de Kirk. Dois curtos volumes publicados anteriormente sobre esse tema, os dois com o mesmo título, *The Case for Conservatism* [A Defesa do Conservadorismo], foram escritos por Francis Graham Wilson (1901-1976)[119] e por Quintin Hogg (1907-2001);[120] e o livro de Wilson voltou às livrarias. Caso queirais uma antologia de ensaios, discursos, poemas e contos conservadores, *The Portable Conservative Reader* [O Guia de Bolso de Textos Conservadores],[121] organizado por este vosso servo, está perfeitamente disponível; se o que buscais é uma análise histórica do pensamento conservador, a sétima (e presumivelmente última) edição do livro, também de autoria deste vosso servo, *The Conservative Mind* [A Mentalidade Conservadora],[122] poderá preencher as vossas horas de lazer por algumas semanas. Agora, a lista dos dez livros, para os quais chamarei a vossa atenção em particular, à medida que estejam inseridos na corrente principal do pensamento conservador; descrevo-os em ordem mais ou menos cronológica.

* * *

Burke é o ponto de partida, pois a palavra "conservador" não fazia parte do vocabulário da política, até os admiradores franceses daquele estadista irlandês adaptarem a palavra para descrever os princípios dos homens que desejavam acrescentar, ao que havia de melhor na antiga ordem europeia, aquelas melhorias saudáveis e necessárias que poderiam preservar a continuidade da civilização. Sem os discursos e panfletos de Burke e, especialmente, sem o eloquente *Reflections on the Revolution in France* [Reflexões sobre a Revolução na França],[123] pessoas de inclinações conservadoras ficariam intelectualmente empobrecidas. Conforme escreveu Harold Laski (1893-1950) certa vez, "Burke tem-se mantido como o manual permanente sem o qual os estadistas são como marinheiros em um mar desconhecido".[124] Tendo previsto as revoluções do nosso tempo, Burke expôs os princípios da ordem social que os conservadores têm, desde então, esmerado-se em defender.

Já examinei Edmund Burke em várias "Heritage Lectures".[125] Se possível, desejaria, também, examinar um contemporâneo desse autor, John Adams (1735-1826), em certo sentido a sua contraparte norte-americana; todavia, por mais livros que Adams tenha escrito, nenhum tratado de sua lavra pode ser destacado como uma obra seminal da política que tenha influenciado fortemente homens de tendências conservadoras. Isso é lamentável, pois, nos dez espessos volumes de seus escritos, editados por seu neto Charles Francis Adams (1807-1886) e publicados em 1856,[126] há abundância de sabedoria e graça; ou mesmo nos muitos volumes dos *Adams Papers* [Escritos de Adams], publicados mais de um século depois.[127] Mesmo assim, suponho que muito poucas pessoas já se uniram a mim na leitura de cada frase de Adams já publicada; por isso, devo passar ao segundo livro, do autor conservador cuja influência, pelo menos nos Estados Unidos, foi menor apenas que a de Burke – elogiando *en passant* a antologia organizada por George A. Peek Jr. (1918-2002), *The Political Writings of John Adams* [Escritos Políticos de John Adams].[128]

De la Démocratie en Amérique [A Democracia na América],[129] de Alexis de Tocqueville (1805-1859), ainda o melhor estudo sociológico de nossa era de massas, foi escrito sob o temor da tirania da maioria e do materialismo democrático; o segundo volume dessa grande obra revela uma forte influência dos escritos de Burke. Tocqueville entendeu a tendência do povo norte-americano na primeira metade do século XIX como mais ninguém; e essa tendência ainda segue na direção em que previu, embora nos encontremos, rio abaixo, a um século e meio de distância de Tocqueville.

Incidentalmente, posto que o dr. Friedrich August von Hayek (1899-1992) tenha abjurado ao termo "conservador"[130] bem como aos termos "liberal" e "libertário", reconheceu ser discípulo tanto de Burke quanto de Tocqueville, chamando-se *Old Whig*, como Burke; de modo que talvez tenha sido mais conservador do que aspirasse ser.

Como nosso terceiro livro conservador, proponho *The American Democrat* [O Democrata Americano], de James Fenimore Cooper (1789-1851), um contemporâneo de Tocqueville. Apesar da ainda forte popularidade dos *Leatherstocking Tales*,[131] mesmo entre críticos literários sérios, nem mesmo uma vigésima parte do número de pessoas que leram *A Democracia na América* já leu *The American Democrat*; esperamos que a bela nova edição de *The American Democrat*, publicada há alguns anos pelo Liberty Fund,[132] acabe nas mãos de leitores atentos. O seu ponto mais forte é a ousada defesa feita por Cooper da necessidade de uma liderança honrada em uma sociedade democrática.

Cronologicamente, agora surge o resoluto John C. Calhoun (1782-1850); mas nem *A Disquisition on Government* [Disquisição sobre o Governo],[133] nem *A Discourse on the Constitution* [Discurso sobre a Constituição],[134] embora muito respeitados por cientistas políticos, são prontamente compreendidos por muitas pessoas nos dias de hoje. Por isso, como nosso quarto volume, saco de minhas estantes um livro de um ardente católico que se teria desagradado consideravelmente com as cartas pastorais recentemente expedidas por certos bispos.

Refiro-me a *The American Republic* [A República Norte-Americana],¹³⁵ publicado em 1865, escrito por Orestes Brownson (1803-1876), um ianque católico, persistente e inclinado a controvérsias. Uma coisa sobre a qual o sr. Arthur M. Schlesinger Jr. (1917-2007) e eu concordamos é sobre a importância de Brownson.¹³⁶ Calhoun e Brownson foram os dois primeiros homens públicos norte-americanos a usarem o termo *conservador* com uma conotação elogiosa – já no início da década de 1840. Brownson foi o primeiro escritor a responder, de modo rigoroso e sistemático, ao *Manifesto do Partido Comunista*,¹³⁷ de Karl Marx e Friedrich Engels (1820-1895). O livro *The American Republic* analisa as constituições, escrita e não escrita, deste país e descreve a missão norte-americana de reconciliar as exigências da autoridade e da liberdade.

Porque o presente livro se dirige ao público norte-americano, enfatizo livros norte-americanos que são relevantes para as questões que o país enfrenta; caso estivesse na Grã-Bretanha, falaria mais sobre escritores políticos ingleses e escoceses. Na Inglaterra vitoriana, os livros *Liberty, Equality, Fraternity* [Liberdade, Igualdade, Fraternidade],¹³⁸ de James Fitzjames Stephen (1829-1894), *Democracy and Liberty* [Democracia e Liberdade],¹³⁹ de William E. H. Lecky (1838-1903) e *Popular Government* [Governo Popular],¹⁴⁰ de Sir Henry Maine (1822-1888), foram escritos para resistir à ameaça da democracia e do socialismo. Como nosso quinto livro, seleciono *Liberty, Equality, Fraternity*, de James Fitzjames Stephen – uma refutação mordaz tanto do jargão da Revolução Francesa quanto do livro *On Liberty* [A Liberdade],¹⁴¹ de John Stuart Mill (1806-1879). Acredito que o poderoso ataque de Stephen pode ser obtido em alguma editora especializada em republicações, por um preço elevado.¹⁴²

À medida que se aproximava o final do século XIX, o mais espirituoso e sistemático de todos os homens de letras conservadores da Grã-Bretanha era W. H. Mallock (1849-1823), autor de mais de uma vintena de livros, que iam de romances psicológicos e resenhas de viagem e memórias a análises econômicas penetrantes. Com exceção de seu primeiro livro, o satírico *The New Republic* [A Nova República],¹⁴³ Mallock quase já não é lido hoje em dia, e a maioria dos seus livros está inacessível nos Estados Unidos, a não ser em grandes bibliotecas acadêmicas.¹⁴⁴ Assim mesmo, recomendo francamente que vos apodereis, se possível, de uma cópia do sexto livro conservador de minha preferência, *Is Life Worth Living?* [A Vida Vale a Pena?],¹⁴⁵ de Mallock. Essa polêmica obra, escrita de modo vigoroso, é uma advertência contra o tédio pessoal e social que resulta de uma perda geral do sentido religioso: uma sociedade mortalmente entendiada. Uma nova edição do livro *A Critical Examination of Socialism* [Exame Crítico do Socialismo] foi lançada pela editora Transaction Publishers.¹⁴⁶

De volta aos norte-americanos. Durante as primeiras três décadas do século XX, dois críticos literários importantes, Paul Elmer More e Irving Babbitt, eram os conservadores mais inteligentes do país. É difícil escolher entre *Aristocracy and Justice* [Aristocracia e Justiça],¹⁴⁷ de More, e *Democracy and Leadership* [Democracia e Liderança],¹⁴⁸ de Babbitt – este último, disponível pelo Liberty Fund, com um prefácio de autoria deste vosso servo. Permiti-me recomendar, em vista de nossas conversas, *Democracia e Liderança* como o sétimo livro dessa restrita lista. Babbitt empenhou-se corajosamente em restaurar a compreensão do verdadeiro significado de *justiça* e em relembrar à sua época os perigos da expansão e da centralização materialista, e em defender o propósito ético das letras humanas. No fim de 1986, foi publicada pelo National Humanities Institute uma nova edição de *Literature and the American College* [Literatura e o *College* Norte-Americano], de Babbitt, com uma introdução bastante longa de minha autoria.¹⁴⁹ Vários livros de Babbitt e de More foram republicados nos últimos anos – um sinal da renovação do pensamento conservador.

Tanto antes quanto depois da Guerra de Secessão, metade dos livros conservadores norte-americanos importantes foi escrita no Sul. Na condição de nobre espécime da mentalidade conservadora do

Sul, tomo como o meu oitavo livro conservador *The Attack on Leviathan* [O Ataque ao Leviatã],¹⁵⁰ de Donald Davidson (1893-1968), oriundo do Tennessee, poeta, crítico, historiador, compilador de baladas, defensor da herança sulista. Deparei-me com *The Attack on Leviathan* em uma biblioteca universitária quando estava no primeiro ano da faculdade, e o livro me converteu em um adversário do robusto Estado massificante. Ao escrever uma resenha da coletânea *A Band of Prophets: The Vanderbilt Agrarians After Fifty Years* [Um Bando de Profetas: Os Agrarianos da Vanderbilt após Cinquenta Anos]¹⁵¹ editado por William C. Havard e Walter Sullivan e de uma nova edição do manifesto *I'll Take My Stand* [Manterei Firme a Posição]¹⁵² escrito pelos Agrarianos Sulistas,¹⁵³ nas páginas do periódico *Policy Review* do Hoover Institution, há mais de dois anos, fiz um relato de como o eloquente livro de Davidson foi praticamente suprimido pela editora universitária que o publicou.¹⁵⁴ Quando nos encontramos, na década de 1950, Davidson revelou-se surpreso por não ter eu achado uma cópia sequer da obra. O livro foi republicado por outra empresa, e vós deveis procurá-lo, pois é a obra política ignorada mais importante do país, no século XX. O título da nova edição é *Regionalism and Nationalism in the United States* [Regionalismo e Nacionalismo nos Estados Unidos], inclui uma introdução escrita por um certo Russell Kirk, e a editora é a Transaction Publishers.¹⁵⁵

A maioria dos economistas influentes é composta por liberais de estilo antigo ou liberais de estilo novo, sendo suficientemente limitados em suas visões acerca da existência humana. Assim, como minha nona sugestão de livro conservador seleciono *The Social Crisis of Our Time* [A Crise Social de Nossa Época],¹⁵⁶ de meu velho amigo, o economista Wilhelm Röpke (1899-1966), oriundo da Alemanha e naturalizado suíço. Esse livro é uma análise da ameaça do que Röpke chamou de "culto do colossal".¹⁵⁷ Entre as consequências mais desagradáveis da sociedade de massas, a pior é a proletarização. Temos de achar o caminho de volta à escala humana, na economia e na política:

> O socialismo, o coletivismo e seus agregados políticos e culturais são, no fim das contas, apenas a última consequência de nosso passado; são as últimas convulsões do século XIX, e somente neles é alcançado o nadir de um desenvolvimento de séculos na direção errada; são o estado final e sem solução para o qual estamos sendo carregados, a não ser que façamos alguma coisa (...).[158]

Assim escreveu Röpke por volta de 1949. A maioria dos livros desse notável pensador social estão, no momento, inacessíveis nos Estados Unidos, exceto *The Social Crisis of Our Time*.[159]

Como décimo livro conservador, recomendo que leiais, amigos, *Notes Towards a Definition of Culture* [Notas para a Definição de Cultura],[160] de T. S. Eliot. O presidente Richard Nixon (1913-1994), certa vez, me perguntou na Casa Branca qual livro deveria ler, tendo em vista os parcos momentos que tinha de tempo livre. *Notas para a Definição de Cultura*, respondi; e quando perguntou-me por que, expliquei que esse breve volume toca nas razões da decadência da sociedade moderna, na substituição de uma classe dirigente saudável por uma elite burocrática especializada, nas relações que se deveriam manter entre os homens em postos públicos e homens de ideias, e no que vale a pena preservar na nossa cultura. Mais do que qualquer outro escritor do século XX, Eliot defendeu os costumes, a convenção e a continuidade na sociedade, e a ordem moral da civilização que partilhamos. Deveis ler, também, aquele outro pequeno volume sobre a ordem civil e social, *The Idea of a Christian Society* [A Ideia de uma Sociedade Cristã].[161] Ambos os livros continuam prontamente disponíveis nas livrarias: a alta reputação de Eliot é difícil de silenciar.[162]

Pronto! Abri-vos as páginas de dez livros – escolhendo-os com vistas à diversidade do impulso conservador – e mencionei, também, outros bons livros. Eis minhas sugestões de dez livros conservadores: 1º) *Reflexões sobre a Revolução na França* de Edmund Burke, 2º) *A Democracia na América* de Alexis de Tocqueville, 3º) *The American Democrat* de James Fenimore Cooper, 4º) *The American Republic* de

Orestes Brownson, 5º) *Liberty, Equality, Fraternity* de James Fitzjames Stephen, 6º) *Is Life Worth Living?* de W. H. Mallock, 7º) *Democracia e Liderança* de Irving Babbitt, 8º) *The Attack on Leviathan* de Donald Davidson, 9º) *The Social Crisis of Our Time* de Wilhelm Röpke, e 10º) *Notas para a Definição de Cultura* de T. S. Eliot – caso enfileirásseis tais volumes em uma estante e religiosamente lêsseis um capítulo por noite, ganharíeis uma sabedoria política e moral muito considerável. Dentre os diversos autores, temos um político irlandês, um viajante e advogado francês, um romancista do estado de Nova York, um jornalista católico da Nova Inglaterra, um juiz inglês, um satirista inglês, um professor de Harvard, um poeta sulista, um economista suíço e um homem de letras anglo-americano: nenhum deles, notai, professor de Ciência Política.

Seria fácil nomear outros dez livros conservadores, de mesma importância. Algumas dessas alternativas seriam obras diferentes dos mesmos autores mencionados; no entanto, outras seriam escritas por autores bem diferentes. A literatura de opinião conservadora, acumulada por mais de dois séculos, alcançou um volume e qualidade superior impressionantes. Permanece a questão sobre a facilidade de acesso à maior parte dela.

Deveis ter observado que não mencionei sequer um livro, nos dez acima listados, de autor ainda vivo. Isso não se deve à falta de títulos para escolher; ao contrário, fico constrangido pela riqueza atual da produção de escritos conservadores, interessantes e competentes – que não é o mesmo que sugerir que soframos de um superávit de gênios originais. Algumas das mentes conservadoras mais perspicazes, hoje em dia, podem ser encontradas em lugares inesperados: Tage Lindbom (1909-2001),[163] na Suécia, por exemplo, ou escritores russos perseguidos na União Soviética. Dentre os homens de alto poder intelectual e arte literária ainda vivos, aqui nos Estados Unidos, estão Eliseo Vivas (1901-1993), Andrew Lytle (1902-1995), Cleanth Brooks (1906-1994), e mais uns vinte homens de letras de tipo conservador.

Por outro lado, observo que no livro *The American Conservative Movement: The Philosophical Founders* [O Movimento Conservador Americano: Os Fundadores Filosóficos] do finado John P. East (1931-1986) sobre pensadores políticos conservadores das últimas décadas, apenas um ainda vive. Eric Voegelin (1901-1985), Willmoore Kendall (1909-1968), Leo Strauss (1899-1973), o já citado Richard M. Weaver, Frank S. Meyer (1909-1972), Ludwig von Mises (1881-1973) – todos já partiram dessas paragens. A última folha remanescente na árvore dos Fundadores Filosóficos de John East é este vosso servo.

* * *

Tenho a razoável certeza de que alguns de vós, gentis leitores, deveis ter pensado interiormente, a respeito das páginas precedentes: "Se existe um conjunto tão amplo de bons ou mesmo grandes livros de talhe conservador, por que é que raramente encontramos esses volumes nas livrarias ou em bibliotecas? Por que não fomos apresentados a esses livros na escola ou na universidade? Por que livros como esses não estão nas listas dos mais vendidos? Por que somente podemos ler resenhas a respeito deles – supondo que sejam resenhados – em periódicos abertamente conservadores, ou em uma revista confessional, ou no máximo no *Wall Street Journal*? Por que até mesmo a *National Review* prefere aparentemente resenhar em profundidade os livros já resenhados na *New York Review of Books* ou no *New York Times*?"

Por que, podeis haver refletido, um bom número dos livros antigos aqui recomendados estão há tanto tempo esgotados? Por que nenhuma editora os disponibiliza ao público, quando estão livres, na grande maioria das vezes, de direitos autorais, e quando presumivelmente venderiam tão bem quanto vários livros sérios provenientes de outra corrente de pensamento, esses últimos facilmente encontrados nas livrarias? Por que a publicação de livros reconhecidamente conservadores, novos ou antigos, está confinada a umas pequenas e poucas editoras de capital e recursos de distribuição limitados – Regnery Gateway (que se mudou de Chicago para Washington), Sherwood Sugden, Liberty Classics / Liberty Press, ocasionalmente uma das editoras universitárias e, recentemente, a Transaction Books?

Ora, porque ainda prevalece uma pesada dominação, na publicação de livros comerciais e, em geral, na publicação de livros acadêmicos, do ultrapassado ambiente de opinião de uma esquerda "de frases feitas". Encontrar uma editora de Manhattan para publicar qualquer livro bem-escrito que pareça refletir a sabedoria de nossos ancestrais é uma empresa tão árdua quanto um dos trabalhos de Hércules – e menos coroável de êxito.

Tal hegemonia desse esquerdismo norte-americano arcaico, que se tornou perfeitamente intolerante e foge da própria sombra, estende-se ao mercado de resenhas na imensa maioria dos veículos de crítica literária, tanto populares quanto acadêmicos. No exato momento em que a opinião pública está movendo-se em massa na direção das medidas e dos homens conservadores, os intelectuais do mundo editorial deslancham em desafiadora marcha na direção oposta. São perfeitamente afeitos, como espécie, a ganhar muito dinheiro com a publicação de pornografia e resenhando-a de um modo maroto e titilante; no entanto, nem mesmo a perspectiva de lucro tenta esses altivos editores a tocarem na mercadoria conservadora e serem poluídos.

Dos livros que recomendei nestas páginas, a maioria ainda é publicada, mas não facilmente encontrada em livrarias ou bibliotecas públicas; ao passo que outros se encontram completamente indisponíveis faz um bom tempo. Houvesse eu nomeado livros conservadores escritos por autores menos famosos, aí teria sido a mesma coisa que escrever sobre os livros perdidos do *Ab Urbe Condita Libri* [História de Roma] de Tito Lívio (59 a.C.-17 A.D.),[164] dada a probabilidade de se achar uma cópia disponível para compra.

Vale a pena discutir as origens dessa mentalidade anticonservadora entre editores, críticos e bibliotecários. Para tanto, porém, seria necessário outro ensaio; e os remédios para tal enfermidade discriminatória não serão encontrados tão cedo. Um paliativo poderia ser a injeção de capital em editoras que conhecem o significado dos costumes, da convenção e da continuidade; mas aparentemente (com algumas honrosas exceções) os que foram censurados por Theodore Roosevelt (1858-1919) como "malfeitores de Grande Riqueza" consideram os livros como algo de pouca importância.

No começo deste capítulo, observei que o impulso conservador não é um produto dos livros, mas, ao contrário, do apego aos costumes, à convenção e à continuidade. Os conservadores preocupam-se mais com coisas reais do que com as abstrações da Academia de Lagado[165] ou da Cuconuvolândia.[166] No entanto, livros falaciosos tiveram profunda relação com a derrubada da velha estrutura da ordem em quase todo o mundo, durante os últimos duzentos anos; e bons livros podem contribuir muito, provocando uma reação intelectual saudável, para a preservação da ordem, da justiça e da liberdade.

O número de norte-americanos que leem livros sérios de qualquer tipo e, a partir deles, julgam a realidade, parece fadado a diminuir mais rapidamente durante os anos restantes deste século do que já o fez desde a Segunda Guerra Mundial. Esse diminuto remanescente, porém, pode equivaler ao conjunto desconhecido de pessoas que, como diz A. V. Dicey (1835-1922), são os verdadeiros autores da opinião pública. Os grandes escritores conservadores sempre se dirigiram a uma minoria do público leitor; mas isso pode estar mudando, à medida que o público leitor fica cada vez mais restrito, em função do grosseiro triunfo dos vídeos, da televisão a cabo e de outras formas duvidosas de entretenimento. Como Lionel Trilling (1905-1975) sugeriu, com pesar, em 1950, a imaginação literária dos esquerdistas faliu.[167] Por isso, pode vir a acontecer, paradoxalmente, que os livros conservadores venham a possuir mais autoridade e influência no século XXI do que exerceram nos séculos XVIII, XIX ou XX.

Capítulo 5 | Dez Conservadores Exemplares

Nossas preferências políticas se formam por vias misteriosas. "Quando o senhor decidiu tornar-se um conservador?", algumas pessoas, às vezes, me perguntam. Na verdade, nunca decidi tornar-me conservador: *descobri-me* conservador, tão logo comecei a refletir sobre esses assuntos. Outros descobrem-se esquerdistas ou radicais, sem serem exatamente capazes de dar as razões dessa inclinação.

Mesmo assim, ocasionalmente, somos capazes de recordar uma conversa, um livro, uma assembleia pública, um encontro casual, uma censura, uma oportunidade, um momento de reflexão solitária, ou o exemplo de um homem ou mulher, que nos atraiu ou impeliu, em certa medida, para uma determinada visão política. Lembro-me, por exemplo, de uma tarde de domingo, ainda menino, em que estava na companhia de meu pai, descansando em um declive de onde era possível avistar o moinho d'água do vilarejo. Estávamos deitados à sombra de umas árvores enormes; e me recordo de estar refletindo sobre a paz e a beleza daquela cena, e sobre a idade avançada das árvores – e de desejar que tudo aquilo que nos cercava naquele dia jamais mudasse. Esse é o impulso conservador fundamental: a ânsia pela ordem e pela permanência, na pessoa e na república.

Recordo-me ainda de uma caminhada com meu avô Frank H. Pierce (1867-1931), um homem sagaz e corajoso, por uma estrada de ferro que cortava um amontoado de blocos de gelo e de conversar com ele sobre história britânica – pois estava lendo *A Child's History of England* [Uma História da Inglaterra para Crianças],[168] de Charles Dickens (1812-1870). Aquela comunhão com um cavalheiro idoso, a quem admirava infinitamente, e as nossas reflexões daquele dia sobre o vivificante passado encontram-se entre as influências que me impediram de virar um anunciador da boa-nova da modernidade.

Mais uma vez, pode ser o exemplo de algum eminente defensor das "Coisas Permanentes" que nos move: talvez algum homem ainda vivo ou alguma figura de grandeza antiga, que há muito retornou ao pó. As ações de tais pessoas conformam as nossas crenças; e vemo-nos aplicando as suas convicções e imitando as suas políticas, tanto quanto possível, quiçá em uma era ou terra diferente.

Apresento-vos, a seguir, breves retratos de dez pessoas cujo modo conservador de pensar muito influíram na formação de minhas opiniões ao longo dos anos. Não estou sugerindo que essas dez sejam as maiores personalidades conservadoras de todos os tempos, apesar de que os nomes de duas ou três devam aparecer na lista de quase toda pessoa bem-informada dentre os grandes defensores da antiga ordem; apenas incluo determinadas figuras públicas ou formuladores de ideias que deram forma a *minha* mentalidade conservadora. É claro que fui influenciado por uma centena de outras personagens; mas aquelas que estou prestes a enumerar foram capazes de suscitar minha imaginação razoavelmente cedo – ao menos, os oito primeiros. Procuro aqui não incluir autores que já analisei extensivamente na disquisição anterior, "Dez Livros Conservadores" – eliminação que me leva a desconsiderar tanto Edmund Burke (1729-1797) quanto T. S. Eliot (1888-1965), início e fim, respectivamente, do livro *The Conservative Mind* [A Mentalidade Conservadora].[169] Supostamente, todos concordam que Burke é o maior de todos os pensadores conservadores; mas omito-o aqui porque já escrevi e disse demasiado a seu respeito ao longo dos últimos trinta e cinco anos;[170] e sobre Eliot, também já escrevi um livro extenso.[171]

***

Ofereço-vos agora dez conservadores *exemplares*, dentre os quais podemos observar uma grande diversidade de talentos – o mais recente dista temporalmente de mais de dois mil anos do primogênito do grupo. O que têm em comum é a afeição pelas coisas permanentes e a coragem de afirmar que a verdade não nasceu ontem. São gigantes, que erguem sobre os ombros anões como eu. Posto que assomem grandes alturas, não posso consagrar muito mais do que trezentas palavras a cada um. Espero somente despertar nos meus leitores algumas lembranças, ou induzi-los a admirá-los pela primeira vez. Aqui estão, em ordem decrescente de antiguidade: primeiro, Marco Túlio Cícero (106-43 a.C.).

Nos meus tempos de ensino secundário, antes do triunfo assustador do instrumentalismo educacional, grande parte dos alunos estudava História Antiga por um ano – e Latim por dois anos. Assim, fui apresentado a Cícero, um homem das leis e de filosofia que se posicionou contra uma revolução militar, perdeu, e pagou a aposta com a própria cabeça. *Conservador* não era um termo da política em Roma no primeiro século antes de Cristo, mas é possível que Cícero não se opusesse a ser descrito dessa forma, por ser também um grande filólogo: a palavra inglesa *conservative* [conservador] deriva-se do latim *conservator*, e significa aquele que protege dos ferimentos, preserva da violência ou da infração.

Os discursos e a vida do defensor da moribunda República Romana eram atentamente estudados em qualquer escola secundária decente da Inglaterra e dos Estados Unidos durante os séculos XVII e XVIII, e em boa parte do século XIX. Durante o meu último ano de ensino secundário, li um romance sobre Cícero e Júlio César (100-44 a.C.), *Freedom, Farewell* [Liberdade, Adeus],[172] de Phyllis Bentley (1894-1977); isso me levou à leitura da vida de Cícero, escrita por Plutarco (46-120),[173] e recordo-me de estar sentado na varanda, perto da estação de trem, durante a maior parte de um verão, lendo Plutarco até o fim, e me sentindo especialmente persuadido por Cícero.

Cícero deu a vida pela antiga constituição romana; a partir daí, os que defendem a ordem constitucional têm tomado Cícero como modelo. Como já disse em outro lugar, um costume heróico dos primeiros romanos era o de "consagrar" um homem aos deuses, para que, pelo sacrifício, a comunidade fosse perdoada das transgressões. Ao *mos maiorum*[174] e à lei moral, Cícero entregou-se plenamente até o máximo sacrifício. Algumas vezes, na vida pública, Cícero fora tímido ou vacilante; contudo, ao final, a sua foi a mais elevada das virtudes romanas. Tal modelo de virtude permanece na consciência do conservador. *Roma Immortalis*[175] não é vanglória sem fundamento, no fim das contas.

O meu segundo modelo conservador é Marco Aurélio (121-180), o imperador estoico, autor das *Meditações*.[176] Li-o fervorosamente durante meus primeiros anos como soldado. Muitas vezes sentava-me solitário sobre uma duna, com o deserto sem árvores espraiando-se em direção das sombrias montanhas: o que era bastante apropriado, pois o livro de meditações de Marco Aurélio tem sido, ao longo dos séculos, muito apreciado por soldados, dentre eles o capitão John Smith (1580-1631), o colonizador de Jamestown na Virgínia, e o general Charles George Gordon (1833-1885), em Cartum no Sudão.

Sobre Marco Aurélio, troquei correspondências com Albert Jay Nock (1870-1945), o vigoroso individualista e ensaísta, ao longo de seu último ano de vida. "O mundo jamais viu outro que a ele se assemelhasse" escreveu Nock sobre Marco Aurélio, no ensaio "The Value of Useless Knowledge" [O Valor do Conhecimento Inútil], "e seu louvor é para todo o sempre. Mal dera o último suspiro, e já a apodrecida ordem social de Roma se desintegrava e o império caía em pedaços".[177]

Marco Aurélio descreve a beleza de um figo maduro,[178] apreensivo ante a iminência da desagregação; arrisquei sugerir a Nock que essa passagem das *Meditações* pode dar a entender certa fascinação com a decadência; Nock negou-o. Seja lá como for, porém, o imperador atuou em uma era decadente, cercado de corrupção, de modo que, segundo ele mesmo, foi-lhe necessário "viver como numa montanha",[179] isolado de intimidades. Os conservadores de hoje, também, veem ao seu redor um mundo desajustado.

O esforço heroico de Marco Aurélio foi pela conservação da *Romanitas*, aquele grande sistema de lei, ordem e cultura. Se não foi bem-sucedido – até mesmo com a mulher e o filho –, ainda assim deixou um exemplo de integridade que permanece, como a sua estátua equestre no Capitolino, até nossos tempos. Nas palavras de Nock, "o câncer da mendicância, a subvenção, a burocracia e a centralização organizadas haviam enfraquecido a vítima a tal ponto que, ao morrer Marco Aurélio, simplesmente não havia mais força produtiva que bastasse para pagar as contas". Oitenta anos de governo eficiente dos imperadores antoninos[180] "não puderam evitar que a ralé romana se degenerasse na própria escória da humanidade, inútil, depravada, desprezível, puro lixo humano".[181] Podemos fazer comparações e analogias, ao nos aproximarmos do final do século XX – Nock, aliás, escreveu um ensaio admirável sobre o conservadorismo,[182] pouco mencionado, até onde sei: o seu modelo de conservador é Lucius Cary (1610-1643), o Lorde Falkland, o mediador entre Charles I (1600-1649) e o Parlamento.

A lição que aprendi de Marco Aurélio é o cumprimento do dever. Tomemos esta seguinte passagem das *Meditações* – estava o imperador em uma difícil campanha no Danúbio quando escreveu estas linhas: "Quando te custa levantar de manhã, tem presente este pensamento: desperto para um trabalho de homem. Enfada-me ainda sair para o mister para o qual fui posto no mundo? Ou fui constituído para me aquecer debaixo das cobertas?".[183] Essa admoestação me dá forças, nas frias manhãs de janeiro em Mecosta, meu vilarejo ancestral.

Todo aquele que luta contra a hegemonia na defesa das coisas permanentes é um herdeiro de Marco Aurélio.

Saltemos dezesseis séculos para introduzir nosso terceiro conservador, Samuel Johnson (1709-1784). Esse moralista e crítico inesquecível, às vezes, é representado como um fanático barulhento. Na verdade, o político Johnson foi um defensor sensato, moderado e generoso da ordem, sempre pronto a apoiar uma autoridade justa, mas desconfiado do poder ilimitado.[184] Foi, ao mesmo tempo, amigo e adversário de Edmund Burke.[185] Um de seus apontamentos sobre os *Whigs* e *Tories*, escrito em 1781, dá uma ideia de sua sensatez:

> Um *Tory* e um *Whig* sábios estarão, acredito, de acordo. Os princípios são os mesmos, embora os modos de pensar sejam diferentes. Um *Tory* ilustre faz do governo algo ininteligível; esse acaba perdido nas nuvens. Um *Whig* violento torna-o impraticável; é a favor de dar tanta liberdade para cada homem que não há poder suficiente para governar homem algum. O preconceito do *Tory* é favorável ao governo estabelecido; o preconceito do *Whig* é favorável à inovação. Um *Tory* não está disposto a conceder mais poder real ao governo; mas tal governo deve receber mais reverência. Divergem, portanto, a respeito da Igreja. O *Tory* não é favorável a conceder mais poder legal ao clero, mas desejaria que esse tivessse uma influência considerável, tendo por base a opinião do gênero humano; o *Whig* é favorável a limitar e vigiar o clero com estrito zelo.[186]

A essa altura será útil lembrar que, originalmente, a palavra *conservador* significava uma atitude moderada, a tentativa de achar uma via média entre dois extremos. Era exatamente essa a missão de Lorde Falkland e, por vezes, do dr. Johnson.

Li Johnson na Universidade Behemoth, que alguns chamam de Michigan State University (era uma universidade caipira quando me matriculei).[187] Em moral, o senso sadio do dr. Johnson tem sido o meu esteio; e *Rasselas*[188] me ensinou muito mais sobre os seres humanos e as vaidades da humanidade do que *Cândido*[189] de Voltaire (1694-1778).

Agora nos voltamos para a Escócia, ao quarto autor conservador: Sir Walter Scott (1771-1832). Por meio dos romances de Waverley,[190] o mago do Norte disseminou a visão conservadora de Burke a um público que nunca teria lido tratados políticos; mas o feito de Scott é consideravelmente maior do que o trabalho de popularização de doutrinas políticas. Uma vez que Scott desperta a imaginação, recorda-nos que temos ancestrais e herdamos um patrimônio moral; ilustra-nos as virtudes da lealdade, da fortaleza, do respeito pelas mulheres, do dever para com aqueles que nos sucederão no tempo – e tudo isso sem parecer didático. Como disseram James Fitzjames Stephen (1829-1894) e, repetindo-o, D. C. Somervell (1885-1965), Scott mostrou, "por meio de casos concretos, vividamente representados, o valor e o interesse de um corpo natural de tradições".[191]

Ganhei de minha mãe, por ocasião do meu aniversário de oito anos, cinco romances de Scott, e não parei de ler Scott desde aquele dia. Até uns poucos anos atrás, podiam ser encontradas algumas edições baratas dos romances de Scott à venda nas estações de trem britânicas, em bancas de jornais; mas os enfoques educacionais modernos estão destruindo esse tipo de gosto literário. Não tenho nenhuma intenção de abandonar Sir Walter – de fato, lerei novamente *The Antiquary* [O Antiquário] em breve na minha fortaleza em Mecosta. A influência popular do romance esvaiu-se quando a televisão foi subitamente incorporada à sala de estar de quase todos os domicílios do mundo ocidental. Suponho que relativamente poucas pessoas leem Scott, embora seus livros ainda sejam publicados; mas aqueles que, de fato, o lerem serão conquistados pela sua compreensão do grande e misterioso grêmio da raça humana.

Cruzemos agora o Atlântico. Um virginiano é o meu quinto conservador exemplar – não George Washington (1732-1799), George Mason (1725-1792), James Madison (1751-1836) ou James Monroe (1758-1831), e certamente não Thomas Jefferson (1743-1826); mas sim John Randolph de Roanoke (1773-1833), sobre quem escrevi o meu primeiro livro. Estranhamente, Randolph, o inimigo da mudança, foi descrito com certa profusão de detalhes no meu livro-texto do primeiro ano secundário; escrevi um trabalho escolar sobre ele; em 1951, aquele trabalho tinha crescido e se transformara em um livro publicado pela University of Chicago Press, *John Randolph of Roanoke: a Study in Conservative Thought* [John Randolph de

Roanoke: Um Estudo sobre o Pensamento Conservador][192] – hoje publicado como *John Randolph of Roanoke: A Study in American Politics* [John Randolph de Roanoke: Um estudo de Política Americana], em uma edição mais completa, pelo Liberty Fund.[193]

O humor cortante e a eloquência extemporânea de Randolph, na Câmara ou no Senado, ainda soam verdadeiras contra os centralizadores, os defensores da interferência nos assuntos de nações longínquas, os demagogos, os governantes que "compram e vendem corrupção no atacado".[194] No entanto, foram a personalidade intricada e a emoção ardente de Randolph, bem como suas análises políticas, que me atraíram para o estudo de sua pessoa e da história dos estados sulistas. O historiador e parlamentar Hugh Blair Grigsby (1806-1881) descreve Randolph na Convenção da Virgínia de 1829-30, quando esse já estava perto do fim da vida:

> Era fácil reconhecer, desde a primeira frase proferida, quando ele estava de acordo e bem-humorado, e nessas ocasiões a música vibrante de sua fala soava nos ouvidos da animada assembleia como a voz de um pássaro que canta no silêncio entre as tempestades. É difícil explicar a influência que exercia sobre aquele conjunto de pessoas. Inspirava terror em tal proporção que até dessa distância temporal parece inexplicável. Era igualmente temido no Leste e no Oeste, por amigos e adversários. As flechas de sua aljava, se não embebidas em veneno, eram apontadas e farpadas, raramente errando o alvo, e com igual raridade deixavam de infligir uma ferida supurante. Parecia conseguir paralisar tanto a mente quanto o corpo de sua vítima. Isso tornava os ataques ainda mais vexatórios, cada uso de sarcasmo arrancava aplausos de sua audiência.[195]

James Madison e James Monroe, perto do fim de suas forças, em 1829, ouviram com atenção e temor ao formidável Randolph, com as cabeças inclinadas em reverência.

Foi o estudo desse mestre da retórica, desse execrador da carolice e da impostura, desse discípulo norte-americano de Burke, que me fez aprofundar a compreensão do coração e da mente de Edmund Burke. "Mudança não é reforma!",[196] gritou Randolph à Convenção da Virgínia; eis um aforismo que aprecio. Quisera algum Randolph punitivo entrasse hoje no Senado ou na Câmara! Henry Adams (1838-1918), cujos ancestrais John Adams (1735-1826) e John Quincy Adams (1767-1848) foram denunciados por Randolph, chamou Randolph de Roanoke de "um São Miguel da política".[197]

Da região sul da Virgínia, corremos para Salém, em Massachussets, para encontrar nosso sexto conservador exemplar, Nathaniel Hawthorne (1804-1864). Minha tia-avó Norma Johnson (1878-1965) foi muito atenciosa, presenteando-me com a sua coleção dos livros de Hawthorne quando eu ainda tinha uns nove anos, e até hoje tenho esses volumes, tendo-os lido de cabo a rabo uma vintena de vezes.

É significativo, no que concerne ao temperamento moderno, que durante as três últimas décadas a típica antologia escolar de literatura norte-americana tenha encontrado pouco espaço para incluir Hawthorne, mas muito espaço para Walt Whitman (1819-1892) – uma desproporção que, hoje em dia, como tenho observado, está começando a ser resolvida por algumas editoras. Os antologistas e editores de livros-texto haviam pressentido o conservadorismo de Hawthorne, e o democratismo flácido de Whitman era bastante óbvio. No entanto, é Hawthorne, e não Whitman, o autor que tem sido levado a sério nos níveis de educação superiores e pelos críticos literários eruditos.

Ao compreender a realidade do pecado, Hawthorne mostrava desprezar os projetos dos radicais em prol da perfeição do homem e da sociedade. Foi Hawthorne, deveis lembrar, quem disse que ninguém jamais foi enforcado de modo tão justo quanto John Brown (1800-1859) de Osawatomie.[198] *The Blithedale Romance* [O Romance de Blithedale][199] de Hawthorne, publicado originalmente em 1852, demole os utopistas norte-americanos; o conto "Earth's Holocaust" [O Holocausto da Terra],[200] de 1844, ridiculariza o feroz empenho dos radicais em destruir o passado civilizado. Como T. S. Eliot, considero Hawthorne o mais comovente e permanente de todos os escritores norte-americanos.[201]

Um presidente, que também foi escritor e lutador, é o sétimo conservador exemplar: Theodore Roosevelt (1858-1919). Certa vez, quando meu avô Frank H. Pierce levou-me, ainda menino, ao cinema, apareceu na tela, rapidamente, o rosto de Teddy Roosevelt. Meu avô aplaudiu com vontade, ainda que sozinho, o que me deixou envergonhado. Se naquela ocasião já tivesse lido *Hero Tales from American History* [Contos de Heróis da História Americana],[202] escrito por Theodore Roosevelt e por Henry Cabot Lodge (1850-1824), também teria aplaudido. Meu avô deu-me uma cópia daquele livro não muito tempo depois, e li-o com gosto. Como fui atiçado, aos doze anos, pelo retrato e as vinhetas de George Rogers Clark (1752-1818),[203] pela batalha de King's Mountain,[204] pelo assalto a Stony Point,[205] pela batalha de Nova Orleans,[206] pela morte do general Thomas Jonathan "Stonewall" Jackson (1824-1863),[207] pela investida em Gettysburg,[208] pelo almirante David Farragut (1801-1870) na batalha de Mobile Bay,[209] pela batalha do Álamo![210] Quando, posteriormente, vim a conhecer as casas de Teddy Roosevelt em Oyster Bay, Nova York – de onde governava os Estados Unidos, nos verões, a partir de um escritório-sótão, acima de uma farmácia, na principal esquina da cidade – e em Manhattan, era como se estivesse visitando um dos meus professores. Muitas outras coisas que Roosevelt escreveu até hoje não perderam o vigor.[211] Muito do que fez precisaria ser feito novamente.

Para perceber o quanto Theodore Roosevelt era conservador, leiam o capítulo malicioso escrito a seu respeito naquele livro confuso, *The American Political Tradition and the Men Who Made It* [A Tradição Política Americana e os Homens que a Fizeram], de Richard Hofstadter (1916-1970), um completo marxista, se bem que inconfesso. Consideremos a seguinte passagem:

> O frenético crescimento e a rápida expansão industrial que dominaram os Estados Unidos ao longo de sua vida intensificaram as tensões sociais e deixaram uma herança de confusão, raiva e temor, precipitada subitamente pela depressão da década de 1890. A tarefa psicológica

dele era aliviar tais ansiedades com uma explosão de ação febril, e descarregar esses temores, repreendendo, com autoridade, os demônios que os despertavam. Forjado e treinado pela prolongada luta contra a própria insegurança, foi o terapeuta-mestre das classes médias.[212]

Como é surpreendente que um presidente estivesse preocupado com as classes médias! Ao ver Hofstadter escarnecer com tamanha malícia neurótica, podemos estar certos de que Theodore Roosevelt foi uma força do bem.

Como oitavo conservador, escolhi o gênio polonês de expressão inglesa, Joseph Conrad (1857-1924). Descobri Conrad no início dos meus anos de estudo secundário; consegui uma coleção de segunda mão dos seus livros em Salt Lake City durante meus anos como sargento do exército; perdi essa coleção no grande incêndio de Piety Hill em 1975,[213] e agora já repus a maioria dos volumes queimados. Recomendo-vos especialmente, como um olhar da literatura sobre a política, os romances *Under Western Eyes* [Sob os Olhos do Ocidente],[214] *The Secret Agent* [O Agente Secreto][215] e *Nostromo*.[216] Desses, o primeiro nos mostra a política revolucionária russa, triste e terrível; o segundo revela-nos a figura do terrorista, ontem e hoje; o terceiro é o estudo mais penetrante jamais escrito sobre a política e o caráter latino-americanos, ilustrando a observação pesarosa de Simón Bolívar (1783-1830): quem quer que tente estabelecer a liberdade na América Latina terá diante de si um trabalho ingrato e sem fim. Não devemos negligenciar os contos de Conrad, particularmente "The Informer" [O Informante],[217] que reproduzo no livro *The Portable Conservative Reader* [O Guia de Bolso de Textos Conservadores].[218]

Em Conrad, uma poderosa inteligência crítica une-se à vasta experiência dos costumes do Oriente e do Ocidente. O grande romancista não guarda ilusões sobre o socialismo, o anarquismo, o feminismo, o niilismo, o liberalismo ou o imperialismo.[219] Se Conrad, o algoz da ideologia, ainda escrevesse hoje – bem, poderia ter dificuldades para achar uma editora decente, e seus romances provavelmente seriam ignorados pelos resenhistas dos meios de comunicação de massa; felizmente para o seu prestígio, a reputação de Conrad fora inexpugnavelmente estabelecida antes que a atual "Santa Inquisição Esquerdista" do mercado editorial e das resenhas literárias obtivesse essa impiedosa hegemonia.[220]

Em nono lugar, chamo-vos a atenção para Richard M. Weaver (1910-1963), a quem conheci bem.[221] De acordo com Santo Ambrósio de Milão (340-397), não foi do agrado de Deus que o homem pudesse se salvar pela lógica.[222] Richard Weaver teria acedido, conhecendo como ele só a natureza sensorial do homem médio e os limites da pura racionalidade. No entanto, com elevada capacidade lógica, Weaver levou a cabo uma defesa intelectual da cultura, e fez o que pôde para resgatar a ordem, a justiça e a liberdade, contra os perversores da linguagem.

Weaver morreu antes da hora, em seu quarto, de paredes enegrecidas, de um hotel barato na região Sul de Chicago. Havia vivido de modo austero e com dignidade, esperando um dia aposentar-se em Weaverville, na Carolina do Norte, onde nascera. Era um homem pequeno, tímido e teimoso, que detestava muitas coisas do mundo moderno, com razão. O livro breve e convincente, *Ideas Have Consequences* [As Ideias Têm Consequências],[223] publicado originalmente em 1948, foi a primeira arma descarregada pelos conservadores norte-americanos[224] na rebelião intelectual contra a esquerda "de frases feitas" que prevalecia desde 1933, e que ainda aspira ao domínio dos Estados Unidos. Em 1948, tive uma livraria; e, reconhecendo prontamente a virtude de *Ideas Have Consequences*, organizei um mostruário com muitas cópias do livro, vendi a maioria, e convidei Weaver para falar na *Ade Society*,[225] em Lansing, Michigan – quiçá a primeira vez que Weaver tenha sido convidado para falar em um lugar diferente da Universidade de Chicago. Ainda que não fosse um orador muito capaz, num determinado ano foi eleito o professor mais qualificado do *College* da Universidade de Chicago.

Entre os filósofos, Platão (427-347 a.C.) era o mentor de Weaver; e, entre os estadistas, Abraham Lincoln (1809-1865); embora no plano cultural fosse declaradamente sulista, em política Weaver era um republicano conservador. Tais posturas não lhe favoreceram na academia, mas perseverou, conquistando algum espaço com o seu segundo livro, *The Ethics of Rhetoric* [A Ética da Retórica],[226] de 1953; e os vários volumes de outros ensaios, publicados postumamente,[227] deram a percepção de uma verdade permanente a muitas pessoas que nunca o viram ou lhe escreveram. Prevaleceram, em certa medida, sua grande consistência e honestidade, até mesmo perante os mais hostis entre os resenhistas de seus livros.

Alguns dos amigos mais próximos em Chicago – e o número deles não era legião – podiam não encontrá-lo ao longo de um ano inteiro. Nunca viajava; suportava estoicamente os ferozes invernos de Chicago, muitas vezes vestindo dois sobretudos, um por cima do outro. Uma vez por ano, ia a uma igreja, e não a qualquer uma, mas a uma cerimônia tradicional da Igreja Episcopal; a solenidade e o mistério do ritual, por mais que o atraíssem, oprimiam a sua alma: um tal banquete iria bastar por meses. A frugalidade, parte integrante de seu caráter, se estendia até mesmo à religião, compreendida de modo bastante individual.

Não houve homem menos romântico do que Richard Weaver; no entanto, não houve tampouco quem mais arraigadamente tenha se apegado a boas causas perdidas. Não conhecia a vaidade, e desprezava a *hubris* dos tempos modernos. Embora não existam herdeiros seus do corpo, os herdeiros da mente podem ser muitos e valorosos.

Voltamo-nos finalmente para o belo sexo. Certa vez escrevi um livro intitulado *The Intelligent Woman's Guide to Conservatism* [O Guia do Conservadorismo para a Mulher Inteligente];[228] e seria possível compilar um *Portable Conservative Women's Reader* [Guia de Bolso de Textos Conservadores para Mulheres], pois ao longo dos últimos séculos floresceu um bom número de eminentes conservadoras.

Como minha décima conservadora exemplar, portanto, designo Freya Stark (1893-1993), autora de vários e notáveis livros de viagem ao Levante e ao Irã. A srta. Stark não se envolveu com política, mas um espírito conservador percorre fortemente todas as suas obras, e particularmente o comovente livro de ensaios *Perseus in the Wind* [Perseu ao Vento][229] e o importante estudo histórico *Rome on the Euphrates* [Roma no Eufrates].[230] Comecei a ler os livros da srta. Stark – ou sra. Stewart Perowne, como veio finalmente a se chamar – durante o período em que morei na Escócia, e desde então tenho-na reverenciado. O breve ensaio "Choice and Toleration" [Escolha e Tolerância] foi incluído em *The Portable Conservative Reader*.[231]

Para entender como uma civilização se desfaz, não há nada melhor do que ler com atenção o livro *Rome on the Euphrates*, em que relata a destruição das classes médias do mundo ocidental pelo regime de impostos, a centralização, a burocracia e as guerras insensatas de Roma. A história se repete, de fato, embora sempre com variações. Destaco uma frase de Freya Stark que todo conservador deveria gravar no seu dintel – caso possua uma casa com dintel – ou, ao menos, na memória: "A tolerância não admite vínculo algum com a falácia do mal se poder converter em bem".[232]

***

Que *omnium gatherum*[233] de pessoas de pensamento e impulso conservadores! Um orador e um imperador romanos, um lexicógrafo inglês, um romancista escocês, um político da Virgínia, um "pirata desossado"[234] da Nova Inglaterra, um presidente norte-americano durão, um romancista-capitão-do-mar polonês, um recluso sulista da Universidade de Chicago e uma viajante de terras antigas! No entanto, foram tipos como esses que formaram a minha mentalidade conservadora; e essa mesma diversidade demonstra que o conservadorismo não é uma ideologia, mas sim um complexo de pensamento e sentimento, um profundo apego às coisas permanentes. Incidentalmente, aproveitei essa oportunidade para prestar homenagem a algumas personagens importantes que, vergonhosamente, nunca foram analisadas em outros dos meus livros, como é o caso do presidente Theodore Roosevelt, do dr. Richard Weaver e da srta. Freya Stark.

No longo prazo, o destino das nações não é determinado pelos candidatos a cargos políticos ou administradores imponentes cujos nomes ocupam espaço nos jornais diários e ecoam nos estúdios de televisão; nomes que estarão bastante esquecidos, na grande maioria, daqui a uma década. Napoleão Bonaparte (1769-1821) ou William Pitt (1759-1806), Josef Stálin (1879-1953) ou Winston Churchill (1874-1965), é verdade, podem deixar marcas reais no mundo, para o bem ou para o mal. Todavia, é a imaginação que governa a humanidade: portanto, os homens e as mulheres que modificam os modos de pensar e sentir são os verdadeiros mandachuvas das ordens moral, social e civil.

A imaginação conservadora das dez pessoas que vos apresentei foi bravamente empregada para fazer oposição à desordem que perpetuamente ameaça reduzir o mundo ao caos. Aproveitando tais exemplos, nós, pessoas do final do século XX, devemo-nos desembaraçar da apatia da terra dos lótus, informando-nos sobre como podemos defender as coisas permanentes contra a ira dos inimigos da ordem, tão ferozes e clamorosos em nosso tempo; ou como, na pior das hipóteses, manter de pé alguns fragmentos diante da ruína.

Capítulo 6 | A Política de T. S. Eliot

Voltemo-nos agora para certos estudiosos e literatos – quatro ao todo, todos eles homens do século XX e defensores das coisas permanentes, aos quais tive a honra de chamar de amigo. Se considerarmos a fama, o primeiro deles é T. S. Eliot (1888-1965).

Há pouco mais de um século, nascia Thomas Stearns Eliot em uma família de espírito conservador em St. Louis, Missouri. O avô William Greenleaf Eliot (1811-1887), um ministro unitarista e homem eminente, fundou a Igreja do Messias, e a Washington University in St. Louis e o Saint Louis Art Museum, entre outras instituições educacionais, religiosas e de caridade. Os Eliots de St. Louis eram reformistas republicanos, ativos em prol das boas causas, pilares da ordem.

Se, ao visitar St. Louis hoje, alguém procurar o local de nascença de Eliot, tal viajante poderá sentir-se oprimido pela sensação de inutilidade dos desejos humanos. A casa dos Eliots sumiu faz muito tempo; a quadra inteira, outrora elegante, onde viveram os Eliots encontra-se devastada e desabitada. Não foi erigido, na cidade em que nasceu, nenhum monumento ao maior poeta do século XX. Nem em Londres, com exceção da pedra memorial na Abadia de Westminster, pode ser encontrado qualquer traço visível de Eliot, que nunca foi dono de casa alguma. A expectativa de mudança, desde o nascimento de Eliot, tem sido maior do que a expectativa de continuidade. As coisas permanentes, como T. S. Eliot as chamava – aquelas verdades, modos de vida e padrões de ordem duradouros –, foram varridas pela enxurrada dos apetites sensuais e das paixões ideológicas. Eliot descreveu esse fenômeno de decadência, referindo-se a padrões educativos, no livro *Notes Towards a Definition of Culture* [Notas para a Definição da Cultura]. "Estamos destruindo nossas construções milenares para preparar o solo sobre o qual nômades bárbaros do futuro acamparão suas caravanas mecanizadas".[235]

Desde a juventude, Eliot assumiu a defesa das coisas permanentes com certa ousadia. Um grande inovador em poesia tornou-se um grande conservador em moral e política, tanto que *The Conservative Mind* [A Mentalidade Conservadora], o livro que escrevi sobre o pensamento conservador, começa com Edmund Burke (1729-1797) e termina com T. S. Eliot.[236] Em nenhum momento de sua vida foi afligido pelo radicalismo político. Após dez anos de residência em Londres, anunciou que era um classicista em literatura, um monarquista em política, um anglo-católico em religião. "Estou ciente de que o segundo termo está, no momento, sem definição", escreveu, "e facilmente se presta àquilo que é pior do que a bazófia, ou seja, um conservadorismo moderado (...)".[237] Ele teria desprezado o atual rótulo político norte-americano, "moderado"; o Partido Conservador da Inglaterra não chegava nem perto de ser conservador o bastante, na opinião de T. S. Eliot.[238]

Em 1922, pobre e trabalhando demais em Londres, fundou uma revista, *The Criterion*, que durou até janeiro de 1939, quando a Europa estava em vias de entrar em erupção. A revista tinha a intenção de ratificar e incrementar o que era tradicional em meio às classes letradas da Europa, em oposição à disseminação do marxismo e de outras ideologias no meio da *intelligentsia*.[239] Também, embora não exatamente de modo explícito, Eliot queria, com a revista, ocasionar uma ressurreição política, muitas vezes tratando de assuntos relativos à teoria política e às instituições.[240] A circulação da revista nunca excedeu oitocentas cópias – George Orwell (1903-1950) quisera comprar exemplares, mas não possuía a importância em dinheiro;[241] no entanto, nela foram publicados os escritos de homens e mulheres de enorme talento, e a leitura atenta dos dezoito volumes encadernados desse periódico[242] continuam a valer a pena, ainda que seja necessário deixar de ler qualquer outra revista da nossa época.[243]

Nos "comentários" editoriais de Eliot na revista, encontrar-se-ão várias observações sábias e perspicazes sobre a política – textos curtos, nunca republicados. Nessas observações, castigava imparcialmente os líderes de todas as facções políticas da Inglaterra – com a exceção, em parte, de Stanley Baldwin (1867-1947), porque Baldwin era, até certo ponto, um estudioso da era clássica, bem como um homem honesto. Embora fosse um ilustre *Tory*, segundo a tradição política inglesa, nunca participou das ações do Partido Conservador, exceto, no fim da vida, ao palestrar na União Conservadora de Londres, em 1955 – uma memorável palestra, sobre a qual falo mais adiante.

Dois dos breves livros de Eliot se ocupam, em parte, com questões políticas: *The Idea of a Christian Society* [A Ideia de uma Sociedade Cristã],[244] publicado em 1939, logo após o início da Segunda Guerra Mundial, e o já citado *Notas para a Definição da Cultura*,[245] publicado em 1948, quando o socialismo havia invadido a Inglaterra, pouco depois daquela guerra. Eliot escreveu em 1931 um poema político ou quase político, *Coriolan* [Coriolano].[246] Republiquei em *The Portable Conservative Reader* [O Guia de Bolso de Textos Conservadores] as observações mordazes de Eliot sobre os críticos literários marxistas.[247] Outras observações de Eliot sobre a política podem ser encontradas em alguns de seus ensaios literários, particularmente os ensaios sobre John Bramhall (1594-1663),[248] Charles Whibley (1859-1930)[249] e Nicolau Maquiavel (1469-1527).[250]

Ora, isso pode parecer, em termos bibliográficos, um volume de produção literária consideravelmente pequeno para conseguir justificar a eminência de Eliot como líder do ponto de vista conservador. Permiti-me, pois, explicar porque Eliot é tão lido, e tão respeitado, por homens e mulheres que se identificam com as coisas permanentes.

Na palestra "The Literature of Politics" [A Literatura da Política] em 1955, publicada em 1965 na coletânea *To Criticize the Critic* [Criticar a Crítica],²⁵¹ Eliot se refere ao ensaio "The American Conservative Character" [O Caráter Conservador Americano] escrito por este vosso servo,²⁵² no qual mencionei, como pensadores conservadores norte-americanos Paul Elmer More (1864-1937), Irving Babbitt (1865-1933), Bernard Iddings Bell (1886-1958) e Robert Nisbet (1913-1996) – nenhum dos quais havia mergulhado na confusão da política prática. Eliot comenta essa separação entre a escrita política séria e a ação política com as seguintes palavras:

> Este não é um estado de coisas muito saudável, a menos que os pontos de vista desses autores se tornem mais difundidos e traduzidos, modificados, adaptados ou mesmo adulterados ao serem postos em ação. Parece-me que, em uma sociedade saudável, haverá uma gradação de tipos entre o pensamento e a ação; em um extremo, o contemplativo desinteressado, a mente crítica que se preocupa com a descoberta da verdade, não com a sua promulgação, e menos ainda com a sua tradução em ação, e, no outro extremo, o suboficial da política, o homem que, apesar da sua relativa indiferença a ideias gerais, está equipado com um bom senso natural, o caráter e o sentimento corretos, amparado na disciplina e na educação. Entre os dois extremos há espaço para diversas variedades e diversos tipos de pensamento político; mas, entre eles, não deve haver quebra de continuidade.²⁵³

Um pouco mais adiante no mesmo texto, Eliot acrescenta que

> Para ir mais diretamente ao ponto, uma tradição política em que o doutrinador domina o homem de ação, e uma tradição em que a filosofia política é formulada ou recodificada para atender às exigências de um círculo dirigente e justificar-lhe a conduta, podem ser igualmente desastrosas.²⁵⁴

Eliot conclui a conferência ressaltando que não está muito preocupado com aqueles escritores temporários de suposta influência, "ou com aqueles publicistas que impuseram o próprio nome ao público aproveitando-se da cheia da maré, e remando bem rápido na direção da corrente".[255] Ao contrário, diz ele, "deveria sempre haver alguns poucos escritores preocupados em penetrar no âmago da questão, em tentar alcançar a verdade e anunciá-la, sem muita esperança, sem ambições de alterar a direção imediata das coisas e sem ficar deprimidos ou derrotados quando nada parecer dar resultado".[256]

Ora, o próprio Eliot foi um desses poucos escritores, aos quais ele mesmo fez referência, que se empenharam em alcançar a verdade política, ou uma verdade mais geral que engloba a ordem política, e proclamá-la: homens de talento que trabalham intelectualmente no que Eliot chamou de área *pré-política*. A imaginação moral, a vasta erudição e os talentos poéticos de Eliot capacitaram-no a penetrar verdadeiramente no cerne da questão, nas ocasiões em que tratou da ordem social e civil e das relações dessa ordem com uma ordem transcendente. Pessoas de tendência conservadora dos dois lados do Atlântico, e ainda mais distantes, voltam-se, portanto, com frequência à prosa de Eliot, e não raro à poesia, à procura de iluminação. Em suma, a mente seminal de Eliot, com as vivas percepções – a visão armada de Eliot –, abriu caminho para que os cultores da ordem intelectual, moral e social conseguissem penetrar além das palavras de ordem e jargões da época.

Quando Eliot, em seus escritos, trata de Thomas Hobbes (1588-1679), Sigmund Freud (1856-1939), Karl Marx (1818-1883), Karl Mannheim (1893-1947), George Bernard Shaw (1856-1950) ou H. G. Wells (1866-1946), destrói as aparências com tanta habilidade quanto um outro homem de letras muito diferente, David Hume (1711-1776), havia feito dois séculos antes. Tomemos, por exemplo, outro trecho da palestra sobre a literatura da política. Eliot nota que, às vezes, há a tentação de se suspeitar de "que quanto mais profundo e *mais sábio* o homem, menores são as chances de sua influência ser percebida".[257] A seguir, passa a dar uma tremenda estocada em George Bernard Shaw:

> Entretanto, a influência imediata – digamos – do sr. Bernard Shaw, no período em que sua influência foi mais potente, suponho, no início deste século, deve ter sido mais perceptível, e mais amplamente difundida, do que a de mentes muito mais distintas; somos compelidos a admirar um homem de tal agilidade verbal, não só por esconder dos leitores e audiências a superficialidade de seu pensamento, mas por persuadi-los de que, ao admirar sua obra, igualmente davam provas das próprias inteligências. Não digo que Shaw poderia ter alcançado o sucesso sozinho, sem as mentes mais rasteiras e laboriosas às quais ele se associou; mas, ao persuadir os incultos de que eram cultos, e aos cultos de que deviam ser socialistas, contribuiu significativamente para o prestígio do socialismo. De qualquer forma, entre a influência de um Bernard Shaw ou um H. G. Wells, e a influência de um Coleridge ou um Newman, sou incapaz de conceber qualquer medida comum.[258]

O que Eliot nos proporciona não é a loquacidade vã de Shaw, mas sabedoria segundo os modelos de Samuel Taylor Coleridge (1772-1834) e de John Henry Newman (1801-1890). Incidentalmente, ou acidentalmente, ao demonstrar que um famoso poeta inovador poderia rejeitar a ideologia – socialista, comunista ou fascista –, Eliot contribuiu enormemente para o prestígio do conservadorismo, no melhor sentido dessa palavra tão mal utilizada.

Ora, ao comentar que Eliot era pré-político, no sentido de que se preocupava, principalmente, com as questões últimas, não quero dizer que ele pouco pensava nas exigências políticas de sua época. Ao contrário, Eliot estava preocupado, de modo sincero e doloroso, com os desastres e as perspectivas sombrias de nosso mundo decaído. Os "comentários" na *The Criterion* muitas vezes diziam respeito a questões e homens políticos do momento; e, de fato, um propósito fundamental da revista era o de salvar o mundo do suicídio, reunindo escritores e homens públicos de inteligência na Inglaterra, na Europa Continental e nos Estados Unidos.

Ao longo dos anos em que, ocasionalmente, nos encontrávamos e trocávamos longas cartas, Eliot tinha um razoável conhecimento da realidade política nos Estados Unidos – sempre se considerando norte-americano –, assim como demonstrava intensa familiaridade com assuntos de Estado da Grã-Bretanha e do continente europeu. Durante a década de 1950, embora alarmado com as tolices educacionais na Grã-Bretanha e nos Estados Unidos, não se mostrava tão deprimido com as questões públicas como estivera enquanto editava *The Criterion*, no entre-guerras. Em dezembro de 1928, o lúgubre Eliot havia publicado em sua revista o ensaio, de sua autoria, chamado "The Literature of Fascism" [A Literatura do Fascismo] – em que a rejeitava, juntamente com a literatura do comunismo. "É preciso uma nova escola de pensamento político," escreveu, "que possa aprender do pensamento político estrangeiro, mas não da prática política. Tanto o comunismo russo quanto o fascismo italiano me parecem ter morrido como ideias políticas ao se tornarem fatos políticos".[259] Não era um entusiasta da democracia abstrata, da ideologia do democratismo; mas de uma democracia saudável, enraizada em antigas instituições, que aspirava a restaurar.

"Devo afirmar, além disso", continuava, no artigo sobre o fascismo,

> uma triste certeza, que o governo democrático foi reduzido a quase nada (...) Contudo, outra coisa é ridicularizar a *ideia* de democracia. A verdadeira democracia é sempre uma democracia restrita, e só pode desenvolver com alguma limitação de direitos hereditários e responsabilidades (...) A pergunta moderna, como popularmente é feita, diz: "A democracia está morta, o que a substituirá?". Ao invés, deveria ser: "O arcabouço da democracia foi destruído; como podemos, com os materiais que temos à disposição, construir uma nova estrutura em que a democracia possa viver?".[260]

Onze anos depois, no breve livro *The Idea of a Christian Society*, Eliot exortava os liberais e os socialistas, na iminência da guerra contra as potências do Eixo, que "o termo democracia (...) não possui um conteúdo suficientemente positivo para, por si só, fazer oposição às forças que desgostamos – tal termo pode ser facilmente transformado por elas.

Se não quisermos Deus (e Ele é um Deus ciumento) devemos reverenciar Adolf Hitler (1889-1945) ou Joseph Stálin (1879-1953)".²⁶¹

Por detrás das ideologias virulentas – substitutos da religião – no século XX, da débil política do liberalismo, da ineficácia dos conservadores, percebera Eliot, encontrava-se a recusa em admitir a ética e a teologia no pensamento político. Deste modo concluiria a palestra sobre a literatura da política, em 1955: "A questão das questões, de que nenhuma filosofia política se pode esquivar, e que pela resposta correta, todo o pensamento político deve ser, por fim, julgado, é simplesmente esta: O que é o homem? Quais são as suas limitações? Quais são as suas misérias e grandezas? E, por fim, qual é o seu destino?"²⁶²

* * *

Quase não é preciso dizer que tais princípios políticos provocaram ira e escárnio no meio da *intelligentsia* de Bloomsbury²⁶³ na época de Eliot – ainda que a sua influente reputação como poeta, e a força de sua personalidade, tivessem calado até certo ponto os clamores contra o seu toryismo. Em anos recentes, vários críticos têm-se esforçado em ignorar a política de Eliot como um todo, como se fosse irrelevante; enquanto alguns o condenaram maliciosamente como um inimigo da democracia e da igualdade de condições.

Chega até a ser engraçado ver Eliot denunciado por causa de sua fé cristã e de sua política "feudal" por professores com estabilidade de emprego, alguns deles desfrutando de salários acima dos cem mil dólares anuais, cheios de confortos e paparicos, com fileiras cerradas de digitadores de texto e contínuos, com abundantes fundos para viagens e "pesquisas" um tanto duvidosas, recebendo generosas pensões após se aposentarem da eventual carga de obrigações letivas de um ou dois seminários semestrais – esses professores universitários e cavalheiros que pregam doutrinas igualitárias; tais pedantes sem imaginação que, caso um regime socialista viesse a ser estabelecido neste país, teriam tais condições e privilégios enormemente reduzidos. Eliot teve dificuldades financeiras até os últimos anos de vida; e quando, por fim, recebeu o Prêmio Nobel de Literatura em 1948, a única soma substancial recebida ao longo de toda a vida, foi rapidamente destituído de uma parcela significativa do dinheiro pelo leão do *Inland Revenue*.[264]

O papa da Russell Square, como era chamado por algumas pessoas, do seu pequeno escritório na firma Faber and Faber – onde o visitei algumas vezes durante a década de 1950 –, contemplava com certo desprezo a turma de *literati* da esquerda, alguns dos quais eram simplórios em política e outros, oportunistas inescrupulosos. O que poderia ser dito daquela turma de Londres é que eram menos tolos do que a turma de escritores ou aspirantes a escritores de Manhattan; como dizia Eliot, a pior forma de exílio para um escritor norte-americano era morar em Nova York; o que ainda é assim.

"É natural, e não necessariamente convincente," escreveu, mordaz, em 1933, nas páginas de *The Criterion*, "encontrar jovens intelectuais em Nova York convertendo-se ao comunismo, e convertendo o seu comunismo em relatos literários. A profissão literária, em todos os países, não só está superlotada e sub-remunerada (...) como tem muito o que fazer para manter a própria dignidade de profissão". O marxismo podia dar ao escritor aspirante tanto um credo quanto uma renda garantida.

> Nem sempre é fácil, é claro, em meio à agitação de um novo movimento, distinguir o homem que recebeu a palavra viva daquele cujo súbito ataque de energia resulta da liberação da necessidade de pensar por si mesmo. Homens que pararam de pensar constituem uma força poderosa. Há sugestões óbvias, além daquela – nunca totalmente ausente – de uma simples conversão, para instigar o homem de letras a uma teoria política e social que ele, então, emprega para reavivar as chamas morrediças e reabilitar a profissão.[265]

Eliot recusou-se durante toda a vida a se unir a esse bando; não associou o próprio nome a protestos e manifestos ideológicos; rejeitou cabalmente ao socialismo britânico, sem falar no comunismo, no fascismo e no nazismo; para ódio de Ezra Pound (1885-1972), Eliot não se entusiasmou pelo Crédito Social.²⁶⁶ À parte a rejeição que nutria por ideologias coletivistas, a quais convicções políticas, em termos concretos, aderiu Eliot? Sua política era apenas de negação?

De modo algum. Há dois aspectos, ou talvez jurisdições, da política prática de Eliot: as visões britânica e norte-americana. Permiti-me, primeiramente, dizer algo sobre a visão elioteana da política dos Estados Unidos, por ser esse o assunto mais breve.

Certa vez, Eliot escreveu-me que os Estados Unidos representados por sua família haviam morrido com a derrota de John Quincy Adams (1767-1848) por Andrew Jackson (1767-1845), na disputa presidencial de 1828. O parente distante de Eliot, Henry Adams (1838-1918), havia feito uma observação parecida. Poderíamos dizer, então, que a política da família Eliot tinha sido muito similar à política dos parentes da família Adams: federalista enquanto continuasse a existir um Partido Federalista, desconfiada de uma democracia igualitarista, austera na moral, arraigada na cultura da Nova Inglaterra. Essas visões e hábitos políticos foram transferidos por William Greenleaf Eliot, o avô de T. S. Eliot, para o Missouri. Permiti-me a liberdade de citar uma de minhas obras, um parágrafo do livro que escrevi sobre Eliot é pertinente aqui:

> O modelo político da juventude de Eliot fora um cavalheiro, tão real para o menino de St. Louis como se ainda estivesse sentado à cabeceira da mesa de jantar na Rua Locust: o avô que, na verdade, nunca conheceu, o reverendo William Greenleaf Eliot, o "descendente do vigário de Geoffrey Chaucer (1343-1400) no século XIX".²⁶⁷ O avô tinha sido um herói cristão – e um pilar da comunidade visível, um conservador reformista, bem como um esteio da comunidade de almas. Em St. Louis reformou escolas, fundou a universidade, tornou-se apóstolo da gradual libertação dos escravos, defendeu a união nacional, foi líder numa série de outras turbulentas causas de reforma – mas sempre à luz das coisas permanentes. (...) A noção de perfectibilidade do avô, e algumas outras crenças (entre elas, o zelo em proibir bebidas fortes),

T. S. Eliot rejeitaria. Todavia, para um adepto da tradição, um avô como esse deve pesar, ao longo da vida, mais do que todos os metafísicos políticos dos livros.²⁶⁸

Por eu também ter sido abençoado com um avô bem parecido com o de Eliot, nós nos entendíamos bem quando falávamos sobre política norte-americana. A profissão monárquica de Eliot, a propósito, significava acima de tudo apoio à coroa inglesa; tornou-se um súdito britânico, demonstrando aprovação às monarquias tradicionalmente estabelecidas em outros lugares – como as que haviam sobrevivido ao teste do tempo e aos fortes frenesis revolucionários que se sucederam a ambas as Guerras Mundiais. Não tinha a menor intenção de pôr no comando dos Estados Unidos um monarca, tal como o seu ancestral, John Adams (1838-1918) – e, não obstante, fora acusado de nutrir precisamente o mesmo projeto: nos Estados Unidos, uma casa real teria sido um imposição artificial e insustentável.

Por não ter escrito quase nada sobre a realidade política dos Estados Unidos, é inútil aprofundarmo-nos aqui nos pontos-de-vista norte-americanos, a não ser para notar, de passagem, que T. S. Eliot tinha uma opinião negativa sobre o presidente Franklin Delano Roosevelt (1882-1945), e uma opinião favorável ao venerável senador Robert A. Taft (1889-1953).²⁶⁹ Simpatizava intensamente com o grupo de escritores norte-americanos chamado de Agrarianos Sulistas,²⁷⁰ e deles conhecia bem a Allen Tate (1899-1979), um colaborador frequente da revista *The Criterion*; fora influenciado pelas convicções políticas conservadoras de Irving Babbitt (seu orientador em Harvard) e de Paul Elmer More, os principais críticos literários do Novo Humanismo;²⁷¹ partilhava dos receios desses últimos em relação às tendências da democracia norte-americana, mas não propunha alterações à estrutura constitucional; até onde ia no tocante às soluções norte-americanas, depositava esperanças na restauração da educação – um assunto que analisou em certa profundidade numa série de palestras na Universidade de Chicago, durante a década de 1950. Essas palestras sobre "The Aims of Education" [Os Objetivos da Educação] foram incluídas em sua coletânea *To Criticize the Critic*.[272]

Um periódico publicado pelo Comitê de Pensamento Social da Universidade de Chicago, chamado *Measure*, lançou as palestras de Eliot sobre educação logo que foram proferidas. Robert Hutchins (1899-1977), o chanceler da Universidade de Chicago, publicou em um número posterior de *Measure* uma resposta bastante severa, em que dizia, dentre outras coisas, que "A diferença entre Burke e o sr. Eliot é que o sr. Eliot não nega que a democracia é a melhor forma de sociedade. Burke negou".[273] Na visita seguinte a Chicago, Eliot estava em uma festa em sua homenagem, e Hutchins estava entre os convidados. Ao encontrá-lo, Eliot perguntou-lhe, com a polidez de sempre:

> – Dr. Hutchins, sou grato pelo trabalho de comentar as minhas conferências sobre a educação; mas fiquei um pouco perplexo com sua observação sobre mim e Burke. Nunca me autodenominei democrata; e suponho que Burke, em sua época, era mais democrata do que eu, na nossa. Portanto, será que o sr. poderia me explicar que quis dizer? – Mas o sr. Hutchins deu as costas e caminhou noutra direção. Por que ele fez isso, dr. Kirk?
> – Porque nunca lera Burke, – respondi. Hutchins assinou certa vez um artigo atacando Burke, publicado na *The Thomist*;[274] mas o artigo fora escrito por outra pessoa; e isso é tudo o que Hutchins sabe sobre Burke. O senhor revelou a descomunal ignorância dele.

Como várias outras pessoas nas universidades, Robert Hutchins era um democrata igualitarista em teoria e um severo autocrata na prática. Eliot tinha um verdadeiro talento para irritar pessoas desse tipo.

***

Quanto à política inglesa, Eliot foi um *tory* coerente, em vez de um conservador comum – os dois rótulos partidários não são idênticos: Benjamin Disraeli (1804-1881) pensou em mudar o nome do partido novamente para *Tory*, depois que Sir Robert Peel (1788-1850) o havia transformado em Partido Conservador; mas Klemens von Metternich (1773-1859), do exílio, dissuadiu Disraeli. O toryismo significa lealdade ao rei e à Igreja; os *tories* estão ligados à Igreja Anglicana – e, ao menos no passado, à pequena nobreza, aos pequenos proprietários de terras. Assim foi com Eliot: declarou-se monarquista – embora, no que tange a esse assunto, nove em dez súditos ingleses aprovem a família real; foi um devotíssimo membro da Igreja Anglicana e, por alguns anos, curador da Igreja em Londres; e acreditava que a classe das antigas famílias da pequena nobreza inglesa era o celeiro dos líderes da nação, em muitas posições sociais e profissionais, e que nunca deveria ser suplantada por alguma elite, uma suposta meritocracia.

Entretanto, entre os pensadores e líderes políticos que Eliot mais admirava, incluía-se o grande *whig* Edmund Burke – cujo nome aparece com mais frequência nas suas conferências depois que, por decisão sua, a editora Faber and Faber publicou o meu livro *The Conservative Mind*.[275] Tanto no já citado ensaio sobre Charles Whibley, escrito no início da carreira, quanto na palestra mais tardia sobre a literatura da política, Eliot comenta quatro escritores políticos, mestres do estilo literário, que claramente influenciaram as próprias opiniões: Henry St. John (1678-1751), o 1º Visconde Bolingbroke, Edmund Burke, Samuel Taylor Coleridge e Benjamin Disraeli – no ensaio sobre Whibley, também menciona Edward Frederick Lindley Wood (1881-1959), o Lord Halifax. O pensamento político de Eliot descende em grande parte desses grandes conservadores; e se aproxima mais do pensamento de Samuel Taylor Coleridge, que Eliot reconhecia como "um homem do meu tipo".[276]

Portanto, não há nada de muito exótico nos princípios políticos de Eliot: eles estão ligados à história inglesa, à constituição inglesa e aos grandes eclesiásticos da Igreja Anglicana. Esses mesmos princípios o dissuadiram de elogiar o Partido Conservador da sua época. Em junho de 1929, quando Ramsay MacDonald (1866-1937) e os trabalhistas ganharam as eleições gerais, expulsando dos cargos os integrantes do governo conservador de Baldwin (ainda que os conservadores tivessem obtido grande parte do voto popular), Eliot descobriu que os novos ministros do gabinete liberal-trabalhista não tinham sequer uma ideia nova. O que poderia ser feito, em um momento em que os fascistas e os comunistas ganhavam influência entre os intelectuais e a multidão dos votantes?

"Há, é claro, uma grande oportunidade para o Partido Conservador", escreveu Eliot em *The Criterion*,

> uma oportunidade que, temos certeza, deixará de aproveitar. É a oportunidade de pensar em descansar e de apreciar os esforços privados das pessoas que já se deram ao trabalho de pensar. O Partido Trabalhista é um partido capitalista no sentido de que está vivendo da reputação do que foi pensado pelos fabianos de gerações passadas (não sabemos se alguns fabianos veteranos ainda pensam) (...) O Partido Conservador tem uma grande oportunidade por não constar, na lembrança de nenhum homem abaixo dos sessenta anos, que tenha tido qualquer contato com a inteligência (...) Desfruta de algo que nenhum outro partido político atual possui, um completo vácuo mental: uma ausência que pode ser preenchida com qualquer coisa, até mesmo com algo de valor.[277]

Os líderes dos conservadores eram "homens ocos".[278] Eliot receava que as instituições políticas e sociais da Grã-Bretanha estivessem cedendo; que políticos fracos, sindicatos beligerantes, uma burocracia incômoda e pesada, um público apático, uma igreja que não tinha mais significado para a maioria do povo inglês, uma obsessão com o adquirir e o gastar – que esses fenômenos e circunstâncias estivessem erodindo irremediavelmente a Inglaterra que Eliot viera a amar. Na maior parte das vezes, os vaticínios de Eliot viriam a se justificar pelos eventos subsequentes.

Nisso, assim como Wilhelm Röpke (1899-1966)[279] na Suíça, T. S. Eliot posicionava-se contra o poder centralizado, fosse "capitalismo", fosse algum regime socialista; buscava preservar uma sociedade humana; sabia que nenhuma sociedade pode durar muito tempo – pelo menos nenhuma sociedade livre e justa – sem partilhar as mesmas convicções religiosas. A noção de que uma "economia planificada" internacional e uma "cultura planificada" pudessem ser construídas para ele era anátema. Defendeu habilmente, no último livro, uma sociedade de classes contra uma sociedade dominada pelas elites. Há muito mais que poderia ser dito a respeito da aplicação de verdades políticas e sociais duradouras aos nossos descontentamentos e aflições contemporâneas; mas sou obrigado a deixar tais assuntos para a vossa leitura particular.

Embora possais não ter tempo para uma leitura ampla da prosa de T. S. Eliot, ao menos tentai ler o *Notas para a Definição da Cultura*, publicado em 1948 – um livro que, certa vez, vigorosamente recomendei ao presidente Richard Nixon (1913-1994).[280] Encontrareis ali, por exemplo, a destruição das propostas de Karl Mannheim para uma sociedade planejada – de fato, para o planejamento universal. "Pois se há algo que se deve evitar, é um planejamento *universal*", escreve Eliot; "e algo a ser determinado são os limites do que é planejável".[281]

Provavelmente, Eliot teria dito, caso perguntado, que o trecho mais importante desse último e breve livro que escreveu é aquele que diz respeito à dependência da nossa cultura, ou de qualquer cultura, da crença religiosa. Eis o trecho, em parte:

> Não acredito que a cultura da Europa possa sobreviver ao completo desaparecimento da fé cristã. E estou convencido disso, não apenas porque eu mesmo sou cristão, mas como estudioso da biologia social. Se o cristianismo se for, toda nossa cultura irá com ele. Então será preciso começar de novo, dolorosamente, e não se pode vestir uma nova cultura pronta. É preciso esperar que a grama cresça para alimentar as ovelhas que darão a lã de que seu novo casaco será feito. É preciso passar por muitos séculos de barbárie. Provavelmente, não viveremos para ver a nova cultura, tampouco a verão nossos tataranetos: e se víssemos, nenhum de nós seria feliz nela.[282]

Desde a morte de T. S. Eliot, muitas escolhas infelizes foram feitas na Grã-Bretanha, e a decadência que deplorou continuou a passos largos, de várias maneiras – ainda que não de todas. A redução deliberada dos padrões intelectuais nas escolas e universidades britânicas e declarações formais de descrença por parte de eminentes bispos e arcebispos estão entre esses fenômenos desanimadores. Entretanto, não é possível, Eliot nos ensina, medir a influência, no longo prazo, de um poeta ou de um filósofo. Na plenitude dos tempos, talvez se descubra que Eliot semeou mais sabiamente do que pensava, que seus escritos políticos e culturais permanecerão ao lado de seus grandes poemas, e darão frutos. Temos de ser muito pacientes, dizia Eliot, na espera da dissolução do liberalismo e da recuperação da tradição.

Meu amigo Eliot não esperava reverter o curso do tempo por um truque qualquer de mágica social ou literária; nem imaginava que o resultado nos agradaria, caso isso fosse possível; pois todos somos criaturas da era em que nascemos. Foi assim que ele expressou essa dura verdade em "Little Gidding":[283]

> Não podemos restaurar velhas políticas
> Ou dar ouvidos a um tambor antigo.[284]

Ler T. S. Eliot não nos ensinará a equilibrar o orçamento federal e reduzir a dívida pública – ainda que o poeta de *The Waste Land* [A Terra Desolada][285] tenha trabalhado como funcionário de banco por alguns anos; mas a sua poesia nos diz muito da condição humana, em seu esplendor e miséria; e a sua prosa nos torna extremamente conscientes das Coisas Permanentes. De certo modo, conheci Eliot nos últimos anos de sua vida[286] e, agora que as suas cinzas jazem na igreja medieval em East Coker, o entendo melhor, pois, como Eliot escreveu em "Little Gidding":

> E o que não puderam transmitir os mortos, quando vivos,
> Podem eles dizer-te enquanto mortos: a comunicação
> Dos mortos se propaga – língua de fogo – para além da
> linguagem dos vivos.[287]

Capítulo 7 | Donald Davidson e o Conservadorismo Sulista

Leviatã é uma palavra hebraica que significa "o que se recolhe em anéis ou voltas". No Antigo Testamento, o Leviatã é o grande animal dos mares: "Poderás pescar o Leviatã com um anzol?" (Jó 40, 25). No século XVII, Thomas Hobbes (1588-1679) – a quem T. S. Eliot (1888-1965) refere-se como "um desses extraordinários arrogantes"[288] – fez do Leviatã o símbolo do Estado, ou melhor, da sociedade de massa, composta de inumeráveis e diminutos seres humanos individuais atomizados.[289]

Mas aqui interessa-nos o Leviatã de Donald Davidson (1893-1968). Em 1938, muito antes de o governo do presidente Lyndon B. Johnson (1908-1973) popularizar o slogan "A Grande Sociedade",[290] Davidson escreveu que o Leviatã é "a ideia da Grande Sociedade, organizada sob um governo nacional único e complexo, no entanto, forte e altamente centralizado, mais propriamente motivado, em última análise, pelo desejo humano de prosperidade econômica de um tipo específico, do que pelo desejo de liberdade pessoal".[291]

Os estados do Sul dos Estados Unidos, que outrora formavam a Confederação, são a região mais conservadora do país. Certa vez, Richard M. Weaver (1910-1963) disse-me que a região do médio Tennessee é a porção mais ao sul do Sul. Foi lá, no médio Tennessee, perto da cidade de Pulaski, em 8 de agosto de 1893, que nasceu Donald Davidson. Certamente Davidson foi, entre aqueles talentosos literatos norte-americanos que se autodenominaram *Southern Agrarians* [Agrarianos Sulistas], o mais formidável conservador. Como poeta, crítico literário, historiador e pensador político, Davidson foi um corajoso defensor das coisas permanentes nos Estados Unidos, em uma época de mudanças radicais.

Desde a formação da União em 1787, a tendência política dominante nos estados do Sul tem sido a da resistência ao poder centralizador. Muito mais do que qualquer outra região, o Sul se colocou contra o Leviatã – isto é, contra o Estado-nação onipotente e em constante expansão, contra o que Alexis de Tocqueville (1805-1859) chamou despotismo democrático, a coletividade política que reduz homens e mulheres a átomos sociais.[292] Davidson flagelou os centralizadores – e isso numa época em que o presidente Franklin Delano Roosevelt (1882-1945) estava fazendo o que queria com os Estados Unidos da América.

Ao passar os olhos, em 1938, pelos livros da biblioteca do então Michigan State College, como um esforçado aluno de segundo ano, encontrei por acaso um livro, na ocasião recentemente publicado pela University of North Carolina Press, intitulado *The Attack on Leviathan* [O Ataque ao Leviatã] e com o subtítulo *Regionalism and Nationalism in the United States* [Regionalismo e Nacionalismo nos Estados Unidos].[293] Fora escrito de modo eloquente e, para mim, deu coerência às suspeitas que tinha a respeito das noções políticas populares na década de 1930. O livro era tão bom que pressupus que todos os norte-americanos inteligentes, ou quase todos, o estivessem lendo. Na verdade, como vim a saber anos depois, a editora University of North Carolina Press reciclou o papel dos livros após a venda de apenas algumas centenas de cópias: claramente, um ato de discriminação contra as visões conservadoras. Tive certa participação na republicação do livro por outra firma, em 1962;[294] e fico contente por ter realizado uma terceira edição em 1991,[295] pois o Leviatã continua tão ameaçador em 1992 quanto o era em 1938.

O professor Davidson remou contra a maré da opinião dos intelectuais norte-americanos, em 1938. O nacionalismo centralizador, argumentou, é necessariamente tirânico e escravizante. Para uma amostra de seu método e estilo, tomemos este trecho do capítulo sobre a literatura norte-americana. Após fazer uma crítica a Ralph Waldo Emerson (1803-1882) no ensaio "Regionalism and Nationalism in American Literature" [Regionalismo e Nacionalismo na Literatura Norte-Americana], em *Still Rebels, Still Yankees* [Ainda Rebeldes, Ainda Ianques] de 1957, o autor chega à conclusão de que os formadores de opinião de Nova York e Boston durante a década de 1930 são herdeiros de Emerson:

> Em nossa própria época, os críticos metropolitanos estão fazendo prescrições nacionais que são igualmente parciais, embora um pouco mais confusas. Em uma sentença, asseguram-nos de que a unificação industrial dos Estados Unidos é desejável e inevitável; mas na frase seguinte declaram que a civilização produzida por essa via nos impõe uma escravidão espiritual intolerável, da qual o artista não tem escapatória a não ser pelo uso dos xiboletes do marxismo e do freudianismo. Exaustivamente, proclamam que os Estados Unidos estão padronizados; mas raivosamente escarnecem do atraso rural de regiões que se mostram, no fim das contas, menos urbanas do que Nova York. Presunçosamente, anunciam que os Estados Unidos têm de ser industrializados; mas zombam do sr. Babbitt[296] do Meio-Oeste, a criatura do industrialismo. Insistem com as províncias para que adotem a sofisticação intelectual de metrópole da Costa Leste; mas, entre si, deploram a pobreza do temperamento moderno, cuja sofisticação nada de prazeroso lhes legou.[297]

Ora, poder-se-ia fazer, neste ano de 1992, uma descrição melhor da mentalidade de tais intelectuais norte-americanos? É claro que poderíamos utilizar a expressão "a unificação industrial do mundo" no lugar de "dos Estados Unidos"; pois, hoje em dia, todo o mundo está sujeito a esses danos ambientais e descontentamentos sociais que já causaram imenso prejuízo nos "países desenvolvidos".

Davidson foi suficientemente ousado para defender a economia agrícola contra a glorificação industrial (Incidentalmente, vale notar que, em anos recentes, o volume em dólares da produção agrícola no estado industrial de Michigan tem excedido o volume em dólares dos produtos manufaturados). De modo ainda mais ousado, adotou a causa da própria região, o Sul, contra os nacionalizadores de Nova York e de Washington, D.C. Também apreciava outras regiões norte-americanas: a Nova Inglaterra, as Grandes Planícies, os estados em torno dos Grandes Lagos, a costa do Pacífico. Era o Sul, contudo, que demandava os préstimos da espada da imaginação de Davidson.

"Poderão os princípios enunciados como princípios sulistas, não importando sua origem, ser ouvidos?", perguntou em *The Attack on Leviathan*.

> Parece constituir uma regra que, quanto mais específico o programa, e mais distante dos princípios sulistas, maiores as chances de que seja discutido e promulgado. Sulistas que queiram engajar-se no debate público, em termos que, por acaso, não sejam notícia corrente nos jornais de Nova York, provavelmente serão recebidos, de onde menos esperam, com táticas de distorção, abuso, censura polida, discriminação raivosa e assim por diante, até mesmo com as técnicas mais baixas de linchamento jornalístico que fazem parte das ferramentas profissionais do propagandista moderno. Esse é um método fácil e comparativamente certeiro usado para desacreditar um oponente e, portanto, tirar dele a oportunidade de ser ouvido. Também é um meio fatal. Visto que, se tais modos de abordagem das questões públicas são encorajados e aprovados, isso quer dizer que a confusão prevaleceu, os dias do livre e franco debate de ideias no Sul terminaram, somente os problemas de extrema conveniência poderão ser admitidos nos fóruns públicos e deparamo-nos com a perspectiva infeliz de nos tornarmos a região mais inerte e passiva dos Estados Unidos, ou mesmo de recair em divisões cegas e violentas, cujas forças reprimidas lançar-nos-ão uns contra os outros. Então a visão profética de Thomas Jefferson (1743-1826) tornar-se-á realidade. Como na Europa, acostumar-nos-emos a devorar-nos uns aos outros.[298]

Tais problemas não mudaram muito desde que Davidson escreveu as linhas acima, há meio século: o Sul continua a ser tratado pelo Congresso como se fosse uma província subordinada (especialmente em termos de registros de eleitores), e os jornais de Nova York continuam pouco generosos.

A cidade de Nova York foi, para Donald Davidson, a abominação da desolação. Ele e a mulher passavam os verões em Bread Loaf, Vermont; e Davidson fazia um esforço extraordinário para evitar passar pela cidade no caminho. A propósito, detestava cidades excessivamente inchadas em geral, incluindo Nashville, embora tenha-lhe sido necessário residir, por um longo período de sua vida, na vizinhança da Universidade de Vanderbilt. Em seu poema "The Tall Men" [Os Grandes Homens], publicado originalmente em 1927, Davidson acrescentou um prólogo, "The Long Street" [A Rua Longa], a antítese do Tennessee rural de tempos passados, uma terra de heróis. Aquela "Rua Longa" – imagino a devastada Avenida Woodward, em Detroit – é o símbolo de uma cultura industrial urbana desumanizada:

> A grama não recorda; árvores não recordam
> o que outrora havia aqui. Mas mesmo se o fizessem, também
> não estão mais aqui. Onde está a grama?
> Só as embotadas raízes de pedra, da rua entorpecida
> E eis surge o vigor de aço das casas
> E a ressequida curva de asfalto, lisa, calcada
> Cobre a terra morta que um dia esteve recoberta de grama,
> Abafando o chão com um hálito acre, os motores
> corroem a longa rua. Aço com aço. Turbilhão de pó.
> Caveiras seguem apressadas, a carne pálida ainda agarrada.
> E um punhado de cabelo.[299]

Davidson foi um guardião daquelas coisas permanentes que perecem sobre os pavimentos da Rua Longa; e um adversário inveterado do enorme Estado de Bem-Estar Social, que devora o espírito. Esses temas percorrem a sua poesia, bem como a sua prosa.

"A política", diz-se com razão, "é a arte do possível"[300] – e "a preocupação dos semianalfabetos".[301] Isto é, a política ocupa uma posição inferior entre as atividades intelectuais, se aquilo a que estivermos nos referindo for simplesmente a teoria e prática políticas em estado puro. No entanto, o professor Davidson nunca divorciou a política da religião, da literatura ou da tradição imaginativa. Sabia que as maiores obras políticas são poéticas, de Platão (427-347 a.C.) em diante. No ensaio "Poetry as Tradition" [Poesia como Tradição], em sua já citada coleção tardia intitulada *Still Rebels, Still Yankees*, Davidson escreve a respeito da dissociação do poeta em relação à sociedade, agora, dolorosamente aparente, visto que a sociedade aceitou a ascendência da ciência e, por isso, deixou de aceitar a poesia como verdade.

> Nessa fase das operações, o poeta pode muito bem tornar-se um franco tradicionalista na religião, na política e na economia. Averigua os defeitos da civilização moderna. Desenvolve um senso de catástrofe. Com um poder de observação muito mais preciso que as previsões dos filósofos sociais profissionais, começa a traçar as linhas de pressão e desgaste ao longo das quais o desastre irromperá. Prevê a ruína da sociedade moderna secularizada e pronuncia ofertas de salvação. Essas são desatendidas ou ignoradas. Então, sob os ouvidos moucos e os corpos despersonalizados da sociedade moderna, invoca a maldição do poeta.[302]

A maldição poética de T. S. Eliot foi aquela famosa despedida fatal:

> Assim expira o mundo
> Assim expira o mundo
> Assim expira o mundo
> Não com uma explosão, mas com um gemido.[303]

Davidson, por mais que censurasse o que considerava uma época sensorial, não estava totalmente preparado para lançar uma maldição sobre a própria época. A tradição ainda tinha chances de reafirmar a sua antiga força. Considerai este trecho do ensaio "Futurism and

Archaism in Toynbee and Hardy" [Futurismo e Arcaísmo em Toynbee e Hardy], publicado em *Still Rebels, Still Yankees*:

> "Não podeis fazer voltar o relógio!" é a zombaria mais comum de nossos dias. Sempre aparece como o argumento definitivo que qualquer modernista apresenta a qualquer tradicionalista, quando a pergunta é: 'O que faremos agora?'; mas isso não é realmente um argumento. É uma provocação com a intenção de desacreditar o tradicionalista, colando-lhe o estigma de traidor de uma ideia de progresso tida como absolutamente válida e universalmente aceita. O objetivo é, além disso, envenenar a mente do próprio tradicionalista e perturbar a sua autoconfiança, ao insinuar que é um retardatário no grande cortejo do mundo. Sua crença em um bem comprovado acaba parecendo devoção nostálgica a uma mera ilusão de um passado enterrado. Sua oposição ao novo – não importando quão imprudente, antiestético, destrutivo ou imoral seja esse novo – é definida como uma rebeldia quixotesca diante do inevitável. Para utilizar um termo inventado por Arnold J. Toynbee (1889-1975), é um arcaísta. Por definição, está fadado ao fracasso.[304]

Permanecer fiel à Tradição não significa cair em um arcaísmo, disse Davidson à geração emergente. Quanto a fazer voltar o relógio – ora, como Davidson dizia:

> "Nem podeis adiantar o relógio, pois o Tempo está além do controle do homem". Quando um futurista utiliza a metáfora da manipulação do relógio, percebe-se a revelação inconsciente da sua fraqueza. Quer sugerir que o seu projeto, e somente ele, está perfeitamente sincronizado com algum mecanismo científico central de causa e efeito que determina o curso dos acontecimentos humanos. Tal insinuação não tem qualquer base na realidade, já que o futurista quer, de fato, interromper qualquer conexão com o processo histórico de causa e efeito, e substituí-lo por um processo imaginado e ideal de desenvolvimento futuro quase científico, que nada mais é do que uma versão sociológica do darwinismo.[305]

Assim era o modo conservador de pensar de Donald Davidson. Caso o tenha feito parecer um pouco abstrato... ora, o erro é meu. Era particularmente versátil: um colecionador de cantigas populares, um conferencista talentoso, um escritor de libretos, um historiador, mesmo que, de tempos em tempos, tenha sido ativo na complicada política do Tennessee. Davidson tinha total consciência dos gigantescos e graves erros nas políticas públicas do século XX: ao examinar o livro *The Tennessee – The New River: Civil War to TVA* [O Tennessee – O Novo Rio: Da Guerra Civil ao TVA][306] de 1948, o segundo volume de sua história do rio Tennessee, podemos encontrar capítulos que expõem de modo preciso os fracassos daquela enorme empreitada da Tennessee Valley Authority (TVA), tão ardorosamente recomendada pela imprensa de esquerda e pela maioria dos políticos do Tennessee[307] – ainda assim, erigida sobre falácias econômicas e sociais.

Como pessoa, Davidson era um cavalheiro esbelto e austero, que raramente sorria; sua conversa, mesmo assim, animada, fazia dele um anfitrião gentil. Fora um soldado corajoso antes de eu nascer, e assim se portava. Até o fim, viveu com dignidade, lamentando a destruição do decoro dentro das universidades. Certa vez, caminhamos lado a lado no campus da Universidade de Vanderbilt; contou-me como a maioria das árvores tinha sido cortada não havia muito tempo, para dar espaço aos automóveis. Isso já era bem ruim; mas, para aumentar a sua indignação, horríveis fileiras de parquímetros foram instaladas. Um sobrevivente militante do que chamava de "antigo regime", Davidson falava com desprezo dos administradores de sua universidade. Os alunos o veneravam. De Ripton, Vermont, onde havia passado muitos verões ensinando na prestigiosa Bread Loaf School of English, Davidson escreveu-me no dia 31 de agosto de 1954:

> Viver em Nashville e dar aulas na Vanderbilt University é muito desgastante para um *Southern Agrarian*, posso assegurar. Não existe, de fato, nada senão hostilidades, e não nos é possível sobreviver por um longo período sem um lugar onde possamos lamber nossas feridas por algum tempo.[308]

A administração da Universidade de Vanderbilt menosprezava os agrarianos e, efetivamente, recusava-se a aceitar os trabalhos de Donald

Davidson ou de Allen Tate (1899-1979) como donativos. A propósito, os sulistas letrados geralmente negligenciavam tais agrarianos, os mais ilustres filhos do Sul de seu próprio tempo. Somente quando Nova York prestou atenção em Allen Tate, Robert Penn Warren (1905-1989), John Crowe Ransom (1888-1974), Andrew N. Lytle (1902-1995) e outros, foi que o Sul aguçou os ouvidos. Como disseram:

> Sete cidades brigam, agora, por Homero falecido
> Nas quais Homero, em vida, mendigou o pão dormido.[309]

Temo ter aqui deixado apenas um resumo fragmentário do pensamento social de Donald Davidson. No entanto, passo agora a alguns comentários gerais sobre os Agrarianos Sulistas, e à questão premente do que fazer com o Leviatã.

***

Há mais de sessenta anos, quando estava na terceira série, na cidade excessivamente nortista de Plymouth, Michigan, doze escritores sulistas publicaram um livro chamado *I'll Take My Stand: The South and the Agrarian Tradition* [Manterei Firme a Posição: O Sul e a Tradição Agrária].[310] O livro fino, uma defesa apaixonada das coisas permanentes na cultura do Sul, tem sido discutido desde então; e aos poucos, em torno dele, foi surgindo uma literatura de assentimento ou de desaprovação. Jovens rapazes e moças que vão estudar comigo na minha fortaleza setentrional descobrem tal literatura – mesmo sem que faça qualquer comentário a respeito – e leem os livros, noite após noite, até a hora tétrica das três da manhã.

O humanismo cristão, a crítica severa à sociedade industrial de massas, a ojeriza ao comunismo e outras formas de coletivismo, o apego aos costumes do Velho Sul na bravura e nos costumes eram os princípios que uniam os doze agrarianos que firmaram posição na *Dixieland*[311] da década de 1930. Os doze ensaios foram aprovados por T. S. Eliot[312] e alguns outros pensadores, na época em que o livro foi publicado; no entanto, em geral os agrarianos foram alvo de hostilidade e escárnio. Hoje, por vezes, o livro é mais bem compreendido, pois estamos adiante no caminho em direção ao Averno.³¹³

Como diz Louis D. Rubin Jr., o manifesto *I'll Take My Stand*

> é uma censura ao materialismo, um corretivo à idolatria do progresso, e uma reafirmação das necessidades estéticas e espirituais do homem. E porque o Sul chegou tão atrasado ao mundo industrial, o livro apela aos desejos guardados na memória do homem do Sul de uma vida sulista, tranquila e sem pressa, que existia antes da chegada das máquinas e das grandes autoestradas. Como tal, o livro constitui tanto um lembrete quanto um desafio. *O que estais a perder, e que antes possuístes? Tendes certeza de que quereis descartá-lo totalmente?*³¹⁴

Apesar da considerável atenção dada nacionalmente a esses escritores agrarianos, não foi fácil encontrar quem os publicasse; ou, caso os escritos já estivessem publicados, quem os mantivesse disponíveis. No entanto, eles persistiram; e, no longo prazo, os grandes talentos como literatos lhes deram, por alguns anos, mais ou menos nos meus anos de faculdade, ascendência sobre o campo literário, até mesmo em Manhattan – uma preponderância leve, que se estendeu até poucos anos, quando foi arruinada pelos oligarcas sórdidos da *New York Review of Books*; e, mesmo neste periódico, o Sul executou um contra-ataque de sucesso, mais evidente nas homenagens feitas a Flannery O'Connor (1925-1964) e a Walker Percy (1916-1990).³¹⁵ Como grupo, os agrarianos ilustraram bem a observação de Lionel Trilling (1905-1975), de que os escritores do século XX que possuíam imaginação não eram liberais³¹⁶ – decididamente não o eram.

Os doze sulistas, dentre eles Donald Davidson, sabiam que o Sul iria mudar. Como Stark Young (1881-1963) o expressou no ensaio "Not *In Memoriam*, But In Defense" [Não *In Memoriam*, Mas em Defesa], na conclusão do livro:

> Que uma mudança está em curso agora, por todo o Sul, é evidente; e é igualmente evidente que, mesmo mudando, ainda deve ser o Sul,

lembrando que não pode haver qualquer completude para o que quer que esteja fora da própria natureza, não havendo nada que avance, a não ser na própria espécie. Se assim não fosse, toda a natureza a esta altura já se teria esvaído em caos e loucura, sem nada mais restar (...).[317]

Entretanto, o ritmo de mudança do Sul tem sido mais rápido, nessas últimas seis décadas, e mais esmagador, do que até os mais pessimistas dos doze sulistas esperavam. A velha Nashville, lar dos fugitivos e dos agrarianos no Tennessee, foi completamente demolida e enfeiada, a colina onde se encontra o capitólio estadual projetado por William Strickland (1788-1854) foi sitiada pelas altivas torres de escritórios das burocracias estaduais e federais, e dos sindicatos de professores. Muitas outras coisas, em Nashville e em quase todo o Sul, foram riscadas do mapa – dentre essas perdas, podemos citar o desaparecimento dos estilos arquitetônicos meridionais.

Junto com o declínio de uma determinada *Dixie*, veio uma relativa prosperidade econômica. Uma prosperidade de cidades com fábricas. O padrão rural de existência, que os agrarianos louvavam, ainda permanece cá e lá ao sul da Linha Mason-Dixon,[318] mas tem sido brutalmente castigado nos últimos sessenta anos.

Dos doze sulistas, apenas um – o romancista, poeta e crítico literário Andrew Lytle – continua aqui na terra dos vivos.[319] A modernidade tem feito muito mal em eliminar sulistas do seu tipo, em parte ao abolir – no Sul e noutras regiões – o tipo de educação que homens como Davidson, Lytle e Warren usufruíram. E o Estado de Bem-Estar Social tem se esforçado para apagar, ainda que empobrecido e culturalmente destituído, o antigo padrão rural do Sul – ou, nesse particular, também o de condados rurais setentrionais como aquele onde vivo – que resistiram pouco alterados até a construção das "boas estradas".

Seja como for, os agrarianos ocuparão um grande espaço nas histórias do pensamento e das letras norte-americanas. Estando os liberais nos Estados Unidos de hoje privados de inteligências, alguns membros da geração emergente estão encontrando na prosa e no verso de Donald

Davidson e nos escritos de outros agrarianos um entendimento da ordem pessoal e social bem distantes das secas atitudes progressistas.

* * *

Sete décadas depois que Donald Davidson,[320] Andrew Lytle,[321] Allen Tate,[322] John Crowe Ransom,[323] Robert Penn Warren,[324] Stark Young,[325] Lyle Lanier (1903-1988),[326] Frank Owsley (1890-1956),[327] John Gould Fletcher (1886-1950),[328] H. C. Nixon (1886-1967),[329] John Donald Wade (1892-1963)[330] e Henry Blue Kline (1905-1951)[331] pegaram em armas contra o Leviatã, como anda a luta?

Tal como os "celtas do crepúsculo",[332] parece, os agrarianos saíram para a batalha diversas vezes, mas nunca para ganhar. Os fazendeiros norte-americanos talvez totalizem, neste momento, cinco por cento da população nacional. O Sul foi subjugado, pela segunda vez, pelo governo federal, e sofre uma segunda reconstrução política – embora desta vez a economia sulista não esteja de modo algum arruinada. A centralização do poder em Washington foi levada muito mais adiante por Lyndon Johnson do que jamais fora por Franklin Roosevelt; estados que ainda nominalmente soberanos são reduzidos a uma condição pouco melhor que a de simples províncias. As redes nacionais de televisão estão apagando rapidamente quaisquer resquícios de culturas regionais. As autoridades públicas educacionais exortam a que professores e alunos tenham por dever cantar *The Battle Hymn of the Republic* [O Hino de Batalha da República][333] em vez de *Dixie*.[334] De muitas outras formas, o Leviatã começa em nossos dias a se manifestar como algo muito maior do que o monstro que era na década de 1930.

E, ainda assim, as predições dos doze sulistas, como as de Cassandra, se estão realizando. Nossas cidades grandes, uma centena de Ruas Longas, encontram-se quase arruinadas, devastadas pelo crime, com a população corrompida ou exposta ao perigo por narcóticos letais, com todo senso de comunidade destruído. A nossa alardeada afluência é desmentida pelo crescimento rápido e sinistro de um genuíno proletariado, voraz e desregrado, subsistindo à custa do público. Os estratos de burocracia governamental são cada vez mais ineficientes e opressivos. As legislaturas, nacionais e estaduais, parecem dispostas a ceder a toda exigência de qualquer grupo de pressão, não obstante o verdadeiro interesse público. Os juízes, ou muitos deles, viraram demagogos. O ar está muitíssimo poluído; a zona rural, enfeiada; o gosto público, corrompido. As crianças são educadas de modo indulgente, em meio a imagens de terrível violência e sexualidade grosseira. A educação escolar em todos os níveis foi reduzida a tomar conta das crianças, pajear os adolescentes e a acasalar os universitários: o ensino das Humanidades e da História é desprezado. Enquanto falamos futilmente de livre empresa, os conglomerados industriais e comerciais se movem rumo ao oligopólio em uma escala crescente. A crença e a observância religiosas foram, primeiramente, reduzidas ao *ethos* da sociabilidade e, posteriormente, aos discursos ignorantes sobre a revolução. Leviatã, a sociedade monstruosa, engoliu as multidões.

Deste modo, recomendo o conservadorismo dos doze sulistas. Não é a única modalidade de pensamento conservador, mas é uma modalidade importante. Os autores de *I'll Take My Stand* não propunham uma ideologia rigorosa ou apresentavam um modelo de utopia: o principal propósito era de abrir-nos os olhos às ilusões do modernismo.

Os agrarianos proclamaram, quando ainda era menino, que a cultura sulista é digna de defesa; que a sociedade é algo a mais do que o Produto Interno Bruto (PIB); que a viela rural é mais saudável que a Rua Longa; que há mais sabedoria na tradição do que no cientificismo; que o Leviatã é um devorador, não um salvador. Estudai o que os doze sulistas escreveram, e vireis a descobrir que tais homem não são meros arcaístas.

"Desgastados pela abstração e novidade, flagelados por opiniões divididas, alguns norte-americanos disseram: acreditarei na gente antiga lá de casa, que, por meio de incertas tentativas ultrapassadas, conseguiu manter vivo o segredo de bem viver."[335] Assim escreveu Donald Davidson, em seu capítulo "The Diversity of America" [A Diversidade da América]. Continua o autor:

> Tais modernos preferem captar o particular. Querem alguma coisa que ocupe tanto a razão quanto o amor. Desconfiam do conselho de John Dewey (1859-1952), de "usar a presciência do futuro para refinar e expandir atividades presentes". O futuro ainda não existe; é incognoscível, intangível. O passado foi, o presente, porém, é; disso podem estar certos. Afeiçoam-se então – ou se reafeiçoam – a uma área residencial, a uma das áreas, grandes ou pequenas, que foram demarcadas na longa conquista de nosso território continental. Buscam autonomia espiritual e cultural. (...) Estão aprendendo, agora, como enfrentar o inimigo mais sutil e perigoso da humanidade – a tirania que veste a máscara do humanitarianismo e da benevolência. Estão atacando o Leviatã.[336]

Amém ao que foi dito acima, Donald Davidson, velho amigo,[337] agora na eternidade. Nestes anos da década de 1990, metade dos povos do mundo se levantam para desferir um golpe no Leviatã; assim, quem sabe, o corajoso livro de Davidson será mais bem compreendido e por mais pessoas do que o foi em 1938.

Capítulo 8 | A Economia Humana de Wilhelm Röpke

Permiti-me fazer algumas observações sobre Wilhelm Röpke (1899-1966), um dos maiores pensadores sociais do século XX – e, por acaso, o principal arquiteto da recuperação econômica da Alemanha Ocidental, ao fim da Segunda Guerra Mundial. Atualmente, os seus livros estão esgotados nos Estados Unidos,[338] com exceção de *The Social Crisis of Our Time* [A Crise Social de Nosso Tempo], do qual recentemente publiquei uma nova edição.[339] E, aos comentários sobre o professor Röpke, acrescentarei algumas de minhas reflexões.

Wilhelm Röpke foi o confiante paladino da economia humana: isto é, um sistema econômico adequado à natureza humana e a uma escala humana na sociedade, em oposição aos sistemas dedicados à produção em massa, a despeito das consequências contraproducentes nas esferas pessoal e social. Foi um temível oponente das economias socialistas e de outras economias "de comando"; e também um destemido e perceptivo crítico de um "capitalismo" irracional. Embora tenha nascido na Alemanha, Röpke se estabeleceu em Genebra durante a Segunda Guerra Mundial, onde se tornou professor de economia no *Genfer Hochschulinstitut für internationale Studien* [Instituto Universitário de Altos Estudos Internacionais]. Aí escreveu o já citado *The Social Crisis of Our Time* em 1942, além dos livros *Economics of the Free Society* [A Economia da Sociedade Livre][340] de 1937, *The Moral Foundations of Civil Society* [Os Fundamentos

Morais da Sociedade Civil][341] de 1944 e *The German Question* [A Questão Alemã][342] de 1945, bem como a maioria dos ensaios incluídos nos volumes *Against the Tide* [Contra a Corrente][343] e *Welfare, Freedom, and Inflation* [Bem-estar Social, Liberdade e Inflação].[344] O título do seu último livro publicado nos Estados Unidos, *A Humane Economy* [Uma Economia Humana],[345] foi sugestão minha.[346]

Cavalheiro de grande coragem e cristão sincero, Wilhelm Röpke posicionou-se igualmente contra os nazistas e os comunistas. Era vigoroso intelectual e fisicamente: um perfeito esquiador que sempre subia as montanhas a pé, em vez de utilizar teleféricos. Sabedor de que o homem é mais do que produtor e consumidor, Röpke detestava o utilitarismo de Jeremy Bentham (1748-1832) e acreditava que a maioria de seus colegas economistas via a existência humana de um modo muito imperfeito, com os antolhos dos dogmas utilitários.

Antes de me debruçar sobre os argumentos de Wilhelm Röpke, aventuro-me a oferecer alguns antecedentes de seu pensamento, relativos ao período de desordem que se seguiu à Segunda Guerra Mundial, um tempo em que a ideia do planejamento social de larga escala exerceu uma influência nociva. Röpke foi o oponente mais eficaz dessa *Planwirtschaft* [economia planificada].

Essa divisão do conhecimento, altamente especulativa, que nosso tempo chama de "Economia" formou-se no século XVIII como um instrumento para a obtenção da liberdade individual, bem como para uma produção econômica mais eficiente; mas muitos professores e especialistas em economia no século XX se converteram ao neojacobinismo. Edmund Burke (1729-1797) define o jacobinismo como "a revolta dos talentos empreendedores de uma nação contra a propriedade".[347] Tais doutrinas, baseadas na confiança na onicompetência do Estado em questões econômicas, passaram a predominar especialmente nos institutos politécnicos e universidades estatais. Assim como o otimismo, o materialismo e o humanitarismo do século XVIII foram assentados por Karl Marx (1818-1883) em um sistema que teria surpreendido boa parte dos *philosophes*, assim também, os conceitos utilitários e manchesterianos do século XIX foram os ancestrais (talvez bastardos) do planejamento social mecanicista. Os antigos jacobinos mal perceberam que suas tendências centralizantes imitavam as das políticas do Antigo Regime; de modo que não é de espantar que os pensadores humanitários e coletivistas mais recentes se tenham esquecido da dívida com Jeremy Bentham. No entanto, as abstrações de Bentham, que reduzem seres humanos a átomos sociais, são a principal fonte dos modernos projetos de alterações sociais por decreto.

Ao final da Segunda Guerra Mundial, os centralizadores e os planejadores coercitivos exerciam imensa influência na Europa Ocidental e na Inglaterra, e também estavam nos Estados Unidos. O Estado nacional moderno tem à disposição poderes efetivos de coerção desconhecidos por estruturas políticas anteriores. No entanto, o aumento da coerção frustra o curso natural do desenvolvimento; a teoria econômica como o ponto de partida da coerção estatal se mostrou, repetidas vezes, estar sujeita a erros; o "planejamento" destrói a comunidade espontânea e tenta pôr em seu lugar um plano central ineficaz – como ocorreu, de modo extremamente ruinoso, no Irã sob a administração do Xá Mohammad Reza Pahlavi (1919-1980);[348] os objetivos da ação estatal deveriam ser judiciais, em vez de econômicos; e por isso toda a perspectiva dos "planejadores sociais" é distorcida.[349] Em oposição à escola de teoria econômica dominante logo após a Segunda Guerra Mundial, economistas como Wilhelm Röpke, William A. Orton (1889-1952) Friedrich A. Hayek (1899-1992) e tantos outros esforçaram-se para conter os coletivistas econômicos.

Apesar de se ter mostrado bastante competente para lidar com as dificuldades do pós-guerra na Alemanha, uma grande nação industrializada, Wilhelm Röpke, ainda assim, preferia muito mais os padrões sociais e econômicos da Suíça, onde viveu desde o triunfo de Adolf Hitler (1889-1945) até o fim de sua vida. O modelo de economia humana de Röpke pode ser percebido por qualquer turista observador na Suíça.³⁵⁰

* * *

O professor Röpke parecia já ter lido tudo. Tinha familiariadade, por exemplo, com as ideias sociais de John C. Calhoun (1782-1850) e de James Fenimore Cooper (1789-1851), que a maioria dos professores de economia norte-americanos ignora profundamente. Wilhelm Röpke tinha uma clara percepção de religião e de poesia, dos problemas da continuidade e da moralidade. O livro *The Social Crisis of Our Time* é essencialmente uma análise da ameaça daquilo que Röpke chamava de "culto do Colossal".³⁵¹ O equilíbrio social foi destruído em nossa época, Röpke o sabia. Eis algumas das comoventes passagens a respeito desse assunto desagradável:

> Os homens, tendo perdido, em grande escala, o senso inato das proporções, vão, assim, de um extremo a outro, ora experimentando uma coisa, ora outra, ora seguindo uma crença da moda, ora outra, ora reagindo a determinada atração externa, ora àquela outra, ouvindo, o mínimo possível, a voz dos próprios corações. É uma característica peculiar da perda total do senso de direção – uma perda que põe em risco a sabedoria adquirida ao longo de inúmeros séculos – que a idade da imaturidade, da experimentação incansável, da juventude, tenha, em nossa época, se tornado o objeto da mais absurda valorização.³⁵²

De todas as nossas aflições, continua Röpke, os frutos da degeneração moral, da concentração e da idolatria da grandeza, a pior é a proletarização. O capitalismo pode ter criado o proletariado moderno, mas o socialismo o aumenta até que abranja toda a humanidade. Nossa salvação, argumenta Röpke, está em uma terceira escolha, algo diverso tanto do socialismo ideológico quanto do capitalismo doutrinário. Escreve Röpke:

> O socialismo, o coletivismo e os seus apanágios são, no fim das contas, apenas a última consequência de nosso passado; são as últimas convulsões do século XIX, e somente neles é alcançado o ponto mais baixo de um século de desenvolvimento na direção errada; são o estado final e sem solução para o qual rumamos, a não ser que façamos alguma coisa. [...] O novo caminho é precisamente aquele que nos livrará do dilema entre o "capitalismo" e o coletivismo. Consiste no humanismo econômico da "Terceira Via".[353]

Essa mesma obsessão com o "racionalismo", que causa danos terríveis à existência comunitária, também produz uma confiança cega na economia competitiva de mercado e leva a um individualismo insensível que, nas palavras de Röpke, "no fim, se revelou uma ameaça à sociedade e de tal forma desacreditou uma ideia fundamentalmente boa, que acabou por favorecer a ascensão do coletivismo, ainda mais perigoso".[354] Num mundo em que os antigos pontos de referência foram eliminados, antigas lealdades ridicularizadas, e os seres humanos foram reduzidos a átomos econômicos, "os homens, por fim, se agarram a qualquer coisa que lhes seja oferecida e aí poderão, de modo fácil e compreensível, sofrer o mesmo destino das rãs que, na fábula, pediram um rei e receberam uma cegonha".[355]

No capítulo "The Splendor and Misery of Capitalism" [O Esplendor e a Miséria do Capitalismo], o terceiro da primeira parte do livro, Röpke examina sucintamente os males de nossa economia atual e nota que as mesmas desarmonias econômicas se tornam crônicas sob o socialismo.[356] Passa então à segunda parte de *The Social Crisis of Our Time*, intitulada "Action" [Ação]. Conforme Röpke nos ensina:

> O socialismo – apoiado na existência proletária desenraizada de um grande número de trabalhadores e tornado palatável por alguns intelectuais igualmente desarraigados e que terão de assumir a responsabilidade por seus atos – preocupa-se menos com os interesses dessas massas que com os interesses daqueles intelectuais, que, de fato, podem ter os desejos realizados pela abundante variedade de posições de poder no Estado socialista.[357]

Röpke tem ainda menos apreço por essa classe de pessoas como guias da sociedade do que pelos monopolistas e gerentes. O objetivo de Röpke é restaurar a liberdade para as pessoas pela promoção da independência econômica. A melhor categoria de camponeses, artesãos, pequenos comerciantes, pequenos e médios empresários, membros das profissões liberais, funcionários públicos e servidores de confiança da comunidade – esses são os objetos da solicitude de Röpke, pois entre eles a natureza humana tradicional ainda guarda as raízes mais saudáveis, e pelo mundo afora estão esmagados entre a especialização "capitalista" e a concentração "socialista". Não precisam desaparecer; e podem voltar a ser guias da sociedade; pois a Suíça, em todo caso, "contradiz, por sua mera existência, qualquer dúvida cínica sobre a possibilidade de realização de nosso programa".[358]

Na repulsa pelo racionalismo doutrinário, Röpke é cuidadoso em não propor um esquema arbitrário de mudança e renovação. No entanto, as sugestões em defesa da desproletarização são diretas. Fazendas familiares, cooperativas de fazendeiros para o mercado, a promoção de artesãos e pequenos comerciantes, as possibilidades técnicas e administrativas da descentralização industrial, a diminuição do tamanho médio das fábricas, a substituição gradual da "política de bem-estar social do tipo antigo"[359] por uma tendência inteligente na direção da autossuficiência – nenhum desses projetos é novidade, mas são recomendados por um economista que possui tanto uma grande reputação quanto um perfeito bom senso. Para proteger a sociedade contra as flutuações dos ciclos econômicos, por exemplo, o melhor remédio não é aumentar a centralização, em si um paliativo altamente duvidoso, mas sim estimular as pessoas a retirar parte da subsistência do terreno imediato dos distúrbios financeiros. Como diz Röpke, a especialização muitas vezes causa problemas:

> Os exemplos mais extremos dessa tendência são, talvez, aqueles fazendeiros norte-americanos que se haviam tornado tão especializados e dependentes das atuais fontes de renda que, quando veio a crise,

acabaram tão sujeitos à miséria quanto o trabalhador industrial. No outro extremo, um pouco mais feliz, vemos o trabalhador industrial na Suíça que, se necessário, é capaz de tirar o almoço da própria horta, o jantar de um lago, e que pode fazer jus ao suprimento de batatas no outono ao ajudar o irmão a preparar a terra.[360]

A humanização da estrutura econômica era o cerne das propostas de Röpke. Para ele, a economia política tinha um fundamento ético.

Röpke não era um defensor da abstração chamada "capitalismo", a propósito, um termo marxista[361] autoatribuído de modo leviano por numerosos e arrogantes paladinos da livre competição econômica. Röpke sabia que a idolatria de Mamon levava à perdição.[362]

Sempre falava da condição humana e de como poderíamos retornar ao caminho de uma economia humana. Três décadas após a sua morte, perdemos muito terreno nessa empreitada. Washington, Londres, Tóquio e Moscou estão ainda mais obcecadas com o Produto Interno Bruto (PIB) hoje do que na década de 1950, embora as estatísticas sobre o PIB no papel não tenham produzido estabilidade ou contentamento, e os terroristas estejam à solta. Vem-nos à mente a legenda escrita no relógio de sol de algum castelo na França, em 1789: *"Serius est quam cogitas"* [É mais tarde do que pensas].[363] O vínculo monetário, que jamais constituiu um laço social robusto, não é forte o suficiente para subjugar as ideologias fanáticas, nem para garantir a prosperidade.

***

Uma economia obcecada com um suposto Produto Interno Bruto, não importa o que ou como seja produzido, acaba por se tornar desumana. Uma sociedade que pensa somente em uma suposta eficiência, independentemente das consequências para os seres humanos concretos, cava a própria ruína. A esse respeito, vem-me à lembrança uma passagem dos escritos de W. A. Orton, um economista norte-americano conservador, contemporâneo de Röpke. No livro

The Economic Role of the State [O Papel Econômico do Estado], Orton descreve, de forma irônica, o culto da eficiência:

> Rendamos louvores, portanto, ao grande deus da eficiência. Tudo o que exige é que aplainemos o caminho no deserto e eliminemos a oposição. (...) Que evidente superioridade vemos nos controles de um avião supersônico, muito maior que o esplendor grosseiro de qualquer santuário medieval! Como o apogeu da conquista humana foi elevado! Humana? Não sejamos tão específicos a esse respeito, pois é aí que a ciência assume o papel de coringa. (...) Alcançamos a "justiça" sem a piedade, a "libertação" sem a liberdade, a "vitória" sem a paz, a "eficiência" sem o esforço, o "poder" sem a potência – porque os meios que empregamos coletivamente estão em um plano bastante diverso daqueles objetivos que humanamente desejamos; quanto mais bem-sucedidos, mais fracassam. Eis o nêmesis de todos os "grandes poderes" e o fim de todos os que neles depositam a confiança. Deus sabe que essa história não é nova.[364]

Detroit, a cidade que conheço melhor, idolatrou o grande deus da eficiência. Ao longo de minha vida, Detroit produziu extraordinárias riquezas em bens e serviços. Contudo, a cidade é um fracasso social, como a maioria das outras cidades norte-americanas. Outrora chamada de "o arsenal da democracia",[365] hoje em dia, Detroit, transformada em uma cidade arruinada e ingovernável, tem sido, no mais das vezes mencionada como "a capital de assassinatos dos Estados Unidos". No famoso romance de Louis-Ferdinand Céline (1894-1961), *Voyage au Bout de la Nuit* [Viagem ao Fim da Noite],[366] de 1932, o percurso termina em Detroit.

Na chocante degradação dessa grande cidade, podemos notar as consequências de uma economia desumana – determinada a obter a máxima eficiência produtiva, mas alheia à ordem pessoal e à ordem pública. É claro que os fabricantes de automóveis de Detroit, nos primeiros anos de produção, não tinham noção de quais seriam os efeitos pessoais e sociais daquela ordem industrial extremamente bem-sucedida; ninguém tinha essa noção. No entanto, ainda parecem ignorar ou mesmo ficar indiferentes a tais infelizes consequências, desde que os lucros continuem a ser registrados. No capítulo 17 ("Perspectivas do Proletariado") deste livro, utilizarei novamente o exemplo de Detroit.

Minha argumentação é a seguinte: a não ser que comecemos a pensar em humanizar a economia norte-americana, as cidades continuarão a se desintegrar, e o povo norte-americano ficará cada vez mais entediado e violento. Algumas autoridades estão começando a entender que a natureza humana pode revoltar-se por terem sido impostas à humanidade proporções tão desumanas. O fracasso do sistema de moradia popular baseado em edifícios de grande porte, numa infinidade de cidades, é uma ilustração dessa dura verdade. Em Newark, New Jersey – cidade ainda mais degradada do que Detroit, se é que isso seja concebível – as Scudder Homes, um monólito de "moradias" de treze andares, foi demolido com explosivos de alta potência, pois a vida se havia tornado intolerável para os habitantes de baixa renda do lugar. Casas geminadas, de dois ou três andares, estão sendo construídas no lugar dos edifícios: uma reação saudável ao coletivismo anônimo das moradias populares. O representante em Nova Jersey do Federal Department of Housing and Urban Development [Departamento Federal de Moradia e Desenvolvimento Urbano], imediatamente antes da destruição das Scudder Homes, fez um discurso à população. Nas suas palavras, "Sófocles (497-406 a.C.) disse, 'Para um homem, mesmo que seja sábio, não é vergonha alguma viver e aprender.' Não é vergonha alguma para nós aprender desta experiência".[367]

Será tão difícil, no fim das contas, convencer os norte-americanos de que a simplicidade pode ser preferível à complexidade, uma modesta satisfação à sensação sem restrições, uma frugalidade decente à saciedade torpe? Se o desenvolvimento material é o principal objetivo de um povo, não resta mais nenhum controle moral sobre os meios empregados na aquisição de riquezas: a violência e a fraude tornam-se práticas comuns. E atualmente a produção material de tal sociedade começa a declinar, por causas demasiado óbvias para serem, aqui, objeto de uma digressão. A nossa economia industrial, de todos os sistemas econômicos já criados pelo homem, é a que depende mais delicadamente da firmeza pública, da virtude privada e da fertilidade da imaginação. Se continuarmos a imaginar que a eficiência e a afluência são as principais metas da existência humana, logo nos encontraremos notavelmente desafortunados – e espantosamente miseráveis.

Wilhelm Röpke, William A. Orton, Colin Clark (1905-1989) e outros poucos economistas políticos têm nos instruído assim ao longo do último meio século. O presidente George H. W. Bush falou sobre a construção de uma América mais bondosa, mais gentil.[368] Tal feito, tão desejável, necessita da imaginação humana. O estudo do pensamento de Wilhelm Röpke pode alimentar essa imaginação.

Capítulo 9 | Malcolm Muggeridge e o Flagelo do Progressismo

Nos três capítulos anteriores, e neste, discuto eminentes homens de letras conservadores que conheci. Todos já cruzaram o limiar da vida e zarparam para o além. A minha propensão para citar amigos falecidos já levou certo ouvinte, em uma grande reunião alguns anos atrás, a observar em voz alta, "Dr. Kirk, o senhor é uma anomalia: todos os seus amigos estão mortos".

Malcolm Muggeridge (1903-1990), o tema do presente capítulo, por décadas acreditou estar prestes a chegar à eternidade, mas sobreviveu a muitos de sua geração, chegando ao auge da fama nos últimos anos. Os muitos livros que escreveu são tão citáveis que ficamos tentados a compor um ensaio inteiro só de trechos de Muggeridge, sem acrescentar quaisquer comentários. Limito-me, porém, a mapear aqui o curso da ojeriza de Malcolm Muggeridge pela atitude moral e política chamada progressismo.[369]

Muggeridge foi o autor da autobiografia mais comovente e memorável do século XX, *Chronicles of Wasted Time* [Crônicas do Tempo Perdido], publicada em dois volumes: *The Green Stick* [A Vara Verde],[370] em 1972, e *The Infernal Grove* [O Arvoredo Infernal],[371] em 1973. O plano das memórias era chegar a três volumes, mas ele não completou o terceiro, apesar das repreensões dos amigos. Entretanto, em 1988, Muggeridge publicou um livro breve, escrito em terceira pessoa, intitulado *Confessions of a Twentieth-Century*

Pilgrim [Confissões de um Peregrino do Século XX],[372] cuja parte final trata das percepções religiosas dos últimos anos. Rapazes e moças que tateiam por pistas que os possam guiar pelo caos da nossa era fariam bem em dar uma olhada nesses livros espirituosos e singelos. Muggeridge costumava citar o seguinte verso de William Blake (1757-1827):

> Dou-te a ponta de um Fio Dourado
> Basta em um novelo enrolá-lo,
> Far-te-á entrar no Portão do Paraíso
> Na Muralha de Jerusalém incrustado.[373]

Ao fim, Malcolm Muggeridge alcançou o Portão do Paraíso após muitos tropeços, tribulações e ferozes combates, trazendo a pena como arma. Outros, que perambulam pelo bosque escuro, poderão beneficiar-se tanto das falhas quanto dos êxitos desse autor.

Não é, porém, esse Mudderidge, o apologista cristão dos últimos anos de vida, que pretendo aclamar aqui e agora. Antes, apresento-vos Muggeridge o satirista, sucessor de Aristófanes (447-385 a.C.), Juvenal (55-127), François Rabelais (1483-1553) e Jonathan Swift (1667-1745). Em uma época de decadência geral, a sátira pode errar o alvo. Na definição do dicionário, a sátira "se dirige à correção da corrupção, dos abusos ou dos absurdos na religião, política, direito, sociedade, e nas letras".[374] De modo jocoso, o satirista contrasta o que existe com o que deveria ser e, em particular, contrasta o presente torpe com um passado mais nobre.

Contudo, quando os padrões ou as normas já estão há muito desprezados e foram quase esquecidos, muitas vezes a sátira é lançada para cegos, ou cai em ouvidos moucos: pois não restam os que se lembrem de que, há muitos e muitos anos, se falava de virtude. Tal condição, em grande medida, é a da cultura na segunda metade do século XX. Ponderando tais fatos, o êxito de Muggeridge em despertar as inteligências e as consciências é fenomenal. Ao longo de uns cinquenta e seis anos, esse Muggeridge – para tomar de empréstimo duas linhas escritas por Ben Jonson (1572-1637) – ousou "desnudar as esfarrapadas tolices do tempo / Como ao nascer".[375] Em particular, flagelou a tolice moral e política chamada de progressismo.

Socialista de criação, o jovem Malcolm Muggeridge lecionou por alguns anos na Índia e no Egito; obteve um posto de jornalista no *Manchester Guardian*; e, aos vinte e nove anos, acompanhado da mulher, Katherine "Kitty" Muggeridge (1903-1994), encaminhou-se para Moscou, onde sucedeu a William Henry Chamberlin (1897-1969) como correspondente do *Guardian*. Os Muggeridges acreditavam piamente estar partindo de uma cultura burguesa moribunda para participar de uma Nova Civilização, na qual o potencial humano viria a ser consumado. Chegaram em setembro de 1932. Em seis meses, Muggeridge veio a conhecer o horror do regime comunista, a Ditadura do Proletariado, afirmando que essa:

> Destrói a tudo e a todos; é a essência da destruição – nas cidades, escuridão, uma paralisia; nos campos, uma praga, esterilidade; gritando monotonamente a fórmula vazia – uma sociedade socialista, sem classes; ela ataca com uma barbaridade metódica, não só homens, classes e instituições, mas a alma de uma sociedade. Arranca a sociedade pelas raízes e a deixa morrer. "Se sairmos", dissera Vladimir Ilyich Lênin (1870-1924), "fecharemos com força a porta de uma casa vazia".[376]

Assim escreveu Muggeridge em seu diário de Moscou.

O editor do *Manchester Guardian* decidiu não publicar boa parte da verdade que Muggeridge lhe enviava do coração das trevas; enojado, Muggeridge demitiu-se daquele famoso jornal, o que o deixou sem emprego e em circunstâncias infelizes. De seus meses na Rússia resultou o romance sardônico *Winter in Moscow* [Inverno em Moscou], de 1934, republicado recentemente com uma introdução escrita por Michael Aeschliman.[377]

Nesse livro sombrio e espirituoso, Muggeridge descreve com fidelidade a covardia, hipocrisia e estupidez dos jornalistas ocidentais que rejeitaram ou ignoraram as evidências claras da Grande Fome e do terror estalinista na União Soviética, e elogiaram fartamente a ditadura do proletariado. A consciência esquerdista inglesa aceitou complacentemente os horrores da vida na União das Repúblicas Socialistas Soviéticas (U.R.S.S.), uma vez seguramente estabelecida a ditadura. Como escreve Muggeridge em *The Green Stick*:

> George Bernard Shaw (1856-1950), Sidney Webb (1859-1947), Beatrice Webb (1858-1943) e outros fabianos de destaque (...) opuseram-se com vigor à U.R.S.S. em seus primeiros e laboriosos dias; somente começaram a admirá-la quando se havia fortalecido como regime terrorista autoritário. A admiração tornou-se adulação cega quando Josef Stálin (1879-1953) assumiu o papel, e muito do estilo, do czar deposto, só que de modo mais brutal, eficiente e arrogante.[378]

A indignação de Muggeridge frente às tolices e à desonestidade testemunhadas durante o inverno que passou em Moscou, tanto por parte de visitantes ocidentais quanto dos correspondentes estrangeiros que lá residiam, tornou-se tema recorrente de vários livros e quase intermináveis textos em periódicos. Trinta e sete anos mais tarde, Muggeridge voltaria a denunciar os tolos esquerdistas que encontrou em Moscou.

"Naqueles dias, Moscou era a Meca de toda inteligência esquerdista, qualquer que fosse a compleição particular", escreveria em 1970.

> Afluíam para lá, numa interminável procissão, desde os grandes como George Bernard Shaw, André Gide (1869-1951), Henri Barbusse (1873-1935), Julian Huxley (1887-1975), Harold Laski (1893-1950) e o casal Sidney e Beatrice Webb, até os pobres mestres-escola, clérigos amalucados, milionários e professores universitários bajuladores; todos completamente convencidos de que, sob a égide do grande Josef Stálin, uma nova alvorada irrompia, e nela a raça humana seria finalmente unificada na liberdade, igualdade e fraternidade para todo o sempre. (...) Estavam dispostos a acreditar em qualquer coisa, não importando quão absurda; a deixar passar qualquer coisa, não importando quão desprezível; a aprovar qualquer coisa, não importando quão obscurantista e brutalmente autoritária, de modo a conseguir manter intacta a expectativa confiante de que uma das tiranias mais completas, implacáveis e sangrentas

que já existiram no mundo poderia defender a liberdade humana, a irmandade entre os homens e todas as outras boas causas esquerdistas às quais haviam dedicado a vida.[379]

Malcolm e Kitty Muggeridge haviam chegado a Moscou tão crédulos, a respeito da ditadura do proletariado, quanto os outros visitantes cuja tolice Malcolm logo viria a denunciar. Tinham, contudo, olhos para ver; e partiram dali muito mais sábios e dominados pela tristeza. Haviam aprendido a dura verdade sobre o regime comunista; haviam aprendido a superficialidade e a falsidade da ideologia esquerdista ocidental.

Malcolm Muggeridge rejeitou o esquerdismo, a partir de 1933. As autoridades esquerdistas estabelecidas o rejeitaram: pois, após ter deixado o *Guardian* por aversão, não conseguiu um cargo sequer em nenhum jornal inglês, sendo considerado "extremista demais" ao falar sobre a ditadura do proletariado. Uma nomeação temporária na Suíça, na burocracia da Liga das Nações, revelou-se uma vergonhosa servidão; a tentativa de sustentar sua família como escritor *freelance* ocasional logo fracassou. Um romance baseado em suas experiências no *Manchester Guardian* foi tolamente suprimido pelo editor, mediante uma ameaça de processo judicial por calúnia. Por acaso, viu um anúncio de um posto editorial disponível em um jornal de língua inglesa na Índia; conhecendo algo sobre a Índia, candidatou-se, embora estivesse pensando em suicídio. Lá se foi, forçado, para o *Calcutta Statesman*; mas viria um tempo em que ele seria o jornalista mais conhecido do mundo; o mais mordaz e audacioso adversário da mentalidade esquerdista. Sua prosa cáustica poria abaixo muitos de eminente pompa. Vêm à mente as linhas de John Taylor (1578-1653), o "Poeta Aquático" do século XVII:

> Penas são armas das mais perigosas, sem dúvida, mais afiadas
> Do que espadas, e de fio mais pungente que chicote ou varadas.[380]

***

Não sendo este capítulo uma biografia de Muggeridge, voltemo-nos agora à sagacidade jocosa e à violência de seus argumentos contra o progressismo. Caso queirais encontrar a fonte da sua ojeriza à mentalidade esquerdista – além, é claro, da experiência pessoal com a impotência do esquerdismo em vários cantos do mundo atual –, ora, tal fonte é a sabedoria do dr. Samuel Johnson (1709-1784), o escritor inglês favorito de Muggeridge, tantas vezes citado. Johnson faleceu antes que "liberalismo" se tornasse um termo dos campos da moral e da política;[381] todavia, os autoproclamados iluministas franceses, na era de Johnson, foram os ancestrais intelectuais dos nossos esquerdistas do século XX. A racionalidade do senso comum de Johnson, também, foi a arma de Muggeridge; e, ao fim de sua vida, a confiança de Johnson na autoridade dos ensinamentos cristãos. No século XVIII, não houve "inglês mais autêntico"[382] do que Samuel Johnson; no século XX, Muggeridge é o nosso maior exemplo do que restou do antigo caráter e da mentalidade ingleses.

O que é esse liberalismo esquerdista contra o qual Muggeridge investe tão bravamente? Não se refere às doutrinas econômicas de Manchester – pelo menos, não em primeiro lugar. Muggeridge não tinha o costume de citar John Henry Newman (1801-1890), mas um trecho da *Apologia pro Vita Sua* do cardeal Newman pode dar uma ideia da objeção fundamental de Muggeridge. Newman observa que ouviu a palavra "liberalismo" pela primeira vez em relação às opiniões de Lord Byron (1788-1824) e seus admiradores. Continua Newman:

> Posteriormente, o liberalismo foi a insígnia de uma escola teológica, de caráter seco e repulsivo, não muito perigosa em si, mas perigosa ao abrir a porta a males que ela mesma não previra ou compreendia. Atualmente, não é nada mais que um profundo e plausível ceticismo, (...) o desenvolvimento da razão humana, conforme exercida na prática pelo homem natural.[383]

Dúvida a respeito da tradição, autoridade e coisas há muito estabelecidas; dúvida profunda, corrosiva da crença ancestral na natureza humana constante; dúvida, em especial, do poder de escolha moral do homem, e da responsabilidade moral do homem por suas ações – essas se haviam tornado as características do liberalismo esquerdista à época de Muggeridge. A descendência dos céticos liberais da época de Newman, e de modo mais remoto dos iluministas franceses da época do dr. Johnson, é suficientemente óbvia.

A sociedade burguesa, da qual surgiu a mentalidade liberal, tem promovido a própria destruição, afirma Muggeridge no livro *The Green Stick*; muito mais do que qualquer turba de revolucionários, as noções inovadoras dos liberais burgueses corroem as bases da ordem pessoal e social. Dois burgueses, "um clínico geral típico de Viena e um *enragé* de sala de leitura do Museu Britânico" – Sigmund Freud (1856-1939) e Karl Marx (1818-1883) – "solaparam toda a base da civilização europeia ocidental, como nenhum movimento confessadamente revolucionário jamais o fizera ou esperava fazer", escreve Muggeridge, "ao promover a noção de determinismo, um, no caso da moralidade, e outro na história, absolvendo assim os homens e as mulheres de qualquer responsabilidade pelo comportamento pessoal e coletivo".[384]

O ataque mais incendiário de Muggeridge contra o liberalismo do século XX, "The Great Liberal Death Wish" [O Grande Desejo de Morte Liberal], foi publicado pela primeira vez em 1970, e está reeditado na minha antologia *The Portable Conservative Reader* [O Guia de Bolso de Textos Conservadores]. Muggeridge inicia o ensaio assolador com uma referência às suas experiências em Moscou de 1932 a 1933, e continua, então, a traçar a linha dos infortúnios causados pelo liberalismo – o qual, como viria a declarar mais tarde, ocasionará a desintegração da cristandade.

O erro fundamental do liberalismo é o falso evangelho do progresso automático e inelutável, pensa Muggeridge. Tal falácia nasceu da obsessão pela teoria da seleção natural de Charles Darwin (1809-1882). Muggeridge despreza os evangelhos do cientificismo:

> Um Herbert Spencer (1820-1903), ou um pobre e estrepitoso H. G. Wells (1866-1946), evolucionista ardente e discípulo de Thomas H. Huxley (1825-1895), com a visão de um paraíso terrestre alcançado via ciência e tecnologia; esses monstros gêmeos que arruinaram um mundo inteiro, poluindo os mares e rios e lagos com venenos, infectando a própria terra e todas as suas criaturas, invadindo a mente e a consciência íntima do homem para controlá-lo e condicioná-lo, ao mesmo tempo, confiando a mãos irresponsáveis e irresolutas os instrumentos da destruição universal (...).
> A coroação do evangelho do progresso exigia necessariamente o descrédito final do evangelho de Cristo, e a destruição de toda a estrutura da ética, do direito, da cultura, das relações humanas e do comportamento humano sobre ele construído. A nossa civilização, afinal, começou com a revelação cristã, não com a teoria da evolução, e, estejamos certos, também perecerá com ela – se já não pereceu.[385]

Juntamente com T. S. Eliot (1888-1965) e Donald Davidson (1893-1968), cujo trabalho já examinei em capítulos precedentes neste livro,[386] Malcolm Muggeridge nos diz que, à medida que a crença cristã for rejeitada, a civilização moderna definhará e acabará em pó. Assim pensava o romancista Robert Graves (1895-1985); o historiador Eric Voegelin (1901-1985); o sociólogo Pitirim Sorokin (1889-1968). A cultura nasce do culto; quando o culto se esvai, da mesma forma, com o tempo, o seguirá a cultura. Consequentemente, a declaração de Muggeridge de que a destruição da crença religiosa causa o colapso da sociedade moderna não lhe é peculiar; antes, expressa tal julgamento perturbador com grande sarcasmo. Tomemos este trecho de "The Great Liberal Death Wish":

> É, na verdade, entre os próprios cristãos que o ataque final ao cristianismo foi preparado; liderado pelas igrejas protestantes, mas com os católicos romanos juntando-se com impaciência à luta, ainda que tardiamente. Tudo o que precisavam demonstrar era que, quando Jesus dissera que o seu reino não era deste mundo, Ele tencionava dizer que era. Assim, partindo desse ponto, colocariam as outras proposições cristãs básicas igualmente de cabeça para baixo. Por exemplo, dizer

que a verdadeira vida é a carnal; que é essencial juntar tesouros na Terra sob a forma de um Produto Interno Bruto em constante expansão; que a carne deseja ardentemente o espírito, e o espírito anseia pela carne, de modo que podemos fazer qualquer coisa que nos vier à cabeça; que aquele que ama a vida deste mundo irá guardá-la até a vida eterna; e por aí vai. Isso lembra o ajuste das regras no livro *Animal Farm* [A Revolução dos Bichos],[387] de George Orwell (1903-1950). Toda uma série de novas "traduções" interpretativas da *Bíblia* apareceram dando base à nova visão, e caso pudesse haver qualquer inquietação a respeito da recepção de tais ajustes no Céu, Deus, nos dizem com o que há de melhor em termos de autoridade teológica, está morto.[388]

A fé cristã surgiu da crença na promessa de Cristo sobre a ressureição da carne e a vida eterna. O que o liberalismo busca não é a vida eterna, mas o esquecimento da morte: a defesa doutrinária da contracepção e do aborto pelos progressistas é uma prova do desejo de morte dominante. A cópula sem população é a obsessão.

"Se o sexo é a fonte do misticismo do grande desejo de morte liberal", nas palavras de Muggeridge,

> necessita, igualmente, de um abracadabra e um mecanismo de lavagem cerebral próprios; um equivalente moral da conversão, pelo qual o velho Adão da ignorância e da superstição e da aceitação cega da tradição seja posto de lado, e o novo homem liberal nasça – esclarecido, erudito, refinado. Isso é facilmente possibilitado pela educação, nos vários ramos e filiações. Para a mentalidade liberal, a educação provê a panaceia universal. Seja qual for o problema, a educação irá solucioná-lo. A lei e a ordem se desfazem? – então ainda mais estatísticas, à caça de ainda mais educação; doenças venéreas espalhando-se, a ponto de encontrarmos meninas de dez anos de idade infectadas? – então, pelo amor de Deus, mais educação sexual, com os pequenos balbuciando o que acontece com a vagina da mamãe quando o papai fica ereto, como antes balbuciavam o Catecismo; dependência química crescendo rapidamente, aos trancos e barrancos, especialmente nos lares em que se assiste à televisão (...) – com certeza, é óbvio que o que as crianças precisam é de aulas extras, sob a responsabilidade de psiquiatras treinados para instruí-las em todos os porquês e motivos do uso de narcóticos.[389]

Muggeridge toca, nesse artigo e em outros, no apego perverso dos liberais esquerdistas a todas as causas políticas que sejam hostis às coisas instituídas na nossa civilização; no porquê de os amigos dos interesses britânicos e norte-americanos serem denunciados pelos progressistas como reacionários. Um exemplo:

> Por que, em um mundo cheio de regimes opressores e práticas terroristas, na Inglaterra o veneno e a fúria da mentalidade esquerdista têm de perseguir os sul-africanos brancos com uma raiva particular, quando o seu governo oligárquico apenas difere de uma dúzia de outros – como os do marechal Josip Broz Tito (1892-1980) na Iugoslávia, do generalíssimo Francisco Franco (1892-1975) na Espanha, do secretário-geral Walter Ulbricht (1893-1973) na Alemanha Oriental, do comandante Fidel Castro em Cuba, etc. – por desejarem ficar bem com os ingleses?[390]

A mentalidade liberal progressista parece estar ávida por aniquilar as convicções e as circunstâncias que tornaram possível a sociedade liberal democrática. Em todos os lugares, os progressistas de hoje exigem mais liberdade. Para serem livres de quê? Ora, livres da ordem, pública e pessoal, que alimenta a justiça e a verdadeira liberdade. Ultimamente, o progressista típico não tem consciência de que suas propostas e ações negam a vida; não, imagina-as melhorando a vida; não obstante, é movido pelo desejo inconsciente de morte. Abaixo a civilização, para que possamos ser libertados de todas as limitações! Permiti-me fazer mais duas citações, das páginas finais do incendiário ensaio de Muggeridge.

"Vejo o grande desejo de morte esquerdista exercendo triplamente seu ofício nos anos vindouros ao lado do evangelho do progresso e da busca da felicidade", brada Muggeridge, profeticamente.

> Eis os três cavaleiros do Apocalipse – progresso, felicidade, morte. Sob os seus auspícios, a busca pela riqueza total leva à miséria total; a procura da paz total leva à guerra total; a educação total, ao analfabetismo total; o sexo total, à esterilidade total; a liberdade total,

à servidão total. Procurando obter somente o acordo das maiorias, encontramos um consenso baseado na consensocracia, ou na oligarquia da mentalidade liberal (...).[391]

Malcolm Muggeridge perde toda a esperança neste mundo temporal, nesta sociedade apaixonada pela morte, que deseja a dissolução. Diversas vezes citei o parágrafo final de seu avassalador lamento:

> Assim como os astronautas ascendem às vastas eternidades do espaço, sobre a Terra o lixo se empilha cada vez mais alto; conforme os domínios da academia ampliam os próprios limites, os braços dos alunos alcançam cada vez menos; conforme se espalha o culto fálico, da mesma forma a impotência. Em meio a grande riqueza, grande pobreza; na saúde, doença; nos números, engano. Fartando-se, continua-se com fome; sedado, fica-se inquieto; revelando tudo, escondemos tudo; unimo-nos na carne, mas estamos para sempre separados. Assim continuamos nos movendo energicamente pelo vale da abundância que leva ao ermo da saciedade, passando pelos jardins da fantasia; buscando a felicidade cada vez mais ardente, e encontrando o desespero cada vez mais certo.[392]

***

Há pouco mais de uma década, Malcolm e Kitty Muggeridge visitaram-nos em Mecosta durante três dias. Deveríamos ter lido, em voz alta, o poema *Snow-Bound* [Preso na Neve],[393] de John Greenleaf Whittier (1807-1892), pois caiu sobre nós uma grande tempestade de neve. O ensejo foi um dos seminários promovidos pelo Intercollegiate Studies Institute (ISI), que são organizados de tempos em tempos em nossa casa de Piety Hill. "Pilgrims in the Dark Wood of Our Time" [Peregrinos no Bosque Escuro de Nosso Tempo] foi o título geral que eu havia dado ao seminário; possivelmente, foi isso que sugeriu à mente do sr. Muggeridge o título do seu livro mais recente, *Confessions of a Twentieth-Century Pilgrim*. Em uma tarde de sábado, minha esposa Annette e eu levamos os Muggeridges a passear em um bosque escuro de abetos e pinheiros por mim plantados trinta anos antes, em minhas terras ancestrais. Temos uma fotografia de nós quatro, alegres na mata nevada, Malcolm vestindo uma capa de pele negra, Kitty com um cachecol envolto em seu rosto, Annette rindo-se em um gorro e um protetor de ouvidos verde, eu sem cobertura e troncudo. Esse, talvez, foi e é um daqueles momentos em que, como T. S. Eliot dizia, acontece a interseção do temporal com o atemporal: nós quatro poderemos continuar vivendo, pela eternidade afora, aquela caminhada invernal.

Nas palestras que fez durante o seminário do ISI, o sr. Muggeridge se apresentou tão desiludido com a desajustada cultura do século XX, que os universitários da audiência me tomaram, em contraste, por um otimista despreocupado. Corrompida pelas nossas ilusões intelectuais, disse Muggeridge no seminário; intoxicada pela riqueza; traída pelos próprios instrumentos eletrônicos – ora, a modernidade não tem muito tempo de vida, e que vá com Deus!

O triunfo da televisão sela o nosso destino, declarou: a vacuidade das massas e a manipulação da opinião pública, a derrota do gosto decente, a ruína dos livros e da educação – são esses os dons da "bobotela". Não é possível desinventar a televisão.

Ora, fora por meio das aparições regulares e inesquecíveis na televisão, para a British Broadcasting Company [BBC], que Malcolm Muggeridge ficara famoso e próspero, nos anos 1960: o rosto talhado com olhos fundos, a urbanidade da conduta, a acuidade da inteligência haviam conquistado uma audiência telespectadora imensa. Quem fala na tela da televisão para milhões de pessoas sugestionáveis tem poder: mas Malcolm Muggeridge rejeitou tal poder.

Como escreve Ian Hunter na biografia autorizada:

> Muggeridge sempre foi fascinado e repelido pelo espetáculo do poder e daqueles que o utilizam (...). O poder é para a coletividade, acredita, o que a luxúria é para o indivíduo – "desperdício do espírito em perda de vergonha",[394] na expressão elegante de William Shakespeare (1564-1616). Por meio século de prática jornalística e, particularmente desde o advento da televisão, travou contato com primeiros-ministros,

potentados e déspotas, gente que conquistou o poder sobre os demais por aclamação, nascimento, persuasão, eleição, ou pela mira do revólver. O efeito sobre quase todos, observou, é corruptor – não no sentido mais óbvio, com que Lord Acton (1834-1902) falou sobre o poder que tende a corromper,[395] mas de modos mais sutis, insidiosos; principalmente, ao desviar a atenção do que é duradouro, verdadeiro e digno para o que é evanescente, circunstancial e espalhafatoso. "Eis-me aqui, capitão de uma legião de Roma", diz uma antiga inscrição que Muggeridge gosta de citar, "que serviu no deserto da Líbia e que aprende e pondera esta verdade – há na vida apenas duas coisas, amor e poder, e homem algum pode possuir os dois".[396]

Seu ponto de vista foi parcialmente formado pelas próprias experiências; da Nova Civilização proclamada na União Soviética, que terminou nos afastados campos do Arquipélago Gulag; do homem do destino tomando o poder em Munique e terminando na multidão de túmulos anônimos de Auschwitz, do *Duce* que fez os trens circularem na hora certa e acabou pendurado pelos calcanhares no mercado em Milão; de urnas eleitorais e debates parlamentares intermináveis em Paris, Londres e Washington, D.C., os quais resultam em sociedades tão perdidas e enfraquecidas que se tornam incapazes de resistir, seja a agressores externos, seja a terroristas internos, cedendo tanto a bárbaros do interior quanto do exterior, e, num último suspiro legislativo, lutam para extinguir a liberdade individual por meio da obrigatoriedade da associação sindical, e a vida individual por intermédio do aborto legalizado.[397]

Escolham o amor, e não o poder, diz-nos Muggeridge. Não apresenta à sociedade modo algum de fugir do Averno; mas com certeza nos exorta, como almas, a buscar nossa salvação com diligência.

Um sinal do verdadeiro caráter de Muggeridge é o fato de as crianças gostarem dele. Nossa segunda filha, Cecilia, que contava dez anos de idade quando os Muggeridges visitaram nosso lar no interior de Michigan, sentava-se à primeira fila durante as palestras do sr. Muggeridge, observando em silêncio. Depois, quando lhe perguntamos, "Cecilia, entendeste o que o sr. Muggeridge disse?", ela respondeu com seriedade, "Não tudo, no entanto, mais do que esperava". Desde essa época já era sábia.

Acomodamos Malcolm e Kitty no nosso próprio e espaçoso quarto de dormir, que tem uma lareira; pois os ingleses – e não havia casal mais inglês do que os Muggeridges – gostam demasiado de um fogaréu. Bem, nessa ocasião, a nossa filha mais nova, Andrea, na época com três anos, tinha o hábito, perto das três da madrugada, de se dirigir quietinha ao nosso quarto e se aconchegar entre os pais. Nossa casa, a propósito, é notoriamente mal-assombrada.

Não recordando de que os pais haviam deixado o quarto para os hóspedes ingleses, a pequenina Andrea... aqui passo ao relatório feito por Kitty Muggeridge:

> – Tivemos uma visitante no nosso quarto, ontem à noite – disse-nos a sra. Muggeridge – uma figura pequena, de branco. Veio em silêncio e engatinhou até a cama, entre nós dois. Ela olhou para o Malcolm, e depois para mim. Então, depois de um tempinho, disse, "É melhor eu ir agora", e partiu.
> – Quanto tempo ela ficou? – perguntamos à sra. Muggeridge.
> – O bastante para não nos ofender quando saísse – disse-nos.

Como um peregrino durante oito décadas no bosque escuro da nossa época, Malcolm Muggeridge havia observado a destruição de muita coisa e a mudança odiosa de mais coisas ainda. Entretanto, como Demócrito (460-370 a.C.), sempre ria. "A única coisa que posso dizer do que aprendi dos anos que passei neste mundo é que o amor é a única felicidade", escreve no primeiro capítulo de *The Green Stick*, "e que o próprio mundo só se transforma em um lar estimado e habitável quando nós, que o habitamos, sabemos que somos migrantes, devendo, no tempo oportuno, voar para outros céus, mais confortáveis".[398]

De tal modo, com sinceridade, escreveu o satirista mais convincente da nossa era. A qualquer custo, desde 1932, Malcolm Muggeridge falara a verdade. Uma de suas verdades mais duras é que o progressismo agora está completamente podre. Em alguma passagem, Muggeridge observa que as pessoas aprendem, não pela exortação, mas pela experiência. Antes que o século acabe, sem dúvida, os devotos do progressismo sobreviventes irão aprender mais algumas lições desagradáveis.

Capítulo 10 | O Conservadorismo Popular

Será que o movimento conservador norte-americano, iniciado há quarenta anos,[399] agora enfraquecido e desanimado, está caminhando penosamente rumo ao Averno?[400]

Não, não é esse o caso. As atitudes políticas e sociais tidas como conservadoras estão profundamente arraigadas nos Estados Unidos; e, hoje em dia, os líderes dos dois grandes partidos políticos – por mais maçantes que sejam – têm tomado ciência das vantagens práticas de portar o rótulo de "conservador". A divertida tentativa dos democratas, em 1988, após a convenção partidária, de representar o governador Michael Dukakis de Massachusetts[401] como um conservador exemplar, prudente e frugal da Nova Inglaterra, e o senador Lloyd Bentsen (1921-2003) do Texas[402] como o "Velho Senhor do Plastrão Negro"[403] é o suficiente para ilustrar o realismo que baixou até mesmo sobre alguns elementos do Partido Democrata; ao passo que a plataforma de 1988 desse partido, aprovada por delegados classificáveis, na melhor das hipóteses, como esquerdistas de frases feitas, foi uma tentativa de assegurar ao público eleitor que também os democratas são afeiçoados às "coisas permanentes". Longe de ingressar agora em uma era de inovação política, nós, norte-americanos, poderemos vir a apreciar o espetáculo de dois partidos professadamente conservadores. Não se segue, necessariamente, que qualquer um dos dois tenha de ser conservador *de modo inteligente*: a questão é apenas que, atualmente, os principais homens públicos têm reconhecido a grande força do que chamo de conservadorismo popular.

Quando falo em "conservadorismo popular", não quero dizer "conservadorismo populista". Um populista, cuja convicção básica é a de que a cura para a democracia é mais democracia, não conserva coisa alguma – ainda que assim deseje. O populismo, com efeito, é o que Walter Bagehot (1826-1877) chamou de "o ignorante conservadorismo democrático das massas".[404] Tal tendência que, mais tarde, veio a ser chamada de populismo é o que Alexis de Tocqueville (1805-1859) temia quando escreveu que o triunfo da democracia poderia levar à estagnação da sociedade do futuro, com qualquer mudança sendo repelida pelo conservadorismo da mediocridade e da complacência.[405] O populismo declara, na frase mordaz de Mark Twain (1835-1910), que "um homem é tão bom quanto o outro, ou talvez um pouquinho melhor". Na política norte-americana, a atitude populista é tipificada pela seguinte história verídica da eleição presidencial de 1960.

No final do mês de outubro, veio, a um patrão amigo meu, um de seus empregados, para discutir os candidatos presidenciais. O funcionário – chamemos-lhe de Smithson – contou ao meu amigo que nunca tinha votado anteriormente, mas se tinha decidido a votar no dia 7 de novembro de 1960. No entanto, não conseguia decidir em qual candidato deveria escolher, Richard Nixon (1913-1994) ou John Kennedy (1917-1963). O diálogo foi assim:

> – Puxa, chefe, "num" sei nada desses dois "cara", Nixon e Kennedy, a "num sê" o que vejo na TV. Que "fazê"?
> – Jack Smithson, o que você tem de fazer é não votar; fique em casa.
> – Ah, tenho direito de "votá"; "vô votá" sim, "vô" mesmo.
> – Você perdeu esse direito quando parou de prestar atenção na política; quem sabe, você nunca nem começou a prestar atenção, Jack.
> – "Num" me venha com essa, não; tenho direito de "votá". Ora, se não é por "eleitô" como eu, só os "espertinho" estariam mandando "tudo" lá em Washington.

O populismo é uma revolta com os espertinhos. Encontro-me perfeitamente disposto a confessar que os atuais espertinhos, conforme representados hoje em dia pela mentalidade dominante na academia e no que Peter L. Berger chama de "classe do conhecimento",[406] não estão suficientemente imbuídos da reta razão e da imaginação moral. Por outro lado, não seria melhoria alguma os substituir por pessoas completamente ignorantes e incompetentes.

Não, prevalece nos Estados Unidos um entendimento conservador de cunho popular que não é populismo. Tal entendimento perpassa os dois grandes partidos políticos, entretanto, se é ou não suficientemente expresso nas medidas defendidas por qualquer um deles, isso pode variar com a época e as circunstâncias. Apresentando a questão de modo bastante sucinto, a grande maioria dos norte-americanos prefere o diabo que conhece ao diabo que desconhece: essa é a essência do conservadorismo. "O que é conservadorismo?", perguntou Abraham Lincoln (1809-1865) em um discurso eleitoral em 27 de fevereiro de 1860. "Não é a preferência pelo antigo e testado ao novo e não testado?",[407] assim afirmara Lincoln, declarando-se um conservador. Neotéricos, que preferem o novo e não testado ao antigo e testado, não conseguem ir muito adiante na política prática dos Estados Unidos – não se o grande público perceber as intenções de tais inovadores.

Ao longo das últimas décadas, as pesquisas de opinião têm revelado que a palavra "conservador", como termo da política, é claramente preferida pelo público norte-americano aos termos "liberal" e "socialista". A maioria dos norte-americanos não acha que a sociedade seja perfectível – tanto quanto se possa dizer que reflita sobre tais questões – e não está disposta a marchar para o Sião[408] no encalço de um entusiasta político. O ideólogo é rejeitado com louvável determinação: como o que aconteceu com Jesse Jackson, em Atlanta e alhures.[409] A teoria política que exerce influência sobre a opinião popular nos Estados Unidos, caso possamos afirmar que isso ocorra em qualquer grau, é o empirismo político: o teste da experiência política da nação. A Constituição dos Estados Unidos é reverenciada, mesmo que, ao ser testada nos conhecimentos a respeito do documento constitucional, a maioria dos eleitores receba notas baixas.

É claro que poucos norte-americanos pensam em si mesmos como empiristas, ou subscrevem conscientemente a qualquer outro tipo de filosofia. São governados, na verdade, pela anuência às instituições e tradições. Certa vez, em minha presença, o finado Eric Voegelin (1901-1985) foi indagado por um professor:

> – Dr. Voegelin, os alunos na Louisiana State University não acham as suas doutrinas estranhas?
> – De modo algum – replicou Voegelin, urbano. – Eles nunca ouviram falar de qualquer outra doutrina.

Assim acontece com o grande público norte-americano: nunca ouviram falar de uma alternativa doutrinária aos pressupostos e às instituições sobre os quais a república norte-americana está fundada. Conhecem as palavras "marxismo" e "comunismo", é verdade – mas apenas como termos de demonização, anátemas, principalmente entre os membros de sindicatos. Sejam quais forem os descontentamentos do momento, a maioria dos norte-americanos – não, a vasta maioria – é basicamente conservadora, no sentido em que não sonha em desfazer a ordem social norte-americana ou as estruturas políticas estabelecidas nos Estados Unidos.

Não pensem que estou fazendo afirmações exageradas. Os leitores podem estar propensos a perguntar, a essa altura: "Se os norte-americanos são tão conservadores, por que o atual Congresso tem repetidamente decretado medidas defendidas por lobistas e publicistas com visões de esquerda bastante extremadas?".

Há duas razões para o paradoxo de um eleitorado conservador e um Congresso de esquerda; e cada uma das razões seria digna de uma discussão aprofundada. Aqui, posso apenas tratar do assunto muito brevemente.

A primeira razão é que os Estados Unidos *não* sofrem hoje em dia do que Alexis de Tocqueville temia, "a tirania da maioria";[410] ao contrário, os Estados Unidos penam sob a tirania das minorias – mas de minorias agressivas, intolerantes, endinheiradas e gerenciadas com inteligência. Refiro-me à minoria feminista, à minoria militante negra, à minoria dos direitos sociais, à minoria dos fabricantes de armas, à minoria das fusões industriais, à minoria da estigmatização da África do Sul, à minoria sionista, à minoria homossexual, à minoria dos direitos dos animais. Coerentes e vingativos, esses grupos afirmam possuir o poder de eleger e depor membros do Congresso – que muitas vezes são criaturas tímidas, ainda que barulhentas. Portanto, os impulsos e preconceitos conservadores do grande público norte-americano são frequentemente ignorados pelas maiorias no Congresso e nas câmaras legislativas estaduais, sem falar no Poder Executivo.

A segunda razão é que a maioria dos norte-americanos, embora conservadora o bastante nas visões gerais, é incapaz de distinguir entre candidatos conservadores e esquerdistas moderados ou radicais, o que é bastante comum – especialmente quando todos os candidatos dizem ser mais ou menos conservadores. Esse nem é o pior aspecto da situação, pois a maioria dos cidadãos norte-americanos não percebe o caráter ou as consequências prováveis de uma nova legislação, a não ser bem depois de tais medidas terem sido decretadas e começado a apresentar resultados desagradáveis (a revogação dessas leis, nem preciso acrescentar é muito difícil: os vários *lobbies* que primeiro garantiram a aprovação zelam para impedir reações). O público acaba limitado a queixar-se de alguma nova intromissão por parte da burocracia ou de alguma nova cobrança do Internal Revenue Service;[411] mas o que está feito está feito, e não se pode desfazer, ao que parece – ou não se pode desfazer sem alguma imensa onda de protesto público. Os conservadores não se prestam muito bem à intimidação via passeatas nas ruas e ataques a policiais.

Portanto, repito que a esmagadora maioria dos norte-americanos é bastante conservadora nas propensões políticas, embora muitas vezes fique frustrada pelas ações políticas reais levadas a cabo pelas autoridades públicas. Poderia ser mais específico sobre essas atitudes ou preconceitos conservadores tão prevalentes nesta república norte-americana? Ofereço-vos, a seguir, diversas pressuposições ou propensões, generalizadas entre os conservadores norte-americanos.

Primeiramente, dirigem um olhar religioso à condição humana; acreditam em uma ordem moral de invenção mais do que humana; e alarmam-se cada vez mais diante da crescente secularização da sociedade norte-americana, tanto por intermédio do poder do Estado quanto do sensualismo comercializado.

Em segundo, ressentem-se da concentração crescente de poder nas agências governamentais e na economia.

Como terceiro pressuposto ou propensão, mantêm a confiança na Constituição dos Estados Unidos e nas instituições e princípios do país consagrados pelo uso.

Quarto, põem-se firmemente contra o comunismo e todas as demais ideologias.

Quinto, acreditam em proteções para a propriedade privada, na economia competitiva e na diversidade de retribuições econômicas.

Em sexto lugar, enfatizam os direitos de propriedade, a comunidade voluntária e a oportunidade pessoal.

Poderíamos citar outros dos principais pressupostos dos conservadores norte-americanos; "mas o tempo corre, corre".[412] Permiti-me repetir que relativamente poucos cidadãos de disposições conservadoras, caso chamados a fazer uma declaração formal das próprias convicções políticas, seriam capazes de fazer um sumário tal como acabo de apresentar: os norte-americanos não se prestam à doutrina abstrata e ao dogma teórico em política. Entretanto, podemos subscrever implicitamente um tipo de credo sem conseguirmos repeti-lo de memória.

De ordinário, os conservadores neste país têm muito a dizer sobre injustiças percebidas, mas relativamente pouco sobre princípios políticos fundamentais. Encontram-se consternados com a decadência de nossas cidades grandes, enraivecidos pelas políticas públicas que maltrataram a educação pública, profundamente ressentidos com a inflação do dólar, desconfortáveis com os novos impostos, alarmados pela decadência da moralidade privada e pública. São contrários ao aborto por encomenda, desconfiam de uma direção central. Em questões específicas desse tipo, podem ser incitados à ação política, ou ao menos a votar; mas uma resistência encorajada à custa de grandes e sombrias tendências da nossa época é, muitas vezes, outra coisa bem diferente. Assim é o nosso conservadorismo popular atual – menos vociferante durante os anos 1980 do que antes, porque um homem público conservador e popular ocupou a Casa Branca de 1981 a 1989.

Ronald Reagan (1911-2004), o "Sr. Presidente"[413] destes Estados Unidos, foi visto como a apoteose do conservadorismo popular americano. Tivessem os republicanos indicado o nome dele para a presidência em 1968,[414] por exemplo, a história recente do país poderia ter sido bem diferente. Não quero dizer que Reagan tenha tido êxito em tudo o que realizou; viu-se frustrado em muitos casos; mas, em meio às dificuldades, foi ajudado pela compreensão conservadora de que a política é a arte do possível.

Fui convidado a encontrar o presidente Reagan no Salão Oval um dia ou dois após ele retornar de Moscou – o que não havia sido nenhum passeio. Lá estava, aprumado e sorrindo, o rosto corado, inefavelmente alegre, a confiança norte-americana encarnada, cheio de vontade para entrar em campanha e promover a candidatura do sr. George H. W. Bush. Conforme o fotógrafo tirava o nosso retrato, o presidente contava piadas; todos os gracejos pareciam originais; de qualquer maneira, eu nunca os tinha ouvido antes. Ofereço-vos um exemplo – uma criação dele, apresso-me a observar.

Ele e Mikhail Gorbachev haviam andado juntos em uma limusine soviética, contou-me Reagan, pelo interior russo. Gorbachev tinha consigo, dentro do carro, um agente da KGB, e Reagan, um homem do Serviço Secreto. Estavam passando por uma grande queda d'água; Gorbachev ordenou que o motorista parasse.

– Pule dessa cachoeira! – ordenou Gorbachev ao homem do Serviço Secreto, que declinou de fazê-lo.
– Por que desobedeces à minha ordem? – perguntou o senhor de todas as Rússias.
– Porque, senhor, tenho mulher e três filhos – declarou o homem do Serviço Secreto.
Gorbachev virou-se para o agente da KGB:
– Pule dessa cachoeira! – O agente obedeceu.
Horrorizado, o homem do Serviço Secreto correu para a base da cachoeira, onde encontrou o homem da KGB, arrebentado e contundido, mas torcendo as roupas.
– Por que o obedeceste? – gritou o norte-americano.
– Porque tenho mulher e três filhos.

O presidente, como ator que era, conseguiu, de uma mesma feita, entreter-me e assegurar-me de que não era nenhum entusiasta ingênuo da *Glasnost*. Mais tarde, no cartão enviado em resposta à minha carta informando-o da morte de nosso velho amigo Laurence W. Beilenson (1899-1988), observou que havia lido o sábio livro do coronel Beilenson, *The Treaty Trap* [A Armadilha dos Tratados].[415] Reagan não deve ser subestimado como estadista: compreendia o poder brutal contra o qual luta a política norte-americana.

Como sabeis, Reagan foi o catalisador que reuniu os elementos discrepantes do conservadorismo norte-americano em 1980,[416] dando-lhes o controle do Poder Executivo. Pode ser que nunca mais vejamos alguém como ele. No entanto, poderemos eleger presidentes com um conhecimento mais efetivo do governo federal, ou presidentes com mais domínio dos assuntos externos, ou presidentes mais competentes em finanças – todavia, é improvável que encontremos, novamente, um presidente que represente, de modo tão perfeito, o conservadorismo popular norte-americano.

Ronald Reagan realmente foi o herói do Velho Oeste dos romances, o modelo de conservador na vida pública: audacioso, intrépido, alegre, honesto – e especialista no agir rápido e preciso, ainda que fosse necessário improvisar. William Butler Yeats (1865-1939) nos diz que cada um devia fazer para si uma máscara, e usá-la, e tornar-se o que a máscara representa. Há várias décadas, Ronald Reagan pôs a máscara do herói do Velho Oeste, em Hollywood, e verdadeiramente viveu o papel, e tornou-se o herói do Ocidente. Demonstrou isso em 30 de março de 1981 quando, baleado e fisicamente lesado, no lado de fora do Washington Hilton Hotel, continuou a brincar, irreprimivelmente, com a mulher e com os médicos que lutavam para salvar-lhe a vida. É por isso que, não importam quais sejam os erros que cometeu durante o governo, Reagan tornou-se o mais popular homem público em mais de meio século.

Aos olhos do conservador norte-americano típico, as falhas ocasionais de Reagan foram eclipsadas pelas grandes realizações em oito anos de governo. Seu governo quase alcançou o pleno emprego, reduziu enormemente a inflação do dólar, diminuiu drasticamente as taxas de juros, baixou o imposto de renda para muitos e temporariamente eliminou os impostos federais sobre heranças, limitou um pouco a burocracia e abriu caminho para reformas no ensino público. Na política externa, os erros no Líbano e no Irã foram contrabalançados pelos êxitos dramáticos em Granada e na Líbia. Se alguns jornalistas conservadores censuram o governo de Reagan por não ter desmantelado totalmente o esquerdismo –, ora, o típico eleitor norte-americano nunca esperou, de verdade, que Ronald Reagan fizesse milagres: a política é a arte do possível, e, desde o início, Reagan não tinha maioria em nenhuma das câmaras do Capitólio.

Caso me pedísseis para dizer em que o conservador norte-americano típico acredita – bem, acredita em Ronald Reagan e em seus princípios gerais. Reagan não criou a natureza conservadora norte-americana; mas ele a encarna.

Deixando de lado as personalidades carismáticas, será que posso tentar fazer a imagem do tipo de pessoa que subscreve esse conservadorismo popular norte-americano, e que já o fazia antes que Reagan entrasse na política prática, e que continua a fazê-lo, agora que Reagan retornou ao seu humilde rancho na tradicional Califórnia, na região rural e ainda intacta, depois da cidade de Santa Bárbara? Ora, claro que sim.

A pessoa que se vincula ao conservadorismo popular norte-americano é do tipo que lê *The Reader's Digest*.[417] Prática, não muito imaginativa, patriótica, em geral satisfeita com a sociedade norte-americana, tradicional em moral, defensora da família e da propriedade, esperançosa, aberta a melhorias tecnológicas e materiais, mas desconfiada de arranjos políticos. Seu nome é legião, e comporta tanto mulheres como homens. De modo semelhante aos conservadores de outras paragens, esses homens e mulheres são o sal da terra.

As opiniões sobre os assuntos da atualidade coincidem, e são em grande parte formadas pelo *Reader's Digest*, que tem uma circulação maior do que todas as outras revistas conservadoras juntas. No *Digest*, não são as opiniões editoriais, mas o conteúdo geral e o tom de muitos artigos que tendem a formar opinião. Quando era menino, antes que o *Reader's Digest* existisse, uma influência conservadora importante entre os periódicos era *The Saturday Evening Post*,[418] com a admirável página editorial; contudo, esse influente semanário foi derrotado pelo demônio da televisão, que roubou vários antigos leitores e, o que é ainda pior, a maior parte da renda publicitária da popular revista. Dos periódicos semanais e mensais das décadas de 1930 e 1940, somente o *Reader's Digest* ainda é uma força no país.

É claro que não pretendo dizer que o *Reader's Digest* forma, sozinho, a mentalidade do conservador norte-americano padrão. O jornal mais vendido nos Estados Unidos (contando as várias edições regionais) é o *The Wall Street Journal*,[419] com a melhor página editorial do país, fielmente lido pelo que podemos chamar de o estrato superior do público conservador. Entre periódicos sérios quinzenais, mensais ou trimestrais de tendências conservadoras, nenhum tem uma circulação maciça: o maior é a *National Review*, com umas 170 mil cópias por edição, lido talvez por um quarto de milhão de pessoas[420] – isto é, um décimo de um por cento da população norte-americana[421] (É deveras um consolo que as revistas de opinião esquerdistas e radicais não tenham uma circulação maior do que as conservadoras). O ponto principal imediato que defendo é que o conservadorismo popular tem a mentalidade da *Reader's Digest*, não é formado pelas ideias veiculadas na *National Review*.[422]

No tocante à televisão, é claro que os conservadores são influenciados pela "bobotela", tal como os norte-americanos de outras convicções; mas o conservador tende a ser menos crédulo quando assiste às notícias e similares na televisão: por exemplo, pode estar bem consciente de como a guerra na Indochina foi retratada. Até pode ter compreendido a dura verdade de que ver não deve conduzir, infalivelmente, a crer – ao menos, não o ver por intermédio da distante câmera de televisão de outrem.

O nosso conservador padrão hipotético, do tipo popular, é, portanto, alguém de recursos relativamente modestos, que lê o seu *Reader's Digest* mensal, provavelmente dá um pequeno desconto ao que lê no jornal local ou ao que vê na televisão, aspira enviar os filhos à universidade, possui uma casa ou um apartamento decente, trabalha com afinco, pensa um pouco nos problemas e futuras chances da sociedade, e talvez, ocasionalmente, vá à luta no mar de tribulações que está começando a alagar o cantinho onde vive. Está decidido a resistir aos projetos estranhos e às influências marxistas, mas não tem realmente nenhum interesse apaixonado pela política externa. Também não é um entusiasta por abstrações (e, ainda por cima, por uma abstração marxista) chamada de "capitalismo democrático";[423] está disposto a deixar o resto do mundo tomar conta da própria vida, se o resto do mundo deixar de atribulá-lo. Nitidamente não é um homem rico obcecado pelo crescimento das fusões empresariais; de fato, tende a ficar ressentido com a consolidação de bancos, de companhias aéreas, e Deus sabe do que mais – ao descobrir que era mais bem atendido quando havia mais competição. Detesta as políticas de raça e gênero; vota em candidatos conservadores quando consegue se identificar com eles, mas não pode ser descrito como um "ativista" político. Vai à igreja, ou pelo menos encoraja os filhos a frequentarem-na. Gostaria de se ver livre de traficantes de drogas e de assaltantes. Para ele, "liberal" é um rótulo desagradável; e até mesmo a convenção nacional do Partido Democrata percebeu tal repugnância em 1988.

Alguns democratas, candidatos a altos cargos, creem que a maioria dos norte-americanos está à beira da destituição e desse modo planejam os discursos; obtêm em torno de cinco por cento dos votos nas primárias ou nas eleições, para grande tristeza deles. Alguns candidatos republicanos para altos cargos aparentemente acreditam que a maioria dos norte-americanos vive de grandes ganhos de capital, e desejam políticas públicas assim conformadas; tais republicanos também ganham uns cinco por cento dos votos. Ora, noventa por cento do eleitorado norte-americano não é nem rico nem pobre, ou não se considera rico ou pobre; e esses noventa por cento da população estão preocupados, em primeiro lugar, com a ordem e a segurança, em vez de apaixonadamente cegos por sonhos de avareza, ou movidos pelo vício da inveja; portanto, os conservadores, já uma maioria em termos de sentimentos entre os norte-americanos, têm a probabilidade de se tornar a imensa maioria permanente.

O conservadorismo popular tornou-se algo mais do que uma tendência ou o ambiente da década de 1990.[424] Não obstante as teorias políticas cíclicas do sr. Arthur M. Schlesinger Jr. (1917-2007), a era de Franklin Delano Roosevelt (1882-1945) não retornará pela segunda vez;[425] como nos instrui Heráclito (535-475 a.C.), nunca atravessamos o mesmo rio duas vezes.[426]

O conservadorismo não se tornará malquisto nos Estados Unidos. Logo, a questão que nos é apresentada não é se o conservadorismo será suplantado por um novo esquerdismo, mas sim se, nos próximos anos, pode ser infundido nos anseios conservadores populares um alto grau de inteligência e imaginação. Alguns dentre nós, tendo trabalhado nesse campo por quatro décadas, rezam para que a colheita possa vir a ser mais doce do que "as vinhas da ira".[427]

Capítulo 11 | Uma Avaliação Imparcial dos Libertários

O termo *libertarianismo* é de mau gosto para quem pensa a política seriamente. Tanto o dr. Friedrich A. Hayek (1899-1992) quanto este vosso servo já envidaram muitos esforços, de tempos em tempos, para declarar que se recusam a aceitar o rótulo de libertário.[428] Qualquer um que tenha sido muito influenciado pelo pensamento de Edmund Burke (1729-1797) e de Alexis de Tocqueville (1805-1859) – como o professor Hayek e este comentarista – põe-se firmemente contra a ideologia; e o libertarianismo é uma ideologia simplista, apreciada por um tipo de gente a quem Jacob Burckhardt (1818-1897) chamou de "os terríveis simplificadores".[429]

Entretanto, no momento, tenho algumas coisas boas para dizer dos atuais libertários nos Estados Unidos; posteriormente, me ocuparei dos vícios. Com vossa vênia, farei três observações sobre as pessoas que se autodenominam libertários, e que poderão fazer tais rebeldes se sentirem bem.

Primeiro, vários dos homens e várias das mulheres que aceitam o rótulo de "libertários" não são, de fato, libertários ideológicos em absoluto, mas simplesmente conservadores com um nome diferente. São pessoas que percebem no crescimento do Estado monolítico, especialmente durante o último meio século, uma sinistra ameaça à liberdade ordenada; e, é claro, estão corretos. Ao utilizar essa palavra do século XX, derivada de *liberdade*, desejam enfatizar a vinculação à liberdade pessoal e cívica. Com esses, tenho poucos problemas – exceto que, ao se denominarem assim, parecem favorecer uma turma de fanáticos políticos que "pretendem dizer licenciosidade, ao clamar por liberdade".[430]

Se alguém acredita em uma ordem moral duradoura, na Constituição dos Estados Unidos, nos modos de vida norte-americanos estabelecidos e numa economia livre – ora, tal pessoa, na verdade, é um conservador, mesmo que detenha uma compreensão imperfeita dos termos gerais da política. Esses norte-americanos são, para o movimento conservador nos Estados Unidos, muito semelhantes ao que foram os unionistas liberais para o Partido Conservador na Inglaterra – quer dizer, aliados políticos muito próximos, hoje em dia quase indistinguíveis. Comumente, tais libertários são descendentes intelectuais dos antigos "liberais clássicos"; tomam o partido dos conservadores comuns contra a ameaça do despotismo democrático e do coletivismo econômico.

Além disso, os libertários em geral – tanto aqueles aos quais acabo de dar a minha aprovação quanto os libertários ideológicos – tentam pôr alguns obstáculos a uma política externa arrogante. Não acreditam que os Estados Unidos devam aquartelar tropas ao redor do mundo; tampouco eu o creio; em alguns aspectos, os mais moderados dentre eles têm uma compreensão da política externa semelhante à representada pelo antigo senador Robert A. Taft (1889-1953).[431] Outros, porém, aparentam viver sob a ilusão de que a ideologia comunista pode ser dissipada por meio de acordos comerciais – uma noção realmente néscia. Não tenho tempo de elaborar esse ponto aqui; retomá-lo-ei no capítulo seguinte, sobre os neoconservadores, que, em política externa, tendem ao extremo oposto. Contento-me, por ora, em declarar que, enquanto os libertários se posicionarem contra uma política de dominação norte-americana ao redor do globo, estou ao lado deles. Separamo-nos no momento em que se esquecem de que o governo norte-americano, hoje em dia, na expressão bicentenária de Edmund Burke, está combatendo uma "doutrina armada",[432] não apenas um adversário nacional.

Em terceiro lugar, a maioria dos libertários acredita numa proporção humana; opõem-se veementemente ao que Wilhelm Röpke (1899-1966) chamou de "culto do Colossal".[433] Assumem a causa do indivíduo autossuficiente, da associação voluntária, da justa recompensa do êxito pessoal. Conhecem os perigos da centralização política. Numa época em que muita gente está disposta a – ou melhor, desejosa de – trocar a própria independência por "direitos", os libertários exortam-nos a andar virilmente com os próprios pés.

Em suma, a propaganda dos libertários, que é abundante, realmente toca em problemas sociais reais do nosso tempo e, particularmente, na repressão a naturezas vigorosas e empreendedoras por estruturas políticas centralizadas e pela sanção de dourinas igualitárias. Com razão, muita gente em muitos países, quase ao final do século XX, encontra-se descontente com a condição humana; os mais capazes entre os descontentes olham ao redor, procurando alguma alternativa aparentemente lógica às atuais dominações e potestades; e alguns desses descontentes – o tipo de gente que foi ter com Davi na caverna de Odolam (1Samuel 22, 2) – descobrem os dogmas libertários e tornam-se entusiastas, ao menos por algum tempo, da ideologia chamada de libertarianismo.

Digo *por algum tempo*, pois um afeto inicial pelos *slogans* libertários muitas vezes acaba levando jovens rapazes e moças para o lado conservador. Não foram poucos, dentre os que estudaram comigo de um modo mais próximo, ou os que se tornaram meus assistentes, os que haviam sido atraídos, anos antes, pelos argumentos de Ayn Rand (1905-1982) ou de Murray N. Rothbard (1926-1995). Contudo, à medida que faziam outras leituras, conscientizaram-se das inadequações e extravagâncias das várias facções libertárias; ao começar a prestar mais atenção às nossas dificuldades políticas atuais, viram o quanto as propostas libertárias são impraticáveis. Encontraram, assim, o caminho do realismo conservador, que proclama que a política é a arte do possível. Portanto, o que podemos dizer do libertarianismo, amistosamente, é que tem sido amiúde um espaço de recrutamento de jovens conservadores, ainda que os libertários não tenham a menor intenção de fortalecer a crença nos costumes, na convenção e na política da "consagração pelo uso".[434]

Pronto! Esforcei-me para dar aos libertários o crédito que lhes é de direito. Permiti-me voltar agora aos defeitos, que são muitos e graves.

Os libertários ideológicos não são absolutamente conservadores no sentido verdadeiro do termo em política; nem desejam os libertários mais cândidos ser chamados de conservadores. Ao contrário, são doutrinários radicais, desdenhosos da herança que recebemos de nossos ancestrais. Rejubilam-se com o radicalismo de Thomas Paine (1737-1809);[435] até mesmo aplaudem aqueles radicais do século XVII, os niveladores e os escavadores,[436] que teriam arrancado todas as delimitações de terras, e posto abaixo, também, toda a estrutura da Igreja e do Estado. Os grupos libertários divergem entre si em relação a alguns pontos, e exigem graus diversos de fervor. O que podemos afirmar é que, em geral, são anarquistas "filosóficos" em trajes burgueses. Das antigas instituições sociais, manteriam somente a propriedade privada. Buscam uma liberdade abstrata, que nunca existiu em civilização alguma – nem entre qualquer povo bárbaro ou selvagem. Dariam cabo do governo político; nisso, subscrevem a noção de Karl Marx (1818-1883) da extinção do Estado.[437]

Um problema de tal entendimento primitivo da liberdade é que não teria absolutamente nenhuma possibilidade de funcionar nos Estados Unidos do século XX. A república norte-americana, e o sistema industrial e comercial norte-americano, requerem um altíssimo grau de cooperação, jamais encontrado em qualquer civilização. Prosperamos porque, na maior parte do tempo, trabalhamos em conjunto – e somos restringidos nos apetites e nas paixões, até certo ponto, por leis sancionadas pelo Estado. Precisamos limitar os poderes do Estado, é claro, e a constituição nacional o faz – se não perfeitamente, ao menos de modo mais eficaz do que qualquer outra constituição nacional.

A Constituição dos Estados Unidos decididamente não é um ensaio de libertarianismo. Foi projetada por um grupo aristocrático que buscava "uma união mais perfeita".[438] Os delegados à Convenção Constitucional tinham um saudável temor dos libertários de 1786 e 1787, representados pelos rebeldes que seguiram Daniel Shays (1747-1825) em Massachussets.[439] O que a Constituição estabeleceu foi um patamar mais elevado de ordem e prosperidade, não um paraíso de anarquistas. De modo que é um tanto cômico ver alguns senhores e senhoras idosos contribuirem maciçamente para os fundos das organizações libertárias, acreditando de modo errôneo estar ajudando a restaurar a liberdade virtuosa da república nascente.[440] A indústria e o comércio norte-americanos, em larga escala, não seriam capazes de sobreviver um só ano sem as proteções concedidas pelo governo nos diversos níveis.[441]

"Partindo da liberdade ilimitada", escreveu Fiódor Dostoiévski (1821-1881), "chego ao despotismo ilimitado".[442] Os piores inimigos da liberdade duradoura para todos podem ser as pessoas que exigem incessantemente mais liberdade para si mesmos. Isso é verdade no caso da economia de um país, bem como em outros casos. O sucesso econômico dos Estados Unidos baseia-se no antigo fundamento de hábitos morais, costumes e convicções sociais, muita experiência histórica e um entendimento político escorado no senso comum. A estrutura de livre empresa deve muito ao modo conservador de compreender a propriedade e a produção, exposto por Alexander Hamilton (1755-1804) – o adversário dos libertários da época.[443] A estrutura norte-americana de livre empresa não deve absolutamente nada ao conceito destrutivo de liberdade que devastou a Europa ao longo da era da Revolução Francesa – isto é, a ruinosa e impossível liberdade pregada por Jean-Jacques Rousseau (1712-1778). Os libertários do século XX são discípulos da noção de natureza humana e das doutrinas políticas rousseaunianas.[444]

Consegui distinguir suficientemente entre libertários e conservadores? Até aqui tentei traçar uma linha de demarcação e não refutar os argumentos libertários; voltar-me-ei para essa segunda tarefa muito em breve.⁴⁴⁵

* * *

Antes de me aventurar nessa tarefa, porém, permiti-me que ilustre o meu argumento com uma parábola.

O típico libertino de 1992 deleita-se com a excentricidade – tanto na vida privada como na política. Sua liberdade, ou licenciosidade, é do tipo que resulta no colapso social. O libertarianismo e o libertinismo são quase aliados. Como nos instrui o fiel conservador vitoriano, James Fitzjames Stephen (1829-1894), "a excentricidade é, de longe, com mais frequência, um sinal de fraqueza que um sinal de força".⁴⁴⁶ Conforme observa G. K. Chesterton (1874-1936) acerca do verdadeiro gênio: "Os gênios não devem ser excêntricos! (...) Gênios devem ser cêntricos".⁴⁴⁷

No tocante à excentricidade libertária, o sonho de uma liberdade privada absoluta é uma daquelas visões que emanam dos portões de marfim; e a desordem na qual a sociedade seria lançada em consequência dos desejos já é ilustrada pela desordem moral dos assuntos privados. Alguns leitores perspicazes recordarão o artigo sobre o libertarianismo escrito, há alguns anos, pelo mordaz psicólogo e sociólogo dr. Ernest van den Haag (1914-2002), na *National Review*,⁴⁴⁸ que observou que uma proporção particularmente alta de libertários professos é composta por homossexuais. Na política, como na vida privada, exigem algo que a natureza não comporta.

O inimigo de todo costume e convenção acaba nas trevas exteriores, onde há choro e ranger de dentes. A emancipação final da religião, do Estado, da lei moral e da lei positiva, bem como das responsabilidades sociais, é a aniquilação total: uma liberdade de destruição mortífera. Quando a obsessão com uma liberdade abstrata sobrepuja a ordem pessoal e pública, então, nas palavras de T. S. Eliot (1888-1965), somos

(...) arrastados
Para além da órbita da trêmula Ursa
Num vórtice de espedaçados átomos.[449]

Exatamente esse é o tema da minha parábola – ou melhor, da parábola de Chesterton, pois vos apresento agora uma sinopse rápida da estória "The Yellow Bird" [O Pássaro Amarelo] – que muito poucas pessoas já leram, embora tenha sido publicada em 1929.[450] Como Chesterton reconhecia, temos de aceitar o universo que foi criado para nós.

No conto de Chesterton, chega um hóspede a uma venerável mansão rural inglesa, o professor Ivanhov, um estudioso russo que havia publicado um livro muito elogiado, *A Psicologia da Liberdade*. É um entusiasta da emancipação, da expansão, da eliminação de todos os limites – em suma, um libertário com todas as letras.

Ivanhov, abrigado num tradicional lar inglês, e gozando não somente de todas as liberdades inglesas, mas também dos privilégios de hóspede, começa a pôr em prática as próprias doutrinas libertárias. Inicia as operações libertando da gaiola um pássaro amarelo, um canário; uma vez do lado de fora, o canário é acossado por pássaros silvestres dos bosques da redondeza. No dia seguinte, Ivanhov procede à libertação dos peixes-dourados de seu anfitrião, quebrando o aquário em que viviam. No terceiro dia, decidido a não suportar o próprio aprisionamento na abobadada "prisão orbicular" do céu que cobre a própria Terra, Ivanhov acaba explodindo a linda e antiga casa em que havia sido recebido – aniquilando, dessa forma, a residência e a si próprio.

"O que é liberdade?", pergunta um espectador de tais eventos libertários – Gabriel Gale, a voz de Chesterton na estória:

> Primeiro, e antes de tudo, é o poder de algo ser ele mesmo. De certo modo, o pássaro amarelo era livre dentro da gaiola. Era livre para estar a sós. Era livre para cantar. No bosque, suas penas seriam estraçalhadas, e a voz silenciada para sempre. Então, comecei a pensar que ser eu mesmo, que é liberdade, é intrinsecamente uma limitação. Somos

limitados pela nossa mente e pelo nosso corpo; e se nos livrarmos deles, deixamos de ser nós mesmos e, talvez, simplesmente deixemos de ser.[451]

O psicólogo russo não suportou as condições necessárias da existência humana; teve de eliminar todos os limites; não foi capaz de aturar a "prisão orbicular" do céu que se estendia sobre a sua cabeça. A alternativa era a aniquilação de si mesmo e de sua residência temporária; e ele abraçou essa alternativa. Deixou de ser qualquer coisa, a não ser átomos espedaçados. Essa é a liberdade derradeira do devoto libertário. Caso, *per impossibile*, a sociedade norte-americana viesse a aceitar a liderança de ideólogos libertários, a república poderia acabar-se em átomos espedaçados.

Não obstante, o desintegrado professor Ivanhov tinha um lado positivo – em termos relativos. Sobre algumas observações que fiz em uma palestra em Washington, D.C.,[452] escreveu-me o sr. Marion Montgomery (1925-2011), um crítico literário e romancista da Georgia:

> Os libertários me dão calafrios. Prefiro os anarquistas russos, que pelo menos têm uma sensibilidade moral profundamente perturbada (que Dostoiévski utiliza muito bem em suas obras), aos anarquistas libertários. Há um fervor decadente entre alguns deles, que os transforma em uma cruz pesada para o conservadorismo suportar.[453]

Exatamente. O modelo de libertário da presente década não tem senso de humor, é intolerante, farisaico, mal instruído e enfadonho. Ao menos o antigo anarquista russo era ousado, animado e sabia a que sexo pertence.

Não são os senhores idosos e bem-intencionados que se autodenominam libertários que condeno; nem, como já mencionei anteriormente, as pessoas que, por incompreensão, associam os nomes e abrem as contas bancárias para apoiar publicações, causas e extravagâncias "libertárias". Antes, estou desmascarando as pretensões dos doutrinários intolerantes e libertinos pomposos que se aprisionaram numa ideologia "libertária" tão confinadora e irreal quanto o marxismo – ainda que menos persuasiva do que esta cruel ilusão.

Por que os libertários doutrinários são, com poucas exceções, pessoas tão peculiares – do tipo que causa calafrios em gente saudável, como Marion Montgomery? Por que os verdadeiros conservadores sentem aversão à associação estreita com eles? Por que uma aliança entre conservadores e libertários é inconcebível, exceto em caso de propósitos bem temporários? Por que, por certo, os termos de tal aliança efetivamente desfariam quaisquer ganhos conquistados pelos conservadores nos últimos anos?

Dar-vos-ei a resposta direta a tais perguntas. Os libertários são rejeitados porque são metafisicamente loucos.[454] A loucura repele, especialmente a loucura política. Não quero dizer que sejam perigosos: não, são meramente repelentes. Não estão colocando o país e a civilização em risco, porque são poucos, e parece provável que se tornem ainda menos numerosos (Refiro-me aqui, é claro, aos libertários norte-americanos nativos, e não àquelas seitas políticas, entre as quais as Brigadas Vermelhas da Itália, que levaram as noções libertárias por caminhos mais ousados). Não há perigo algum de que as políticas públicas norte-americanas venham a ser afetadas em grau substantivo por argumentos libertários; ou que um candidato do minúsculo Partido Libertário seja eleito para qualquer cargo público significativo: as boas e velhas causas do bimetalismo, do imposto único ou da proibição de substâncias entorpecentes gozam de possibilidades mais alvissareiras nos últimos anos deste século do que os programas do libertarianismo.[455] Todavia, não se escolhe como parceiro um lunático político, ainda que inofensivo.

O que quero dizer quando afirmo que os libertários norte-americanos de hoje são metafisicamente loucos e, por isso, repelentes? Ora, os dogmas do libertarianismo já foram refutados tantas vezes, pela dialética e pelos duros golpes da experiência, que seria um trabalho tedioso recapitular aqui todas as tolices. Proponho-vos tão somente algumas poucas das insuficiências mais óbvias do libertarianismo em seu afã de vir a ser considerado um tipo sério de crença moral e política. Essas diferenças com a compreensão conservadora da condição humana tornam inconcebível qualquer coalizão de conservadores e libertários.[456]

***

Primeiro, a grande linha divisória da política moderna, como nos lembra Eric Voegelin (1901-1984), não é a que divide os totalitários de um lado e os liberais (ou libertários) do outro; ela se encontra entre todos os que creem em uma ordem moral transcendente, de um lado, e, do outro, todos os que confundem a nossa existência efêmera de indivíduos com a origem e o fim de tudo.[457] Nessa separação entre ovelhas e cabritos (Mateus 25, 32-33), os libertários têm de ser classificados com os cabritos – isto é, como utilitaristas que não admitem sanções transcendentes de qualquer tipo para a conduta humana. Com efeito, são fiéis convertidos ao materialismo dialético de Karl Marx; razão pela qual os conservadores deles se distinguem no tocante ao primeiro princípio de todos.

Segundo, em qualquer sociedade tolerável, a "ordem é a primeira necessidade".[458] A liberdade e a justiça só podem ser estabelecidas depois que a ordem esteja razoavelmente assegurada. Os libertários, porém, dão primazia a uma liberdade abstrata. Os conservadores, sabendo que a "liberdade é inerente a algum objeto sensível",[459] são conscientes de que a liberdade pode ser encontrada somente no contexto de uma ordem social, tal como a ordem constitucional dos Estados Unidos. Ao exaltar uma "liberdade" absoluta e indefinível à custa da ordem, os libertários colocam em perigo a própria liberdade que louvam.

Terceiro, os conservadores discordam dos libertários no que diz respeito à questão do que mantém a sociedade civil coesa. Os libertários sustentam – até onde aturam qualquer tipo de limitação – que o nexo da sociedade é o autointeresse, intimamente associado ao pagamento em dinheiro. Os conservadores, no entanto, declaram que a sociedade é uma comunidade de almas, que une os mortos, os vivos e os ainda não nascidos;[460] e que se harmoniza por aquilo que Aristóteles (384-322 a.C.) chamou de amizade[461] e os cristãos chamam de caridade ou amor ao próximo.

Quarto, tal como os anarquistas e os marxistas, os libertários, em geral, acreditam que a natureza humana é boa e benevolente, embora danificada por certas instituições sociais. Os conservadores, ao contrário, afirmam que "com a queda de Adão, pecadores todos são":[462] a natureza humana, embora composta tanto pelo bem quanto pelo mal, não pode ser tornada perfeita. Portanto, a perfeição da sociedade é impossível, já que todos os seres humanos são imperfeitos – e entre os vícios estão a violência, a fraude e a sede de poder. O libertário persegue o seu caminho ilusório em direção a uma utopia do individualismo – que, como sabe o conservador, é o caminho do Averno.

Quinto, o libertário assevera que o Estado é o grande opressor.[463] Por sua vez, o conservador constata que o Estado é algo natural e necessário para a realização da natureza humana e o crescimento da civilização; não pode ser abolido, a não ser que a humanidade seja abolida; é ordenado à nossa própria existência. Nos dizeres de Edmund Burke, "Ele, que nos concedeu a natureza para ser aperfeiçoada pela virtude, determinou também os meios necessários à perfeição: legou-nos, portanto, o Estado. Determinou sua conexão com a fonte e o arquétipo original de toda perfeição".[464] Sem o Estado, a condição do homem é "solitária, pobre, sórdida, embrutecida e curta"[465] – como argumentava Santo Agostinho (354-430),[466] muitos séculos antes de Thomas Hobbes (1588-1679). Os libertários confundem *Estado* com *governo*; na verdade, o governo é o instrumento temporário do Estado. O "governo" – como Burke prosseguia dizendo – "é um artifício da sabedoria humana para prover as *necessidades* dos homens".[467]

> Dentre essas *necessidades* deve ser reconhecida a urgência, para a sociedade civil, de restrições suficientes às paixões. A sociedade requer não somente que as paixões dos indivíduos sejam subjugadas, mas que, mesmo no povo e no corpo social, bem como nos indivíduos, as inclinações dos homens, amiúde, devam ser frustradas, a vontade

controlada e as paixões subjugadas. Isso somente pode ser feito *por um poder exterior*; e não sujeito, no exercício da função, àquelas vontades e paixões cujo ofício é refrear e subjugar.[468]

Em suma, a função primária do governo é a restrição; e isso é anátema para os libertários, embora seja um artigo de fé para os conservadores.

Sexto, o libertário imagina que este mundo é um palco do ego, com apetites e paixões de autoafirmação. O conservador, no entanto, encontra-se em um espaço de mistério e maravilhamento, onde o dever, a disciplina e o sacrifício são necessários – e onde a recompensa é o amor que excede toda a inteligência. O conservador considera os libertários uns ímpios, no sentido da velha *pietas* romana: quer dizer, o libertário não respeita os costumes e as crenças antigas, o mundo natural, ou o amor pelo próprio país.

O cosmo do libertário é um espaço árido e desprovido de amor, uma "prisão orbicular", tal como no conto "The Yellow Bird" de Chesterton. "Eu sou, e fora de mim não há nada!" (Isaías 47,8), diz o libertário. O conservador retruca com a frase de Marco Aurélio (121-180): "Nascemos para a ação conjunta, como os pés, como as mãos".[469]

Essas são diferenças profundas; e há outras. Entretanto, ainda que os conservadores e libertários não afirmem nada em comum, não poderiam concordar a respeito de uma negativa? Não poderiam assumir uma posição comum contra a ideologia totalitarista e o Estado onipotente? A função primária do governo, dizem os conservadores, é manter a paz: repelindo inimigos externos, administrando a justiça internamente.

Quando o governo se encarrega de objetivos que estão muito além desses fins, com frequência entra em dificuldades, pois não é projetado para gerenciar todos os aspectos da vida. Até aqui, de fato, os conservadores e os libertários têm algo em comum. Os libertários, todavia, imprudentemente se lançam ao extremo oposto do Estado de Bem-Estar Social, e gostariam de privar o governo de poder efetivo para conduzir a defesa comum, para restringir os injustos e os impetuosos ou, de fato, manter uma variedade de empreendimentos que são nitidamente importantes para o bem-estar geral. Por tais defeitos dos libertários estarem muito evidentes, os conservadores recordam a admoestação de Edmund Burke a respeito dos reformistas radicais: "Homens imoderados nunca podem ser livres. As paixões lhes forjam os grilhões".[470]

Pela natureza das coisas, portanto, conservadores e libertários não podem estabelecer um pacto de amizade. A adversidade por vezes cria alianças estranhas, mas os êxitos atuais dos conservadores os desestimulam a juntar-se, como ovelhas, aos leões libertários.

***

A esta altura, talvez já tenha deixado bem claro que não sou um libertário. Aventuro-me a sugerir que o libertarianismo, se entendido adequadamente, está tão distante dos verdadeiros conservadores norte-americanos quanto o comunismo. O conservador típico neste país acredita na existência de uma ordem moral duradoura. Sabe que a ordem, a justiça e a liberdade são produtos de uma experiência social longa e muitas vezes dolorosa, e que precisam ser protegidas de ataques radicais abstratos. Defende os costumes, o hábito, as instituições comprovadas que funcionam bem. Afirma que a grande virtude em política é a prudência: o julgamento de qualquer medida pública se dá pelas consequências no longo prazo. É atraído por uma sociedade de diversidade e oportunidade, e desconfia de qualquer ideologia que possa querer governar por intermédio de um único princípio abstrato, seja esse princípio a "igualdade", a "liberdade", a "justiça social" ou a "grandeza nacional". Reconhece que a natureza humana e a sociedade não podem ser tornadas perfeitas: a política continua a ser a arte do possível. Apoia a propriedade privada e a livre empresa; está consciente de que o governo honesto, que reprime a violência e a fraude, é necessário para a sobrevivência de uma economia saudável.

O que os libertários doutrinários nos oferecem é uma ideologia de egoísmo universal[471] – no momento em que o país precisa, mais do que nunca, de homens e mulheres que estejam prontos a subordinar os interesses privados, caso necessário, à defesa das coisas permanentes. Nós, criaturas humanas imperfeitas, já somos bastante egoístas sem precisarmos de estímulo para buscar o egoísmo como princípio.

Capítulo 12 | Os Neoconservadores: Uma Espécie em Extinção

O autor destas páginas confessa, deliberadamente, ser um dos poucos sobreviventes do intrépido bando original dos novos conservadores. Bem no início da década de 1950, alguns dos que declaravam a crença nas coisas permanentes foram assim denominados pelos adversários; mas não afixamos tal epíteto ao peito, como uma medalha de honra – diferente dos que, um quarto de século depois, declararam-se culpados e vangloriaram-se da própria ignomínia.

Apresentando a questão de outro modo: os termos "novo conservador" e "neoconservador" começaram a aparecer em certos periódicos há mais ou menos quarenta anos. Foram aplicados a escritores tais como Robert A. Nisbet (1913-1996), Peter Viereck (1916-2006), Daniel J. Boorstin (1914-2004), Clinton Rossiter (1917-1970) e este vosso servo. Quando os comentaristas e críticos daquela época remota acalentavam sentimentos bondosos para com tais literatos obscurantistas, utilizavam o termo "novo conservador", sugerindo que, por mais desorientados que fossem esses relativamente jovens reacionários, ainda tinham boas intenções e de quando em quando revelavam algum vestígio de bom-senso; melhor ainda, que, vez ou outra, os novos conservadores até mesmo davam sugestões dignas de atenção, embora talvez o fizessem *per accidens*.

Tais eram as opiniões dos nossos críticos mais amistosos. Todavia, os jornalistas e professores que tinham uma imagem menos favorável do nosso trabalho nos marcaram com o rótulo terrível de "neoconservadores", tomando-nos por sintomas da recrudescência de uma odiosa praga chamada reação, inimigos de todo progresso, opressores dos pobres, instrumentos de um capitalismo envaidecido ou aduladores de barões feudais, tolos enamorados pelas superstições da infância da espécie.[472] Os piores temores desses evangelistas do progresso secular vieram a se realizar; foram verdadeiros profetas. De fato, doutrinas conservadoras avivadas foram disseminadas país afora por nossas máquinas de escrever mal-intencionadas, e o povo norte-americano foi interrompido na "marcha rumo à Sião terrena".[473]

Entretanto, nós, os escribas conservadores do início dos anos cinquenta, ou pelo menos a maioria, não aceitou voluntariamente o título de "novos conservadores", nem tampouco o de "neoconservadores". Simplesmente, uns se intitulavam conservadores, bastante conscientes de que o conservadorismo nada tem de novo; e outros de nossa espécie prefeririam não trazer consigo qualquer placa de identificação.

Daí a pouco, chegamos ao ponto, durante o reinado do "Rei Lyndon, o Negociante",[474] de a mídia de opinião começar a reconhecer a existência de uma liga informal de outras pessoas a quem podemos chamar de os novos neoconservadores, por assim dizer. Essa nova horda de dissidentes do Santo Esquerdismo era composta por homens e mulheres de Manhattan, no geral, e principalmente de ascendência judaica – embora tivessem recrutado alguns auxiliares protestantes e católicos. No passado, em algum momento, todos haviam professado ser socialistas ou esquerdistas "de frases feitas" – isso há muito tempo, no caso dos líderes. São esses os neoconservadores tão louvados ou criticados dos dias de hoje. O sr. Irving Kristol (1920-2009) e seus associados aceitaram sem muitos protestos o rótulo de "neoconservadores"[475] neles afixados pelos adversários – de modo muito semelhante aos *whigs* e *tories* que, durante o século XVII, haviam passado a usar como medalhas de honra os epítetos zombeteiros impostos pelos inimigos.

Embora não tivesse prestado muita atenção à emergência desses recrutas retardatários no momento conservador, realmente recebi com agrado o surgimento deles, percebera que não eram poucas, dentre eles, as pessoas de talento e energia, ativos no jornalismo sério e em certas universidades, que asseguravam um aumento nas opiniões conservadoras ou quase conservadoras no meio da *intelligentsia* judaica de Nova York, em particular – uma classe que, anteriormente, tendera sempre ao marxismo ou a um esquerdismo desintegrado. Talvez tenha esperado demais de tais aliados de Manhattan.

Quando o finado Michael Harrington (1920-1989) os atacou pesadamente,[476] isso não me surpreendeu: era de se esperar tal ataque, vindo de um sindicalista. Quando o sr. Peter Steinfels, então editor da revista *Commonweal*, despejou torrentes de escárnio sobre as cabeças consagradas dos neoconservadores, em um livro intitulado *The Neoconservatives* [Os Neoconservadores],[477] estranhou-me que o sr. Joseph Sobran (1946-2010), nas páginas da *National Review*,[478] tivesse visto alguma substância nas críticas ácidas de Steinfels; estimulei o dr. Frank Annunziata para que escrevesse, em meu periódico trimestral *University Bookman*,[479] uma defesa desses neoconservadores contra Steinfels.

Ainda que possamos remontar os primórdios do neoconservadorismo da variedade nascida em Manhattan ao ano de 1965, as senhoras e os senhores daquela seita política não apareceram diante de mim até os primeiros anos do governo de Ronald Reagan (1911-2004). Fiquei levemente atônito quando, em 1980, o sr. George Gilder, em uma palestra à Heritage Foundation, declarou enfaticamente que não era de modo algum um neoconservador[480] – Gilder os considerava insuficientemente capitalistas e moralmente inferiores à sra. Phyllis Schlafly.[481] Em suma, tinha uma predisposição favorável acerca de tais Filhos Pródigos, retornados à casa do patrimônio conservador, chamados de neoconservadores. Com que gana fundavam revista após revista! Com que habilidade se insinuaram nos conselhos dos governos de Richard Nixon (1913-1994) e de Ronald Reagan!

Quão audaciosamente alguns deles, há uma década, apregoaram a capacidade de alterar o tom geral do *New York Times*! (Fora um feito ardentemente desejável, mas acabou revelando-se uma mera esperança ilusória dos neoconservadores; o *Times* permanece incorrigível). Assim mesmo, não obstante a *húbris* no caso específico, os neoconservadores certamente demonstraram possuir talento como empreendedores nos primeiros anos.

Minha aprovação por algumas pessoas chamadas de neoconservadoras, ou que assim se autodenominam, não diminuiu. Quem não daria as boas vindas como aliado a um polemista tão vigoroso como Michael Novak, sociólogos tão prudentes como os doutores Peter e Brigitte Berger, educadores tão formidáveis como Diane Ravitch, estudiosos tão honrados como Nathan Glazer? Amiúde, tais oponentes do niilismo e da ideologia fanática combatem na academia contra inimigos mortais, em número várias vezes superior aos de professores neoconservadores. Apoiemo-los!

Contudo, em geral, o grupo neoconservador não fez muitos amigos, nem influenciou muita gente, apesar dos talentos para a autopublicidade. Conforme comentou o sr. Ben Hart, um pouco em tom de pilhéria, enquanto preparávamos uma palestra, "Neoconservadores, só existem uns três ou quatro". Não têm uma verdadeira base política, nem mesmo em Manhattan – ou, talvez, especialmente em Manhattan. Não demonstraram possuir um grande talento literário: temo que poucos livros da autoria de neoconservadores ainda estejam sendo lidos no ano 2000. Os neoconservadores tenderam, lamentavelmente, a se tornar uma pequena seita, alvo de suspeitas e censuras da parte de vários líderes do que podemos chamar de conservadores estabelecidos, que vez por outra declaram que a maior parte dos neoconservadores busca principalmente promoção e prestígio.

Apresento-vos dois exemplos da rejeição aos neoconservadores que vejo hoje em dia, em vários lugares. O primeiro deles foi retirado de uma carta, recentemente recebida de um historiador altamente conceituado: "Cortei relações com a maioria (não todos) os *Konservatives*, e especialmente com os neoconservadores, que são radicais e progressistas, egoístas e ignorantes, desejosos de cimentar todo o país e tornar o mundo um lugar seguro para a democracia, muito além dos sonhos de Woodrow Wilson (1856-1924)", escreve-me. "Nenhum deles tem sentimentos pela pátria, pela sua preservação e pela imperiosa moderação de um patriotismo tradicional (distinto do nacionalismo)".

O segundo caso do crescente desagrado com os neoconservadores vem de um afamado especialista em literatura. "É significativo que, quando os *neocons* desejam condenar algum conservador que solicitou um financiamento a uma fundação conservadora, dizem aos gestores da fundação que o tal conservador é um fascista," afirma. "Acredito que os maiores inimigos do conservadorismo norte-americano não sejam os marxistas, nem os esquerdistas liberais do Partido Democrata, mas os neoconservadores, que têm sabotado o movimento internamente, e o exploram para propósitos egoístas".

O que é, de fato, um neoconservador? Trata-se, como Harrington e Steinfels o veem, de um esquerdista que virou a casaca oportunisticamente? É acima de tudo uma pessoa que busca obter poder e melhores oportunidades? Ou é um homem provido de novas ideias sobre a defesa das coisas permanentes? De minha parte, desejaria que alguns dos assim chamados neoconservadores cujas opiniões e modos de vida aprovo, assim como alguns libertários pelos quais nutro sentimentos de solidariedade, se contentassem, como eu, com o simples e velho rótulo "conservador".

Seja como for, prevejo que em pouquíssimos anos quase não ouviremos mais falar dos neoconservadores. Uns terão ficado pelo caminho, outros ter-se-ão unido à corrente principal do movimento conservador dos Estados Unidos e a loquacidade atrevida de alguns terá sido silenciada pelo túmulo. Afinal de contas, os líderes dos neoconservadores não são jovens; já ficaram idosos, como eu. Sabemos, por meio da autoridade considerável do sr. Irving Kristol, conforme citado pelo sr. Michael Novak, que – excluindo os simpatizantes – os neoconservadores não passam, em número, de umas sessenta pessoas.

No ano de 1988, foi publicado no periódico *Commentary* um ensaio adoravelmente ingênuo de autoria de Dan Himmelfarb, no qual argumentava que os filhos e netos dos neoconservadores que restavam viriam a formar um Rebanho Sagrado, autodenominando--se neoconservadores por toda a vida, e destinados a se tornar os líderes norte-americanos.[482] Tal sonho ignora o fato de que coisas novas não permanecem novas por muito tempo; tudo muda, e a novidade de ontem já não agrada mais.

Elites políticas autoproclamadas não perduram muito nesta república democrática; mas os neoconservadores preferem ignorar a experiência – "uma mestra severa",[483] a experiência, diz Benjamin Franklin (1706-1790). Aqueles que ignoram a história são condenados a repeti-la,[484] como nos recorda George Santayana (1863-1952). Falhos em compreensão histórica, bem como em familiaridade com as humanidades, a maioria dos neoconservadores não possui aquela visão de longo alcance e a compreensão da condição humana que formam a base da arte de governar com sucesso. Tais neoconservadores muitas vezes são inteligentes; raramente sábios.

* * *

Assim, tendo previsto o destino dessa facção que se denomina neoconservadora, passo agora a cantar os seus louvores. Apesar da aparente severidade dos julgamentos manifestados há alguns parágrafos, tenho muita simpatia para com os neoconservadores e admiração por alguns deles. Permiti-me, portanto, tratar das conquistas.

Primeiro, numa época em que estudantes arruaceiros e turbas urbanas faziam tudo o que desejavam; numa época em que a academia e as sociedades letradas eram dominadas por doutrinários radicais; quando os graves erros, domésticos e internacionais, do governo Lyndon B. Johnson (1908-1973) enfraqueciam a nação – ora, foi nesse momento que vieram à baila os neoconservadores, proclamando que a política é a arte do possível; e fizeram o melhor que podiam pela causa do bom-senso. Arrasaram o sentimentalismo dos liberais esquerdistas e escarneceram o fanatismo radical dos marxistas. Nessa hora, resguardaram com determinação o Estado de Direito e a política da prudência.

Segundo, temos uma dívida para com os neoconservadores pela fundação de vários periódicos inteligentes e sérios – um pouco limitados no alcance, na audiência e no círculo de colaboradores, talvez, mas com artigos valiosos sobre políticas públicas, educação e outras questões contemporâneas importantes.[485] Tais publicações ajudaram a mostrar que, no fim das contas, os conservadores não são tão estúpidos quanto John Stuart Mill (1806-1879) imaginava.[486]

Terceiro, ao menos no âmbito da política doméstica, os neoconservadores iniciaram a discussão de alternativas práticas à mera flutuação social; eles, ou alguns dentre eles, sabendo que o relógio da nação não poderia voltar ao ano de 1928,[487] empreenderam o ajuste das políticas públicas de modo que atendessem realisticamente às necessidades das três últimas décadas do século XX.

Quarto, em política externa os neoconservadores opuseram-se virilmente – ou, no caso da embaixadora Jeanne Kirkpatrick (1926-2006), com a força feminina – aos projetos e ameaças da União Soviética. Tiveram a consciência de que os Estados Unidos não se estavam opondo simplesmente a um rival nacional, mas (a um perigo mais grave) combatendo uma "doutrina armada"[488] – como Edmund Burke (1729-1797) descrevera a resistência britânica aos jacobinos há dois séculos. Por vezes, é verdade, foram precipitados nos planos de ação, perseguindo um globalismo democrático irreal, em vez do verdadeiro interesse nacional norte-americano; em tais ocasiões, minha tendência foi alinhar-me com os libertários moderados que se posicionavam contra complicações externas. Não raro, tínhamos a impressão de que alguns neoconservadores eminentes confundiam

Tel Aviv com a capital dos Estados Unidos.⁴⁸⁹ Entretanto, em geral, creio, ajudaram a redimir a política externa norte-americana da confusão em que ela se meteu durante e depois das guerras no sudeste asiático. Nesse ponto, restabeleceram o equilíbrio na condução dos negócios externos. Ainda assim, abaixo manifestarei algumas apreensões relativas a possíveis consequências de longo prazo do entendimento neoconservador do que sejam as incumbências internacionais dos Estados Unidos.

***

Anteriormente, notei que os neoconservadores amiúde são inteligentes, mas raramente sábios. Estas linhas de T. S. Eliot (1888-1965), retiradas da peça *The Rock* [A Rocha], podem ser dirigidas a eles:

Onde a sabedoria que perdemos no saber?
Onde o conhecimento que perdemos na informação?⁴⁹⁰

Por meio de publicações, os neoconservadores nos dão uma boa quantidade de informações úteis e, obviamente, possuem um conhecimento considerável do mundo ao redor. Por outro lado, na compreensão da condição humana e da sabedoria acumulada pela civilização, são extremamente deficientes.

Um exemplo dessa falta de sabedoria é a paixão dos neoconservadores pela ideologia. No âmbito da Heritage Foundation, alguns anos atrás, o sr. Irving Kristol e eu trocamos opiniões sobre a questão da "ideologia"; e vigorosamente divergimos. Ele e vários de seus colegas desejam nos persuadir a adotar uma ideologia própria para confrontar a ideologia marxista e outras ideologias totalizantes. A ideologia, aventuro-me a vos recordar, é fanatismo político: na melhor das hipóteses, é a substituição de um pensamento político genuíno por *slogans* políticos. A ideologia anima, na expressão de George Orwell (1903-1950), os homens padronizados "que pensam em *slogans* e falam em balas de revólver".⁴⁹¹

No primeiro capítulo, adverti os conservadores para a maldição da paixão ideológica; logo, não pretendo aqui alongar-me mais sobre esse triste assunto. Recomendo-vos, antes, a coletânea recém-publicada dos ensaios do dr. Gerhart Niemeyer (1907-1997), intitulada *Aftersight and Foresight* [Pós-visão e Previsão]. No ensaio intitulado "Ideas Have Also Roots" [Ideias Também Têm Raízes],[492] o professor Niemeyer condena o sr. Kristol pela defesa infeliz de uma "ideologia republicana",[493] e continua descrevendo a triste infiltração de ilusões ideológicas na política norte-americana. "A ideologia não é monopólio dos comunistas e fascistas", escreve o dr. Niemeyer.

> Também temos uma parcela de ideologia, e isso é visível em nossas políticas. Todas as ideologias modernas têm a mesma raiz irracional: a mistura de política com ideias milenaristas de caráter pseudorreligioso. O resultado é um mundo de ilusão. Woodrow Wilson sonhou igualmente com "um mundo seguro para a democracia" e com uma "paz duradoura", um "mundo sem guerras". Mais recentemente, os nossos líderes nacionais falaram em "criar" uma nova sociedade, uma "Grande Sociedade" e, em função desse objetivo, declarar a "guerra contra a pobreza", a "guerra contra a fome", "criar homens novos", "tornar o mundo novo como o fora no começo", construir uma "reluzente cidade no topo do monte". Todas essas expressões traduzem uma presunção de que o homem poderia criar a si mesmo, sugerindo que ele não é uma criatura, dependente de Deus, mas mestre da própria alma e destino. Atividades civilizacionais têm um cunho salvífico e são, dessa forma, marcadas com o rótulo de sagradas.[494]

Um exemplo bem recente da paixão pueril dos neoconservadores por uma "nova ideologia" ou "uma ideologia norte-americana" é um artigo bastante extenso, e altamente pretensioso do sr. Michael Novak que apareceu no número do outono de 1988 do periódico, agora reformatado, *This World*. Entrincheirando-se por detrás de uma formidável coleção de notas de rodapé, mas ignorando os estudos acadêmicos sobre ideologia, o sr. Novak a defende como um guia indispensável, mas secundário, para a ação social.[495] Diferente de vários neoconservadores, o sr. Novak reconhece um pouco da importância da religião em seu ensaio – convenientemente ignorando o fato desagradável de que todas as ideologias são antirreligiões, ou religiões invertidas. No entanto, o leitor poderá suspeitar, injustamente, que os sentimentos do sr. Novak sejam bastante parecidos com os do finado Robert S. Kerr (1896-1963), por muito tempo senador pelo estado de Oklahoma, que era dado a entoar, de tempos em tempos: "Deus sempre coloca os braços sobre os meus ombros". No papel de Humpty Dumpty, Novak toma a liberdade de redefinir a palavra ideologia: ensina que "a ideologia é uma visão que guia a ação social futura".[496] As palavras significam, é claro, o que quer que Humpty Dumpty[497] e Michael Novak desejem.

À luz dessa definição, é de se aprovar com entusiasmo a observação casual do presidente George H. W. Bush, de que não gosta muito dessa "coisa de visão".[498] A política visionária, como o dr. Niemeyer destaca no parágrafo acima citado, não abre o caminho para um paraíso terreno.

Que ideologia é essa, que Kristol e Novak querem nos ver adotar? Ora, a ideologia de um termo que o sr. Novak tornou popular, o "capitalismo democrático".[499]

Por intermédio da defesa vigorosa do capitalismo democrático e pela adesão doutrinária a essa ideologia, o sr. Novak está efetivamente dizendo que o marxismo será derrotado e será dada ao povo norte-americano a visão da perfeição social. Que caniço frágil para se ter à mão!

Não me importando em matar mosca com bala de canhão, proponho-lhes apenas uma refutação muito sucinta dessa estranha ideia segundo a qual a ideologia chamada de capitalismo democrático poderá endireitar os nossos passos coletivos norte-americanos. Em primeiro lugar, a expressão é uma contradição em termos; pois o capitalismo não é democrático, não deve, nem pode sê-lo. O teste do mercado não é uma questão de contar cabeças e pedir votos; e o sinal distintivo do capitalismo não é a falácia de que "um homem é tão bom quanto outro, ou talvez um pouquinho melhor",[500] mas as grandes decisões tomadas por empreendedores e gerentes astutos. Nem existe qualquer igualitarismo na distribuição dos ganhos de uma economia de mercado.

Em segundo lugar, "capitalismo" é uma palavra popularizada por Karl Marx (1818-1883); significa a acumulação e o desfrute egoísta do capital como o único propósito da sociedade atual, que logo serão derrubados pelo proletariado. O "capitalismo" é apresentado como um sistema completo, moral, intelectual, político e econômico: uma ideologia inventada por capitalistas gananciosos para servir como fachada da escravização dos trabalhadores do mundo.[501] Esse é o argumento marxista; e Novak aparenta realizar as profecias de Marx exatamente ao remendar tal ideologia.

Ora, na verdade, nossa sociedade não é absolutamente um "sistema capitalista", mas sim um complexo arranjo cultural e social, que abarca religião, moral, instituições políticas recebidas, cultura literária, uma economia competitiva, propriedade privada e muito mais. Não é um sistema projetado para garantir e promover os interesses dos grandes possuidores de bens de capital injustamente adquiridos. Será que os neoconservadores acreditam que, assumindo o papel dos "terríveis simplificadores"[502] de Jacob Burckhardt (1818-1897), ganharão a simpatia dos povos do mundo ao declarar que os norte-americanos (e seus aliados) são esses mesmos exploradores capitalistas que os marxistas vêm denunciando ao longo dos anos? Pela promulgação de um manifesto ideológico que não oferece nada melhor do que uma utopia de confortos e facilidades "democráticas"?

No tocante ao aspecto "democrático" dessa ideologia neoconservadora, "a Constituição dos Estados Unidos não é um produto de exportação",[503] como afirma o dr. Daniel Boorstin. Esperar que todo o mundo deva, e seja obrigado, a adotar instituições políticas características dos Estados Unidos – e que muitas vezes não funcionam muito bem mesmo dentro da própria casa – equivale a se permitir ter a mais irrealista das visões; ainda assim, essa parece ser exatamente a esperança e a expectativa de vários neoconservadores (O sr. Kristol não chega a esse ponto). Tal doutrina ingênua levou-nos às guerras na Indochina – a noção de que poderíamos estabelecer ou reforçar, no Vietnã, uma "democracia" que nunca existiu anteriormente em qualquer lugar do sudeste asiático. Políticas externas como essa são feitas de sonho; mas conduzem às pilhas de cadáveres de homens que morreram em vão. Precisamos de nos perguntar se os arquitetos neoconservadores da política internacional não são muito diferentes dos conselheiros de política externa que rodeavam Lyndon Johnson.

Para esclarecer um pouco mais a minha posição a respeito do tema, permiti-me repetir aqui o que escrevi em 1988 na resenha dos dois volumes de coletânea dos discursos e artigos da drª. Jeane Kirkpatrick.[504] A sra. Kirkpatrick declara que os Estados Unidos deveriam adotar uma política externa de promoção dos "direitos humanos", em vez de uma política de interesse nacional; e nos diz, com efeito, que apenas os governos democráticos são legítimos. Esse é o dogma ideológico dos neoconservadores.

Entretanto, a embaixadora Kirkpatrick observa que não devemos rejeitar alianças com estados autocráticos ou autoritários (em distinção a regimes totalitalitários) que compartilhem com os Estados Unidos da vontade de resistir ao comunismo. Logo, será que ela não deveria basear o argumento da "legitimidade" na existência de um "governo constitucional", "ordem constitucional, justiça e liberdade", ou de um "governo representativo", ou simplesmente em um "governo tolerável", em vez de insistir numa "democracia" abstrata?

A palavra "democracia" passou a assemelhar-se a um chapéu velho que todo mundo usa e ninguém respeita. Como a embaixadora mesma observa, alguns dos regimes mais opressivos do mundo fingem ser democracias. E, muitas vezes, as democracias não foram alianças perversas entre um demagogo de sucesso e uma multidão gananciosa?

Será o governo da Arábia Saudita (claramente não democrático) menos legítimo do que o governo da "república popular" marxista típica? Não será o governo de Israel, um estado militar, ilegítimo porque exclui da participação cívica plena um quinto da sua população por razões étnicas e religiosas (dificilmente um princípio democrático do governo justo)?

A maior parte do mundo nunca foi satisfatoriamente democrática no passado, decididamente não é democrática hoje, e não tem nenhuma perspectiva de democracia decente no futuro. Caso os Estados Unidos insistissem na consecução da democracia (acrescida de capitalismo) em todo Estado-nação com o qual mantêm relações satisfatórias, não levaria muito tempo até que o nosso principal parceiro comercial fosse a Suíça. Os Estados Unidos não podem ficar constantemente perturbando os governos de Estados-clientes, países pequenos, ou aliados, sob o pretexto de que não são democráticos o bastante segundo as doutrinas de Jean-Jacques Rousseau (1712-1778), que "discriminam" este ou aquele, ou que preferem economias tradicionais a um capitalismo abstrato em plena flor. Vem à mente o aforismo da Madame Nhu (1924-2011): "Se alguém tem os Estados Unidos como amigo, não precisa de inimigos".[505] A política externa de sucesso, tal como o êxito político em geral, é fruto da arte do possível – não da rigidez ideológica. Não adianta o Departamento de Estado ficar repetindo, como uma fórmula mágica, "Democracia bom, todos os outros tipos de governo ruim".[506]

Em suma, afirmo que a quase-religião do capitalismo democrático não é capaz de desempenhar um bom papel na defesa da imaginação, da reta razão e da sabedoria adquirida, seja na política doméstica, seja nas relações exteriores. Uma ideologia do capitalismo democrático seria menos nociva do que uma ideologia do comunismo, ou do nacional-socialismo, ou do sindicalismo, ou do anarquismo, mas não seria muito mais inteligente, ou mais humana.

* * *

Deveis ter percebido que estou desapontado, falando em termos gerais, com a facção neoconservadora. Tinha esperanças de que fossem trazer uma imaginação vigorosa para o lado conservador; em vez disso, incitaram os conservadores a criar jargões ideológicos, o que é a morte da imaginação política.

Esperara que os neoconservadores fossem tratar da resolução dos grandes desafios sociais que os Estados Unidos enfrentam hoje em dia, especialmente o crescimento expansivo de um lúgubre proletariado urbano e a degradação da ordem moral. Ao contrário, com algumas exceções, a preocupação deles tem-se voltado principalmente para o Produto Interno Bruto (PIB) e a "riqueza global". Oferecem poucas alternativas aos supostos benefícios do Estado de Bem-Estar Social, dando de ombros; e o credo de grande parte deles não é melhor do que um utilitarismo dos últimos dias.

Pensara que os neoconservadores se iriam tornar os paladinos da diversidade no mundo; em vez de aspirarem a tornar real um mundo de uniformidade e enfadonha padronização, americanizado, industrializado, democratizado, logicalizado, maçante. Muitos deles são imperialistas culturais e econômicos.

Supusera que os neoconservadores pudessem ser um monte de "vassouras novas que varrem bem": que iriam estabelecer novos padrões de retidão política e fermentar de modo saudável a massa apática do interesse conservador. Ao contrário, comportaram-se como se fossem quadros de máquinas políticas de um tipo que se encontra com demasiada frequência na história política norte-americana – ansiosos por cargos, privilégios e poder, hábeis na intriga, dispostos a excluir de cargos políticos quaisquer pessoas que não se pudessem contar entre os fiéis da ideologia neoconservadora. Diversas vezes, nos bastidores, parecem estar mais ávidos por frustrar os aliados do que rebater os supostos adversários, os liberais esquerdistas e os marxistas radicais. A estratégia de Volpone,[507] ou de Sir Giles Overreach,[508] mesmo assim, pode mostrar-se vã no longo prazo; e assim acontece com os neoconservadores hoje em dia.

Escreverei, então, "Icabod!"[509] sobre todo o grupo? Não, não é o caso. Entre eles, conforme disse anteriormente, temos homens e mulheres que se mostraram superiores às fraquezas e falácias que têm desfigurado o círculo dos neoconservadores em geral; e seria muito lamentável para a nação norte-americana perder os talentos de tais indivíduos. Sejam quais forem os estragos cometidos, de tempos em tempos, pelos neoconservadores, assim mesmo conseguiram provocar alguma atividade intelectual entre os conservadores em geral, algo difícil.

No *Wall Street Journal* de 22 de agosto de 1988, o sr. Irving Kristol manifestou estar preocupado quanto à motivação do sr. George H. W. Bush para aprender o que quer que seja, e fez pouco dos "talentos gerenciais" do governo. Recomendou com insistência a nomeação de "acadêmicos superiores" para postos ministeriais, presumivelmente "acadêmicos" de talentos semelhantes aos dele. "Pois os verdadeiros talentos políticos", escreveu o sr. Kristol em um trecho revelador, "são a agilidade mental, a articulação, um senso claro da própria pauta ideológica e dos tortuosos meios necessários para a sua implantação".[510] Tal frase poderia ter sido escrita por Nicolau Maquiavel (1469-1527)!

Tais são os talentos dos neoconservadores em Washington, D.C. nos últimos oito anos – criaturas inteligentes, comprometidas com uma ideologia, e não muito honestos na conquista dos próprios objetivos. As sete virtudes cardeais não são mencionadas – a virtude da prudência, segundo Platão (427-347 a.C.)[511] e Edmund Burke,[512] é a virtude mais necessária ao estadista. "Onde a sabedoria que perdemos no saber", neoconservadores? "Onde o conhecimento que perdemos na informação?"

Parece improvável que o sr. Bush, que não cresceu na traiçoeira selva ideológica de Nova York, aceite os conselhos do sr. Kristol. George Bush não é um ideólogo, nem um intelectual, ainda bem: ao contrário, é, como escreve o próprio Kristol, "um fino cavalheiro, de boa criação, um patriota genuíno, um servidor público experiente, seguro e confiável". Mais adiante, no mesmo artigo, a esse propósito, o sr. Kristol deixa bem claro que ele não é um admirador de finos cavalheiros: elogia a sra. Margaret Thatcher (1925-2013) por não ter em seu ministério "nada da coloração aristocrática tradicional", e alegra-se que a atual maioria parlamentar na Câmara dos Comuns tem menos membros "que estudaram em Eton ou Harrow, Oxford ou Cambridge".

É razoável supor que o sr. Kristol e alguns de seus colegas prefeririam instalar na Casa Branca alguém que pudesse ser astutamente manipulado pelos ideólogos neoconservadores. O sr. Bush tem experiência prática demais em cargos federais para ser administrado assim pelos "quadros acadêmicos de primeira classe" que o sr. Kristol deseja implantar na Casa Branca. "Na política, o professor sempre desempenha um papel cômico",[513] escreveu Friedrich Nietzsche (1844-1900). Assim está ocorrendo com os neoconservadores, cuja "visão de liderança" é olhada com ceticismo pelas pessoas em torno do presidente Bush.

Será que devo acreditar, depois desses comentários mordazes sobre as facções conservadoras nesta parte do livro, que, após quatro décadas de esforços, o impulso conservador definha como as folhas murchas e amarelas, e está pronto para a fogueira do dia das bruxas? De modo algum.

Já, não obstante a maioria no Congresso, os conservadores são dominantes nas políticas públicas. Já não se ouve falar da promessa do neoliberalismo.

É de se esperar que o movimento conservador da década de 1990 se assemelhe aos *Optimates* de Marco Túlio Cícero (106-43 a.C.) – "o partido dos homens de excelência".[514] Alguns de nós, certa vez, havíamos gravado em nossas mentes, por exercícios-padrão dos manuais de datilografia, a seguinte exortação: "Agora é a hora para todos os homens bons virem em auxílio do grupo".[515] Até mesmo os publicanos, pecadores e neoconservadores podem batalhar pelas coisas permanentes.

Capítulo 13 | Os Conservadores Culturais

Na política prática, o que chamamos de movimento conservador nos Estados Unidos é, repito, uma coalizão de diversos interesses e de grupos de opinião. É somente na oposição ao Leviatã que as diversas facções unem as forças. Entre tais facções, a meu ver, a mais imaginativa é o grupo chamado de "conservadores culturais" ou "tradicionalistas".

O termo *conservador cultural* tem pelo menos quarenta anos.[516] De tempos em tempos tem sido aplicado a mim, embora eu mesmo nunca tenha me denominado assim. O que se pretende com esse termo? Presumivelmente, aqueles que o empregam consideram um "conservador cultural" a pessoa que se esforça por preservar os costumes, as instituições, a erudição, os *mores* de uma sociedade, como algo distinto dos homens e mulheres cujo interesse imediato está na atividade política prática de molde conservador. A suposição de alguns autores que traçam tal linha demarcatória parece ser a de que, por mais torpes que sejam os políticos conservadores, é possível fazer uma débil defesa das boas intenções, ainda que tolas, dos conservadores meramente culturais.

Na verdade, os defensores do conservadorismo cultural reconhecem que, embora haja muitas moradas na casa do Pai, elas não se encontram todas no mesmo andar. A cultura que esses conservadores esperam preservar é um complexo de elementos que possibilita o funcionamento da nossa sociedade atual; e que nos deu uma civilização que, sob certos aspectos, é a mais exitosa que já surgiu. A cultura existente fundamenta-se em culturas precedentes como a hebraica, a clássica e a cristã. Na maior parte dos casos, veio da Europa através do Atlântico. Chamamo-la comumente de cultura "ocidental" – embora esse termo seja bastante inepto (Jerusalém está no "Ocidente"? Está a oeste de quê? Costumávamos dizer que Jerusalém fica no Levante – isto é, no Oriente).[517]

Mais especificamente, os simpatizantes do conservadorismo cultural, conforme é expresso nas controvérsias atuais, almejam preservar e renovar as coisas permanentes na ordem social norte-americana: os costumes norte-americanos louvados por Alexis de Tocqueville (1805-1859),[518] a estrutura das leis, os direitos privados, antigos hábitos saudáveis, os padrões de afetividade familiar, a difusão da propriedade privada, as proteções contra o poder arbitrário, o vigor da comunidade local, a certeza de que a vida vale a pena. Acreditam que há uma ordem moral à qual a humanidade deve se conformar. Não acreditam que a vida é, em grande parte, um exercício de adquirir e gastar. Nem pensam que a cultura nasceu ontem.

Em 1987, foi fundado na cidade de Washington, D.C. o Institute for Cultural Conservatism [Instituto para o Conservadorismo Cultural].[519] A missão do instituto é hercúlea: o revigoramento da cultura norte-americana, dado que a cultura de uma nação é o complexo de convicções, usos populares, hábitos, técnicas, métodos econômicos, leis, moral, estruturas políticas e todos os modos de vida em comunidade desenvolvidos ao longo dos séculos. Os criadores do instituto declaram, com certa coragem, que "a política que nos levará ao século XXI não será baseada na economia, mas na cultura".[520]

Essa atração pelos usos do povo, pelas tradições, crenças e instituições arraigadas pode ser tomada como um tipo de compreensão sociológica da cultura – conquanto não seja a sociologia dos positivistas. Ela atém-se, ao contrário, à cultura geral e popular: uma cultura da qual participa a maioria dos norte-americanos, estejam ou não muito conscientes de suas existências, nesse sentido, como seres "cultos" ou "aculturados".[521] Doutrinadores marxistas poderão rotular essa cultura norte-americana difusa de "burguesa". O rótulo não é exatamente preciso ou adequado, pois essa palavra, utilizada na Europa do século XIX, encerra certo padrão social que quase não existe hoje e que, de fato, jamais predominou nos Estados Unidos, com a possível exceção das cidades de Boston, Filadélfia ou Charleston de anos atrás. Seja como for, a cultura burguesa teve vários méritos; e, se os marxistas desejam chamar a cultura popular dos Estados Unidos de "burguesa", não faz muito sentido negar-lhes essa leve censura. Apresentando a questão de outra forma, os conservadores culturais esforçam-se em apoiar as melhores características da civilização norte-americana, da vida que conhecemos e vivemos – reconhecendo, é verdade, que nem tudo na cultura de hoje merece estima e que a mudança prudente e gradual pode ser a melhor maneira de se preservarem as coisas permanentes.

Entretanto, os conservadores culturais inteligentes tornam-se mais do que defensores de uma cultura comum que a população norte-americana recebeu como herança, pois tentam defender, igualmente, aquela compreensão de cultura que privilegia o cultivo da razão e da consciência; o que muitas vezes é chamado de "alta cultura". Se nos é permitido chamar a cultura popular de democrática, então chamemos essa cultura mais elevada de aristocrática: ambos os aspectos da cultura são necessários a uma civilização que se queira duradoura. Não é uma questão de conflito entre os tipos de cultura "democrático" e "aristocrático": como T. S. Eliot (1888-1965) escreveu, na cultura saudável de um povo, os diversos níveis de cultura florescem em simbiose.[522]

A cultura, a civilização, que os conservadores culturais esperam revigorar é, em grande parte, a manifestação norte-americana do que se chama de civilização cristã, aquela grande cultura originária do pequenino culto de alguns galileus de dois mil anos atrás. Deve muito às culturas hebraica e clássica anteriores, mas nas obras morais e materiais tornou-se a mais resplendente de todas as civilizações desde que surgiu a cultura.[523] Atualmente, tal cultura cristã dos últimos dias começa a parecer decadente; alguns dizem que já vivemos em uma era pós-cristã. Os conservadores culturais trabalham para interromper a decadência, ou até para renovar o que já esmoreceu. Apelam a todas as pessoas justas e imparciais, até mesmo àquelas que se recusam a afirmar pessoalmente uma crença religiosa, acolhendo os aliados com agrado. Os princípios, porém, são baseados na compreensão cristã da condição humana; e o que estão determinados a conservar não é um utilitarismo do século XIX, nem a ideologia do democratismo do século XX, mas a civilização cristã conforme foi convertida em realidade nas crenças, nos costumes, nos hábitos e nas instituições norte-americanas.[524]

* * *

A cultura que recebemos por herança dos antepassados está enredada em sérias dificuldades. Suponho que a maior parte das pessoas instruídas, hoje em dia, estará de acordo com essa afirmação. Há quatro décadas, não muito depois da Segunda Guerra Mundial, com frequência encontrava pessoas que ficavam muitíssimo indignadas com a minha ousadia em sugerir uma possível decadência cultural em nosso meio. Agora é diferente.

Às vezes, é verdade, deparo-me com homens e mulheres que estão bastante satisfeitos com o nosso mundo e suas distrações – não raramente, distrações bastante sórdidas. Entretanto, essas não são o que chamo de pessoas tranquilas; ao contrário, trazem à memória um par de versos de Adam Mickiewicz (1798-1855):

> Tua alma merece o lugar donde veio,
> Caso tenhas entrado no inferno, e não sintas as chamas.[525]

Há alguns anos, estava sentado na sala de visitas de uma antiga casa, contígua à Catedral de York. Meu anfitrião, o cônego anglicano

Basil A. Smith (1908-1969), tesoureiro da catedral à época, um homem erudito e imbuído de fé prática,[526] disse-me que nos encontrávamos no final de uma era: em breve, a cultura que conhecíamos seria varrida para a lata de lixo da história. Ao nosso redor, enquanto conversávamos naquela mansão medieval, assomavam-se as altas estantes de livros do cônego Smith, repletas de belos volumes; e as chamas subiam no fogareiro de carvão. Estaria todo esse venerável cenário de cultura, e muito mais, fadado a desaparecer como se o espírito do mal o tivesse agarrado? Basil Smith já faleceu, como também já se foram muitos da sociedade que aquele clérigo bem-humorado e magnânimo das terras do Norte abrilhantou e tentou redimir. Enquanto sentávamo-nos ao lado da lareira, o considerava, na ocasião, demasiado macambúzio; mas muita coisa do que, naquele momento, o cônego previra, já ocorreu.

Na ocasião da última visita que lhe fiz, de fato, deu-se um incidente pequeno, mas significativo, intimamente relacionado ao meu temor de que a nossa cultura se movia apressadamente em meio a "folhas amarelas e ressequidas".[527] Os sinos da Catedral de York tinham repicado sobre a cidade ao longo de séculos, todo domingo de manhã; mas, no ano de minha viagem, o proprietário do Young's Hotel, que ficava do lado oposto da rua medieval onde se encontra a catedral, havia feito uma queixa por conta do barulho, que perturbava o sono dos hóspedes que passaram a noite anterior em meio a muitos drinques. Com a mansidão de um tipo que Jesus de Nazaré não desfrutara, o arcebispo e o cabido da catedral – contra a vontade do cônego Smith, sem dúvida – haviam concordado em não tocar aqueles benditos sinos nas primeiras horas do "dia do descanso".[528] A "cultura sensual" em decomposição, como Pitirim A. Sorokin (1889-1968) iria chamá-la, havia triunfado sobre os resquícios de uma enfraquecida "cultura idealística".[529] Num ritmo crescente, esse processo continua na Grã-Bretanha, nos Estados Unidos e noutras terras. A rejeição do sagrado: encontra-se no âmago de nossas atribulações culturais. Estou, porém, adiantando-me demais. Se queremos interromper o declínio de nossa cultura, primeiro temos de diagnosticar a doença chamada *decadência*.

Na obra *The Century Dictionary and Cyclopedia* [O Dicionário e a Enciclopédia do Século], em dez volumes, coordenado por William Dwight Whitney (1827-1894) e publicado entre o final do século XIX e o início do século XX, encontramos esta sucinta definição da palavra "decadência": "desagregação; o ato ou processo de queda a uma condição ou estado inferior; processo ou estado de decomposição, deterioração".[530] O termo "A Decadência", na historiografia, refere-se especificamente aos séculos finais do Império Romano.[531] Estará a civilização do século XX padecendo de males muito similares àqueles da civilização romana do século V? Adiando uma resposta a tal questão, sigamos com o nosso trabalho de definição.

Um livro vívido, ainda que desalentador, sobre o tema da decadência é *Decadence: A Philosophical Inquiry* [Decadência: Uma Investigação Filosófica], de C. E. M. Joad (1891-1953). O professor Joad escreve que uma sociedade ou um indivíduo que se tornou decadente "renunciaram ao objeto"; ou, em termos menos abstratos, em um estado decadente as pessoas perdem qualquer propósito, fim ou objetivo na vida; para gente decadente, a vida não tem nenhum significado, exceto como um mero processo ou experiência; vivem como os cachorros, um dia após o outro. A essência do entendimento decadente da condição humana, nas expressões de Joad, pode ser encontrada:

> na visão segundo a qual a experiência tem valor, ou pelo menos deve ser valorizada, por si mesma, não importando a qualidade ou o tipo de experiência; e nas crenças apropriadas sobre a vida, a moral, a arte e a sociedade que encerram e são vinculadas a essa visão, junto com as escalas de valores e os tipos de gosto associados a tais crenças.[532]

Joad lista certas características da sociedade decadente: luxo; ceticismo; enfado; superstição; preocupação com o ego e suas experiências; uma sociedade que é promovida e promove a análise subjetivista de julgamentos morais, estéticos, metafísicos e teológicos. Qualquer pessoa que não reconheça a argúcia da análise de Joad deve levar uma vida singularmente isolada.

O humor mordaz de C. Northcote Parkinson (1909-1993), em *The Law of Longer Life* [A Lei de uma Vida Mais Longa],[533] é dirigido à história da decadência social. Parkinson distingue seis estágios, considerados historicamente, pelos quais passam as civilizações rumo à dissolução. Eis tais estágios, apresentados de modo muito resumido:

1. A supercentralização política, como na Babilônia, em Persépolis, em Roma, em Pequim, em Deli, em Paris e em Londres;

2. O crescimento imoderado da tributação, que se transforma no modo de interferência governamental na vida comercial, industrial e social. A tributação, levada ao limite e para além dele, sempre foi um sinal de decadência e um prelúdio do desastre.

3. O crescimento de um pesado sistema de administração central. Desenvolve-se uma grande e disforme máquina política. Os que são, teoricamente, homens poderosos, têm uma autoridade real surpreendentemente pequena, encontrando-se presos a uma máquina que se move vagarosamente, em direções involuntárias.

4. A promoção das pessoas erradas. No labirinto da burocracia política, ter ideias originais seria uma barreira ao sucesso. Essa situação é, provavelmente, inevitável e eterna, mas a mesma tendência em uma sociedade decadente desgasta as demais pessoas. Toda a sociedade, bem como toda a organização, se torna letárgica e incômoda, guiada pela rotina e subjugada.

5. O ímpeto de esbanjar. Depois de anos e décadas de gastos públicos excessivos, privado da coragem de reduzir os gastos, privado dos meios de melhorar a receita (tendo os impostos alcançado o nível máximo), o governo faz uma enorme dívida e a descarrega sobre os ombros de alguma geração futura.

6. A "opinião liberal" – isto é, um sentimentalismo fraco, que enfraquece a razão e a vontade de uma grande parte do povo de uma nação. Aquilo que diz respeito ao nosso argumento não é que os

benfeitores do mundo estejam equivocados, mas que a postura deles é decadente. São movidos pelo sentimento, e não pela razão, e isso é, em si mesmo, um sintoma de decadência. Ainda mais relevante para a questão é o interesse deles estar somente no presente, e o futuro ser simplesmente o fim.

Duras verdades! Ambos os autores, creio, estão dolorosamente corretos. E, ainda assim, nenhum deles me parece – pelo menos nos trechos precedentes – ter tocado diretamente na causa principal da ruinosa decadência das grandes culturas. O escritor moderno que descreve a causa principal de modo mais comovente é Aleksandr Solzhenitsyn (1918-2008), no discurso por ocasião do recebimento do Prêmio Templeton, em 1983. Apresento-vos este único trecho. Disse Solzhenitsyn:

> Há mais de meio século, quando ainda era criança, recordo-me de ter ouvido várias pessoas mais velhas oferecerem a seguinte explicação para os grandes desastres que se abateram sobre a Rússia: "Os homens se esqueceram de Deus; eis porque tudo isso aconteceu".[534]

Cultura procede de culto. Durante os três últimos séculos, o culto de nossa civilização – isto é, a religião cristã – tem perdido força. A principal razão para tal decadência é o crescimento do anticulto do cientificismo, que não é de modo algum a mesma coisa que a ciência natural. Em um grande número de homens cultos ou parcialmente educados de nosso tempo, o racionalismo religioso de John Locke (1632-1704), se tornou, aos poucos, perfeita indiferença ou hostilidade ativa à religião transcendente. E então a própria cultura, cujo centro estava na fé, começa a ruir.

Um culto é uma reunião para adoração – isto é, uma tentativa das pessoas de comungar com um poder transcendente. É da associação no culto, do conjunto dos adoradores, que cresce a comunidade humana. Essa verdade básica foi exposta em décadas recentes por historiadores eminentes do porte de Christopher Dawson (1889-1970),[535] Eric Voegelin (1901-1985)[536] e Arnold J. Toynbee (1889-1975).[537]

Uma vez reunidas no culto, torna-se possível a cooperação para várias outras coisas. A agricultura sistemática, a defesa armada, a irrigação, a arquitetura, as artes visuais, a música, as técnicas mais intricadas, a produção e a distribuição econômica, as cortes e o governo – todas as características de uma cultura surgem gradualmente do culto, da ligação religiosa. E, particularmente, a rede de normas morais, de regras para a conduta humana, é produto das crenças religiosas.

A partir de pequenos núcleos de adoradores, no Egito, no Crescente Fértil, na Índia ou na China, desenvolveram-se culturas simples, pois os que foram reunidos pela fé são capazes de conviver em relativa paz. Logo, tais culturas simples podem tornar-se culturas complexas, e essas culturas intricadas, grandes civilizações. A cultura norte-americana de nossa época tem raízes, por mais estranho que possa parecer, em pequeninos ajuntamentos de fiéis na Palestina, na Grécia e na Itália, há milhares de anos. As enormes conquistas materiais de nossa civilização resultaram, ainda que remotamente, das percepções espirituais de profetas e sábios.

Essa verdade histórica veio a mim, décadas atrás, ao passear pelo Chicago Institute of Art. Deparei-me com um corredor mal-iluminado onde, dos dois lados, estavam expostas miniaturas de construções medievais, de modo a compor uma cidade. E, num extremo da exibição, dentro de uma caixa de vidro, sobranceira, dominando toda a amostra, estava o modelo de uma catedral gótica. A placa abaixo daquela construção trazia o seguinte texto: "Esta exposição culmina, apropriadamente, com a grandiosa Igreja, centro de toda atividade humana, a mãe da arquitetura e das demais artes, o centro e a fonte da civilização". Naquela época, era um rematado secularista, nunca tinha sido batizado, muito menos sido membro de qualquer igreja.[538] A legenda abaixo da miniatura da catedral, porém, chamou-me atenção com certa força: primeiro, porque estava em um edifício mantido por financiamento público (e a primeira cláusula da Primeira Emenda?);[539] segundo, porque o que a legenda dizia era historicamente verdadeiro, embora, para mim, nunca tivesse sido expresso de um modo tão visual. A civilização, a mesma que conhecemos, é a filha da cultura da Igreja.

Como nós, seres humanos, em nosso estado selvagem de lobos sobre duas pernas, sujeitos apenas aos nossos egos vorazes, movidos pela luxúria, avareza, inveja e outros pecados mortais – como é possível que sejamos capazes de conviver em uma ordem social e civil, em que a maioria se abstém da violência e da fraude? Porque adquirimos hábitos morais. Qual autoridade encontra-se por detrás dos hábitos, sancionando-os? Sem convicções religiosas, seríamos tantos Cains, uns contra os outros, que não seria possível à sociedade se manter coesa. Do culto procede a ordem moral, sem a qual mesmo a cultura mais simples não seria capaz de florescer.

Suponhamos, todavia, que com o passar dos séculos a fé diminua e o culto definhe. O que será, então, da civilização fundamentada no culto? O que ocorrerá quando os únicos aderentes ardorosos que restarem do antigo culto forem pessoas que interpretam tudo ao pé da letra, que confundem os símbolos de transcendência da tradição com meras crônicas de eventos milagrosos ou inexplicáveis? G. K. Chesterton (1874-1936) instrui-nos que, sendo toda vida uma alegoria, só podemos compreendê-la em parábolas.[540] E se acontecer de os ensinamentos dos mecanicistas e dos materialistas perverterem a imaginação popular a tal ponto que a alegoria e a parábola não sejam mais entendidas?

***

Isto se tornou realidade nos últimos anos do século XX. Com o enfraquecimento da ordem moral, "as coisas desmoronam; (...) mera anarquia alastra-se no mundo".[541] Dessa maneira, as culturas helênica e romana sucumbem e voltam ao pó. E, desde o século XVII, a doutrina cristã vem perdendo o domínio sobre a mente e o coração dos povos daquilo que, hoje, chamamos de Ocidente, e que já foi chamado de Cristandade.[542] De tempos em tempos, ocorre certo revigoramento da crença cristã de modos variados, como o entusiasmo wesleyano no final do século XVIII[543] e a influência do livro de François-René de Chateaubriand (1768-1848), *Le Génie du Christianisme* [O Gênio do Cristianismo][544] no início do século XIX; mas, em geral, o racionalismo, o ceticismo e a complacência da vontade e do apetite tenderam a ganhar terreno.[545]

Muitos livros foram publicados a respeito do vasto tema do declínio da influência das convicções religiosas, e não posso tratar muito de detalhes aqui.[546] Por ora, afirmo simplesmente que o meu estudo desses assuntos leva-me a concluir que uma cultura, uma civilização, não consegue sobreviver por muito tempo à extinção da crença na ordem transcendente que deu vida à cultura. Para obtermos a compreensão do caráter e da importância da religião, muito diferente do "fundamentalismo" frequentemente atacado nos jornais de esquerda e por gente como o sr. Norman Lear,[547] recomendo-vos estudiosos do século XX tais como Mircea Eliade (1907-1986),[548] Rudolf Otto (1869-1937),[549] Jaroslav Jan Pelikan (1923-2006)[550] e o já citado Christopher Dawson.[551]

Como poderemos explicar a decadência generalizada do impulso religioso e da convicção religiosa? (Noto que a sobrevivência das igrejas como organizações humanitárias ou políticas não significa a sobrevivência da fé religiosa.) Parece bastante evidente que a principal causa da perda da ideia do sagrado é a postura denominada "cientificista" – isto é, a noção popular de que as revelações das ciências naturais, ao longo dos últimos dois séculos ou mais, de alguma forma demonstraram a obsolescência das asserções da igreja; informaram-nos de que os homens e as mulheres são apenas macacos nus; destacaram que a finalidade da existência é simplesmente a produção e o consumo; que a felicidade é a gratificação dos impulsos sensuais; que as noções de ressurreição da carne e de vida eterna são superstições próprias da infância da espécie. Na base de tais pressuposições cientificistas, elevadas à condição de ideologia por John Dewey (1859-1952) e seus camaradas, é que se conduz a educação pública nos dias de hoje, implícita ou explicitamente.[552]

Essa visão da condição humana veio a chamar-se de *reducionismo*; reduz os seres humanos à quase inconsciência; nega a existência da alma. Essa atitude, denominada por Christopher Dawson de "humanismo secular",[553] é cientificista, mas não científica: pois está a milhas de distância de um entendimento da matéria e da energia encontrado nos discursos, em anos recentes, de ganhadores do Prêmio Nobel de Física, por exemplo.

Como observa Arthur Koestler (1905-1983) no breve livro, *The Roots of Coincidence* [As Razões da Coincidência],[554] as doutrinas científicas do materialismo e do mecanicismo de ontem deveriam ser enterradas com um réquiem de música eletrônica. Uma vez mais, na Biologia como na Física, as disciplinas científicas penetram o campo do mistério.

Entretanto, o grande público sempre sofre de uma desgraça chamada atraso cultural. Se a maioria das pessoas continua a imaginar que a teoria científica vulgarizada de um século atrás é o veredicto de todos os cientistas de hoje, o entendimento religioso da vida não continuará definhando e a civilização desmoronando?

Talvez; contudo, uma vez que os cientistas estão para o populacho moderno como os sacerdotes para o populacho medieval, as próprias técnicas e especulações científicas poderiam desfazer a noção reducionista da condição humana e restaurar a percepção geral do transcendente. A doutrina cristã da ressurreição da carne e da vida eterna, por exemplo, seria inexplicável nos termos das ciências naturais quando São Paulo as enunciou; e, para os homens de ciência do século XIX, era um ensinamento simplesmente inacreditável. Entretanto, agora sabemos que a compreensão do século XIX sobre a matéria – incluído aí o modo de entender do corpo humano – estava equivocado. Físicos do século XX dizem que somos compostos de partículas elétricas positivas e negativas, como o são todos os outros tipos de matéria; que, em suma, somos energia, e não substância sólida; e que a energia não pode ser nem acrescida nem destruída – somente transmutada. O que foi uma vez montado, e então disperso, pode ser montado novamente. É concebível que estes ossos possam surgir novamente.

Meu argumento é que a cultura elaborada que conhecemos encontra-se em sério perigo; que a nossa civilização poderá acabar pela letargia, ser destruída pela violência, ou perecer pela combinação desses males. Os conservadores culturais, acreditando que a "vida segue valendo a pena",[555] estão começando a dirigir-se, insistentemente, aos meios pelos quais é possível restaurar a cultura recebida. Tal grupo, muito mais do que as outras facções por vezes chamadas de conservadoras, precisam da imaginação moral.[556] A restauração do saber, humano e científico; a reforma de muitas políticas públicas; o esclarecimento dos pontos remotos em que tardamos – tais linhas de ação estão abertas àqueles da geração emergente que buscam um propósito na vida.

Tal restauração, um trabalho diligente da razão e da imaginação, não pode ser realizada pelo ideólogo, o revolucionário violento. É de se crer que a política dos Estados Unidos, terminado o presente século, se possa concentrar muito mais no revigoramento da cultura do que nos problemas econômicos que dominaram as eleições, na maior parte do tempo, ao longo das últimas sete décadas. Caso os modernos recebam ou não um sinal vindo do alto, tais homens e mulheres que, com premência, se preocupam com a ordem moral e com a sobrevivência de uma alta cultura, precisam retornar à fonte da cultura: a percepção religiosa do que somos, ou deveríamos ser, aqui embaixo.

Capítulo 14 | Para Uma Política Externa Prudente

A era de desordem da civilização moderna, nos diz Arnold Toynbee (1889-1975), iniciou-se em 1914.[557] Quatro anos depois, foi dado o mais severo golpe na ordem política e social estabelecida, com o triunfo dos bolcheviques na Rússia. No ano de Nosso Senhor de 1992, todavia, começa a parecer que, mais uma vez, será possível falar com alguma certeza das Coisas Permanentes.[558] Afinal, os velhos conceitos de ordem, justiça e liberdade poderão vir a prevalecer. Se Deus permitir, muito do que é digno de ser conservado, poderá sê-lo, ao se aproximar o final do século XX. Um dos traços de decência humana, como nos ensina Eliseo Vivas (1901-1993), é envergonhar-se de ter nascido no século XX.[559] Talvez possamos reparar os pecados deste século ao derrubar, em seu fim, o quarto cavaleiro do apocalipse, a Revolução.

Já, os conservadores nos Estados Unidos conquistaram uma grande vitória, após sete décadas de luta. Do envio de tropas ao Ártico russo, em 1918, pelo presidente Woodrow Wilson (1856-1924),[560] à expedição, em 1988, do presidente Ronald Reagan (1911-2004) a Moscou para a conferência com Mikhail Gorbachev,[561] a república norte-americana lutou com o urso russo; e o conceito ocidental de liberdade ordenada combateu a ideologia do marxismo. Alexis de Tocqueville (1805-1859) previu essa tremenda disputa[562] que, por ora, foi decidida favoravelmente aos Estados Unidos da América, à política da prudência e ao "princípio da consagração pelo uso".[563]

O conflito final foi vencido por um conservador idoso e eminente, o sr. Ronald Reagan. Ao prestar juramento como presidente, o sr. Reagan estava completamente desinformado a respeito dos assuntos externos. E mesmo assim, com exceção do fracasso no Líbano, o presidente Reagan teve um sucesso tremendo na política externa.[564] Reagan restaurou o vigor da economia norte-americana, de modo que os oligarcas do Kremlin puderam perceber a fraqueza da União Soviética frente à produtividade norte-americana.[565] Iniciou os trabalhos do programa *Strategic Defense Initiative* [Iniciativa Estratégica de Defesa], e os mestres do império soviético, mesmo os imperialistas do Exército Vermelho, souberam, para a própria tristeza, que não seriam capazes de encontrar os recursos necessários para medir forças com aquele escudo contra mísseis nucleares.[566] Enviou, literalmente, um míssil para a própria sala de estar do maligno ditador da Líbia;[567] e os mestres do sistema soviético ficaram boquiabertos com sua audácia. Os comunistas da Rússia e os de Cuba conquistaram a ilha de Granada, para fazer aí outra base militar; mas o presidente Reagan rapidamente despachou um efetivo militar para Granada, atirou em alguns russos e cubanos durante a operação, enviando para Moscou e Havana, como prisioneiros libertados, o restante dos homens.[568] Tal ação deixou claro aos governantes do "Império do Mal"[569] que o sr. Reagan, dado a pagar para ver, não temia aqueles russos de mais de dois metros. Além disso, a essa altura a União Soviética já dependia, para a própria subsistência, de carregamentos de trigo norte-americano.[570] Surgiu, em Mikhail Gorbachev e seus camaradas, a ideia de que teriam de repensar, diminuir gastos e desistir de inúmeras ambições, caso não quisessem perecer: pois o velho ator proveniente de um rancho na Califórnia, rápido no gatilho nos filmes, os havia superado em poder de fogo.

Em termos gerais, as perspectivas externas para os conservadores norte-americanos são mais animadoras do que pareciam, por exemplo, no apogeu do presidente Lyndon B. Johnson (1908-1973), entre

1963 e 1969; e, neste momento, particularmente favoráveis na Europa oriental. Permiti-me, portanto, resumir as vitórias dos Estados Unidos nos assuntos externos; e, em seguida, proferir alguns vaticínios de natureza cautelar, ainda que venhais a me considerar uma Cassandra[571] de calças.

* * *

Primeiro, meus amigos, encontramo-nos diante da morte da ideologia marxista. Como qualquer ideologia – isto é, uma teoria fanática da política que promete o paraíso terrestre – é ilusória, as consequências da ideologia são percebidas pela maioria das pessoas como ruinosas; então, se Deus quiser, ocorre uma saudável reação. Isso aconteceu, após sete décadas, na Rússia; está acontecendo hoje em dia na China; e tem ocorrido nos Estados africanos, asiáticos e latino-americanos que sucumbiram a ideólogos comunistas ao longo dos últimos quarenta anos. Na Europa, apenas a Sérvia ainda tem de aguentar governantes comunistas, tendo sido banida da Organização das Nações Unidas (ONU).[572]

As consequências práticas da doutrina marxista estão desnudadas de modo tão completo que não tardará para que encontre defensores somente dentro da academia norte-americana. O marxismo pretendeu ser um sistema moral, assim como uma panaceia política e econômica. Ora, qualquer povo precisa ter, pelo menos, alguns princípios morais e algumas premissas aproveitáveis em política e economia. Que crenças irão preencher o vácuo deixado pela evaporação dos dogmas marxistas?

É possível que alguma ideologia alternativa venha a dominar a mente e as emoções dos povos que se libertaram, recentemente, do marxismo – algum outro sistema dogmático e traiçoeiro que imanentiza os símbolos da transcendência.[573] Entretanto, o que poderia ser tal ideologia, ninguém pode dizer; talvez seja um nacionalismo abstrato e agressivo ou alguns norte-americanos ingênuos falem, empoladamente, de uma "ideologia da democracia", mas sobre o democratismo terei algo a dizer adiante.

A esperança mais positiva é que venha a substituir o materialismo dialético de Karl Marx (1818-1883), na Rússia, na Europa Oriental e em grande parte da África, uma renovada crença cristã, que já ressurge na Polônia, Romênia, Lituânia, Hungria, Eslovênia e alhures. A perseguição estimula, em vez de abafar, a fé religiosa de um povo – desde que a perseguição estatal não seja perfeitamente eficaz, como não o foi no Império Romano, e nem mesmo na União Soviética ou em suas satrapias. A longa história dos judeus atesta tal verdade. Quando a sobrevivência de uma nação está intimamente ligada à sobrevivência de uma igreja, como nos casos da Polônia e da Irlanda, a religião torna-se mais forte do que a ideologia jamais poderia ser.

Nenhum credo religioso oferece, a contento, um plano para a política e a economia: o propósito da fé religiosa é o ordenamento da alma, não o ordenamento do Estado. O que os dogmas religiosos fazem, no entanto, é oferecer respostas às questões fundamentais; ao passo que a ideologia não é capaz de responder a essas perguntas de modo convincente.

Repudiadas as ilusões comunistas em grande parte do mundo, homens e mulheres poderão se voltar, novamente, ao que Marx havia chamado, falsamente, de "o ópio do povo":[574] ao juízo religioso que ensina por que o homem e a sociedade, entre outras duras verdades, não são perfectíveis, cá embaixo.

É até mesmo concebível que a crença cristã que ressurge na Europa Oriental venha a ser comunicada a um bom número de pessoas nestes Estados Unidos, onde tanto a Igreja Católica quando as protestantes sofrem cada vez mais com as penetrações da ideologia ou do humanismo secular. Seja como for, os ideólogos marxistas poderão ficar minimamente confortados com a certeza de que a sua ideologia não será completamente apagada da face da Terra. Como observa John Lukacs, "sempre haverá comunistas – em Nova York".

Em política externa, nosso Departamento de Estado não mais contenderá com o irracionalismo fanático da ideologia na Europa, na Ásia ou na África – ou, de qualquer modo, não até o início do século XXI, creio eu. Grandes e pequenos Estados começam a contentar-se com a política como a arte do possível. A insistência de Marx na inevitabilidade do triunfo do comunismo foi totalmente refutada – e quase do dia para a noite.

Há quarenta anos, Whittaker Chambers (1901-1961) acreditava, com pesar, que, ao escolher a causa norte-americana da ordem, justiça e liberdade, havia aderido ao lado perdedor.[575] Dizem que Henry Kissinger, no auge da influência em Washington, acreditava, em privado, que seus esforços diplomáticos apenas adiavam o eventual triunfo do comunismo e da União Soviética.[576] Como são diferentes as nossas perspectivas atuais! Vem-nos à mente a rejeição, por Edmund Burke (1729-1797), do determinismo histórico, manifestada no fim da vida, na primeira *Letter on a Regicide Peace* [Carta sobre uma Paz Regicida]. A Providência, ou simplesmente as potentes vontades individuais, ou o acaso, diz Burke, podem alterar, de modo abrupto, toda a direção aparente de uma nação. "Duvido que a história da humanidade já esteja aperfeiçoada o bastante, se é que assim possa ser, para proporcionar as bases de uma teoria infalível sobre as causas internas que afetam, de modo necessário, a fortuna de um Estado",[577] como Burke o expressa. É possível, menciona, que mudanças grandiosas e repentinas nos assuntos das nações sejam a consequência da "interposição ocasional e a mão irresistível do Grande Senhor que de tudo dispõe".[578] Podemos especular se, ao longo dos últimos três anos, esse Grande Senhor não utilizou como instrumento um grande comunicador, o sr. Reagan.

Seja como for, o poder da ideologia marxista, que ameaçou até os Estados Unidos ao longo do último século e meio, aparenta estar derrotado. E o poder do império soviético, também, foi feito em pedaços. Surge até a pergunta se Moscou conservará o controle efetivo de quaisquer territórios além da Grande Rússia. Uma guerra civil poderá consumir as energias do que, por uns setenta anos, foi a União Soviética. O sistema russo não pode mais competir com os Estados Unidos em armamentos; essa competição, que testou severamente as finanças dos Estados Unidos, fez a ruína daquele enorme domínio que se estendia do mar Báltico ao oceano Pacífico.[579]

Assim, aconteceu de os Estados Unidos não se defrontarem, hoje, com uma potência rival que seja digna desse nome. A China está enterrada na pobreza e mal governada, sem esperanças de melhora; os impérios inglês e francês perderam o ânimo há quatro décadas; o Japão é forte economicamente, mas não é grande o suficiente para contestar a hegemonia mundial; e mesmo uma Alemanha reunificada, humilhada pelos infortúnios de meio século atrás, não aspirará a exercer hegemonia sobre a Europa, muito menos lutar com os Estados Unidos. O editor Henry Luce (1898-1967) e Richard Nixon (1913-1994) costumavam dizer que o século XX deve ser o "Século Norte-Americano";[580] mas tal aspiração poderá ser realizada, na verdade, no século XXI.

Sim, hoje em dia, somente os Estados Unidos são uma grande potência mundial, com recursos – tanto militares quanto financeiros – suficientes, sob vários aspectos, para garantirem sozinhos o seu interesse nacional contra todos os pretendentes. Contudo, se assoma uma grande questão: como os Estados Unidos devem empregar sua supremacia? Estaríamos, nós, os norte-americanos, cumprindo um destino manifesto, a missão de remodelar toda nação e toda cultura à imagem dos Estados Unidos?

***

Recentemente, várias vozes norte-americanas têm proclamado, com entusiasmo, que, em breve, o mundo todo, ou quase todo, irá abraçar uma Nova Ordem Mundial, presumivelmente, o chamado "capitalismo democrático".[581] O pressuposto desses entusiastas é que a estrutura política e os padrões econômicos dos Estados Unidos serão imitados em cada continente, para todo o sempre.

Essa postura relembra uma personagem do melhor romance norte-americano, *The Last Puritan* [O Último Puritano] de George Santayana (1863-1952). A personagem é Cyrus Paul Whittle, um professor ianque, muito parecido com o tipo de professor universitário que atualmente vemos nas universidades norte-americanas. Whittle ensina:

> História e Literatura norte-americana numa voz aguda e agitada, (…) como se estivesse martelando um prego, comprido e duro, no caixão de alguma falácia odiada (…). Sua alegria, até onde se permitia, era vilipendiar todos os homens importantes. Benjamin Franklin (1706-1790) escrevera versos indecentes; George Washington (1732-1799) – que tinha mãos e pés enormes – casara-se com a sra. Martha Dandridge Custis (1731-1802) por dinheiro; Ralph Waldo Emerson (1803-1882) serviu a filosofia de Johann Wolfgang von Goethe (1749-1832) com gelo. Não que o sr. Cyrus P. Whittle fosse desprovido de entusiasmo e de um secreto zelo religioso. Não só os Estados Unidos eram o maior negócio do mundo, mas iriam, em breve, fazer todas as coisas desaparecerem; e na alegria delirante e ofuscante daquela consumação, esquecia-se de perguntar o que aconteceria depois.[582]

Exatamente: que tipo de mundo seria produzido por uma americanização universal assim projetada? Desde a Segunda Guerra Mundial, os publicistas norte-americanos têm descrito o paraíso terrestre a ser criado pela implantação do "capitalismo democrático" em todas as terras – ainda que a expressão "capitalismo democrático" tenha uma origem recente, sendo algo como um jargão neoconservador. Por exemplo, em agosto de 1951, foi publicado no periódico britânico *The Twentieth Century* [O Século XX] um artigo intitulado "The New American Revolution" [A Nova Revolução Norte-Americana]. O autor era David C. Williams, diretor de pesquisas do Comitê de Ação Política da AFL-CIO.[583] Suas frases são similares, curiosamente, a certas efusões do novo National Endowment for Democracy (NED)[584] e de outros órgãos da "democracia global".

"A manifestação, no século XX, da Revolução Norte-Americana foi adequadamente chamada de 'revolução das expectativas crescentes'", escreveu Williams:

> Os norte-americanos insistem que ela estaria ocorrendo mesmo que não houvesse comunismo no mundo (...). Os agentes dessa nova revolução são os numerosos funcionários públicos, homens de negócios, técnicos e sindicalistas que o governo norte-americano está enviando para o exterior (...). Os empresários norte-americanos têm a tarefa de convencer suas contrapartes europeias de que vale a pena modernizar e produzir para as massas, em vez de para as classes. Podem garantir aos amigos europeus que lhes é possível conquistar, como grupo, a posição de mais alto prestígio em suas comunidades, deslocando os proprietários de terras, servidores públicos e oficiais das Forças Armadas do tradicional lugar de honra.

Dessa forma, a atividade norte-americana deverá tornar-se uma influência revolucionária, em vez de conservadora, apelando deliberadamente à cupidez, à inveja de classe e à ânsia pelas mudanças: assim argumentava Williams. Na Ásia, prosseguia, nós, norte-americanos, iremos ajudar a "quebrar os laços tradicionais de casta e família que prevalecem" e "colocar os produtores artesanais contra a parede". Haverá protestos angustiados? Pior para os reacionários. Dignar-nos-emos a educá-los para que se livrem dos próprios preconceitos.

"A nova revolução norte-americana não será agradável para todos", declarou Williams, sem vacilar.

> Aqueles, cujas posições tradicionais de prestígio serão subvertidas, logicamente a abominam. Talvez, a maior aflição espiritual seja sentida pelos intelectuais europeus e asiáticos. Para eles, o modo de vida norte-americano parece crasso e vulgar. Muitos intelectuais norte-americanos concordariam com eles. Contudo, também os advertiriam de que não se pode resistir à lógica da produção em massa e dos mercados. A "felicidade" que o homem mediano deseja, e que alcançará, ainda não é a do esteta. Os comunistas da Europa Oriental demonstraram possuir um sólido instinto de autopreservação quando baniram o jazz norte-americano por

ser uma influência corruptora. Música barata, revistas em quadrinhos a preços acessíveis, Coca-Cola e carros são o que as pessoas querem – o que é compreensível, pois não tiveram a oportunidade de aprender a desejar ou obter nada melhor. A cultura não pode mais ser preservada por ser monopólio de poucos favorecidos. Adiante aguarda-nos a tarefa, muito mais difícil, de educar as massas para que queiram coisas melhores e mais satisfatórias do que as que desejam agora.

A contribuição norte-americana para o "capitalismo democrático" universal do futuro (se aceitarmos as premissas de David C. Williams) será exatamente esta: preço baixo, baixa qualidade, música barata, quadrinhos a preços módicos e a moralidade mais depreciada que se possa inventar. Essa seria, de fato, a revolução das revoluções, a Geena da monotonia e da mediocridade universal. Esse é Cyrus P. Whittle, dizendo a si mesmo que os Estados Unidos não só são o maior negócio do mundo, mas que também vão, em breve, fazer todas as coisas desaparecerem; e, na alegria delirante e ofuscante dessa consumação, esquecerão de se perguntar o que irá ocorrer depois.

A defesa de uma cultura do materialismo de tipo norte-americano não se limita aos publicistas dos grandes sindicatos. Alguns anos depois que Williams escreveu isso, vi-me em uma grande assembleia na cidade de Washington, D.C., como o palestrante que fora encaixado entre o então vice-presidente Richard Nixon e o cavalheiro que, na época, era o presidente da United States Chamber of Commerce [Câmara de Comércio dos Estados Unidos]. Esse último leu em voz alta um discurso escrito por um algum *ghost-writer* de crenças libertárias, e declarou que os Estados Unidos, felizmente, eram um poder revolucionário, absolutamente não conservador; e que seria a política do país, no mundo inteiro, obliterar culturas arcaicas e vender a esses povos atrasados uma quantidade interminável de bens e serviços norte-americanos; e também conferir a esses povos os usos democráticos na política, queiram ou não os recipientes acolher a democracia no estilo norte-americano.

Insiro aqui uma proposição geral de minha lavra, que tem alguma relação com a política externa norte-americana. Parece constituir uma lei que governa todo tipo de vida, das formas unicelulares inanimadas até as mais sofisticadas culturas humanas, todo organismo vivo de todo gênero e espécie empenhar-se para preservar a própria identidade. O que quer que esteja vivo procura fazer de si o centro do universo; resiste com toda força que possui aos esforços de formas de vida rivais em assimilá-lo à sua substância e tipo. Todo ser vivo, sendo parte de uma espécie, prefere até mesmo a morte como indivíduo à extinção como espécie distinta. Assim, se a alga mais primitiva luta mortalmente contra a ameaça à sua identidade peculiar, não nos deveria surpreender que homens e nações resistam de maneira desesperada – e talvez irrefletidamente – a qualquer tentativa de assimilar o próprio caráter a algum outro corpo social. Tal resistir é a primeira lei da existência, e prolonga-se aos níveis subconscientes. Há uma maneira certeira de criarmos um inimigo mortal; consiste em propor a qualquer um: "Submeta-se a mim, e melhorarei a sua condição, aliviando-o da carga da própria identidade e reconstituindo a sua substância à minha imagem".

Exatamente isso, com efeito, foi o que os comunistas russos disseram, ao término da Segunda Guerra Mundial, aos infelizes habitantes dos Estados bálticos. E hoje contemplamos a exitosa reação desses povos. Podemos supor, então, que a americanização forçada em nome da abstração chamada "capitalismo democrático" seria recebida muito mais cordialmente ao redor do mundo do que a russificação forçada em nome da "ditadura proletária"?

Permiti-me chamar à atenção dos zelotas da democracia global – quer dizer, naturalmente, da democracia do tipo norte-americano – certos resultados nocivos que ocorreram, e ocorrem ainda hoje, quando, em nome da "democracia" ou do "capitalismo democrático", o governo destes Estados Unidos intervêm para impor algum padrão autorizado de instituições democráticas a algum Estado-nação cuja cultura política encontra-se a milhas de distância da política da América do Norte. Não irei tão longe a ponto de descrever os esforços de Lyndon Johnson em bombardear os vietnamitas do Norte até se tornarem bons democratas; essa zelosa tentativa não foi coroada de sucesso. Antes, naquele país, permiti-me recordar-vos de como o presidente Ngô Dình Diêm (1901-1963) foi considerado insuficientemente democrático pelo presidente John F. Kennedy (1917-1963) e pelo embaixador Henry Cabot Lodge Jr. (1902-1985); como, portanto, Kennedy e Lodge, mediante a insistência dos entusiastas do Departamento de Estado, conspiraram com certos militares inescrupulosamente ambiciosos do Vietnã do Sul para derrubar e, rapidamente, assassinar o presidente Diêm, o único líder que teria sido capaz de segurar os comunistas do Norte. A consequência? Ora, hoje o sul do Vietnã, tal como o norte, é uma "democracia popular", opressora e empobrecida, de estilo marxista. Que triunfo do dogma democrático!

Considerai o que está acontecendo hoje em dia na República da África do Sul, tendo em vista que a política daquele país foi considerada insuficientemente democrática pelo atual Congresso dos Estados Unidos, pelos sábios e moderados estadistas da Assembleia Geral das Nações Unidas e por outros corpos deliberativos em vários cantos do mundo. Porque a doutrina de "um homem, um voto" de Jeremy Bentham (1748-1832)[585] e do juiz Earl Warren (1891-1974)[586] não foi aplicada aos povos bantos da África do Sul – cuja tradição política é completamente antidemocrática, consistindo, antes, no governo de chefes hereditários que se sucedem por intermédio do princípio matrilinear de descendência –, penalidades econômicas severas são impostas à única ordem política na África que adere ao governo parlamentar e ao governo da lei moderna, consagrado pelo uso.

Tem sido prática deliberada de certos interesses políticos nos Estados Unidos a derrubada daquele governo constitucional por quaisquer meios possíveis, independente das consequências. "Faça-se a justiça, ainda que caiam os céus!"[587] Os céus já estão caindo em

Natal, na África do Sul, onde diferentes povos e facções lutam ferozmente uns contra os outros.⁵⁸⁸ Será que tal "libertação" deverá ser levada tão adiante quanto o foi no Congo, agora Zaire, onde o brutal déspota Joseph-Desiré Mobutu (1930-1997) governa com poder absoluto,⁵⁸⁹ apoiado por Washington e pelos banqueiros de Nova York? Que perspectiva democrática agradável para a África do Sul! Todavia, se existirem terras além de Stirling e homens além de Forth,⁵⁹⁰ o governo da África do Sul poderá encontrar a salvação econômica, pelo menos, por intermédio de novos tratados comerciais com os Estados da Europa Oriental. Os novos governos da Hungria, Tchecoslováquia, Polônia e outros países não se iludem com a ideia de que a ditadura proletária, ou sua equivalente africana, seja uma expressão de verdadeira democracia.

Em suma, arrisco-me a dizer que seria altamente imprudente, da parte do governo dos Estados Unidos, começar a solapar regimes que não pareçam, aos editores do periódico *The Progressive* [O Progressista],⁵⁹¹ perfeitamente democráticos – sejam essas sabotagens realizadas por meio de persuasão e dos fundos do National Endowment for Democracy, ou intermediados pela CIA e pelas operações militares desta terra da liberdade. Chegou às minhas mãos, recentemente, um documento do Departamento do Exército e do Departamento da Força Aérea, intitulado "Military Operations in Low Intensity Conflict" [Operações Militares em Conflitos de Baixa Intensidade].⁵⁹² Até mesmo a versão modificada desse relatório discute medidas tais como a equalização das rendas em "nações anfitriãs" ou "países do Terceiro Mundo", como instrumentos de auxílio para insurgências ou contra insurgências; e toca em medidas econômicas e políticas que as forças norte-americanas de intervenção nesses países poderiam implementar. Suspeito que, por trás desses projetos militares, encontra-se o impulso de "democratizar" as ordens sociais antiquadas no Terceiro Mundo, se necessário pela força. Essa é a ideologia do democratismo, defendida – por exemplo – pelo Conselho Internacional de Segurança,⁵⁹³ um grupo informal composto, principalmente, por veteranos da Guerra Fria. Frases breves terão de bastar, aqui, para sugerir as noções demasiado beligerantes desse conselho: "O ideal artificial de não envolvimento não deve ser a referência de julgamento do perfil da política dos Estados Unidos. Isso se aplica, em particular, a uma política que promova diretamente os valores e as práticas da democracia". Assim escrevem os publicistas do tal Conselho Internacional de Segurança.

Que obsequiosa asneira! Um exército norte-americano politizado, operando no exterior, em pouco tempo seria tão popular quanto fora o Exército Vermelho. Uma democracia abstrata imposta ou induzida, lançada sobre povos despreparados, primeiramente produziria anarquia e depois – como em quase toda a África "emergente" ao longo das últimas quatro décadas – o governo de um ditador e um regime de força. Em torno de 1956, Chester Bowles (1901-1986), que antes foi o chefe do Office of Price Administration [Divisão de Administração de Preços],[594] escrevia e dava palestras sobre como países como Angola e Moçambique tornar-se-iam agradavelmente democráticos, sob a tutela norte-americana, uma vez que os opressores coloniais fossem expulsos. Entretanto, desde que a administração portuguesa terminou, Angola e Moçambique têm sido atormentados pela guerra civil;[595] por certo, o arcebispo anglicano Desmond Tutu, da África do Sul, tem consciência de que os Estados africanos estão, hoje em dia, numa condição muito pior, em termos de liberdade e ordem, do que quando governados por administradores europeus. Eis que vemos, ao nosso redor, aquilo que Tocqueville chamou de "a tirania da maioria".[596]

Se a palavra "democrático" quiser significar o complexo de instituições políticas republicanas que cresceu nos Estados Unidos ao longo de mais de dois séculos – ora, as novas constituições de papel que agora são discutidas na Europa Oriental não são capazes de reproduzir magicamente a história norte-americana. Se por "capitalismo" pertendermos chamar as estruturas corporativas, maciças e centralizadas, da América do Norte – ora, é precisamente do capitalismo de Estado, maciço e centralizado, que os povos autoliberados da Europa Oriental estão tentando fugir. As nações plurais de nosso tempo têm de encontrar os próprios e variados caminhos para a ordem, justiça e liberdade. Nós, norte-americanos, não fomos nomeados seus protetores.

Tenho sugerido – não para cegos, espero – que uma política externa conservadora e saudável, na época em que surge, não devia ser nem "intervencionista" nem "isolacionista": deveria ser prudente. O objetivo não deveria ser garantir o triunfo em todos os cantos do nome e dos usos dos Estados Unidos, sob o lema do "capitalismo democrático", mas sim a preservação do verdadeiro interesse nacional e a aceitação da diversidade de instituições econômicas e políticas ao redor do mundo. A hegemonia soviética não deveria ser sucedida pela hegemonia norte-americana. As nossas perspectivas no mundo do século XXI são brilhantes – desde que, nós, norte-americanos, não andemos mundo afora muito emproados, proclamando a nossa onisciência e onipotência.

Por que devemos nos envolver em guerras quase na outra ponta do globo, a um custo incalculável de homens e recursos? Como disse Burke, faz dois séculos, a respeito da estratégia do governo de William Pitt (1759-1806) contra a França revolucionária (no tocante aos Países Baixos), "uma guerra pelo Scheldt? Uma guerra por uma latrina!"[597] E mais tarde, "o sangue do homem nunca deveria ser derramado, senão para redimir o sangue do homem. (...) O resto é vaidade; o resto é crime".[598]

Uma guerra pelo Kuwait? Uma guerra por um barril de petróleo! O resto é vaidade; o resto é crime.

Um governo do Partido Republicano em Washington, D.C., projetou a entrada norte-americana na Guerra Hispano-Americana.[599] Desde então, até 1991, foram governos do Partido Democrata que propulsionaram os Estados Unidos para a guerra, ainda que, por vezes, pela porta dos fundos: a Primeira Guerra Mundial,[600] a Segunda Guerra Mundial,[601] a Guerra da Coreia,[602] as guerras na Indochina;[603]

mas um regime "capitalista democrático" de republicanos sem imaginação, no início de 1991,[604] muito provavelmente, comprometeu os Estados Unidos com um novo imperialismo.

A "Nova Ordem Mundial" do sr. George H. W. Bush poderá vir a tornar os Estados Unidos ainda mais detestados do que o fora o império soviético – a começar pelos povos árabes. A turma do sr. Bush já deu indícios das intenções de estabelecer uma "presença" militar norte-americana permanente no Golfo Pérsico, para garantir o fluxo contínuo de petróleo para os consumidores dos Estados Unidos. Cada vez mais, os Estados da Europa e do Levante poderão suspeitar que, ao rejeitar a dominação soviética, trocaram o Rei Tronco pelo Rei Cegonha.[605]

O ato do presidente Bush de reunir meio milhão de homens nos desertos da Arábia e então forçar e provocar o Congresso a autorizá-lo a fazer a guerra, sugere com suficiente evidência que as visões conservadoras não são idênticas às medidas do Partido Republicano. Aprendemos, com o bombardeio de saturação no Iraque, que os genuínos conservadores – distintos dos nacionalistas arrogantes – têm um árduo trabalho pela frente, ao tentar ensinar prudência nas relações externas à democracia norte-americana,[606] e que o exercício da política externa, assim como o da política doméstica, é a arte do possível.

Capítulo 15 | O Estado Behemoth: Centralização

Provavelmente, a maioria dos meus leitores tem consciência de que a palavra "federal" não significa "central". Contudo, o Congresso dos Estados Unidos, em décadas recentes e, muitas vezes, também, o Poder Executivo, vêm-se comportando como se não fossem capazes de perceber qualquer distinção entre esses dois termos. Essa conduta lança a ruína da Constituição.

Um exemplo simples disso ocorreu no Capitólio durante o Centésimo Congresso.[607] Temos agora um novo estatuto que proíbe servidores do governo federal – eles são legião – de se hospedarem em hotéis (hospedarem-se à custa do público, no caso) que não possuam *sprinklers* nos tetos dos quartos. Existem algumas poucas exceções, principalmente no caso de hotéis que têm menos de quatro andares. A premissa da lei é que, ao se excluir da clientela federal os hotéis que não cumprem a recomendação, praticamente todos os donos de estabelecimentos hoteleiros irão considerar necessária a instalação de *sprinklers*, a um custo de aproximadamente US$ 1.500,00 por quarto. A justificativa para essa previdente legislação é que, ao longo dos últimos seis anos, mais de quatrocentas pessoas morreram em incêndios de hotéis nos Estados Unidos. Até eu consigo dominar a fundo a divisão simples: essa estatística, com efeito, nos diz que a taxa de mortes em incêndios hoteleiros, por ano, por estado, é de 1,34 pessoas. Não tenho em mãos as estatísticas classificadas por idade e gênero; de qualquer forma, aproximadamente uma pessoa e um terço, na média do país, morreram na média dos estados, durante a média dos anos, de 1983 a 1989. É claro que a preocupação de salvar vidas é boa; mas um número muito maior de vidas poderiam ser salvas por meio da proibição da venda de esquis por um ato do Congresso, ou por meio de um estatuto federal exigindo que todos os donos de imóveis joguem sal nas calçadas, sejam elas privadas ou públicas, após toda nevada.

O intuito aqui, porém, não é referir-me à prudência ou aos gastos decorrentes do ato que ora se encontra nos tomos legislativos, mas sim discorrer sobre as consequências políticas de decretarmos que o governo federal irá prescrever e regular todos os tipos de assuntos antes deixados para a competência dos poderes dos diversos estados e para as agências do governo local, ou deixados para a gerência racional de indivíduos, domicílios e firmas. A Lei do *Sprinkler* é um exemplo suficiente da conversão contínua deste país de uma união federal para propósitos específicos a uma democracia plebiscitária centralizada,[608] na qual pouca margem de escolha é deixada para os estados e para as comunidades locais, para não falar dos cidadãos privados.

Eis o Behemoth![609] Enquanto os norte-americanos congratulam-se entre si e com os europeus, pelo colapso dos Estados socialistas por trás da demolida Cortina de Ferro, continua a expandir-se, aqui na América do Norte, o império do que Alexis de Tocqueville (1805-1859) chamou de "despotismo democrático". Essa é uma tendência ameaçadora rumo à centralização total de que os conservadores há muito se queixaram com termos um tanto vagos, mas à qual têm oferecido, até agora, pouca resistência efetiva. Permiti-me citar-vos um trecho bastante perspicaz da obra *De la Démocratie en Amérique* [Democracia na América], de Tocqueville:

> Não creio, pois, que a espécie de opressão pela qual os povos democráticos se acham ameaçados se assemelhe a algo que a precedeu no mundo; nossos contemporâneos não poderiam encontrar na lembrança a

sua imagem. Em vão procuro uma expressão que reproduza exatamente a ideia que tenho e que a encerre; as antigas palavras, *despotismo* e *tirania*, não convêm de maneira alguma. O fenômeno é novo; é preciso, pois, defini-lo, já que não posso dar-lhe um nome.
Procuro descobrir sob que traços novos o despotismo poderia ser produzido no mundo: vejo uma multidão inumerável de homens semelhantes e iguais, que sem descanso se voltam sobre si mesmos à procura de pequenos e vulgares prazeres, com os quais enchem a alma. Cada um deles, afastado dos demais, é como um estranho ao destino de todos os outros: seus filhos e seus amigos particulares para ele constituem toda a espécie humana; quanto ao restante dos seus concidadãos, está ao lado deles, mas não os vê; toca-os e não os sente; existe apenas em si e para si mesmo, e, se ainda lhe resta uma família, pode-se ao menos dizer que não tem pátria. Acima destes, eleva-se um poder imenso e tutelar, que se encarrega sozinho de garantir o seu prazer e velar sobre sua sorte. É absoluto, minucioso, regular, previdente e brando. Lembraria o mesmo pátrio poder, se, como este, tivesse por objeto preparar os homens para idade viril; mas ao contrário, só procura fixá-los irrevogavelmente na infância; agrada-lhe que os cidadãos se rejubilem, desde que não pensem senão em rejubilar-se. Trabalha de bom grado para sua felicidade, mas deseja ser o seu único agente e árbitro exclusivo; provê e assegura as suas necessidades, facilita os seus prazeres, conduz os seus principais negócios, dirige a sua indústria, regula as suas sucessões, divide as suas heranças; que lhe falta tirar-lhes inteiramente, senão o incômodo de pensar e a angústia de viver? É assim que, todos os dias, torna menos útil e mais raro o emprego do livre arbítrio; é assim que encerra a ação da vontade num pequeno espaço e, pouco a pouco, tira de cada cidadão até o emprego de si mesmo. A igualdade preparou os homens para todas essas coisas, dispondo-os a sofrer e muitas vezes até a considerá-las como um benefício.[610]

O que Tocqueville tem em mente aqui é, obviamente, um governo central cujas intenções são beneficentes. Suponhamos, contudo, que algumas intenções não sejam beneficentes; ou que, com a legislação, se pretenda incomodar ou punir uma classe, facção, ou alguma minoria. Onde, sob um governo centralizado, se esconderiam os dissidentes? Neste momento, porém, limitemo-nos a atos e decisões de um poder centralizado que, aparentemente, parecem ter a intenção – ainda que, talvez, equivocadamente – de conferir benefícios ao público. Vários exemplos como esses poderiam ser listados; limito-me a dois, ambos ocorridos durante o governo do presidente Lyndon B. Johnson (1908-1973).[611]

O primeiro relacionava-se às inspeções de carne bovina pelo governo. Alguns inspetores do Departamento Federal de Agricultura foram visitar o Arizona, e lá entraram em conflito com os inspetores de carne estaduais. Os dois grupos de fiscais saíram de lá irados com os cavalheiros de Washington, D.C., ameaçando o grupo do Arizona de que seriam colocados no devido lugar. De volta à sede do poder, tais burocratas enviaram mensagens aos superiores departamentais e dali ao presidente dos Estados Unidos, contando que uma carne bovina mal inspecionada e potencialmente tóxica estava sendo aprovada para o consumo público pelos inspetores negligentes do Arizona. Ao tomar ciência desse segredo mortal, o presidente Johnson viu a oportunidade de tornar a nação norte-americana ciente de sua solicitude para com o bem-estar de todos: o "Grande Pai Branco"[612] revelou as iniquidades do Arizona a um povo amedrontado, gritando enfaticamente, "Livrem-se da carne podre! Livrem-se da carne podre!".

Um Congresso obsequioso muito rapidamente passou uma nova lei com relação à inspeção de toda a carne no país,[613] estendendo bastante a jurisdição e as atividades do Departamento de Agricultura naquele ramo e sujeitando todas as repartições estaduais de inspeção de carne à jurisdição federal. Quanta consideração com o bem-estar do povo norte-americano, de um canto ao outro do país!

Outros, que não eram empregados pelo governo federal, investigaram o assunto, e o *Wall Street Journal* publicou, com algum detalhe, um relato do que acontecera. Descobriu-se, tardiamente, que na verdade os padrões da inspeção da carne eram altos, não baixos; que, de fato, o governo do Arizona não aprovara carne podre alguma;

e que toda essa confusão havia se originado por disputas de pouca monta entre inspetores federais e estaduais. Tal revelação deixou o presidente Johnson constrangido e irado, pois havia pressuposto que os inspetores de Washington, D.C., eram honestos, e não vingativos; mas não poderia de modo algum voltar à televisão, para gritar dessa vez "Tragam a carne podre de volta! Tragam a carne podre de volta!". Nem o Congresso se preocupou em revogar o estatuto, tão recentemente aprovado, e que tornara os padrões estaduais da inspeção de carne totalmente subordinados às regulações federais. Desde então, as cortes federais decidiram que, se um estado tem padrões mais altos que os federais, mesmo assim o estado é obrigado a admitir, dentro de suas fronteiras, carnes que atinjam apenas o padrão federal inferior. Um mundo louco, meus senhores!

Perdoai-me, senhoras e senhores, se vos trago ainda outro exemplo dessa apropriação de poderes, não só das jurisdições estaduais, mas de vossos quartos de dormir – mais ainda, de vossa própria cama e roupa de cama. Uma agência federal decidiu abruptamente que todos os novos colchões fabricados devem ser do tipo que contém molas internas – não importando se os consumidores preferem um simples colchão de espuma, ou mesmo um colchão ortopédico. Tal proclamação oficial, rapidamente sancionada, levou à falência vários pequenos produtores de colchões; mas foi lucrativa para os grandes fabricantes das marcas mais caras; aparentemente, os lobistas das grandes corporações fabricantes de colchões trabalharam com eficiência nos corredores de Washington, D.C. Quanto ao cidadão norte-americano que poderia preferir um colchão mais simples e barato, ou uma pessoa como este vosso servo e autor, que possui várias e ancestrais camas antigas, nas quais não caberá nenhum colchão de molas internas – ora, diz o Tio Sam a tais reacionários: "Fica confortável, seu desgraçado, e tenha certeza de que pagarás por isso!".

Não fui capaz de determinar sob qual interpretação fantástica das leis existentes a agência federal em questão foi capaz de prescrever o tipo de colchão no qual os norte-americanos serão, agora, obrigados a dormir. Como é possível que isso esteja dentro da jurisdição prescritiva do governo geral – ou, aliás, dentro dos poderes dos diversos estados? Entretanto, a coisa havia sido feita. Outra regulamentação arbitrária relacionada utilizou o pretexto de garantir a saúde das crianças – embora, é claro, tal proteção também seja normalmente feita pelas autoridades estaduais e locais, ou por organizações voluntárias.

Esse último exemplo de *pleonexia*[614] federal tinha relação com artigos de dormir para uso infantil. De Washington, D.C., foi decretado que todos os pijamas, camisolas e semelhantes teriam de ser manufaturados de tecidos antichama, caso quisessem que as crianças os vestissem e as lojas os colocassem à venda. A medida tinha a intenção de evitar que crianças fossem queimadas vivas nas camas; várias menções foram feitas sobre o número de pessoas anualmente mortas ou escoriadas como resultado do hábito de fumar na cama, embora eu, pelo menos, não tenha sabido de crianças pequenas com o costume de fumar na cama. Obrigatória por algum tempo, essa legislação paternal causou graves perdas aos fabricantes e comerciantes das roupas de dormir infantis comuns que possuíam estoques volumosos; essa lei, também, conferiu grandes vantagens comerciais aos fabricantes progressistas que, já àquela altura, sem dúvida em consequência de presciência e de uma preocupação humanista, produziam grandes quantidades de vestimentas noturnas antichama para as crianças.

Entretanto, ó desgraça!, estudos científicos, alguns meses depois, coincidentemente revelaram que as roupas noturnas antichama sem dúvida causavam câncer de pele, problemas respiratórios e outros males físicos. As regulamentações federais em tela, creio, foram silenciosamente rescindidas; e imagino que agora nos seja permitido vestir as nossas crianças com simples roupas de puro algodão ou lã.

Escolhi esses exemplos, relativamente inofensivos e um tanto divertidos, a respeito do zelo excessivo da burocracia em Washington, D.C., por centralizar praticamente tudo, senhoras e senhores, para evitar ser tomado por um horrível alarmista. Vez ou outra, alguma senhora idosa e bem-intencionada vem e me tranquiliza, benignamente, "Tio Sam sabe o que é melhor para nós". Decididamente, não compartilho dessa opinião. A completa centralização política e econômica opera males muito mais graves do que a qualidade das carnes, a distribuição das molas nas camas e a fabricação de roupas de dormir. De minha parte, sou da opinião de que Alexis de Tocqueville, mais do que o Tio Sam, sabe o que é melhor para nós. Permiti-me acrescentar que tanto John Adams (1735-1826), do Partido Federalista, quanto Thomas Jefferson (1743-1826), do Partido Democrata-Republicano, teriam ficado estarrecidos e indignados com o grau de centralização que já se estabeleceu entre nós, dois séculos após a Constituição dos Estados Unidos começar a funcionar. Imagino que nenhum deles teria insistido na instalação de um *sprinkler* no quarto de dormir, à custa de uma perversão do documento constitucional.

Os pretextos para dar um verniz de aparente constitucionalidade à concentração de poderes em Washington, D.C., têm sido variados. A recente lei obrigando a instalação de *sprinklers* em quartos de hotel é uma das desculpas menos extravagantes – isto é, limita-se, simplesmente, a recusar o pagamento das contas de funcionários federais que se hospedem em hotéis sem *sprinklers* nos quartos. (Naturalmente, todos os hotéis do país têm de ser inteiramente inspecionados para apurar o número de *sprinklers*). Outra forma de constrangimento, e um tanto mais severa, é a recusa do pagamento de quaisquer fundos do tesouro federal a pessoas e instituições que não cumpram certas determinações, como no caso das faculdades e universidades coagidas a entrar em programas de ação afirmativa e similares. Há ainda outro método, que é a suspensão das isenções fiscais de instituições que normalmente teriam direito a tais benefícios, como no caso da Bob Jones University.[615] O método mais comum empregado para induzir estados e cidades, e várias associações voluntárias, a se submeterem à regulação federal é o financiamento com doações casadas, frequentemente em larguíssima escala. E em alguns casos, o Congresso e o Poder Executivo não se preocuparam em procurar desculpas na Constituição: simplesmente passam uma legislação de escopo nacional, sem ao menos ter a preocupação de perguntar se, por qualquer esforço imaginativo, tal ato podia ser considerado segundo alguma disposição constitucional.

Consequentemente, o caráter federal dos Estados Unidos, a principal contribuição deste país à arte da governança, se desvanece a ponto de ser o espectro de uma sombra. E onde o Congresso hesitou, a Suprema Corte se encarregou de nacionalizar toda a estrutura política. Foram causados mais prejuízos desse tipo durante o governo do rei Lyndon do que em qualquer outro período da história norte-americana – consideravelmente muito mais do que os danos causados durante o período do rei Franklin[616] –, mas em geral os líderes dos dois grandes partidos políticos não fizeram nenhum esforço substancial para resistir à consolidação do poder; e, afinal, isso aconteceu aos poucos, não como resultado de algum desígnio anunciado. Sem dúvida, um plano bem divulgado de centralização sistemática teria sido vigorosamente rejeitado pelo eleitorado norte-americano; e entre os oponentes de uma centralização deliberada teríamos contado um bom número de esquerdistas.

O declínio da consciência histórica entre os norte-americanos teve a sua parcela na redução da resistência à concentração dos poderes decisórios no governo geral. Proponho-vos aqui dois parágrafos escritos por C. Northcote Parkinson (1909-1993), o inventor da Lei de Parkinson.[617] O professor Parkinson afirma que a centralização política é a causa inicial da decadência de uma nação. "O primeiro estágio no caminho da decadência é a centralização", escreveu Parkinson no livro *The Law of Longer Life* [A Lei de uma Vida Mais Longa].

> Tudo é feito no intuito de eliminar ou neutralizar todas as instâncias administrativas, com exceção da principal e central. Os centros menores de poder são governos provinciais ou organizações que podem

ser classificadas como religiosas, financeiras, militares ou econômicas: uma arquidiocese, um banco nacional, um comando militar ou um grande grupo industrial ou comercial. A tentativa de centralizar todo o poder na capital e, de fato, no setor administrativo, equivale à assimilação de todas as possíveis instituições rivais, de mosteiros a estações de televisão, de autoridades portuárias a instituições de caridade. Todas essas instituições podem ser eliminadas em nome da democracia ou da eficiência, e o resultado é a criação de uma máquina governamental pela qual todos os problemas são nutridos e da qual toda sabedoria deverá emergir. O que é inicialmente perdido é a probabilidade de o governo ter de escutar a crítica bem-informada, vinda de fora dos círculos oficiais. Depois disso, os problemas se concentram no tamanho e na complexidade crescentes da administração central. À medida que os servidores públicos se multiplicam, passa a existir uma distância cada vez maior entre o cidadão e os anônimos que irão decidir, em última instância, a respeito do seu requerimento, protesto ou apelo. Os procedimentos são incômodos, e as posições, hierárquicas; todas as decisões encaminhadas da periferia ao centro, e, então, de baixo para cima. "Se a morte viesse de Madri", diziam os espanhóis do século XVI, "viveríamos todos até uma idade bem avançada".

Um comentário muito semelhante deve ter sido feito a respeito da Babilônia, de Pequim, de Persépolis, de Deli e de Londres. Percebidos com menos frequência, existem outros dois resultados da supercentralização. O primeiro é que os processos normais de aposentadoria e promoção irão trazer para o centro pessoas que perderam toda a capacidade de iniciativa enquanto estavam empregadas na periferia. O segundo é que a capital encontra-se agora terrivelmente vulnerável à sedição interna ou às investidas externas. Quando todos os caminhos levam a Roma, todos os cabos a Londres, os canais usuais a Paris, toda a máquina administrativa pode ser derrubada por um único ataque de mísseis. Não há centros de autoridade fora da área-alvo, nenhuma capital alternativa para onde um governo poder-se-ia transferir. Com a capital destruída, nada mais resta.[618]

Parkinson segue descrevendo o segundo estágio do declínio e da queda de grandes Estados: a expansão tributária. Esse é outro assunto muito amplo, a que possivelmente poderia dedicar os meus míseros talentos noutra ocasião. Permiti-me proceder, agora, à minha peroração. O pior aspecto da concentração excessiva de poder, creio, é que, no longo prazo, tal centralização Behemoth fracassa; e então, toda a estrutura social desmorona, como ocorre neste momento com o império soviético.

Existem razões que explicam por que a superação da antiga ordem constitucional, caso completada, ocasionaria perigos seríssimos à ordem, justiça e liberdade norte-americanas. Mencionarei apenas quatro desses perigos.

O primeiro é o problema da eficiência. O governo geral está projetado para se encarregar de certas responsabilidades, razoavelmente bem definidas, mormente na condução das relações exteriores, na defesa do país e na gerência de empreendimentos demasiado extensos para serem administrados por qualquer estado singular da União. O governo em Washington, D.C., porém, já se encontra desanimadoramente oprimido por muito trabalho e por um excesso de servidores medíocres. Almejando fazer tudo, o governo de Washington, D.C., poderá acabar por não fazer nada bem feito.

A segunda dificuldade é o problema dos graus de importância. Medidas que os governadores provinciais de Graz ou Innsbruck se recusariam a confiar a Viena são propostas, nos Estados Unidos, como se o governo de duzentos e cinquenta milhões de pessoas fosse pouco mais difícil que a condução de uma reunião da câmara municipal – e igualmente democrático, desde que o presidente e o Congresso ainda sejam eleitos. Já ouvi norte-americanos defensores de medidas de Bem-Estar Social, por exemplo, propondo seriamente o exemplo da legislação social-democrata da Dinamarca como um precedente para políticas públicas norte-americanas – muito embora alguns condados dos Estados Unidos, para não falar dos estados, sejam maiores que a Dinamarca, e outros condados tenham mais gente do que o total dos habitantes da Dinamarca.

Apelos contra a administração imprudente ou injusta tornam-se imensamente difíceis quando são apenas as vozes débeis de indivíduos ou grupos locais, em oposição ao prestígio e à influência dos administradores na capital. De fato, os próprios administradores-chefes não têm nenhuma possibilidade de examinar essas queixas em profundidade. Uma administração com tal escala de detalhamento exigiria dos servidores públicos um tipo de sabedoria e bondade nunca vistas na história humana. "Bem, apelem ao seu representante no Congresso", dirá o centralizador, talvez ingenuamente. Os deputados, todavia, já não têm tempo suficiente para responder às cartas dos eleitores mais importantes, e muito menos para se comportar como uns tantos "Dons Quixotes" do Estado massificador.

A terceira dificuldade que levanto aqui é o problema da liderança. O poder político centralizado funciona bem somente em nações acostumadas a acatar as medidas e opiniões de uma classe governante – isto é, em terras aristocráticas ou autocráticas. A centralização soviética teria falhado completamente, e quase de imediato, não fosse pelos poderes há muito estabelecidos do Antigo Regime em Moscou e São Petersburgo. E tal corpo decisório, de governadores, de aristocratas, deve possuir um grau elevado de autoconfiança e ter o hábito do comando. Devem estar acostumados a lidar com populações deferentes.

Estes Estados Unidos, acostumados com a democracia territorial, não possuem nenhuma classe de líderes e administradores competentes para levar a cabo a direção consolidada que os centralizadores propõem. Não percebo uma classe de homens, aqui, competentes para governar com sabedoria esta imensa nação, uma vez que a democracia territorial e a estrutura federal – as duas principais escolas da liderança nacional – sejam desfeitas.

Quarto, mesmo que dispuséssemos de uma classe de exímios administradores ingleses de alta estirpe, não sei como poderíamos esperar que o mais capaz dos estatistas fosse dirigir de maneira paternal e com justiça os interesses dessa nação, uma vez que a vontade local e a autossuficiência tenham sido seriamente enfraquecidas. Um homem só tem vinte e quatro horas no dia, e consegue ler apenas um número limitado de documentos. Tal centralização vai contra o próprio objetivo, tanto no tocante às pessoas quanto aos departamentos. O trabalho exaustivo da presidência – ao qual os centralizadores acrescentariam numerosas novas responsabilidades – pode ilustrar suficientemente o que pretendo dizer.

Destruir a democracia territorial e o sistema federativo nos Estados Unidos é bastante possível – bem como deixá-los atrofiar; mais difícil é oferecer um esquema alternativo satisfatório para a política. Uma vez que o princípio da vontade, com o sentido de participação e decisão local, desapareça da vida norte-americana, os cidadãos tornar-se-ão provavelmente um povo ingovernável. Numa escala maior e mais catastrófica, poderíamos contemplar novamente a resistência à autoridade e o recurso à violência que foram provocados pela Décima Oitava Emenda da Constituição dos Estados Unidos e pela Lei Volstead.[619] Ambas foram adotadas "democraticamente"; mas de algum modo a democracia positiva nacional não é a mesma coisa que o uso consagrado de nossa democracia territorial. De fato, vez ou outra já vemos, hoje, grandes cidades norte-americanas em anarquia – os anarquistas são aquelas pessoas, brancas ou negras, que se sentem excluídas da total participação na sociedade. O que aconteceria se a maioria viesse a se sentir excluída das decisões?

Dentro de uns poucos anos, se não imediatamente, qualquer "democracia guiada" ou "democracia plebiscitária" encontraria evasão e hostilidade em todos os lugares, e, dentre os resultados disso, viria a diminuição da autoridade popular efetiva do governo geral. As forças e lealdades da vontade serão suplantadas pelas compulsões de um jacobinismo dos últimos dias, ou de um Diretório.[620] E um grande Federal Bureau of Investigation (FBI) não seria capaz de fazer cumprir os decretos de tal regime; pois, embora "vassoura nova sempre varra bem", uma coisa é a força de elite dos detetives federais auxiliando a polícia local, outra é uma polícia secreta nacional permanente. Isso seria bem diferente – e possivelmente desagradável para alguns dos defensores "progressistas" da centralização. Diga-se de passagem que um efetivo de tropas federais em cada cidade poderia não ser suficiente para manter a tranquilidade pública.

Entretanto, aparecem ainda sinais de vida na árvore do federalismo norte-americano, e os poderes de resistência e reação da democracia territorial não devem ser desprezados. É verdade, como notou Tocqueville, que os homens no poder geralmente sentem-se impelidos a aumentar o poder central, ao passo que os oponentes da centralização são estúpidos ou impotentes. Não obstante, o apego às doutrinas da divisão de autoridade e dos poderes estaduais e locais permanece tão popular nos Estados Unidos que um plano inteligente para preservar o antigo sistema conseguiria ser ouvido e teria alguma chance de ser implantado.

Um Estado-nação enorme, unitário e onicompetente não pode tolerar a tradição política norte-americana e as tensões entre instituições sociais e inovações. Se o sistema federal está obsoleto, então devemos nos preparar para treinar os líderes de uma nova ordem, e definir a natureza dessa soberania, que, para nós, é recente. Se a democracia territorial merece sobreviver, e se o sistema federal ainda tem alguma virtude, então a estrutura constitucional deve ter o funcionamento reforçado e auxiliado. No momento presente, a maioria dos norte-americanos qualificados para pensar sobre tais assuntos se recusa a tomar qualquer um dos caminhos. Estão dispostos a deixar as normas da política moverem-se por si mesmas – o que não é natural.

Esta é outra grande oportunidade para os conservadores. Esperamos que a geração emergente de conservadores tenha a coragem e a imaginação necessárias para impedir o triunfo do triunfo dos centralizadores; pois tal triunfo seria seguido, bem rapidamente, pela decadência da república norte-americana.

Capítulo 16 | Cultivando Desertos Educativos

É com certo temor que ponho no papel minhas opiniões sobre este assunto amplo, difícil como a sina dos reformadores educacionais.[621] Em 1953, o professor Arthur Bestor (1908-1994), da Universidade de Indiana, publicou o livro, *Educational Wastelands: The Retreat from Learning in Our Public Schools* [Os Desertos Educativos: O Abandono do Aprendizado em Nossas Escolas Públicas].[622] Nesse particular, sobrevive a tradição judaica de que todos os profetas foram apedrejados até a morte, ou mortos de outra maneira, pelo povo. De 1953 em diante, os educadores ridicularizaram o dr. Bestor com vários epítetos, até que ele partiu de Indiana em direção à margem mais remota do mundo ocidental, a costa do estado de Washington. Quanto a mim, porém, pude fugir para os bosques do interior de Michigan, onde nasci.[623]

Alhures, já sugeri a possibilidade de uma "Era Augustana" para os Estados Unidos e para o mundo do século XX[624] – supondo que nós, norte-americanos, não pretendamos impor os nossos costumes sobre todos os povos da Terra. Contudo, ao discutir a educação norte-americana, não consigo ser tão confiante.

As noções e os métodos educacionais marxistas foram desmascarados como repugnantes falácias – exceto nestes Estados Unidos, talvez. Entretanto, o que se pode dizer das atuais noções e métodos educacionais norte-americanos? Desde a publicação do relatório da Comissão Nacional sobre a Excelência em Educação, *A Nation at*

Risk [Uma Nação em Risco], há uma década,⁶²⁵ já houve muita conversa sobre educação, e muito já foi escrito sobre o tema. No entanto, no que diz respeito a quaisquer indícios de uma melhoria geral – ora, isso não se encontra facilmente.

Os Estados Unidos são agora a grande potência do mundo. Mesmo assim, quem pode elogiar um sistema educacional que produz jovens incrivelmente ignorantes – exceto por uma pequeníssima minoria – em História, Geografia e idiomas estrangeiros, e extremamente despreparados para lidar com quaisquer problemas maiores do que os da própria vizinhança? Pior ainda, qual o futuro de um povo cuja escolaridade o capacitou, na melhor das hipóteses, a determinar o preço de tudo – mas o valor de nada? Nós, norte-americanos, encontramo-nos, hoje, politicamente dominantes e intelectualmente enfraquecidos. Os conservadores têm diante de si um trabalho complexo de restauração intelectual.

Hoje em dia quase todo o mundo – exceto a National Education Association [Associação Nacional de Educação],⁶²⁶ seus diretores e afiliados, e os professores da maioria das escolas de Pedagogia – confessa que algo está terrivelmente errado com o aprendizado nos Estados Unidos. Enquanto ficamos numa atmosfera de remorso e recriminação, há oportunidades para uma reforma genuína. Portanto, aventuro-me a exortá-los primeiro, e basicamente, sobre os apuros e as possibilidades da educação superior.

Ao longo de meio século, nossa educação superior tem afundado cada vez mais.⁶²⁷ Ninguém é mais dolorosamente consciente da decadência que o professor consciencioso com certa experiência e ninguém sofre mais com isso do que o estudante de graduação possuidor de alguma perspicácia. A educação superior nos Estados Unidos está em estado de decadência. Épocas de decadência, contudo, são sucedidas, por vezes, por períodos de renovação. Tudo é uma questão de vontade, razão e imaginação. Como o expressou Samuel Johnson (1709-1784), "Senhor, *sabemos* que nossa vontade é livre, e que *há* nela uma finalidade".⁶²⁸

É concebível que nós, norte-americanos, após décadas de asneiras e incertezas, possamos estar entrando em uma "Era Augustana" dos Estados Unidos. Para a reabilitação ser bem-sucedida, é necessário um diagnóstico honesto. É provável que o povo dos Estados Unidos gaste hoje, anualmente, mais em educação superior do que gastaram todas as nações do mundo juntas, desde a fundação das antigas universidades até o início da Segunda Guerra Mundial. Entretanto, predomina o descontentamento geral com os resultados produzidos por esse custoso esforço. Certamente, está na hora de nós, conservadores, examinarmos novamente a missão da educação superior.

O objetivo primário da educação superior, em todas as terras e tempos, tem sido o que John Henry Newman (1801-1890) chamou de treinamento do intelecto para formar um hábito mental filosófico.[629] Faculdades e universidades foram fundadas para desenvolver a reta razão e imaginação, em nome da pessoa e da república. Por natureza, a educação superior se ocupa de abstrações – e abstrações bastante difíceis, tanto nas ciências quanto nos estudos das humanidades. Em qualquer época, a maioria das pessoas nunca gostou muito de abstrações. Neste ambiente democrático, portanto, a educação superior se depara com o perigo de pressões niveladoras.

Na Inglaterra, há poucos anos, um membro do partido de oposição, apontado como ministro da Educação em um possível governo do Partido Trabalhista, denunciou as universidades de Oxford e Cambridge como "cânceres".[630] Provavelmente, teria convertido essas antigas instituições, se tivesse oportunidade, em algo como as "universidades populares" suecas – isto é, instituições indulgentes nas quais qualquer rapaz ou moça pode se formar, porque todos os padrões para admissão e graduação foram eliminados. Todo homem e mulher será um rei ou rainha intelectual com um diploma de Oxbridge![631] O problema de tal anseio é que esses reis e rainhas seriam intelectualmente pobres – e, presumivelmente, a Inglaterra, em geral, acabaria empobrecida em vários sentidos.

Recentemente, estamos ouvindo vozes parecidas nas escolas de pós-graduação de Harvard. Por que discriminar a indolência e a estupidez? Por que não deixar que todo mundo se forme, independentemente do desempenho nos estudos? Não seria essa a maneira democrática de se proceder? Se os jovens não gostam de abstrações e manifestam uma ativa aversão ao desenvolvimento de um hábito mental filosófico, por que não dar o que eles acham que gostariam de ter: isto é, uma contracultura superficial?

A degradação educacional pelo dogma democrático já triunfa, com poucas exceções, ao redor do mundo ocidental: já está bem adiantada na França e na Itália. Nos Estados Unidos, desde a Segunda Guerra Mundial, o rebaixamento dos padrões para admissão e graduação, a notória desgraça da "inflação das notas",[632] e a perda da ordem e da integração dos currículos, são por demais conhecidos e lamentados para que eu precise repisar tais males aqui. Algum conforto, ainda que atenuado, pode ser tirado do fato de que não pecamos, nesse particular, mais gravemente do que outras nações do Ocidente – de fato, pecamos relativamente menos.

Aqui e ali, alguns sinais de renovação na educação superior podem ser identificados; certamente, há muita algazarra a esse respeito. Todavia, resta saber se é possível restaurar ou melhorar a verdadeira instrução superior, mesmo com todas as poderosas pressões políticas e econômicas existentes contra as melhorias. Por ser um tanto lúgubre por convicção, mas esperançoso no temperamento, posso resmungar com meus botões: "Não digas que a luta de nada vale!".[633]

Por que o rebaixamento dos padrões e a perda da coerência intelectual são nocivos à educação superior? Porque o ensino superior tem como intenção desenvolver, primariamente, um hábito mental filosófico. A genuína educação superior não se destina, de fato, a "criar empregos" ou a treinar técnicos. Incidentalmente, a educação superior tende a produzir tais resultados, sim; mas somente como subproduto. Corremos o risco de esquecer, enquanto perseguimos os objetivos incidentais, aqueles fins fundamentais da educação.

Por que se estabeleceram as faculdades e universidades, e qual continua sendo sua função mais valiosa? A disciplina da mente; a oferta de visões abrangentes a homens e mulheres e a instilação da virtude da prudência; a apresentação de um corpo coerente de conhecimento ordenado, em vários grandes campos do saber; a busca do conhecimento por amor ao conhecimento; existe para auxiliar a geração emergente a encaminhar-se na direção da sabedoria e da virtude. A universidade é um instrumento para ensinar que a verdade é melhor que a falsidade, e a sabedoria melhor que a ignorância. É claro que tem sido usada para outras coisas também, algumas delas ligeiramente perniciosas – tais como servir como um instrumento para o esnobismo social. Todavia, ainda estou falando da missão fundamental da universidade.

A universidade se destina a conferir duas espécies de benefício. A primeira é o aperfeiçoamento da pessoa humana, em prol do próprio indivíduo: abrir as portas de alguma sabedoria aos rapazes e às moças, para que haja algo mais na vida do que adquirir e gastar.

A segunda espécie de benefício é a preservação e o avanço da sociedade, por intermédio do desenvolvimento de um corpo, ou classe, de jovens que serão líderes em vários ramos de atividades: cientistas, clérigos, políticos ou representantes, funcionários públicos, médicos, advogados, professores, industriais, gerentes e várias outras coisas. A universidade é um meio de auxiliar a formação dos intelectos, garantir a competência e (um propósito quase sempre esquecido hoje em dia) colaborar na formação do caráter. Não falo aqui de uma elite, pois compartilho da convicção de T. S. Eliot (1888-1963) de que uma série de elites deliberadamente cultivadas tenderia à estreiteza de pensamento e à arrogância.[634] Antes, refiro-me a uma classe relativamente larga e numerosa de homens e mulheres toleravelmente educados, que fermentariam a massa da sociedade das mais variadas maneiras.

"Onde o conhecimento que perdemos na informação?",[635] para não falar da sabedoria. O que a faculdade ou a universidade costumavam tentar transmitir não era um monte de informações coligidas, uma acumulação aleatória de fatos, mas sim um corpo integrado e ordenado de saberes que iriam progredir num hábito mental filosófico – um molde mental a partir do qual a pessoa poderia discernir vários tipos de conhecimento.

Sem dúvida, a prevalência dos computadores poderá nos trazer vários benefícios materiais, mas, em termos de uma verdadeira educação, o computador e a sua "Sociedade da Informação" podem equivaler a uma praga. Parecem ser calculados para enfraquecer a razão individual e tornar a maioria de nós dependente de uma elite de programadores – no nível superior da "Sociedade da Informação", quero dizer; poderão vir a se tornar ferrenhos inimigos do hábito mental filosófico.

Uma coisa que devemos recordar, então, ao discutir o que a educação superior deverá fazer pelas pessoas nesses primeiros anos, é que as ondas de inovação tecnológica comumente trazem nas cristas uma massa de detritos. Tal massa desagradável foi atirada sobre as praias da academia pelas tormentas ideológicas das décadas de 1960 e 1970. Nas universidades e nas faculdades, estamos apenas começando a nos recuperar dos danos gerados ao hábito mental filosófico por aquela tempestade. Cavalheiros e professores do meio acadêmico mostrar-se-iam altamente imprudentes caso participassem de uma nova devastação, ao colocar os equipamentos acima da disciplina intelectual.

Não digo que o desejo por novidades educacionais sempre faça mal. Nem acredito que a função primária da universidade e da faculdade seja a criação de uma sociedade do tipo "pudim de tapioca",[636] na qual todos seriam exatamente como todo o mundo – todo rapaz e toda moça, idealmente, de posse de um diploma de doutor, ainda que completamente sem filosofia.[637]

Ao contrário, a missão primária da universidade e da faculdade é apontar o caminho em direção a alguma medida de sabedoria e virtude, por intermédio do desenvolvimento do hábito mental filosófico.[638] Digo que as universidades e as faculdades foram fundadas na esperança de que tais instituições pudessem auxiliar a geração vindoura a se aproximar de duas formas de ordem: uma, a ordem na alma da pessoa, a direção da vontade e do apetite pela racionalidade; a outra, a ordem na comunidade política, por meio da compreensão da justiça, da liberdade e do bem público.[639] Afirmo que a reforma básica do ensino superior deve ser a restauração desses objetivos veneráveis – uma tarefa para os conservadores.

Seria absurdo pensar que os nossos vastos *campi*, atualmente organizados como fábricas, devam ser humanizados? Seria ridículo afirmar que a obsessão norte-americana com o adquirir e o gastar poderia ser suficientemente moderada para permitir que o ensino superior norte-americano seja buscado por si mesmo? Talvez; mas também, talvez não.

Falta-me o tempo para vos oferecer um programa detalhado de reforma educacional; mas ouso agora sugerir a medida essencial que deverá ser executada, caso realmente desejemos sair da decadência intelectual rumo à renovação intelectual.

Primeiro, a qualidade do ensino primário e secundário tem de ser melhorada consideravelmente, antes que possamos ver qualquer aumento significativo da inteligência e da imaginação entre os universitários. Essa melhora tem de ter dois aspectos: o ensino das verdadeiras disciplinas intelectuais e o despertar da imaginação moral.[640] Apesar dos esforços do U. S. Department of Education [Departamento de Educação dos Estados Unidos] em incitar as escolas a se aperfeiçoarem, pouca coisa ocorreu até agora em termos de reformas práticas.

Acho altamente duvidoso que qualquer reforma significativa das escolas públicas possa ocorrer até que os diversos estados, e talvez o governo federal também, adotem algum formato de "plano de *vouchers*", que levaria a uma diversidade e a uma escolha na educação escolar. Aqui recomendo-vos, senhoras e senhores, o livro recente de John E. Chubb e Terry M. Moe, *Politics, Markets, and America's*

Schools [A Política, os Mercados e as Escolas dos Estados Unidos]. Como o expressam os autores:

> O sistema público de educação funciona de maneira natural e rotineira, apesar das melhores intenções de todos, de modo a sobrecarregar as escolas com uma burocracia excessiva, desestimular a organização escolar efetiva e reprimir o desenvolvimento dos estudantes.[641]

Segundo, a inclinação norte-americana de exigir certificação profissional tem de ser controlada. Uma enorme parte do corpo estudantil em quase todos os *campi* está matriculada mormente porque "tem de ter um diploma para conseguir um emprego". Portanto, universidades e faculdades estão cheias de jovens que gostariam de estar em outro lugar, ganhando dinheiro ou, ao menos, preferiam estar atarefados e emancipados das abstrações. É necessário lembrar que a universidade e a faculdade são centros para o estudo de abstrações; e o interesse da maioria das pessoas em abstrações é manifestamente limitado. Várias das habilidades necessárias no mundo dos negócios, na indústria, na tecnologia e no serviço governamental são mais facilmente adquiridas por estágios ou tirocínio; e ser obrigado a ficar na faculdade não é muito melhor, para muitos alunos de graduação, do que marcar passo. Caso as universidades fossem eximidas da responsabilidade de produzir candidatos mal-acabados para empregos rotineiros, poderiam executar suas obrigações primárias de forma muito melhor; e a atmosfera do típico *campus* seria muito mais agradável.

Terceiro, a dimensão humana na educação deveria ser recuperada pela extinção dos *campi* para multidões, com milhares de alunos de graduação numa multidão solitária, e pela descentralização, tanto quanto possível, dos *campi* de tipo Behemoth existentes.[642] A velha estrutura de colegiado da comunidade acadêmica deveria se tornar, novamente, o modelo. Institutos para o treinamento técnico, em contraposição às abstrações das quais a educação superior se deve ocupar, deveriam ser situados em lugares separados do *campus* da faculdade ou da universidade.

Quarto, os currículos em quase todas as universidades e faculdades devem ser amplamente revisados, rigorosamente, de modo a fornecer aos estudantes uma genuína disciplina intelectual, purificada das perdas de tempo intelectuais que têm desonrado, até certo ponto, os programas universitários desde o começo do século XX, e principalmente desde o fim da década de 1960. Na maioria dos estabelecimentos norte-americanos dedicados a um ensino supostamente superior, as ciências teóricas e os estudos humanos imaginativos foram empurrados para um canto empoeirado do currículo. Essa tolice tem de ser desfeita. Examinando os diretórios de diversas universidades, recentemente, com vistas a encontrar uma boa faculdade para minha quarta filha, descobri que hoje em dia, na faculdade típica, apenas cinco por cento dos alunos de graduação são matriculados em "Letras", que outrora fora a principal disciplina da universidade norte-americana! Se os membros mais inteligentes da geração emergente obtiverem pouco conhecimento da grande literatura, história, línguas e ciências naturais – ora, cedo ou tarde, a pessoa e a república cairão na desordem.

Quinto, temos de enfatizar, ao longo de toda a educação superior, o antigo princípio de que os fins de toda educação são a sabedoria e a virtude. Eu *não* quero dizer que o propósito do ensino superior é "transmitir valores". Toda a noção de ensinar "valores" está equivocada, embora frequentemente sustentada por pessoas sinceras, munidas de boas intenções.

O que a verdadeira educação procura transmitir é *significado*, não valor. Este emprego dissimulado da palavra *valor* como um substituto de palavras tais como "norma", "padrão", "princípio" e "verdade" é um artifício deliberado dos positivistas doutrinários, que negam haver qualquer significado moral de caráter transcendente ou permanente. Nos Estados Unidos, a noção de "valores" educacionais foi promovida por sociólogos e pedagogos da escola instrumentalista: pretende ser um substituto das pressuposições religiosas sobre a existência humana que, antes, eram aceitas como verdadeiras nas escolas. Um "valor", da forma como os pedagogos empregam o termo, é uma preferência pessoal, que gratifica talvez a pessoa que a ele adere, mas que não tem nenhum efeito moral obrigatório para as outras. "Desde que a quantidade de prazer permaneça igual, boliche é tão bom quanto poesia",[643] na famosa frase de Jeremy Bentham (1748-1832). Escolha os valores que quiser, ou ignore-os todos: é uma questão do que dá, ao indivíduo, o máximo prazer e a mínima dor.

Etiénne Gilson (1884-1978) nota que os positivistas promovem deliberadamente o conceito de "valores" porque negam que as palavras, ou os conceitos por elas representados, tenham significado real.[644] Portanto, a palavra "honra" poderá possuir algum valor para alguns, mas ser repelente para outros: na visão do positivista, a palavra "honra" não tem sentido próprio, pois não existe honra, nem desonra: tudo é na verdade sensação física, agradável ou dolorosa. Se a "honra" tem um valor ilusório, use-a; se não gostas de "honra", descarte-a.

Foi-se o tempo em que cada criança em idade escolar estava familiarizada com o catálogo das sete virtudes, teologais e cardeais, bem como dos sete pecados capitais. Os positivistas e um bom número de outras pessoas negam, hoje, a existência desses sete pecados capitais, ou de qualquer outro pecado. Quanto às virtudes – ora, gostariam de transformá-las em "preferências de valor", sem imperativo moral algum para sustentá-las; mas a justiça, a fortaleza, a prudência e a temperança não são meramente "valores"; nem o são a fé, a esperança e a caridade. Não é papel do indivíduo, preso na própria vaidade, determinar se prefere a justiça ou a injustiça; não é o seu papel decidir se a prudência ou a imprudência lhe agrada mais. É verdade, o indivíduo pode assim decidir e agir, trazendo danos a outros e a si mesmo; mas é função da educação transmitir uma herança moral: ensinar que as virtudes e os vícios são reais, e que o indivíduo não está livre para brincar com os pecados conforme achar melhor.

O que a verdadeira educação transmite não são valores, mas antes um conjunto de verdades: isto é, um padrão de significados, percebidos por intermédio de certas disciplinas do intelecto. O tipo de educação que prevaleceu nos Estados Unidos e na Europa até mais ou menos 1930, por exemplo, foi a tentativa de instruir a geração vindoura acerca da natureza da realidade. Traçava um padrão de ordem: ordem na alma, ordem na comunidade política. Esse antigo sistema educacional começava com a informação; passava da informação ao conhecimento; e movia-se do conhecimento à sabedoria. Seu objetivo, repito, não era o valor, mas a verdade.

A estrutura educacional dos nossos dias, inspirada em Jeremy Bentham e em John Dewey (1859-1952), pouco preocupada com o sentido das coisas, visa, confusamente, a promoção pessoal, o treinamento técnico, a sociabilidade, a socialização, as funções custodiais e a certificação – sem falar nas brincadeiras e nos jogos. A própria possibilidade de conhecer o sentido de qualquer coisa é negada por vários departamentos de Filosofia. O que esse sistema educacional do século XX transmite à geração nascente? Transmite, a princípio, algumas habilidades técnicas e comerciais, juntamente com o treinamento nas profissões doutas, indispensáveis à nossa civilização. O ensino moderno, em qualquer nível, oferece pouco que seja útil ao ordenamento da alma e ao ordenamento da comunidade política.

A educação outrora era fundamentada em certos postulados. Um deles afirmava que muito da verdade é alcançável; outro, que a verdade religiosa é a fonte de todo o bem; um terceiro, que podemos aproveitar a sabedoria de nossos ancestrais; um quarto, que o indivíduo é tolo, mas a espécie é sábia; um quinto, que a sabedoria se persegue como um fim em si mesmo; finalmente, que pelo bem da comunidade política, o ensino deve despertar a imaginação moral.

Esses postulados não deixaram de ser verdadeiros; apenas foram esquecidos em meio à obsessão de nosso século pelo poder e pelo dinheiro, e à ilusão de nosso século de que a ideologia é um substituto pronto e satisfatório para o pensamento. Alguns olhos se abriram para o mal produzido por tais obsessão e ilusão. Aqui e ali, algumas tentativas de recuperar os verdadeiros fins da educação estão acontecendo.

Muitos nos Estados Unidos e ao redor do mundo foram deserdados do próprio patrimônio cultural. Entretanto, poderão retomar essa herança, caso tenham fortaleza e tenacidade suficientes. "Apenas os mortos nos dão energia",[645] diz Gustave Le Bon (1841-1931). No longo prazo, o homem e o Estado que rejeitaram o legado de muitos séculos encontrar-se-ão despidos de coragem. E o homem ou a mulher que desenterraram esse legado intelectual serão incentivados a defender as Coisas Permanentes em meio "ao caos tenebroso, à noite antiga".[646]

Um antigo companheiro de armas, Arthur Bestor, considerava as escolas nos Estados Unidos, em 1953, desertos educacionais. Hoje, não se encontram menos áridas: a escola básica, o ensino médio, a universidade. A irrigação conservadora poderá fazer esse deserto florescer. Se nada for feito – ora, de mãos dadas com os "Homens Ocos", vamos rondar "a figueira-brava às cinco em ponto da madrugada",[647] na terra de cactos do pedagogismo. Caso falhe a renovação, ao fim do século XX, os Estados Unidos poderão ter alcançado a igualdade completa na educação: todos compulsoriamente instruídos, e todos igualmente ignorantes.

Capítulo 17 | Perspectivas do Proletariado

De tempos em tempos me perguntam qual acredito ser a maior dificuldade que a república norte-americana enfrenta hoje em dia. Respondo que o nosso infortúnio social mais enigmático e angustiante é o crescimento de um proletariado.

Definamos os termos. As palavras "proletariado" e "proletário" vêm-nos dos tempos romanos. Na acepção romana, um *proletarium* era um homem que não contribuía à comunidade política com nada, a não ser com a própria prole. Uma tal criatura não paga impostos, vive à custa do público, não cumpre deveres cívicos, não faz nenhum trabalho digno de menção e não conhece o significado da piedade. Como massa, os proletários coletivos, o proletariado, são formidáveis; exigem certos direitos – principalmente, em tempos antigos, pão e circo; em nossos dias, direitos muito mais amplos, que lhes são concedidos para evitar que se tornem violentos como coletividade. Ao Estado, repito, o proletário contribui apenas com os filhos – que, por sua vez, de ordinário, viram proletários. Ocioso, ignorante e muitas vezes criminoso, o proletariado pode arruinar uma grande cidade – e uma nação. O que Arnold J. Toynbee (1889-1975) chamava de "proletariado interno" arrastou dessa maneira a civilização romana;[648] os invasores bárbaros, o "proletariado externo", irromperam pelo frágil casco de uma cultura que já havia sangrado até a morte.[649]

Karl Marx (1818-1883), aquele duro inimigo do patrimônio da civilização moderna, conclamou o proletariado moderno a se levantar e verter sangue em grande escala.⁶⁵⁰ Triunfantes no Império Russo após a Primeira Guerra Mundial, na Europa Oriental e tantas outras regiões do mundo pouco depois da Segunda Guerra Mundial, os discípulos ideológicos de Marx instalaram no poder proletários brutais, ao menos no nível local, onde se mostraram tão impiedosos quanto estúpidos.⁶⁵¹ O proletário não é capaz de construir; mas consegue destruir.

Os Estados Unidos, durante os séculos XVIII e XIX e nas primeiras décadas do século XX, não eram afligidos por um proletariado em grande escala nacional – embora Thomas Jefferson (1743-1826) tenha temido a chegada de tal classe assim que as cidades crescessem,⁶⁵² e Thomas Babington Macaulay (1800-1859), em 1857, tivesse predito um "progresso declinante" no país, ao fim do qual algum Júlio César (100-44 a.C.) ou algum Napoleão Bonaparte (1769-1821) "tomará as rédeas do governo com braço forte, ou vossa república será temivelmente pilhada e devastada por bárbaros no século XX, como o Império Romano o foi no século V". Como observou Lord Macaulay com alguma veemência, nos Estados Unidos o proletariado possuiria não somente o poder da intimidação por meio de violência, mas teria mais efetivamente o poder da urna eleitoral. "Vossos hunos e vândalos", continuou, "têm sido engendrados dentro do vosso país, por vossas instituições".⁶⁵³

Ora, nos Estados Unidos de hoje, a quem nos referimos quando falamos de um proletariado, uma classe desenraizada e descontente que é um ônus para a comunidade política? Primeiro é necessário especificar os grupos que *não* temos em mente.

O proletariado não é idêntico aos "pobres". Embora a maioria dos proletários seja pobre, um homem pode ser rico e, ainda assim, proletário, se não for nada mais do que uma vergonha para a comunidade política, e se tiver a mentalidade de um proletário. Também há muitas pessoas de renda bastante modesta que, mesmo assim, possuem um caráter louvável e são bons cidadãos. A propósito, costumo citar uma observação incidental que Robert Frost (1874-1963) utilizava quando conversava com seus amigos esquerdistas: "Pelo amor de Cristo, não falem de pobres o tempo todo!". Como nos instrui Jesus de Nazaré, "Sempre tereis pobres convosco" (Mateus 26, 11; Marcos 14, 7; João 12,8).

O proletário não é idêntico ao "trabalhador" – de fato, uma das características do proletário é *não* trabalhar voluntariamente. Fui criado, praticamente, dentro das oficinas ferroviárias Pere Marquette, na periferia de Detroit, meu pai era maquinista de trem e membro do corpo de bombeiros; não éramos proletários,[654] nem o eram meus colegas de escola e seus pais.

O proletário não é idêntico ao "recebedor de auxílio social", ainda que a vasta maioria dos proletários esteja nas listas dos beneficiários desses auxílios. Logicamente, entre os recipientes de bolsas e auxílios locais, estaduais e federais encontramos vários idosos, enfermos, ou pessoas afligidas por algum outro mal, que, contudo, não são tão desventurados a ponto de compartilhar da mentalidade e da moralidade proletária.

O proletário não é idêntico ao homem negro que habita os bairros pobres dos centros urbanos. Parece que mais ou menos metade dos proletários norte-americanos são brancos, e a outra metade gente de cor, negros especialmente – embora isso signifique, obviamente, que a proporção de proletários entre a população negra dos Estados Unidos seja consideravelmente mais alta do que a proporção de proletários entre a população branca dos Estados Unidos.

A população proletária não é apenas a população urbana. Cada vez mais, a condição de vida proletária se expande até mesmo em remotos distritos rurais. Na minha longínqua vila de Mecosta em Michigan, um lúgubre ajuntamento de trailers em decomposição, "lares móveis" imobilizados, circunda a minha casa ancestral; a venda de narcóticos procede no parque público da vila; e a taxa de crimes, especialmente de ofensas contra mulheres, cresce a cada ano. A única igreja da vila foi convertida num antiquário.[655]

O proletariado, em suma, é uma massa de pessoas que perdeu – se é que alguma vez possuiu – a comunidade, a esperança de melhora, as convicções morais, os hábitos de trabalho, o senso de responsabilidade pessoal, a curiosidade intelectual, a participação em uma família saudável, a propriedade, a participação ativa nos assuntos públicos, nas associações religiosas e a consciência de fins ou objetivos da existência humana. A maioria dos proletários vive, tal como os cães, dia após dia, sem refletir. Os *lazzaroni* de Nápoles, suponho, existiram por séculos nessa condição proletária;[656] mas os *lazzaroni* das cidades e do campo norte-americanos, tendo-se proliferado em anos recentes, são mais agressivos do que as contrapartes italianas.

Os centros de muitas cidades norte-americanas estão agora dominados pelo proletariado; ou, se não o centro de algumas cidades, nesta altura, um aro sombrio e perigoso circunda o centro. Uns trinta anos atrás,[657] ao jantar com o economista britânico Colin Clark (1905-1989) numa pousada em Oxford, observei que não sabia o que seria das cidades norte-americanas. Respondeu o professor Clark, "*Eu* sei; vão deixar de existir". Então, prosseguiu, sugerindo que os subúrbios situados além das fronteiras políticas das cidades sobreviveriam, ao redor de um acúmulo de ruínas devastadas, demolidas e despovoadas, com a antiga área urbana parecendo ter sido coberta por bombas incendiárias semelhantes às que foram usadas contra Dresden no fim da Segunda Guerra Mundial. É justamente isso que tem ocorrido numa velocidade desanimadora.

Permiti-me examinar alguns exemplos impressionantes. Conheço a cidade de Detroit desde pequeno – isto é, por mais de meio século, ao longo do qual o "arsenal da democracia"[658] foi completamente proletarizado. Quando era um estudante universitário e passeava pelas ruas de Detroit todo fim de semana, a cidade tinha uma população de dois milhões de habitantes; agora tem um milhão, no máximo, sendo que 90% da população branca fugiu. O instituto de arte, a biblioteca pública, o museu histórico de Detroit e a Wayne State

University sobrevivem, por ora, ao lado de algumas altas igrejas de pedra, em meio a uma decadência esmagadora. No *campus* da universidade, algumas cabines telefônicas foram erigidas, espaçadas a curtos intervalos. Nessas estruturas, o telefone está instalado no nível do chão, de modo que, suponhamos, pessoas feridas ou violentadas possam se arrastar até a cabine e tirar o telefone do gancho; mesmo que nenhuma palavra seja dita, a patrulha policial deve investigar. Assim se encontra a vida intelectual de Detroit no ano da graça de mil novecentos e noventa e dois.

Por tentador que possa parecer oferecer-vos alguns aspectos da existência na Detroit proletária, não tenho tempo nem espaço suficientes. Alguns dos que examinarem este volume podem ter lido o livro bastante recente de Zev Chafets, *Devil's Night and Other True Tales of Detroit* [A Noite do Diabo e Outros Contos Verídicos de Detroit];[659] ou ter visto o meu artigo "Halloween's Horrors: All Too Human in USA" [Horrores de Halloween bastante humanos nos Estados Unidos], publicado na *Newsday* em 1986,[660] sobre a Noite do Diabo de Detroit;[661] ou ter visto o programa televisivo de 1990 que enfureceu o demagogo boca-suja que é o prefeito de Detroit;[662] ou ter ficado ligeiramente espantado por conta de um texto no *The New Yorker*[663] revelando a miserável e depravada condição proletária em que aquele prefeito mantém deliberadamente a geração nascente, praticamente prisioneiros de um gueto negro, do qual a escultura executada por Robert Graham (1938-2008) do imenso punho do pugilista negro Joe Louis (1914-1981) é o símbolo mais adequado.[664] De qualquer maneira, não acredito que exista pessoa aqui presente que esteja muito desinformada sobre a degradação do que já foi uma cidade em expansão e cheia de esperança, com alguma cultura própria.

O que causou a ruína de Detroit e proletarizou o lugar? As complexas causas da decadência também estão em ação na maioria das outras cidades norte-americanas; mas foram especialmente graves em Detroit.[665] Aventuro-me a listar alguns dos principais males.

Primeiro, o automóvel, que levou grande quantidade de dinheiro para a cidade e aumentou em muito a população, por outro lado causou danos àquela que fora uma cidade grande bastante agradável e pacífica, situada à margem de um importante curso d'água navegável que levava ao interior. A Ford Motor Company e as outras montadoras automotivas recrutaram trabalhadores de onde quer que os pudessem encontrar, especialmente na Europa Central e Oriental, e nos estados do Sul dos Estados Unidos; as massas de homens semiqualificados ou sem qualificação alguma que vieram para as fábricas de automóveis foram desenraizadas, e muitas vezes separadas da cultura rural tradicional. A maioria nunca chegou a se familiarizar com o pensamento, a política e os costumes norte-americanos. Tornaram-se desculturados, em vez de aculturados, e os demagogos fizeram deles presas fáceis. Já em 1932, aliás, a "minoria" ou grupo étnico mais conservador da cidade eram os negros de Paradise Valleywards, republicanos resolutos, que apoiaram Herbert Hoover (1874-1964). Também constituíam o grupo mais pobre de Detroit.

Segundo, o triunfante automóvel possibilitou aos cidadãos mais afluentes de Detroit construir casas nos subúrbios, particularmente, em Grosse Pointes, abandonando as mansões próximas do coração da cidade – o início do que mais tarde viria a se chamar de "fuga branca". Com a vinda do *New Deal*, esse afluxo de talentos e riqueza da antiga cidade foi bastante acelerado pela Home Owners' Loan Corporation [Empresa de Empréstimo para Proprietários de Imóveis][666] ou pelos posteriores programas de empréstimos a juros baixos, garantidos pelo governo federal, disponíveis para as pessoas que tinham boas avaliações de risco creditício; dessa forma, a antiga cidade foi ficando privada de determinadas classes sociais: de ricos comerciantes, de fabricantes, de profissionais liberais, de banqueiros e, até, de trabalhadores qualificados – que deixaram atrás de si um vácuo que seria preenchido, sucessivamente, por grupos étnicos e econômicos de decrescentes meios e talentos para liderar. A mudança de

Henry Ford (1863-1947), de uma casa pequena na Avenida Bagley, perto do centro da cidade, para uma grandiosa propriedade rústica perto de Dearborn, é uma boa ilustração desse processo. A mesma mudança ocorreu na maioria das outras cidades norte-americanas, é claro – sendo que, mesmo parcialmente, Nova York e São Francisco foram as principais exceções.

Terceiro, a produção militar no "arsenal da democracia" durante a Segunda Guerra Mundial atraiu para Detroit um grande número de trabalhadores industriais, principalmente brancos dos Apalaches, de origem germânica e morávia ("caipiras", para os nativos do estado de Michigan), e negros sulistas; à multidão desses foram acrescentados, logo, mais negros sulistas que haviam sido tecnologicamente desempregados pelo aperfeiçoamento da colheitadeira mecânica de algodão e outras alterações dos padrões econômicos de *Dixie*.[667] Aqueles cujos ancestrais haviam se estabelecido por várias gerações nos lugares e costumes, ao sul da Linha Mason-Dixon,[668] viram-se desnorteados, muitas vezes ficaram ressentidos e abalados em suas crenças e hábitos, lá em cima no *estreito* do churrasco de costeletas de porco.[669]

Quarto, assim que a produção para a guerra terminou, essa gente se viu com pouco trabalho e sem dinheiro – e, invariavelmente, numa confusão moral e social. O divórcio, o abandono de esposas e de crianças, se tornaram comuns em Detroit e em outras cidades; disso surgiram os sucessivos programas de auxílio a crianças dependentes,[670] financiados pelo governo federal, e bem-intencionados. Desse esquema humanitário, contudo, veio a família monoparental, o domicílio mantido via benefícios governamentais em grande escala, as gangues de jovens negros entediados e ociosos nas esquinas, que adotavam como exemplos paternos o dono de bordel, o extorsionário e, mais recentemente, o traficante de drogas – brilhantes homens de sucesso. Num instante, a primeira geração dessas crianças carentes gerou uma segunda geração carente; então a segunda geração gerou uma terceira progênie – genuínos proletários, dando à comunidade política nada além de sua prole – que, por sua vez, viria a imitar os pais e as mães.⁶⁷¹

Boa parte dos bairros mais antigos da cidade foi ficando mal cuidada, e alguns setores se tornaram perigosos, em consequência das mudanças que acabo de mencionar; assim mesmo, na década de 1940, eu andava pelas ruas pobres desarmado e a qualquer hora. Pelo início da década de 1950, adotei a precaução de portar uma faca embainhada quando andava por tais ruas, dentre elas a Michigan Avenue, à noite; mais tarde, passei a levar uma pistola. Na década de 1970, era melhor não andar nessas ruas, a não ser em caso de necessidade. Incidentalmente, tornou-se necessário, na maioria dos casos, dirigir um carro, ou caminhar, tendo o transporte público diminuído de frequência: a cidade nunca construiu um metrô, o que poderia ter sido prontamente feito durante os anos da Grande Depressão; e, gradualmente, o sistema de bondes deteriorou-se por descuido. Se alguém não fosse proprietário de um carro e fosse idoso, doente ou tímido – ora, poderia ficar em casa, vegetando – embora os mercados de esquina também estivessem em vias de desaparecer.

Tendo a decadência da cidade se tornado fisicamente evidente, por que não demolir boa parte dela e começar tudo de novo? Assim falavam os entusiastas da "renovação urbana"⁶⁷² da administração do presidente Lyndon B. Johnson (1908-1973). O resultado foram desertos urbanos e selvas de pedra, não a renovação; grandes lucros, porém, foram auferidos por empreiteiros e construtores famosos. Eis a quinta causa do colapso de Detroit: a destruição deliberada dos bairros de pessoas de baixa renda, juntamente com o fechamento de várias pequenas empresas. Os recém-chegados a Detroit haviam apenas começado a se estabelecer em comunidades toleráveis, a encontrar uma igreja para frequentar, a obter um emprego razoavelmente regular, a terminar de entender a cidade – quando surgiu rua abaixo a escavadora federal. Para onde fugir agora? Ora, para moradias sociais novas, feias e, muitas vezes, perigosas – que não existiam em número suficiente para todos; ou então se acumular em algum distrito sobrevivente barato, que em consequência tornar-se-ia uma favela.

Permiti-me uma digressão, para vos oferecer um exemplo vívido. Corktown, em Detroit, que há um século estava cheio de irlandeses recém-chegados, é um distrito que fica a pouco mais de uma milha de distância da antiga e bela Prefeitura (demolida, por nada, como parte daquela "maravilhosa" renovação urbana). No fim da década de 1940 e início da década de 1950, Corktown era um bairro muito agradável, com casas antigas e bem construídas, próximo do Briggs Stadium e das lojas de bebidas que se enfileiravam ao longo da Michigan Avenue, o *Skid Row* de Detroit.[673] As pessoas que viviam em Corktown eram uma geração bastante idosa de irlandeses – senhoras idosas, principalmente; e também homens empregados no ramo da imprensa, nas instalações próximas aos jornais *Detroit News* e *Detroit Free Press*, que ganhavam altos salários; um grande número de malteses, pessoas de família, católicos, uma das muitas "minorias" de Detroit. Uma antiga igreja católica, *Most Holy Trinity* [Santíssima Trindade], era o centro da identidade de Corktown.

No início da "renovação" em massa, financiada com verbas federais, os zelosos planejadores cívicos perceberam, em seus mapas, que aparentemente Corktown tinha uma alta taxa de assaltos – e de conduta desordeira, também. Tivessem examinado o mapa mais de perto, teriam descoberto que os crimes – na maioria dos casos o furto a homens intoxicados – ocorriam quase todos ao longo da Michigan Avenue, o paraíso alcóolico das pessoas de baixa renda de Detroit – e manifestamente não nas ruas residenciais de Corktown propriamente ditas. O fato é que a Michigan Avenue era limítrofe a uma parte de Corktown. Mas os planejadores urbanos não chegavam a conclusões tão apuradas; de acordo com as estatísticas disponíveis, os crimes ocorriam num bairro chamado Corktown. O que fazer? Ora, renovar Corktown, demolindo-a e, mais tarde, construindo ali algumas fábricas. Como livrar-se de ratos? Ora, incendiando o celeiro, é claro.

Livrar-se de Corktown significaria se livrar do crime. Nesse primeiro grande projeto de renovação urbana, os tratores e escavadeiras federais foram ao trabalho, removendo várias casas interessantes, retirando um grande número de famílias há muito ali instaladas; por fim, demoliram o último local público de diversão em Corktown, um modesto restaurante; pouparam, é verdade, uma grande livraria de livros usados situada em uma casa antiga – mas não pouparam nenhum outro comércio.

Cheguei a conhecer bem Corktown enquanto toda essa confusão ocorria. O crime acabou? Ora, já não havia muito crime para abolir nas ruas residenciais de Corktown. Mas, nessa ocasião, os crimes começaram nos lotes cobertos de entulho, e as casas que sobreviveram corriam constante risco de invasão. Sem outro lugar para ir, gangues de garotos – aliás, esse era um bairro exclusivamente de brancos, a não ser por alguns peles-vermelhas norte-americanos – começaram a brigar entre si e surrupiar bolsas de senhoras. Logo as gangues assumiram esquemas lucrativos de extorsão e começaram a ordenar assassinatos. Era uma maneira de aliviar o tédio, num distrito que ficara poeirento e horrível – até mesmo as árvores foram cortadas – a mando dos renovadores cívicos. Conhecia um dos rapazes indiciados por homicídio, um jovem amigável com algum gosto por arquitetura, um vendedor ambulante maltês que trabalhava em vizinhanças habitadas por famílias negras. Ele havia sido forçado a entrar em uma gangue para sobreviver; destestava o que estava sendo feito em Corktown pelos renovadores cívicos.

Nessa época, estava cortejando uma moça ruiva chamada Mary, envolvida em obras de caridade voluntárias, ligadas à paróquia de Most Holy Trinity. Ela morava perto da igreja em um prédio de apartamentos que já vira dias melhores, e era então habitado por senhoras irlandesas de idade que não ousavam sair de casa por medo de terem as bolsas roubadas e, talvez, de sofrer espancamento. Oferecí emprestar a Mary uma pistola, uma vez que um prédio de apartamentos era um lugar arriscado; mas ela recusou, dizendo que, se os garotos descobrissem que ela possuía qualquer coisa do tipo, invadiriam a casa para levar a arma.

Contudo, não posso prolongar demais essa digressão. Minha observação aqui é que o próprio processo de política pública, o fiasco de uma renovação urbana mal conduzida, fez muito no sentido de transformar o restante dos habitantes de Corktown em proletários. Agora que a maior parte da antiga população de Corktown foi expulsa, morreu ou foi embora, alguns gestos de restauração arquitetônica, e até de repovoamento, têm sido ensaiados: uma classe média poderá vir a se restabelecer. Essa é uma boa notícia, mas permanecem na minha memória os rostos de certos moradores de Corktown, de classe baixa e honestos, que foram reduzidos a uma condição de pobreza e, de fato, de proletarização, pela "guerra contra a pobreza" de Lyndon Johnson, que poderia ser descrita de forma mais precisa como uma guerra contra os pobres.

Quando os tremendos distúrbios de 1967 ocorreram em Detroit,[674] alguns dos revoltados, enquanto lançavam garrafas de gasolina para queimar as lojas dos cristãos caldeus (a quem os negros chamavam de judeus), gritavam em tom de zombaria, "Renovação urbana instantânea!". Não eram gratos pela assistência do Department of Housing and Urban Development [Departamento de Moradia e Desenvolvimento Urbano]. O governador George Romney (1907-1995), no último discurso público antes de sair de Michigan para assumir um posto ministerial em Washington, D.C., declarou que os distúrbios – quase uma insurreição – haviam sido causados pelo ressentimento contra a renovação urbana e a construção de estradas federais. Como estava certo!

O *Kerner Report* [Relatório Kerner] (cujo autor foi preso logo depois)[675] declarou que a desordem mais violenta havia sido um distúrbio racial, provocado pelo "racismo dos brancos" (presumivelmente, os brancos racistas eram os comerciantes caldeus e judeus, bem como outros pequenos lojistas). Na verdade, negros e brancos estavam igualmente representados entre os saqueadores e incendiários; os presos suspeitos de serem franco-atiradores eram todos brancos. O Grande Distúrbio em Detroit foi um golpe proletário que Jack London (1876-1916) teria apreciado e não um protesto organizado de negros contra o "racismo".

Uma sexta causa da redução de Detroit a uma condição geral proletária foi a construção de rodovias gigantescas que destruíram vizinhanças antigas – conforme apontado pelo governador Romney. Tornou-se quase impossível ir de um antigo bairro da cidade a outro sem um automóvel, e sem passar por vários desvios. Milhares de moradias decentes, várias delas casas de família, foram varridas pelo progresso impiedoso do sistema rodoviário. As novas rodovias se tornaram, por vezes, barreiras intransponíveis para chegarmos a uma igreja, ou a lojas. Esquecendo que as cidades são lugares onde as pessoas vivem, os construtores de estradas pensaram em Detroit como se fosse uma enorme inconveniência, a ser adentrada e deixada para trás o mais rápido possível. No presente, crimes violentos contra pessoas cujos carros calham de enguiçar na estrada se tornaram quase cotidianos.

A sétima causa, e a mais catastrófica, da redução de Detroit a uma prisão para proletários infelizes foi a "fuga branca" em uma tremenda escala após o Grande Distúrbio Proletário de 1967. A polícia perdera o controle efetivo da grande cidade. Praticamente todas as famílias brancas que puderam conseguir dinheiro suficiente para comprar uma casa e um lote nos subúrbios externos saíram às pressas da antiga Detroit. Um único distrito, Indian Village, permanece predominantemente branco em sua população – e agora está ficando algo desorganizado. A maioria dos antigos detroitianos recuou para além da Eight Mile Road, a fronteira política setentrional de Detroit. Indo do rio Detroit até a Eight Mile Road, a principal via urbana de Detroit, Woodward Avenue, é quase toda uma visão de horrível abandono, exceto por prédios do governo e igrejas. Um detroitiano observou-me, recentemente, que não é mais possível comprar uma camisa no centro de Detroit. As grandes e elegantes lojas de departamento foram abandonadas ou demolidas anos atrás. O prefeito "black power"[676] fala com desprezo dos "subúrbios hostis"; governa em um gigantesco gueto negro.

Em oitavo lugar dentre as causas da formação de uma sociedade sem classes em Detroit – isto é, uma sociedade que consiste de uma única classe, o proletariado – está o esfarelamento do sistema público de educação. A integração racial compulsória e o acesso ao serviço de transporte escolar pelo sistema de *desegregation busing*[677] aceleraram bastante a fuga branca para além da Eight Mile Road; a integração racial compulsória, onde alcançada, mostrou-se um método educacional pior tanto para brancos quanto para negros, não melhor; o abandono das escolas de bairros alienou tanto os pais quanto os alunos; a base tributária do sistema escolar minguou. As escolas tornaram-se lugares desagradáveis e perigosos, onde as energias dos professores eram gastas principalmente para manter alguma semelhança de ordem física. Pesquisas de opinião pública demonstraram que tanto os pais brancos quanto os negros eram fortemente contrários ao sistema de *busing* – mas a mera opinião dos pais não lhes adiantava de nada, estando as decisões nas mãos de juízes oniscientes, esses educadores infalíveis.

As causas da doença social de Detroit são de fato complexas: é quase como se um gênio do mal houvesse planejado detalhadamente a queda de uma grande metrópole. Ai dessa cidade!

Entretanto, permiti-me citar ainda uma nona entre as principais causas da queda de Detroit: a horrível praga do tráfico de narcóticos e a expansão do vício de drogas. Possivelmente, a cidade de Washington, D.C., apresenta um quadro pior dessa doença que Detroit – mas duvido (é verdade, a capital norte-americana, ao longo dos últimos anos, roubou de Detroit a antiga e orgulhosa distinção de ser a "Capital de Homicídios dos Estados Unidos"[678]).

Um estudo científico e confidencial preparado entre 1990 e 1991 para a General Motors Corporation, em Detroit, revelou que 31% dos funcionários de produção da empresa na cidade se encontravam seriamente debilitados ou viviam perigosamente sob a influência dos narcóticos e do álcool. Isso também se aplicava a 20% dos empregados de "colarinho branco" da empresa. Um trabalhador automotivo pode gastar seiscentos dólares por semana em cocaína, maconha e bebidas destiladas – e ainda assim continuar empregado.

Não é necessário descrever aqui as consequências fatais, pessoais e sociais, do vício em narcóticos. O proletário busca drogas alucinógenas ou a estupefação de bebidas muito fortes porque não tem nenhum fim ou objetivo na vida. O vício em narcóticos converte pessoas com grandes chances de sucesso em proletários vazios. Quando quase um terço dos trabalhadores industriais de uma cidade – tende presente que a General Motors é, certamente, o maior empregador de Detroit, e a praga das drogas e da bebida se apresenta da mesma maneira nas outras fábricas da cidade – estão viciados dessa forma, por quanto tempo poderá uma sociedade urbana continuar a se manter coesa?

Nada obstante, a vida segue entre a ruína, a feiura, a depravação e os perigos de Detroit. O que é que ainda mantém Detroit semiviva e funcionando de uma forma ou de outra?

Ora, são as igrejas cristãs (As sinagogas agora se encontram somente nos subúrbios). Essas igrejas resistem bravamente ao desespero proletário. Ao longo da Woodward Avenue, as imensas igrejas góticas ou romanescas de um século têm agora congregações compostas de negros, em sua maioria. Diz-se que dentro das fronteiras de Detroit estão dois mil e quinhentos prédios de igrejas, desde catedrais até umas capelas surradas instaladas em lojas comerciais. Alguns dos templos e tabernáculos negros podem ser variedades notavelmente excêntricas da experiência religiosa; mas até a mais desvairada delas oferece algum tipo de esperança e consolação além da decaída cidade deste mundo; mesmo a menor entre essas igrejas ou quase-igrejas é uma âncora remanescente de comunidade. A profissão cristã fervorosa ainda insufla, na destruída Detroit, alguma vida do Espírito.

A influência dos pastores negros parece não ter diminuído. Em 1973, durante o clímax de uma disputa política amarga em torno da questão do aborto, fiz o discurso principal na maior organização pró-vida do estado de Michigan, reunida em um grande salão de frente para o rio Detroit.[679] Atrás de mim, no palanque, como reforços morais e físicos, estavam sentados três ou quatro monólitos de ébano, enormes pastores batistas negros. Um clérigo protestante branco, também, estava lá, e um homem público – o sr. William A. Ryan (1919-2001), então presidente da Assembleia Legislativa de Michigan (nenhum sacerdote católico se aventurou a assumir um lugar visível no palanque). A presença desses ministros de ébano significava que nós, os ativistas pró-vida, havíamos ganhado o dia em Detroit. Quando a iniciativa estadual pró-aborto apareceu nas cédulas eleitorais em novembro do mesmo ano, os pró-aborto foram derrotados numa proporção de quase dois para um. Cada distrito negro em Detroit votou contra o aborto por grandes margens; em um distrito, a proporção dos votos era de dezesseis a um contra o aborto. O modelo proletário, marxista, livrou-se dos grilhões da religião. Claramente, resta em Detroit uma forte influência que impede a total proletarização.

Apresentei-vos o espetáculo de Detroit no ano de 1992, senhoras e senhores, porque provavelmente Detroit ilustra, melhor do que qualquer outra cidade, as causas concorrentes e convergentes da redução da população de uma cidade a uma miserável condição proletária. Algumas pessoas me dizem que Newark, em Nova Jersey, está mais abalada do que Detroit; Washington, D.C., poderia estar pior, não fosse pelo poder repressivo e os recursos do governo federal. As cidades dos Estados Unidos se tornaram aquilo de que Thomas Jefferson as chamou, no final do século XVIII: os equivalentes sociais de chagas em um corpo humano.

A tendência do povo norte-americano rumo à condição proletária – que é, na maioria das vezes, um movimento mais sutil do que os processos que mencionei hoje – deveria ser a preocupação urgente de todos os verdadeiros conservadores. A invenção de quaisquer remédios ou paliativos requererá um alto poder imaginativo. Algo já está sendo feito – por exemplo, os programas federais para estimular negócios capitaneados por "minorias". Um grande número de inovações e reformas econômicas tendo esses objetivos em mente foram propostos, nos últimos anos, pela Heritage Foundation.

O principal trabalho de redenção e reconstrução, porém, tem de vir de pessoas com mentalidade conservadora, que atualmente sofrem sob a deprimente dominação de demagogos e charlatães – "líderes" autoproclamados que conduzem tolos apenas à condição proletária. Conheci alguns restauradores de responsabilidade e de comunidade que iluminaram os recantos em que estiveram – entre eles, Elmo e Mattie Coney, de Indianápolis. Parece-me que alguns residentes de Washington, D.C., após a derrota do prefeito Marion Barry, irão enfrentar um mar de problemas.[680] Alguns voluntários corajosos, que não são "assistentes sociais profissionais", ainda conseguirão preservar os seus da transformação em proletários.

A recuperação de um ensino que tenha como objetivos a sabedoria e a virtude, movido pela imaginação moral, poderia ensinar a geração nascente a buscar na vida algo além de sensações violentas; e poderia inclina-la na direção de uma sociedade do bem comum, em vez da resistência a toda autoridade.[681] Um sistema de *vouchers* para facilitar a escolha de escolas poderia alcançar muitos bons resultados em poucos anos.[682] Penso numa ocasião em que alguns repórteres de jornais de Nova York visitaram uma escola católica em South Bronx. Acostumados aos modos bárbaros e atitudes zombeteiras das escolas públicas da cidade, os jornalistas ficaram pasmos quando uma menininha negra, escolhida para ser a sua anfitriã e guia, veio gentilmente até eles, apresentou-se e saudou a todos, liderando-os inteligentemente de sala em sala de aula. As escolas públicas às quais estavam acostumados produziam jovens proletários, com poucas exceções; a escola primária de South Bronx – que era a única estrutura não danificada a permanecer de pé dentro de um raio considerável – estava produzindo herdeiros de um patrimônio cultural, não obstante os obstáculos.

Não é necessário esforço algum para se tornar um proletário: é preciso apenas que a pessoa se submeta às correntes desumanizantes e desculturantes do momento e adore os ídolos da multidão. Muito esforço é necessário para conservar o legado da ordem, da liberdade, da justiça, da erudição, da arte e da imaginação, que deveria ser o nosso. Alguns espíritos malignos, em nome da igualdade, gostariam de ver-nos a todos proletários: a doutrina da miséria igual. O impulso conservador, *au contraire*, é o de resgatar tantos homens e tantas mulheres quanto possível de um destino tão insignificante na vida, sem objetivo e sem alegria, que é a condição proletária.

Capítulo 18 | Governo Popular e Mentes Imoderadas

No início do século XX, poucos Estados no mundo podiam ser considerados democráticos; contudo, existia muita liberdade pessoal e local, sob o império da lei. Perto do final do século XX, quase todos os regimes políticos mundo afora professam ser democráticos; entretanto, em vários países, a liberdade pessoal e local foi extirpada. Ao que parece, o triunfo da democracia, longe de preservar ou expandir a liberdade, levou ao poder uma multidão de oligarcas miseráveis.

Como nos encontramos neste mundo torto do *Anno Domini* de 1992,[683] uma vez que todos os "evangelhos do progresso" já foram refutados pelas circunstâncias? T. S. Eliot (1888-1965), em 1939, às vésperas da Segunda Guerra Mundial, disse, melhor do que consigo dizer hoje, a dura verdade sobre a nossa condição política. "Por muito tempo, não acreditamos em nada senão nos valores surgidos de um modo de vida mecanizado, comercializado, urbanizado: poderia ser igualmente bom aceitarmos as condições permanentes sob as quais Deus nos permite viver neste planeta", escreveu Eliot em seu breve livro, *The Idea of a Christian Society* [A Ideia de Uma Sociedade Cristã]. Prosseguiu, censurando o benthamismo e o secularismo que, meio século depois, continuam a nos oprimir:

> A não ser que consigamos encontrar um padrão em que todos os problemas da vida possam ter seu lugar, parece que só continuamos a complicar o caos. Enquanto, por exemplo, considerarmos as finanças,

a indústria, o comércio e a agricultura meramente como interesses rivais a serem reconciliados, de tempos em tempos, da melhor maneira possível; enquanto considerarmos a "educação" um bem em si mesmo a que todos têm o máximo direito, desacompanhada de um ideal de bem viver para a sociedade ou para o indivíduo, continuaremos a nos mover de uma transigência incômoda à outra. À organização rápida e simples da sociedade para fins que, sendo apenas materiais e mundanos, devem ser tão efêmeros quanto o sucesso mundano, há apenas uma alternativa. Como a filosofia política deriva sua sanção da ética, e a ética da verdade da religião, é somente ao retornar à fonte eterna da verdade que poderemos ter esperança em alguma organização social que não venha, até a destruição derradeira, a ignorar algum aspecto essencial da realidade.[684]

Amém. A "democracia", como abstração, não pode ser substituída satisfatoriamente pela autoridade de Deus. A mentalidade moderna caiu na heresia da democracia – isto é, o erro nocivo que diz *vox populi vox Dei*, que um "povo" abstrato é divino, e que a verdade vem da urna eleitoral. Quando Alexis de Tocqueville (1805-1859) viajou pelos Estados Unidos, a sociedade era suficientemente democrática no país – mais democrática, de fato, do que hoje – mas os norte-americanos ainda não haviam sucumbido à heresia de que a vontade do povo é a vontade divina. Nem todos os norte-americanos, mesmo nos dias de hoje, chegaram a adotar esse erro; mas foi enfraquecida a resistência geral à noção de democracia de Jean-Jacques Rousseau (1712-1778), a antiga "democracia territorial" dos Estados Unidos dos primeiros anos está muito combalida, e cada vez mais se rende a César: isto é, a um César agora chamado de democracia plebiscitária.[685]

* * *

Alguns anos atrás, ministrei uma conferência na Universidade de Oklahoma sobre um assunto pré-estabelecido: "Qual é a Melhor Forma de Governo para a Felicidade do Gênero Humano?". Essa série de palestras anuais sempre versava sobre o mesmo tema e era financiada por uma doação específica; em todos os anos anteriores, o palestrante escolhido declarava que a democracia era a melhor forma de governo para a felicidade da humanidade; os palestrantes anteriores, sem dúvida, supuseram que tal profissão de fé era deles esperada, como súditos leais do "rei Demos",[686] o soberano mais ávido por elogios de todos.

Chegada a minha vez, no entanto, neguei hereticamente o dogma do democratismo ideológico, em Oklahoma, afirmando, ao contrário, que não há uma única forma melhor de governo para a felicidade de todo o gênero humano. A forma de governo mais adequada depende necessariamente da experiência histórica, dos costumes, das crenças, do estado da cultura, da tradição legislativa e das circunstâncias materiais de um povo, e todas essas coisas variam de país a país e de época a época.[687] A monarquia pode defender o mais alto grau possível de ordem, justiça e liberdade para um povo – como, apesar das falhas, a monarquia abissínia fez na Etiópia, até a revolução marxista. A aristocracia, sob outras circunstâncias, pode ser considerada muito proveitosa para o bem-estar geral. A forma suíça de democracia pode funcionar muito bem na Suíça do século XX; entretanto, não resulta disso que o padrão suíço, por exemplo, abruptamente imposto, digamos, ao Brasil iria funcionar.

Nem o padrão norte-americano de política, desenvolvido por meio de um intricado processo que durou vários séculos, seria facilmente transplantado para Uganda ou para a Indonésia. Tentativas realizadas por Estados latino-americanos de imitar o padrão democrático norte-americano fracassaram.[688] A fórmula simples de "um homem, um voto" não curará todos os males dos quais a carne é herdeira.

A democracia não é nem uma filosofia política, nem um plano de organização política: antes, é uma condição social que pode ter consequências políticas. Há dois séculos, nem um só dos pais da Constituição dos Estados Unidos utilizava "democracia" como um termo consentido. Para os elaboradores da Constituição, "democracia" significava o governo da turba; e desse tipo de política já haviam visto o bastante na Rebelião de Shays.[689] A Constituição de 1787 não estabeleceu uma democracia, mas uma república federativa.

Um tanto de democracia se desenvolveu, de fato, nos Estados Unidos com os triunfos eleitorais de Thomas Jefferson (1743-1826) e Andrew Jackson (1767-1845). Entretanto, foi o que Orestes Brownson (1803-1876) chamou de "democracia territorial",[690] enraizada nas cidades ou condados, hostil à centralização política, desconfiada do poder executivo, ligada ao interesse rural. Não se parecia nem um pouco com as "democracias plebiscitárias" e as "democracias populares" de nossa era.

A democracia norte-americana, como percebeu Tocqueville, distinguia-se das democracias instáveis e, muitas vezes, sangrentas da Europa, além disso, graças ao poder contentor dos costumes cristãos na política norte-americana. "Ao mesmo tempo que a lei permite ao povo americano tudo fazer", escreveu Tocqueville,

> a religião impede-o de tudo conceber e proíbe-lhe tudo ousar. (...) Os americanos confundem tão completamente em seu espírito o cristianismo e a liberdade que é quase impossível fazer-lhes conceber um sem a outra; e não quer isso dizer que entre eles sejam estéreis essas crenças de que o passado lega ao presente e que parecem menos viver que vegetar no fundo da alma.[691]

Ao longo do século XIX, portanto, a democracia norte-americana não tentou cumprir o dever da religião ou afirmar suas pretensões de lealdade total: não era uma ideologia, em suma; não culminou no que Tocqueville chamou de "despotismo democrático".[692] A concepção geral da palavra "democracia" entre os norte-americanos era bem expressa por esta definição, presente na obra, em dez volumes, *The Century Dictionary and Cyclopedia* [O Dicionário e a Enciclopédia do Século]:

> Igualdade política e social em geral; um estado da sociedade no qual não se reconhecem diferenças hereditárias de posição social ou de privilégio de qualquer tipo; oposta à *aristocracia*.[693]

Os editores do dicionário citavam uma parelha do poema de John Greenleaf Whittier (1807-1892), "The Grave by the Lake" [O Túmulo junto ao Lago] como ilustrativa desse significado:

> Nem nome, pompa ou posição ele traz consigo,
> a democracia, no jazigo.[694]

Essa analogia com o jazigo, todavia, era um tanto agourenta; recorda a exclamação de Edward Bulwer-Lytton (1803-1873), em 1859:

> A democracia é como a sepultura – grita perpetuamente, "dai-me, dai-me", e, tal como a sepultura, nunca devolve o que outrora tomou (...). Não entregueis à democracia o que ainda não está pronto para descer à cova.[695]

Mesmo a democracia norte-americana era voraz. Apenas duas décadas após a publicação da edição de 1904 do *The Century Dictionary and Cyclopedia*, as ideias de John Dewey (1859-1952) e dos seus colegas educacionistas já estavam agindo sobre as mentes norte-americanas; na altura da década de 1930, esses conceitos instrumentalistas triunfavam nas escolas públicas dos Estados Unidos.[696] Os seguidores de Dewey eram sistematicamente hostis à doutrina cristã, dispostos a separar a ordem política dos dogmas religiosos. "Democracia" era uma palavra exaltada pela escola de Dewey[697] – mas não a democracia territorial de tempos anteriores, nem a democracia imbricada em costumes cristãos que Tocqueville havia elogiado. Para Dewey e seus amigos, "democracia" significava igualdade de condições, um platô social e intelectual, que muito se assemelha ao "despotismo democrático" denunciado por Tocqueville. Os pragmatistas de Dewey, olhando o passado com desprezo, aspiravam a uma democracia universal na linha utilitária.

Tal democracia ideológica beligerante é claramente idealizada no poema de Carl Sandburg (1878-1967), *The People, Yes!* [O Povo, Sim!].[698] Educadores instrumentalistas passaram a fazer propaganda de tais "valores democráticos" por intermédio do aparato das escolas públicas. Vale a pena notar que Sandburg tornou-se o poeta laureado da democracia do século XX nos novos livros escolares, tendo Walt Whitman (1819-1892) como precursor no século XIX. Dos livros-texto em Estudos Sociais (uma disciplina que havia começado a suplantar a História), as expressões "governo representativo", "governo constitucional", "república americana" e similares começaram a desaparecer: no lugar surgiu a palavra "democracia" – democracia monolítica, aparentemente, sem distinções relativas a tipos diversos de democracia. A democracia era boa, praticamente infalível; todas as outras formas de governo, passadas ou presentes, eram más. Assim o estudo da política para os jovens se reduziu a jargões e genuflexões diante do rei Demos.

Não estou sugerindo que, sozinha, a influência dos seguidores de Dewey alterou a concepção norte-americana de "democracia". Um sentido ideológico da palavra é bastante evidente na declaração de Woodrow Wilson (1856-1924) de que as tropas norte-americanas iriam "tornar o mundo seguro para a democracia"[699] em 1917. Mas a propaganda sistemática dos educadores de uma democracia absoluta e abstrata, purgada de noções religiosas, aos poucos, contribuiu muito para a demolição dos antigos limites constitucionais e morais sobre a vontade popular momentânea. Na Corte Suprema dos Estados Unidos, durante os anos em que Earl Warren (1891-1974) foi o juiz-presidente, entre 1953 e 1969, a doutrina benthamita de "um homem, um voto"[700] triunfou porque o ensino público havia aberto o caminho para a submissão à intervenção judicial em nome de uma democracia absoluta.[701] A interferência das cortes sobre a divisão dos distritos legislativos, no nível federal ou estadual, desde então tem prejudicado a democracia representativa prática: uma abstração ideológica preferida ao funcionamento prático do governo representativo.

Por meio de processos sutis, a ideia de democracia, que uma vez estivera intimamente associada a conceitos de liberdade pessoal e a ensinamentos cristãos, transformou-se em uma ideologia ou quase-ideologia, mesmo nos Estados Unidos. Esta palavra, *democracia*, tende a significar, hoje em dia, algo bastante diferente das instituições da República democrática dos Estados Unidos, tal como essas instituições políticas costumavam ser descritas em cursos do ensino secundário sobre a política norte-americana da época em que estudava. "Democracia" agora significa, para os liberais progressistas norte-americanos – e para um bom número de pessoas que ficariam surpresas por serem chamadas de liberais – substancialmente a noção de um homem, um voto, como princípio inviolável; uma ordem política totalmente secularizada, renegando qualquer autoridade transcendente sobre a sociedade; a presunção de que o julgamento de uma pessoa é tão bom quanto o de qualquer outra (salvo, talvez, o acúmulo de graus universitários); um ardente desejo pela perfeita igualdade de condições, embora isso possa não ser imediatamente alcançável; e uma confiança de que o padrão norte-americano de instituições democráticas poderia e deveria ser imposto ao mundo inteiro.

Tal é a ideologia do democratismo: a análise de livros-texto de Estudos Sociais e manuais de História, do tipo exibido no famoso "julgamento do livro-texto" em uma corte federal na cidade de Mobile, Alabama, no início de 1987,[702] deveria confirmar de modo suficiente a apressada análise deste capítulo sobre o que a palavra *democracia* encerra, dois séculos depois da Convenção Constitucional da Filadélfia. Todas as ideologias, até mesmo o democratismo, levam os tolos à imoderação – e logo à servidão. O que o ideólogo-mestre busca é o poder, não a liberdade. Nas palavras de Edmund Burke (1729-1797), "Homens imoderados nunca podem ser livres. As paixões lhes forjam os grilhões".[703] A ideologia é fanatismo político e irrealidade. Longe de preservar nossa liberdade, a ideologia do democratismo já enfraqueceu a estrutura constitucional norte-americana, e fará ainda mais danos à causa da liberdade ordenada, a não ser que nós, norte-americanos, reconheçamos o perigo e renovemos os antigos limites ao impulso igualitarista.

***

Escutamos em todo lugar expressões como "esse é o jeito democrático de fazer as coisas", ou "o elitismo não pode ser tolerado em nossa democracia". Mas, deixando os jargões de lado, que vantagens certas facções ou interesses de nossa República encontram na democracia norte-americana que existe hoje?

Para um número considerável de cidadãos, a democracia parece significar a oportunidade de ceder aos próprios apetites, sem restrições. A preferência de um não é tão boa quanto a de outro? Platão (427-347 a.C.) discerniu que o impulso fundamental nas democracias era de que todo homem fizesse o que decidisse arbitrariamente fazer, sem considerar os demais.[704] Tendo-se livrado daqueles costumes cristãos sobre os quais escreveu Tocqueville, encontram na ideologia do democratismo a autorização de todos os excessos. Se os valores de um homem, ou a ausência de valores, são tão bons quanto os de qualquer outro – ora, por que não gratificar toda ânsia? Quando um democratismo desse gênero corrompe a sociedade por algumas décadas, quando muito – ora, chegará a um fim à força e terá um senhor, pelo instinto humano de preservação de algum tipo tolerável de sociedade.

Para outra facção de norte-americanos – embora, naturalmente, essas categorias se sobreponham – a ideologia do democratismo serve para justificar planos grandiosos para a suposta conquista da "equidade" por meio de "direitos" – isto é, o emprego do poder político de tributação para o benefício especial de interesses ou classes particulares. O tremendo "*lobby* do Bem-Estar Social" vem imediatamente à mente quando tais assuntos são discutidos; defensores desse *lobby* chegaram ao ponto de manifestar aprovação, em impressos, à tentativa de assassinato do presidente Ronald Reagan (1911-2004) – porque o antidemocrático sr. Reagan tentara reduzir as despesas por eles aprovadas, e merecia morrer magnificamente.[705] Mas muitas outras organizações além do *lobby* do Bem-Estar Social compartilham da opinião de que a democracia significa a oportunidade de espoliar outras pessoas – isto é, o público em geral; pois a democracia norte-americana não dispõe de um estoque ilimitado de dinheiro e de bens, produtos da exploração. Não seriam, por isso, o espólio legítimo de empreendedores igualitários? Não merecem todos um pouco mais de tudo, e o aparato tributário não foi muito bem desenhado para assegurar tal excedente às facções toleravelmente organizadas? A National Education Association [Associação Nacional da Educação],[706] na companhia dos *lobbies* mais poderosos de Washington, D.C. considera-se especialmente merecedora do benefício público, e a NEA nunca cessa de bradar os méritos da democracia. Os sindicatos de trabalhadores postais, o *lobby* do concreto e toda sorte de facções e grupos eficazes – isto é, eficazes para fazer *lobby* – exigem a parte que lhes cabe democraticamente. Uns bons anos poderão se passar até que as funções essenciais do governo estejam tão reduzidas por essas extorsões democráticas que algo desesperado tenha de ser feito.

No campo da educação, a ideologia do democratismo conduz em pouco tempo à diminuição geral dos padrões de aprendizado. Não nascemos todos iguais? É elitismo ou não é recompensar alguns jovens meramente porque estudam mais intensamente ou foram injustamente dotados de cérebros melhores? Ou porque os pais os criaram de modo inteligente? Qualquer um familiarizado com as exigências das universidades norte-americanas, britânicas ou europeias de quatro décadas atrás, e com os padrões abreviados que prevalecem em tais instituições em 1992, conhece as consequências do democratismo acadêmico, cujas vitórias foram obtidas nas décadas de 1960 e 1970.[707] A decadência do ensino primário e secundário, que começou antes, é ainda mais marcante. Todo esse abandono dos esforços racionais foi justificado com o argumento de que "todos merecem igual oportunidade" e a teoria de que, "afinal de contas, a socialização é o mais importante nas escolas". As capacidades científicas e técnicas já sofreram gravemente com esse aspecto do democratismo; mas, o que é ainda mais significativo, a educação intelectual e moral dos líderes naturais da sociedade encontra-se tão desanimadoramente negligenciada que é preciso perguntar onde se acharão servidores competentes para a democracia, daqui a meio século.

Esses fenômenos do democratismo foram triplicados e quadruplicados em seu poder corrosivo pela ascendência da televisão, dos filmes, do rádio e de outros meios de rápida comunicação que podem formar a opinião pública quase no mundo inteiro dentro de algumas poucas horas. As exigências dos igualitários doutrinários são facilmente divulgadas pelos meios de comunicação de massa e despertam simpatias já predispostas; ao passo que a defesa da moderação e de alternativas prudentes às medidas igualitárias propostas são menos atrativas para as pessoas que lucram com os meios de comunicação de massa e menos facilmente apreendidas pelas multidões de ouvintes ou telespectadores. É de se admirar, de fato, que os preconceitos, hábitos e opiniões recebidas de um bom número de norte-americanos permaneçam fortes o bastante, mesmo hoje, para resistir ao igualitarismo piegas ou zombeteiro dos meios de comunicação de massa.

As consequências mais dramáticas e perigosas da ideologia do democratismo, todavia, ocorrem na condução das relações exteriores, e não nos temas internos desta República. Num momento, o democratismo debilita a diplomacia dos Estados Unidos, subordinando a natureza prática aos sentimentos; noutro, o democratismo lança os Estados Unidos precipitadamente para o exterior, direto numa guerra em larga escala. Estamos sujeitos à noção de que a democracia precisa ser instituída ao redor de todo o mundo, seja qual for o custo; e que toda democracia deve ser clonada ou reconstruída à imagem da "perfeita" democracia norte-americana.

Afirmo, um tanto apressadamente, que uma ideologia chamada de democratismo muitas vezes aflige tanto as políticas domésticas quanto as políticas externas dos Estados Unidos. A servidão à ideologia – isto é, a um dogmatismo político irracional – leva à imoderação no pensamento, no discurso e na ação. A Rússia e seus Estados satélites estão, atualmente, desiludidos com a ideologia marxista; mas muitos norte-americanos se apegam com ternura à própria ideologia democratista. O democratismo em ação, longe de preservar a liberdade individual dos cidadãos, poderá reduzir as liberdades civis norte-americanas de várias maneiras.

***

Se o deus do século XX chamado "Demos" tem pés de barro, o que faremos? Lá atrás, em 1918, foi-nos prometido que a gloriosa democracia iria vigorar universalmente; mas nada semelhante aconteceu. A palavra "democracia" é venerada e utilizada em todos os lugares; mas a realidade desse conceito, ou o que esperávamos que viesse a se tornar realidade, a fraternidade dos homens e a federação mundial, não pode ser encontrada, sete décadas depois.

Contudo, não precisamos nos desesperar. A primeira coisa que nós, norte-americanos, devemos fazer é recordar o aviso de T. S. Eliot de que "é somente ao retornar à fonte eterna da verdade que podemos ter esperanças de que qualquer organização social não irá, até a destruição final, ignorar algum aspecto essencial da realidade".[708] Devemos recordar-nos de que a política nada mais é do que a arte do possível; não é uma fonte de verdades eternas. A ideologia do democratismo, como todas as outras ideologias, é uma pseudorreligião, "imanentizando o *escháton*", como escreveu Eric Voegelin (1901-1985) a respeito das heresias políticas.[709] A cura da ideologia é a recuperação da compreensão religiosa da condição humana.

Não prestemos culto a uma abstração chamada "democracia". Entendamos que a democracia é uma condição da sociedade, não um ideal moral. As formas políticas democráticas são um meio de alcançar uma ordem civil tolerável; mas essas formas não são o único meio que possibilita aos homens viver juntos e em paz. Em algumas épocas e circunstâncias, as formas democráticas podem ser um meio adequado de organização social; noutros tempos e condições, as formas democráticas podem não funcionar de modo algum.

Deve ser ressaltado que os fins de uma comunidade humana tolerável são a ordem, a justiça e a liberdade. A democracia, *per se*, não é o fim ou objetivo da existência humana; antes, é um meio possível para esses três objetivos reais da ordem social civil. Grandes danos podem resultar da confusão entre meios e fins. Por isso, rejeitemos tais neotéricos norte-americanos que desejam que estabeleçamos uma religião civil para adorar o grande deus "Demos". A prevalência dos costumes cristãos no povo norte-americano foi a causa do sucesso de nossa democracia, como Tocqueville percebeu há quase um século e meio. Apenas a renovação das normas religiosas poderá revigorar a República dos Estados Unidos.[710] Aqueles que se prostram diante da imagem esculpida do divino "Demos" não conseguem, no fundo do coração, ter fé naquilo que é a própria criação. Deem a César somente o que é de César.

Um grande número de norte-americanos não são ideólogos que confundem a abstração chamada de democracia com a complexa continuidade da existência humana. Um bom número de norte-americanos ainda têm consciência de que há uma autoridade superior ao regime político dominante no momento. Não são poucos aqueles que permanecem conscientes de que é a eles que compete guardar a ordem e a justiça e a liberdade da nação, de forma vigilante; que a democracia não é uma presença mística com a capacidade de suplantar a Providência.

Ouso sugerir a esses norte-americanos que devemos falar mais de governo constitucional, de Estado de Direito, de direitos e deveres usufruídos por gerações, e de outros benefícios há muito estabelecidos da ordem civil social. Poderíamos nos beneficiar substancialmente de uma discussão inteligente e ampla a respeito da distinção entre um representante legislativo e um delegado legislativo; pois as nossas legislaturas estão em decadência. Mas deveríamos falar menos, de modo ideológico e vago, de alguma perfeição futura imaginada da sociedade: uma "aldeia global" em expansão, perfeitamente democrática, na qual todos serão precisamente iguais. Em tal utopia, nenhuma liberdade sobreviveria; e a humanidade morreria de tédio e cairia na licenciosidade.

No século XXI, sem dúvida a palavra "Democracia!", proclamada como um bordão ideológico, continuará a ecoar pelo mundo; mas algo que se pareça bastante com a verdadeira democracia será, então, difícil de encontrar, talvez até mesmo na Europa. De um modo ou outro, porém, a democracia norte-americana, provavelmente, permanecerá. Se sobreviverá como uma comunidade política baseada na amizade civil, ou como uma pseudorreligião que mascara apetites decadentes, isso dependerá das convicções morais do povo norte-americano.

"A política é a preocupação dos semianalfabetos",[711] escreveu George Gissing (1857-1903) perto do final do século XIX. A tal aforismo podemos acrescentar, perto do final do século XX, "a democracia é a preocupação dos semi-informado". O que a nossa época requer desesperadamente não é mais mediocridade, e sim mais elevação espiritual, mais consciência da fonte eterna da verdade. Uma vez que isso deixe de existir, a ordem, a liberdade e a justiça transformam-se em ruínas. Foi dito que os romanos criaram um ermo na Europa setentrional, e o chamaram de paz. Não deixemos que seja dito que os norte-americanos criaram no mundo um enorme tédio e o chamaram de democracia. Apesar das aeronaves norte-americanas terem bombardeado exaustivamente a Mesopotâmia,[712] o berço da civilização, ainda não é tarde demais para retornar da húbris política para a prudência política.

Um Epílogo Exortatório

PODERÁ A GERAÇÃO FUTURA REDIMIR O TEMPO?

Espiritual e politicamente, o século XX foi uma época de decadência. No entanto, ao aproximar-se o fim do século, podemos lembrar que eras de decadência foram, por vezes, sucedidas por períodos de renovação.

O que *vós* podeis fazer, moças e rapazes da nova geração da década de 1990, para elevar a condição humana a um nível menos indigno do que Giovanni Pico della Mirandola (1463-1494) chamou de "a dignidade do homem"?[713] Ora, iniciai por iluminar o local onde vos encontrais; por aperfeiçoar uma unidade humana, a vossa, e por dar auxílio ao próximo.

Não precisareis ser ricos ou famosos para "redimirdes o tempo":[714] o que precisais para realizar tal tarefa é unir a vossa imaginação moral à reta razão. Não é pela riqueza ou pela fama que sereis recompensados, provavelmente, mas por momentos eternos: aquelas ocorrências na existência de cada um de vós, na expressão de T. S. Eliot (1888-1965), em que se dá a "interseção do temporal com o atemporal".[715] Em tais momentos, podereis descobrir a resposta àquela pergunta imemorial que, vez ou outra, chega à mente de qualquer ser reflexivo, "O que *é* tudo isso? O que é este mundo que nos circunda e por que estamos aqui?"

Vossas Senhorias e eu somos colocados neste estado atual do ser como em um campo de testes – em uma arena, se quiserdes. Como Stefan Andres (1906-1970) expressa, "Somos a utopia de Deus".[716]

Vossas Senhorias e eu somos seres morais destinados a conquistar algo de bom, de maneira modesta ou grandiosa, neste mundo temporal.

Os estoicos romanos nos ensinaram que algumas coisas na vida são boas e outras, más. Ensinaram ainda que a grande maioria dos acontecimentos da vida não são nem bons nem maus, mas meramente indiferentes. A riqueza é uma coisa indiferente, como o é a pobreza; a fama é uma coisa indiferente, como o é a obscuridade. Dai de ombros para as coisas indiferentes; posicionai-vos contra as coisas más; e, fazendo a vontade de Deus, disseram os estoicos, encontrareis a paz que excede todo o entendimento.

Tais conselhos, clássicos e cristãos, não garantirão que recebais nenhum dos prêmios resplandecentes da sociedade moderna: pois também esses estão entre as coisas indiferentes, e alguns deles, entre as coisas más. Por que devemos ser guiados por semelhantes conselhos? Porque derivam da verdadeira autoridade, do senso comum e da antiga sanção do gênero humano, o que G. K. Chesterton (1874-1936) chamou de "a democracia dos mortos".[717] Como John Henry Newman (1801-1890) escreveu, em 1846, a respeito da autoridade:

> A consciência é uma autoridade; a Bíblia é uma autoridade; do mesmo modo, a Igreja; igualmente, a antiguidade; as palavras dos sábios; as lições hereditárias; as verdades éticas; as memórias históricas; os adágios legais e as máximas do Estado; tais são os provérbios; os sentimentos, presságios e predisposições.[718]

Crede naquilo que homens e mulheres de sabedoria, ao longo das eras, acreditaram em termos de fé e moralidade, e encontrareis uma base firme sobre a qual vos deveis postar enquanto os ventos da doutrina uivarem ao vosso redor.

O que *é* tudo isso... este mundo confuso de coisas materiais resplandecentes e de pavorosa decadência pessoal e social? Descobri que é um mundo real, não obstante os vícios: um mundo real, em que ainda podemos desenvolver e exercitar as virtudes possíveis da coragem, prudência, temperança e justiça; a própria fé, esperança e caridade. Sofrereis quedas no mundo, Deus sabe; mas também podereis gozar de triunfos. É um mundo em que tanta coisa precisa de ser feita que ninguém devia estar entediado.

Toda a criação que nos circunda é o jardim de que nós, humanos falíveis, fomos destinados a cuidar. Plantai algumas flores ou árvores, caso possais, e arrancai algumas ervas daninhas. Não creiais que a política lamentável de colocar-vos em primeiro lugar levar-vos-á às portas do Céu. Não deixeis de lembrar que a consciência é uma perpétua aventura. Não ignoreis a sabedoria das eras, a democracia dos mortos.

Aqueles dentre nós que aspiram a conservar a ordem, a justiça e a liberdade herdadas, nosso patrimônio de sabedoria, beleza e gentileza, têm um duro caminho pela frente – confesso. Muitas vozes declaram que a vida não vale a pena. Uma multidão de escritores, publicistas e membros da classe comumente chamada "intelectual" informam sombriamente que nós, seres humanos, não somos melhores do que macacos nus, e que a própria consciência é uma ilusão. Tais pessoas insistem em que a vida não tem propósito algum, a não ser a gratificação sensual; que a breve duração de nossa existência física é tudo o que há e o fim de tudo. Esses sofistas do século XX criaram nas escuras cavernas do intelecto um Mundo Inferior; e esforçam-se em nos convencer de que não há um sol – de que o mundo de maravilhamento e de esperança não existe em lugar algum, e nunca existiu. Platão (427-347 a.C.) conheceu bem tais sofistas em seu tempo.

Tais doutrinas do desespero, vós, da geração que surge, devereis confrontar e refutar. "Redimi o tempo, redimi o sonho"[719] – tanto mundana como espiritualmente. Permiti que volte a arte da sabedoria mundana.

O que dizer da política prática? Como alguém que espera conduzir uma defesa conservadora das "Coisas Permanentes" consegue avançar, politicamente, na imensa democracia norte-americana?

Ora, normalmente é simples encontrar o próprio caminho dentro da estrutura política dos Estados Unidos. Os partidos políticos norte-americanos não funcionariam sem voluntários. Oferecei a vossa ajuda, e descobrireis que é alegremente aceita, por exemplo, ao dizer que sois urgentemente necessários; podereis descobrir, de fato, que um bom número dos vossos colegas voluntários é um povo bastante peculiar, quase uns "Proscritos de Poker Flat",[720] mas bem-vindos em uma organização política local (se não são bem-vindos em um grande número de outros círculos) porque, sejam quais forem as vossas peculiaridades, estão dispostos a trabalhar por uma causa comum.

Caso vos torneis voluntários inteligentes e competentes, sereis muito valorizados pelos líderes e pelos aderentes do partido e sereis promovidos em vossas responsabilidades. Podereis ser solicitados a tornar-vos delegados, serdes eleitos, serdes indicados. Caso vos escolherdes como delegados, chegai cedo à reunião ou à convenção. Quando a reunião começar, procurai-vos sentar à direita do presidente da assembleia; então outras pessoas poderão tomar-vos pelo braço direito. Sempre existem várias pequenas artes pelas quais podemos ganhar ascendência sobre a imaginação de colegas políticos. Contudo, a grande necessidade é ter adquirido previamente uma certa quantidade de conhecimentos e alguma maestria de retórica – e princípios honestos. É por essa razão que, às vezes, aconselho estudantes de graduação a não perderem tempo em manifestações de rua, mas, em vez disso, se dedicarem ao *estudo*. Se Karl Marx (1818-1883), em vez de ficar lendo livros no Museu Britânico, tivesse passado os dias marchando ao redor desse edifício, com um cartaz de "Abaixo a burguesia!" preso numa tábua sobre os ombros – ora, se tivesse sido tão tolo, o mundo estaria, atualmente, em uma condição muito melhor.

Deixando de lado a política prática, caso vos decidais a assumir uma parte vigorosa na restauração da República Norte-Americana, escolhei adequadamente vossa vocação, de modo que o trabalho com que ganhareis o pão e o trabalho por meio do qual ajudareis a redimir o tempo possam coincidir. Dedicai-vos à área jurídica, caso consigais aguentar o tédio que reina nas escolas de Direito hoje em dia. Ou a um jornalismo sério – ou, para ter uma influência mais ampla e imediata, à televisão e ao rádio. Podeis realizar alguma reforma da mentalidade norte-americana por meio da publicação de livros. Supondo que possuais a fortaleza necessária, lutai para abrir vosso caminho pelas escolas de pós-graduação, aspirai por uma posição de professor universitário que vos permita contrabalançar os professores da Academia de Lagado.[721] Ou dedicai-vos à pedagogia, caso tenhais a capacidade de sobrepujar os monótonos obstáculos para a certificação como professor. Caso sintais o chamado religioso – ora, de nenhuma outra maneira poderíeis realizar mais pela restauração do sentido das vidas no século XXI. A melhor maneira de criarmos uma nova geração de amigos das Coisas Permanentes é gerar filhos e ler para eles durante as noites e ensiná-los aquilo que é digno de louvor: o pai sábio é o conservador das antigas verdades. Como disse Edmund Burke (1729-1797), aprendemos a "amar o pequeno pelotão ao qual pertencemos na sociedade".[722] A instituição que mais precisa de ser conservada é a família.

Se aspiramos redimir esta nossa era, há muito perdida na decadência – bem, não temos tempo a disperdiçar antes de começar a nos esforçar. Afixados às paredes do hall de entrada de minha casa em estilo neorrenascentista italiano, chamada de Piety Hill, estão as máscaras do antigo deus Cronos, em seu papel de Tempo Devorador; sua figura metade leonina, metade humana, deixa à mostra as presas, tão temidas pelos gregos antigos. Aquelas máscaras severas servem para me lembrar, diariamente, de que "vem a noite, quando ninguém pode trabalhar" (João 9,4).

Entretanto, o tempo não é só devorador. Ao usar apropriadamente a extensão que a nós compete viver, podemos fazer muito para redimir a modernidade dos vícios, terrores e erros catastróficos. Com Demóstenes (384-322 a.C.), imploro a vós, da geração emergente, que reflitais.[723]

Esse ponto essencial foi muito bem expresso por Orestes Brownson (1803-1876), em 26 de julho de 1843, falando no Dartmouth College, na cidade de Hanover em New Hampshire, na conferência "The Scholar's Mission" [A Missão do Acadêmico]. Disse Brownson:

> Não pergunteis o que a vossa era quer, mas do que precisa; não o que ela vos dará em troca, mas aquilo sem o qual não pode ser salva; e, isso, ide e fazei; e encontrai vossa recompensa na consciência de terdes cumprido o vosso dever e, sobretudo, ao refletirdes em que vos foi permitido sofrer um pouco pela humanidade.[724]

Muitos da geração nascente não conheceram os Estados Unidos tranquilo e confiante. Mal podem imaginar um tempo, há poucas décadas, em que a diversão das famílias ou casais era passear durante a noite no Central Park de Nova York ou no Belle Isle Park de Detroit, ou no MacArthur Park em Los Angeles. Famílias e casais não mais se aventuram a passear por esses lugares agora. A maior parte da geração emergente experimentou pouco em termos de continuidade e estabilidade; a expectativa de mudanças desoladoras foi, de longe, maior. Entretanto, muitos sentem que ainda resta muito para ser conservado e muito deveria ser restaurado.

No final da década de 1960, algumas pessoas da nova geração de então pensaram que seria divertido demolir o que gerações anteriores haviam pacientemente construído. No início da década de 1990, tenho confiança de que muitos dessa nova geração descobrirão que é gratificante restaurar e redimir o próprio patrimônio – para salvar o mundo do suicídio.

Notas Explicativas

Capítulo 1

[1] A expressão *"Politics is the Art of the Possible"* foi popularizada nos países de língua inglesa por Richard Austen Butler (1902-1982), o Barão Butler of Saffron Walden, um proeminente estadista conservador britânico que ocupou os cargos de parlamentar na Câmara dos Comuns, Chancellor of the Exchequer [Ministro das Finanças], Secretary of State for the Home Department [Ministro do Interior] e Secretary of State for Foreign Affairs [Ministro das Relações Exteriores]. No entanto, a sentença foi cunhada originalmente em alemão [*"Politik ist die Kunst des Möglichen"*] por Otto von Bismarck (1815-1898), o Príncipe von Bismark e Duque von Lauenburg, estadista responsável pela unificação alemã, que ocupou o cargo de chanceler do Império Alemão de 1871 até 1890, atuando como chefe de governo nos reinados dos *cáiseres* Wilhelm I (1797-1888), Friedrich III (1831-1888) e Wilhelm II (1859-1941).

[2] Henry Stuart Hughes, "The End of Political Ideology". *Measure*, vol. 2, n. 2 (Spring 1951), p. 153-54.

[3] O problema da ideologia foi analisado de forma mais extensa e sistemática por Russell Kirk nos ensaios "The Drug of Ideology", "Liberal Forebodings", "The Ideologue Ungenerated" e "Behaviorists' Behavior", publicados na seguinte obra: Russell Kirk, *Enemies of the Permanent Things: Observations of Abnormity in Literature and Politics*. Peru, Sherwood Sugden & Company, 1984, p. 153-234.

[4] A obra foi publicada originalmente em cinco volumes entre os anos de 1801 e 1815. A edição mais recente é a seguinte: Antoine-Louis-Claude Destutt de Tracy, *Projets d'Éléments d'Idéologie*. Paris, Editions L'Harmattan, 2005.

[5] "A ideologia propriamente dita só aceita teorias inaplicáveis e só pela sua ignorância encontra-se a mil léguas da verdade prática do governo". Napoleão Bonaparte, *Aforismos, máximas e pensamentos*. Org. e pref. Francesco Perfetti, Trad. Annie Paulette Marie Cambé. Rio de Janeiro, Newton Compton Brasil, 1996, p. 54.

[6] "A imaginação governa o mundo". Napoleão Bonaparte, *Aforismos, máximas e pensamentos*, p. 74.

[7] John Adams, *The Works of John Adams – Volume VI*. Boston, Charles C. Little and James Brown, 1851, p. 403.

[8] Karl Marx e Friedrich Engels, *A Ideologia Alemã*. Intr. Jacob Gorender, Trad. Luis Claudio de Castro e Costa. São Paulo, Martins Fontes, 2008.

[9] Karl Marx, *Miséria da Filosofia*. Trad. J. C. Morel. São Paulo, Ícone, 2004.

[10] Hannah Arendt, *As Origens do Totalitarismo*. Trad. Roberto Raposo. Rio de Janeiro, Forense Universitária, 1999.

[11] Kenneth Minogue, *Alien Powers: The Pure Theory of Ideology*. Pref. Martyn P. Thompson. 2. ed. New Brunswick, Transaction Publishers, 2007.

[12] Raymond Aron, *O Ópio dos Intelectuais*. Intr. Roberto de Oliveira Campos, Trad. Yvone Jean. Brasília, Editora Universidade de Brasília, 1980.

[13] Jacob Talmon, *The Origins of Totalitarian Democracy*. London, Secker and Warburg, 1952.

[14] Thomas Molnar, *Utopia, the Perennial Heresy*. Lanham, University Press of America, 1990; Thomas Molnar, *The Decline of Intelectual*. New Brunswick, Transaction Publishers, 1994.

[15] Lewis Feuer, *Ideology and the Ideologists*. New York, Harper & Row, 1975.

[16] Hans Barth, *Truth and Ideology*. Trad. Frederic Lilge, Intr. Reinhard Bendix. Berkeley, University of California Press, 1976.

[17] Eric Voegelin, *A Nova Ciência da Política*. Intr. José Pedro Galvão de Sousa, Trad. José Viegas Filho. Brasília, Editora Universidade de Brasília, 1982; Eric Voegelin, *Hitler e os Alemães*. Trad. Elpídio Mário Dantas Fonseca. São Paulo, É Realizações, 2007.

[18] Gerhart Niemeyer, *Between Nothingness and Paradise*. Baton Rouge, Louisiana State University Press, 1971; Idem, *Aftersight and Foresight: Selected Essays*. Pref. William F. Buckley Jr., Intr. Michael Henry. Lanham, University Press of America / Intercollegiate Studies Institute, 1988; Idem, *Within and Above Ourselves: Essays in Political Analysis*. Intr. Marion Montgomery. Wilmington: ISI Books, 1996.

[19] Fundamentado principalmente nas reflexões de Eric Voegelin e de Gerhart Niemeyer sobre a temática, Russell Kirk entende as ideologias não apenas como visões errôneas acerca da política, mas como heresias no sentido religioso do termo, visto que tais teorias corrompem a visão cristã de salvação pela graça e pelas obras após a morte, substituindo os ensinamentos doutrinários da fé por falsas promessas de completa felicidade neste reino terreno, ou seja, as ideologias são concepções errôneas sobre a natureza humana que promovem a imanentização falaciosa do *escháton*. O tema é apresentado de forma mais ampla em: Eric Voegelin, "Gnosticismo: A Natureza da Modernidade". In: *A Nova Ciência da Política*, p. 85-99. Ver também: Gerhart Niemeyer, "Enlightenment to Ideology". In: *Within and Above Ourselves*, p. 355-88. Uma análise sistemática do pensamento voegeliano, na perspectiva kirkeana, se encontra em: Russell Kirk, "Eric Voegelin's Normative Labor". In: *Enemies of the Permanent Things*, p. 253-81. O autor analisa a crítica de Niemeyer à ideologia, relacionando a mesma aos riscos contemporâneos do "americanismo" e do "neoconservadorismo", no seguinte ensaio: Russell Kirk, "The Grim Signification of Ideology". In: John A. Gueguen, Michael Henry e James Rhodes (ed.), *The Good Man In Society: Active Contemplation – Essays in Honor of Gerhart Niemeyer*. Lanham, University Press of America / Intercollegiate Studies Institute, 1989, p. 91-101.

[20] Raymond Aron, *O Ópio dos Intelectuais*, p. 214.

[21] No já citado ensaio "The Drug of Ideology", no livro *Enemies of the Permanent Things*, o autor aprofunda tal discussão, ilustrando-a com a seguinte citação de Eric Voegelin:
> A ideologia é a existência em rebelião contra Deus e o homem. É a violação do primeiro e do décimo mandamentos, se quisermos empregar a linguagem da ordem israelita; é a *nosos*, a doença do espírito, empregando a linguagem de Ésquilo e Platão. A filosofia é o amor ao ser por meio do amor ao Ser divino como a fonte de sua ordem (Eric Voegelin, *Ordem e História*. Volume 1: *Israel e a Revelação*. Intr. Maurice P. Hogan, Trad. Cecília Camargo Bartolotti. São Paulo, Loyola, 2009, p. 32).

[22] Hans Barth, *Truth and Ideology*, p. 194.

[23] Referência à obra do escritor e diplomata norte-americano Michael Novak, lançada originalmente 1982 e publicada em português na seguinte edição: Michael Novak, *O Espírito do Capitalismo Democrático*. Trad. Hélio Pólvora. Rio de Janeiro, Editorial Nórdica, 1985. Os argumentos de Russell Kirk contra a noção de "Capitalismo Democrático", tal como defendida por Michael Novak, aparecem no capítulo 12 ("Os Neoconservadores: Uma Espécie em Extinção", p. 241-56) do presente livro.

[24] O termo Nova Ordem Mundial [New World Order], tal como utilizado por Russell Kirk, não deve ser associado à teoria da conspiração segundo a qual a Organização das Nações Unidas (ONU), em conjunto com outras organizações internacionais e com alguns líderes de

diferentes governos nacionais, administradores de certas empresas privadas e dirigentes de organizações do chamado terceiro setor, estariam desenvolvendo um plano que implantaria um governo mundial, pela combinação de políticas financeiras, corrupção política, engenharia social e controle mental. A noção de Nova Ordem Mundial à qual Russell Kirk se refere é o conceito das Relações Internacionais, em voga, principalmente, no período posterior à Guerra Fria. No entanto, as raízes históricas do conceito se encontram nos chamados "quatorze pontos da proposta de paz" elaborados pelo presidente norte-americano Woodrow Wilson (1856-1924), que foram o embrião da Liga das Nações, organismo antecessor da ONU, cujo objetivo principal seria evitar a eclosão de novas guerras entre as potências europeias. O termo foi utilizado pela primeira vez num discurso pronunciado em 27 de outubro de 1941 pelo presidente norte-americano Franklin Delano Roosevelt (1882-1945) para referir-se às mudanças internacionais oriundas no iniciado por Adolf Hitler (1889-1945). No período imediatamente posterior à Segunda Guerra Mundial, a expressão passou a servir para designar o novo arranjo internacional, marcado pela criação da ONU, do Banco Internacional para Reconstrução e Desenvolvimento (BIRD) e do Fundo Monetário Internacional (FMI), bem como pela Doutrina Truman e pelo Plano Marshall. O termo volta a ser utilizado tanto pelo presidente soviético Mikhail Gorbachev, na perspectiva do idealismo diplomático, quanto pelo presidente norte-americano George H. W. Bush, pautado no realismo político, para descrever o contexto das relações internacionais posterior à queda do Muro de Berlim, que, de acordo com as diferentes visões ideológicas acerca da Nova Ordem Mundial, deveria ser uma nova era de paz, oriunda da gradativa redução dos arsenais nucleares e dos investimentos em poderio militar, e do aumento da cooperação internacional em prol dos direitos humanos e da democracia. Em um discurso pronunciado em 1º de outubro de 1990 na Assembleia Geral das Nações Unidas, o presidente George H. W. Bush apresentou a visão da Nova Ordem Mundial com as seguintes palavras: "Temos a visão de uma nova parceria entre as nações, que transcende a Guerra Fria. Uma associação baseada na consulta, na cooperação e na ação coletiva, através de organizações internacionais e regionais. Uma parceria unida pelo princípio e pela prática da lei, e apoiada por uma divisão equitativa de custo e compromisso. Uma parceria cujas metas são ampliar a democracia, aumentar a prosperidade, estender a paz e reduzir as armas" (Citado em: Henry Kissinger, "Revendo a Nova Ordem Mundial". In: *Diplomacia*. Trad. Saul S. Gefter, Ann Mary Fighiera Perpétuo e Heitor Aquino Ferreira. 2. ed. rev. Rio de Janeiro, Livraria Francisco Alves Editora, 1997, p. 881). A Nova Ordem Mundial e a política externa norte-americana foram o tema da entrevista de Russell Kirk para Marco Respinti, publicada em italiano como: "Dove vanno gli Stati Uniti? La politica externa nordamericana e il 'Nuova Ordine Mondiali'". *Cristianità*, v. 19, n. 195-196, Luglio-Agosto 1991, p. 12-16.

[25] No capítulo 12 ("Os Neoconservadores: Uma Espécie em Extinção", p. 241-56) do presente livro, o autor apresenta a crítica sistemática à tentativa dos neoconservadores de transformar os valores da cultura norte-americana e as instituições dessa nação numa ideologia que deveria ser exportada para outros países. Ver também o capítulo 14 ("Para Uma Política Externa Prudente", p. 271-85), no qual Russell Kirk analisa os problemas da recente política externa dos Estados Unidos, em parte guiada pelos "neocons".

[26] No livro *The American Cause* [A Causa Norte-Americana] de 1957, Russell Kirk defende que os conceitos fundamentais dos Estados Unidos são os mesmos da civilização ocidental, a saber: ordem, liberdade e justiça. Ver: Russell Kirk, *The American Cause*. 3. ed. Ed. e Intr. Gleaves Whitney. Wilmington, ISI Books, 2002.

[27] Platão, *A República*. VI, 427e-429a. Recomendamos a seguinte edição em português: Platão, *A República*. Trad. do grego, intr. e notas de Maria Helena da Rocha Pereira. 7. ed. Lisboa, Fundação Calouste Gulbenkian, 1993.

[28] Edmund Burke, *An Appeal from the New to the Old Whigs*. In: *The Works of the Right Honorable Edmund Burke*, volume IV. Boston, Little, Brown and Company, 1865, p. 81.

[29] A palavra "utopia" foi criada por Santo Thomas More (1478-1535), a partir dos radicais gregos οὐ [oú / não] e τόπος [tópos / lugar], sendo utilizada pela primeira vez como título de uma obra escrita em latim no ano de 1516 e editada, em 1518, por Erasmo de Roterdã (1466-1536). Em muitos aspectos, a obra *Utopia* de Sir Thomas More se parece com *A República* de Platão. O texto, dividido em dois livros, descreve uma ilha imaginária onde um governo organizado da melhor maneira proporciona ótimas condições de vida a um povo equilibrado e feliz, um lugar onde quase tudo é perfeito. A partir da publicação da obra de More, a palavra "utopia" passou a ser utilizada para descrever o paraíso terreno proposto por alguns pensadores e políticos, o mundo ideal que os homens poderiam construir baseados na razão, na caridade e numa organização social adequada. A ideia central da obra de More, todavia, está contida no próprio título: essa ilha perfeita não existe e não pode existir, ela está em lugar nenhum, visto que toda organização social está pautada na natureza humana, que, por sua vez, é marcada pelo pecado original. Em língua portuguesa encontramos a obra clássica em diversas edições, dentre as quais, citamos a seguinte: Thomas More, *Utopia*. Trad. e notas de Luís de Andrade. São Paulo, Abril Cultural, 1972, p. 159-314. O escritor britânico C. S. Lewis (1898-1963), na obra *English Literature in the Sixteenth Century Excluding Drama* [Literatura Inglesa no Século XVI Excluindo o Teatro], questiona se o livro de More deve ser tomado de forma literal, como uma tentativa de pôr em prática as ideias expostas como projeto político. Da mesma forma que Erasmo de Roterdã, a análise de C. S. Lewis conclui que a *Utopia* é um livro cômico, uma obra de diversão e sátira, um tipo de espirituosidade que os leitores do século XVI iriam entender. O próprio More, no fim da vida, pensava que o livro deveria ser queimado em vez de "traduzido numa época propensa a interpretações errôneas". Sobre a natureza jocosa de *Utopia*, C. S. Lewis afirma:
> É possível, claro, que os leitores de More do século XVI e o próprio More estivessem errados; mas, no mínimo, é igualmente possível que o erro recaia sobre aqueles leitores modernos que levam o livro *au grand serieux*. Há uma causa que especialmente os predispõem ao erro em tal assunto. Vivem numa época revolucionária, numa era em que as armas modernas e as modernas técnicas revolucionárias tornaram demasiado fácil produzir, no mundo real, estados reconhecíveis como aqueles que inventamos no papel: escrever utopias agora é um assunto sério (C. S. Lewis, "A Play of Wit". In: C. S. Lewis, *English Literature in the Sixteenth Century Excluding Drama*. Oxford, Oxford University Press, 1954, p. 67).

[30] O texto original, *"marching to Zion"*, se refere ao hino religioso *We're Marching to Zion* [Estamos Marchando para Sião], cuja autoria da letra é de Isaac Watts (1674-1748), sendo Robert Lowry (1826-1899) o compositor da melodia e da letra no refrão. Na tradição judaica, Sião é a terra prometida por Deus ao povo de Israel, que no cristianismo assume uma conotação metafórica do Reino de Deus, a recompensa prometida por Jesus Cristo para os justos, que não pode ser recebida no mundo terreno, apenas após a morte no Juízo Particular ou no fim dos tempos no Juízo Final. Na correta percepção teológica marchar para o Sião significa viver de acordo com o Evangelho, no entanto, as ideologias, tidas na perspectiva kirkeana como heresias, tentam, em última instância, imanentizar os símbolos escatológicos cristãos com a falsa promessa de que conseguirão criar um paraíso terreno, por intermédio de mudanças nas estruturas políticas e econômicas.

[31] A expressão é retirada do discurso feito por Patrick Henry na Segunda Convenção da Virgínia, em 23 de março de 1775, conhecido como "Give me liberty or give me death!" [Dá-me liberdade ou morte], cujo trecho completo é: "*I have but one lamp by which my feet are*

guided, and that is the lamp of experience. I know no way of judging of the future but by the past" [Tenho apenas um lume por guia de meus passos, e esse é o lume da experiência. Não conheço outro modo de julgar o futuro senão pelo passado].

[32] A expressão "Permanent Things" [Coisas Permanentes], constantemente utilizada por Russell Kirk para definir o conjunto de princípios morais e culturais que devem ser preservados pelos cidadãos virtuosos em qualquer comunidade saudável, foi retirada da seguinte obra: T. S. Eliot, *The Idea of a Christian Society*. Londres, Faber and Faber, 1939, p. 21.

[33] Um panorama histórico do surgimento e desenvolvimento do pensamento conservador norte-americano, destacando o papel de Russell Kirk para a corrente, é apresentado em: George H. Nash, *The Conservative Intellectual Movement in America: Since 1945*. 2. ed. rev. Wilmington, ISI Books, 1996. Para uma visão histórica da forma como o conservadorismo, enquanto doutrina, foi aplicado na prática política, ver: Lee Edwards, *The Conservative Revolution: The Movement That Remade America*. Nova York, Free Press, 1999.

[34] No original: "*Words strain, / Crack and sometimes break, under the burden*" (T. S. Eliot, "Burnt Norton", *Four Quartets*. Seção V, versos 158-59). Utilizamos aqui a seguinte edição brasileira: T. S. Eliot, *Quatro Quartetos*. In: *T. S. Eliot: Obra Completa – Volume I: Poesia*. Trad., intr. e notas de Ivan Junqueira. São Paulo, Arx, 2004.

[35] O movimento do "Rearmamento Moral" de Frank Buchman (1878-1961), vigoroso em 1939, se tornou mais influente (ou mais extravagante nas pretensões de influência) após a Segunda Guerra Mundial, e só terminou como organização em 1970, quando o centro norte-americano, localizado na ilha de Mackinac, em Michigan, foi fechado. Embora em 1939 os seguidores de Buchman professassem um entusiasmo pela democracia, Buchman admirara os líderes nazistas – em particular Heinrich Himmler (1900-1945). Originalmente, Buchman chamara seu movimento de "Oxford Group" [Grupo de Oxford] – certamente um clamor longínquo ao Movimento de Oxford de John Keble (1792-1866), Edward Bouverie Pusey (1800-1882) e John Henry Newman (1801-1890).

[36] Lewis Carroll, *Alice Através do Espelho*. Trad. Maria Luiza X. de A. Borges. Rio de Janeiro, Summus Editorial, 2009, p. 245.

[37] A "novafala" ou "novilíngua", do original em inglês "*Newspeak*", é uma língua ficcional, criada por George Orwell, pseudônimo de Eric Arthur Blair (1903-1950), no romance *1984*, publicado originalmente em 1949, em que é narrado o cotidiano dos habitantes de Oceânia no ano de 1984, que vivem sob um regime totalitário e repressivo, controlado pelo *Big Brother*, o grande irmão. No apêndice "Os Princípios da Novafala", escrito pelo próprio Orwell, encontramos a seguinte definição: "a Novafala era o idioma oficial de Oceânia e fora concebido para atender às necessidades ideológicas do Socing, ou Socialismo Inglês" (p. 347). A ideia era de que a "Novafala" substituísse completamente a "velhafala" (*Oldspeak*), também conhecida como inglês padrão. Mais adiante, Orwell afirma: "O objetivo da Novafala não era somente fornecer um meio de expressão compatível com a visão de mundo e os hábitos mentais dos adeptos do Socing, mas também inviabilizar todas as outras formas de pensamento. A ideia era que, uma vez definitivamente adotada a Novafala e esquecida a Velhafala, um pensamento herege – isto é, um pensamento que divergisse dos princípios do Socing – fosse literalmente impensável, ao menos na medida em que pensamentos dependem de palavras para ser formulados. O vocabulário da Novafala foi elaborado de modo a conferir expressão exata, e amiúde muito sutil, a todos os significados que um membro do Partido pudesse querer apropriadamente transmitir, ao mesmo tempo que excluía todos os demais significados e inclusive a possibilidade de a pessoa chegar a eles por meios indiretos. Para tanto, recorreu-se à criação de novos vocábulos e, sobretudo, à eliminação de vocábulos indesejáveis, bem como a subtração de significados

heréticos e, até onde fosse possível, de todo e qualquer significado secundário dos vocábulos remanescentes que porventura existissem" (p. 348). Utilizamos aqui a seguinte edição brasileira da obra: George Orwell, *1984*. Trad. Alexandre Hubner e Heloisa Jahn, Posf. Erich Fromm, Bem Pimlott e Thomas Pynchon. São Paulo, Companhia das Letras, 2009.

[38] No original: "antagonist world". Edmund Burke, *Reflections on the Revolution in France*. In: *The Works of the Right Honorable Edmund Burke*, volume III. Boston, Little, Brown and Company, 1865, p. 360.

Capítulo 2

[39] Após atuar por alguns anos como professor universitário, o poeta e estadista católico norte-americano Eugene McCarthy foi eleito, pelo Partido Democrata, representante do estado de Minnesota na Câmara dos Representantes, de 3 de janeiro de 1949 a 3 de janeiro de 1959, e no Senado, entre 3 de janeiro de 1959 e 3 de janeiro de 1971. Opondo-se ao envolvimento dos Estados Unidos na Guerra do Vietnã, o Senador Eugene McCarthy candidatou-se, no Partido Democrata, para as eleições primárias de 1968, em que recebeu 42% dos votos, abalando a candidatura do então presidente Lyndon B. Jonhson (1908-1973). Diante da forte oposição no próprio partido, Johnson decidiu abandonar o pleito, o que fez com que os democratas nomeassem como candidato o então vice-presidente Hubert Humphrey (1911-1978). Por fim, Humphrey acabou derrotado pelo republicano Richard Nixon (1913-1994). McCarthy concorreu novamente nas primárias de 1972, recebendo apenas 3,46% dos votos, e foi preterido pelo Partido Democrata, que nomeou como candidato a presidência o senador George McGovern (1922-2012); no entanto, Richard Nixon foi reeleito. Nas eleições presidenciais de 1976, o ex-senador Eugene McCarthy concorreu como candidato independente, ficando em terceiro lugar ao receber 0,91% dos votos populares. Nessa campanha, mesmo sem chances, recebeu o apoio de Russell Kirk, que acreditava não existirem diferenças entre as plataformas do republicano Gerald Ford (1913-2006), candidato a reeleição, e do democrata Jimmy Carter, o vitorioso nesse pleito. Eugene McCarthy apoiou a candidatura de Ronald Reagan nas eleições de 1980 e 1984. Nas eleições de 1988, McCarthy foi candidato pelo Partido dos Consumidores, ficando em sétimo lugar, com apenas 0,03% dos votos populares. Concorreu pela última vez nas primárias do Partido Democrata de 1992, ficando em oitavo lugar no pleito que escolheu Bill Clinton como candidato do partido. O testemunho de Kirk sobre McCarthy pode ser encontrado em: Russell Kirk, *The Sword of Imagination: Memoirs of a Half-Century of Literary Conflict*. Grand Rapids, William B. Eerdmans Publishing Company, 1995, p. 324-28.

[40] O termo "*liberal*", tal como utilizado no vocabulário político norte-americano, não deve ser confundido com a tradição liberal clássica, defendida por inúmeros autores a partir de John Locke (1632-1704), passando por Montesquieu (1689-1755) e Adam Smith (1723-1790), e chegando até Alexis de Tocqueville (1805-1859) e John Stuart Mill (1806-1879). A palavra "liberal", como rótulo político, foi utilizada pela primeira vez nas *Cortes* espanholas, em 1812, quando o parlamento se revoltou contra o absolutismo monárquico, advogando a adoção de uma carta constitucional que limitasse os poderes do Executivo. Entretanto, o liberalismo como doutrina política surgiu na Inglaterra, fruto da Revolução Puritana de 1640 e da Revolução Gloriosa de 1688, sendo sistematizado por Locke, nos *Dois Tratados sobre o Governo Civil* de 1689 e nas quatro *Cartas sobre a Tolerância* publicadas entre 1689 e 1692. Nessas obras, os ideários do liberalismo são caracterizados pela defesa da tolerância religiosa e da limitação do poder discricionário do governante via representação parlamentar. Mais tarde, a difusão do pensamento liberal clássico fora da Inglaterra se deu, principalmente, por causa da obra *O Espírito das Leis*, publicada em 1748, em que Montesquieu defende o

modelo governamental britânico e apresenta a teoria da tripartição governamental do poder. Tal ideia, juntamente com as noções de constitucionalismo, decorrente do processo de Independência dos Estados Unidos da América em 1776, e de Estado de Direito, se tornaram os pilares do pensamento político liberal clássico. No plano econômico, o pensamento liberal clássico é caudatário da análise desenvolvida por Adam Smith na obra *A Riqueza das Nações* de 1776, cuja defesa do livre mercado, do interesse pessoal e da divisão social do trabalho é vista como a base para o desenvolvimento social. A defesa da singularidade do indivíduo contra o arbítrio das massas e dos governantes é o eixo central das obras *A Democracia na América* de Tocqueville, publicada em duas partes em 1835 e 1840, e *A Liberdade* de Stuart Mill, lançada originalmente em 1859. Mesmo guardando alguns pontos em comum com o legado desses pensadores liberais clássicos, a terminologia "liberal", tal como empregada nos Estados Unidos ao longo do século XX, está mais associada a uma visão política de esquerda, ou "progressista", como podemos verificar nos escritos de Thomas Hill Green (1836-1882), John Hobson (1858-1940), Leonard T. Hobhouse (1864-1929), Woodrow Wilson (1856-1924), John Dewey (1859-1952), Hans Kelsen (1881-1973), John Maynard Keynes (1883-1946), Franklin Delano Roosevelt (1882-1945), Lionel Trilling (1905-1975), Arthur M. Schlesinger Jr. (1917-2007), John Rawls (1921-2002) e Richard Rorty (1931-2007), entre outros. Para minimizar, ao longo do presente livro, os possíveis mal-entendidos entre o liberalismo clássico e o moderno liberalismo norte-americano, o termo *liberal* foi, na maioria dos casos, traduzido por "esquerdista", "de esquerda" ou "progressista", de acordo com o contexto em que é empregado. Apesar de podermos entender o liberal moderno como uma espécie de esquerdista moderado, que tenta sintetizar em suas crenças e na prática política elementos do liberalismo clássico com algumas ideias progressistas de esquerda, como o *New Deal*, não se deve confundir os mesmos com os socialistas fabianos ingleses ou com os social-democratas europeus ou latino-americanos, muito menos com os socialistas radicais. No caso dos últimos, Kirk utiliza os termos "radical", "socialista" e "marxista". A crítica kirkeana ao moderno liberalismo norte-americano aparece de forma mais sistemática nos ensaios "The American Scholar and the American Intellectual", "The Reform of American Conservatism and Liberalism", "The Dissolution of Liberalism" e "The Age of Discussion", publicados na seguinte obra: Russell Kirk, *Beyond the Dreams of Avarice: Essays of a Social Critic*. Peru, Sherwood Sugden & Company, Revised Edition, 1991, p. 3-50. Ver também: Russell Kirk, "Liberal Forebodings". In: *Enemies of the Permanent Things: Observations of Abnormity in Literature and Politics*. Peru, Sherwood Sugden & Company, 1984, p. 172-96.

[41] A palavra "conservador", como rótulo político, surgiu na França durante a Era Napoleônica, quando alguns escritores políticos franceses cunharam o termo *conservateur* na busca de uma palavra para descrever o posicionamento político moderado que pretendia conciliar o melhor da velha ordem do Antigo Regime, sem assumir uma postura reacionária, com as mudanças sociais posteriores à Revolução Francesa, sem manifestar atitudes progressistas. O "conservador" é o guardião da herança da civilização ocidental e dos princípios da ordem, da liberdade e da justiça. O termo "conservador" foi utilizado por diferentes estadistas e intelectuais franceses que, em maior ou menor grau, foram influenciados pelo pensamento de Edmund Burke (1729-1797), dentre os quais se destacam os nomes de François Guizot (1787-1874), Louis de Bonald (1754-1840), Joseph de Maistre (1753-1821), François-René de Chateaubriand (1768-1848) e Alexis de Tocqueville (1805-1859). Esse conceito francês foi popularizado na Inglaterra em 1830, quando os editores do *The Quarterly Review* adotaram a palavra "conservador" em vez de *Tory* para descrever o partido britânico da ordem. No entanto, o primeiro a utilizar tal designação na Inglaterra foi George Canning (1770-1827), sendo sugerido como nome oficial do partido em 1830 por John Wilson Croker (1780-1857)

e, finalmente, adotado sob a liderança de Sir Robert Peel (1788 1850) em 1834. Por volta da década de 1840, o termo "conservador" ganhou popularidade nos Estados Unidos, sendo empregado com o beneplácito de John C. Calhoun (1782-1850), Daniel Webster (1782-1852) e Orestes Brownson (1803-1876). No período posterior à Segunda Guerra Mundial, o principal responsável pelo retorno do termo "conservador" no vocabulário político norte-americano foi o próprio Russell Kirk. Para uma visão mais ampla sobre a influência do conservadorismo kirkeano na formação do moderno movimento conservador norte-americano, ver: George H. Nash, *The Conservative Intellectual Movement in America: Since 1945*. 2. ed. rev. Wilmington, ISI Books, 1996. Ver também os seguintes livros: James E. Person Jr., *Russell Kirk: A Critical Biography of a Conservative Mind*. Lanhan, Madison Books, 1999; W. Wesley McDonald, *Russell Kirk and the Age of Ideology*. Columbia, University of Missouri Press, 2004; Gerald J. Russello, *The Postmodern Imagination of Russell Kirk*. Columbia, University of Missouri Press, 2007; John M. Pafford, *Russell Kirk*. Nova York, Continuum, 2010.

[42] Os chamados "Atos de Prova" [*Test Act*] são uma série de leis penais inglesas do século XVII que revogaram alguns direitos dos católicos e de outros dissidentes que não professassem o credo anglicano, impedindo o acesso destes aos cargos públicos, além de instituir o delito de recusa da fé anglicana.

[43] Os primeiros anos da Reforma Protestante na Inglaterra foram marcados por inúmeras controvérsias no corpo doutrinal do anglicanismo entre os novos princípios calvinistas e a antiga doutrina católica, fazendo com que, para dirimir tais conflitos, fossem estabelecidos em 1563 os "Trinta e Nove Artigos" [*Thirty-Nine Articles*] da doutrina anglicana.

[44] No original: "*Caos and Old Night*". A passagem é uma alusão às personagens que representam as forças ou deuses míticos opostos à luz e à ordem da criação no poema épico *Paradise Lost* [Paraíso Perdido] de John Milton (1608-1974). Ver: John Milton, *Paraíso Perdido*, Canto I.

[45] "Um Estado sem meios de empreender alguma mudança, está sem os meios para se conservar. Sem tais artifícios arrisca até mesmo a perda daquela parte da Constituição que desejara preservar com maior zelo". (Edmund Burke, *Reflections on the Revolution in France*. In: *The Works of the Right Honorable Edmund Burke*, volume III. Boston, Little, Brown and Company, 1865, p. 259).

[46] O livro foi publicado, originalmente, em 1953, pela Regnery Publishing, com o título *The Conservative Mind: From Burke to Santayana*. A partir da terceira edição norte-americana, publicada em 1960, a obra passou a ter como subtítulo *From Burke to Eliot*. Citaremos o mesmo com base na edição definitiva em inglês, que é a seguinte: Russell Kirk, *The Conservative Mind: From Burke to Eliot*. 7. ed. rev. Washington, D.C., Regnery Publishing, 1986. Em língua portuguesa, o livro será publicado pela É Realizações com o título *A Mentalidade Conservadora: De Edmund Burke a T. S. Eliot*.

[47] *The Portable Conservative Reader*. Ed., intr. e notas Russell Kirk. Nova York, Penguin Books, 1982.

[48] O princípio é uma variação do primeiro cânone apresentado por Russell Kirk em *The Conservative Mind*, na sétima edição da obra, na seguinte forma:

A crença em uma ordem transcendente, ou corpo de leis naturais que rege a sociedade, bem como a consciência. Os problemas políticos, no fundo, são problemas religiosos e morais. Uma racionalidade limitada, aquilo que Samuel Taylor Coleridge (1772-1834) chamou de "compreensão", não pode, por si só, satisfazer as necessidades humanas. "Todo *Tory* é um realista", diz Keith Feiling (1884-1977): "sabe que existem grandes forças nos céus e na terra que a filosofia humana não pode sondar ou perscrutar". A verdadeira política é a arte de compreender e aplicar a justiça que deve triunfar em uma comunidade de almas. (p. 8).

⁴⁹ O conceito kirkeano está intimamente ligado à tradição histórica da sociedade e na relação dessa com a ordem espiritual da pessoa. No livro *The American Cause* (3ª Ed. rev. Ed. e Intr. Gleaves Whitney. Wilmington, ISI Books, 2002), a ordem é definida como o arranjo harmonioso entre duas formas distintas e complementares de normatividade, a saber: 1ª) a "ordem da alma", denominada "ordem moral"; 2ª) a "ordem da comunidade", conhecida como "ordem constitucional" (p. 83). Num dos ensaios da coletânea *Redeeming the Time*, Russell Kirk afirma que:

> A ordem, no campo da moral, é a concretização de um corpo de normas transcendentes – de fato uma hierarquia de normas ou padrões – que conferem propósito à existência e motivam a conduta. A ordem, na sociedade, é o arranjo harmonioso de classes e funções que preservam a justiça, obtém o consentimento voluntário à lei e assegura que todos, juntos, estaremos a salvo. Embora não possa haver liberdade sem ordem, num certo sentido, há sempre um conflito entre os clamores da ordem e os da liberdade. Muitas vezes expressamos esse conflito como a competição entre o desejo de liberdade e o desejo de segurança (Russell Kirk, "The Tension of Order and Freedom in the University". In: Russell Kirk, *Redeeming the Time*. Ed. e intr. Jeffrey O. Nelson. Wilmington, ISI Books, 1996, p. 33).

⁵⁰ A temática perpassa todo o pensamento kirkeano, sendo o fio condutor do clássico *The Roots of American Order* de 1974, em que faz um estudo comparado de História Universal, apresentando a influência de diferentes tradições culturais na formação da nação norte-americana, desde o povo de Israel e da civilização greco-romana, passando pela Idade Média e o início da modernidade, até a época da Independência e da criação da Constituição dos Estados Unidos, demonstrando que tal experiência civilizacional se pauta no legado das cidades de Jerusalém, Atenas, Roma e Londres, vindo a culminar nos eventos da Filadélfia. Ver: Russell Kirk, *The Roots of American Order*. 4. ed. Pref. Forrest McDonald. Wilmington, ISI Books, 2003.

⁵¹ O Distrito de Colúmbia, ou simplesmente D.C., é a jurisdição federal composta, atualmente, pela cidade de Washington, a capital dos Estados Unidos. Quando Russell Kirk ministrou a palestra que deu origem ao presente capítulo, em 20 de março de 1986, na Heritage Foundation, localizada nesta mesma cidade, o Distrito de Colúmbia enfrentava graves problemas de segurança pública e de educação, situação que, até certo ponto, permanece atualmente. Desde 1961 até hoje, a região tem sido administrada, exclusivamente, por políticos de orientação progressista, filiados ao Partido Democrata. A grave situação de proletarização da capital norte-americana é analisada de forma mais detalhada pelo autor no capítulo 17 ("Perspectivas do Proletariado", p. 313-29) do presente livro.

⁵² Russell Kirk em diferentes ocasiões defendeu os costumes, a convenção e a continuidade como expressões históricas da ordem moral duradoura, relacionada geralmente com as expressões "Coisas Permanentes", de T. S. Eliot (1888-1965); "Democracia dos Mortos", de G. K. Chesterton (1874-1936), e "Contrato Primitivo da Sociedade Eterna", de Edmund Burke. Na perspectiva kirkeana tais metáforas são utilizadas para explicar a aliança que une todos os seres humanos em um pacto imortal "feito entre Deus e a humanidade, e entre as gerações que desapareceram da Terra, a geração que ora vive, e as gerações ainda por chegar" (Russell Kirk, "The Recovery of Norms". In: *Enemies of the Permanent Things: Observations of Abnormity in Literature and Politics*, p. 29).

⁵³ No original: "*Principle of Prescription*". No direito consuetudinário anglo-saxão, *prescription* se refere a uma espécie de usufruto, em que alguém detém o direito de uso da terra de outrem, de modo contínuo, sem transferência de posse ou propriedade. O instituto jurídico

requer que o uso da terra seja aberto, contínuo, exclusivo, por determinado período de tempo prescrito por lei e em consonância com os direitos do proprietário, podendo ser transmitido por herança. Difere dos institutos da prescrição aquisitiva e do usucapião, que findam por transferir a posse ou propriedade. Na ausência de um instituto jurídico idêntico no direito brasileiro, optamos por utilizar uma expressão que explica de modo sintético o instituto inglês, a fim de evitar confusões com termos jurídicos ou criar falsos cognatos. Na clássica obra de Kirk, *The Conservative Mind*, o autor define *prescription* como "o direito consuetudinário que surge da convenção e que une sucessivas gerações" (p. 42). Ver também: Michael P. Federici, "The Politics of Prescription: Kirk's Fifth Canon of Conservative Thought". *The Political Science Reviewer*, v. XXXV, 2006, p. 159-78.

[54] A passagem em inglês que se traduz aqui, iniciando-se com "de modo que", faz referência a uma expressão jurídica tradicional inglesa, presente no *Act of Prescription* de 1832, que define "tempo imemorial" como tempo que a memória não alcança: "*time where of the memory of man runneth not to the contrary*", literalmente, "tempo no qual a memória do homem não corra às avessas".

[55] No original: "*The individual is foolish*", "*but the species is wise*". Em um discurso, feito na Câmara dos Comuns em 7 de maio de 1782, Burke afirmou: "O indivíduo é tolo, a multidão, por um momento, é tola quando age sem cautela; mas a espécie é sábia, e quando lhe é dado tempo, como espécie, quase sempre age corretamente" (Edmund Burke, *Speech on a Motion made in the House of Commons for a Committee to Inquire into the State of the Representation of the Commons in Parliament, May 7, 1782*. In: *The Works of the Right Honorable Edmund Burke*, volume VII. Boston, Little, Brown and Company, 1865, p. 95).

[56] "Prudência não é apenas a primeira dentre todas as virtudes políticas e morais, ela é a guia, a reguladora, o padrão de todas as demais" (Edmund Burke, *An Appeal from the New to the Old Whigs*, p. 81).

[57] Russell Kirk, *John Randolph of Roanoke: A Study in American Politics – With Selected Speechs and Letters*. 4. ed. Indianapolis, Liberty Fund, 1997.

[58] Tal princípio remete tanto ao segundo quanto ao terceiro dos seis cânones apresentados em *The Conservative Mind*. O segundo cânone foi apresentado em sua versão definitiva com as seguintes palavras:

Pendor pela prolífera variedade e mistério da existência humana, como algo oposto à uniformidade limitada, ao igualitarismo e aos propósitos utilitários dos sistemas mais radicais; os conservadores resistem ao que Robert Graves (1895-1985) chama de "logicismo" na sociedade. Esse juízo prévio é chamado de "o conservadorismo da satisfação" – um senso de que vale a pena viver, e segundo Walter Bagehot (1826-1877), "a fonte apropriada de um conservadorismo vivaz" (p. 8).

O terceiro cânone advoga que os conservadores defendem a

convicção de que a sociedade civilizada requer ordens e classes, em oposição à noção de uma "sociedade sem classes". Com razão, os conservadores foram chamados, muitas vezes, de "partido da ordem". Caso as distinções naturais entre os homens desapareçam, as oligarquias preencherão o vácuo. A igualdade suprema no Julgamento de Deus e a igualdade perante os tribunais de justiça são reconhecidos pelos conservadores, mas a igualdade de condições, creem, significa igualdade na servidão e no tédio (p. 8-9).

Sobre o segundo cânone, ver: Ted V. McAllister, "The Particular and the Universal: Kirk's Second Canon of Conservative Thought". *The Political Science Reviewer*, v. XXXV, 2006, p. 179-99.

[59] Aqui encontramos uma variação do quinto cânone, expresso da seguinte forma:

Fé no uso consagrado e desconfiança de "sofistas, calculistas e economistas" que querem reconstruir a sociedade com base em projetos abstratos. O costume, a convenção e os usos consagrados são freios tanto ao impulso anárquico do homem quanto à avidez do inovador por poder (p. 9).

O fundamento epistemológico do pensamento de Russell Kirk se encontra na noção de "senso ilativo" do Cardeal John Henry Newman (1801-1890), que, de certa forma, compartilha do ceticismo de David Hume (1711-1776) diante da razão instrumental como meio para a construção das instituições sociais. Numa passagem do livro *The Conservative Mind*, Kirk afirma:

> A convicção não é produzida pela lógica das palavras, nem pela acumulação dos fatos. A ciência natural não pode conduzir a certezas, pois as teorias científicas mais plausíveis não são mais do que suposições prováveis fundadas em fatos tão diminutos quanto a nossa capacidade de desbravar, ao feitio desajeitado dos humanos. Os homens não serão bons porque lhes ensinaram fatos devidamente classificados ou porque foram treinados na arte de duvidar. O verdadeiro conhecimento não é produto da razão ordenada (p. 284).

A ênfase nos limites da racionalidade humana, que leva à defesa das tradições imemoráveis e à rejeição dos sistemas ideológicos abstratos, é uma característica distintiva do conservadorismo kirkeano, encontrando suas origens no pensamento de Edmund Burke. A principal consequência da adesão, tanto do quinto cânone quanto do sexto princípio, é a rejeição da ideologia, tal como definida no primeiro capítulo ("Os Erros da Ideologia", p. 91) da presente obra. O problema é retomado neste livro nas análises sobre o conservadorismo popular, sobre os libertários e sobre os neoconservadores, respectivamente, nos capítulos 10 ("O Conservadorismo Popular", p. 215-26), 11 ("Uma Avaliação Imparcial dos Libertários", p. 227-40) e 12 ("Os Neoconservadores: Uma Espécie em Extinção", p. 241-56).

[60] No original: *"The ceremony of innocence is drowned"*. Trecho do poema *The Second Coming* [A Segunda Vinda] de W. B. Yeats (1865-1939).

[61] O sétimo princípio é uma reformulação do quarto cânone apresentado em *The Conservative Mind*, segundo o qual os conservadores possuem a "Certeza de que liberdade e propriedade estão estreitamente ligadas: separai a propriedade da posse privadas, e o Leviatã se tornará o mestre absoluto. Igualdade econômica, sustentam, não é progresso econômico" (p. 9).

[62] Henry Summer Maine, *Village-Communities in the East and West*. 3. ed. London, John Murray, 1876.

[63] A defesa das comunidades voluntárias e a crítica ao coletivismo feitas por Russell Kirk encontram os primeiros fundamentos no conservadorismo burkeano e nas reflexões de Alexis de Tocqueville (1805-1956), recebendo, posteriormente, mais subsídios das análises econômicas de Wilhelm Röpke (1899-1966) e sociológicas de Robert A. Nisbet (1913-1996). A discussão mais sistemática do pensamento kirkeano sobre o assunto se encontra no seguinte texto: Russell Kirk, "The Problem of Community". In: *A Program for Conservatives*. 2. ed. Chicago, Regnery Publishing, 1962, p. 140-64.

[64] O tema é analisado de forma mais aprofundada pelo autor em: Russell Kirk, "The Question of Power". In: *Prospects for Conservatives*. Washington, D.C., Regnery Publishing, 1989, p. 208-26.

[65] De acordo com o conservadorismo kirkeano, a liberdade política só é possível quando a maioria dos cidadãos controla suas paixões egoístas e antissociais. Nessa perspectiva, a liberdade tem como pressuposto a autodisciplina, pois a alma se torna um estado de perfeita liberdade apenas quando se submete à vontade de Deus. O pecado original é uma rebelião individual

contra o Criador e contra a ordem divina, que tem por essência o orgulho, um desejo da criatura de se portar como centro do universo. Baseado em Santo Agostinho (354-430), Russell Kirk diferencia três tipos de concupiscência, a saber:
1. a "avareza" ou "luxúria dos bens materiais", pela qual o indivíduo deseja riquezas e propriedades mundanas acima dos bens da alma e em detrimento dos desfavorecidos da sociedade;
2. o "desejo de poder", que leva à busca desenfreada dos próprios interesses e a tentativa de subjugar os demais membros da comunidade;
3. a "lascívia" ou "luxúria sexual", que almeja o prazer corporal dissociado dos fins corretos da sexualidade, que são a formação da prole e o amor conjugal.

A partir dessa tipologia, o pensamento kirkeano defende que todos os membros de uma comunidade são afetados por essas formas de concupiscência – as verdadeiras causas dos crimes, desordens públicas e guerras ofensivas. O remédio para tais males está no próprio controle dos desejos pessoais, na adequação da própria existência às leis de Deus e no correto entendimento da natureza humana e da ordem social.

[66] O décimo princípio repete com outras palavras o sexto cânone, formulado da seguinte forma: Reconhecimento de que mudança pode não ser uma reforma salutar: a inovação precipitada pode ser uma voraz conflagração em vez de uma tocha do progresso. A sociedade deve modificar-se, visto que a mudança prudente é o meio da preservação, mas o estadista deve levar em conta a Providência, e a principal virtude do estadista, segundo Platão e Burke, é a prudência (p. 9).

[67] Samuel Taylor Coleridge, *On the Constitution of Church and State According the Idea of Each*. London, William Pickering, 1839, p. xiii.

[68] A relação entre mudanças e permanências foi abordada pelo autor de forma mais ampla em: Russell Kirk, "Permanence and Change". In: *Prospects for Conservatives*, p. 22-43.

[69] Uma análise sintética de Russell Kirk sobre o problema da justiça aparece em: Russell Kirk, "The Meaning of 'Justice'". In: *Redeeming the Time*, p. 181-195.

[70] A visão conservadora sobre a educação ocupou uma parcela significativa na produção intelectual kirkeana, sendo objeto da coluna quinzenal "From the Academy" publicada entre 19 de novembro de 1955 e 17 de outubro de 1980 na *National Review*, de inúmeros artigos de jornais para a coluna diária "To the Point" que Russell Kirk escreveu como jornalista sindicalizado entre 1962 e 1975, de diversos artigos acadêmicos em diferentes periódicos e dos seguintes livros: Russell Kirk, *Academic Freedom: An Essay in Definition*. Chicago, Regnery Publishing, 1955; Idem, *The Intemperate Professor and Others Cultural Splenetics*. Baton Rouge, 1965; Idem, *Decadence and Renewal in the Higher Learning: An Episodic History of American University and College since 1953*. South Bend, Gateway, 1978. Aconselhamos, também, a leitura, no livro *Redeeming the Time,* dos ensaios "Tensions of Order and Freedom in the University" (p. 29-40), "The Conservative Purpose of a Liberal Education" (p. 41-52), "Can Virtue Be Taught?" (p. 53-67) e "Humane Learning in the Age of the Computer" (p. 115-127), além do capítulo 16 ("Cultivando Desertos Educativos", p. 301) da presente obra.

[71] Numa resenha sobre o livro *As Origens do Totalitarismo* de Hannah Arendt (1906-1975), escreveu Eric Voegelin: "A verdadeira linha divisória da crise contemporânea não é entre liberais e totalitários, mas, de um lado, entre religiosos e transcendentalistas filosóficos, e de outro, liberais e imanentistas totalitários" (Eric Voegelin, "The Origins of Totalitarianism". In: *The Collected Works of Eric Voegelin – Volume 11: Published Essays, 1953-1965*. Ed. Ellis Sandoz. Columbia, 2000, p. 22).

CAPÍTULO 3

[72] Referência ao livro de *The Celtic Twilight* [O Crepúsculo Celta] de W. B. Yeats (1865-1939), que inicia e finda com dois poemas sobre um bando guerreiro celta.

[73] Russell Kirk, *The Conservative Mind: From Burke to Eliot*. 7. ed. rev. Intr. Henry Regnery. Washington, D.C., Regnery Publishing, 1986.

[74] Russell Kirk faz um jogo de palavras em função da semelhança de pronúncia dos termos do inglês *route* [rota, diretriz, rumo, senda] e *rout* [dispersão, diáspora, confusão, desordem], especialmente no contexto de uma apresentação oral, em que, embora não totalmente homófonos, tais termos poderiam ser confundidos, daí a repetição.

[75] Edmund Burke, *Reflections on the Revolution in France*. In: *The Works of the Right Honorable Edmund Burke*, volume III. Boston, Little, Brown and Company, 1865, p. 360.

[76] O historiador positivista inglês Henry Thomas Buckle (1821-1862), influenciado pelas ideias de Auguste Comte (1798-1857) e de John Stuart Mill (1806-1873), propôs um modelo historiográfico, apoiado em estatísticas, segundo o qual seria possível descobrir as leis gerais que organizam as sociedades humanas, tendo o fator geográfico como elemento determinante no processo histórico. A obra mais famosa de Buckle, *History of Civilization in England* [História da Civilização da Inglaterra], influenciou toda uma geração pensadores brasileiros, dentre os quais se destacam Araripe Júnior (1848-1911), Sílvio Romero (1851-1914), Capistrano de Abreu (1853-1927), José Veríssimo (1857-1916) e Euclides da Cunha (1866-1909).

[77] Referência ao poema de Rudyard Kipling (1865-1936), *The Gods of the Copybook Headings* [Os Deuses dos Cabeçalhos dos Cadernos de Cópia], publicado em 1919, que previu a decadência do império inglês pela perda das antigas virtudes e por uma espécie de complacência generalizada em que ninguém pagava pelos próprios pecados. Os "cabeçalhos dos cadernos de cópia" do título do poema fazem referência a um tipo muito comum de caderno que havia na Inglaterra do século XIX, em que as crianças copiavam várias vezes provérbios ou máximas edificantes que vinham escritas no alto das páginas.

[78] Russell Kirk, "How Dead Is Edmund Burke?". *Queen's Quarterly*, v. 57, n. 2, Summer 1950, p. 160-71.

[79] Tweedledum e Tweedledee são duas personagens do livro *Alice Através do Espelho* de Lewis Carroll, tomadas desde as primeiras ilustrações como gêmeos idênticos, que, mesmo ao concordar em "travar uma batalha", sempre se complementam nas rimas. O industrial Wendell Willkie, ex-membro do Partido Democrata, foi o candidato do Partido Republicano na eleição presidencial de 1940, sendo considerado um "azarão", cuja plataforma política se pautou principalmente nas denúncias de corrupção do *New Deal*. No entanto, foi derrotado pelo presidente Franklin Delano Roosevelt, eleito para o terceiro mandato com 55% dos votos populares e 85% do colégio eleitoral. James Harold Wilson foi o líder do Partido Trabalhista na Câmara dos Comuns do Parlamento Britânico entre 1963 e 1976, tendo assumido o cargo de primeiro-ministro entre 1964 e 1970 e entre 1974 e 1976; seu principal adversário foi Edward Heath, líder do Partido Conservador de 1965 a 1975, que ocupou, de 1970 a 1974, o cargo de primeiro-ministro do Reino Unido.

[80] O senador republicano Barry Goldwater foi o principal líder conservador dos Estados Unidos entre os anos de 1960 e 1964, com uma plataforma pautada na luta contra o modelo de Estado de Bem-estar Social implantado nos Estados Unidos pelo *New Deal*, na redução do poder político dos sindicatos e na contenção do avanço comunista, principalmente pela diminuição da influência da União Soviética. Os adversários políticos de Goldwater o acusavam de ser reacionário e extremista. Ao ser nomeado o candidato presidencial do Partido Republicano nas

primárias de 1963, afirmou em seu célebre discurso que "Extremismo na defesa da liberdade não é um vício! (...) Moderação na busca da justiça não é uma virtude!". A campanha presidencial de Goldwater foi um fator decisivo para o ressurgimento do conservadorismo como um movimento político significativo nos Estados Unidos. No entanto, Goldwater foi derrotado nas eleições de 1964 por Lyndon Johnson, com uma das maiores margens de diferença na história eleitoral norte-americana, recebendo apenas 38,5% dos votos populares, 9,7% do colégio eleitoral e ganhando apenas em seis dos cinquenta Estados da União. Sua derrota também se refletiu no desempenho eleitoral de inúmeras lideranças republicanas que concorreram no mesmo ano para cargos no Legislativo, garantindo que os democratas conquistassem o maior número de representantes no Congresso desde 1938. Isso criou as condições para que fosse aprovada, em 1965, a série de amplas reformas sociais conhecidas como *Great Society* [Grande Sociedade], que visava à redução das desigualdades econômicas e raciais, por intermédio de inúmeras medidas intervencionistas em diferentes áreas, tais como direitos civis, educação, saúde, artes e cultura, meio-ambiente, transportes, direitos dos consumidores e relações trabalhistas. O envolvimento político de Russell Kirk na campanha de Barry Goldwater é narrado em: Russell Kirk, *The Sword of Imagination: Memoirs of a Half-Century of Literary Conflict*. Grand Rapids, William B. Eerdmans Publishing Company, 1995, p. 254-60, 285-88, 293-95, 298-303.

[81] Henry Summer Maine, *Popular Government*. Intr. George W. Carey. Indianapolis, Liberty Fund, 1976.

[82] As análises mais amplas e profundas do autor sobre a temática podem ser encontradas em: Russell Kirk, *Rights and Duties: Reflections on Our Conservative Constitution*. Ed. Mitchell S. Muncy, Intr. Russell Hittinger. Dalas, Spence Publishing, 1997.

[83] Edmund Burke, *Three Letters Addressed to a Member of the Present Parliament on the Proposals for Peace with the Regicide Directory of France*. In: *The Works of the Right Honorable Edmund Burke*, volume V. Boston, Little, Brown and Company, 1865, p. 250.

[84] James Prior, *Memoir of the Life and Character of the Right Hon. Edmund Burke*, volume II. Londres, Baldwin, Cradock, and Joy, 1826, p. 396.

[85] O escritor britânico Thomas Paine, ao imigrar para os Estados Unidos em 1774, participou ativamente do processo de independência colonial norte-americana, justificando a criação da nova nação na obra *Common Sense* [O Senso Comum], publicada seis meses antes da Declaração de Independência em 1776, e numa série de treze panfletos, publicados entre 23 de dezembro de 1776 e 19 de abril de 1783, reunidos, em 1792, no livro *The Crisis* [A Crise]. Após retornar à Inglaterra em 1787, tomou partido dos revolucionários franceses de 1789, escrevendo a obra *The Rights of Man* [Os Direitos do Homem], uma resposta em duas partes, publicadas, respectivamente, em março de 1791 e em fevereiro de 1792, às críticas de Edmund Burke na já citada obra *Reflections on the Revolution in France*, lançada em 1790. Dentre as propostas de Paine nessa obra, encontra-se a noção de que a razão humana é capaz de criar novas instituições sociais renegando o legado da tradição, uma apaixonada defesa da revolução como meio de mudança social e da extinção da monarquia e da aristocracia na Inglaterra. A popularidade da obra foi imensa, tendo circulado na época de seu lançamento mais de 50.000 cópias apenas na Inglaterra. Em língua portuguesa, o texto pode ser encontrado na seguinte edição brasileira: Thomas Paine, *Os Direitos do Homem: Uma Resposta ao Ataque do Sr. Burke à Revolução Francesa*. Intr. Maria Tereza Sadek Ribeiro de Souza, Trad. Jaime A. Clasen. Petrópolis, Vozes, 1989.

[86] Warren Hastings foi o primeiro Governador Geral das Índias. Ocupou o cargo de 1773 a 1784, quando renunciou. Ao retornar à Inglaterra, em 1785, foi acusado de crueldade com os colonos, de alta traição e de corrupção por Edmund Burke no Parlamento britânico, num

processo de *impeachment* que durou de 13 de fevereiro de 1778 até 23 de abril de 1795, quando o acusado foi absolvido, mas não inocentado. Retirou-se, falido, da vida pública, após gastar a fortuna acumulada na própria defesa, que, também, fora custeada pela Companhia Britânica das Índias Orientais. Entre os anos de 1783 a 1794, essa temática foi a preocupação central dos escritos e discursos de Edmund Burke, e ocupa os volumes VIII, IX, X, XI e XII dos doze tomos da *The Works of the Right Honorable Edmund Burke* [As Obras do Muito Honorável Edmund Burke], publicados entre 1865 e 1867 pela editora Little, Brown and Company de Boston.

[87] No período entre 1806 e 1841, o Governo Federal dos Estados Unidos gastou cerca de sete milhões de dólares com as chamadas "melhorias internas" [*internal improvements*], uma série de obras públicas de infraestrutura para a criação de uma ampla rede de transportes, que incluía a construção de canais, pontes e estradas. O custeio pela União de tais obras e o aumento das tarifas tributárias geradas pelas mesmas foram alguns dos pontos de atrito entre os estados do Norte e os do Sul, visto que os sulistas acreditavam ser injusto que os impostos pagos por eles servissem para financiar projetos que beneficiariam principalmente os nortistas. O cerne da questão era a defesa da soberania dos estados contra o crescente poder da União, assegurado por recursos extraídos das comunidades locais. Outro problema denunciado por John Randolph de Roanoke foi o crescente envolvimento do Governo Federal com assuntos externos, dentre esses, os acordos diplomáticos e comerciais com a França, que foram a causa principal da Guerra Anglo-Americana, travada entre os Estados Unidos e o Império Britânico, de 18 de junho de 1812 a 18 de fevereiro de 1815. Uma análise mais ampla sobre o estadista sulista está disponível em: Russell Kirk, *John Randolph of Roanoke: A Study in American Politics – With Selected Speeches and Letters*. 4. ed. Indianapolis, Liberty Fund, 1997. Para uma visão mais sintética, ver: Russell Kirk, "Southern Conservatism: Randolph and Calhoun". In: *The Conservative Mind*, p. 150-84.

[88] Trecho de um discurso de John Randolph em maio de 1824, publicado em: *Richmond Enquirer*, June 8, 1824. Citado em: Russell Kirk, *John Randolph of Roanoke: A Study in American Politics – With Selected Speeches and Letters*, p. 211.

[89] No original: " ". T. S. Eliot, *Four Quartets*. In: T. S. Eliot, *Obra Completa – Volume 1: Poesia*. Trad. Ivan Junqueira. São Paulo, Arx, 2004. "Little Gidding", Seção I, versos 51-53.

[90] Arthur M. Schlesinger Jr., *Orestes A. Brownson: A Pilgrim's Progress*. Boston, Little, Brown and Company, 1939.

[91] Karl Marx e Friedrich Engels, *Manifesto do Partido Comunista*. Org. e intr. Marco Aurélio Nogueira, Trad. Marco Aurélio Nogueira e Leandro Konder. 15. ed. Petrópolis, Vozes, 2010.

[92] Orestes Brownson, "Socialism and the Church". In: *Orestes Brownson: Selected Political Essays*. Ed. e Intr. Russell Kirk. New Brunswick, Transaction Publisher, 1990, p. 92-93.

[93] Citado em: Paul Elmer More, "Disraeli and Conservatism". In: Paul Elmer More, *Aristocracy and Justice – Shelburne Essays: Ninth Series*. Boston, Houghton Mufflin Company, 1915, p. 151.

[94] Citado em: Francis Hitchman, *The Public Life of the Right Honourable the Earl of Beaconsfield*. Londres, Sampson Low, Marston, Searle, & Rivington, 1884, p. 505.

[95] A descrição crítica do contexto histórico do período entre guerras é feita por Russell Kirk de forma mais analítica, tomando como fio condutor a biografia de T. S. Eliot (1888-1965), nos capítulos 3 ("O Inferno e a Casa dos Corações Partidos", p. 189-236), 4 ("Um Critério em uma época de Homens Ocos", p. 237-79), 5 ("Católico, Monarquista e Classicista", p. 281-335), 6 ("O Poeta, o Estadista e a Rocha", p. 337-90) e 7 ("Cristãos e Ideólogos na

Casa dos Corações Partidos", p. 391-443) do seguinte livro: Russell Kirk, *A Era de T. S. Eliot: A Imaginação Moral do Século XX*. Apres. Alex Catharino, Intr. Benjamin G. Lockerd Jr., Trad. Márcia Xavier de Brito. São Paulo, É Realizações, 2011.

[96] No universo ficcional criado pelo escritor britânico J. R. R. Tolkien (1892-1973) na trilogia *O Senhor dos Anéis*, Mordor é a região situada ao Sudeste da Terra Média onde, durante a Segunda Era, Sauron, o Senhor do Escuro, se estabeleceu, construindo a fortaleza de Barad-dûr e forjando o Um Anel na Montanha da Perdição.

[97] Pautado nos relatos do dissidente Alexandr Solzhenitsyn (1918-2008), Russell Kirk ressalta a vitória dos Aliados ocidentais, pois, assim como o historiador britânico Paul Johnson, divergia dos historiadores contemporâneos que tentam ressaltar o papel da União das Repúblicas Socialistas Soviéticas na derrota da Alemanha nazista. Do ponto de vista conservador, a vitória militar dos Aliados se deu à custa de uma derrota moral, visto que a Europa Oriental foi subjugada por um poder totalitário que matou mais seres humanos que os nazistas e, em última instância, possibilitou o avanço militar da Alemanha e do Japão, por intermédio do Pacto Nazi-Soviético, assinado em 23 de agosto de 1939, e o Pacto Nipônico-Soviético de 13 de abril de 1941. A temática é abordada por Paul Johnson nos capítulos 12 ("Superpotência e Genocídio", p. 333-62) e 13 ("A Paz pelo Terror", p. 363-91) do livro *Tempos Modernos*, disponível em língua portuguesa na seguinte edição: Paul Johnson, *Tempos Modernos: O Mundo dos anos 20 aos 80*. Trad. Gilda de Brito Mac-Dowell e Sérgio Maranhão da Matta. 2. ed. Rio de Janeiro, Instituto Liberal, 1998.

[98] A visão de Russell Kirk sobre as causas do conflito mundial, bem como sua análise sobre os acontecimentos do período e as consequências desses para a segunda metade do século XX, estão nos capítulos 7 ("Cristãos e Ideólogos na Casa dos Corações Partidos", p. 391-443), 8 ("A Comunicação dos Mortos", p. 445-96) e 9 ("Cultura e *Cocktails*", p. 497-539) no já citado livro *A Era de T. S. Eliot: A Imaginação Moral do Século XX*.

[99] Alexandr Solzhenitsyn, "Templeton Lecture: London, Guildhall, May 10, 1983". In: Edward E. Ericson Jr. e Daniel J. Mahoney (Ed.), *The Solzhenitsyn Reader: New and Essential Writings, 1947-2005*. Wilmington, ISI Books, 2009, p. 584.

[100] John Henry Newman, "*The Patristical Idea of Antichrist*". In: *Discussions and Arguments on Various Subjects*. 4. ed. Londres, Longmans, 1885, p. 44-108.

[101] Russell Kirk analisa os desafios enfrentados pelo pontificado de João Paulo II e a importância desse para a causa conservadora no seguinte ensaio: Russell Kik, "May the Pope Redeem the Time?". In: Candida Lund (ed.), *If I Were Pope*. Chicago, The Thomas More Association, 1987, p. 49-64.

[102] As análises de Russell Kirk sobre a guinada conservadora da opinião pública norte-americana no final da década de 1970 e a vitória eleitoral de Ronald Reagan aparecem em: Russell Kirk, *The Sword of Imagination*, p. 437-44, 448-54.

[103] No original, em inglês, "*Time of Troubles*". A expressão é de Arnold J. Toynbee, na obra *A Study of History* [Um Estudo de História], e pode ser traduzida para o português de diferentes formas. A maneira mais usual de tradução da expressão é "tempo de tribulação". No entanto, optamos por "era de desordem" por acreditarmos que tal terminologia é a mais apropriada para explicitar o contraste entre os catastróficos acontecimentos históricos do século XX iniciados em 28 de julho de 1914 com a eclosão da Primeira Guerra Mundial e o ideal voegeliano de ordem adotado por Russell Kirk.

[104] No original: "*marching to Zion*". Referência à tentativa dos ideólogos de criar um paraíso terreno, tal como explicado na nota 30 do presente livro.

CAPÍTULO 4

[105] Em diversas passagens da obra *Reflections on the Revolution in France* [Reflexões sobre a Revolução em França], Burke critica os construtores de elaboradas teorias políticas que não derivam da tradição. O "metafísico abstrato" ou "reformador fanático", nas próprias palavras de Burke, é descrito da seguinte forma:

> Um homem ignorante, que não é tolo o bastante para interferir no mecanismo do próprio relógio, é, contudo, confiante o suficiente para pensar que pode desmontar e montar, ao bel prazer, uma máquina moral de outro estilo, importância e complexidade, composta de muitas outras engrenagens, molas e balanças e de forças que neutralizam e cooperam. Os homens pouco pensam quão imoralmente agem ao imiscuírem-se precipitadamente naquilo que não entendem. A boa intenção ilusória não é uma espécie de desculpa para a soberba. Verdadeiramente fariam bem aqueles que temessem agir mal (Edmund Burke, *An Appeal from the New to the Old Whigs*. In: *The Works of the Right Honorable Edmund Burke*, volume IV. Boston: Little, Brown and Company, 1865. pp. 209-10).

[106] Karl Marx, *O Capital: Crítica da Economia Política*. Trad. Reginaldo Sant'Anna. 29. ed. Rio de Janeiro, Civilização Brasileira, 2011, 6v.

[107] A temática é abordada de forma mais detalhada por Russell Kirk nos seguintes textos: Russell Kirk, "Declaration and Constitution". In: *The Roots of American Order*. 4. ed. Pref. Forrest McDonald. Wilmington, ISI Books, 2003, p. 393-440; Idem, "The Framers: Not Philosophes but Gentlemen". In: *The Conservative Constitution*. Washington, D.C., Regnery Gatway, 1990, p. 35-48.

[108] Aristóteles, *Ética a Nicômacos*. Trad. do grego, intr. e notas de Mário da Gama Kury. 2. ed. Brasília, Editora Universidade de Brasília, 1992.

[109] Aristóteles, *Política*. Trad. do grego, introd. e notas de Mário da Gama Kury. Brasília, Editora Universidade de Brasília, 1985.

[110] Montesquieu, *O Espírito das Leis*. Intr. Gonzague Truc, Trad. Fernando Henrique Cardoso e Leôncio Martins Rodrigues. São Paulo, Abril Cultural, 1973.

[111] O único membro da Convenção Constitucional da Filadélfia que citou John Locke foi o antifederalista Luther Martin (1748-1826), delegado representante do Estado de Maryland, que, num discurso em 27 de junho de 1787, utilizou, de forma equivocada, as ideias do filósofo inglês sobre as relações entre indivíduos no estado de natureza para descrever as relações entre os treze estados membros dos Estados Unidos. Russell Kirk desconstrói o mito dos fundamentos lockeanos da Constituição Norte-Americana no seguinte ensaio: Russell Kirk, "The Constitution Was Not Written by John Locke". In: *The Conservative Constitution*, p. 63-79. Em língua portuguesa a melhor edição do tratado político do pensador liberal inglês é a seguinte: John Locke, *Dois Tratados sobre o Governo*. Ed. e intr. Peter Laslett. São Paulo, Martins Fontes, 1998.

[112] Segundo o jurista latino Ulpiano (150-223), os *mores* seriam o tácito acordo do povo arraigado por uma larga prática ["*Mores sunt tacitus consensus populi longa consuetudine inveteratus*" (*Regulae* 1,4)].

[113] A referência a tal curiosidade do imperador Tibério pode ser encontrada em: Suetônio, *A Vida dos Doze Césares*, III, 70.

[114] Ver as notas explicativas 42 e 43 da presente obra.

[115] F. J. C. Hearnshaw, *The Social and Political Idea of Some Representative Thinkers of the Revolutionary Era*. Londres, G. G. Harrap & Company Ltd., 1931, p. 8.

[116] Richard M. Weaver, *As Ideias Têm Consequências*. Trad. Guilherme Araújo Ferreira. São Paulo, É Realizações, 2012.

[117] No original: *"earthly Zion"*. Referência à promessa dos ideólogos de criar um paraíso terreno, tal como explicado na nota explicativa 30, p. 354 do presente livro.

[118] Robert Nisbet, *Conservatism: Dream and Reality*. Minneapolis, University of Minnesota Press, 1986.

[119] Francis Graham Wilson, *The Case for Conservatism*. Seattle, University of Washington Press, 1951.

[120] Quintin Hogg, *The Case for Conservatism*. West Drayton, Penguin, 1947.

[121] *The Portable Conservative Reader*. Ed., intr. e notas Russell Kirk. Nova York, Penguin Books, 1982.

[122] Russell Kirk, *The Conservative Mind: From Burke to Eliot*. 7. ed. rev. Intr. Henry Regnery. Washington, D.C., Regnery Publishing, 1986. Em língua portuguesa a obra será lançada pela É Realizações com o título *A Mentalidade Conservadora: de Edmund Burke a T. S. Eliot*.

[123] Em língua portuguesa a obra foi lançada em duas edições brasileiras diferentes, a saber: Edmund Burke, *Reflexões sobre a Revolução em França*. Intr. Connor Cruise O'Brien; Trad. Renato de Assumpção Faria, Denis Fontes de Souza Pinto e Carmen Lídia Richter Ribeiro Moura. Brasília, Editora Universidade de Brasília, 1982; Idem, *Reflexões sobre a Revolução na França*. Pref. Francis Canavan, Intr. E. J. Payne, Trad. Eduardo Francisco Alves. Rio de Janeiro, Topbooks, 2012.

[124] Harold J. Laski, *Political Thought in England from Locke to Bentham*. Nova York, Henry Holt and Company, 1920, p. 223.

[125] Série de palestras promovida pela Heritage Foundation, em Washington, D.C., de 1978 até sua morte em 1994. Russell Kirk ministrou um total de sessenta conferências para tal instituição, sendo que dezoito delas foram compendiadas na presente obra e outras vinte e duas no livro *Redeeming the Time* (Ed. e intr. Jeffrey O. Nelson. Wilmington, ISI Books, 1996). Dentre os vinte e dois ensaios de *Redeeming the Time*, alguns foram publicados, anteriormente, nas coletâneas *Reclaiming a Patrimony* (Washington, D.C., Heritage Foundation, 1982) e *The Wise Men Know What Wicked Things Are Written on the Sky* (Washington, D.C., Regnery Publishing, 1987).

[126] *The Works of John Adams, Second President of the United States, with a Life of the Author*. Organização, notas e ilustrações de Charles Francis Adams. Boston, Little, Brown and Co., 1856, 10v.

[127] O ainda incompleto *Adams Papers* é um projeto editorial organizado pela Massachusetts Historical Society em parceria com a Harvard University Press, que, desde 1961, está lançando as obras completas de John Adams em diversos volumes, divididos em quatro séries distintas. Em cinco volumes já publicados, que perfazem a primeira série, reúnem-se a autobiografia e todos os diários escritos entre 1753 e 1804. A segunda série pretende compilar toda a correspondência familiar de John Adams em vinte e quatro volumes, sendo que os dez primeiros lançados até o momento reúnem cartas escritas e recebidas no período de 1761 a 1795. Os trabalhos jurídicos, os escritos políticos e a correspondência geral de John Adams compõem a terceira série, com três volumes já publicados dos escritos do período em que John Adams foi estudante de Direito e em que atuou como advogado, juntamente com quarenta volumes dos escritos e a correspondência do período como estadista, visto que até o momento já foram lançados quinze volumes que cobrem o período de 1755 a 1784. Finalmente, a quarta série reúne, em um único volume ilustrado, todas as imagens de pinturas, bustos e silhuetas representando John Adams e sua esposa Abigail Adams (1744-1818).

128 *The Political Writings of John Adams*. Ed. e intr. George A. Peek Jr. 2. ed. Indianapolis, Hackett Publishing Company, 2003. Uma versão dessa coletânea foi lançada em língua portuguesa na seguinte edição: *Escritos Políticos de John Adams: Seleções Representativas*. Ed. e pref. George A. Peek Jr., Trad. Leonidas Gontijo de Carvalho. São Paulo, Ibrasa, 1964.

129 A obra está disponível em língua portuguesa na seguinte edição em um único volume: Alexis de Tocqueville, *A Democracia na América*. Pref. Antônio Paim, Trad. e notas de Neil Ribeiro da Silva. Belo Horizonte, Editora Itatiaia, 1987. Posteriormente, também, foi lançada no Brasil uma nova edição em dois volumes, a saber: Alexis de Tocqueville, *A Democracia na América: Leis e Costumes*. Pref., biografia e bibliografia de François Furet, Trad. Eduardo Brandão. São Paulo, Martins Fontes, 1998; Idem, *A Democracia na América: Sentimentos e Opiniões*. Trad. Eduardo Brandão. São Paulo, Martins Fontes, 2000.

130 Friedrich August von Hayek, "Por que não sou um Conservador". In: *Os Fundamentos da Liberdade*. Trad. Anna Maria Copovilla e José Ítalo Stelle. São Paulo / Brasília, Editora Visão / Editora Universidade de Brasília, 1983, p. 466-482.

131 Série popular de cinco romances escritos por James Fenimore Cooper, ambientados nos Estados Unidos entre os anos de 1740 e 1804 e protagonizados pelo herói Natty Bumppo, um colono descendente de europeus criado por índios norte-americanos. A série *Leatherstocking Tales* é composta pelos seguintes livros: The *Pioneers* [Os Pioneiros] de 1823, *The Last of the Mohicans* [O Último dos Moicanos] de 1826, *The Prairie* [A Campina] de 1827, *The Pathfinder* [O Batedor] de 1840 e The *Deerslayer* [O Caçador da Fronteira] de 1841. Diversas versões cinematográficas desses romances foram produzidas, dentre as quais destacamos *The Last of the Mohicans* [O Último dos Moicanos] de 1992, dirigida por Michael Mann e estrelada pelo ator Daniel Day-Lewis.

132 James Fenimore Cooper, *The American Democrat*. Intr. H. L. Mencken. Indianapolis, Liberty Fund, 1981.

133 John C. Calhoun, *A Disquisition on Government*. Ed. H. Lee Cheek Jr. South Bend, St. Augustines Press, 2007.

134 John C. Calhoun, *A Discourse on the Constitution and Government of the United States*. Gloucester, Dodo Press, 2008.

135 Orestes A. Brownson, *The American Republic: Its Constitution, Tendencies and Destiny*. Intr. Peter Augustine Lawler, Pref. Charles S. Butler. Wilmington, ISI Books, 2003.

136 Russell Kirk, ao longo de toda a vida, manteve um debate amistoso com o historiador e crítico social Arthur M. Schlesinger Jr., membro do Partido Democrata e assessor do presidente John F. Kennedy (1917-1963), expondo as divergências intelectuais em inúmeros artigos para jornais, eventos públicos ou em encontros em Piety Hill, a casa ancestral de Kirk, situada em Mecosta, Michigan. Tanto Russell Kirk quanto Arthur M. Schlesinger Jr. foram pioneiros nos estudos e na divulgação do pensamento de Orestes Brownson durante o século XX. O primeiro livro sobre Brownson publicado por Schlesinger foi: Arthur M. Schlesinger Jr., *Orestes A. Brownson: A Pilgrim's Progress*. Boston, Little, Brown and Company, 1939.

137 Karl Marx e Friedrich Engels, *Manifesto do Partido Comunista*. Org. e intr. Marco Aurélio Nogueira, Trad. Marco Aurélio Nogueira e Leandro Konder. 15. ed. Petrópolis, Vozes, 2010.

138 James Fitzjames Stephen, *Liberty, Equality, Fraternity*. Ed. e Intr. Stuart D. Warner. Indianapolis, Liberty Fund, 1993.

139 William E. H. Lecky, *Democracy and Liberty*. Intr. William Murchison. Indianapolis, Liberty Fund, 1981, 2v.

[140] Sir Henry Sumner Maine, *Popular Government*. Intr. George W. Carey. Indianapolis, Liberty Fund, 1977.

[141] John Stuart Mill, *A Liberdade*. In: *A Liberdade / Utilitarismo*. Intr. Isaiah Berlin, Trad. Eunice Ostrensky. São Paulo, Martins Fontes, 2000, p. 1-174.

[142] Atualmente, a referida obra pode ser encontrada numa impressão de excelente qualidade e preço baixo na edição publicada pelo Liberty Fund, citada na nota 138 do presente capítulo.

[143] W. H. Mallock, *The New Republic: Or Culture, Faith, and Philosophy in an English Country House*. Londres, Chatto & Windus Piccadilly, 1877. 2v.

[144] Grande parte das obras de W. H. Mallock estão atualmente disponíveis em edições gratuitas digitalizadas para diferentes formatos eletrônicos no Google Books e no Gutemberg Project, bem como em edições impressas por diferentes editoras no sistema *Print on demand* comercializadas em diferentes livrarias virtuais.

[145] W. H. Mallock, *Is Life Worth Living?* Londres, Chatto & Windus Piccadilly, 1879.

[146] W. H. Mallock, *A Critical Examination of Socialism*. Intr. Russell Kirk. New Brunswick, Transaction Publishers, 1989.

[147] Paul Elmer More, *Aristocracy and Justice – Shelburne Essays: Ninth Series*. Boston, Houghton Mufflin Company, 1915.

[148] Irving Babbitt, *Democracy and Leadership*. Pref. Russell Kirk. Indianapolis, Liberty Classics, 1979. A obra está disponível em língua portuguesa na seguinte edição brasileira: Irving Babbitt, *Democracia e Liderança*. Pref. Russell Kirk, Trad. Joubert de Oliveira Brízida. Rio de Janeiro, Topbooks, 2003.

[149] Irving Babbitt, *Literature and the American College: Essays in Defense of the Humanities*. Intr. Russell Kirk. Washington, D.C., National Humanities Institute, 1986.

[150] Donald Davidson, *The Attack on Leviathan: Regionalism and Nationalism in the United States*. Chapel Hill, The University of North Carolina Press, 1938.

[151] William C. Havard e Walter Sullivan (ed.), *A Band of Prophets: The Vanderbilt Agrarians After Fifty Years*. Baton Rouge, Louisiana State University, 1982.

[152] Twelve Southerners, *I'll Take My Stand: The South and the Agrarian Tradition*. Intr. Louis D. Rubin Jr. Baton Rouge, Louisiana State University, 1982.

[153] O grupo dos agrarianos sulistas [*Southern Agrarians*], também denominado de *Twelve Southerners* [doze sulistas] ou *Vanderbilt Agrarians* [agrarianos da Universidade Vanderbilt], era composto pelo poeta, ensaísta e historiador Donald Davidson, pelo poeta e historiador John Gould Fletcher (1886-1950), pelo jornalista Henry Blue Kline (1905-1951), pelo psicólogo Lyle H. Lanier (1903-1988), pelo poeta, dramaturgo e ensaísta Andrew Nelson Lytle (1902-1995), pelo cientista social Herman Clarence Nixon (1886-1967), pelo historiador Frank Lawrence Owsley (1890-1956), pelo poeta, ensaísta, crítico literário e classicista John Crowe Ransom (1888-1974), pelo poeta, ensaísta e crítico literário Allen Tate (1899-1979), pelo biógrafo e ensaísta John Donald Wade (1892-1963), pelo poeta, romancista, ensaísta e crítico literário Robert Penn Warren (1905-1989) e pelo poeta, romancista, dramaturgo, ensaísta, crítico literário e pintor Stark Young (1881-1963). Publicado originalmente em 1930, o manifesto *I'll Take My Stand* é composto por doze ensaios, escritos, por cada um dos agrarianos sulistas, nos quais são constatados os males do modernismo cultural inerente ao industrialismo da sociedade norte-americana. Advogam a importância da preservação dos costumes rurais da cultura sulista norte-americana como alternativa à massificação da civilização industrial, garantindo, dessa forma, uma reconciliação entre o progresso e a tradição,

assegurada pela salvaguarda da identidade cultural sulista, pautada nos princípios religiosos do humanismo cristão, no senso de comunidade e nos laços familiares. O pensamento dos agrarianos sulistas influenciou o livro *Casa-Grande e Senzala*, publicado originalmente em 1933, e o *Manifesto Regionalista de 1952*, ambos escritos pelo sociólogo brasileiro Gilberto Freyre (1900-1987). O pai do classicista John Crowe Ransom, o missionário John James Ransom (1853-1934), morou no Rio de Janeiro entre os anos de 1876 e 1886, sendo o primeiro obreiro oficial da Igreja Metodista no Brasil. Russell Kirk apresenta uma análise sobre os agrarianos sulistas, destacando o pensamento político de Donald Davidson, no capítulo 7 ("Donald Davidson e o Conservadorismo Sulista", p. 177-90) do presente livro.

[154] Russell Kirk, "Southern Reproaches". *Policy Review*, n. 25 (Summer 1983), p. 99-100.

[155] Donald Davidson, *Regionalism and Nationalism in the United States: The Attack on Leviathan*. Intr. Russell Kirk. New Brunswick, Transaction Publishers, 1991.

[156] Wilhelm Röpke, *The Social Crisis of Our Time*. Pref. Russell Kirk, Intr. William F. Campbell, Trad. Annette Jacobsohn e Peter Schiffer Jacobsohn. New Brunswick, Transaction Publishers, 1992.

[157] Idem, *The Moral Foundations of Civil Society*. Intr. William F. Campbell, Trad. Cyril Spencer Fox. New Brunswick, Transaction Publishers, 1996, p. 63.

[158] Idem, *The Social Crisis of Our Time*, p. 201.

[159] Inúmeras obras de Wilhelm Röpke foram publicadas em língua inglesa entre as décadas de 1930 e 1960, sendo que tais edições esgotadas podem ser adquiridas em diferentes livrarias virtuais em versões impressas no sistema *print on demand*, além de estarem disponíveis gratuitamente em formato eletrônico no site do Ludwig von Mises Institute (http://mises.org/Literature/Author/448/Wilhelm-Ropke). Além dos livros *The Social Crisis of Our Time* e *The Moral Foundations of Civil Society*, também pode ser encontrada em língua inglesa a seguinte obra: Wilhelm Röpke, *A Humane Economy: The Social Framework of the Free Market*. Intr. Dermot Quinn, Trad. Elizabeth Henderson. 3. ed. Wilmington, ISI Books, 1998. Para maiores dados sobre o pensamento econômico de Wilhelm Röpke, ver o capítulo 8 ("A Economia Humana de Wilhelm Röpke", p. 191) do presente livro.

[160] A obra foi lançada pela primeira vez em português na seguinte edição: T. S. Eliot, *Notas para uma Definição de Cultura*. Pref. Nelson Ascher, Trad. Geraldo Gerson de Souza. São Paulo, Editora Perspectiva, 1988. Atualmente, foi publicada uma nova edição brasileira, a saber: T. S. Eliot, *Notas para a Definição de Cultura*. Trad. Eduardo Wolf. São Paulo, É Realizações, 2011.

[161] T. S. Eliot, *The Idea of a Christian Society*. Londres, Faber and Faber, 1939.

[162] O livro *Eliot and His Age*, publicado originalmente em 1971, é, ao mesmo tempo, uma das obras-primas de Russell Kirk e, provavelmente, a melhor análise do pensamento de T. S. Eliot, estando disponível em língua portuguesa na seguinte edição: Russell Kirk, *A Era de T. S. Eliot: A Imaginação Moral do Século XX*. Apr. Alex Catharino, Intr. Benjamin G. Lockerd Jr., Trad. Márcia Xavier de Brito. São Paulo, É Realizações, 2011. Ver também o capítulo 6 ("A Política de T. S. Eliot", p. 161) da presente obra.

[163] Em língua portuguesa, foi lançada no Brasil a seguinte obra: Tage Lindbom, *O Mito da Democracia*. Trad. Lilian B. Schmidt. São Paulo, Ibrasa, 2007.

[164] A monumental obra *Ab Urbe Condita Libre*, que narra a história de Roma desde a fundação mítica da cidade, em 753 a.C., até o governo de Augusto (63 a.C.-14 A.D.), foi escrita originalmente por Tito Lívio em 142 livros, dos quais foram preservados até os nossos dias apenas 35. A obra foi publicada em língua portuguesa na seguinte edição brasileira: Tito Lívio, *História de Roma: Ab Urbe Condita Libri*. Intr., trad. e notas de Paulo Matos Peixoto. São Paulo, Editora Paumape, 1990, 6v.

[165] Academia da cidade ficcional de Lagado, da obra *Viagens de Gulliver*, de Jonathan Swift (1667-1745). A cidade era de uma pobreza generalizada, com habitações e campos em ruínas, em consequência dos projetos científicos ambiciosos, porém inúteis, de sua Academia de "inventores extraordinários". Em língua portuguesa a obra pode ser encontrada na seguinte edição: Jonathan Swift, *Viagens de Gulliver*. Trad. Octavio Mendes Cajado. São Paulo, Abril Cultural, 1971.

CAPÍTULO 5

[166] A cidade perfeita (mas irreal, com função dramática satírica ou escapista) a ser construída nas nuvens por duas personagens da peça *As Aves* de Aristófanes (447-385 a.C.). A obra está disponível em língua portuguesa na seguinte edição: Aristófanes, *As Aves*. Introd., trad. do grego e notas de Maria de Fátima Sousa e Silva. Lisboa, Edições 70, 1989.

[167] Lionel Trilling, "The Meaning of a Literary Idea". In: *The Liberal Imagination: Essays on Literature and Society*. Nova York, Viking Press, 1950, p. 268-87.

[168] Charles Dickens, *A Child's History of England*. Ed. David Starkey. Nova York, HarperCollins, 2006.

[169] Russell Kirk, *The Conservative Mind: From Burke to Eliot*. 7. ed. rev. Intr. Henry Regnery. Washington, D.C., Regnery Publishing, 1986.

[170] De acordo com um dos maiores especialistas contemporâneos no pensamento burkeano, o padre Francis Canavan S.J. (1917-2009), os escritos de Russell Kirk desempenharam um papel significativo ao longo do século XX para o surgimento de inúmeras pesquisas sobre Edmund Burke (ver: Francis Canavan S.J., "Kirk and the Burke Renaissance". *The Intercollegiate Review*, v. 30, n. 1, Fall 1994, p. 43-45). Além do segundo capítulo ("Burke and the Politics of Prescription") do livro *The Conservative Mind* (p. 12-70) e dos comentários nos quatro ensaios anteriores do presente livro, o pensamento de Edmund Burke foi o objeto principal de dezenas de ensaios acadêmicos escritos por Russell Kirk e publicados em diferentes periódicos ou coletâneas, além do seguinte livro: Russell Kirk, *Edmund Burke: A Genius Reconsidered*. 3. ed. Ed. Jeffrey O. Nelson, Pref. Roger Scruton. Wilmington, ISI Books, 1997. O livro será publicado pela É Realizações, com o título *Edmund Burke: Redescobrindo um Gênio*.

[171] Russell Kirk, *A Era de T. S. Eliot: A Imaginação Moral do Século XX*. Apres. Alex Catharino, Intr. Benjamin G. Lockerd Jr., Trad. Márcia Xavier de Brito. São Paulo, É Realizações, 2011.

[172] Phyllis Bentley, *Freedom, Farewell*. Nova York, Macmillan Company, 1936.

[173] Em língua portuguesa o texto está disponível na seguinte edição: Plutarco, "Cícero". In: *Vidas Paralelas – Quinto Volume*. Intr. e notas de Paulo Matos Peixoto, Trad. Gilson César Cardoso. São Paulo, Editora Paumape, 1992.

[174] O *mos maiorum* é o conjunto dos costumes ancestrais que formavam o código moral e político não escrito do qual os antigos romanos derivavam as normas de convívio social.

[175] Referência ao estudo histórico-urbanístico *Ave Roma Immortalis* [Salve, a Roma Imortal] do romancista norte-americano Francis Marion Crawford (1854-1909), publicado originalmente em 1898.

[176] A obra encontra-se disponível em língua portuguesa na seguinte edição: Marco Aurélio, *Meditações*. Trad. e notas de Jaime Bruna. São Paulo, Abril Cultural, 1973.

[177] Albert Jay Nock, "The Value of Useless Knowledge". *Atlantic Monthly*, v. 153, n. 5, May 1934.

[178] Marco Aurélio, *Meditações*, Livro III, 2.

[179] Ibidem, Livro X, 15.

[180] Após o governo de Vespasiano (9-79), Tito (39-81) e Domiciano (51-96), os três imperadores da Dinastia Flávia, entre os anos de 69 a 96, o período dos "cinco bons imperadores" entre 96 e 180 é considerado uma época áurea do Império Romano, marcada por relativa paz externa e interna, bem como pela prosperidade econômica durante as administrações de Nerva (30-98), Trajano (53-117), Adriano (76-138), Antonino Pio (86-161) e o próprio Marco Aurélio, os imperadores da Dinastia Antonina, também conhecida como Dinastia Nerva-Trajana-Antonina. Uma característica distintiva da Dinastia Antonina era o critério de sucessão, que não se pautava na hereditariedade, como no caso da Dinastia Flávia, ou na adoção de parentes, como na Dinastia Júlio-Cláudia, mas na adoção pelo Imperador de um membro da elite romana considerado como o mais capaz para exercer a função. Tal critério foi rompido após a morte de Marco Aurélio em 180, quando o filho deste, Cômodo (161-192), assumiu o governo do Império Romano.

[181] Albert Jay Nock, "The Value of Useless Knowledge", op. cit.

[182] Idem, "A Little Conservative". *Atlantic Monthly*, v. 158, n. 4, October 1936.

[183] Marco Aurélio, *Meditações*, Livro V, 1.

[184] Uma síntese do pensamento político de Samuel Johnson pode ser encontrada em língua portuguesa na seguinte obra: Samuel Johnson, *Escritos Políticos*. Ed. Donald J. Greene, Trad. Vera Lucia Joscelyne. Rio de Janeiro, Topbooks, 2011.

[185] Russell Kirk considerava Samuel Johnson, juntamente com Edmund Burke e Adam Smith (1723-1790), um dos três pilares intelectuais da ordem na modernidade, visto que a vasta produção literária desses três pensadores nos legou argumentos indispensáveis para a defesa das "coisas permanentes" nos campos da moral, das letras, da política e da economia, tal como podemos constatar no seguinte ensaio: Russell Kirk, "Three Pillars of Order: Edmund Burke, Samuel Johnson, Adam Smith". In: *Redeeming the Time*. Ed. e intr. Jeffrey O. Nelson. Wilmington, ISI Books, 1996, p. 254-70.

[186] De acordo com o biógrafo James Boswell (1740-1795), tal sentença foi proferida por Samuel Johnson em 8 de maio de 1781. Ver: James Boswell, *Life of Johnson*. Pref. R. W. Chapman, Intr. C. B. Tinker. Londres, Oxford University Press, 1953, p. 1154-55.

[187] Russell Kirk chamava a Michigan State University de "Universidade Behemoth" devido ao comprometimento da instituição com a degradação educacional promovida pelo dogma democrático, manifesta nas medidas administrativas tomadas pelo reitor John A. Hannah (1902-1992), dentre as quais se destacam a ampliação maciça dos corpos discente e docente, a eliminação nos currículos de parte significativa das poucas disciplinas voltadas para a formação clássica, a redução do nível de exigência na avaliação dos alunos e a falta de preocupação com a qualificação dos professores. Meses antes da publicação de *The Conservative Mind*, Kirk questionou-se a respeito da continuidade do trabalho bem remunerado de professor universitário num ambiente de "barbarismo acadêmico", decidindo demitir-se da instituição. O próprio Kirk narra o incidente nos seguintes textos: Russell Kirk, "Reflections of a Gothic Mind". In: *Confessions of a Bohemian Tory: Episodes and Reflections of a Vagrant Career*. Nova York, Fleet Publishing Corporation, 1963, p. 24-27; Idem, *The Sword of Imagination: Memoirs of a Half-Century of Literary Conflict*. Grand Rapids, William B. Eerdmans Publishing Company, 1995, p. 153-56.

[188] Samuel Johnson, *A História de Rasselas, Príncipe da Abissínia*. Trad. Marta de Senna. Rio de Janeiro, Imago, 1994.

[189] Voltaire, *Cândido*. Pref. André Magnan, Trad. Maria Ermantina Galvão Gomes Pereira. São Paulo, Martins Fontes, 1990.

¹⁹⁰ Série de vinte e seis romances históricos de autoria de Sir Walter Scott publicados entre 1814 e 1831, iniciados pelo livro *Waverley* (1814), em que, também, se inclui *The Antiquary* (1816), *Rob Roy* (1818) e *Ivanhoe* (1820). Publicados no anonimato até 1827, passaram a ser reconhecidos pelo público como "romances do autor de Waverley".

¹⁹¹ James Fitzjames Stephen, "Sir Walter Scott". In: *Hours in a Library*. Londres, Smith, Elder & Co., 1892, 3v, vol. 1, p. 163; D.C. Somervell, *English Thought in the Nineteenth Century*. Nova York, David McKay Company, 1965, p. 11.

¹⁹² Russell Kirk, *John Randolph of Roanoke: A Study in Conservative Thought*. Chicago, University of Chicago Press, 1951.

¹⁹³ A partir da segunda edição, publicada em 1964 pela Henry Regnery Company, o autor incluiu como anexo ao livro uma seleção de cartas e de discursos de John Randolph. Em 1978, a Liberty Press publicou a terceira edição da obra. Postumamente, apareceu a seguinte edição revista pelo autor: Russell Kirk, *John Randolph of Roanoke: A Study in American Politics – With Selected Speechs and Letters*. 4. ed. Indianapolis, Liberty Fund, 1997.

¹⁹⁴ Passagem do discurso de John Randolph, em 29 de janeiro de 1805, durante o Oitavo Congresso, no qual o estadista virginiano denuncia corrupção na venda fraudulenta de terras na região de Yazoo, incidente que marca o início da ruptura de Randolph com os jeffersonianos. O manuscrito do discurso está arquivado na Alderman Library da University of Virginia. O texto está reproduzido na íntegra em: John Randolph, "Debate on the Georgia Claims, in Committe of the Whole". In: Russell Kirk, *John Randolph of Roanoke: A Study in American Politics*, p. 294-311, cit. p. 307.

¹⁹⁵ Hugh Blair Grigsby, *The Virginia Convention of 1829-30: A Discourse Delivered Before the Virginia Historical Society at their Annual Meeting*. Richmond, MacFarlane & Ferguson, 1854, p. 41-42.

¹⁹⁶ Trecho do discurso de John Randolph em 30 de dezembro de 1829 na Convenção da Virgínia. Ver: *Proceedings and Debates of the Virginia State Convention of 1829-1830*. Richmond, S. Shepherd & Co., 1830, p. 789-91. Citado parcialmente em: Russell Kirk, *John Randolph of Roanoke: A Study in American Politics*, p. 214-17. Para uma análise do discurso de John Randolph ver: Russell Kirk, *The Conservative Mind: From Burke to Eliot*, p. 167.

¹⁹⁷ Henry Adams, *History of United States of America during the Administrations of Jefferson and Madison*. Nova York, C. Scribner's Sons, 1891-98, 9v, vol. IV, p. 107.

¹⁹⁸ O pregador calvinista leigo John Brown, tido como revolucionário, dedicou a vida à abolição da escravatura, ainda que por meios violentos, como nos casos das batalhas de Black Jack e de Osawatomie ou no Massacre de Pottawatomie. Ao tentar apoderar-se de um arsenal na Virgínia em 1859, John Brown foi derrotado e preso pelo general Robert E. Lee (1807-1870), sendo condenado à forca, pena que enfrentou com surpreendente serenidade. O "martírio" de John Brown recebeu elogios fúnebres de intelectuais como Ralph Waldo Emerson (1803-1882), Henry David Thoreau (1817-1862) e James Russell Lowell (1819-1891); contribuiu para a eleição presidencial de Abraham Lincoln (1809-1865), em 1860, e acelerou o processo de Guerra Civil entre o Norte abolicionista e o Sul escravagista. Provavelmente, serviu de inspiração para o conto *Billy Budd* de Herman Melville (1819-1891), publicado postumamente em 1924, e para o herói Jean Valjean de Victor Hugo (1802-1885) em *Les Misérables* [Os Miseráveis], publicado em 1862. A batalha de Osawatomie, travada no Kansas, em 30 de agosto de 1856, entre uns trezentos escravagistas comandados por John W. Reid (1821-1881) e quarenta abolicionistas liderados por John Brown, é a temática da peça *Osawatomie Brown* do casal Kate Lucy (Edwards) Swayze (1834-1862) e Jason Clarke Swayze (1833-1877), que alcançou relativo sucesso entre 1959 e 1960. Apesar de ser contrário à escravidão, Nathaniel

Hawthorne não acreditava que o problema devesse ser resolvido por uma legislação punitiva do Norte contra o Sul ou por atos privados de violência. Defendendo tal visão antirrevolucionária, Hawthorne polemizou com Emerson, Thoreau e Lowell no artigo "Chiefly About War Matters", publicado em julho de 1862, no *The Atlantic Monthly*, no qual escreveu a sentença citada por Russell Kirk. O artigo foi coligido em: Nathaniel Hawthorne, "Chiefly about War Matters by a Peaceable Man". In: *The Complete Works of Nathaniel Hawthorne*. Boston, Riverside Press, 1883, 12v, vol. XII, p. 299-345.

[199] Nathaniel Hawthorne, *The Blithedale Romance*. Boston, Ticknor and Fields, 1852.

[200] Idem, "Earth's Holocaust". In: *Mosses from an Old Manse*. Nova York, Wiley & Putnam, 1846.

[201] Em uma edição de 1918 da *The Little Review*, dedicada ao então recém-falecido romancista e crítico literário Henry James (1843-1916), T. S. Eliot analisa os aspectos comuns entre a obra do homenageado e a de Nathaniel Hawthorne, bem como a influência literária deste sobre James, defendendo que, dentre os quatro escritores norte-americanos consagrados da Nova Inglaterra, o único autor individualmente relevante foi Hawthorne, não merecendo uma análise mais ampla os escritos de Ralph Waldo Emerson, Henry David Thoreau e James Russell Lowell (Ver: T. S. Eliot, "The *Hawthorne Aspect*". *The Little Review*, v. 5, n. 4, August 1918, p. 47-53). O grande apreço de T. S. Eliot pelos escritos de Nathaniel Hawthorne é expresso, em uma resenha publicada em 25 de abril de 1919 no *The Athenaeum*, sobre o segundo volume da *The Cambridge History of American Literature*, com as seguintes palavras:
"Hawthorne era [um verdadeiro observador da vida moral] e um realista. Também tinha aquilo que ninguém mais em Boston possuía – a firmeza, a verdadeira frieza, a dura frieza do verdadeiro artista. Em consequência, a observação da vida moral em *The Scarlet Letter* [A Letra Escarlate], em *The House of the Seven Gables* [A Casa das Sete Torres] e mesmo em alguns dos contos e histórias curtas tinha solidez, permanência, a permanência da arte. Isso sempre será útil; os ensaios de Emerson já são uma dificuldade. A obra de Hawthorne é, verdadeiramente, uma crítica – verdadeira por fidelidade do artista e não por mera convicção do homem – à moralidade puritana, à moralidade transcendentalista e ao mundo que Hawthorne conheceu" (Citado em: F. O. Mattiessen, *The Achivement of T. S. Eliot: An Essay on the Nature of Poetry*. 3ª Ed. Nova York, Galaxy Book, 1959, p. 24, n. 6).

[202] Theodore Roosevelt & Henry Cabot Lodge, *Hero Tales from American History: Or the Story of Some Americans who Showed that they Knew How to Live and How to Die*. Filadélfia, The Century Co., 1895.

[203] Theodore Roosevelt, "George Rogers Clark and the Conquest of the Northwest". In: *Hero Tales from American History*, p. 27-37.

[204] Idem, "King's Mountain". In: *Hero Tales from American History*, p. 61-68.

[205] Idem, "The Storming of Stony Point". In: Ibidem, p. 69-77.

[206] Idem, "The Battle of New Orleans". In: Ibidem, p. 117-25.

[207] Idem, "Death of Stonewall Jackson". In: Ibidem, p. 183-93.

[208] Idem, "The Charge at Gettysburg". In: Ibidem, p. 195-204.

[209] Idem, "Farragut at Mobile Bay". In: Ibidem, p. 259-78.

[210] Idem, "Remember the Alamo". In: Ibidem, p. 147-55.

[211] Dentre as inúmeras obras de Theodore Roosevelt, destacamos o livro *Through the Brazilian Wilderness*, publicado originalmente em 1914, no qual é feita a narrativa da Expedição

Científica Rondon-Roosevelt, patrocinada pelo Governo Brasileiro e pelo American Museum of Natural History, empreendida na Amazônia, de 9 de dezembro de 1913 a 27 abril de 1914, por Teddy Roosevelt acompanhado pelo filho Kermit Roosevelt (1889-1943), pelo marechal Cândido Rondon (1865-1958), pelo naturalista George K. Cherrie (1865-1948), pelo capitão médico José Antonio Cajazeira, pelo tenente João Salustiano Lyra (1878-1917) e por mais quinze exploradores brasileiros, visando percorrer o longo curso do Rio da Dúvida, atual Rio Roosevelt, na qual foram coletadas diversas espécies animais e insetos, não catalogadas até aquele momento. Em língua portuguesa, o livro encontra-se disponível na seguinte edição: Theodore Roosevelt, *Nas Selvas do Brasil*. Trad. Luiz Guimarães Junior. Belo Horizonte, Itatiaia, 1976.

[212] Richard Hofstadter, "Theodore Roosevelt: The Conservative as Progressive". In: *The American Political Tradition and the Men Who Made It*. Nova York, Alfred A. Knopf, 1948, p. 227-28.

[213] Na noite de 12 de fevereiro de 1975, Quarta-feira de Cinzas, poucas horas após Russell Kirk ler trechos do poema "Ash Wednesday" [Quarta-feira de Cinzas], de T. S. Eliot, para seus alunos do Olivet College, um grande incêndio, provocado por um problema na lareira, destruiu Piety Hill, transformando em cinzas toda a parte antiga da casa. O incidente é narrado por Kirk nos seguintes textos: Russell Kirk, "An Old House Dies with Love and Honor". *Detroit News*, March 3, 1975, (B) p. 7; Idem, "Redeemed From Fire by Fire". *National Review*, v. XXVII, n. 11, March 28, 1975, p. 347; Idem, *The Sword of Imagination*, p. 355-59.

[214] Joseph Conrad, *Sob os Olhos do Ocidente*. Trad. Marcos Santarrita. São Paulo, Brasiliense, 1984.

[215] Idem, *O Agente Secreto*. Trad. Paulo Cezar Castanheira. Rio de Janeiro, Editora Revan, 2002.

[216] Idem, *Nostromo*. Trad. e posfácio José Paulo Paes. São Paulo, Companhia das Letras, 1991.

[217] Idem, "O Informante". In: *Um Anarquista e Outros Contos*. Trad. Dirceu Villa. São Paulo, Hedra Editora, 2009.

[218] Idem, "The Informer". In: *The Portable Conservative Reader*. Ed., intr. e notas Russell Kirk. Nova York, Penguin Books, 1982, p. 387-413.

[219] Um discípulo de Russell Kirk, o filósofo, crítico literário e editor George A. Panichas (1932-2010) escreveu o seguinte estudo sistemático sobre a "imaginação moral" conradiana: George A. Panichas, *Joseph Conrad: His Moral Vision*. Macon, Mercer University Press, 2005.

[220] A obra de Joseph Conrad tem sido razoavelmente traduzida para o português. Um valioso levantamento dessas traduções lançadas no Brasil aparece no seguinte artigo: Denise Bottmann, "Joseph Conrad no Brasil". *Belas Infiéis*, v. 1, n. 1 (2012), p. 263-75.

[221] Russell Kirk narra sua amizade com Richard M. Weaver em: Russell Kirk, *The Sword of Imagination*, p. 172-75.

[222] Ambrosius, *Epistolae*. XXII, 21.

[223] Richard M. Weaver, *As Ideias Têm Consequências*. Trad. Guilherme Araújo Ferreira. São Paulo, É Realizações, 2012.

[224] Ver: George H. Nash, "The Revolt Against the Masses". In: *The Conservative Intellectual Movement in America: Since 1945*. 2. ed. rev. Wilmington, ISI Books, 1996, p. 30-49; John P. East, "The Conservatism of Affirmation". In: Joseph Scotchie (ed.), *The Vision of Richard Weaver*. New Brunswick, Transaction Publishers, 1995, p. 163-89; George H. Nash, "The Influence of Richard Weaver's *Ideas Have Consequences* on American Conservatism". In: *Reappraising the Right: The Past & Future of American Conservatism*. Wilmington, ISI Books, 2009, p. 96-117.

²²⁵ Nomeada em homenagem ao humorista e dramaturgo George Ade (1866-1944), a *Ade Society* era um grupo literário criado por Russell Kirk, que, seguindo o mesmo modelo do *The Club*, fundado por Samuel Johnson no século XVIII, reunia periodicamente para debater livros e ideias seus amigos Adrian Smith, William McCann (1915-1994), Warren Fleischauer (1916-1982), John Abbot Clark (1903-1965), A. J. M. Smith (1902-1980) e Richard Dorson (1916-1981), entre outros, na residência do casal William e Isabelle Christine McCann (1911-2001) ou no restaurante Archie's Greek. Os radicais esquerdistas da cidade de Lansing apelidaram a *Ade Society* pejorativamente de "Death Group" [Grupo da Morte], denominação que também foi adotada pelos próprios membros. O "Death Group", em ocasiões especiais, recebeu alguns palestrantes renomados, dentre os quais, além de Richard Weaver, destacam-se o estudioso do pensamento burkeano Ross J. S. Hoffman (1902-1979) e o educador padre Leo R. Ward, C.S.C. (1893-1984). Para maiores informações sobre o grupo, ver: Russell Kirk, *The Sword of Imagination*, p. 81-82.

²²⁶ Richard M. Weaver, *The Ethics of Rhetoric*. Chicago, Regnery, 1953.

²²⁷ Dentre as obras póstumas de Richard Weaver, destacamos o livro *Visions of Order* [Visões da Ordem], publicado originalmente em 1966 pela editora da Lousiana State University, que foi relançado com um prefácio de Russell Kirk na seguinte edição: Richard Weaver, *Visions of Order: The Cultural Crises of Our Time*. Pref. Russell Kirk, Intr. Ted J. Smith III. Bryn Mawr, Intercollegiate Studies Institute, 1995.

²²⁸ Russell Kirk, *The Intelligent Woman's Guide to Conservatism*. Nova York, The Devin-Adair Company, 1957.

²²⁹ Freya Stark, *Perseus in the Wind*. Londres, John Murray Publishers Ltd., 1948.

²³⁰ Idem, *Rome on the Euphrates: The Story of a Frontier*. Nova York, Harcourt, Brace and World, 1966.

²³¹ Idem, "The Informer". In: *The Portable Conservative Reader*. Ed., intr. e notas Russell Kirk. Nova York, Penguin Books, 1982, p. 549-55.

²³² *Ibidem*, p. 552.

²³³ Expressão em falso latim para indicar um grupo abrangente e diversificado, vulgo "saco de gatos".

²³⁴ Apelido dado a Nathaniel Hawthorne por Thomas Gold Appleton (1812-1884), pois, no auge da moda dos livros de pirata, Hawthorne fizera algum sucesso, mesmo sem escrever nada do gênero.

Capítulo 6

²³⁵ T. S. Eliot, *Notas para a Definição de Cultura*. Trad. Eduardo Wolf. São Paulo, É Realizações, 2011, p. 122.

²³⁶ Russell Kirk, *The Conservative Mind: From Burke to Eliot*. 7. ed. rev. Intr. Henry Regnery. Washington, D.C., Regnery Publishing, 1986.

²³⁷ Ver passagem completa em: Russell Kirk, *A Era de T. S. Eliot: A Imaginação Moral do Século XX*. Apres. Alex Catharino, Intr. Benjamin G. Lockerd Jr., Trad. Márcia Xavier de Brito. São Paulo, É Realizações, 2011, p. 295.

²³⁸ Em um comentário publicado na edição da *Criterion* de outubro de 1938, Eliot afirmou:
> Não vemos esperança nem no partido Trabalhista nem no igualmente sem imaginação setor dominante do partido Conservador. Parece não haver qualquer esperança na política contemporânea. Entrementes, os supostos progressistas e esclarecidos "intelectuais"

vociferam, até ficarem roucos, denúncias de sistemas de vida estrangeiros que não se dão ao trabalho de compreender; nunca levando em conta que, anterior à crítica de qualquer coisa, deve estar a tentativa de compreender como aquilo sucedeu, e que tal crítica requer o discernimento do bem que podemos lucrar, assim como uma limitação para condenar o mal que desejamos evitar. Outra característica desse tipo de mentalidade é ser doutrinária sem ser verdadeiramente filosófica, é presumir que todos os problemas podem ser resolvidos: o que leva a ignorar aqueles que, dada a envergadura, parecem apresentar dificuldades insuperáveis (T. S. Eliot, "A Commentary," *The Criterion*, v. XVIII, n. 70, Outubro 1938, p. 60).

[239] Na edição de julho de 1923 da *Criterion*, T. S. Eliot encartou um folheto onde explica o propósito da revista com as seguintes palavras:
A *Criterion* pretende analisar os primeiros princípios ao criticar, valorar o novo e reavaliar as antigas obras literárias, conforme princípios, e esclarecê-los em escritos criativos. Quer determinar o valor da literatura para outras atividades humanas e tem o propósito de afirmar a ordem e a disciplina no gosto literário (Ver: Herbert Howarth, *Notes on Some Figures Behind T. S. Eliot*. Boston, Houghton Mifflin Company, 1964, p. 252).

[240] No último editorial da *Criterion*, T. S. Eliot explicita tal posicionamento intelectual com as seguintes palavras:
Para mim, uma filosofia política justa vem a indicar, cada vez mais, uma teologia adequada – e uma economia sadia é influenciada por uma ética correta: o que me levava a enfatizar algo que ultrapassava um pouco do objeto original de uma revista literária (T. S. Eliot, "Last Words". *The Criterion*, v. XVIII, n. 71, Janeiro 1939, p. 272).

[241] Em 1935, numa carta para um amigo George Orwell escrevera que não podia se dar ao luxo de comprar a *Criterion*, que custava sete xelins e seis pence. No último editorial da revista, o próprio T. S. Eliot afirmou suspeitar "que o preço com que a *Criterion* teve de ser publicada seja proibitivo para a maioria dos leitores que estão qualificados para apreciar o que há de bom, e para criticar o que é imperfeito" (T. S. Eliot, "Last Words", p. 274).

[242] Russell Kirk refere-se à luxuosa edição em dezoito volumes encadernados no formato capa dura, feita pela Barnes & Noble em parceria com a Faber and Faber, publicada em 1967. Atualmente essa edição da *Criterion* está fora de catálogo, sendo um item de colecionador extremamente raro, devido à dificuldade de encontrá-la mesmo em lojas ou em sites que comercializam livros antigos. Tivemos a oportunidade de consultar todos os dezoito volumes dessa edição da *Criterion* na biblioteca do Russell Kirk Center for Cultural Renewal, em Mecosta, Michigan.

[243] Nos capítulos 4 ("Um Critério em uma Época de Homens Ocos", p. 237-79), 5 ("Católico, Monarquista e Classicista", p. 281-335), 6 ("O Poeta, o Estadista e a Rocha", p. 337-90) e 7 ("Cristãos e Ideólogos na Casa dos Corações Partidos", p. 391-443) do já citado livro *A Era de T. S. Eliot*, Russell Kirl apresenta uma análise detalhada da importância da *Criterion* e das principais reflexões sobre cultura e política escritas por Eliot no periódico, relacionando-os com a produção poética e dramatúrgica elioteana, bem como com o contexto político do período.

[244] T. S. Eliot, *The Idea of a Christian Society*. Londres, Faber and Faber, 1939. O livro é analizado por Russell Kirk de forma sistemática em: Russell Kirk, *A Era de T. S. Eliot*, p. 445-56.

[245] Russell Kirk faz uma análise mais detalhada do livro em: Russell Kirk, *A Era de T. S. Eliot*, p. 504-22.

[246] Composto pelos poemas "Triumphal March" [Marcha Triunfal], com 51 versos, e "Difficulties of a Statesman" [Dificuldades de um Estadista], com 55 versos, o inacabado poema *Coriolan* utiliza a figura do lendário patrício e romano Caio Márcio Coriolano, ao

qual é atribuída no século V a.C. uma importante vitória militar contra os Volscos e a luta política contra as pretensões democráticas da plebe, fazendo que o general atraísse a inimizade de muitos políticos, sendo acusado injustamente de desviar verbas públicas e condenado ao exílio, onde traiu Roma numa aliança com Volscos para um ataque contra Roma, frustrado pelas súplicas das matronas romanas, incluindo a própria mãe do general, que, ao desistir da batalha, foi capturado, condenado e morto pelos Volscos. A lenda de Coriolano é narrada por Dionísio de Halicarnasso (60-7 a.C.), Tito Lívio (59 a.C.-17 A.D.) e Plutarco (46-120), tendo inspirado, além do poema inacabado de T. S. Eliot, as tragédias de mesmo nome de William Shakespeare (1564-1616) e de Heinrich Joseph von Collin (1771-1811), sendo que, para esta última, Ludwig von Beethoven (1770-1829) compôs a famosa *Abertura Coriolano* (Op. 62). Em língua portuguesa, o poema de Eliot se encontra disponível, no original em inglês e com uma tradução de Ivan Junqueira, na seguinte edição: T. S. Eliot, *Poemas Inacabados*. In: *T. S. Eliot: Obra Completa – Volume I: Poesia*. Trad., intr. e notas Ivan Junqueira. São Paulo. Arx, 2004, p. 254-61. Para uma análise do poema, ver: Russell Kirk, *A Era de T. S. Eliot*, p. 348-58.

[247] T. S. Eliot, "Marxist Literary Criticism". In: *The Portable Conservative Reader*. Ed., intr. e notas Russell Kirk. Nova York, Penguin Books, 1982, p. 499-506.

[248] Idem, "John Bramhall". In: *For Lancelot Andrewes: Essays on Style and Order*. London, Faber & Gwyer, 1928, p. 33-48. O ensaio foi republicado na seguinte edição: Idem, "John Bramhall (1927)". In: *Select Essays: 1917-1932*. Nova York, Harcourt, Brace and Company, 1932, p. 301-09.

[249] Idem, "Charles Whibley (1931)". In: *Select Essays: 1917-1932*, p. 403-15.

[250] Idem, "Niccolo Machiavelli". In: *For Lancelot Andrewes*, p. 49-66.

[251] Idem, "The Literature of Politics". In: *To Criticize the Critic*. Nova York, Farrar, Straus & Giroux, 1965.

[252] Russell Kirk, "The American Conservative Character". *The Georgia Review*, v. VIII, n. 3 (Outono, 1954), p. 249-60.

[253] T. S. Eliot, "The Literature of Politics", p. 141-42.

[254] Ibidem, p. 142.

[255] Ibidem, p. 144.

[256] Ibidem, p. 144.

[257] Ibidem, p. 143.

[258] Ibidem, p. 143.

[259] T. S. Eliot, "The Literature of Fascism". *The Criterion*, v. VIII, n. 31 (Dezembro, 1928), p. 290.

[260] Ibidem, p. 282-83.

[261] T. S. Eliot, *The Idea of a Christian Society*, p. 63.

[262] Idem, "The Literature of Politics", p. 144.

[263] Referência à região de Londres que concentrava residências elegantes, numerosos hospitais e instituições acadêmicas, além de ter dado nome ao grupo de escritores e intelectuais britânicos da primeira metade do século XX conhecido como grupo de Bloomsbury. Tal grupo, no qual, entre os membros originários, estavam Leonard Woolf (1880-1969) e Virginia Woolf (1882-1941), John Maynard Keynes (1883-1946), E. M. Forster (1879-1970), Clive Bell (1881-1964) e Vanessa Bell (1879-1961), Lytton Strachey (1880-1932), Adrian Stephen (1883-1948) e Karin Stephen (1890-1953), Desmond MacCarthy (1877-1952) e Molly MacCarthy (1882-1953),

Duncan Grant (1885-1978), Saxon Sydney-Turner (1880-1962), e Roger Fry (1866-1934), foi extremamente influente na cultura e defendia posturas modernas como o feminismo, o pacifismo e a liberação sexual.

[264] O *Inland Revenue* era o órgão arrecadador de impostos do governo inglês, equivalente à Receita Federal, que existiu até abril de 2005, quando foi consolidado, junto com o *Her Majesty's Customs and Excise*, em um novo órgão denominado *HM Revenue and Customs*.

[265] T. S. Eliot, "Marxist Literary Criticism". In: *The Portable Conservative Reader*, p. 500. O texto foi publicado originalmente como um editorial em: *The Criterion*, v. XII, n. 47, Janeiro de 1933, p. 244-49.

[266] A teoria interdisciplinar do Crédito Social é uma filosofia distributista formulada pelo engenheiro britânico C. H. Douglas (1879-1952), segundo a qual as riquezas e o poder político da sociedade deveriam ser dispersos entre o maior número possível de indivíduos. No plano econômico, a teoria procurou explicar o aparente paradoxo entre a superprodução e o desemprego, defendendo que, por intermédio de revisões periódicas do valor de produção no país, elaborado mediante um cálculo desenvolvido por Douglas, os "dividendos nacionais" deveriam ser distribuídos de forma igual entre todos os membros da sociedade. Alguns partidos políticos que advogavam o Crédito Social foram fundados no Reino Unido, no Canadá, na Austrália e na Nova Zelândia, no início do século XX. O conceito de democracia econômica proposta pela ideia de Crédito Social influenciou diversas personalidades nos círculos literários e artísticos, dentre as quais, além de Ezra Pound, destacamos William Carlos Williams (1883-1963), Charlie Chaplin (1889-1977), Hugh MacDiarmid (1892-1978), Herbert Read (1893-1968) e Aldous Huxley (1894-1963). Apesar de algumas similitudes, a noção de Crédito Social elaborada por C. H. Douglas não deve ser confundida com o Distributismo advogado por Hilaire Belloc (1870-1953) e G. K. Chesterton (1874-1936).

[267] Ver: Herbert Howarth, *Notes on Some Figures Behind T. S. Eliot*, p. 3.

[268] Russell Kirk, *A Era de T. S. Eliot*, p. 251.

[269] O senador republicano Robert A. Taft foi um dos mais importantes políticos conservadores norte-americanos do século XX, tendo ocupado uma das cadeiras do Senado dos Estados Unidos representando Ohio de 3 de janeiro de 1939 até a sua morte em 31 de julho de 1953, sendo o principal opositor ao programa do *New Deal* implantado pelo presidente Franklin Delano Roosevelt, além de ter tentado a nomeação como candidato à presidência nas primárias do Partido Republicano em 1940, 1948 e 1952. Para maiores informações sobre a atuação política e o pensamento do Senador Taft, consultar: Russell Kirk e James McClellan, *The Political Principles of Robert A. Taft*. Intr. Jeffrey O. Nelson. New Brunswick, Transaction Publishers, 2010.

[270] Ver a nota 153 e o capítulo 7 ("Donald Davidson e o Conservadorismo Sulista", p. 177-90) do presente livro.

[271] Além de Irving Babbitt e Paul Elmer More, faziam parte do grupo denominado *New Humanism* [Novo Humanismo] os críticos literários George Roy Elliott (1883-1963), Norman Foerster (1887-1972) e Stuart Pratt Sherman (1881-1926).

[272] T. S. Eliot, "The Aims of Education". In: *To Criticize the Critic*, p. 61-124.

[273] Citado em: Russell Kirk, *A Era de T. S. Eliot*, p. 547.

[274] Robert M. Hutchins, "The Theory of Oligarchy: Edmund Burke". *The Thomist*, v. V, janeiro de 1943, p. 61-78.

[275] Russell Kirk, *The Conservative Mind*. Londres, Faber and Faber, 1954.

[276] T. S. Eliot, "The Literature of Politics", p. 138.

²⁷⁷ Idem, "A Commentary". *The Criterion*, v. VIII, n. 33 (Julho, 1929), p. 578.

²⁷⁸ Referência ao poema *The Hollow Men* [Os Homens Ocos] de T. S. Eliot, escrito em 1925. Em língua portuguesa a obra está disponível na seguinte edição bilíngue traduzida pelo poeta Ivan Junqueira: T. S. Eliot, *Os Homens Ocos*. In: *T. S. Eliot: Obra Completa – Volume I: Poesia*, p. 175-83. *Para uma análise do poema, ver:* Russell Kirk, *A Era de T. S. Eliot*, p. 272-79.

²⁷⁹ Ver o capítulo 8 ("A Economia Humana de Wilhelm Röpke", p. 191-200) do presente livro.

²⁸⁰ O episódio é narrado com detalhes em: Russell Kirk, *The Sword of Imagination: Memoirs of a Half-Century of Literary Conflict*. Grand Rapids, William B. Eerdmans Publishing Company, 1995, p. 328-36.

²⁸¹ T. S. Eliot, *Notas para a Definição de Cultura*, p. 123.

²⁸² Ibidem, p. 138-39.

²⁸³ Publicado originalmente em 1942, "Little Gidding" é o último poema do conjunto intitulado *Four Quartets* [Quatro Quartetos], considerado por muitos críticos a obra-prima de T. S. Eliot, que reúne, também, os poemas "Burnt Norton" de 1936, "East Coker" de 1940 e "The Dry Salvages" de 1941, lançados como um livro pela primeira vez em 1943. Os poemas estão disponíveis na já citada edição bilíngue traduzida pelo poeta Ivan Junqueira: T. S. Eliot, *Quatro Quartetos*. In: T. S. Eliot, *Obra Completa – Volume I: Poesia*, p. 331-83. Russell Kirk apresenta uma análise sistemática dos *Four Quartets* em: Russell Kirk, *A Era de T. S. Eliot*, p. 457-96.

²⁸⁴ No original: *"We cannot restore old policies / Or follow an antique drum"* (*Four Quartets*, "Little Gidding", Seção III, versos 204-05). A versão em português é a tradução de Ivan Junqueira, publicada na seguinte edição: T. S. Eliot, *Quatro Quartetos*. In: T. S. Eliot, *Obra Completa – Volume I: Poesia*, p. 382-83.

²⁸⁵ Composto por 434 versos, o enigmático poema *The Waste Land* [A Terra Desolada], publicado originalmente em 1922, é uma das obras mais famosas de T. S. Eliot. O texto original em inglês acompanhado de uma tradução do poeta Ivan Junqueira foi publicado em: T. S. Eliot, *A Terra Desolada*. In: *T. S. Eliot, Obra Completa – Volume I: Poesia*, p. 382-83. A análise kirkeana do poema aparece em: Russell Kirk, *A Era de T. S. Eliot*, p. 214-36.

²⁸⁶ Russell Kirk narra de forma mais detalhada a amizade dele com T. S. Eliot em: Russell Kirk, *The Sword of Imagination*, p. 212-16.

²⁸⁷ No original: *"And what the dead had no speech for, when living, / They can tell you, being dead: the communication / Of the dead is tongued with fire beyond the language of the living."* (*Four Quartets*, "Little Gidding", Seção I, versos 51-53). Mais uma vez, utilizamos a tradução de Ivan Junqueira, publicada em: T. S. Eliot, *Quatro Quartetos*. In: T. S. Eliot, *Obra Completa – Volume I: Poesia*, p. 374-75.

Capítulo 7

²⁸⁸ T. S. Eliot, "John Bramhall (1927)". In: *Select Essays: 1917-1932*. Nova York, Harcourt, Brace and Company, 1932, p. 302.

²⁸⁹ Thomas Hobbes, *Leviatã, ou Matéria, Forma e Poder de um Estado Eclesiástico e Civil*. Trad. João Paulo Monteiro e Maria Beatriz Nizza da Silva. São Paulo, Abril Cultural, 1974.

²⁹⁰ No original: *Great Society*. Foi um programa da administração Johnson que, por uma série de reformas, expandiu e ampliou a atuação governamental e os gastos estatais nas áreas de educação, saúde, assistência social, desenvolvimento urbano, transporte público, promoção dos direitos civis, financiamento artístico e cultural, proteção do meio-ambiente e defesa do

consumidor, sendo apresentado como um segundo *New Deal*. As principais críticas do autor aos efeitos deletérios do centralismo da administração do presidente Lyndon Johnson aparecem nos capítulos 15 ("O Estado Behemoth: Centralização", p. 287-99) e 17 ("Perspectivas do Proletariado", p. 313-29) da presente obra, bem como no seguinte ensaio: Russell Kirk, "The Degradation of the Democratic Dogma". In: *Redeeming the Time*. Ed. e intr. Jeffrey O. Nelson. Wilmington, ISI Books, 1996, p. 284-97.

[291] Donald Davidson, "Two Interpretations of American History". In: *Regionalism and Nationalism in the United States: The Attack on Leviathan*. Intr. Russell Kirk. New Brunswick, Transaction Publishers, 1991, p. 33.

[292] Alexis de Tocqueville, *A Democracia na América*. Pref. Antônio Paim, Trad. e notas de Neil Ribeiro da Silva. Belo Horizonte, Editora Itatiaia, 1987. Livro II, Quarta Parte, Capítulo VI, p. 530-33.

[293] Donald Davidson, *The Attack on Leviathan: Regionalism and Nationalism in the United States*. Chapel Hill, The University of North Carolina Press, 1938.

[294] Idem, *The Attack on Leviathan: Regionalism and Nationalism in the United States*. Gloucester, Peter Smith, 1962.

[295] Trata-se da edição citada na nota 291, que foi publicada pela Transaction Publishers com uma introdução de Russell Kirk e com o título *Regionalism and Nationalism in the United States: The Attack on Leviathan*.

[296] Referência à personagem George F. Babbitt, protagonista do romance satírico *Babbitt*, de Sinclair Lewis (1885-1951), publicado originalmente em 1922. Tal protagonista é uma vítima da própria época, podendo, nesse aspecto, ser comparado às personagens Dom Quixote, de Miguel de Cervantes (1547-1616), Mr. Wilkins Micawber, de Charles Dickens (1812-1870) e J. Alfred Prufrock, de T. S. Eliot (1888-1965). O sr. Babbitt é retratado como fisicamente obeso, intelectualmente simplório e emocionalmente ansioso; na busca por ser um homem diferente, ousado e único, torna-se um burguês conformista, um defensor ingênuo do comercialismo moderno, à procura do amor de um modelo feminino idealizado. Em língua portuguesa a obra foi publicada, entre outras, na seguinte edição: Sinclair Lewis, *Babbitt*. Trad. Leonel Vallandro. São Paulo, Abril Cultural, 1972.

[297] Donald Davidson, "Regionalism and Nationalism in American Literature". In: *Still Rebels, Still Yankees, and Other Essays*. Intr. Lewis P. Simpson. Baton Rouge, Lousiana State University Press, 1972, p. 275-76.

[298] Donald Davidson, "Expedients vs. Principles – Cross-Purposes in the South". In: *Regionalism and Nationalism in the United States: The Attack on Leviathan*, p. 338.

[299] No original: "*The grass cannot remember; trees cannot / Remember what once was here. But even so, / They too are here no longer. Where is the grass? / Only the blind stone roots of the dull street / And the steel thews of houses flourish here / And the baked curve of asphalt, smooth, trodden, / Covers dead earth That once was quick with grass, / Snuffing the ground with acrid breath the motors / Fret the long street. Steel answers steel. Dust whirls. / Skulls hurry past with the pale flesh yet clinging. And a little hair*" (Donald Davidson, "Prologue: The Long Street". In: *Poems 1922-1961*. Minneapolis, University of Minnesota Press, 1966, p. 115-16).

[300] A expressão *"Politics is the Art of the Possible"* foi popularizada nos países de língua inglesa pelo político conservador Richard Austen Butler (1902-1982). Todavia, a sentença foi cunhada originalmente em alemão [*"Politik ist die Kunst des Möglichen"*] por Otto von Bismarck (1815-1898).

301 Russell Kirk em diferentes obras cita a afirmação do literato George Gissing (1857-1903) segundo a qual "a política é a preocupação dos semianalfabetos", ressaltando, todavia, que a política "não pode ser abandonada totalmente aos semianalfabetos". Ver: Russell Kirk, *The Sword of Imagination: Memoirs of a Half-Century of Literary Conflict*. Grand Rapids, William B. Eerdmans Publishing Company, 1995, p. 167.

302 Donald Davidson, "Poetry as Tradition". In: *Still Rebels, Still Yankees*, p. 5.

303 No original: "*This is the way the world ends / This is the way the world ends / This is the way the world ends / Not with a bang but a whimper*". ("The Hollow Men", Seção V, versos 95-98). Utilizamos a tradução do poeta Ivan Junqueira de acordo com a seguinte edição: T. S. Eliot, *Os Homens Ocos*. In: T. S. Eliot, *Obra Completa – Volume I: Poesia*. Trad., intr. e notas Ivan Junqueira. São Paulo, Arx, 2004, p. 182-83.

304 Donald Davidson, "Futurism and Archaism in Toynbee and Hardy". In: *Still Rebels, Still Yankees*, p. 62.

305 Ibidem, p. 63.

306 Donald Davidson, *The Tennessee: Volume Two – The New River: Civil War to TVA*. Pref. Russell Kirk. Nashville, J. S. Sanders Books, 1992.

307 A criação da empresa estatal Tennessee Valley Authority (TVA), em 18 de maio de 1933, foi aprovada pelo Congresso dos Estados Unidos como parte do *New Deal*, a série de programas implementados durante a presidência de Franklin Delano Roosevelt visando solucionar os problemas econômicos e sociais oriundos da Grande Depressão resultante da Crise Econômica de 1929. Na época da fundação, o objetivo da TVA era prover a navegação, o controle do fluxo de água, a geração de energia elétrica, a manufatura de fertilizantes e o desenvolvimento econômico na região do Vale do Tennessee, que abrange a maior parte do Tennessee e algumas pequenas localidades do sudoeste do Kentucky, do noroeste da Georgia, do nordeste do Mississippi e das montanhas ao sul da Virgínia e da Carolina do Norte. No livro *The Tennessee – The New River: Civil War to TVA*, Donald Davidson narra a criação da TVA e os primeiros problemas criados pela estatal na região nos capítulos XIII ("At Last! The Kingdom Really Comes!", p. 213-25), XIV ("The TVA Makes a New River", p. 226-50), XV ("The Workings of TVA", p. 251-71), XVI ("Navigation, New Style", p. 272-88), XVII ("Green Lands and Great Waters", p. 289-305) e XVIII ("The Battles of TVA", p. 306-33).

308 Junto com outras cartas enviadas por Donald Davidson para Russell Kirk, o original de onde o autor retirou o trecho citado se encontra arquivado nos *Kirk Papers* da Clarke Historical Library, na Central Michigan University, em Mount Pleasant, Michigan. Fotocópias desses documentos fazem parte do acervo dos arquivos do Russell Center for Cultural Renewal, em Mecosta, Michigan.

309 Na versão inglesa: "*Seven cities now contend for Homer dead / Through which the living Homer begged his bread*". Acredita-se que o poema foi originalmente composto em grego no século II a.C. por Antípatro de Sídon, sendo a tradução inglesa atribuída a Thomas Seward (1708-1790), clérigo anglicano que fazia parte do mesmo círculo literário de Samuel Johnson (1709-1784).

310 Twelve Southerners, *I'll Take My Stand: The South and the Agrarian Tradition*. Intr. Louis D. Rubin Jr. Baton Rouge, Louisiana State University, 1982.

311 *Dixieland* é um termo de origem histórica incerta, sendo tradicionalmente utilizado para se referir à região geográfica e cultural composta pelos onze estados do Sul dos Estados Unidos que se separaram da União formando a Confederação. A palavra *Dixieland* deriva de *Dixie*, que pode ser uma alusão tanto ao grande proprietário de escravos da região conhecido como "Mr. Dixie" quanto ao astrônomo Jeremiah Dixon (1733-1779) que, em conjunto com o astrônomo Charles

Mason (1728-1786), demarcou a linha separatória entre o Norte e o Sul dos Estados Unidos. No entanto, *Dixie* também pode ser uma referência à moeda privada de dez dólares (*dix*) expedida, nos anos anteriores à Guerra de Secessão, pelo *Banque des Citoyens de la Louisiane*, localizado no French Quarter na cidade de Nova Orleans, na Lousiana.

[312] T. S. Eliot, "A Commentary". *The Criterion*, vol. X, n. 40, Abril 1931, p. 484-85. Ver também: Russell Kirk, *A Era de T. S. Eliot: A Imaginação Moral do Século XX*. Trad. Márcia Xavier de Brito. São Paulo, É Realizações, 2011, p. 344-46.

[313] Tanto em narrativas da mitologia grega quanto da romana se acreditava que a entrada para as regiões infernais ficava nos arredores do Lago Averno, localizado na região da Campanha, na Itália.

[314] Louis D. Rubin Jr., "Introduction of Torchbook Edition (1962)". In: Twelve Southerners, *I'll Take My Stand*, p. xxxi-xxxii.

[315] Ver os seguintes artigos e resenhas de livros: Elizabeth Bishop & Elizabeth Hardwick, "Flannery O'Connor, 1925-1964". *The New York Review of Books*, v. 3, n. 4, October 8, 1964; Irving Howe, "Flannery O'Connor's Stories". *The New York Review of Books*, v. 5, n. 4, September 30, 1965; Richard Gilman, "On Flannery O'Connor". *The New York Review of Books*, v. 13, n. 3, August 21, 1969; Robert Towers, "Southern Discomfort". *The New York Review of Books*, v. 24, n. 5, March 31, 1977; Robert Towers, "Flannery O'Connor's Gifts". *The New York Review of Books*, v. 26, n. 7, May 3, 1979; Robert Towers, "To the Greenhouse". *The New York Review of Books*, v. 27, n. 13, August 14, 1980; Robert Towers, "Danger Zones". *The New York Review of Books*, v. 34, n. 11, June 25, 1987; Frederick C. Crews, "The Power of Flannery O'Connor". *The New York Review of Books*, v. 37, n. 7, April 26, 1990.

[316] Lionel Trilling, "The Meaning of a Literary Idea". In: *The Liberal Imagination: Essays on Literature and Society*. Nova York, Viking Press, 1950, p. 268-87.

[317] Stark Young, "Not *In Memoriam*, But In Defense". In: Twelve Southerners, *I'll Take My Stand*, p. 359.

[318] Linha geográfica imaginária entre os estados da Pensilvânia e de Maryland, demarcada entre 1763 e 1767 pelos já citados astrônomos Charles Mason e Jeremiah Dixon, na época dos conflitos coloniais por território, que divide simbolicamente o Norte do Sul dos Estados Unidos, conotando diferenças históricas e culturais entre as duas regiões.

[319] Andrew Nelson Lytle veio a falecer no dia 12 de dezembro de 1995, após o próprio Russell Kirk, que faleceu em 29 de abril de 1994. O periódico trimestral *University Bookman*, fundado em 1960 por Russell Kirk, publicou na edição da Primavera de 1996 (v. XXXVI, n. 1) três ensaios breves em homenagem ao recém-falecido Andrew Lytle, que foram escritos por Timothy S. Goeglein ("Andrew Lytle, an Appreciation: 1902-1995", p. 23-24), por N. Alan Cornett ("A Parable for Our Time", p. 27-28) e por Andrea Kirk ("In Memory of an Old Southern Charmer", p. 25-26), a filha mais nova de Russell Kirk.

[320] Donald Davidson, "A Mirror for Artists". In: Twelve Southerners, *I'll Take My Stand*, p. 28-60.

[321] Andrew Nelson Lytle, "The Hind Tit". In: Twelve Southerners, *I'll Take My Stand*, p. 201-45.

[322] Allen Tate, "Remarks on the Southern Religion". In: Twelve Southerners, *I'll Take My Stand*, p. 155-75.

[323] John Crowe Ransom, "Reconstructed but Unregenerate". In: Twelve Southerners, *I'll Take My Stand*, p. 1-27.

[324] Robert Penn Warren, "The Briar Patch". In: Twelve Southerners, *I'll Take My Stand*, p. 246-64.

[325] Stark Young, "Not *In Memoriam*, But In Defense". In: Twelve Southerners, *I'll Take My Stand*, p. 328-59.

[326] Lyle H. Lanier, "A Critique of the Philosophy of Progress". In: Twelve Southerners, *I'll Take My Stand*, p. 122-54.

[327] Frank Owsley, "The Irrepressible Conflict". In: Twelve Southerners, *I'll Take My Stand*, p. 61-91.

[328] John Gould Fletcher, "Education, Past and Present". In: Twelve Southerners, *I'll Take My Stand*, p. 92-121.

[329] Herman Clarence Nixon, "Whither on the Southern Economy?". In: Twelve Southerners, *I'll Take My Stand*, p. 176-200.

[330] John Donald Wade, "The Life and Death of Cousin Luius". In: Twelve Southerners, *I'll Take My Stand*, p. 265-301.

[331] Henry Blue Kline, "William Remington: A Study in Individualism". In: Twelve Southerners, *I'll Take My Stand*, p. 302-27.

[332] Referência ao livro de *The Celtic Twilight* [O Crepúsculo Celta] de W. B. Yeats (1865-1939), que inicia e finda com dois poemas sobre um bando guerreiro celta.

[333] A melodia do *The Battle Hymn of the Republic* foi composta em 1856 para o "spiritual" de batalha *Canaan's Happy Shore* ou *Brothers, Will You Meet Me?*, de William Steffe (1830-1890). A melodia foi posteriormente utilizada por soldados do Norte nas canções *John Brown Song* e *John Brown's Body*, cujas letras exaltavam o revolucionário abolicionista John Brown (1800-1859). Mantendo o refrão original "Glory, glory, hallelujah!" composto por William Steffe, a letra do *The Battle Hymn of the Republic* foi escrita em 1861 por Julia Ward Howe (1819-1910), unindo a imagem bíblica da condenação dos perversos no Julgamento Final com o contexto da Guerra Civil.

[334] Referência à música *I wish I was in Dixie*, ou apenas *Dixie*, composta por volta de 1859, cuja autoria é atribuída a Dan Emmett (1815-1904). A canção era executada, numa espécie de dialeto negro cômico, por menestréis caracterizados como negros, e tornou-se uma espécie de estilo musical característico do Sul dos Estados Unidos. No entanto, a partir do movimento pelos Direitos Civis, entre 1955 e 1968, a canção passou a ser identificada como algo ofensivo, por representar um dos ícones da "ideologia racista" do Velho Sul.

[335] Donald Davidson, "Two Interpretations of American History". In: *Regionalism and Nationalism in the United States: The Attack on Leviathan*, p. 11.

[336] Ibidem, p. 12.

[337] A amizade de Russell Kirk com Donald Davidson é narrada em: Russell Kirk, *The Sword of Imagination*, p. 176-80.

Capítulo 8

[338] Conforme ressaltamos anteriormente, na nota 159 (p. 371) do presente livro, além de *The Social Crisis of Our Time*, as obras *The Moral Foundations of Civil Society* e *A Humane Economy: The Social Framework of the Free Market* de Wilhelm Röpke podem ser atualmente encontradas em edições regulares publicadas em língua inglesa. A maioria dos livros do autor, publicados em inglês entre as décadas de 1930 e 1960, se encontram esgotados, mas podem ser adquiridos em diferentes livrarias virtuais em versões impressas no sistema *Print on demand*, além de estarem disponíveis gratuitamente em formato eletrônico no site do Ludwig von Mises Institute (http://mises.org/Literature/Author/448/Wilhelm-Ropke).

³³⁹ Wilhelm Röpke, *The Social Crisis of Our Time*. Pref. Russell Kirk, Intr. William F. Campbell, Trad. Annette Jacobsohn e Peter Schiffer Jacobsohn. New Brunswick, Transaction Publishers, 1992.

³⁴⁰ Idem, *Economics of the Free Society*. Trad. Patrick M. Boarman. Chicago, Henry Regnery Company, 1963.

³⁴¹ Idem, *The Moral Foundations of Civil Society*. Intr. William F. Campbell, Trad. Cyril Spencer Fox. New Brunswick, Transaction Publishers, 1996.

³⁴² Idem, *The German Question*. Intr. F. A. Hayek, Trad. E. W. Dickes. Londres, George Allen & Unwin Ltd., 1946.

³⁴³ Idem, *Against the Tide*. Pref. Gottfried Dietze, Trad. Elizabeth Henderson. Chicago, Henry Regnery Company, 1969.

³⁴⁴ Idem, *Welfare, Freedom, and Inflation*. Pref. Roger A. Freeman, Intr. Graham Hutton. University of Alabama Press, 1964.

³⁴⁵ Idem, *A Humane Economy: The Social Framework of the Free Market*. Intr. Dermot Quinn, Trad. Elizabeth Henderson. 3. ed. Wilmington, ISI Books, 1998.

³⁴⁶ A amizade do autor com Wilhelm Röpke é narrada em: Russell Kirk, *The Sword of Imagination: Memoirs of a Half-Century of Literary Conflict*. Grand Rapids, William B. Eerdmans Publishing Company, 1995, p. 203-07.

³⁴⁷ Edmund Burke, *Three Letters Addressed to a Member of the Present Parliament on the Proposals for Peace with the Regicide Directory of France*. In: *The Works of the Right Honorable Edmund Burke*, volume V. Boston, Little, Brown and Company, 1866, p. 309.

³⁴⁸ Referência à chamada "Revolução Branca", pela qual, a partir de 1963, o Xá Mohammad Reza Pahlavi iniciou uma campanha de modernização cultural, política e econômica no Irã com medidas governamentais que incluíam o uso de coerção visando a laicizar a sociedade e promover o desenvolvimento econômico. Dentre as medidas implantadas se destacam a reforma agrária, a concessão do direito de voto para as mulheres, a industrialização da sociedade, o investimento maciço em educação e o aumento do poderio militar. No entanto, a repressão tanto ao clero xiita maometano quanto aos partidários liberais e socialistas que defendiam uma maior abertura democrática levou a uma crescente insatisfação dos iranianos com o centralismo político e econômico da administração, lançando as bases para a Revolução Islâmica de 1979. Dessa forma, a monarquia foi derrubada e o poder foi assumido pelo aiatolá Ruhollah Khomeini (1900-1989), transformando o país numa república teocrática maometana.

³⁴⁹ Russell Kirk apresenta de forma sintética o argumento de F. A. Hayek, também defendido por Wilhelm Röpke, segundo o qual a implantação de medidas de planejamento estatal dos setores econômicos leva necessariamente ao aumento dos poderes discricionários do Estado, reduzindo, dessa maneira, a liberdade individual e a espontaneidade dos corpos intermediários que compõem, de forma plural e em pequenas esferas comunitárias, a sadia complexidade da sociedade. Ver: F. A. Hayek, *O Caminho da Servidão*. Trad. Ana Maria Copovilla, José Ítalo Stelle e Liane de Morais Ribeiro. 6. ed. São Paulo, Instituto Ludwig von Mises Brasil, 2010.

³⁵⁰ Na conferência ministrada por Russell Kirk na Heritage Foundation em 27 de abril de 1989, que deu origem ao presente capítulo, o autor narrou uma conversa entre Wilhelm Röpke e o economista austríaco Ludwig von Mises (1881-1973), que ilustra de forma concisa a visão de economia humana defendida aqui. O diálogo entre os dois economistas, tal como relatada pelo próprio Röpke para Kirk, foi exposto com as seguintes palavras:

Durante a Segunda Guerra Mundial, a cidade de Genebra disponibilizou, para os cidadãos, lotes de terra ao redor da cidade, onde outrora ficava a antiga muralha. Nesses terrenos, em tempos de escassez de alimentos, a população de Genebra, em especial, os trabalhadores, podiam cultivar os próprios vegetais. Os lotes se tornaram tão populares, fosse como lazer ou como fonte suplementar de alimentos, que a cidade continuou a disponibilizar a terra para quem quer que se candidatasse, após o término da guerra.

Ora, Mises, que fora, anos antes, professor no *Genfer Hochschulinstitut für internationale Studien* [Instituto Universitário de Altos Estudos Internacionais], foi visitar Röpke em Genebra, por volta de 1947. Feliz com o sucesso das hortas, Röpke levou o convidado para ver os trabalhadores genebrinos cavando e capinando os terrenos. Mises, entretanto, abanou a cabeça, com pesar: "Um modo muito ineficiente de produzir alimentos!", lamentou. "Talvez seja", respondeu Röpke, "mas talvez seja um modo muito eficiente de gerar felicidade humana".

Humanizar a estrutura econômica era o ponto central das propostas de Röpke.

O relato de Kirk está disponível na forma impressa no seguinte panfleto: Russell Kirk, *A Conservative Program for a Kinder, Gentler America*. Washington, D.C., The Heritage Foundation, 1989. (The Heritage Lectures, No. 198), p. 5.

[351] Wilhelm Röpke, *The Moral Foundations of Civil Society*, p. 63.

[352] Idem, *The Social Crisis of Our Time*, p. 8.

[353] Ibidem, p. 201.

[354] Ibidem, p. 52.

[355] Ibidem, p. 92. O texto de Wilhelm Röpke faz referência a uma série de variações de um conto, originário de Esopo (620-564 a.C.), no qual rãs sem governante pedem um rei a Zeus, ou Júpiter nas variações romanas. A divindade inicialmente responde enviando-lhes uma tora de madeira, que, por ser inanimada, nada faz. Frente à insistência das rãs por um governante mais "ativo", Zeus envia, por fim, uma cegonha (ou uma garça ou, até mesmo, uma cobra d'água, conforme a variante) que passa a "governá-las", ameaçando tomar-lhes a vida. Ver: Esopo, "Fábula XXX: As Rans e Júpiter". In: *Fabulas de Esopo, traduzidas da língua grega, com Applicações Moraes a cada Fabula*. Trad. Manuel Mendes da Vidigueira. Lisboa, Typographia Rollandiana, 1791, p. 45-47.

[356] Wilhelm Röpke, *The Social Crisis of Our Time*, p. 100-48.

[357] Ibidem, p. 153.

[358] Ibidem, p. 179.

[359] Ibidem, p. 223-25.

[360] Ibidem, p. 226.

[361] Apesar do termo "capitalista" (*kapitalist*) ter sido utilizado no *Manifesto do Partido Comunista*, publicado originalmente em 1848, como referência ao proprietário privado de capital, as noções de "Sistema Capitalista" (*Kapitalistisches System*) e de "Modo de Produção Capitalista" (*Kapitalistische Produktionsform*) são empregadas pela primeira vez no Livro I (O Processo de Produção do Capital) da trilogia *O Capital*, de Karl Marx, lançado em 1867. Os conceitos de "Modo de Produção Capitalista" e "Produção Capitalista" são utilizados inúmeras vezes ao longo de todo o texto. No entanto, a ideia de "Sistema Capitalista" aparece apenas quatro vezes, a primeira no capítulo XIV ("Mais-valia absoluta e mais-valia relativa") e as demais no capítulo XXIII ("A lei geral de acumulação capitalista"). Em língua portuguesa, ver: Karl Marx, *O Capital: Crítica da Economia Política – Livro I: O Processo de Produção do Capital*. Trad. Reginaldo Sant'Anna. 29. ed. Rio de Janeiro, Civilização Brasileira, 2011, vol. 2, p. 578, 724, 725, 749.

[362] O termo "Mamon" deriva do latim *mammon*, que encontra suas raízes etimológicas no grego μαμμωνάς (mammonás); este, por sua vez, é oriundo do hebraico 'וממן (mmôn), palavra utilizada para designar tanto a riqueza e a pessoa rica quanto o ouro e o dinheiro, tendo sido empregada nos evangelhos de São Mateus (6, 24) e de São Lucas (16, 13) quando Jesus Cristo afirma que não é possível servir ao mesmo tempo a Deus e ao dinheiro. Mamon é personificado como um demônio nas obras *O Paraíso Perdido*, de John Milton (1608-1674), e *Fausto*, de Johann Wolfgang von Goethe (1749-1832). Em diferentes ocasiões, Russell Kirk utilizou a metáfora da idolatria a Mamon para criticar a defesa do capitalismo feita pela escritora individualista Ayn Rand (1905-1982), que ao desenvolver uma "filosofia" denominada objetivismo, pautada na noção de egoísmo racional, propôs, entre outras coisas, a substituição da cruz pelo cifrão como principal símbolo da civilização ocidental. As críticas de Kirk ao pensamento de Rand e aos seguidores do objetivismo aparecem nos seguintes ensaios: Russell Kirk, "An Encounter with Ayn Rand". In: *Confessions of a Bohemian Tory: Episodes and Reflections of a Vagrant Career*. Nova York, Fleet Publishing Corporation, 1963, p. 181-82; Idem, "The Drug of Ideology". In: *Enemies of the Permanent Things: Observations of Abnormity in Literature and Politics*. Peru, Sherwood Sugden & Company, 1984, p. 153-71; Idem, "False God Mammon", *Oscala Star-Banner*. Wednesday, September 27, 1967, p. 4

[363] A sentença não se refere aos dizeres de um relógio de sol específico, mas a um dos possíveis motes que comumente eram utilizados nesse tipo de instrumento. A citação é uma referência irônica à noção de que seria possível resolver os mais graves problemas sociais via desenvolvimento econômico, lembrando as tentativas frustradas de solução dos problemas da França, durante o reinado de Luís XVI (1754-1793), por medidas liberalizantes nas reformas dos ministros Anne Robert Jacques Turgot (1727-1781) e Jacques Necker (1732-1804), entre outros, cujo fracasso foi uma das causas da Revolução Francesa de 1789.

[364] William A. Orton, *The Economic Role of the State*. Chicago, University of Chicago Press, 1950, p. 162-63.

[365] No original: *"arsenal of democracy"*. Expressão cunhada pelo presidente democrata Franklin Delano Roosevelt (1882-1945) por conta da rápida conversão da indústria automobilística de Detroit em indústria armamentista no período da Segunda Guerra Mundial.

[366] Louis-Ferdinand Céline, *Viagem ao Fim da Noite*. Trad. Rosa Freire D'Aguiar. São Paulo, Companhia das Letras, 2009.

[367] Essas palavras de Walter J. Johnson são citadas em: Carlyle C. Douglas & Mary Connelly, "The Demolition of a Dream". *New York Times*, Sunday, May 31, 1987.

[368] A frase do *Inaugural Address* [Discurso de Posse] do presidente George H. W. Bush, proferido em 20 de janeiro de 1989, no Capitólio dos Estados Unidos, é a seguinte: *"America is never wholly herself unless she is engaged in high moral principle. We as a people have such a purpose today. It is to make kinder the face of the Nation and gentler the face of the world"* [Os Estados Unidos nunca são totalmente os Estados Unidos a menos que estejam comprometidos com elevados princípios morais. Nós, como povo, temos tal propósito hoje. Tornar mais gentil a face da nação e mais bondosa a face do mundo].

Capítulo 9

[369] A palavra "progressismo" é usada aqui para traduzir *"liberalism"*, tal como explicado na nota 40 do presente livro, visando evitar a confusão entre o moderno liberalismo e o liberalismo clássico. Ao longo desta obra, o termo *"liberal"* tem sido traduzido, na maioria dos casos, por "esquerdista", "de esquerda" ou "progressista", de acordo com o contexto em que é empregado. Contudo, é importante notar que neste capítulo há uma ênfase na crença no

progresso como uma característica intrínseca do pensamento liberal, tanto na vertente clássica quanto nos desenvolvimentos doutrinários modernos, a partir do final do século XIX. Desta forma, os conceitos *"liberal"* e *"liberalism"* também serão traduzidos, mais adiante, como "liberal" e "liberalismo" para explicitar as várias alusões feitas por Russell Kirk e por Malcolm Muggeridge às raízes históricas e filosóficas liberais tanto do progressismo quanto do esquerdismo.

[370] Malcolm Muggeridge, *Chronicles of Wasted Time – 1: The Green Stick*. Nova York, William Morrow & Company, 1973.

[371] Idem, *Chronicles of Wasted Time – 2: The Infernal Grove*. Nova York, William Morrow & Company, 1974.

[372] Idem, *Confessions of a Twentieth-Century Pilgrim*. São Francisco, Harper & Row Publishers, 1988.

[373] No original: *"I give you the end of a Golden String, / Only wind it into a ball, / It will lead you in at Heaven's Gate / Built in Jerusalem's Wall"*. Os versos aparecem no topo da placa 77 no capítulo 3 ("To the Christians") do último, mais longo e grandioso dos livros proféticos escritos e ilustrados por William Blake chamado *Jerusalem: The Emanation of the Giant Albion*, composto entre 1804 e 1820. Ver: William Blake, *Jerusalem*. In: *The Complete Poetry and Prose of William Blake*. Ed. David V. Erdman, Pref. Harold Bloom. Berkeley, University of California Press, 2008, p. 231.

[374] William Dwight Whitney (Coord.), *The Century Dictionary and Cyclopedia: A Work of Universal Reference in all Departments of Knowledge with a New Atlas of the World in Ten Volumes*. Nova York, The Century Co., 1904, vol. VII, p. 5349.

[375] No original: *"strip the ragged follies of the time / Naked as at their birth"*. O verso faz parte da primeira fala da personagem Asper no prólogo da peça *Every Man out of His Humour* [Cada Homem sem seu Humor], de Ben Jonson, encenada pela primeira vez em 1599 e publicada originalmente em 1616.

[376] Malcolm Muggeridge, "To Friends of The Soviet Union". *English Review*, Janeiro de 1934. Citado em: Ian Hunter, *Malcolm Muggeridge: A Life*. Vancouver, Regent College Publishing, 2003, p. 87.

[377] Malcolm Muggeridge, *Winter in Moscow*. Intr. Michael D. Aeschliman. Grand Rapids, Eerdmans Pub Co, 1987.

[378] Idem, *Chronicles of Wasted Time – 1: The Green Stick*, p. 72.

[379] Idem, "The Great Liberal Death Wish". In: *The Portable Conservative Reader*. Ed., intr. e notas Russell Kirk. Nova York, Penguin Books, 1982, p. 602.

[380] No original: *"Pens are most dangerous tools, more sharp by odds / Than swords, and cut more keen than whips or rods"*. Ver: John Taylor, "News from Hell, Hull and Halifax". In: *Early Prose and Poetical Works of John Taylor, The Water Poet*. Londres, Hamilton, Adams & Co. / Glasgow, Thomas D. Morison, 1888, p. 303.

[381] Muito embora o pensamento liberal clássico, como doutrina política e econômica, tenha sido sistematizado na Inglaterra, respectivamente, nos escritos de John Locke (1632-1704) e de Adam Smith (1723-1790), a palavra *"liberales"* como rótulo político foi utilizada, pela primeira vez, nas *Cortes* espanholas, em 1812, quando a maioria dos membros do parlamento, reunidos em Cádiz, se revoltou contra o absolutismo monárquico de José Bonaparte (1768-1844), e advogou a adoção de uma carta constitucional que limitasse os poderes do Executivo, bem como restaurou a Casa de Bourbon, em 1813, com o retorno ao trono de Fernando VII (1784-1833). O termo "liberal" foi utilizado na Espanha até o ano de 1836, quando os partidários

de tal modelo político passaram a ser denominados *"exaltados"*, que, por sua vez, passaram a ser conhecidos, entre 1839 e 1880, como *"progressistas"*. Finalmente, em 1880, com a fusão do *Partido Constitucional* e do *Partido Progressista*, surgiu o *Partido Liberal Fusionista*, que atuou politicamente até 1923, quando Miguel Primo de Rivera (1870-1930) implantou uma ditadura no país. Tal partido foi oficialmente extinto em 1931, com a deposição do rei Afonso XIII (1886-1941) e a proclamação da Segunda República Espanhola. No entanto, os liberais espanhóis, bem como os liberais latino-americanos ao longo do século XIX, foram mais influenciados pelas ideias revolucionárias de Jean-Jacques Rousseau (1712-1778) e pelas práticas políticas oriundas da Revolução Francesa de 1789 que do pensamento de John Locke e do modelo reformista dos *whigs* na Revolução Gloriosa de 1688. O termo *"libéralisme"* é utilizado pela primeira vez na França por Pierre Maine de Biran (1766-1824), em 1818, para definir os partidários da liberdade e do constitucionalismo, que, posteriormente, se tornaram os principais promotores da Revolução de 1830, que resultou na abdicação de Carlos X (1757-1836) como Rei da França e na aclamação de Luis Filipe I (1773-1850) como Rei dos Franceses, dando início à chamada Monarquia de Julho, que governou o país até a Revolução de 1848, ocasião em que foi instaurada a Segunda República Francesa, cujo primeiro e único presidente eleito se tornou, em 1852, o imperador Napoleão III (1808-1873). Durante os dezoito anos da Monarquia de Julho houve certa hegemonia política dos liberais na França, principalmente do pensamento dos chamados "doutrinários", grupo que, guiado pelas ideias de Benjamin Constant de Rebecque (1767-1830), era formado por François Guizot (1787-1874), Pierre-Paul Royer-Collard (1763-1845), Charles de Rémusat (1797-1875), Camille de Jordan (1771-1824), Hercule de Serre (1776-1824) e Victor de Broglie (1785-1870). O pensamento dos "doutrinários" gozou de bastante prestígio no Brasil durante o período do Império, servindo como fundamento teórico da Constituição de 1824, principalmente na concepção de Poder Moderador. Na Inglaterra, o termo *"liberal"* foi utilizado pela primeira vez em 1839, por John Russell (1792-1878), o primeiro Conde Russell, para denominar a aliança política entre *whigs* e radicais, que, com a união da facção dos seguidores de Sir Robert Peel (1788-1850) e, posteriormente, de William Gladstone (1809-1898) no *Conservative Party*, deu origem em 1859 ao *Liberal Party*, extinto em 1988, após ter perdido a importância política no Reino Unido a partir da década de 1920 com a emergência do *Labour Party*, fundado em 1900. Enquanto o *Conservative Party* surge de uma aliança entre os *tories* e a facção moderada e antirrevolucionária dos *whigs*, o *Liberal Party* pode ser entendido como a vertente mais progressista dos *whigs*. O caráter progressista e revolucionário de uma parcela dos *whigs*, bem como a noção errônea de que a liberdade é a finalidade última do ser humano, fez o Dr. Samuel Johnson associar tais políticos com a representação de Lúcifer apresentada no poema épico O *Paraíso Perdido*, de John Milton (1608-1674), quando o poeta faz o demônio afirmar que é "melhor reinar no Inferno do que servir no Paraíso" (I, 263), o que levou o ilustre lexicógrafo a defender que "o Diabo foi o primeiro *whig*" (James Boswell, *Life of Johnson*. Pref. R. W. Chapman, Intr. C. B. Tinker. Londres, Oxford University Press, 1953, p. 973).

[382] No original: "The True-Born Englishman". Referência ao título do poema satírico de Daniel Defoe (1660-1731), publicado originalmente em 1701, no qual são ridicularizados a noção de pureza racial inglesa e os ataques xenófobos ao rei William III (1650-1702), que nasceu nos Países Baixos, argumentando que a nação inglesa é caracterizada pelo cosmopolitismo, fruto da união de diferentes povos. A sentença é utilizada para se referir à personalidade de Samuel Johnson por seu biógrafo James Boswell (1740-1795) na obra *The Journal of a Tour to the Hebrides with Samuel Johnson LL.D.* [Diário de uma Excursão a Hebrides com o Dr. Samuel Johnson], publicada originalmente em 1785. Ver: James Boswell, *The Journal of a Tour to the Hebrides with Samuel Johnson LL.D.* In: R W. Chapman (ed.), *Johnson's Journey*

to the Western Islands of Scotland and Boswell's Journal of a Tour to the Hebrides with Samuel Johnson LL.D. Londres, Oxford University Press, 1961, p. 172.

[383] John Henry Newman, "General Answer to Mr. Kingsley". In: *Newman's Apologia pro Vita Sua – The Two Versions of 1864 & 1865, Preceded by Newman's and Kingsley's Panphlets*. Oxford, Oxford University Press, 1913, p. 352.

[384] Malcolm Muggeridge, *Chronicles of Wasted Time – 1: The Green Stick*, p. 132.

[385] Idem, "The Great Liberal Death Wish", p. 613-14.

[386] Ver, respectivamente, os capítulos 6 ("A Política de T. S. Eliot", p. 161-76) e 7 ("Donald Davidson e o Conservadorismo Sulista", p. 177-90).

[387] George Orwell, *A Revolução dos Bichos*. Trad. Heitor Aquino Ferreira. Posf. Christopher Hitchens. São Paulo, Companhia das Letras, 2007.

[388] Malcolm Muggeridge, "The Great Liberal Death Wish", p. 615-16.

[389] Ibidem, p. 621-22.

[390] Ibidem, p. 608-09.

[391] Ibidem, p. 623.

[392] Ibidem, p. 624.

[393] John Greenleaf Whittier, *Snow-Bound: A Winter Idyl*. Boston, Ticknor and Fields, 1866.

[394] No original: *"expense of spirit in a waste of shame"*. William Shakespeare, "Soneto CXXIX". In: *50 Sonetos Completos de Shakespeare*. Trad. Vasco Graça Moura. Lisboa, Editora Presença, 1987.

[395] A famosa passagem de Lord Acton aparece numa carta, datada de 5 de abril de 1887, para o bispo anglicano Mandell Creighton (1843-1901), na qual o historiador católico afirma que: "A responsabilidade histórica compensa a carência de responsabilidade jurídica. *O poder tende a corromper, e o poder absoluto corrompe absolutamente*. Grandes homens são quase sempre os homens maus, mesmo quando exercem influência e não autoridade, e, ainda mais, quando se acrescenta a tendência ou a certeza de corrupção pela autoridade" (grifos nossos). Carta publicada em: John Emerich Edward Dalberg-Acton, "Acton-Creighton Correspondence". In: *Selected Writings of Lord Acton – Volume II: Essays in the Study and Writing of History*. Ed. J. Rufus Fears. Indianapolis, Liberty Classics, 1986, p. 383.

[396] A frase é de uma inscrição epigráfica encontrada no Norte da África. A sentença foi citada diversas vezes por Muggeridge, tanto em seus diários ou em artigos para a imprensa quanto no segundo volume da autobiografia *Chronicles of Wasted Time*. Ver: Malcolm Muggeridge, *Chronicles of Wasted Time – 2: The Infernal Grove*, p. 67.

[397] Ian Hunter, *Malcolm Muggeridge: A Life*, p. 154.

[398] Malcolm Muggeridge, *Chronicles of Wasted Time – 1: The Green Stick*, p. 18.

Capítulo 10

[399] A conferência de Russell Kirk na Heritage Foundation que deu origem ao presente capítulo foi ministrada em 4 de agosto de 1988, sendo lançada na obra *The Politics of Prudence* em 1993, ocasião em que foram celebrados os quarenta anos de lançamento da primeira edição de seu livro *The Conservative Mind* [A Mentalidade Conservadora], cuja publicação é tomada por muitos historiadores como o marco inicial de formação do movimento conservador norte-americano no período posterior à Segunda Guerra Mundial. Ver: George H. Nash, *The Conservative Intellectual Movement in America: Since 1945*. 2. ed. rev. Wilmington, ISI Books, 1996.

[400] A região do Averno, tanto em narrativas da mitologia grega quanto da romana, é o local onde ficava a entrada para as regiões infernais.

[401] Nas eleições primárias do Partido Democrata em 1988, o governador Michael Dukakis recebeu 42,51% dos votos, sendo oficialmente nomeado candidato à presidência na Convenção Geral dos Democratas, realizada entre 12 e 18 de julho em Atlanta, ao receber 70,09% da votação. No entanto, nas eleições gerais Michael Dukakis recebeu 41.809.074 (45,65%) dos votos populares e 111 do colégio eleitoral, sendo derrotado pelo então vice-presidente George H. W. Bush, do Texas, que ganhou o pleito com 48.886.097 (53,37%) votos populares e 426 do colégio eleitoral, numa chapa com o senador Dan Quayle, de Indiana, como candidato a vice-presidente.

[402] Nas eleições de 1988, o Partido Democrata indicou o senador Lloyd Bentsen como candidato à vice-presidência na chapa do governador Michael Dukakis.

[403] Referência à obra, lançada originalmente em 1897, *The Old Gentleman of the Black Stock* [O Velho Senhor do Plastrão Negro], de Thomas Nelson Page (1853-1922), que idealiza o modo de vida dos cavalheiros do Sul escravagista, com seus costumes, código de honra e vestimentas tradicionais.

[404] Walter Bagehot, "Lord Salisbury on Moderation". In: *The Works and Life of Walter Bagehot*. Ed. Russell Barrington. Londres, Longmans, Green, and Co., 1915, 10v, vol. IX, p. 174.

[405] Alexis de Tocqueville, *A Democracia na América*. Pref. Antônio Paim, Trad. e notas de Neil Ribeiro da Silva. Belo Horizonte, Editora Itatiaia, 1987. Livro II, Quarta Parte, Capítulo VI, p. 530-33.

[406] Peter L. Berger, *The Capitalist Revolution: Fifty Propositions About Prosperity, Equality, and Liberty*. Nova York, Basic Books, 1986, p. 66.

[407] Abraham Lincoln, *Address at Cooper Institute, New York, February 27, 1860*. In: *Complete Works of Abraham Lincoln*. Ed. John G. Nicolay e John Hay. Nova York, Francis D. Tandy Company, 1905, 12v, vol. V, p. 313.

[408] Tal como aparece na nota 30 (p. 354) do presente livro, a expressão "marchar para o Sião" é utilizada pelo autor para descrever a tentativa dos ideólogos de criar um paraíso terreno.

[409] O pastor batista Jesse Jackson, notório por ter sido um dos membros mais ativos do movimento político pelos direitos civis nas décadas de 1950 e 1960, concorreu à nomeação de candidato à presidência dos Estados Unidos nas primárias do Partido Democrata em 1984 e em 1988. Nas duas campanhas eleitorais, a plataforma de Jesse Jackson foi marcada pela adoção de uma agenda extremamente progressista, defendendo, entre outras coisas, a adoção de medidas para reduzir desigualdades sociais das chamadas minorias, um tipo de indenização financeira para descendentes de escravos, a promoção de direitos especiais para homossexuais, a redução de penas para usuários de entorpecentes, o abandono das medidas de contenção do déficit público adotadas pela administração do presidente Ronald Reagan, a ampliação do sistema de Bem-Estar Social, o aumento dos gastos públicos em educação básica estatal, a implantação de um sistema de educação superior gratuito e universal, a criação de inúmeros subsídios para o setor agrícola, a redução unilateral do arsenal nuclear norte-americano, o corte drástico no orçamento de defesa nacional e o apoio à criação do Estado Palestino. Na convenção democrata realizada entre os dias 16 a 19 de julho de 1984, em São Francisco, na Califórnia, Jesse Jackson ficou em terceiro lugar, recebendo 12% dos votos. Na convenção democrata de Atlanta, na Geórgia, entre os dias 18 e 21 de julho de 1988, Jesse Jackson recebeu 29,7% dos votos, sendo derrotado por Michael Dukakis.

[410] Alexis de Tocqueville, *A Democracia na América*. Livro I, Segunda Parte, Capítulo VII, p. 190-201; Livro II, Quarta Parte, Capítulo VI, p. 530-33.

⁴¹¹ Criado em 1863, durante a Guerra Civil, o Internal Revenue Service (IRS) é uma agência federal do governo dos Estados Unidos, subordinada ao Departamento do Tesouro, responsável pela coleta do imposto de renda de pessoas físicas e jurídicas.

⁴¹² No original: *"But time runs on, runs on"*. William Butler Yeats, *I am of Ireland*. In: *W. B. Yeats: Uma Antologia*. Seleção e trad. José Agostinho Baptista. Lisboa, Assírio & Alvim, 1996, verso 26.

⁴¹³ No original: *Mr. President*. Referência aos três "senhores" que lideraram politicamente o movimento conservador norte-americano ao longo do século XX, a saber: Robert A. Taft (1889-1953), o "Mr. Republican" [Sr. Republicano]; Barry M. Goldwater (1909-1998), o "Mr. Conservative" [Sr. Conservador], e Ronald Reagan, o "Mr. President" [Sr. Presidente].

⁴¹⁴ Nas primárias do Partido Republicano em 1968, o governador Ronald Reagan, da Califórnia, ficou em primeiro lugar, tendo recebido 37,93% dos votos populares, enquanto o segundo colocado, Richard Nixon, obteve 37,54%. No entanto, na convenção republicana de 1968, realizada de 5 a 8 de agosto em Miami, na Flórida, ficou em terceiro lugar no pleito para a nomeação do candidato à presidência, atrás do governador Nelson Rockefeller (1908-1979) de Nova York e de Richard Nixon. Nas eleições de 1968, o candidato republicano Richard Nixon foi eleito presidente dos Estados Unidos ao receber 43,4% dos votos populares e 301 do colégio eleitoral, derrotando o candidato democrata Hubert Humphrey (1911-1978), que recebeu 42,7% dos votos populares e 191 do colégio eleitoral. Ronald Reagan participou novamente das primárias do partido republicano em 1974, tendo sido derrotado pelo então presidente Gerald Ford (1913-2006) tanto nos votos populares quanto na convenção realizada de 16 a 19 de agosto em Kansas City, no Missouri.

⁴¹⁵ Laurence W. Beilenson, *The Treaty Trap: A History of the Performance of Political Treaties by the United States and European Nations*. Washington, D.C., Public Affairs Press, 1969.

⁴¹⁶ A campanha eleitoral de Ronald Reagan conseguiu reunir numa ampla coalizão os chamados conservadores culturais ou conservadores tradicionalistas, os seguidores do conservadorismo popular, os libertários, os anticomunistas, os neoconservadores e a direita cristã. O epílogo ("Conservatism Ascendant: The Age of Reagan and Beyond", p. 329-341) do já citado livro *The Conservative Intellectual Movement in America: Since 1945* de George H. Nash analisa a temática. Para uma visão mais ampla de Russell Kirk acerca da eleição e da administração de Ronald Reagan, ver: Russell Kirk, *The Sword of Imagination: Memoirs of a Half-Century of Literary Conflict*. Grand Rapids, William B. Eerdmans Publishing Company, 1995, p. 437-44, 448-54.

⁴¹⁷ O periódico mensal *Reader's Digest* foi fundado na região de Chappaqua, em Nova York, no ano de 1922, pelo casal DeWitt Wallace (1889-1981) e Lila Bell Wallace (1889-1984), que foram os editores da revista desde a criação até 1964. O principal objetivo do *Reader's Digest* é oferecer em uma única publicação uma amostra do que há de melhor em outros periódicos mensais, sendo que, em alguns casos, os textos podem ser resumidos ou reescritos. A linha editorial da *Reader's Digest* sempre esteve alinhada politicamente com o pensamento conservador, adotando desde a fundação uma postura anticomunista. A tiragem nos Estados Unidos chega a mais de cinco milhões de exemplares, tendo sido a revista mais vendida no país até o ano de 2009, quanto foi superada pela *Better Homes and Gardens*. O periódico, também, é comercializado em mais 70 países, em 49 edições diferentes, publicada em 15 idiomas, atingindo um público aproximado de quarenta milhões de leitores. A revista *Seleções* é publicada no Brasil desde 1942.

⁴¹⁸ O semanário *The Saturday Evening Post* foi fundado em 1821 e publicado até o ano de 1969. Do final do século XIX até o final da década de 1940, principalmente sob a direção editorial

de George Horace Lorimer (1867-1937), *The Saturday Evening Post* foi a revista de maior circulação nos Estados Unidos, tendo publicado, além dos artigos e editoriais, contos e poemas de autores consagrados pela posteridade.

[419] Fundado pelos jornalistas Charles Dow (1851-1902), Edward Davis Jones (1856-1920) e Charles Bergstresser (1858-1923), o *The Wall Street Journal* foi publicado pela primeira vez em 8 de julho de 1889. Desde então, mantém a periodicidade diária até os nossos dias, e possui atualmente uma circulação superior a dois milhões de exemplares, mantendo ainda o posto do jornal mais vendido nos Estados Unidos.

[420] A *National Review* é um periódico quinzenal, fundado em 1955 por William F. Buckley Jr. (1925-2008) com o objetivo de propagação de ideias conservadoras. Até hoje a circulação da revista se mantém na faixa das 170 mil cópias por edição, tendo ampliado o número de leitores por conta da edição eletrônica na internet. A história da *National Review* e a importância dessa revista para o movimento conservador norte-americano, bem como o papel fundamental de Russell Kirk como inspirador e colaborador de periódico, é narrado na seguinte obra: Jeffrey Hart, *The Making of the American Conservative Mind:* National Review *and its Times*. 2. ed. rev. Wilmington, ISI Books, 2006.

[421] Entre o final da década de 1980 e o início da década de 1990, a população dos Estados Unidos estava estimada em cerca de 250 milhões de habitantes, atingindo o número de 308.745.538 pessoas no último censo, realizado no ano de 2010.

[422] Os programas de rádio e os blogs na internet também ocupam em nossos dias um papel importante na formação da opinião pública das pessoas que endossam a visão de mundo que Russell Kirk denomina "conservadorismo popular". Os dois programas de rádio com a maior audiência nos Estados Unidos, cada um deles superando a marca de 14 milhões de ouvintes semanais, são *The Rush Limbaugh Show*, no ar em âmbito nacional desde 1988, e *The Sean Hannity Show*, criado em 1990. Na mesma categoria, também, merecem destaque *Glenn Beck Program*, em rede nacional desde 2002, e *The Mark Levin Show*, em cadeia nacional a partir de 2006, ambos com mais de 8 milhões de ouvintes por semana, ocupando, respectivamente, a sexta e a sétima posição no ranking de audiência. Além dos programas de rádio e dos blogs, outro meio de comunicação importante na propagação do conservadorismo popular é o canal de televisão *Fox News*, no ar desde 7 de outubro de 1996, que atinge um público médio de 102 milhões de telespectadores.

[423] Referência à obra do escritor e diplomata norte-americano Michael Novak, lançada originalmente 1982 e publicada em português na seguinte edição: Michael Novak, *O Espírito do Capitalismo Democrático*. Trad. Hélio Pólvora. Rio de Janeiro, Editorial Nórdica, 1985. Os argumentos de Russell Kirk contra a noção de "Capitalismo Democrático", tal como defendida por Michael Novak, aparecem no capítulo 12 ("Os Neoconservadores: Uma Espécie em Extinção", p. 241-56) do presente livro.

[424] O conservadorismo popular norte-americano foi um dos fatores responsáveis pela chamada Revolução Republicana, que acabou com a hegemonia de quarenta anos do Partido Democrata no Legislativo, ao garantir que a maioria dos representantes e dos senadores eleitos, em 8 de novembro de 1994, para o 103º Congresso dos Estados Unidos, fossem do Partido Republicano. Os republicanos conseguiram manter a maioria nas duas câmaras até o 110º Congresso dos Estados Unidos, eleito em 7 de novembro de 2006. Tanto nas eleições para o 112º Congresso dos Estados Unidos, em 2 de novembro de 2010, quanto nas eleições para o 113º Congresso dos Estados Unidos, em 6 de novembro de 2012, os republicanos conseguiram eleger a maioria dos parlamentares. No entanto, não é apenas na política partidária que é possível constatar a importância do conservadorismo popular nos Estados Unidos,

que exerce também uma grande influência em vários movimentos sociais, dentre os quais se destacam: o *Tea Party*, caracterizado pelos protestos contra a crescente interferência estatal na sociedade e no consequente aumento da carga tributária gerada por medidas governamentais; e os movimentos cristãos em defesa da vida e da família. Para uma visão histórica ampla e concisa da maneira como as doutrinas conservadoras foram aplicadas na prática política pelo movimento conservador norte-americano, ver: Lee Edwards, *The Conservative Revolution: The Movement That Remade America*. Nova York, Free Press, 1999.

[425] Conforme ressaltamos na nota 136 (p. 369), Russell Kirk, ao longo de toda a vida, manteve um debate amistoso com Arthur M. Schlesinger Jr., expondo as divergências intelectuais com o historiador democrata em inúmeros artigos para jornais, eventos públicos ou em encontros em Piety Hill. Em um vídeo preservado nos arquivos do Russell Kirk Center for Cultural Renewal, em Mecosta, Michigan, é possível assistir a um debate completo entre Kirk e Schlesinger, no qual Kirk diverge da noção de ciclos da história, defendida pelo democrata na seguinte obra: Arthur M. Schlesinger Jr., *Cycles of American History*. Boston, Houghton Mifflin, 1986. Na presente afirmação, Russell Kirk faz uma brincadeira com o colega, que, entre 1957 e 1960, publicou em três volumes a obra *The Age of Roosevelt* [A Era de Roosevelt], analisando o período histórico de 1919 a 1936.

[426] Platão, *Crátilo*, 402a.

[427] No original: *"the grapes of wrath"*. Referência ao livro *The Grapes of Wrath* [As Vinhas da Ira], do escritor norte-americano John Steinbeck (1902-1968), publicado originalmente em 1939, que retrata a exploração do proletariado e os males do progresso e do capitalismo no período da Grande Depressão. Em língua portuguesa a obra está disponível na seguinte edição: John Steinbeck, *As Vinhas da Ira*. Trad. Ernesto Vinhares e Herbert Caro. São Paulo, Abril Cultural, 1972. Na sentença final do presente capítulo, Russell Kirk faz uma crítica sutil ao discurso "amargo" de alguns formadores de opinião que se identificam com o chamado conservadorismo popular, bem como às posturas mais agressivas adotadas por certos segmentos do movimento conservador norte-americano, fato que pode ser corroborado pela leitura de inúmeras cartas do autor para amigos, preservadas nos arquivos do Russell Kirk Center for Cultural Renewal, em Mecosta, Michigan.

Capítulo 11

[428] O neologismo *libertaire* foi cunhado, em oposição ao termo *libéral*, pelo anarquista e militante comunista francês Joseph Déjacque (1821-1864) no panfleto *De l'Être-Humain mâle et femelle* [Do Ser-Humano Masculino e Feminino], publicado em 1857 como uma carta aberta ao socialista utópico e anarquista Pierre-Joseph Proudhon (1809-1865), criticando a visão sexista e os ataques deste à luta das mulheres por direitos iguais, além de advogar a criação de uma sociedade igualitarista, na qual a propriedade privada e as trocas seriam abolidas. Ao imigrar para Nova York, Déjacque publicou vinte e sete edições, entre 9 de junho 1858 e 4 de fevereiro de 1861, do jornal *La Libertaire, Journal du Mouvement Social*, que foi o primeiro periódico anarquista dos Estados Unidos. O termo *libertaire* foi utilizado em um congresso anarquista realizado, entre 16 e 22 de novembro de 1880, na comuna de Le Havre, na França, sendo, posteriormente, adotado por Sébastien Faure (1858-1942) e Louise Michel (1830-1905), que fundaram em 16 de novembro de 1895 o jornal anarquista *La Libertaire*, publicado na França até o ano de 1914. No contexto do socialismo europeu, o termo *libertaire* é utilizado até os nossos dias para classificar os socialistas defensores do anarquismo, advogando, ao mesmo tempo, uma postura ideológica favorável à liberdade individual e às liberdades civis, mas contrária ao capitalismo, ao autoritarismo e à existência do Estado. Quando o termo *liberal* foi apropriado pelo presidente Franklin Delano Roosevelt (1882-1945) para descrever

as políticas intervencionistas, o educador e crítico social Albert Jay Nock (1870-1945) e o jornalista e satirista H. L. Mencken (1880-1956), membros eminentes da chamada *Old Right* [Antiga Direita], passaram a utilizar o termo *libertarian* para descrever a postura de compromisso com os valores do liberalismo clássico e de crítica ao *New Deal*. No período posterior à Segunda Guerra Mundial, o termo *libertarian* passou a ser utilizado nos Estados Unidos tanto pelos socialistas que propunham a abolição do Estado como pré-condição do processo revolucionário que criaria uma sociedade sem classes, conhecidos como "libertários de esquerda" ou "libertários coletivistas", quanto por diferentes proponentes de um amplo sistema de livre mercado que substituiria os governos por intermédio da eliminação de toda e qualquer forma de monopólio estatal, chamados de "libertários de direita" ou de "libertários individualistas". Estes últimos são o objeto de análise do presente capítulo.

[429] Jacob Burckhardt, *The Letters of Jacob Burckhardt*. Ed. e trad. Alexander Dru. Indianapolis, Liberty Fund, 2001, p. 230.

[430] No original: *"license they mean, when they cry liberty"*. (John Milton, "Sonnet XII", verso 11).

[431] O senador Robert A. Taft de Ohio foi um dos principais líderes políticos conservadores norte-americanos, sendo ardoroso defensor das políticas externas não intervencionistas, tendo publicado sobre a temática o seguinte livro: Robert A. Taft, *A Foreign Policy for Americans*. Nova York, Doubleday & Company, Inc., 1951. Para uma análise ampla da visão de Taft sobre as relações internacionais, ver: Russell Kirk e James McClellan, "A Foreign Policy for Americans". In: *The Political Principles of Robert A. Taft*. Intr. Jeffrey O. Nelson. New Brunswick, Transaction Publishers, 2010, p. 158-91.

[432] Edmund Burke, *Three Letters Addressed to A Member of the Present Parliament on the Proposals for Peace with the Regicide Directory of France*. In: *The Works of the Right Honorable Edmund Burke*, volume V. Boston, Little, Brown and Company, 1866, p. 250.

[433] Wilhelm Röpke, *The Moral Foundations of Civil Society*. Intr. William F. Campbell, Trad. Cyril Spencer Fox. New Brunswick, Transaction Publishers, 1996, p. 63.

[434] No original: *"politics of prescription"*. Tal como expresso na nota 53 (p. 359-60) do presente livro, Russell Kirk, assim como Edmund Burke, utiliza o termo *"prescription"* no mesmo sentido do direito consuetudinário anglo-saxão, referindo-se a uma espécie de "usufruto" que optamos traduzir como "consagração por uso". A expressão *"prescription"* foi retirada por Kirk da passagem citada abaixo da obra *Reflections on the Revolution in France* [Reflexões sobre a Revolução em França], na qual Burke critica os revolucionários franceses com as seguintes palavras:

> Menosprezam a experiência como se fosse sabedoria de iletrados; e, quanto ao restante, lavram uma mina que explodirá, num grande ímpeto, com todos os exemplos de antiguidade, todos os precedentes, as cartas régias e os atos do Parlamento. Têm os "direitos dos homens". Diante de tais direitos não há antigas *consagrações pelo uso*; comparando-os, não há raciocínio obrigatório: não admitem nenhum ajuste e nenhuma solução conciliatória; qualquer coisa que fuja ao cumprimento pleno daquilo que demandam é tanto fraude quanto injustiça. Em previsão disso, os direitos dos homens não deixam nenhum governo buscar segurança na continuidade ou justiça e na clemência da própria administração. As objeções de tais especuladores, supondo que as formas não se enquadrem às teorias, são igualmente válidas tanto contra um governo mui antigo e benéfico quanto o são contra a mais violenta tirania ou a mais recente usurpação. Sempre estão a debater com os governos, não quanto aos abusos, mas quanto a questões de competência e de titulação (grifos nossos. Edmund Burke, *Reflections on the Revolution in France*. In: *The Works of the Right Honorable Edmund Burke*, volume III. Boston, Little, Brown and Company, 1865, p. 307-08).

Em sua famosa obra *The Conservative Mind* [A Mentalidade Conservadora], lançada originalmente em 1953, Russell Kirk dedica o segundo capítulo ao estudo do pensamento conservador burkeano tomando como fio condutor a noção de *prescription*, definindo tal princípio político como "o direito consuetudinário que surge da convenção e que une sucessivas gerações" (Russell Kirk, "Burke and the Politics of Prescription". In: *The Conservative Mind: From Burke to Eliot*. 7. ed. rev. Washington, D.C., Regnery Publishing 1986, p. 12-70, cit. p. 42). Tal conceito é um dos pilares fundamentais do conservadorismo kirkeano, pois, de acordo com essa perspectiva, "o costume, a convenção e a antiga 'consagração pelo uso' são freios tanto para o impulso anárquico do homem quanto para a avidez por poder do inovador" (Russell Kirk, "The Idea of Conservatism". In: *The Conservative Mind*, p. 3-11, cit. p. 9).

[435] Após ter colaborado no processo de independência dos Estados Unidos, justificando a criação da nova nação na obra *Common Sense* [O Senso Comum] e nos treze panfletos reunidos posteriormente no livro *The Crisis* [A Crise], o escritor britânico Thomas Paine tomou o partido dos revolucionários franceses de 1789, escrevendo na obra *The Rights of Man* [Os Direitos do Homem] uma resposta às críticas de Edmund Burke no livro *Reflections on the Revolution in France* [Reflexões sobre a Revolução em França]. Dentre as propostas de Paine nessa obra, encontra-se a noção de que a razão humana é capaz de criar novas instituições sociais, renegando o legado da tradição e faz uma apaixonada defesa da revolução como meio de mudança social. Em língua portuguesa o texto pode ser encontrado na seguinte edição brasileira: Thomas Paine, *Os Direitos do Homem: Uma resposta ao ataque do Sr. Burke à Revolução Francesa*. Trad. Jaime A. Clasen, Intr. Maria Tereza Sadek Ribeiro de Souza. Petrópolis, Vozes, 1989.

[436] Os *diggers* (escavadores) foram um movimento de trabalhadores rurais pobres na Inglaterra do século XVII, que pretendia substituir a então derrotada ordem feudal por uma sociedade socialista, agrária, cristã e anticlerical, levando também para a esfera da economia a proposta igualitarista dos *levelers* (niveladores), mais preocupados com a igualdade política.

[437] A criação de uma sociedade igualitária, sem classes sociais, baseada na propriedade comum dos meios de produção, sem Estado e livre de opressão é promessa feita tanto nos escritos dos teóricos anarquistas coletivistas, como Pierre-Joseph Proudhon e Mikhail Bakunin (1814-1876), quanto no *Manifesto do Partido Comunista* de Karl Marx e Friedrich Engels (1820-1895), publicado originalmente em 1848. Se, por um lado, os anarquistas defendiam a abolição do Estado como a pré-condição da revolução socialista, por outro, o marxismo advoga que a tomada do aparato estatal é um meio necessário do processo revolucionário para a extinção do Estado. No capítulo II ("Proletários e Comunistas") do *Manifesto do Partido Comunista*, Marx e Engels afirmam que:

> Quando as diferenças de classe desaparecerem no curso do desenvolvimento e toda a produção concentrar-se nas mãos dos indivíduos associados, o poder público perderá seu caráter político. O poder político propriamente dito é o poder organizado de uma classe para a opressão de outra. Se na luta contra a burguesia o proletariado é forçado a organizar-se como classe, se mediante uma revolução torna-se classe dominante e como classe dominante suprime violentamente as antigas relações de produção, então suprime também, juntamente com essas relações de produção, as condições de existência dos antagonismos de classe, as classes em geral e, com isso, sua própria dominação de classe. Em lugar da velha sociedade burguesa, com suas classes e seus antagonismos de classes, surge uma associação na qual o livre desenvolvimento de cada um é a condição para o livre desenvolvimento de todos. (Karl Marx e Friedrich Engels, *Manifesto do Partido Comunista*. Org. e intr. Marco Aurélio Nogueira, Trad. Marco Aurélio Nogueira e Leandro Konder. 15. ed. Petrópolis, Vozes, 2010, p. 87).

Os libertários individualistas, também denominados anarcocapitalistas, defendem a criação de uma sociedade sem Estado, pautada na supremacia do indivíduo, na propriedade privada, na liberdade individual, na associação voluntária, no livre mercado e na ausência de agressão. O principal teórico desta vertente do libertarianismo é o economista e filósofo social Murray N. Rothbard, autor do livro *Power and Market* [Governo e Mercado], publicado originalmente em 1970, no qual advoga que:
> Um mercado verdadeiramente livre é totalmente incompatível com a existência de um Estado, uma instituição que, por si só, atreve-se a "defender" o indivíduo e a propriedade com base na coerção unilateral da propriedade privada, conhecida como taxação. (Murray N. Rothbard, *Governo e Mercado: A Economia da Intervenção Estatal*. Pref. Edward P. Stringham, Trad. Márcia Xavier de Brito e Alessandra Lass. São Paulo, Instituto Ludwig von Mises Brasil, 2012, p. 28).

Na obra *The Ethics of Liberty* [A Ética da Liberdade], de 1982, Rothbard argumenta que:
> O Estado *não* é, como a maioria dos economistas utilitaristas de livre-mercado gosta de pensar, uma instituição social legítima que tende a ser falha e ineficiente na maioria de suas atividades. Pelo contrário, o Estado é uma instituição inerentemente ilegítima de agressão organizada, de crime organizado e regularizado contra as pessoas e as propriedades de seus súditos. Ao invés de necessário para a sociedade, ele é uma instituição profundamente antissocial que subsiste parasitariamente, fora das atividades produtivas dos cidadãos privados. Moralmente, ele tem de ser considerado ilegítimo (...). Deste modo, do ponto de vista da justiça e da moralidade, o Estado não pode possuir nenhuma propriedade, exigir nenhuma obediência, impingir nenhum contrato firmado com ele e, na verdade, não pode sequer existir (Murray N. Rothbard, *A Ética da Liberdade*. Intr. Hans-Hermann Hoppe, Trad. Fernando Fiori Chiocca. São Paulo, Instituto Ludwig von Mises Brasil, 2010, p. 261-62).

Para uma visão sistemática do pensamento libertário rothbardiano, consultar o seguinte livro: Murray N. Rothbard, *Por uma Nova Liberdade: O Manifesto Libertário*. Trad. Rafael de Sales Azevedo. São Paulo, Instituto Ludwig von Mises Brasil, 2013.

[438] No original: *"a more perfect union"*. A sentença foi retirada do preâmbulo da Constituição dos Estados Unidos, cuja tradução do texto completo é a seguinte:
> Nós, o Povo dos Estados Unidos, a fim de formar *uma União mais perfeita*, estabelecer a justiça, assegurar a tranquilidade interna, prover a defesa comum, promover o bem-estar geral e garantir para nós e para os nossos descendentes os benefícios da liberdade, promulgamos e estabelecemos esta Constituição para os Estados Unidos da América. (grifos nossos)

[439] Referência à revolta conhecida como Rebelião de Shays, envolvendo mais de quatro mil fazendeiros empobrecidos, liderados por Daniel Shays, Job Shattuck (1736-1819) e Luke Day Jr. (1743-1801), todos os três, veteranos da Guerra de Independência. Após vários protestos contra o governador James Bowdoin II (1726-1790) de Massachusetts, os revoltosos decidiram tomar ações agressivas devido à falta de medidas governamentais para resolver os problemas econômicos e por conta dos elevados tributos estaduais e dos juros altos. Em 7 de agosto de 1786, os rebeldes fecharam um tribunal na comarca de Northampton, onde os credores estavam abrindo processos de reintegração de posse das fazendas cujas hipotecas não haviam sido pagas. O mesmo tipo de iniciativa rebelde foi realizada contra o tribunal de Worcester, em 5 de setembro de 1786. Como resposta aos ataques, a Suprema Corte de Justiça de Massachusetts indiciou onze líderes do movimento, no dia 19 de setembro do mesmo ano, acusando-os como pessoas desordenadas, turbulentas e sediciosas. No entanto, as revoltas continuaram, já que, por falta de fundos e de legislação própria, a União foi incapaz de recrutar tropas para apoiar o governo local, levando o governador Bowdoin a autorizar,

em 4 de janeiro de 1887, a criação de milícias privadas para colaborar com o poder público na luta contra os insurretos. Os conflitos seguiram até junho de 1787, quando, finalmente, os revolucionários foram debandados pela milícia privada de proprietários organizada pelo general Benjamin Lincoln (1733-1810) e pelo exército estadual comandado pelo general William Shepard (1737-1817). Todo o incidente foi visto, na época, por uma parcela significativa da população de todos os treze estados norte-americanos como o símbolo da quebra da lei e da ordem, anunciada desde o fim da Guerra de Independência, em 1783, pelos defensores da criação de um governo central, o que fez com que esse episódio contribuísse decisivamente no processo de elaboração da Constituição dos Estados Unidos.

[440] Para uma interpretação libertária da história dos Estados Unidos, desde o início da colonização no século XVII até ano de 1785, ver: Murray N. Rothbard, *Conceived in Liberty*. 2. ed. Auburn, Ludwig von Mises Institute, 1999, 4v.

[441] A temática é abordada de forma mais detalhada em: Russell Kirk, "The Framers' Economic Concepts and Interests". In: *The Conservative Constitution*. Washington, D.C., Regnery Gatway, 1990, p. 49-62.

[442] Fiódor Dostoiévski, *Os Demônios*. Trad. Paulo Bezerra. São Paulo, Editora 34, 2004, p. 391.

[443] Em grande parte, a estruturação dos sistemas financeiro e tributário norte-americano é obra de Alexander Hamilton, que, ao lado de James Madison (1751-186), foi um dos principais arquitetos e defensores da Constituição dos Estados Unidos. O conservadorismo de Alexander Hamilton, pautado na defesa das liberdades individuais concretas, da propriedade privada, do livre comércio e da criação do sistema constitucional norte-americano, bem como na crítica às visões abstratas e revolucionárias, é analisado em: Russell Kirk, "John Adams and Liberty Under Law". In: *The Conservative Mind*, p. 75-80.

[444] A doutrina da soberania popular defendida por Jean-Jacques Rousseau está baseada em princípios fundamentais de um rigor quase geométrico, derivados da visão antropológica apresentada no *Discurso sobre a Origem e os Fundamentos da Desigualdade entre os Homens*, publicado originalmente em 1755, segundo a qual "o homem é naturalmente bom", sendo pervertido pela sociedade em consequência dos progressos realizados e dos conhecimentos adquiridos (Jean-Jacques Rousseau, *Discurso sobre a Origem e os Fundamentos da Desigualdade entre os Homens*. Intr. e notas de Paul Arbousse-Bastide e Lourival Gomes Machado, Trad. Lourdes Santos Machado. São Paulo, Abril Cultural, 1973, p. 297). A principal obra de Rousseau, lançada em abril de 1762, é *Do Contrato Social* (Jean-Jacques Rousseau, *Do Contrato Social*. Intr. e notas de Paul Arbousse-Bastide e Lourival Gomes Machado, Trad. Lourdes Santos Machado. São Paulo, Abril Cultural, 1973), e nela o autor afirma que "o homem nasce livre e por toda a parte encontra-se a ferros" (p. 28), defende que "homem algum tem autoridade natural sobre seus semelhantes e que a força não produz qualquer direito", restando apenas "as convenções como base de toda autoridade legítima existente entre os homens" (p. 32), afirmando, além disso, que "o que o homem perde com o contrato social é a liberdade natural e um direito ilimitado a tudo quanto aventura e pode alcançar" (p. 42). Em *Emílio, ou Da Educação*, publicado pela primeira vez em maio de 1762, encontramos a seguinte passagem:

> Há no estado de natureza uma igualdade de fato real e indestrutível, porque é impossível, nesse estado, que a mera diferença de homem para homem seja suficientemente grande para tornar um dependente do outro. Há no estado civil uma igualdade de direito quimérica e vã, porque os meios destinados a mantê-la servem eles próprios para destruí-la, e a força pública somada ao mais forte para oprimir o mais fraco rompe a espécie de equilíbrio que a natureza colocara entre eles. Desta primeira contradição decorrem todas as que se observam entre a aparência e a realidade na ordem civil. (...) os nomes enganosos justiça e subordinação servirão de instrumento para a violência e de

arma para a iniquidade. (Jean-Jacques Rousseau, *Emílio, ou Da Educação*. Intr. Michel Launay; Trad. Roberto Leal Ferreira. São Paulo, Martins Fontes, 1991, p. 310).

Apesar de não existir no *corpus* kirkeano uma análise sistemática do pensamento de Jean-Jacques Rousseau, Russell Kirk apresenta, ao longo de diferentes trabalhos, inúmeras críticas ao conceito de natureza humana e às doutrinas políticas rousseaunianas, sempre pautadas nos escritos de Edmund Burke, de Alexis de Tocqueville e, principalmente, de Irving Babbitt (1865-1933). No livro *Democracia e Liderança*, lançado em 1924, Babbitt demonstra que o principal efeito dos argumentos de Rousseau "é fazer com que pareçam ilegítimos todos os governos existentes" (Irving Babbitt, *Democracia e Liderança*. Pref. Russell Kirk, Trad. Joubert de Oliveira Brízida. Rio de Janeiro, Topbooks, 2003.p. 108).

De forma semelhante, as concepções de natureza humana, liberdade e Estado defendidas pelo pensamento libertário geram um efeito semelhante aos da teoria rousseauniana, ao não reconhecer a legitimidade de nenhum Estado e defender a extinção dos mesmos. No já citado *A Ética da Liberdade*, após uma sucessão de rigorosos argumentos lógicos, diz Murray N. Rothbard:

> O Estado, portanto, pode ser definido como aquela organização que possui uma ou ambas (na realidade efetiva, praticamente sempre ambas) das seguintes características: (a) adquire seus rendimentos através de coerção física (impostos); e (b) alcança um monopólio compulsório da força e do poder de tomada de decisões finais em uma determinada extensão territorial. Estas duas atividades essenciais do Estado necessariamente constituem uma agressão criminosa e uma devastação dos justos direitos de propriedade privada de seus súditos (incluindo a autopropriedade). Pois a primeira institui e organiza um roubo em uma enorme escala; enquanto a segunda proíbe a livre competição de defesa e de agências de tomadas de decisões dentro de uma determinada extensão territorial – proibindo a compra e venda voluntária de serviços judiciais e de defesa (p. 244).

[445] Outra crítica kirkeana ao libertarianismo, com muitos pontos em comum com os apresentados no presente texto, aparece no seguinte ensaio: Russell Kirk, "Libertarians: Chirping Sectaries". In: *Redeeming the Time*. Ed. e intr. Jeffrey O. Nelson. Wilmington, ISI Books, 1996, p. 271-83.

[446] James Fitzjames Stephen, *Liberty, Equality, Fraternity*. Ed. e Intr. Stuart D. Warner. Indianapolis, Liberty Fund, 1993, p. 33.

[447] No original: *"Genius oughtn't to be eccentric! (...) Genius ought to be centric"*. G. K. Chesterton, *The Poet and the Lunatics: Episodes in the Life of Gabriel Gale*. Mineola, Dover Publications, 2011, p. 5.

[448] Ernest van den Haag, "Libertarians & Conservatives". *National Review*, vol. XXXI, n. 23 (June 8, 1979), p. 725-27, 730-32, 737-39. Críticas de Alan Reynolds, Henry Hazlitt (1894-1993), David Friedman, Richard Brookhiser, Roger L. MacBride (1929-1995), Mike Lavelle, Robert Poole Jr., Edward H. Crane III, Charles G. Koch, Tibor R. Machan, Israel Kirzner e John Hospers (1918-2011), seguidas de uma réplica de Ernest van den Haag, foram publicadas em: "Has the Libertarian Movement Gone Kooky?: A Spirited Exchange". *National Review*, vol. XXXI, n. 31, (August 3, 1979), p. 967-69, 972-73, 986-87.

[449] No original: *(...) "whirled / Beyond the circuit of the shuddering Bear / In fractured atoms"*. (T. S. Eliot, "Gerontion", versos 68-70). Substituímos os versos em inglês pela versão em português traduzida pelo poeta Ivan Junqueira e publicada na seguinte edição bilíngue: T. S. Eliot, *Poemas 1920*. In: *T. S. Eliot, Obra Completa – Volume I: Poesia*. Trad., intr. e notas Ivan Junqueira. São Paulo, Arx, 2004, p. 98-99.

[450] O conto "The Yellow Bird" é o segundo capítulo do já citado livro *The Poet and the Lunatics: Episodes in the Life of Gabriel Gale*.

⁴⁵¹ G. K. Chesterton, *The Poet and the Lunatics*, p. 35.

⁴⁵² Trata-se da palestra ministrada por Russell Kirk na Heritage Foundation no ano de 1980, publicada com título "Libertarians: Chirping Sectaries" no periódico *Modern Age* (v. 25, n. 4, Fall 1981, p. 345-351), sendo reimpressa tanto no livro *Reclaiming a Patrimony* (Washington, D.C., Heritage Foundation, 1982, p. 25-34) quanto no já citado *Redeeming the Time* (p. 271-83), sendo que a versão do último foi citada na nota 445.

⁴⁵³ Datada de 21 de dezembro de 1980, a carta original da qual o autor retirou o trecho citado se encontra preservada, junto com vasta correspondência trocada por mais de três décadas entre Marion Montgomery e Russell Kirk, nos arquivos do Russell Center for Cultural Renewal, em Mecosta, Michigan.

⁴⁵⁴ A expressão *"metaphysical madness"* [loucura metafísica] foi cunhada originalmente por John Randolph de Roanoke (1773-1833) num discurso parlamentar, quando ao sintetizar as críticas de Edmund Burke acerca da forma abstrata de pensamento inerente à mentalidade progressista, afirmou: "se desejardes conhecer os efeitos da loucura metafísica, olhai para a história da Revolução Francesa" (Russell Kirk, *John Randolph of Roanoke: A Study in American Politics – With Selected Speeches and Letters*. 4. ed. Indianapolis, Liberty Fund, 1997, p. 66). A visão burkeana sobre o tema é analisada de forma mais detalhada em: Russell Kirk, "A Revolution of Theoretic Dogma". In: *Edmund Burke: A Genius Reconsidered*. 3. ed. Ed. Jeffrey O. Nelson, Pref. Roger Scruton. Wilmington, ISI Books, 1997, p. 145-68.

A loucura metafísica dos libertários alegada por Russell Kirk se deve ao fato de os principais teóricos do libertarianismo utilizarem argumentos de elevado rigor lógico, na maioria das vezes destituídos de qualquer princípio metafísico transcendente. A noção kirkeana de "loucura" pode ser definida tanto a partir das críticas de Edmund Burke aos formuladores de sistemas políticos abstratos quanto pela visão de insanidade apresentada por G. K. Chesterton, no livro *Ortodoxia*, de 1908, segundo a qual:

Todos aqueles que têm tido a infelicidade de lidar com criaturas completamente doidas ou que estão no estádio inicial da doença mental sabem que uma de suas características mais sinistras é a espantosa clareza nos pormenores: as coisas ligam-se umas às outras em um plano mais intrincado do que um labirinto. Se você discutir com o doido, muito provavelmente levará a pior, pois a mente do alienado, em muitos sentidos, move-se muito mais rapidamente porque ele não se detém em coisas que preocupam apenas quem tem bom raciocínio. O louco não se preocupa com o que diz respeito ao temperamento, à caridade ou à certeza cega da experiência. A perda de certas afecções sãs tornou-o mais lógico. A maneira como se encara, vulgarmente, a loucura é errônea: o louco não é o homem que perdeu a razão, mas o homem que perdeu tudo, menos a razão. A explicação que um doido dá a respeito de qualquer coisa é sempre completa e, por vezes, satisfatória, num sentido puramente racional. Falando mais rigorosamente, podemos afirmar que qualquer explicação dada por um louco, se não conclusiva, é, pelo menos, irrespondível (G. K. Chesterton, *Ortodoxia*. Apres., notas e anexo Ives Gandra da Silva Martins Filho, Trad. Cláudia Albuquerque Tavares. São Paulo, Editora LTr, 2001, p. 36).

A loucura no pensamento chestertoniano é apresentada de forma mais sistemática em: Russell Kirk, "Chesterton, Madmen, and Madhouses". *Modern Age*, v. 15, n. 1, Winter, 1971, p. 6-16.

⁴⁵⁵ Fundado em 11 de dezembro de 1971 por David Nolan (1943-2010), o *Libertarian Party* [Partido Libertário] tem como plataformas a abolição do sistema de Bem-Estar Social e da legislação trabalhista, a eliminação das regulamentações governamentais e dos subsídios estatais para a iniciativa privada tanto no setor industrial quanto no agrícola, o fim de barreiras alfandegárias, a supressão de quase todos os impostos estaduais e federais, o fechamento do

banco central e a adoção do padrão ouro, a implantação de políticas externas pautadas na neutralidade diplomática e na não intervenção em assuntos de outros países, a diminuição do poderio militar, a abertura das fronteiras para imigrantes, a descriminalização da prostituição, da pornografia e do consumo de drogas e a legalização de uniões civis entre pessoas do mesmo sexo. Desde as eleições de 1972, o Partido Libertário tem lançado candidatos próprios para concorrer à presidência dos Estados Unidos. Ao longo das onze eleições presidenciais das quais participou, houve um aumento significativo do número de votos populares recebido, passando de 3.674 votos em 1972, quando John Hospers (1918-2011) foi o primeiro candidato à presidência pelo partido, para 1.275.821 votos da candidatura de Gary Johnson em 2012. Mesmo sendo atualmente o terceiro maior partido dos Estados Unidos, o porcentual de votos em relação ao número de eleitores norte-americanos é de menos de 1%. Excluindo o controverso representante estadual Steve Vaillancourt, de New Hampshire, o Partido Libertário não conseguiu eleger recentemente nenhum outro candidato.

[456] O movimento conservador norte-americano emergiu após a Segunda Guerra Mundial por uma espécie de coalizão espontânea que conseguiu agregar os libertários, os anticomunistas e os conservadores em uma agenda comum na luta contra a hegemonia cultural do pensamento esquerdista e na tentativa de reverter o intervencionismo governamental do *New Deal*. Cada uma dessas três facções foi influenciada majoritariamente pelas ideias apresentadas em três obras distintas. Os libertários em sua maioria eram associados, nesse primeiro momento, ao livro *The Road to Serfdom* [O Caminho da Servidão], de Friedrich August von Hayek, lançado em 1944, que demonstra como o planejamento econômico governamental conduz necessariamente à perda da liberdade individual e política. A maioria dos anticomunistas foi influenciada pelo livro *Witness* [Testemunha], de Whittaker Chambers (1901-1961), uma autobiografia, publicado em 1952, em que são narrados, dentre outros fatos, o envolvimento do autor com as ideias comunistas, sua conversão ao cristianismo e a luta que iniciou contra a ideologia esquerdista, denunciando a infiltração de comunistas em vários escalões do governo norte-americano, na imprensa e em inúmeros órgãos culturais e educacionais. O texto-chave para os conservadores foi *The Conservative Mind* [A Mentalidade Conservadora], de Russell Kirk, publicado originalmente em 1953, em que são sistematizados os princípios fundamentais do conservadorismo moderno e apresentada a genealogia deste a partir do pensamento burkeano. No entanto, a partir da década de 1960, os libertários doutrinários, principalmente Murray N. Rothbard, começaram a adotar posturas mais radicais em relação aos fundamentos da liberdade individual e da moral, à defesa da propriedade privada e do livre mercado, e ao papel do Estado na sociedade, iniciando uma série de rupturas no movimento conservador. Para uma análise histórica do processo, ver: George H. Nash, *The Conservative Intellectual Movement in America: Since 1945*. 2. ed. rev. Wilmington, ISI Books, 1996. Alguns dos textos fundamentais do debate entre os libertários e os conservadores, com ensaios dos já citados Russell Kirk, Murray Rothbard e John Hospers, bem como de Richard M. Weaver (1910-1963), Frank S. Meyer (1909-1972), Robert Nisbet (1913-1996), entre outros importantes representantes das duas correntes intelectuais, foram reunidos em: George W. Carey (ed.), *Freedom and Virtue: The Conservative / Libertarian Debate*. 2. ed. rev. Wilmington, ISI Books, 1998.

[457] Numa resenha sobre o livro *As Origens do Totalitarismo* de Hannah Arendt (1906-1975), escreveu Eric Voegelin: "A verdadeira linha divisória da crise contemporânea não é entre liberais e totalitários, mas, de um lado, entre religiosos e transcendentalistas filosóficos, e de outro, liberais e imanentistas totalitários" (Eric Voegelin, "The Origins of Totalitarianism". In: *The Collected Works of Eric Voegelin – Volume 11: Published Essays, 1953-1965*. Ed. Ellis Sandoz. Columbia, 2000, p. 22).

⁴⁵⁸ No original: *"Order is the first need"*. A sentença é da mística e filósofa francesa Simone Weil (1903-1943), tendo sido citada anteriormente por Russell Kirk no primeiro capítulo I ("Order, The First Need of All") do livro *The Roots of American Order* [As Raízes da Ordem Americana], publicado originalmente em 1974. A referência da citação, informada por Kirk, é a seguinte: Simone Weil, *The Need for Roots: Prelude to a Declaration on Duties toward Mankind*. Pref. T. S. Eliot, Trad. Arthur Wills. Boston, Beacon Press, 1952, p. 52. Ver: Russell Kirk, "Order, The First Need of All". In: *The Roots of American Order*. 4. ed. Pref. Forrest McDonald. Wilmington, ISI Books, 2003, p. 3-10.

⁴⁵⁹ Edmund Burke, *Speech on Moving His Resolutions for Conciliation with the Colonies – March 22, 1775*. In: *The Works of the Right Honorable Edmund Burke*, volume II. Boston, Little, Brown and Company, 1865, p. 120.

⁴⁶⁰ Tomando de empréstimo o conceito burkeano de "Contrato Primitivo da Sociedade Eterna" (Edmund Burke, *Reflections on the Revolution in France*, p. 359) e chestertoniano de "Democracia dos Mortos" (G. K. Chesterton, *Ortodoxia*, p. 69), a temática é analisada de forma mais sistemática em: Russell Kirk, "The Recovery of Norms". In: *Enemies of the Permanent Things: Observations of Abnormity in Literature and Politics*. Peru, Sherwood Sugden & Company, 1984, p. 15-39.

⁴⁶¹ A temática é analisada nos livros VIII e IX da *Ética a Nicômacos*, disponível em língua portuguesa na seguinte edição: Aristóteles, *Ética a Nicômacos*. Trad. do grego, intr. e notas de Mário da Gama Kury. 2ª edição. Brasília, Editora Universidade de Brasília, 1992.

⁴⁶² No original: *"In Adam's fall we sinned all"*. Este é o primeiro verso da *New England Primer*, a primeira cartilha das primeiras letras desenvolvida para as colônias norte-americanas, publicada no século XVII, nos Estados Unidos.

⁴⁶³ No já citado *A Ética da Liberdade*, Murray N. Rothbard defende que:
O Estado é uma organização criminosa coerciva que subsiste através de um sistema regularizado de imposto-roubo de grande escala, e que sai impune manobrando o apoio da maioria (e, repetindo, *não* de todos) ao assegurar uma aliança com um grupo de intelectuais formadores de opinião que são recompensados com uma parcela de seu poder e de sua pilhagem. Há, porém, outro aspecto vital do Estado que precisa ser levado em consideração. Há um argumento crítico do Estado que ora vem à tona: a saber, o argumento implícito de que o aparato estatal, justamente e de fato, *possui* a extensão territorial sobre a qual ele reivindica jurisdição. O Estado, em resumo, arroga para si próprio um monopólio da força, do poder de tomada suprema de decisões, sobre uma determinada extensão territorial – maior ou menor dependendo das condições históricas e do quanto se conseguiu conquistar de outros Estados (p. 243).

⁴⁶⁴ Edmund Burke, *Reflections on the Revolution in France*, p. 361.

⁴⁶⁵ Thomas Hobbes, *Leviatã, ou Matéria, Forma e Poder de um Estado Eclesiástico e Civil*. Trad. João Paulo Monteiro e Maria Beatriz Nizza da Silva. São Paulo, Abril Cultural, 1974. Livro I, capítulo XIII, p. 80.

⁴⁶⁶ O primeiro estudo a analisar de forma exaustiva a temática da sociedade civil à luz da nova ordem social criada pela emergência do cristianismo e do encontro da religião revelada com a filosofia greco-romana foi *De Civitate Dei* [A Cidade de Deus] de Santo Agostinho, escrita entre os anos de 413 e 426. Ao compreender a necessidade da existência de autoridades políticas como uma decorrência do pecado original, o pensamento político agostiniano apresenta uma ruptura em relação à noção clássica defendida por Platão (427-347 a.C.), Aristóteles (384-322 a.C.) e Marco Túlio Cícero (106-43 a.C.), segundo a qual a existência

de governos é inerente à natureza humana. Há uma recusa explícita de identificar o desenvolvimento humano com a ação política, visto que os governos possuem uma capacidade mínima de promover o bem moral e espiritual. A existência da autoridade política é apenas um paliativo, e não a cura, para a desordem ontológica da humanidade. Antecipando, em doze séculos, o caráter belicoso da natureza humana apresentado pelo pensamento hobbesiano, Santo Agostinho afirma:

> Nossa mais ampla acolhida à opinião de que a vida do sábio é vida de sociedade. Porque donde se originaria, como se desenvolveria e como alcançaria seu fim a Cidade de Deus, objeto desta obra cujo Livro Décimo-Nono estamos escrevendo agora, se não fosse vida social a vida dos santos? Mas quem será capaz de enumerar a infinidade e gravidade dos males a que nesta mísera condição mortal está sujeita a sociedade humana? Quem bastará para ponderá-los? Escutem um de seus poetas cômicos, que, com a aprovação de todo o auditório, põe na boca de certa personagem estas palavras: *"Tomei esposa e, então, quanta miséria vi! Nasceram-me filhos e quantas preocupações mais!"*. Que dizer dos choques de amor, descritos pelo mesmo Terêncio, injúrias, suspeitas, inimizades, guerra hoje e paz amanhã? Não é verdade que as taças humanas transbordam desses licores? Não é verdade que isso também sucede com frequência nos amores honestos entre amigos? Não é verdade que os homens por toda parte sentimos injúrias, suspeitas, inimizades e guerras? São males certos, mas a paz é bem incerta, por desconhecermos o coração daqueles com quem queremos tê-la e, embora o conheçamos hoje, não sabemos o que será amanhã.
>
> Que pessoas costumam ou, pelo menos, devem ter mais amizade entre si que as residentes sob o mesmo teto, na mesma casa? Quem delas, todavia, está segura, quando vê os males acontecidos por causa de ocultas maquinações, males tanto mais amargos quanto mais doce foi a paz considerada verdadeira, embora não passasse de astuta mentira? (...) Se a casa, refúgio comum nesses males que sobrevêm aos homens, não está segura, que será da cidade? Que será da cidade, quanto mais cheia de pleitos, cíveis e criminais, quanto maior é, embora escape às turbulentas sedições, com frequência sangrentas, e às guerras civis, acontecimentos de que as cidades às vezes se veem livres, mas dos perigos nunca? (*A Cidade de Deus*, XIX, 5. Utilizamos aqui a passagem da tradução em português da seguinte edição: Santo Agostinho, *A Cidade de Deus: Contra os Pagãos*. Trad. Oscar Paes Leme. Petrópolis, Editora Vozes / Bragança Paulista, Editora Universitária São Francisco, 2003, 2v., Parte II, p. 392-93).

Da possível emergência de conflitos, intrínseca à condição da natureza decaída de uma humanidade marcada ontologicamente pelo pecado original, Santo Agostinho demonstra a inevitabilidade da existência das autoridades políticas, de forma análoga ao raciocínio apresentado no *Leviatã*, o tratado político de Thomas Hobbes publicado originalmente em 1651. Tanto na perspectiva agostiniana quanto na hobbesiana, a manutenção da ordem pública e a promoção da harmonia social são os principais motivos para o estabelecimento do governo civil, visto como uma instituição humana dotada da função negativa de, por meio da coerção, restringir a ação dos elementos perniciosos ao corpo social. No entanto, pautado num racionalismo de precisão geométrica, Hobbes deriva a necessidade da existência do Estado da premissa de que a condição natural da humanidade é a guerra de todos contra todos; a concepção teológica de Santo Agostinho sobre a indispensabilidade da existência de governantes é pautada numa visão antropológica que enfatiza ao mesmo tempo a natureza decaída humana e a possibilidade de redenção por meio da graça divina.

[467] Edmund Burke, *Reflections on the Revolution in France*, p. 310.

[468] Ibidem, p. 310.

⁴⁶⁹ Marco Aurélio, *Meditações*, Livro II, 1. Utilizamos aqui a passagem equivalente em português da seguinte edição: Marco Aurélio, *Meditações*. Trad. e notas de Jaime Bruna. São Paulo, Abril Cultural, 1973, p. 276.

⁴⁷⁰ Edmund Burke, *A Letter to a Member of the National Assembly, in Answer to some Objections to his Book on French Affairs*. In: *The Works of the Right Honorable Edmund Burke*, volume IV. Boston, Little, Brown and Company, 1866, p. 52.

⁴⁷¹ Ainda que possa ser aplicada, em menor grau, aos princípios advogados por Murray Rothbard no já citado *A Ética da Liberdade*, a crítica de Russell Kirk aqui é dirigida, principalmente, ao sistema autodenominado Objetivismo, desenvolvido pela escritora Ayn Rand, que une diferentes fundamentos intelectuais, como as filosofias de Aristóteles e de Friedrich Nietzsche (1844-1900), o romantismo de Victor Hugo (1802-1885), o existencialismo de Fiódor Dostoiévski (1821-1881), o criticismo de H. L. Mencken (1880-1956), a praxeologia de Ludwig von Mises (1881-1973) e o libertarianismo de Isabel Paterson (1886-1961). As principais características do Objetivismo são a ontologia realista, a gnosiologia racionalista e a ética individualista, que servem como premissas para a defesa de uma concepção absoluta de liberdade individual, caracterizada pela noção de "egoísmo racional" no plano moral, pelo anarquismo no espectro político e pelo *laissez-faire* na economia. Na ética objetivista o altruísmo é um vício, ao passo que as virtudes morais advogadas por tal sistema são a racionalidade, a produtividade, a justiça, o orgulho, a independência, a integridade e a honestidade, sendo a busca racional do próprio interesse e da felicidade o propósito mais elevado da existência humana, desde que obedecido o "princípio da não agressão", segundo o qual é considerado ilegítimo o uso de força física individual ou coletiva, assim como o uso de ameaça e de fraude contra o indivíduo e contra a propriedade privada. As doutrinas randianas foram expressas principalmente nos romances *The Fountainhead* [A Nascente], de 1943, e *Atlas Shrugged* [A Revolta de Atlas], de 1957, disponíveis em língua portuguesa nas respectivas edições: Ayn Rand, *A Nascente*. Trad. Beatriz Viégas-Faria. Porto Alegre, Editora Ortiz / Ateneu Objetivista, 1993; Idem, *A Revolta de Atlas*. Trad. Paulo Henriques Britto. Rio de Janeiro, Editora Sextante / Instituto Millenium, 2010, 3v. Para uma exposição sintética do "egoísmo racional", ver: Ayn Rand, "A Ética Objetivista". In: *A Virtude do Egoísmo*. Trad. On Line Assessoria em Idiomas. Porto Alegre, Editora Ortiz / Instituto de Estudos Empresariais, 1991, p. 20-47. As críticas de Kirk ao pensamento de Rand e aos seguidores do Objetivismo aparecem nos seguintes ensaios: Russell Kirk, "An Encounter with Ayn Rand". In: *Confessions of a Bohemian Tory: Episodes and Reflections of a Vagrant Career*. Nova York, Fleet Publishing Corporation, 1963, p. 181-82; Idem, "The Drug of Ideology". In: *Enemies of the Permanent Things: Observations of Abnormity in Literature and Politics*. Peru, Sherwood Sugden & Company, 1984, p. 153-71; Idem, "False God Mammon", *Oscala Star-Banner*, Wednesday, September 27, 1967, p. 4

⁴⁷² Uma análise histórica ampla do movimento intelectual conservador norte-americano no período posterior à Segunda Guerra Mundial é apresentada em: George H. Nash, *The Conservative Intellectual Movement in America: Since 1945*. 2. ed. rev. Wilmington, ISI Books, 1996. Uma apresentação sintética das críticas iniciais ao conservadorismo kirkeano pode ser encontrada em: Gerald J. Russello, "Russell Kirk and the Critics". *The Intercollegiate Review*, v. 38, n. 2, Spring 2003, p. 3-13.

⁴⁷³ No original: *"march toward an earthly Zion"*. Tal como explicado na nota 30 (p. 354) do presente livro, a ideia de uma "marcha rumo à Sião terrena" é utilizada pelo autor para descrever a tentativa herética dos ideólogos de imanentizar os símbolos da escatologia cristã, ao buscarem criar um paraíso no mundo presente.

⁴⁷⁴ No original: *King Lyndon the Dealer*. Referência irônica ao presidente norte-americano Lyndon B. Johnson (1908-1973), que na condição de vice-presidente assumiu a presidência dos Estados Unidos em 22 de novembro de 1963 em decorrência do assassinato de John F. Kennedy (1917-1963), sendo eleito em 1964 e ocupando o cargo até 20 de janeiro de 1969. A presidência de Johnson pode ser caracterizada, no plano interno, pela ampliação do centralismo administrativo e pela implementação de uma série de medidas em favor do Estado de Bem-Estar Social, tal como pode ser verificado no programa *The Great Society* [A Grande Sociedade], visto por muitos analistas como um renascimento do *New Deal* [Novo Pacto] do presidente Franklin Delano Roosevelt (1882-1945). A referência de Kirk ao presidente Johnson como "rei" se dá por dois motivos: por ser uma figura imponente, a quem todos obedeciam como uma espécie de "don Corleone" texano, mas também pelo fato de o então presidente estar desnaturando a República norte-americana, assim como Júlio César (100-44 a.C.) o fizera com Roma, tanto que Kirk também costumava chamá-lo de *American Caesar* [César norte-americano]. O epíteto *the Dealer* [o Negociante], faz menção ao costume de Johnson se envolver em negociatas um tanto suspeitas e algumas velhacarias, como também por sempre buscar realizar pactos e barganhas sociais, como no caso do já mencionado programa social *The Great Society*, tido como a versão mais moderna do *New Deal*. Além dos capítulos 15 ("O Estado Behemoth: Centralização", p. 287-99) e 17 ("Perspectivas do Proletariado", p. 313-29) do presente livro, Russell Kirk apresenta uma série de críticas severas ao centralismo administrativo da presidência de Johnson no seguinte ensaio: Russell Kirk, "The Degradation of the Democratic Dogma". In: *Redeeming the Time*. Ed. e intr. Jeffrey O. Nelson. Wilmington, ISI Books, 1996, p. 284-97. O cesarismo desta administração e o encontro do autor com o presidente Johnson, em 1967, na Casa Branca, são narrados em: Russell Kirk, *The Sword of Imagination: Memoirs of a Half-Century of Literary Conflict*. Grand Rapids, William B. Eerdmans Publishing Company, 1995, p. 319-24.

⁴⁷⁵ O rótulo é aceito pela primeira vez pelo ex-militante trotskista Irving Kristol no artigo "Confessions of a True, Self-Confessed – Perhaps the Only – Neoconservative" [Confissões de um Verdadeiro, Autoconfesso – Talvez o Único – Neoconservador] de 1979, republicado em: Irving Kristol, *Reflections of a Neoconservative: Looking Back, Looking Ahead*. Nova York, Basic Books, 1983, p. 73-77. Ver também: Irving Kristol, *Neoconservatism: The Autobiography of An Idea – Selected Essays 1949-1995*. Nova York, Basic Books, 1995.

⁴⁷⁶ Michael Harrington, "The Welfare State and Its Neoconservative Critics". *Dissent*, vol. 20, Fall 1973. O texto foi reimpresso como o capítulo 11 da seguinte obra: Michael Harrington, *The Twilight of Capitalism*. Nova York, Simon & Schuster, 1977, p. 165-272.

⁴⁷⁷ Peter Steinfels, *The Neoconservatives: The Men Who Are Changing America's Politics*. Nova York, Simon & Schuster, 1979.

⁴⁷⁸ Joseph Sobran, "Counterintellectuals, Unite!". *National Review*, v. XXXI, n. 51, December 21, 1979, p. 1630-31.

⁴⁷⁹ Frank Annunziata, "Malicious Representation". *University Bookman*, v. XX, n. 3, Spring 1980, p. 66-70.

⁴⁸⁰ George Gilder, "Why I Am Not a Neo-Conservative". In: *Objections to Conservatism*. Washington, D.C.: The Heritage Foundation, 1981. (The Heritage Lectures, 3), p. 50-57, 64-66.

⁴⁸¹ A escritora católica Phyllis Schlafly é conhecida pela atuação desde a década de 1950 em prol de causas conservadoras na chamada vertente do conservadorismo popular, combatendo o feminismo, o aborto, a legalização da união de pessoas do mesmo sexo, o comunismo, o globalismo nas relações internacionais e o ativismo judiciário, tendo liderado nos quadros do Partido Republicano, em 1960, a chamada revolta dos "conservadores morais" contra a candidatura à presidência de Richard Nixon (1913-1994). Em 1972, Phyllis Schlafly fundou

o Eagle Forum, um grupo de interesse conservador, que reúne cerca de oitenta mil membros na defesa de um papel mais relevante dos pais na educação dos filhos, adotando posturas contrárias ao aborto, à união de pessoas do mesmo sexo, às campanhas estatais de vacinação e à educação mista nas escolas públicas.

[482] Dan Himmelfarb, "Conservative Splits". *Commentary*, 85, May 1988, p. 54-58.

[483] A frase completa atribuída a Benjamin Franklin é *"Experience is a hard master but only fools will have no other"* [A experiência é uma mestra severa, mas apenas os tolos não terão outra].

[484] *"Those who cannot remember the past are condemned to repeat it"* [Aqueles que não lembram o passado estão condenados a repeti-lo] (George Santayana, *The Life of Reason: The Phases of Human Progress – Volume I: Introduction and Reason in Common Sense*. Scribner's Sons, 1905, p. 284).

[485] Dentre os inúmeros periódicos fundados ou editados por pensadores neoconservadores se destacam as seguintes publicações: *Encounter, Commentary, The Public Interest, First Things, The Weekly Standard*.

CAPÍTULO 12

[486] Numa nota de rodapé no capítulo VII ("Of True and False Democracy; Representation of All, and Representation of the Majority only") da obra *Considerations on Representative Government* [Considerações sobre o Governo Representativo], lançada originalmente em 1861, ao criticar a postura dos líderes conservadores, particularmente Benjamin Disraeli (1804-1881), John Stuart Mill afirma:

> Sem ter a presunção de exigir, por parte dos partidos políticos, virtude e discernimento de tal monta que compreendessem e soubessem quando aplicar os princípios dos seus opositores, poderíamos, contudo, dizer que importaria em grande aperfeiçoamento se cada partido entendesse e atuasse de acordo com os próprios princípios. Bom seria para a Inglaterra que os conservadores votassem coerentemente por tudo o quanto é conservador, e que os liberais por tudo o quanto fosse liberal. Não teríamos de esperar muito tempo pelo que é, como as grandes medidas atuais e muitas outras, eminentemente tanto liberal quanto conservador. Os conservadores, sendo pela lei da própria existência o partido mais estúpido, tem de responder pela maior parte dos pecados desta natureza; e não deixa de ser melancólico afirmar-se que, se se propusesse qualquer medida, sobre qualquer assunto, verdadeiramente e largamente conservadora, e de longo alcance, mesmo que os liberais estivessem dispostos a votar a seu favor, a grande massa do partido conservador se atiraria cegamente para impedir-lhe a aprovação (John Stuart Mill, *O Governo Representativo*. Trad. E. Jacy Monteiro. 3. ed. São Paulo, Ibrasa, 1983, p. 93).

[487] Referência à visão reacionária segundo a qual a solução para os problemas internos norte-americanos seria o mero retorno ao modelo político e econômico anterior à Grande Depressão, iniciada com a Crise de 1929, e às medidas adotadas pelo *New Deal* a partir de 1933.

[488] Edmund Burke, *Three Letters Addressed to A Member of the Present Parliament on the Proposals for Peace with the Regicide Directory of France*. In: *The Works of the Right Honorable Edmund Burke*, volume V. Boston, Little, Brown and Company, 1866, p. 250.

[489] Diferente da ideia propagada pela jornalista neoconservadora Midge Decter, segundo a qual tais palavras apresentam um caráter antissemita, o ponto central da crítica de Russell Kirk repousa no aparente suporte incondicional da diplomacia norte-americana a Israel, fator que, em muitos aspectos, tem sido uma das principais justificativas ideológicas dos grupos

fundamentalistas árabes para os ataques terroristas aos Estados Unidos. O conservadorismo kirkeano ao ser definido como a negação das ideologias rejeita tanto as diferentes formas de antissemitismo quanto o sionismo. A visão do autor sobre a importância do judaísmo para a Civilização Ocidental aparece em: Russell Kirk, "The Law and the Prophets". In: *The Roots of American Order*. 4. ed. Pref. Forrest McDonald. Wilmington, ISI Books, 2003, p. 11-50.

[490] No original: *"Where is the wisdom we have lost in knowledge? / Where is the knowledge we have lost in information?"* (T. S. Eliot. "Choruses from 'The Rock'". Seção I, versos 15-16). A versão em português é a tradução de Ivan Junqueira, publicada na seguinte edição: T. S. Eliot, *Coros de A Rocha*. In: *T. S. Eliot: Obra Completa – Volume I: Poesia*. Trad., intr. e notas Ivan Junqueira. São Paulo, Arx, 2004, p. 288-89.

[491] George Orwell, *Coming up for Air*. Nova York, Harcourt, Brace and Company, 1950. Parte III, capítulo 1, p. 188. Em português, a obra foi publicada na seguinte edição: George Orwell, *Um Pouco de Ar, Por Favor!* Belo Horizonte, Editora Itatiaia, 2000.

[492] Gerhart Niemeyer, "Ideas Have Also Roots". In: *Aftersight and Foresight: Selected Essays*. Pref. William F. Buckley Jr., Intr. Michael Henry. Lanham, University Press of America / Intercollegiate Studies Institute, 1988, p. 217-29.

[493] Irving Kristol, "The New Republican Party". *Wall Street Journal*, July 17, 1980.

[494] Gerhart Niemeyer, "Ideas Have Also Roots", p. 220.

[495] Michael Novak, "Narrative and Ideology". *This World: A Journal of Religion and Public Life*, 23, Fall 1988, p. 66-80. esp, p. 78-80.

[496] Ibidem, p. 73.

[497] Humpty Dumpty é uma personagem de contos infantis ingleses, caracterizada como um grande ovo com traços humanos, pernas e braços, que fica sentado num muro. Existe uma canção folclórica, muito popular entre as crianças inglesas que estão aprendendo a falar, que narra como Humpty Dumpty caiu do muro. A personagem aparece no conto *Through the Looking Glass* [Alice através do Espelho] de Lewis Carroll (1832-1898), publicado, em 1872, como sequência da obra, de 1865, *Alice's Adventures in Wonderland* [Alice no País das Maravilhas]. A personagem, tal como descrita por Lewis Carroll, se tornou uma citação comum em textos acadêmicos, por conta do seguinte diálogo veiculado na obra:
 – Quando *eu* uso uma palavra – disse Humpty Dumpty num tom bastante desdenhoso – ela significa exatamente o que eu quero que signifique: nem mais, nem menos.
 – A questão é – disse Alice – se *pode* fazer as palavras significarem tantas coisas diferentes.
 – A questão – disse Humpty Dumpty – é saber quem vai mandar – só isso.
Utilizamos aqui a tradução do original em inglês para o português da seguinte edição: Lewis Carroll, *Alice Através do Espelho*. Trad. Maria Luiza X. de A. Borges. Rio de Janeiro, Summus Editorial, 2009, p. 245.

[498] No original: *"Vision thing"*. No artigo "Where Is the Real George Bush?" [Onde está o verdadeiro George Bush], publicado na edição de 26 de janeiro de 1987 da revista *Time*, o jornalista Robert Ajemian relata que um amigo do então vice-presidente George H. W. Bush insistia na importância de ele se recolher por alguns dias na residência de Camp David, em Maryland, com o objetivo de refletir sobre as estratégias para a campanha presidencial, tendo Bush respondido com exasperação: "Ah, a coisa da visão". Desde então, a expressão se tornou um bordão tanto para retratar políticos ou empresários de caráter mais pragmático ou para acusar tais líderes de serem incapazes de articularem de forma coerente e atraente as próprias ideias com uma "visão maior" acerca dos acontecimentos. No entanto, na maioria das vezes, a chamada "visão maior" não passa de uma perspectiva ideológica sobre a realidade.

A temática é analisada no pensamento kirkeano, com mais detalhes, em: Russell Kirk, "The Vision Thing". *Policy Review*, n. 52, Spring 1990, p. 24.

[499] Michael Novak, *O Espírito do Capitalismo Democrático*. Trad. Hélio Pólvora. Rio de Janeiro, Editorial Nórdica, 1985.

[500] No original: *"one man is as good as another, or maybe a little better"*. Expressão atribuída ao escritor Samuel Langhorne Clemens (1835-1910), mais conhecido pelo pseudônimo Mark Twain.

[501] O sistematizador da ciência econômica, o filósofo escocês Adam Smith (1723-1790), e os economistas clássicos predecessores do pensamento smithiano nunca utilizaram o termo "capitalismo" para tipificar o sistema de livre mercado. As noções de "Sistema Capitalista" (*Kapitalistisches System*) e de "Modo de Produção Capitalista" (*Kapitalistische Produktionsform*) foram empregadas pela primeira vez no Livro I (O Processo de Produção do Capital) da trilogia *O Capital*, de Karl Marx, lançado em 1867. Ao longo de todo o texto os conceitos de "Modo de Produção Capitalista" e "Produção Capitalista" são utilizados inúmeras vezes, ao passo que a ideia de "Sistema Capitalista" aparece apenas quatro vezes, a primeira no capítulo XIV ("Mais-valia absoluta e mais-valia relativa") e as demais no capítulo XXIII ("A lei geral de acumulação capitalista"). Em língua portuguesa, ver: Karl Marx, *O Capital: Crítica da Economia Política – Livro I: O Processo de Produção do Capital*. Trad. Reginaldo Sant'Anna. 29. ed. Rio de Janeiro, Civilização Brasileira, 2011, vol. 2, p. 578, 724, 725, 749. Para uma análise mais detalhada da temática no pensamento kirkeano, ver: Russell Kirk, "Capitalism and the Moral Basis of Social Order". *Modern Age*, v. 35, n. 2, Winter 1992, p. 99-105.

[502] Jacob Burckhardt, *The Letters of Jacob Burckhardt*. Ed. e trad. Alexander Dru. Indianapolis, Liberty Fund, 2001, p. 230.

[503] Daniel Boorstin, *The Genius of American Politics*. Chicago, University of Chicago Press, 1953, p. 185-87.

[504] Russell Kirk, "Able, dauntless and available". *The Washington Times*, May 10, 1988, p. (F) 4. Os livros resenhados são os seguintes: Jeane J. Kirkpatrick, *Legitimacy and Force – Volume One: Political and Moral Dimensions*. New Brunswick, Transaction Publishers, 1988; Idem, *Legitimacy and Force – Volume Two: National and International Dimensions*. New Brunswick, Transaction Publishers, 1988.

[505] Trân Lê Xuân, mais conhecida como Madame Nhu, era a esposa de Ngô Dình Nhu (1910-1963), irmão e principal conselheiro do presidente Ngô Dình Diêm (1901-1963), que, por ser solteiro, designou a cunhada para a função de primeira dama do Vietnã do Sul. Após um referendo realizado em 23 de outubro de 1955, Diêm assumiu a presidência em 26 de outubro do mesmo ano, passando a governar com o apoio econômico e militar dos Estados Unidos. No entanto, o crescente descontentamento da população vietnamita com o governo e a repressão deste à maioria budista fez que o governo norte-americano durante presidência de John F. Kennedy (1917-1963) reduzisse gradativamente o apoio à administração de Diêm, proibindo que o embaixador dos Estados Unidos no país, Henry Cabot Lodge Jr. (1902-1985), se reunisse com o presidente vietnamita. Finalmente, um golpe de Estado, organizado por militares anticomunistas com o apoio da CIA, assassinou Diêm e Nhu em 2 de novembro de 1963, instalando o governo do general Duong Van Minh (1917-2001), que, por sua vez, seria derrubado poucos meses depois, iniciando uma fase de instabilidade política no país, culminando em 1975 na rendição às forças comunistas apoiadas pelo Vietnã do Norte. A frase de Madame Nhu foi pronunciada diante de tal contexto histórico. Ver: Howard Jones, *Death of a Generation: How the Assassinations of Diem and JFK Prolonged the Vietnam War*. Oxford, Oxford University Press, 2003, p. 407.

506 No original: *"Democracy good, all other government bad"*. Referência à máxima "quarto pernas bom, duas pernas ruim", desenvolvida, como um resumo dos Sete Mandamentos da ideologia do Animalismo, pelo porco Bola-de-Neve para os animais mais estúpidos, como as galinhas, os patos e as ovelhas, no livro *Animal Farm* [A Revolução dos Bichos] de George Orwell. Ver: George Orwell, *A Revolução dos Bichos*. Trad. Heitor Aquino Ferreira, Posf. Christopher Hitchens. São Paulo, Companhia das Letras, 2007, p. 32.

507 Volpone é a personagem principal de comédia homônima de Ben Jonson (1572-1637), encenada pela primeira vez em 1606, na qual são retratadas a ganância, a avareza e a luxúria do protagonista, um nobre veneziano que finge estar à beira da morte em decorrência de uma grave enfermidade para tirar proveito, com o apoio do criado, de três personagens nomeadas como seus herdeiros.

508 Caracterizado como um indivíduo abominável que rejeita todos os padrões morais tradicionais e éticos de sua classe social em prol dos valores mundanos e materiais, Sir Giles Overreach é o protagonista do drama renascentista *A New Way to Pay Old Debts* [Um Novo Modo de Pagar Antigas Dívidas] de Philip Massinger (1583-1640), encenada pela primeira vez em 1625 e publicada originalmente em 1633. No século XIX a personagem se tornou tanto na Inglaterra quanto nos Estados Unidos um dos vilões mais populares.

509 Alusão desesperançosa, que conota uma desgraça irremediável, à personagem bíblica Icabod, nascido no momento em que os filisteus, vencendo os israelitas em batalha, capturaram a Arca da Aliança, o que provocou a exclamação, por parte -de sua mãe, "desapareceu a glória de Israel!" (1 Samuel 4, 21).

510 Irving Kristol, "The Trouble With Republicans". *Wall Street Journal*, August 22, 1988.

511 Platão, *A República*. VI, 427e-429a.

512 Edmund Burke, *An Appeal from the New to the Old Whigs*. In: *The Works of the Right Honorable Edmund Burke*, volume IV. Boston, Little, Brown and Company, 1865, p. 81.

513 No original: *"In politics, the professor always plays the comic role"*. Citado em: H. W. Victor Lange, "The Vanishing". *Princeton Alumni Weekly*, vol. 61, October 7, 1960, p. 11.

514 Cícero, *Pro Sestio*, XLV, 96.

515 No original: *"Now is the time for all good men to come to the aid of their party"*. A sentença foi criada como um exercício de datilografia em 1867 pelo professor Charles Edward Weller (1840-1925), autor do livro *The Early History of the Typewriter* [A História Inicial da Datilografia], publicado originalmente em 1918.

Capítulo 13

516 Os fundamentos teóricos e o desenvolvimento histórico da vertente conservadora denominada Conservadorismo Cultural ou Conservadorismo Tradicionalista são analisadas, principalmente, nos capítulos 2 ("The Revolt Against the Masses", p. 30-49) e 3 ("The Recovery of Tradition and Values", p. 50-73) do seguinte livro: George H. Nash, *The Conservative Intellectual Movement in America: Since 1945*. 2. ed. rev. Wilmington, ISI Books, 1996.

517 Sobre as raízes orientais da cultura ocidental, ver: Russell Kirk, "The Law and the Prophets". In: *The Roots of American Order*. 4. ed. Pref. Forrest McDonald. Wilmington, ISI Books, 2003, p. 11-50.

518 Alexis de Tocqueville, *A Democracia na América*. Pref. Antônio Paim, Trad. e notas de Neil Ribeiro da Silva. Belo Horizonte, Editora Itatiaia, 1987. Ver, principalmente, a segunda

parte ("Influência da Democracia sobre os Sentimentos dos Americanos", p. 383-426) e a terceira parte ("Influência da Democracia sobre os Costumes Propriamente Ditos", p. 427-510) do Livro II.

[519] A instituição foi fundada por William S. Lind e William H. Marshner como um departamento do Free Congress Foundation, uma organização conservadora criada em 1977 por Paul M. Weyrich (1942-2008). As atividades do Institute for Cultural Conservatism foram encerradas em 2004 e, atualmente, o Free Congress Foundation mantêm dentre seus projetos apenas o Center for Fiscal Responsibility, o Center for National Security e o Center for Transportation.

[520] Institute for Cultural Conservatism, *Cultural Conservatism: Toward a New National Agenda*. Washington, D.C., Institute for Cultural Conservatism, 1987, p. 1.

[521] A necessidade da preservação de uma cultura geral objetiva, contra os anseios de valorização do particular propostos pela ideia de multiculturalismo, é a temática central da seguinte obra: Russell Kirk, *America's British Culture*. New Brunswick, Transaction Publishers, 1993.

[522] A relação entre unidade e diversidade cultural, fundada no culto religioso, na diferenciação dos grupos sociais, na complementariedade entre o universalismo e o regionalismo, nas crenças políticas, e na educação, perpassa toda a reflexão de T. S. Eliot sobre a temática, apresentada no livro *Notes Towards the Definition of Culture* [Notas para a Definição de Cultura], publicado originalmente em 1948. No entanto, a crítica à noção de conflito entre a cultura "democrática" e a cultura "aristocrática", nos termos do sociólogo húngaro Karl Mannheim (1893-1947), aparece de forma sistemática no segundo capítulo da obra. Ver: T. S. Eliot, "A Classe e a Elite". In: *Notas para a Definição de Cultura*. Trad. Eduardo Wolf. São Paulo, É Realizações, 2011, p. 39-54. Para uma análise mais ampla do livro, ver: Russell Kirk, *A Era de T. S. Eliot: A Imaginação Moral do Século XX*. Apr. Alex Catharino, Intr. Benjamin G. Lockerd Jr., Trad. Márcia Xavier de Brito. São Paulo, É Realizações, 2011, p. 504-22.

[523] O tema é analisado de forma mais extensa por Russell Kirk nos capítulos II ("The Law and the Prophets", p. 11-50), III ("Glory and Ruin: The Greek World", p. 51-96), IV ("Virtue and Power: The Roman Tension", p. 97-136), V ("The Genius of Christianity", p. 137-76) e VI ("The Light of the Middle Ages", p. 177-219) do já citado livro *The Roots of American Order* [As Raízes da Ordem Norte-Americana], publicado originalmente em 1974.

[524] A temática é desenvolvida por Russell Kirk, de forma mais extensa, no já citado livro *America's British Culture*. Ver também: Russell Kirk, "What are American Traditions?". In: *Beyond the Dreams of Avarice: Essays of Social Critic*. 2. ed. Peru, Sherwood Sugden & Company, 1991, p. 61-68; Idem, *The American Cause*. Ed. e intr. Gleaves Whitney. 3. ed. Wilmington, ISI Books, 2002.

[525] Na versão em inglês: *"Your soul deserves the place to which it came, If having entered / Hell, you feel no flame"*. Tais versos do poeta polonês Adam Mickiewicz se tornaram uma espécie de mote nos textos de Russell Kirk, constantemente utilizado em diferentes obras, aparecendo pela primeira vez como epígrafe do conto sobrenatural "The Princess of All Lands" [A Princesa de Todas as Terras], publicado originalmente na coletânea *The Princess of All Lands* (Sauk City, Arkhan House Publishers, 1979, p. 43-70), e reimpresso nas coletâneas *Off the Sand Road* (Ashcroft, Ash-Tree Press, 2002, p. 146-67) e *Ancestral Shadows* (Grand Rapids, William B. Eerdmans Publishing Company, 2004, p. 156-77).

[526] Os encontros de Russell Kirk com o cônego Basil A. Smith e a influência desse ministro anglicano no pensamento kirkeano são narrados de forma mais detalhada em: Russell Kirk, *The Sword of Imagination: Memoirs of a Half-Century of Literary Conflict*. Grand Rapids, William B. Eerdmans Publishing Company, 1995, p. 233-37.

⁵²⁷ No original em inglês: *"the sere and yellow leaf"*. Tal expressão poética ecoa as palavras do profeta Isaías: "Murchamos todos como folhas que secam" (Is 64,5). A sentença aparece originalmente em língua inglesa numa fala do protagonista da tragédia *Macbeth* (Ato V, Cena 3, verso 23) de William Shakespeare (1564-1616), sendo, posteriormente, utilizada em diversas obras literárias inglesas para se referir ao outono da existência de um indivíduo ou de uma civilização.

⁵²⁸ No original: *"Sabbath"*. Referência ao dia do descanso dos judeus (sábado) e dos cristãos (domingo), tal como apresentado no Antigo Testamento (Gn 2,2-3; Ex 20,8-11; Ex 31,13-17; Lv 23,32; Dt 5,12-15; Ne 13,19). Optamos aqui por uma tradução descritiva, em vez do termo "Sabá", que em português é usado principalmente no judaísmo.

⁵²⁹ Pitirim A. Sorokin, *Sociedade, Cultura e Personalidade*. Trad. João Batista Coelho Aguiar e Leonel Vallandro. Porto Alegre, Editora Globo, 1968.

⁵³⁰ William Dwight Whitney (Coord.), *The Century Dictionary and Cyclopedia: A Work of Universal Reference in all Departments of Knowledge with a New Atlas of the World in Ten Volumes*. Nova York, The Century Co., 1904, vol. III, p. 1479.

⁵³¹ O processo histórico que levou ao término do Império Romano no Ocidente foi descrito pela moderna historiografia com os termos "decadência", "declínio", "queda", "fim" e "colapso". Utilizada originalmente por Montesquieu (1689-1755) no livro *Considérations sur les Causes de la Grandeur des Romains et de leur Décadence* [Considerações sobre as Causas da Grandeza dos Romanos e de sua Decadência], de 1734, a noção de "decadência" expressa a ideia de corrupção moral, em que a degeneração dos costumes leva à decomposição da sociedade política. Tanto as noções de "declínio" quanto a de "queda" foram empregadas por Edward Gibbon (1737-1794), nos oito volumes de *History of the Decline and Fall of the Roman Empire* [História do Declínio e da Queda do Império Romano], de 1776, para enfatizar a maneira, análoga aos corpos astronômicos, como o Império Romano, ao se desviar das tradições culturais originais, se tornou vulnerável às invasões de forças externas, levando ao desmoronamento da estrutura política e social no ocidente em 476 e no oriente em 1453. Por não permitir usos metafóricos, o simples conceito de "fim" tem sido preterido pela maioria dos historiadores, com exceção de alguns autores que, entre as décadas de 1950 e 1990, optaram por tal terminologia buscando a chamada "neutralidade científica" que pretende evitar qualquer juízo de valor. A partir da publicação, em 1988, do livro *The Collapse of Complex Societies* [O Colapso das Sociedades Complexas] do antropólogo e historiador Joseph Tainter, alguns romanistas passaram a utilizar o termo "colapso" para explicar a desagregação política, econômica e social do Império Romano. Na historiografia contemporânea não há um consenso acerca do período exato da decadência da Roma Imperial ou dos marcos temporais de tal fenômeno histórico; todavia, a historiografia tradicional baliza tal acontecimento a partir de 376, quando os godos cruzam os limites do Império no rio Danúbio, iniciando uma série de invasões por tribos germânicas, no plano externo, e guerras civis no plano interno. No Ocidente, o fim do império romano ocorre quando, em 476, Odoacro (434-493), líder dos hérulos, depõe o imperador Rômulo Augusto (460-478/488?) e se proclama rei da Itália, enviando as insígnias do Império Romano do Ocidente para o imperador Zenão I (425-491), do Império Romano do Oriente. A decadência de Roma é analisada em: Russell Kirk, *The Roots of American Order*, p. 125-36. Para o conceito kirkeano de "decadência", ver, também, o seguinte artigo: Gleaves Whitney, "Russell Kirk's Conception of Decadence: Do all roads lead to Avernus?". *The Freeman: Ideas on Liberty*, v. 47, n. 6, June 1997, p. 352-56.

⁵³² C. E. M. Joad, *Decadence: A Philosophical Inquiry*. Londres, Faber and Faber, 1948, p. 54.

⁵³³ Cyril Northcote Parkinson e Herman Lecompte, *The Law of Longer Life*. Troy, Troy State University Press, 1980.

⁵³⁴ Alexandr Solzhenitsyn, "Templeton Lecture: London, Guildhall, May 10, 1983". In: Edward E. Ericson Jr. e Daniel J. Mahoney (Ed.), *The Solzhenitsyn Reader: New and Essential Writings, 1947-2005*. Wilmington, ISI Books, 2009, p. 577.

⁵³⁵ Em linhas gerais, a vasta produção historiográfica de Christopher Dawson pode ser compreendida como uma erudita análise do modo como a religião molda a cultura de diferentes civilizações, entretanto, a principal obra acerca da temática é a seguinte: Christopher Dawson, *Religion and Culture*. Nova York, Sheed & Ward, 1948.

⁵³⁶ O tema perpassa a maior parte da produção intelectual voegeliana, no entanto, o tema é exposto de modo mais explícito em: Eric Voegelin, *Ordem e História – Volume I: Israel e a Revelação*. Intr. Maurice P. Hogan, Trad. Cecília Camargo Bartolotti. São Paulo, Loyola, 2009. Ver também: Russell Kirk, "Eric Voegelin's Normative Labor". In: *Enemies of the Permanent Things: Observations of Abnormity in Literature and Politics*. Peru, Sherwood Sugden & Company, 1984, p. 253-81.

⁵³⁷ Tal relação foi analisada, muitas vezes de forma implícita, por Arnold J. Toynbee ao longo dos doze volumes da obra *A Study of History* [Um Estudo da História], publicada originalmente pela Oxford University Press entre 1939 e 1961. No entanto, uma explicação sintética acerca da importância da religião no processo civilizacional foi o tema das Gifford Lectures, ministradas na University of Edinburgh em 1952 e 1953, posteriormente reunidas no seguinte livro: Arnold J. Toynbee, *An Historian's Approach to Religion*. Oxford, Oxford University Press, 1956.

⁵³⁸ Além de inúmeros relatos do próprio Russell Kirk sobre suas experiências religiosas e conversão, dispersos ao longo da já citada autobiografia *The Sword of Imagination*, aconselhamos os seguintes artigos: George A. Kendall, "Russell Kirk and the Eucharistic Life". *The Wanderer*, February 22 1996, p. 4, 8; James E. Person Jr., "The Holy Fool as Bohemian Tory: The Wise Faith of Russell Kirk". *Touchstone: A Journal of Mere Christianity*, vol. 16, n. 5, June 2003, p. 35-40; Eric Scheske, "The Conservative Convert: The Life and Faith of Russell Kirk". *Touchstone: A Journal of Mere Christianity*, v. 16, n. 5, June 2003, p. 41-48. Ver também: Alex Catharino, "A Vida e a Imaginação de Russell Kirk". In: Russell Kirk, *A Era de T. S. Eliot*, p. 46-56.

⁵³⁹ O texto da Primeira Emenda da Constituição dos Estados Unidos, em vigor desde 15 de dezembro de 1791, juntamente com as outras nove emendas que compõem o chamado *Bill of Rights* [Declaração de Direitos], afirma que: "O congresso não deve fazer leis a respeito de se estabelecer uma religião, ou proibir o seu livre exercício; ou diminuir a liberdade de expressão, ou da imprensa; ou sobre o direito das pessoas de se reunirem pacificamente, e de fazerem pedidos ao governo para que sejam feitas reparações por ofensas". As interpretações secularistas da noção de separação entre Igreja e Estado, segundo as quais os governos são proibidos de "estabelecer uma religião", tendem a defender que para tal é indispensável que os poderes estatais não financiem nenhuma atividade religiosa e até mesmo que proíba a manifestação pública de qualquer crença. No entanto, o principal argumento conservador contra as intolerantes visões laicistas é que o Estado laico é um representante legal de uma sociedade composta por uma maioria de cidadãos religiosos. A relação entre política e religião é analisada, do ponto de vista conservador, em: Russell Kirk, "The First Clause of First Amendement: Politics and Religion". In: *The Conservative Constitution*. Washington, D.C., Regnery Gatway, 1990, p. 128-42.

⁵⁴⁰ A ideia é recorrente no pensamento chestertoniano, todavia, pode ser compreendida de modo mais sistemático na leitura do seguinte livro: G. K. Chesterton, *Ortodoxia*. Apres., notas e anexo Ives Gandra da Silva Martins Filho, Trad. Cláudia Albuquerque Tavares. São Paulo, Editora LTr, 2001.

[541] No original: *"Things fall apart; (...) / Mere anarchy is loosed upon the world"*. Trecho do poema *The Second Coming* [A Segunda Vinda] de W. B. Yeats (1865-1939).

[542] A concepção de Russell Kirk acerca da noção de Cristandade é caudatária das análises históricas de Christopher Dawson acerca da temática, tal como apresentadas nos seguintes livros: *The Formation of Christendom*. São Francisco, Ignatius Press, 2008; *The Dividing of Christendom*. Pref. James Hitchcock, Intr. David Knowles. São Francisco, Ignatius Press, 2009.

[543] O movimento metodista surge como uma sociedade religiosa de estudantes em Oxford, criada por John Wesley (1703-1791), por volta de 1730. Nessa época, o anglicanismo encontrava-se sem vitalidade como fé e permissivo nas questões morais. Com o crescimento do movimento e com as dificuldades de reconhecimento pela Igreja Anglicana dessa nova forma de culto, John Wesley, ao fim de um longo período de lutas com a hierarquia da Alta Igreja Anglicana, e muito a contragosto, se viu obrigado a admitir a separação e a criação de uma nova igreja. Diferenciavam-se pelo "método", pela regularidade da vida, pela escolha da perfeição como testemunho da santidade cristã, por uma fé testada pelas obras. Era uma tentativa de retorno ao cristianismo primitivo aliado a uma forte estrutura hierárquica, uma nova Reforma, um *revival* [reavivamento] do espírito cristão de comunidade na vida moral e na ação social. Em meados do século XVIII, o metodismo chega às colônias norte-americanas, onde o próprio Wesley já esvivera em 1735, e cria a primeira organização nacional nos Estados Unidos. Para um relato mais detalhado sobre o movimento wesleyano, ver: Christopher Dawson, "The Wesleyan Movement in America". In: *The Dividing of Christendom*, p. 217-33.

[544] François-René de Chateaubriand, *O Gênio do Cristianismo*. Pref. Tristão de Athayde, Trad. Camilo Castelo Branco. Rio de Janeiro, W. M. Jackson Editores, 1948, 2v.

[545] Uma perspectiva histórica sobre o processo de secularização da civilização ocidental na modernidade é apresentado em: Christopher Dawson, "The Secularization of Modern Culture". In: *The Dividing of Christendom*, p. 234-42.

[546] A análise kirkeana sobre o problema do secularismo aparece em: Russell Kirk, "Civilization without Religion". In: *Redeeming the Time*. Ed. e intr. Jeffrey O. Nelson. Wilmington, ISI Books, 1996, p. 3-15.

[547] O roteirista e produtor Norman Lear é mais conhecido no Brasil pela criação da série de televisão *Diff'rent Strokes*, estrelada por Gary Coleman (1968-2010) e exibida para o público brasileiro com os nomes *Branco & Negro* no Retrô Channel, *Minha Família é uma Bagunça* no Nickelodeon e *Arnold* no SBT. Apesar de pouco conhecido pela audiência brasileira, Lear foi o responsável pela criação e produção, principalmente ao longo da década de 1970, de seriados de televisão extremante populares e influentes, dentre os quais se destacam *All in the Family*, *Sanford and Son*, *One Day at a Time*, *The Jeffersons*, *Good Times* e *Maude*. No entanto, o produtor e roteirista norte-americano é notório nos círculos políticos e na grande mídia pelo engajamento em causas progressistas e pela militância laicista, sendo um dos mais famosos defensores de uma visão secularista da Primeira Emenda da Constituição dos Estados Unidos, que tenta banir dos debates públicos qualquer forma de manifestação religiosa, tendo criado com tal objetivo a fundação *People For the American Way* [Pessoas pelo Estilo Norte-Americano] em 1981.

[548] Uma parcela significativa das obras do historiador, mitólogo e filósofo romeno foi publicada no Brasil; dentre estas destacamos os seguintes livros: *O Sagrado e o Profano: A Essência das Religiões*. Trad. Rogério Fernandes. São Paulo, Martins Fontes, 1992; *Tratado de História das Religiões*. Trad. Fernando Tomaz e Natália Nunes. São Paulo, Martins Fontes, 1998; *História das Crenças e das Ideias Religiosas*. Volume 1: *Da Idade da Pedra aos Mistérios de Elêusis*. Trad. Roberto Cortes de Lacerda. São Paulo, Martins Fontes, 2010; Volume 2: *De Gautama Buda ao Triunfo do Cristianismo*. Trad. Roberto Cortes de Lacerda. São Paulo,

Martins Fontes, 2011; Volume 3: *De Maomé à Idade das Reformas*. Trad. Roberto Cortes de Lacerda. São Paulo, Martins Fontes, 2011.

[549] Rudolf Otto, *O Sagrado*. Trad. Walter O. Schlupp. Petrópolis, Vozes, 2007.

[550] Jaroslav Jan Pelikan, *A Imagem de Jesus ao Longo dos Séculos*. Trad. Luiz Antonio Araújo. São Paulo, Cosac Naify, 2000.

[551] Em língua portuguesa foram publicadas as seguintes obras do historiador galês: Christopher Dawson, *Dinâmica da História do Mundo*. Ed., Pref. e Posf. John J. Mulloy, Intr. Dermot Quinn, Apr. e Trad. Maurício G. Righi. São Paulo, É Realizações, 2010; *Progresso e Religião: Uma Investigação Histórica*. Apr. Joseph T. Stuart, Preamb. Christina Scott, Intr. Mary Douglas, Trad. Fabio Faria. São Paulo, É Realizações, 2012.

[552] Além do capítulo 16 ("Cultivando Desertos Educativos", p. 301) da presente obra e da primeira parte ("Notas para uma Definição de Propósito Educacional", p. 541-59) do capítulo 10 ("Ilusões e Afirmações", p. 541-84) do já citado livro *A Era de T. S. Eliot: A Imaginação Moral do Século XX*, o tema é abordado de forma ampla no pensamento kirkeano em diversos artigos e nos seguintes livros:
Russell Kirk, *Academic Freedom: An Essay in Definition*. 2. ed. Chicago, Regnery Publishing, 1962; *The Intemperate Professor and Others Cultural Splenetics*. 2. ed. Peru, Sherwood Sugden & Company, 1988; *Decadence and Renewal in the Higher Learning: An Episodic History of American University and College since 1953*. South Bend, Gateway, 1978. Dentre os inúmeros ensaios escritos por Russell Kirk que dissertam sobre a educação, destacamos os capítulos 3 ("The Tension of Order and Freedom in the University", p. 29-40), 4 ("The Conservative Purpose of a Liberal Education", p. 41-52) e 9 ("Humane Learning in the Age of the Computer", p. 114-27) da já citada coletânea *Redeeming the Time*.

[553] Christopher Dawson, *The Crisis of Western Education*. London, Sheed and Ward, 1961, p. 122.

[554] Arthur Koestler, *As Razões da Coincidência*. Trad. Carlos Lacerda. Rio de Janeiro, Nova Fronteira, 1973.

[555] No original: *"life remains worth living"*. Referência ao livro *Is Life Worth Living?* [A Vida Vale a Pena?] de W. H. Mallock (1849-1823), publicado originalmente em 1879, que é listado por Russell Kirk no capítulo 4 ("Dez Livros Conservadores", p. 129-144) da presente obra como um dos textos que, na diversidade do impulso conservador, deve ser lido por todos que buscam a sabedoria política e moral. O título do livro de Mallock é utilizado por Kirk como título do epílogo da já citada autobiografia *The Sword of Imaginagion* (p. 471-76).

[556] A temática da imaginação moral é um dos aspectos fundamentais do conservadorismo kirkeano, tal como acentuado no estudo de apresentação da presente edição brasileira. Para maiores informações sobre o assunto, ver: Russell Kirk, "The Perversity of Recent Fiction: Reflections on the Moral Imagination". In: *Redeeming the Time*, p. 68-86.

Capítulo 14

[557] No original em inglês, a expressão de Arnold J. Toynbee, na obra *A Study of History* [Um Estudo de História], é *"Time of Troubles"*, que pode ser traduzida para o português de diferentes maneiras, sendo a mais usual "era de tribulações", no entanto, optamos traduzir a expressão por "era de desordem" por acreditarmos que tal terminologia é a mais apropriada para explicitar o contraste entre a noção de ordem adotada por Russell Kirk, pautado nas reflexões de Eric Voegelin (1901-1985), e os turbulentos acontecimentos históricos do século XX, iniciados em 28 de julho de 1914 com a eclosão da Primeira Guerra Mundial. Tendo como fio condutor a vida e a obra de T. S. Eliot (1888-1965), Russell Kirk analisa o contexto

histórico de formação da "era de desordem" nos capítulos 3 ("O Inferno e a Casa dos Corações Partidos", p. 189-236), 4 ("Um Critério em uma época de Homens Ocos", p. 237-79), 5 ("Católico, Monarquista e Classicista", p. 281-335), 6 ("O Poeta, o Estadista e a Rocha", p. 337-90), 7 ("Cristãos e Ideólogos na Casa dos Corações Partidos", p. 391-443), 8 ("A Comunicação dos Mortos", p. 445-96) e 9 ("Cultura e *Cocktails*", p. 497-539) do seguinte livro: Russell Kirk, *A Era de T. S. Eliot: A Imaginação Moral do Século XX*. Apres. Alex Catharino, Intr. Benjamin G. Lockerd Jr., Trad. Márcia Xavier de Brito. São Paulo, É Realizações, 2011.

[558] A expressão "Permanent Things" [Coisas Permanentes], constantemente utilizada por Russell Kirk para definir o conjunto de princípios morais e culturais que devem ser preservados pelos cidadãos virtuosos em qualquer comunidade saudável, foi retirada da seguinte obra: T. S. Eliot, *The Idea of a Christian Society*. Londres, Faber and Faber, 1939, p. 21.

[559] O filósofo e crítico literário Eliseo Vivas expõe tal posicionamento moral e intelectual com as seguintes palavras: "Minha divergência com os naturalistas, vim a perceber claramente, é a luta de um homem radicalmente oposto à tendência atual dos acontecimentos históricos e, portanto, insensível aos que empregam os talentos na confecção de uma apologética no curso da história contemporânea. Nem por um minuto pretendo solidarizar-me com homens que não percebem que uma das marcas essenciais da decência, hoje, é envergonhar-se de ser um homem do século XX" (Eliseo Vivas, *The Moral Life and the Ethical Life*. Chicago, University of Chicago Press, 1950, p. x).

[560] Referência à campanha militar, no contexto da Primeira Guerra Mundial e da Revolução Russa de 1917, na qual 11.000 soldados britânicos e norte-americanos, liderados, respectivamente, pelo marechal de campo Edmund Ironside (1880-1959) e pelo coronel George Evans Stewart (1872-1946), numa tentativa frustrada de conter os bolcheviques, lutaram na província de Arkhangelsk ou Arcangel no norte da Rússia, de junho de 1918 a março de 1920, ao lado de cerca de 1.000 homens do Exército Branco, sob o comando do general Yevgeny Miller (1867-1939), contra cerca de 14.000 homens do Exército Vermelho, comandados pelos generais Aleksandr Samoilo (1869-1963), Dmitri Parsky (1866-1921) e Dmitry Nikolayevich Nadyozhny (1873-1945).

[561] No empenho de acabar com as tensões entre os Estados Unidos e a União Soviética na chamada Guerra Fria, o presidente Ronald Reagan organizou quatro conferências com o líder soviético Mikhail Gorbachev visando à redução dos arsenais nucleares, realizadas em Genebra, na Suíça, nos dias 19 e 20 novembro de 1985; em Reykjavík, na Islândia, em 11 e 12 de outubro de 1986; em Washington, D.C., de 8 a 10 de dezembro de 1987; e, finalmente, em Moscou, de 29 de maio a 1º de junho de 1988. O objetivo do presidente norte-americano não era apenas eliminar um possível conflito externo pela redução das armas de destruição em massa, mas, também, influenciar a política interna soviética, convencendo os líderes comunistas a ampliarem a participação democrática e a concederem liberdade de expressão para a população, levando à reforma e, posteriormente, ao término do comunismo.

[562] Em 1835, Alexis de Tocqueville escreveu:
> Existem hoje, sobre a terra, dois grandes povos que, tendo partido de pontos diferentes, parecem adiantar-se para o mesmo fim: são os russos e os anglo-americanos. Ambos cresceram na obscuridade; e, enquanto os olhares dos homens estavam ocupados noutras partes, colocaram-se de improviso na primeira fila entre as nações e o mundo se deu conta, quase ao mesmo tempo, do seu nascimento e da sua grandeza. Todos os outros povos parecem ter chegado mais ou menos aos limites traçados pela natureza, nada mais lhes restando senão manter-se onde se acham; mas aqueles estão em crescimento; todos os outros se detiveram, ou só avançam a poder de mil esforços; apenas eles marcham a passo fácil e rápido, numa carreira cujos limites o olhar não poderia perceber ainda.

O americano luta contra os obstáculos que a natureza lhe opõe; o russo está em luta com os homens. Um combate o deserto e a barbárie, o outro, a civilização com todas as suas armas; por isso, as conquistas do americano se firmam com o arado do lavrador, as do russo com a espada do soldado. Para atingir a sua meta, o primeiro apoia-se no interesse pessoal e deixa agir, sem dirigi-las, a força e a razão dos indivíduos. O segundo concentra num homem, de certa forma, todo o poder da sociedade. Um tem por principal meio de ação a liberdade; o outro a servidão. O seu ponto de partida é diferente, os seus caminhos são diversos; não obstante, cada um deles parece convocado, por um desígnio secreto da Providência, a deter nas mãos um dia, os destinos da metade do mundo (Alexis de Tocqueville, *A Democracia na América*. Pref. Antônio Paim, Trad. e notas de Neil Ribeiro da Silva. Belo Horizonte, Editora Itatiaia, 1987. Livro I, segunda parte, conclusão, p. 315-16).

[563] No original: *"Principle of Prescription"*. Ver a explicação do terceiro princípio do conservadorismo (p. 106-07), bem como a nota 53 (p. 359-60) da presente obra.

[564] No contexto da Guerra Civil no Líbano entre católicos maronitas, muçulmanos sunitas, muçumanos xiitas e drusos, que se estendeu em quatro diferentes fases, de 1975 a 1990, o país foi invadido pela Síria, por Israel e por forças da Organização pela Libertação da Palestina (OLP). O governo dos EUA, atendendo ao pedido de autoridades libanesas, enviou para o Líbano tropas de fuzileiros navais em 1983, como parte das forças multinacionais de paz, coordenadas pela Organização das Nações Unidas (ONU), com o objetivo de pôr fim ao conflito. Os radicais muçulmanos antecessores do grupo que viria a se tornar o Hezbollah lançaram dois ataques suicidas contra as forças norte-americanas. O primeiro foi um carro-bomba na embaixada dos Estados Unidos em Beirute, no dia 18 de abril de 1983, vitimando 63 pessoas. Em resposta às retaliações norte-americanas, houve um segundo atentado, dessa vez um caminhão-bomba na base provisória dos fuzileiros navais no Aeroporto Internacional em Beirute, a 23 de outubro de 1983, matando 241 militares norte-americanos. Em visita realizada três dias depois ao local do atentado, o então vice-presidente George H. W. Bush afirmou que os Estados Unidos não seriam intimidados por terroristas. Uma ação ofensiva foi planejada contra a região de Baalbek, onde terroristas libaneses estavam sendo treinados por militares iranianos. Para evitar uma possível guerra contra o Irã e o aumento das tensões militares com a União Soviética, o secretário de defesa Caspar Weinberger (1917-2006) convenceu o presidente Ronald Reagan a suspender as operações no Líbano, não executando nenhuma retaliação aos agressores. Finalmente, em 7 de fevereiro de 1984, foi dada a ordem de retirada das tropas norte-americanas, e o último grupo de militares partiu do Líbano em 26 de fevereiro do mesmo ano, levando ao fracasso da missão multinacional de paz. Os membros dos outros países se retiraram em abril, o que fez com que a guerra civil se prolongasse por mais seis anos.

[565] A política econômica da administração do presidente Ronald Reagan, conhecida como *Reaganomics*, tinha como característica principal a diminuição do papel do Estado no setor econômico por intermédio da redução das tarifas tributárias, do controle da inflação pela reversão da política keynesiana de expansão monetária, do fim do tabelamento do preço do petróleo e de seus derivados, da desregulamentação de vários setores produtivos e da eliminação de vários programas do sistema de Bem-Estar Social e de subsídios estatais, além da redução dos gastos públicos, com exceção das despesas com o orçamento militar. No curto prazo, tanto houve um aumento da taxa de desemprego, reduzida ainda durante o governo Reagan, quanto um crescimento da dívida pública, solucionado no médio prazo durante a administração dos sucessores em decorrência do crescimento econômico contínuo possibilitado pelas políticas econômicas liberalizantes adotadas.

⁵⁶⁶ O programa militar *Strategic Defense Initiative* (SDI), chamado popularmente de *Star Wars* [Guerra nas Estrelas], foi implantado a partir de 1983 pela administração Reagan como um meio efetivo de romper o equilíbrio nuclear existente entre os Estados Unidos e a União Soviética, conhecido como *Mutually Assured Destruction* [Destruição Mútua Assegurada], segundo o qual se acreditava que nenhuma das duas superpotências militares iniciaria um ataque, pois esse seria imediatamente retaliado, causando, dessa forma, a aniquilação total. Com a criação de um sistema conjunto de radares terrestres de longo alcance, baterias de mísseis antibalísticos e satélites artificiais equipados com instrumentos de localização e armamentos, o programa SDI criou um sofisticado escudo tecnológico capaz de proteger os Estados Unidos e seus aliados de possíveis ataques soviéticos com mísseis balísticos equipados com ogivas nucleares. Num discurso pronunciado em 23 de março de 1983, o presidente Ronald Reagan anunciou publicamente a intenção de desenvolver uma nova estratégia de defesa contra a União Soviética com as seguintes palavras: "Conclamo a comunidade científica de nosso país, aqueles que nos deram as armas nucleares, a voltarem agora seu grande talento para a causa da humanidade e da paz mundial: dar-nos os meios de tornar as armas nucleares impotentes e obsoletas" (Citado em: Henry Kissinger, "O fim da Guerra Fria: Reagan e Gorbachov". In: *Diplomacia*. Trad. Saul S. Gefter, Ann Mary Fighiera Perpétuo e Heitor Aquino Ferreira. 2. ed. rev. Rio de Janeiro, Livraria Francisco Alves Editora, p. 852). Por conta do subsequente colapso da União Soviética, o programa SDI não foi totalmente implantado, tendo sofrido cortes orçamentários pelo Congresso dos Estados Unidos, no entanto, grande parte do sistema de defesa foi posto em operação durante as administrações de Ronald Reagan e de George H. W. Bush, sendo parcialmente desativado em 1993, no governo de Bill Clinton; o remanescente passou a operar sob o nome de Ballistic Missile Defense Organization (BMDO). Em 2002, o programa foi modernizado e reativado, na época da presidência de George W. Bush, estando ativo até nossos dias com o nome de Missile Defense Agency (MDA).

⁵⁶⁷ Em retaliação ao atentado de 5 de abril de 1986, em que terroristas muçulmanos apoiados diretamente pelo governo da Líbia colocaram uma bomba numa boate em Berlim, matando vários militares norte-americanos, o presidente Ronald Reagan autorizou a realização da operação *El Dorado Canyon*. Em conjunto com a Marinha e o Corpo de Fuzileiros Navais, a Força Aérea bombardeou, no dia 15 de abril de 1986, as cidades costeiras de Tripoli e Benghazi com 18 caças-bombardeiros táticos General Dynamics F-111F Aardvark, lançados a partir de uma base aérea na Grã-Bretanha, e com 15 aviões de ataque Grumman A-6E Intruder, com apoio aéreo de 6 caças Vought A-7 Corsair II e 6 McDonnell Douglas F/A-18 Hornet, lançados dos porta-aviões USS Coral Sea (CV-43), USS Saratoga (CV-60) e USS America (CV-66). A operação militar norte-americana matou 45 militares líbios e destruiu cinco estações de radares, dois helicópteros Mil Mi-8, cinco aviões cargueiros Ilyushin Il-76 Candid e quatorze caças Mikoyan-Gurevich MiG-23 Flogger, além de ter lançado um míssil que atingiu a casa do ditador Muammar Gaddafi (1942-2011) em Bab al-Azizia, matando sua filha adotiva.

⁵⁶⁸ A revolução de 13 de março de 1979, liderada por Maurice Bishop (1944-1983), instaurou um governo marxista-leninista em Granada, iniciando, aos poucos, um processo de militarização com o apoio direto de Cuba e indireto da União Soviética, que poderia transformar, estrategicamente, o país num entreposto militar para apoio dos grupos insurgentes comunistas em toda a América Latina. Diante de tal ameaça, e atendendo ao pedido de intervenção da Organização de Estados do Caribe Oriental (OECS), o presidente Reagan ordenou uma operação militar para invadir Granada. Com o auxílio da força multinacional formada por 353 militares de Antígua e Barbuda, Barbados, Dominica, Jamaica, Santa Lúcia e São Vicente e Granadinas, a operação com codinome *Urgent Fury* [Fúria Urgente] foi uma ação conjunta entre o Exército, a Marinha e Força Aérea dos Estados Unidos, realizada entre 25

de outubro e 15 de dezembro de 1983, que invadiu Granada, matando 45 e capturando 358 militares granadinos, além de matar 25 e capturar 638 militares cubanos. O resultado da invasão norte-americana foi a convocação de novas eleições, nas quais os comunistas foram derrotados nas urnas, não conseguindo, desde então, eleger ao menos um representante para o parlamento ou membros para qualquer cargo do Executivo no país.

[569] No original: *"Evil Empire"*. Expressão cunhada pelo presidente Reagan ao referir-se à União Soviética, e utilizada publicamente pela primeira vez no discurso pronunciado em 8 de março de 1983, em uma reunião da National Association of Evangelicals (NAE), em Orlando, na Flórida.

[570] A principal consequência do processo de socialização da agricultura russa pelo regime comunista foi a gradativa queda na produção de alimentos no país, gerando as chamadas "grandes fomes" de 1921-1922, de 1932-1933 e 1946-1947, em que morreram mais de 15 milhões de pessoas. O crescimento da economia soviética no período entre as décadas de 1940 e 1960, durante os governos de Josef Stálin (1879-1953) e de Nikita Khrushchov (1894-1971), foi resultado, principalmente, do elevado investimento estatal na indústria militar. Entre a segunda metade da década de 1960 e a primeira metade da década de 1980, o período histórico sob as administrações de Leonid Brejnev (1906-1982), Yuri Andropov (1914-1984) e Konstantin Chernenko (1911-1985) foi denominado de "era de estagnação" por um relatório do próprio Partido Comunista Soviético. Para evitar que a população morresse em crises de abastecimento, diante dos baixos índices na produção de alimentos, o governo da União Soviética passou a importar, a partir de meados da década de 1960, quantidades maciças de grãos produzidos nos Estados Unidos, principalmente trigo e milho, tornando, dessa maneira, o país comunista dependente de tais importações, que, por sua vez, eram subsidiadas pelo governo norte-americano.

[571] Na mitologia grega, Cassandra é a bela profetisa troiana amaldiçoada por Apolo, que tornou inútil o dom de profecia que havia lhe concedido na infância, no momento em que Cassandra, já moça, recusou-se a manter relações sexuais com ele. Apolo fez com que ela perdesse a capacidade de persuasão sobre os augúrios proferidos, e assim, mesmo sendo capaz de prever as desgraças vindouras, seus vaticínios eram desacreditados por todos que a tomavam por louca. As narrativas sobre a lenda de Cassandra aparecem nos poemas épicos *Ilíada* (XXIV, 697-706) e *Odisseia* (XI, 405-434), de Homero; *Eneida* (II, 245-247), de Virgílio (70-19 a.C.); e *Posthoméricas*, de Quinto de Esmirna; no monólogo *Alexandra*, atribuído a Licofron; e nas tragédias *Agamenon*, de Ésquilo (525-456 a.C.); e *As Troianas* e *Electra*, de Eurípides (480-406 a.C.), bem como na coletânea de mitos *Biblioteca* (III, xii, 5), atribuída originalmente a Apolodoro de Atenas (180-120 a.C.).

[572] O período entre a palestra "Prospects for Conservatives, Part I: Prospects Abroad", que deu origem ao presente capítulo e foi ministrada por Russell Kirk na Heritage Foundation em 17 de abril de 1990, e a publicação original do livro *The Politics of Prudence* em 1993, foi marcado pelo fim de inúmeros regimes comunistas na Europa, na América Latina, na Ásia e na África. Conforme notado por Kirk, a única exceção na Europa foi o caso da Sérvia, uma das seis repúblicas que compunham a República Socialista Federativa da Iugoslávia, o Estado socialista formado a partir de 1945 no que antes fora o Reino da Iugoslávia. A partir de 1991, as repúblicas da Croácia, da Eslovênia, da Bósnia e Herzegovina e da Macedônia se autodeclararam independentes das repúblicas da Sérvia e de Montenegro, dando início a uma série de conflitos, denominado de Guerra Civil Iugoslava, que duraram até 2001. Uma resolução da Organização das Nações Unidas (ONU), de 22 de setembro de 1992, impedia a República da Sérvia de tomar assento no organismo internacional como país sucessor da antiga Iugoslávia. O desdobramento final dos acontecimentos da Guerra Civil Iugoslava foi a prisão, em 2001, após a derrota eleitoral em 1999 e a deposição em 2000, do líder comunista Slobodan Milošević (1941-2006), que governava a Sérvia desde 1987. O antigo líder comunista foi

acusado pelo Tribunal Penal Internacional de crimes contra a humanidade e da violação de leis e costumes de guerra, ao promover o assassinato de opositores, limpeza étnica e genocídio.

[573] Utilizando a mesma terminologia de Eric Voegelin (1901-1985), tal como analisada no capítulo 1 ("Os Erros da Ideologia", p. 91-102) da presente obra, Russell Kirk entende as ideologias não apenas como visões errôneas acerca da política, mas como formas de heresias que corrompem a visão da salvação pela graça após a morte, com falsas promessas de completa felicidade neste reino terreno, ou seja, são concepções errôneas acerca da natureza humana que promovem a imanentização falaciosa do *escháton*.

[574] Karl Marx, *Crítica da Filosofia do Direito de Hegel*. Trad. Rubens Enderle e Leonardo de Deus. São Paulo, Boitempo Editorial, 2005, p. 146-47.

[575] Na autobiografia *Witness* [Testemunha], publicada originalmente em 1952, o escritor e editor Whittaker Chambers narra o envolvimento com as ideias comunistas e o trabalho como espião para o regime soviético na década de 1930, seguida da conversão ao cristianismo e da luta que iniciou contra a ideologia esquerdista, denunciando a infiltração de membros do Partido Comunista em vários escalões do governo norte-americano, na imprensa e em inúmeros órgãos culturais e educacionais. A atuação de Chambers foi um marco na onda anticomunista nos EUA no período posterior à Segunda Guerra Mundial, e se tornou uma das principais influências na consolidação da vertente anticomunista do movimento conservador norte-americano. A edição mais recente da referida obra é a seguinte: Whittaker Chambers, *Witness*. Pref. William F. Buckley Jr. e Robert D. Novak. Washington, D.C., Gateway, 2001.

[576] O cientista político e diplomata Henry Kissinger teve um papel decisivo na política externa norte-americana durante a presidência de Richard Nixon (1913-1994) e de Gerald Ford (1913-2006), ocupando os cargos de membro do Conselho de Segurança Nacional entre 1969 e 1975 e de Secretário de Estado entre 1973 e 1977. No livro *Diplomacy* [Diplomacia], publicado originalmente em 1994, ao longo de quatorze capítulos, entre o 17 ("O início da Guerra Fria", p. 457-82) e o 30 ("O fim da Guerra Fria: Reagan e Gorbachov", p. 833-80), o ilustre diplomata e cientista político analisa com riqueza de detalhes as relações internacionais no período da Guerra Fria. Sobre os temores do iminente triunfo ideológico e militar da União Soviética, afirma Kissinger: "Em certo momento, no início dos anos 80, parecia que o ímpeto comunista fosse varrer o que encontrasse pela frente" (Henry Kissinger, "O fim da Guerra Fria: Reagan e Gorbachov". In: *Diplomacia*, p. 834).

[577] Edmund Burke, *Three Letters Addressed to a Member of the Present Parliament on the Proposals for Peace with the Regicide Directory of France*. In: *The Works of the Right Honorable Edmund Burke*, volume V. Boston, Little, Brown and Company, 1865, p. 235.

[578] Ibidem, p. 235.

[579] Quando Russell Kirk ministrou, em 17 de abril de 1990, a conferência que deu origem ao presente capítulo, apenas a Lituânia e a Geórgia haviam conquistado a independência do governo de Moscou. O império comunista denominado União das Repúblicas Socialistas Soviéticas (URSS), criado oficialmente em 29 de dezembro de 1922, chegou a ser composto, a partir de 1940, por quinze repúblicas socialistas, que, entre 11 de março 1990 e 11 de dezembro de 1991, conquistaram a independência.

[580] No original: *"American Century"*. Antes da entrada dos Estados Unidos na Segunda Guerra Mundial, o editor da revista *Time* utilizou o termo *"American Century"* [Século Norte-Americano] no seguinte artigo: Henry R. Luce, "The American Century". *Life*, v. 10, n. 7, February 17, 1941, p. 61-65. Em grande parte seguindo a influência de Henry Kissinger, o presidente Richard Nixon utilizou diversas vezes tal expressão.

581 A temática foi debatida de forma mais ampla por Russell Kirk no capítulo 12 ("Os Neoconservadores: Uma Espécie em Extinção", p. 241-56) do presente livro.

582 George Santayana, *The Last Puritan: A Memoir in the Form of a Novel*. Nova York, Charles Scribner's Sons, 1936, p. 125-26.

583 Mais conhecida pela sigla AFL-CIO, a American Federation of Labor and Congress of Industrial Organizations [Federação Americana do Trabalho e Congresso de Organizações Industriais] é a maior central operária dos Estados Unidos, reunindo 56 federações de sindicatos e representando cerca de 11 milhões de trabalhadores. A instituição foi formada em 1955, a partir da fusão da American Federation of Labor (AFL), criada em 1886, e da Congress of Industrial Organizations (CIO), fundada em 1935.

584 Patrocinada pelo governo norte-americano, a organização sem fins lucrativos National Endowment for Democracy [Fundo Nacional para a Democracia] foi criada em 1983 com o objetivo de promover estudos e movimentos democráticos ao redor do mundo.

585 O filósofo utilitarista inglês Jeremy Bentham foi um dos principais defensores do sufrágio universal, em que todos os cidadãos adultos participam do processo político por intermédio do direito igual ao voto. A defesa de tal princípio aparece na obra *Introduction to Principles of Morals and Legistation*, publicada originalmente em 1789. A obra nunca foi lançada na íntegra em língua portuguesa, aparecendo numa versão parcial no volume XXXIV da coleção "Os Pensadores". Ver: Jeremy Bentham, *Uma Introdução aos Princípios da Moral e da Legislação*. Trad. Luiz João Baraúna. São Paulo, Abril Cultural, 1974. O mesmo princípio é defendido de forma mais sistemática por John Stuart Mill (1806-1873), discípulo de Jeremy Bentham, no livro *Considerations on Representative Government*, lançado originalmente em 1861. Ver: John Stuart Mill, *O Governo Representativo*. Trad. E. Jacy Monteiro. 3. ed. São Paulo, Ibrasa, 1995.

586 Referência à sentença proferida pelo juiz Earl Warren, da Suprema Corte dos Estados Unidos, no caso *Reynolds v. Sims* (377 U.S. 533) em 1964, que, a partir de uma contenda no Alabama sobre a disparidade entre o número de eleitores em diferentes distritos, determinou a formação de cada uma das zonas eleitorais com uma quantidade aproximada de eleitores para garantir a equidade no processo de escolha dos membros das assembleias legislativas estaduais.

587 Referência à sentença jurídica latina *"fiat justitia ruat caelum"*, utilizada na modernidade por inúmeros escritores, dentre os quais destacamos John Adams (1735-1826), numa carta para Elbridge Gerry (1744-1814), datada de 5 de dezembro de 1777.

588 Referência à série de conflitos, ocorridos entre 1984 e 1994, na antiga província de Natal, na África do Sul, pacificada em 1994 pela adoção de uma nova constituição que integrou ao território a região semi-independente de KwaZulu, atualmente, a província de KwaZulu-Natal.

589 O movimento nacionalista iniciado na década de 1950, que, sob a liderança de Patrice Lumumba (1925-1961), conquistou a independência da ex-colônia belga do Congo, em 30 de junho de 1960. Apoiado pelos Estados Unidos, pela Bélgica e pela França, no contexto da Guerra Fria, o líder anticomunista congolês Moïse Tshombe (1919-1969) iniciou uma revolta, em julho de 1960, que depôs o primeiro ministro Lumumba, iniciando uma guerra civil no país, que só acabou quando, por um golpe militar, Joseph-Desiré Mobutu assumiu o poder em 24 de novembro de 1965, concentrando a titularidade dos poderes executivo, legislativo e judiciário e adotando o nome *Mobutu Sese Seko Nkuku Ngbendu wa Za Banga* [O todo poderoso guerreiro que, por sua força e inabalável vontade de vencer, vai de conquista em conquista, deixando fogo em seu rastro]. O nome do país foi mudado para Zaire em 27 de outubro de 1971. Apoiado pelos Estados Unidos e por outras nações ocidentais, Mobutu governou até 16 de maio de 1997, quando, no contexto da Primeira Guerra do Congo, abandonou o país, vindo a falecer no Marrocos, em 7 de setembro do mesmo ano, em consequência de um câncer de próstata.

590 Referência à cidade de Stirling e ao rio Forth no cinturão central da Escócia, marcando a divisão entre as Highlands e as Lowlands.

591 Fundado, em 1909, como *La Follette's Weekly* pelo senador republicano Robert M. La Follette (1855-1925) de Wisconsin, a publicação teve o nome mudado, em 1929, para *The Progressive*. Desde a fundação, essa publicação mensal esteve associada à defesa das causas progressistas dentre as quais se destacam o pacifismo, a luta contra os poderes militar e corporativo, o suporte ao *New Deal*, o combate ao anticomunismo macartista, a defesa do ecologismo, a intervenção em favor de reformas no sistema democrático e no sistema de justiça criminal, a promoção da causa dos direitos humanos e o apoio ao movimento pelos direitos e liberdades civis, bem como aos atuais movimentos pelos direitos das minorias. Dentre os famosos colunistas do periódico, temos: Jack London (1876-1916), George Orwell (1903-1950), Martin Luther King Jr. (1929-1968), John Kenneth Galbraith (1908-2006), Edward Said (1935-2003), Eduardo Galeano e Noam Chomsky.

592 O manual de campo do Departamento do Exército e do Departamento da Força Aérea foi publicado originalmente em 5 de dezembro de 1990.

593 O International Security Council (ICS) foi uma associação independente de políticos, diplomatas, ex-militares de alta patente, funcionários do governo, professores universitários, cientistas políticos, economistas e historiadores, fundada em 1984, para discutir aspectos estratégicos, políticos, sociais e econômicos da segurança global e avaliar, com mais precisão, a ameaça militar e geopolítica representada pela União Soviética e seus aliados ideológicos e militares. Liderados pelo falecido dr. Joseph Churba (1934-1996) que serviu como membro do National Security Council (NSC) do governo dos Estados Unidos, sob a presidência de Reagan, reuniu os principais estudiosos de segurança internacional de ambos os partidos políticos norte-americanos, dentre eles Eugene Rostow (1913-2002) e o embaixador Charles Lichenstein (1926-2002). As monografias do ICS tiveram um enorme impacto entre os estudiosos de segurança nacionais e internacionais. O grupo promovia seminários, conferências e mantinha publicações, como a revista trimestral *Global Affairs*.

594 Criado em 1941 pelo presidente Franklin Delano Roosevelt (1882-1945), o Office of Price Administration (OPA) tinha como função regular os preços e aluguéis após a eclosão da Segunda Guerra Mundial. Em 1942, tornou-se uma agência independente com o poder de estabelecer tetos máximos aos preços e racionar a oferta de certas mercadorias escassas. Extinto em 1947, teve suas funções distribuídas por outras seis agências governamentais diferentes. Dentre seus funcionários famosos estão o economista keynesiano John Kenneth Galbraith e o futuro presidente Richard Nixon. O diplomata e político democrata, Chester Bliss Bowles foi o último a comandar o OPA de 1943 a 1946.

595 Após a independência de Portugal, ocorrida, respectivamente, em 25 de junho de 1975 e em 11 de novembro de 1975, tanto a população negra de Moçambique quanto a de Angola se tornaram vítimas de governos de orientação marxista-leninista e enfrentaram longas guerras civis. Os conflitos se estenderam de 1975 até 2002, em Angola, e de 1977 até 1992, em Moçambique, resultando na morte de dezenas de milhares de pessoas, bem como na estagnação econômica e na destruição das instituições legais e políticas.

596 Alexis de Tocqueville, *A Democracia na América*. Livro I, Segunda Parte, Capítulo VII, p. 190-201; Livro II, Quarta Parte, Capítulo VI, p. 530-33.

597 No original: "A war for the Scheldt? A war for a chamber-pot!". Citado em: *The Senator: Or, Clarendon's Parliamentary Chronicle*. Londres, C. Cooke, 1794, vol. X, p. 1126.

598 Edmund Burke, *Three Letters Addressed to a Member of the Present Parliament on the Proposals for Peace with the Regicide Directory of France*, p. 305.

⁵⁹⁹ Durante o primeiro mandato presidencial do republicano William McKinley (1843-1901), os Estados Unidos e a Espanha se envolveram, entre 25 de abril e 25 de agosto de 1895, num conflito que ficou conhecido como Guerra Hispano-Americana, com inúmeras batalhas travadas nas regiões do Caribe e do Oceano Pacífico Asiático, tendo como consequências imediatas a incorporação da ilha de Guam ao território norte-americano e a independência de Cuba, de Porto Rico e das Filipinas, que passaram a ser tutelados pelos Estados Unidos.

⁶⁰⁰ Os Estados Unidos ingressaram oficialmente na Primeira Guerra Mundial em 6 de abril de 1917, quando o Congresso aprovou o pedido de declaração de guerra contra o Império Alemão, solicitado em 2 de abril do mesmo ano pelo presidente democrata Woodrow Wilson (1856-1924).

⁶⁰¹ Em decorrência do ataque da Marinha Imperial Japonesa à base naval norte-americana de Pearl Harbor, no Havaí, em 7 de dezembro de 1941, a declaração de guerra ao Japão, solicitada pelo presidente democrata Franklin Delano Roosevelt no dia seguinte ao ataque, foi aprovada no mesmo dia pelo Congresso dos Estados Unidos e, em 11 de dezembro do mesmo ano, a Alemanha Nazista declarou guerra aos Estados Unidos, fazendo com que o país entrasse oficialmente na Segunda Guerra Mundial.

⁶⁰² Em 27 de junho de 1950, o presidente democrata Harry S. Truman (1884-1972) ordenou que a Força Aérea, a Marinha e os Fuzileiros Navais dos Estados Unidos dessem apoio à Coreia do Sul, protegendo o país aliado da tentativa de avanço das forças comunistas da Coreia do Norte, que finalmente invadiram o país em 24 de julho do mesmo ano. Iniciou-se, no dia seguinte, a Guerra da Coreia, que perdurou até 27 de julho de 1953, na qual forças militares norte-americanas comandadas pelo general Douglas MacArthur (1880-1964) lutaram como parte dos esforços de paz do Conselho de Segurança da Organização das Nações Unidas (ONU).

⁶⁰³ Durante as já citadas presidências dos democratas John F. Kennedy e Lyndon B. Johnson, no contexto da Guerra Fria, os Estados Unidos se envolveram na chamada Segunda Guerra da Indochina, enviando agentes da CIA e forças militares para combater na Guerra Civil do Laos, de 1962 a 1973, na Guerra do Vietnã, de 1965 a 1973, e na Guerra Civil do Camboja, de 1966 e 1972.

⁶⁰⁴ Em resposta à invasão do Kuwait pelo Iraque, em 2 de agosto de 1990, os Estados Unidos lideraram uma força multinacional autorizada pelo Conselho de Segurança da Organização das Nações Unidas (ONU) para libertar o Kuwait das tropas iraquianas na chamada *Operation Desert Storm* [Operação Tempestade no Deserto], realizada de 17 de janeiro a 28 de fevereiro de 1991. O conflito ficou conhecido como a Primeira Guerra do Golfo, após a invasão do Iraque por forças militares norte-americanas em 19 de março de 2003, o que deu início à Segunda Guerra do Golfo, e cujo término se deu em 1º de maio do mesmo ano.

⁶⁰⁵ Alusão à fábula "As Rãs e Júpiter", de Esopo (620-564 a.C.). Na estória, rãs sem governante pedem um rei a Júpiter. A divindade inicialmente responde enviando-lhes uma tora de madeira, que, por ser inanimada, nada faz. Frente à insistência das rãs por um governante mais "ativo", Júpiter envia, por fim, uma cegonha que passa a "governá-los", ameaçando tomar-lhes a vida. Ver: Esopo, "Fábula XXX: As Rans e Júpiter". In: *Fabulas de Esopo, traduzidas da língua grega, com Applicações Moraes a cada Fabula*. Trad. Manuel Mendes da Vidigueira. Lisboa, Typographia Rollandiana, 1791, p. 45-47.

⁶⁰⁶ O conservadorismo advogado por Russell Kirk defende a adoção, no plano das relações internacionais, de uma concepção prudente de política externa, cuja base é o ideal de não intervenção, tal como defendido pelo senador republicano Robert A. Taft (1889-1953). Sobre a temática, ver: Russell Kirk e James McClellan, "A Foreign Policy for Americans". In: *The Political Principles of Robert A. Taft*. Intr. Jeffrey O. Nelson. New Brunswick, Transaction Publishers, 2010, p. 158-91.

Capítulo 15

[607] De acordo com o modelo federalista adotado pela Constituição dos Estados Unidos, o Poder Legislativo é um órgão bicameral composto pelo Senado Federal, que representa os interesses dos Estados membros da União, e pela a Câmara dos Representantes, composta pelos parlamentares eleitos em cada distrito eleitoral para representar os cidadãos. O Centésimo Congresso refere-se ao mandato do Poder Legislativo entre 3 de janeiro de 1987 a 3 de janeiro de 1989, nos últimos dois anos da presidência de Ronald Reagan (1911-2004). O chamado Primeiro Congresso teve o mandato entre 4 de março de 1789 e 4 de março de 1791, durante os dois primeiros anos da presidência de George Washington (1732-1799), ao passo que o Centésimo Décimo Terceiro tomou posse em 3 de janeiro de 2013, estando em vigor até 3 de janeiro de 2015, quando, provavelmente, será substituído pelo Centésimo Décimo Quarto Congresso.

[608] Partindo da noção de federalismo, tal como adotada pelos "pais da pátria" criadores da Constituição dos Estados Unidos, e do conceito de "democracia territorial", formulado por Orestes Brownson (1803-1876) para explicar o sistema federativo norte-americano, Russell Kirk apresenta críticas teóricas e históricas à centralização no seguinte ensaio: Russell Kirk, "The Unthinking Centralizer". In: *Enemies of the Permanent Things: Observations of Abnormity in Literature and Politics*. Peru, Sherwood Sugden & Company, 1984, p. 235-52.

[609] No relato bíblico do *Livro de Jó* são descritas as criaturas fantásticas Behemoth (Jo 40, 15-24) e Leviatã (Jo 40, 25-32; 41, 1-26). Os nomes dos monstros bíblicos foram utilizados como títulos de duas obras do filósofo inglês Thomas Hobbes (1588-1679). Publicado originalmente em 1651, *Leviatã* é um tratado de Filosofia Política que descreve a origem, a extensão e os limites da sociedade civil e do governo legítimo, apresentando uma teoria contratualista sobre a soberania do Estado. A obra está disponível em língua portuguesa na seguinte edição: Thomas Hobbes, *Leviatã, ou Matéria, Forma e Poder de um Estado Eclesiástico e Civil*. Trad. João Paulo Monteiro e Maria Beatriz Nizza da Silva. São Paulo, Abril Cultural, 1974. O livro *Behemoth* é a história da Guerra Civil iniciada na Inglaterra em 1640 com a chamada Revolução Puritana, cujo desfecho foi a decapitação do rei Charles I (1600-1649) e a implantação da república por Oliver Cromwell (1599-1658). Escrito por volta de 1668, circulou numa edição pirata em 1679, e foi oficialmente lançado em edição póstuma, em 1682. A obra encontra-se disponível em português na seguinte edição: Thomas Hobbes, *Behemoth, ou o Longo Parlamento*. Pref. Renato Janine Ribeiro, Trad. Eunice Ostrensky. Belo Horizonte, Editora UFMG, 2001. Por influência da filosofia hobbesiana, o simbolismo do *Leviatã* passou a ser utilizado no pensamento político moderno para representar o poder estatal centralizador, ao passo que o *Behemoth* é associado à vontade das massas.

[610] Alexis de Tocqueville, *A Democracia na América*. Pref. Antônio Paim, Trad. e notas de Neil Ribeiro da Silva. Belo Horizonte, Editora Itatiaia, 1987. Livro II, Quarta Parte, Capítulo VI, p. 531-32.

[611] Além do capítulo 17 ("Perspectivas do Proletariado", p. 313-29) da presente obra, outras críticas de Russell Kirk aos efeitos deletérios do centralismo da administração do presidente Lyndon Johnson aparecem no seguinte ensaio: Russell Kirk, "The Degradation of the Democratic Dogma". In: *Redeeming the Time*. Ed. e intr. Jeffrey O. Nelson. Wilmington, ISI Books, 1996, p. 284-97.

[612] No original: *"Great White Father"*. Ao longo do século XIX, a expressão foi introduzida pelo governo norte-americano junto às tribos indígenas para explicar o modo como os nativos deveriam entender as prerrogativas do presidente dos Estados Unidos. Atualmente, essa expressão é utilizada de forma pejorativa, referindo-se ao paternalismo e à hipocrisia dos governantes.

[613] Trata-se do *Wholesome Meat Act* [Lei da Carne Saudável] aprovado em 15 de dezembro de 1967.

⁶¹⁴ O conceito filosófico grego de πλεονεξία (pleonexia) é utilizado tanto por Platão (427-347 a.C.), no Livro II d'*A República* (359c), e por Aristóteles (384-322 a.C.), no Livro V da *Ética a Nicômacos* (1130a), quanto no *Evangelho segundo São Lucas* (Lc 12, 13-21) e na *Epístola de São Paulo aos Colossenses* (Cl 3, 5) para descrever as noções de ambição desmedida ou de cupidez, associadas ao vício da avareza. A partir das concepções teológicas e filosóficas de Santo Agostinho (354-430) e do cardeal John Henry Newman (1801-1890), a avareza é entendida por Russell Kirk como uma das três formas de concupiscência que afetam todos os membros da comunidade; é definida como a "luxúria dos bens materiais", pela qual o indivíduo deseja riquezas e propriedades mundanas acima dos bens da alma e em detrimento dos desfavorecidos da sociedade. Sobre a temática no pensamento kirkeano, ver: Alex Catharino, "A vida e a imaginação de Russell Kirk". In: Russell Kirk, *A Era de T. S. Eliot: A Imaginação Moral do Século XX*. Trad. Márcia Xavier de Brito. São Paulo, É Realizações, 2011, p. 89.

⁶¹⁵ Fundada pelo pregador metodista Bob Jones (1883-1968) no ano de 1927, em Panama City, na Flórida, a Bob Jones University transferiu seu campus para Cleveland, no Tennessee, em 1933 e, finalmente, se estabeleceu, a partir de 1947, em Greenville, South Carolina. Até o ano de 1971, a instituição não admitia estudantes negros, passando a aceitar entre 1971 e 1975, apenas estudantes negros casados com outros negros e, a partir de 1975, já admitia o ingresso de estudantes negros solteiros, desde que o aluno aceitasse a cláusula estatutária de proibição do namoro inter-racial entre estudantes. Devido a tais proibições estatutárias, em 19 de janeiro de 1976, o Internal Revenue Service revogou a isenção tributária da Bob Jones University retroativamente até a data de 1º de dezembro de 1970, exigindo o pagamento do imposto referente ao período, o que deu início a uma disputa judicial. A questão foi resolvida na Suprema Corte, no caso *Bob Jones University v. United States* (461 U.S. 574), de 1983, que condenou a instituição a pagar a dívida. No ano de 2000, no contexto da campanha presidencial de George W. Bush, foi anunciado pela própria direção da instituição que a cláusula estatutária proibindo o namoro inter-racial entre estudantes da Bob Jones University havia sido revogada.

⁶¹⁶ O autor faz aqui uma referência irônica aos mandatos presidenciais de Franklin Delano Roosevelt (1882-1945), entre 4 de março de 1933 e 12 de abril de 1945, e do já citado Lyndon B. Johnson, entre 22 de novembro de 1963 e 20 de janeiro de 1969, ambas as administrações caracterizadas pelo aumento substancial do intervencionismo estatal e pela centralização política, que aumentaram o poder da União em detrimento da autonomia tanto dos estados federados quanto dos corpos intermediários da sociedade e dos indivíduos.

⁶¹⁷ Apresentada originalmente no artigo "Parkinson's Law", na edição de novembro de 1955 da revista *The Economist* e formulada a partir da experiência, no serviço público britânico, do historiador naval Cyril Northcote Parkinson, a chamada "Lei de Parkinson" pode ser aplicada em diferentes campos da administração pública ou privada, principalmente para explicar a dinâmica da burocracia, ao afirmar que "o trabalho se expande de modo a preencher o tempo disponível para a sua realização". A Lei de Parkinson também pode ser expressa na seguinte forma generalizada: "a demanda de um recurso sempre expande para adequar-se à oferta daquele recurso". O autor demonstra que há uma tendência para a expansão anual da estrutura burocrática, além de apresentar dois fatores como as principais motivações dos princípios apresentados na Lei de Parkinson, a saber: 1º) "funcionários querem multiplicar subordinados, não rivais"; 2º) "Funcionários fazem o trabalho um para o outro". De acordo com tal análise os trabalhos com prazos finais irão se estender até a data limite, além de advogar que "se você quer que algo seja feito, dê para alguém ocupado", pois essas são as pessoas mais bem capacitadas na gestão do tempo na execução de tarefas. Tais princípios são apresentados pelo autor de forma mais sistemática no seguinte livro: Cyril Northcote Parkinson, *Parkinson's Law: The Pursuit of Progress*. Londres, John Murray, 1958.

⁶¹⁸ Cyril Northcote Parkinson e Herman Lecompte, *The Law of Longer Life*. Troy, Troy State University Press, 1980.

⁶¹⁹ Criada pelo *lobby* tanto de grupos religiosos radicais que desejavam banir o consumo de bebidas alcoólicas quanto de pessoas ligadas à máfia que pretendia monopolizar o comércio da substância ilegal, a Décima Oitava Emenda, ratificada em 16 de janeiro de 1919, ficou conhecida como "Lei Seca" por proibir a manufatura, a venda ou o transporte de bebidas inebriantes nos Estados Unidos e nos territórios sob a administração do país, bem como sua importação ou exportação; foi abolida pela Vigésima Primeira Emenda, ratificada em 5 de dezembro de 1933. O chamado *Volstead Act* [Lei Volstead], aprovado em 27 de outubro de 1919, pela Câmara dos Representantes e, no dia seguinte, pelo Senado, regulamentava a proibição da produção, do transporte e da comercialização de bebidas alcoólicas implantados pela emenda consitucional; foi revogado pelo *Blaine Act* [Lei Blaine], de 17 de fevereiro de 1933. O resultado de tais medidas legais foi a criação de uma rede de contravenção controlada por mafiosos, dentre eles os famosos Al Capone (1899-1947) de Chicago, Tom Dennison (1858-1934) de Omaha e Tom Pendergast (1873-1945) de Kansas City, que contrabandeava bebidas alcoólicas fabricadas no Canadá, mantinha destilarias clandestinas nos Estados Unidos, e abastecia o mercado ilegal. A proibição levou à desobediência civil e ao aumento da criminalidade.

⁶²⁰ Forma de governo implementada pela Primeira República Francesa, entre 26 de outubro de 1795 e 9 de novembro de 1799. O regime substituiu a chamada Convenção Nacional, dominada, na última fase, pelo "terror" dos jacobinos. A administração da França durante esse período ficou a cargo de uma junta formada por cinco membros, cuja atuação deveria garantir a estabilidade social, dando fim aos conflitos sangrentos iniciados com a Revolução Francesa. No entanto, o regime acabou com o chamado golpe do 18 de Brumário, que instaurou o Consulado, governado por Napoleão Bonaparte (1769-1821), Emmanuel-Joseph Sieyès (1748-1836) e Roger Ducos (1747-1816) até 18 de maio de 1804, quando Napoleão implantou o Primeiro Império Francês.

CAPÍTULO 16

⁶²¹ A temática da educação, com ênfase na crítica aos erros culturais e pedagógicos disseminados pelas concepções progressistas dos reformadores educacionais, é um ponto recorrente no pensamento de Russell Kirk, tendo sido um dos principais objetos tratados nos artigos da coluna mensal *From the Academy* [Da Academia], publicada entre 19 de novembro de 1955 e 17 de outubro de 1980, na *National Review*. O problema também foi analisado por Kirk em inúmeros ensaios acadêmicos publicados em diferentes periódicos ou coletâneas e em diversas palestras ministradas pelo autor ao longo de quatro décadas, além de ser o assunto dos seguintes livros: Russell Kirk, *Academic Freedom: An Essay in Definition*. 2. ed. Chicago, Regnery Publishing, 1962; *The Intemperate Professor and Others Cultural Splenetics*. 2. ed. Peru, Sherwood Sugden & Company, 1988; *Decadence and Renewal in the Higher Learning: An Episodic History of American University and College since 1953*. South Bend, Gateway, 1978. Dentre os inúmeros ensaios escritos por Russell Kirk que dissertam sobre educação, destacamos no livro *A Era de T. S. Eliot: A Imaginação Moral do Século XX* a primeira parte ("Notas para uma Definição de Propósito Educacional", p. 541-59) do capítulo 10 ("Ilusões e Afirmações", p. 541-84) e na coletânea *Redeeming the Time* os capítulos III ("The Tension of Order and Freedom in the University", p. 29-40), IV ("The Conservative Purpose of a Liberal Education", p. 41-52), V ("Can Vitue Be Taught?", p. 53-67) e IX ("Humane Learning in the Age of the Computer", p. 114-27). Sobre o pensamento educacional kirkeano ver: Peter J. Stanlis, "Prophet of Higher Education". *The Intercollegiate Review*, v. 30, n. 1, Fall 1994, p. 76-80; David G. Bonagura Jr., "The Sword of Education". *The University Bookman*,

v. XLVI, n. 4, Winter 2008, p. 16-20; James E. Person Jr., "For Virtue and Wisdon: Kirk on Education". In: *Russell Kirk: A Critical Biography of a Conservative Mind*. Lanhan, Madison Books, 1999, p. 81-95; W. Wesley McDonald, "Leadership and Education". In: *Russell Kirk and the Age of Ideology*. Columbia, University of Missouri Press, 2004, p. 170-200.

[622] Arthur E. Bestor Jr., *Educational Wastelands: The Retreat from Learning in Our Public Schools*. Urbana, University of Illinois Press, 1953.

[623] O autor faz aqui uma referência ao motivo pessoal que o levou, em 1953, a solicitar a própria demissão do cargo de professor de História da Michigan State University, na cidade de East Lansing, indo refugiar-se na vila ancestral de Mecosta, onde viveu até a morte. A causa de tal decisão foi o comprometimento da instituição de ensino com a degradação educacional promovida pelas medidas administrativas tomadas pelo reitor John A. Hannah (1902-1992), dentre as quais se destacam a ampliação maciça dos corpos discente e docente, a eliminação nos currículos de parte significativa das poucas disciplinas voltadas para a formação clássica, a redução do nível de exigência na avaliação dos alunos e a falta de preocupação com a qualificação dos professores. Meses antes da publicação do livro *The Conservative Mind* [A Mentalidade Conservadora], Kirk questionou-se a respeito da continuidade do trabalho bem remunerado de professor universitário num ambiente de "barbarismo acadêmico", decidindo não fazer mais parte dos quadros da Michigan State University, que em diversos escritos do autor é chamada ironicamente de "Universidade Behemoth", por conta do comprometimento desta com o dogma democrático advogado pelos reformadores educacionais e pelos burocratas. O próprio Kirk narra o incidente nos seguintes textos: Russell Kirk, "Reflections of a Gothic Mind". In: *Confessions of a Bohemian Tory: Episodes and Reflections of a Vagrant Career*. Nova York, Fleet Publishing Corporation, 1963, p. 24-27; Idem, *The Sword of Imagination: Memoirs of a Half-Century of Literary Conflict*. Grand Rapids, William B. Eerdmans Publishing Company, 1995, p. 153-56.

[624] No original: *"Augustan Age"*. O termo "Era Augustana" costuma ser utilizado para descrever períodos marcados, no plano interno, por estabilidade política, grande desenvolvimento cultural e prosperidade econômica, bem como pela paz nas relações externas. A expressão foi cunhada, originalmente, como uma tradução do latim *Saeculum Augustum* [Século de Augusto], empregada para caracterizar a época da administração de César Augusto (63 a.C.-14 A.D.), que governou como único soberano o Império Romano do ano 30 a.C. até morte, dando início à chamada *Pax Romana* [Paz Romana], ao mesmo tempo em que a cultura foi marcada por um grande florescimento da arquitetura, da pintura e da escultura, bem como pelas obras dos poetas Virgílio (70-19 a.C.), Horácio (65-8 a.C.), Higino (64-17 a.C.), Tibulo (54-19 a.C.), Propércio (43 a.C.-17 A.D.) e Ovídio (43 a.C.-18 A.D.), do poeta e astrólogo Marco Manílio, do gramático Flaco (55 a.C.-20 A.D.), do historiador Tito Lívio (59 a.C.-17 A.D.), do historiador e naturalista Pompeu Trogo e do arquiteto Vitrúvio (80-15 a.C.), entre outros literatos. Durante a primeira metade do século XVIII, ao longo dos reinados de Anne (1665-1714), George I (1660-1727) e George II (1683-1760), a Grã-Bretanha vivenciou tranquilidade política e desenvolvimento econômico, acompanhados pelo florescimento de uma significativa produção artística, recebendo, também, a denominação de "Era Augustana" ou "Período Georgiano" da literatura inglesa. O termo foi utilizado pela primeira vez para descrever a experiência britânica pelo poeta inglês Alexander Pope (1688-1744), que, imitando o poeta romano Horácio, escreveu em 1737 a obra *Epistle to Augustus* [Carta para Augusto], endereçada ao monarca George II, e que apresentava o período como uma nova "Era Augustana". Tal descrição, posteriormente, foi utilizada pelo filósofo iluminista francês Voltaire (1694-1778) e pelo historiador inglês Oliver Goldsmith (1730-1774), sendo incorporada por diferentes estudiosos desse período histórico ainda em nossos dias. Além da

poesia do próprio Alexander Pope, merece destaque, dentre outros autores, a prosa literária de Daniel Defoe (1660-1731), Jonathan Swift (1667-1745), Joseph Addison (1672-1719) e Henry Fielding (1707-1754), a poesia de Ambrose Philips (1674-1749) e John Gay (1685-1732), os escritos do lexicógrafo e crítico literário Samuel Johnson (1709-1784) e as obras filosóficas de Bernard Mandeville (1670-1733), de George Berkeley (1685-1753), de Joseph Butler (1692-1752), de Francis Hutcheson (1694-1746), de David Hume (1711-1776) e de Adam Smith (1723-1790). O questionamento de Russell Kirk acerca da possibilidade de uma nova "Era Augustana", particularmente, para os Estados Unidos se deve à perspectiva de estabilidade política e crescimento econômico iniciado na administração do presidente Ronald Reagan (1911-2004), bem como à possibilidade do fim da Guerra Fria. Teria início, assim, um período de "Pax Americana", que exclui qualquer visão imperialista ou de defesa de uma superioridade cultural norte-americana, visto que, tal como ressaltado pelo autor no capítulo 13 ("Os Conservadores Culturais", p. 257-69) da presente obra, há um entendimento de que, no plano da cultura, a civilização ocidental como um todo está passando por um processo de decadência. A conferência em que o autor discute a questão foi publicada em: Russell Kirk, "America's Augustan Age?". In: *Redeeming the Time*, p. 157-67. Sobre a temática na esfera educacional, ver: Russell Kirk, "Augustan Learning?". In: *Decadence and Renewal in the Higher Learning*, p. 341-44.

[625] A conferência na Heritage Foundation que deu origem ao presente capítulo foi ministrada por Russell Kirk no dia 14 de junho de 1990, e surge, revisada pelo autor para a publicação, em 1993, no livro *The Politics of Prudence*. Em 26 de agosto de 1981, o secretário de educação Terrel Howard Bell (1921-1996), responsável pelo U.S. Department of Education durante o primeiro mandato presidencial de Ronald Reagan, criou a National Commission on Excellence in Education [Comissão Nacional sobre a Excelência em Educação], composta por dezoito especialistas em educação, entre eles Annette Kirk, esposa de Russell Kirk. Após diversos encontros entre os membros para debater a temática, bem como a promoção de inúmeros eventos públicos com educadores e pais de alunos realizados em locais distintos ao redor do país, a comissão apresentou, em 26 de abril de 1983, o relatório *A Nation at Risk*, considerado um marco na história da moderna educação norte-americana, dando ensejo a várias reformas educacionais em todos os níveis. Fruto do consenso entre especialistas defensores de diferentes concepções educacionais, algumas delas conflitantes entre si, o texto do relatório apresenta inúmeros pontos criticados, posteriormente, por Annette Kirk, em especial, a falta de uma definição objetiva sobre a verdadeira finalidade da educação. O relatório foi publicado na seguinte edição: The National Commition on Excellence in Education, *A Nation at Risk: The Imperative for Educational Reform*. Washington, D.C., U. S. Department in Education, 1983.

[626] Fundado em 1857, a National Education Association (NEA) é o maior sindicato de professores dos Estados Unidos, reunindo atualmente mais de três milhões de membros. A instituição, no entanto, não opera apenas como representante dos interesses da classe docente, mas atua como uma importante força política na promoção de causas progressistas e esquerdistas, no *lobby* junto ao Executivo e ao Legislativo tentando impedir reformas educacionais, na luta contra a autonomia das escolas privadas e pela ampliação do sistema educacional público, na formação da opinião pública em defesa do ineficiente sistema educacional norte-americano e no suporte de candidaturas do Partido Democrata. O problema da politização da educação é analisado no pensamento kirkeano em diferentes artigos de opinião e ensaios acadêmicos, contudo, o texto que aborda de forma mais sistemática o tema da doutrinação ideológica promovida pelos professores é o seguinte: Russell Kirk, "The Professor in Politics". In: *Academic Freedom: An Essay in Definition*, p. 107-60. As críticas do autor à ideologização pedagógica promovida pela NEA e por seus membros aparecem nos seguintes artigos da coluna

From the Academy: Russell Kirk, "The Educationist Book-Burners". *National Review*, v. V, n. 19, May 10, 1958, p. 453; Idem, "The Shaken NEA". *National Review*, v. VI, n. 14, December 6, 1958, p. 374; Idem, "The Educationist Power Elite". *National Review*, v. VII, n. 26, October 10, 1959, p. 395; Idem, "The People vs. Teacher's Association". *National Review*, v. XIV, n. 4, January 29, 1963, p. 160; Idem, "The NEA Plans Our Future". *National Review*, v. XXIX, n. 44, November 11, 1977, p. 1301; Idem, "The NEA Stonewall". *National Review*, v. XXXI, n. 47, November 23, 1979, p. 1500; Idem, "Trouble for the NEA". *National Review*, v. XXXII, n. 21, October 17, 1980, p. 1271. Ver também: Russell Kirk, "Academic Freedom and Teacher's Unions". In: *Decadence and Renewal in the Higher Learning*, p. 178-87.

[627] Além do livro *Decadence and Renewal in the Higher Learning* de Russell Kirk, citado nas notas 621 (p. 426), 624 (p. 428) e 626 (p. 429) do presente capítulo, ver, também, sobre a temática a já clássica obra de Allan Bloom (1930-1992), publicada originalmente na seguinte edição: Allan Bloom, *The Closing of American Mind*. Nova York, Simon & Schuster, 1987. Edição brasileira: Allan Bloom, *O Declínio da Cultura Ocidental: da Crise da Universidade à Crise da Sociedade*. Trad. João Alves dos Santos. São Paulo, Best Seller, 1989. Em grande parte, as reflexões kirkeanas sobre a temática ampliam e atualizam os problemas analisados no livro *Literature and the American College* [Literatura e o College Norte-Americano] de Irving Babbitt (1865-1933), lançado originalmente em 1908, atualmente disponível na seguinte edição: Irving Babbitt, *Literature and the American College: Essays in Defense of the Humanities*. Pref. Joseph Baldacchino; Intr. Russell Kirk. Washington, D.C., National Humanities Institute, 1986.

[628] No original: *"Sir, we know our will is free, and there's an end on't"*. De acordo com o biógrafo James Boswell (1740-1795), o dr. Samuel Johnson proferiu a sentença em 10 de outubro de 1769. Ver: James Boswell, *Life of Johnson*. Pref. R. W. Chapman, Intr. C. B. Tinker. Londres, Oxford University Press, 1953, p. 411.

[629] No livro *The Idea of a University* [A Ideia de uma Universidade], publicado originalmente em 1852 e numa versão revista pelo autor em 1858, John Henry Newman afirma:
O treinamento pelo qual o intelecto, em vez de ser formado ou sacrificado para algum fim acidental ou particular – algum comércio específico, ou profissão, estudo ou ciência – é disciplinado para os próprios fins, para a percepção de seu objeto próprio, e para sua cultura mais elevada, é chamado educação liberal; e apesar de não haver quem tenha levado esse ideal aos máximos limites concebíveis, praticamente não há quem não possa adquirir alguma noção do que é o treinamento autêntico, e ao menos tender a ele, e tornar seu verdadeiro escopo, não algo mais, seu padrão de excelência (John Henry Newman, *The Idea of a University: Defined and Illustrated*. Intr. Josiah Bunting III. Washington, D.C., Regnery Publishing, 1999, p. 138).
Seguindo os passos de John Henry Newman, as reflexões de Russell Kirk sobre as finalidades do ensino enfatizam a importância da educação liberal como o meio adequado para se conservar um corpo sadio de conhecimentos legados pela tradição, possibilitando que as verdades eternas sobre a pessoa e a comunidade sejam apreendidas. A disciplina intelectual proporcionada pela educação liberal permite ao indivíduo atingir certo nível de harmonia interior, formando "um hábito mental que dura por toda a vida, cujos atributos são liberdade, equanimidade, serenidade, moderação e sabedoria" (John Henry Newman, *The Idea of a University*, p. 138). A temática é abordada no pensamento educacional kirkeano em diferentes trabalhos, dentre os quais destacamos o seguinte ensaio: Russell Kirk, "The Conservative Purpose of a Liberal Education". In: *Redeeming the Time*, p. 41-52. Mais informações sobre o ideal de educação liberal podem ser encontradas em língua portuguesa nas seguintes obras: A. D. Sertillanges, *A Vida Intelectual: Seu Espírito, Suas Condições, Seus Métodos*. Trad. Lilia Ledon da Silva. São Paulo, É Realizações, 2010; Harold Bloom, *O Cânone Ocidental:*

Os Livros e a Escola do Tempo. Trad. Marcos Santarrita. Rio de Janeiro, Objetiva, 1995; Mortimer J. Adler e Charles Van Doren, *Como Ler Livros: O Guia Clássico para a Leitura Inteligente*. Trad. Edward Horst Wolff e Pedro Sette-Câmara. São Paulo, É Realizações, 2010.

[630] Referência às críticas ao elitismo das universidades de Oxford e de Cambridge feitas pelo parlamentar trabalhista Giles Radice, responsável pela pasta de Educação, entre 2 de outubro de 1983 e 13 de julho de 1987, no gabinete paralelo de Neil Kinnock, líder da oposição britânica de 1983 a 1992. As mesmas acusações contra Oxford foram pronunciadas, em 2000, por Gordon Brown, então *Chancellor of the Exchequer* [Ministro das Finanças] do Reino Unido, que ocupou o cargo de Primeiro Ministro entre 27 de junho de 2007 e 11 de maio de 2010.

[631] Oxbridge é a forma utilizada para se referir, ao mesmo tempo, às universidades de Oxford e de Cambridge.

[632] O fenômeno chamado de "inflação das notas" é a atribuição de graus mais elevados para alunos que, nos critérios de avaliação adotados no passado, receberiam com o mesmo trabalho ou prova conceitos muito inferiores. Diversos motivos são apontados, em diferentes pesquisas, para tal comportamento por parte dos professores, dentre os quais se destacam a abordagem menos meritocrática e mais comercial adotada atualmente pela maioria das instituições de ensino em todos os níveis educacionais. Duas décadas após a presente palestra, a situação só se agravou, não apenas nos Estados Unidos.

[633] No original: *"Say not the struggle naught availeth!"*. Referência ao título do poema de Arthur Hugh Clough (1819-1861).

[634] Ver: T. S. Eliot, "A Classe e a Elite". In: *Notas para a Definição de Cultura*. Trad. Eduardo Wolf. São Paulo, É Realizações, 2011, p. 39-54. A análise de Kirk da temática aparece em: Russell Kirk, *A Era de T. S. Eliot*, p. 504-22.

[635] No original: *"Where is the knowledge we have lost in information?"* (T. S. Eliot. "Choruses from 'The Rock'". Seção I, verso 16). A versão em português é a tradução de Ivan Junqueira, publicada na seguinte edição: T. S. Eliot, *Coros de A Rocha*. In: *T. S. Eliot: Obra Completa – Volume I: Poesia*. São Paulo, Arx, 2004, p. 288-289. Para a análise kirkeana dos versos escritos por Eliot para os coros da peça, ver: Russell Kirk, *A Era de T. S. Eliot*, p. 383-88.

[636] No original: *"tapioca pudding"*. A imagem do "pudim de tapioca" é utilizada originalmente por C. S. Lewis (1898-1965) no livro *Miracles* [Milagres], lançado pela primeira vez em 1947 e numa edição revista pelo autor em 1960, para criticar as descrições extremante abstratas empregadas na explicação da natureza de Deus, e citado no seguinte artigo: Russell Kirk, "The Moral Imagination of Children". *New Orleans Times-Picayune*, October 5, 1966, p. 13. A metáfora foi posteriormente adotada no pensamento kirkeano para descrever o processo de "padronização sem padrões" promovida pela massificação da cultura, tal como criticada em: Russell Kirk, "The Recovery of Norms". In: *Enemies of the Permanent Things: Observations of Abnormity in Literature and Politics*. Peru, Sherwood Sugden & Company, 1984, p. 15-39. Sobre a temática da massificação e suas ameaças tanto para a mente do indivíduo quanto para a sociedade, ver no livro *Prospects for Conservatives* (Washington, D.C., Regnery Publishing, 1989) os capítulos III ("The Question of the Mind", p. 44-71) e V ("The Question of Social Boredom", p. 89-127).

[637] Nos países anglófonos, o título de doutorado é denominado pela expressão latina *Philosophiae Doctor*, abreviado pela sigla PhD, que originalmente ressaltava as origens medievais desse grau máximo concedido pelo ensino superior, cuja origem está no modelo pedagógico da educação liberal. Segundo tal modelo, a filosofia, mais que uma disciplina acadêmica, é compreendida no sentido clássico de "amor pela sabedoria".

[638] As noções de sabedoria e de virtude defendidas por Russell Kirk são as mesmas apresentadas na Sagrada Escritura e nos textos dos autores clássicos, dentre os quais se destacam Platão (427-347 a.C.), Aristóteles (384-322 a.C.), Marco Túlio Cícero (106-43 a.C.) e Santo Agostinho (354-430), sendo advogadas por alguns autores modernos preocupados com a preservação dos princípios da civilização ocidental. Tal defesa, no entanto, reconhece um papel subsidiário das instituições de ensino nesse processo, visto que os primeiros mestres da virtude e da sabedoria devem ser os pais e demais familiares dos alunos, que precisam imbuir nas crianças e nos jovens a imaginação moral e o desejo de buscar na leitura dos clássicos as verdades sobre o homem e a sociedade. Ver: Russell Kirk, "Can Virtue Be Taught?". In: *Redeeming the Time*, p. 53-67.

[639] A temática da ordem, principalmente a relação entre a ordem interna da alma dos indivíduos e a ordem externa da sociedade, é um tema recorrente no pensamento kirkeano, sendo analisado em diferentes perspectivas em obras distintas; no entanto, o papel da ordem na educação e os possíveis conflitos com a liberdade são analisados de forma sistemática no seguinte ensaio: Russell Kirk, "The Tension of Order and Freedom in the University". In: *Redeeming the Time*, p. 29-40.

[640] Um dos temas centrais no pensamento kirkeano é a noção de Imaginação Moral, definida como a capacidade distintamente humana de conceber a pessoa como um ser moral. A Imaginação Moral cria metáforas a partir das imagens captadas pelos sentidos para posteriormente empregar na descoberta e julgamento da experiência. Os melhores exemplos de Imaginação Moral estão nos contos de fadas, nas obras clássicas da literatura universal e em textos históricos, filosóficos e teológicos. Dentre os diversos textos do autor abordando a temática, destacamos o seguinte: Russell Kirk, "The Perversity of Recent Fiction: Reflection on the Moral Imagination". In: *Redeeming the Time*, p. 68-86.

[641] John E. Chubb e Terry M. Moe, *Politics, Markets, and America's Schools*. Washington, D.C., Brookings Institution Press, 1990, p. ix.

[642] No pensamento moderno a criatura fantástica Behemoth, descrita no relato bíblico do *Livro de Jó* (Jó 40, 15-24), se tornou, por influência de Thomas Hobbes (1588-1679), uma metáfora para descrever a atuação política da massa, tal como explicado na nota 609 (p. 424) da presente obra. Conforme ressaltado na nota 623 (p. 427) do presente capítulo, Russell Kirk utiliza em diversos trabalhos a denominação irônica "Universidade Behemoth" para se referir à Michigan State University. No pensamento educacional kirkeano a noção de "*campus* de tipo Behemoth" é uma forma genérica para se referir a todas as instituições de ensino superior que, acima do critério qualitativo de formação intelectual intrínseco à verdadeira finalidade do propósito educacional, prezam os aspectos quantitativos, utilitaristas e burocráticos de um modelo massificado de adestramento.

[643] No original: *"Other things being equal, push-pin is as good as poetry"*. Na verdade, essa é a versão que aparece no ensaio "Bentham", de John Stuart Mill (1806-1873), publicado originalmente em 1838. A frase de Jeremy Bentham está na obra *The Rationale of Reward* na qual o autor afirma o seguinte: *"Prejudice apart, the game of push-pin is of equal value with the arts and sciences of music and poetry"* [Preconceitos à parte, o jogo de boliche iguala-se em valor às artes e ciências da música e da poesia]. Ver: Jeremy Bentham, *The Rationale of Reward*. Londres, John and H. L. Hunt, 1825, p. 206. Ver também: John Stuart Mill, "Bentham". In: *The Collected Works of John Stuart Mill, Volume X – Essays on Ethics, Religion and Society*. Ed. J. M. Robson, Intr. F. E. L. Priestley, Pref. D. P. Dryer, Apres. J. M. Robson. Toronto, University of Toronto Press, 1969, p. 113.

[644] Etiénne Gilson, *The Unity of Philosophical Experience*. Nova York, Charles Scribner's Sons, 1941.

⁶⁴⁵No original: *"The dead alone give us energy"*. Citada, também, em todas as edições do livro *The Conservative Mind* (7ª ed. rev. Washington, Regnery Publishing 1986, p. 363) e na obra *America's British Culture* (New Brunswick, Transaction Publishers, 1993, p. 27), bem como utilizada como título do primeiro capítulo da já citada autobiografia *The Sword of Imagination* (p. 1-23), a sentença é a forma sintética, elaborada pelo próprio Russell Kirk, da seguinte passagem da obra *Psychologie des Foules* [Psicologia das Multidões], de Gustave Le Bon:

> Uma vez considerada a maioria dos atos, as multidões apresentam uma mentalidade singularmente inferior; no entanto, há outros atos que parecem ser guiados por aquelas forças misteriosas que os antigos denominavam destino, natureza ou providência, e que chamamos de vozes dos mortos, cuja força é impossível negligenciar, embora ignoremos a essência. Parece, por vezes, como se existissem forças latentes no âmago das nações que lhes servem de guia (Gustave Le Bon, *The Crowd: A Study of the Popular Mind*. Intr. Robert K. Merton. Nova York, Viking Press, 1960, p. 6).

⁶⁴⁶No original: *"Caos and Old Night"*. A passagem é uma alusão às personagens que representam as forças ou deuses míticos opostos à luz e à ordem da criação no poema épico *Paradise Lost* de John Milton (1608-1974). Ver: John Milton, *Paraíso Perdido*, Canto I.

⁶⁴⁷No original: *"round the prickly pear / At five o'clock in the morning"*. (T. S. Eliot, "The Hollow Men", Seção V, versos 70-71). Mais uma vez, optamos por substituir o original em inglês pela versão em português do poeta Ivan Junqueira, publicada em: T. S. Eliot, *Os Homens Ocos*. In: *T. S. Eliot: Obra Completa – Volume I: Poesia*, p. 180-81. Para uma análise do poema, ver: Russell Kirk, *A Era de T. S. Eliot*, p. 272-79.

Capítulo 17

⁶⁴⁸Arnold J. Toynbee, *A Study of History – Volume V: Disintegration of Civilizations, Part One*. Oxford, Oxford University Press, 1939, p. 58-194.

⁶⁴⁹Ibidem, p. 194-337.

⁶⁵⁰O *Manifesto do Partido Comunista*, publicado originalmente em 1848, conclui com as seguintes palavras:

> Os comunistas recusam-se a ocultar suas opiniões e suas intenções. Declaram abertamente que seus objetivos só podem ser alcançados com a derrubada violenta de toda ordem social até aqui existente. Que as classes dominantes tremam diante de uma revolução comunista. Os proletários nada têm a perder nela a não ser suas cadeias. Têm um mundo a ganhar.
> Proletários de todos os países, uni-vos!

Utilizamos aqui a versão do texto na seguinte edição em português: Karl Marx e Friedrich Engels, *Manifesto do Partido Comunista*. Org. e intr. Marco Aurélio Nogueira, Trad. Marco Aurélio Nogueira e Leandro Konder. 15. ed. Petrópolis, Vozes, 2010, p. 99.

⁶⁵¹Para uma visão geral dos crimes cometidos ao longo do século XX pelos seguidores da ideologia comunista, ver: Stéphane Courtois et al., *O Livro Negro do Comunismo: Crimes, Terror e Repressão*. Trad. Caio Meira. Rio de Janeiro, Bertrand Brasil, 1999. Ver também: Paul Johnson, *Tempos Modernos: O Mundo dos anos 20 aos 80*. Trad. Gilda de Brito Mac-Dowell e Sérgio Maranhão da Matta. 2. Ed. Rio de Janeiro, Instituto Liberal, 1998.

⁶⁵²As críticas de Thomas Jefferson ao crescimento das cidades nos Estados Unidos e os riscos para os princípios da república norte-americana apresentados por tal desenvolvimento urbano aparecem em inúmeros escritos do estadista, principalmente em sua correspondência. Em uma carta para James Madison (1851-1836), datada de 20 de dezembro de 1787, quando Jefferson era embaixador norte-americano em Paris, se encontram as seguintes palavras:

Creio que nossos governos permanecerão virtuosos por muitos séculos desde que sejam principalmente agrícolas; e isso assim será desde que existam terras vagas em qualquer parte dos Estados Unidos. Quando as pessoas se amontoarem umas sobre as outras em grandes cidades, como na Europa, tornar-se-ão tão corruptas como na Europa.

Em uma carta para Benjamin Rush (1746-1813), datada de 23 de setembro de 1800, menos de seis meses antes de assumir a presidência dos Estados Unidos, Jefferson expressou a seguinte opinião:

Vejo as grandes cidades como pestilentas à moral, à saúde e às liberdades do homem. É verdade que alimentam algumas das requintadas artes; mas as que são úteis podem prosperar noutro lugar; e menos perfeição nas outras, com mais saúde, virtude e liberdade, seria a minha escolha.

As duas cartas foram publicadas em diferentes coletâneas dos escritos de Thomas Jefferson. O texto original em inglês no qual baseamos nossa tradução foi retirado da seguinte edição: *Thomas Jefferson Writings*. Ed. Merrill D. Peterson. Nova York, The Library of America, 1984, p. 914-18, 1080-82. Cit. p. 918, 1081.

[653] Thomas Babington Macaulay, "Letter to H. S. Randal, May 23, 1857". In: George Otto Trevelyan, *The Life and Letters of Lord Macaulay*. Nova York, Harper & Brothers, 1875, vol. 2, p. 409-10.

[654] Para uma narrativa autobiográfica mais detalhada acerca da infância e dos anos iniciais de juventude do autor, antes do ingresso no Exército dos Estados Unidos durante a Segunda Guerra Mundial, ver os seguintes textos: Russell Kirk, "Reflections of a Gothic Mind". In: *Confessions of a Bohemian Tory: Episodes and Reflections of a Vagrant Career*. Nova York, Fleet Publishing Corporation, 1963, p. 5-19; Idem, *The Sword of Imagination: Memoirs of a Half-Century of Literary Conflict*. Grand Rapids, William B. Eerdmans Publishing Company, 1995, p. 1-54.

[655] A vida cultural de Mecosta sempre esteve relacionada à vida religiosa dos habitantes da pequena vila, que reunia católicos, luteranos, metodistas e batistas. A cultura de Mecosta é um reflexo da diversidade étnica dos primeiros colonos que, por conta do preço baixo das terras, povoaram a região. Entre tais pioneiros havia um grande número de descendentes de irlandeses, poloneses e alemães, bem como negros livres ou escravos fugitivos, que interagiam, de forma pacífica, com os itinerantes indígenas da localidade, oriundos principalmente das nações Chippewa, Odawa e Potawatomi. A influência dos nativos está no próprio nome da vila, pois a palavra "mecosta" significa "filhote de urso" no idioma potawatoni. Dentre os fundadores da vila de Mecosta, em 1879, figura o nome do bisavô de Russell Kirk, Amos S. Johnson (1847-1900), que foi eleito, em 1883, como o primeiro presidente da comunidade e, posteriormente, ocupou o cargo de juiz de paz da localidade. O crescente processo de proletarização da região, ao longo das décadas de 1930 a 1970, fez com que a maioria dos habitantes negros migrasse para Detroit em busca de empregos. A igreja metodista, localizada na vila de Mecosta, foi fechada em decorrência da redução da população e por conta da construção de igrejas maiores e mais confortáveis em outros terrenos. Os fiéis católicos e luteranos têm suas igrejas localizadas fora do perímetro da vila. Assim como o bisavô, Russell Kirk também foi juiz de paz na localidade, sendo eleito em 1961 e ocupando o cargo até 1965. Russell Kirk e sua esposa Annette Kirk colaboraram bastante com os esforços da comunidade local na tentativa de reverter o processo de proletarização da vila de Mecosta. Atualmente, a maioria das casas trailers existentes na pequena vila com cerca de quatrocentos e cinquenta habitantes foi substituída por casas convencionais. O tráfico de drogas no Bromley Park foi abolido e o local se tornou uma área de lazer para crianças, além de manter uma programação de pequenas apresentações musicais todas as sextas-feiras durante o verão. Mecosta abriga, também, uma moderna biblioteca pública, inicialmente criada com o apoio de Russell Kirk,

e possui duas excelentes livrarias que comercializam livros raros e usados. A recente criação de inúmeros condomínios residenciais privados ao redor dos trinta e seis lagos da região, os cinco campos de golfe próximos a Mecosta e as atividades de caça e pesca, juntamente com a produção agrícola, têm colaborado para o desenvolvimento econômico da localidade.

[656] Os chamados *lazzaroni* ou *lazzari* foi um grupo social do Reino de Nápoles, entre os séculos XVII e XIX, composto por moradores de rua que garantiam o próprio sustento esmolando e realizando pequenos serviços remunerados, como os de porteiro e de mensageiro. Os *lazzaroni* eram extremamente leais à monarquia napolitana, tendo sido encarregados pelo rei Fernando I (1751-1825), das Duas Sicílias, de garantir a ordem pública, defendendo a cidade de Nápoles contra os jacobinos franceses que tentaram instaurar, em 1799, a República de Nápoles. Durante o processo de unificação italiana, em 1860, os *lazzaroni* apoiaram o revolucionário Giuseppe Garibaldi (1807-1887) e o rei Victor Emmanuel II (1820-1878). Narrativas sobre os *lazzaroni* são encontradas nos diários *Italienische Reise* [Viagem à Itália], do literato alemão Johann Wolfgang von Goethe (1749-1832), e *Le Corricolo*, do escritor francês Alexandre Dumas (1802-1870), bem como nos livros *Aneddoti e Profili Settecenteschi* [Anedotas e Perfis do Século XVIII] e *Curiosità Storiche* [Curiosidades Históricas], do filósofo italiano Benedetto Croce (1866-1952), entre outros.

[657] A conferência do autor que deu origem ao presente capítulo foi ministrada na Heritage Foundation, em Washington, D.C., no dia 6 de dezembro de 1990; no entanto, a versão aqui apresentada foi revisada pelo autor em 1992 para a publicação do livro, no ano seguinte. Provavelmente, o encontro citado de Russell Kirk com Colin Clark ocorreu no final da década de 1950, não havendo nenhum registro da data exata do mesmo, que é apenas mencionado na supracitada autobiografia *The Sword of Imagination* (p. 184).

[658] No original: *"arsenal of democracy"*. Expressão cunhada pelo presidente democrata Franklin Delano Roosevelt (1882-1945) por conta da rápida conversão da indústria automobilística de Detroit em indústria armamentista no período da Segunda Guerra Mundial.

[659] Zev Chafets, *Devil's Night and Other True Tales of Detroit*. Nova York, Random House, 1990.

[660] Russell Kirk, "Halloween's Horrors: All Too Human in USA". *Newsday*, October 31, 1986, p. 87.

[661] No original: *"Detroit's Devil's Night"*. Caracterizadas por atos de vandalismo, como destruição de patrimônio público e privado, a chamada "Noite do Diabo de Detroit" ocorria anualmente, entre as décadas de 1970 e 1990, na noite de 30 de outubro, antecedendo a celebração do Halloween. A pior de todas essas Noites do Diabo foi a de 1984, quando em apenas uma noite foram iniciados mais de oitocentos incêndios criminosos, destruindo casas e automóveis em toda a cidade, principalmente nas áreas mais pobres. A partir de 1995, as autoridades públicas em conjunto com diversos grupos comunitários iniciaram a Angel's Night [Noite do Anjo], na qual voluntários tentam combater os atos de vandalismo por intermédio de um sistema de rondas entre as noites de 29 de outubro e 1º de novembro. O resultado de tais medidas foi a redução expressiva da média de quinhentos a setecentos incêndios criminosos para menos de duzentos.

[662] Referência ao democrata Coleman Young (1918-1997), um sindicalista ex-militante do Partido Comunista e membro das facções mais radicais do movimento pelos direitos civis, que, sustentado por uma política populista e demagógica, governou a cidade de Detroit por cinco mandatos consecutivos, entre 1º de janeiro de 1974 e 3 de janeiro de 1994. O hábito do prefeito constantemente utilizar palavras de baixo calão e de blasfemar em público se tornou notório em todo o país. Durante os vinte anos da administração de Young, a cidade de Detroit foi assolada por escândalos envolvendo autoridades públicas em casos de corrupção, pelo grande aumento da criminalidade e pelo acelerado declínio econômico.

[663] Joseph Kraft, "The Downsizing Decision". *The New Yorker*, v. 56, issue 11, May 5, 1980, p. 134-43.

[664] O punho fechado e erguido é o símbolo tanto de alguns grupos comunistas quanto do movimento "Black Power" [Poder Negro], que na luta pelos direitos civis dos negros nos Estados Unidos, durante a década de 1960, assumiu uma postura mais radical, advogando, em alguns casos, visões ideológicas esquerdistas em prol do nacionalismo negro, do separatismo negro e da supremacia dos negros. Também é utilizado como saudação, simbolizando unidade, força, oposição e resistência.

[665] Os elevados índices de pobreza, homicídios, estupros, assaltos, furtos e degradação urbana tanto em Detroit quanto em Washington, D.C. são inferiores aos índices de diversas capitais brasileiras ao compararmos as estatísticas das duas últimas décadas. O número de homicídios no período para cada 100.000 habitantes em Detroit foi menor do que em São Paulo, Rio de Janeiro, Belo Horizonte, Vitória, Porto Alegre, Curitiba, Salvador, Recife, João Pessoa, Maceió, Aracaju, Cuiabá, Boa Vista e Porto Velho.

[666] A Home Owners' Loan Corporation (HOLC) foi criada por uma lei de 13 de junho de 1933, como parte do programa *New Deal* do presidente Franklin Delano Roosevelt. Operando com um banco de crédito, a HOLC refinanciava as hipotecas de moradias com juros mais baixos e diminuía drasticamente o valor dos imóveis para evitar os processos de execução judicial sobre os inadimplentes, além de criar os "residential security maps" [mapas de seguridade residencial], que indicava o grau de risco dos investimentos imobiliários em determinadas áreas. Na prática, as operações da HOLC serviram como um instrumento de segregação e discriminação racial ao desvalorizar os imóveis pertencentes aos negros e ao transformar bairros inteiros em áreas caracterizadas pela pobreza e pela criminalidade, principalmente no centro das cidades, conhecidos como *inner city*. A HOLC cessou as atividades em 1951, e as dívidas das pessoas físicas com a companhia estatal foram transferidas para empresas privadas, principalmente bancos.

[667] Termo tradicionalmente alusivo ao Sul dos Estados Unidos, tal como explicado na nota 311 (p. 383-84).

[668] Linha geográfica imaginária entre os estados da Pensilvânia e de Maryland, demarcada entre 1763 e 1767 pelos astrônomos Charles Mason (1728-1786) e Jeremiah Dixon (1733-1779), que divide simbolicamente o Norte do Sul dos Estados Unidos, conotando diferenças históricas e culturais entre as duas regiões.

[669] O autor faz aqui um trocadilho intraduzível com o nome da cidade, ao mesmo tempo em que se refere a uma das receitas típicas, o churrasco de costeletas de porco, trazido pelos negros que migraram do Sul. A cidade de Detroit foi fundada a partir do assentamento francês de *Fort Ponchartrain du Détroit*, estabelecido na região, em 1701, pelo oficial Antoine Laumet de La Mothe (1658-1730), o senhor de Cadillac. Tal assentamento de franceses oriundos do Canadá foi denominado *Détroit* como uma abreviação da forma como era chamado o rio da região, *Le détroit du Lac Érié*, cujo nome pode ser traduzido literalmente como "o estreito (ou istmo) do lago Erie". Em 1760, durante a Guerra Franco-Indígena, o controle da cidade passou para os britânicos; no entanto, o nome francês foi mantido. O tratado de paz, assinado em 19 de novembro de 1794, entre o Reino Unido e os Estados Unidos, dando fim a Guerra de Independência, estabeleceu Michigan como território norte-americano. Finalmente, Michigan foi admitido como o vigésimo sexto estado da União, em 29 de janeiro de 1837.

[670] Estabelecido por uma lei aprovada em 14 de agosto de 1935, como parte do *New Deal*, o Aid to Dependent Children (ADC) foi criado para prover ajuda financeira à mães solteiras.

Sob a denominação de Aid to Families with Dependent Children (AFDC), o programa de assistência social foi extinto pelo Personal Responsibility and Work Opportunity Act [Lei de Responsabilidade Pessoal e Oportunidade de Trabalho], aprovado em 22 de agosto de 1996, pelo presidente Bill Clinton a partir de um acordo político com a maioria republicana no Congresso, e sendo substituído pelo Temporary Assistance for Needy Families [Assistência Temporária para Famílias Necessitadas].

[671] Muitas dessas constatações estão presentes no documento *The Negro Family: The Case For National Action* [A Família Negra: O Caso para Ação Nacional], de 1965, também conhecido como *Moynihan Report* [Relatório Moynihan] escrito pelo então Secretário Adjunto de Trabalho, o sociólogo e senador democrata Daniel Patrick Moynihan (1927-2003), que buscava compreender as causas da pobreza da maioria dos negros norte-americanos.

[672] O ideal de "renovação urbana" advogado pelo presidente Lyndon Johnson era parte integrante de seu projeto conhecido como *War on Poverty* [Guerra à Pobreza], anunciado em 8 de janeiro de 1964, como um dos segmentos de seu programa *Great Society* [Grande Sociedade], que, por uma série de reformas, expandiu e ampliou a atuação governamental e os gastos estatais nas áreas de educação, saúde, assistência social, desenvolvimento urbano, transporte público, promoção dos direitos civis, financiamento artístico e cultural, proteção do meio-ambiente e defesa do consumidor, e que passou a ser apresentado como um segundo *New Deal*. O principal instrumento do projeto estatal de "renovação urbana" foi o Department of Housing and Urban Development (HUD), estabelecido a partir de uma lei de 9 de setembro de 1965. A audaciosa missão do HUD é criar comunidades sadias, sustentáveis e inclusivas, provendo moradia de qualidade para todos. Na prática, o HUD opera por intermédio de diferentes agências estatais que desenvolvem funções variadas, tais como a criação de projetos de planejamento urbano, a alocação de fundos públicos para a construção de moradias, a regulação das empresas públicas que oferecem crédito imobiliário, o controle das taxas de juros e de risco dos empréstimos imobiliários, a realização de pesquisa e a elaboração de relatórios sobre os problemas urbanos, e a criação de projetos de políticas públicas visando à solução dos problemas urbanos, além da tentativa de garantir a igualdade de oportunidades para todos os cidadãos na busca por moradia, promovendo e fiscalizando o cumprimento das leis federais contra a discriminação baseada em critérios de raça, cor, religião, origem, deficiências ou condição familiar.

[673] A expressão "Skid Row" se refere à área de Detroit que apresenta características semelhantes ao Skid Row original, em Los Angeles, ou seja, uma área urbana que até a década de 1990 era marcada por grande concentração de pessoas sem-teto e construções degradadas.

[674] O chamado *Great Riot* [Grande Revolta], também conhecido como *1967 Detroit Riot* [Revolta de Detroit de 1967] ou como *12th Street Riot* [Revolta da 12ª Rua], foi uma violenta agitação civil ocorrida entres os dias 23 e 27 de julho de 1967, resultando em 43 mortes, 467 feridos e 7.331 presos, além do saque ou do incêndio de 2.509 lojas e da destruição de 412 imóveis residenciais, gerando um prejuízo estimado entre quatro e oito milhões de dólares.

[675] O *Kerner Report* foi produzido por uma comissão de onze membros a pedido do presidente Lyndon Johnson para investigar as causas dos tumultos raciais de 1967, nos Estados Unidos. A comissão foi presidida pelo governador de Illinois, o democrata Otto Kerner Jr. (1908-1976), que, em 1969, foi acusado e, por fim, preso em 1973, pelos crimes de corrupção, fraude, conspiração e perjúrio, sendo, posteriormente, libertado devido ao diagnóstico de um câncer terminal.

[676] Referência ao comprometimento de Coleman Young com as ideias mais radicais de supremacia negra adotadas pelo movimento "Black Power".

⁶⁷⁷ Sistema de transporte escolar compulsório imposto pela justiça norte-americana para promover a integração racial em várias cidades. O *desagregation busing* foi implementado durante as décadas de 1970 e 1980, e supervisionado por corte federal. Na prática, o sistema obrigava as crianças de um bairro branco ou negro a se matricularem em escolas longe de casa, em outros bairros da cidade cuja população fosse etnicamente diversa, para que pudessem encontrar e conviver com colegas de outra raça. Como as crianças não podiam mais ir a pé ou ser levadas pelos pais de carro para as escolas do bairro em que residiam, o transporte escolar ficava a cargo do Estado. Em Detroit, a ideia era vencer a segregação urbana e a política foi aplicada na área metropolitana; no entanto, isso não impediu que muitas famílias (majoritariamente brancas) fugissem para áreas suburbanas, longe do controle arbitrário da medida. O juiz que implementou tal sistema em Detroit chegou a incluir até as crianças de pré-escola, que ficavam dentro de ônibus escolares por até 45 minutos. Entre as consequências da implantação do sistema estão o aumento da evasão escolar, o baixo rendimento das crianças e a destruição das escolas dos bairros que perderam o apoio da comunidade em que estavam inseridas. Naturalmente, a prática gerou grande insatisfação e veio a ser contestada e derrubada na justiça. O sistema ainda permanece em voga hoje em dia em poucos lugares.

⁶⁷⁸ No original: *"Murder Capital of the United States"*. O título de "Capital de Homicídios dos Estados Unidos" é utilizado para se referir à cidade com o maior número de assassinatos por 100.000 habitantes. Ao longo das décadas de 1960 e 1970, o desonroso epíteto pertenceu a Detroit, que foi superada na década de 1980, por Washington, D.C. No final da década de 1990, o número de assassinatos em Washington, D.C., foi reduzido, fazendo a cidade de Nova Orleans assumir o posto de "Capital de Homicídios dos Estados Unidos" até o ano de 2011. De acordo com estatísticas oficiais, em 2012, a cidade norte-americana com o maior número de homicídios registrados foi Chicago, com 506 pessoas mortas numa relação de 18,7 assassinatos por 100.000 habitantes; no entanto, mesmo tendo ficado em terceiro lugar em números absolutos, com 411 mortos, Detroit registrou o maior índice do país, com 58,1 assassinatos para cada 100.000 habitantes. Os dados oficiais demonstram que, nas últimas cinco décadas, as cidades norte-americanas com os maiores índices de homicídios, tanto em números absolutos quanto em percentuais, são administradas por prefeitos filiados ao Partido Democrata, além de adotarem a política de desarmamento dos cidadãos.

⁶⁷⁹ Entre as décadas de 1960 e 1980, Russell Kirk apoiou ativamente o trabalho de inúmeros grupos conservadores ou religiosos na luta contra a utilização do aborto como política de saúde pública ou como um direito pleiteado pelo movimento feminista, atuando de forma efetiva, junto com a esposa Annette Kirk, na cruzada em defesa dos direitos do nascituro travada pelo movimento pró-vida. Nessa ardorosa batalha, Kirk contribuiu escrevendo diversos artigos de opinião em jornais de grande circulação e ministrando várias palestras em diferentes cidades contra a legalização do aborto, sendo o mais importante porta-voz da organização PTAAA (People Taking Action Against Abortion / Pessoas Agindo Contra o Aborto). O envolvimento de Russell e Annette na causa pró-vida, bem como a luta do casal contra os defensores do aborto, são narrados em: Russell Kirk, *The Sword of Imagination* p. 417-32.

⁶⁸⁰ O democrata Marion Barry, num primeiro momento, ocupou o cargo de prefeito de Washington, D.C., por três mandatos consecutivos, entre 2 de janeiro de 1979 e 2 de janeiro de 1991. Durante esse período os gastos administrativos, a dívida pública da cidade, os níveis de pobreza, a taxa de desemprego, o consumo de crack e os índices de criminalidade aumentaram significativamente, fazendo a cidade se tornar o local do país com o maior número de homicídios para cada 10.000 habitantes, superando Detroit. Vários pequenos escândalos envolviam a administração de Barry, como a malversação de dinheiro público

por parte de seus assessores e as inúmeras viagens do prefeito com financiamento de indivíduos cuja identidade não era revelada, além dos vários relacionamentos extraconjugais do governante, também envolvido com problemas de alcoolismo e de consumo de cocaína e crack. Desde 1983, o FBI vinha investigando Barry, por conta das suspeitas de envolvimento com prostitutas e traficantes de drogas, bem como por posse ilegal e consumo de entorpecentes, o que acarretou na sua prisão, numa operação realizada em 18 de janeiro de 1990, quando foi pego em flagrante, fumando crack acompanhado de uma modelo num quarto de hotel. Diante do incidente, Marion Barry decidiu não se candidatar para um quarto mandato enquanto respondia ao processo. Foi acusado de perjúrio, posse ilegal de drogas e conspiração com traficantes, e condenado a seis meses de prisão, de outubro de 1991 a abril de 1992. Em junho de 1992, com o lema de campanha "Ele pode não ser perfeito, mas é perfeito para Washington, D.C.", concorreu a uma vaga para o conselho municipal pelo oitavo distrito eleitoral da cidade, sendo eleito com 70% dos votos da região. Nas primárias do Partido Democrata de 1994, Marion Berry derrotou a então prefeita Sharon Pratt Kelly, ganhando a nomeação para concorrer à prefeitura da cidade. Vitorioso e eleito com 56% dos votos, ocupou o cargo entre 2 de janeiro de 1995 e 2 de janeiro de 1999. Após o final do mandato, trabalhou como consultor de um banco, sendo eleito em 2005, para uma vaga no conselho municipal de Washington, D.C., ocupando o cargo até o presente momento; a prisão e posteriores vitórias eleitorais não impediram Barry de continuar se envolvendo em escândalos com álcool, prostituição e drogas.

[681] Além dos capítulos 13 ("Os Conservadores Culturais", p. 257-69) e 16 ("Cultivando Desertos Educativos", p. 301-12) e do epílogo ("Poderá a Geração Futura Redimir o Tempo?", p. 345-50) da presente obra, a defesa da Imaginação Moral e da Educação Liberal, pautada no ensino das virtudes e dos textos clássicos legados pela tradição, como meios de combater o processo de "degradação normativa", criada pelas ideologias, que destroem a ordem interna da alma e a ordem externa da sociedade, é abordada nos capítulos III ("The Tension of Order and Freedom in the University", p. 29-40), IV ("The Conservative Purpose of a Liberal Education", p. 41-52), V ("Can Virtue Be Taught?", p. 53-67), VI ("The Perversity of Recent Fiction: Reflection on the Moral Imagination", p. 68-86) e IX ("Humane Learning in the Age of the Computer", p. 114-27) da coletânea *Redeeming the Time* (Ed. e Intr. Jeffrey O. Nelson. Wilmington, ISI Books, 1996). Ver também: Russell Kirk, "The Recovery of Norms". In: *Enemies of the Permanent Things: Observations of Abnormity in Literature and Politics*. Peru, Sherwood Sugden & Company, 1984, p. 15-39.

[682] Ao tratar do sistema de *vouchers* no capítulo 13 ("Os Conservadores Culturais", p. 306-07) da presente obra, o autor indica sobre a temática o seguinte livro: John E. Chubb e Terry M. Moe, *Politics, Markets, and America's Schools*, Washington, D.C., Brookings Institution Press, 1990. Desenvolvido pelo economista norte-americano Milton Friedman (1912-2006), a ideia de financiamento educacional por intermédio da distribuição de *vouchers* tem como principal finalidade ampliar a liberdade de escolha dos pais e, ao mesmo tempo, possibilitar a melhoria da educação básica. No lugar de o governo manter uma burocrática rede de ensino público, o Estado entrega aos pais um vale-educação, permitindo que os responsáveis legais pelas crianças escolham livremente a instituição na qual desejam matriculá-las, criando, dessa forma, uma competição entre as escolas pelos recursos, o que leva à melhoria dos padrões educacionais no médio prazo. O modelo tem sido adotado com êxito em diferentes estados norte-americanos, com destaque para os programas implantados na Flórida pelo governador republicano Jeb Bush e na Louisiana pelo governador republicano Bobby Jindal. Explicações sobre o sistema de *vouchers* escolares, escritas pelo próprio idealizador, se encontram nos seguintes textos: Milton Friedman, "Papel do Governo na Educação". In: *Capitalismo e*

Liberdade. Apres. Miguel Colasuonno, Trad. Luciana Carli. São Paulo, Abril Cultural, 1984, p. 83-100; Milton Friedman e Rose Friedman, "O que Há de Errado com Nossas Escolas?". In: *Liberdade de Escolher: O Novo Liberalismo Econômico*. Trad. Ruy Jungman. Rio de Janeiro, Editora Record, 1980, p. 153-88.

Capítulo 18

[683] A conferência que deu origem ao presente capítulo foi ministrada no Shavano Institute for National Leadership do Hillsdale College, na cidade de Hillsdale em Michigan, no dia 31 de agosto de 1988, sendo publicado originalmente da seguinte forma: Russell Kirk, "Popular Government and Intemperate Minds". *The World & I*, November 1988, p. 595-617. O texto foi revisado pelo autor em 1992 e publicado em 1993 na edição original em inglês da presente obra.

[684] T. S. Eliot, *The Idea of a Christian Society*. In: *Christianity and Culture*. San Diego / Nova York / Londres, Harcourt, 1976, p. 50.

[685] O tema da democracia plebiscitária em sua forma rousseauniana e sua crescente influência na política norte-americana ao longo do século XX são analisados pelo autor de forma mais aprofundada em: Russell Kirk, "The Degradation of the Democratic Dogma". In: *Redeeming the Time*. Ed. e Intr. Jeffrey O. Nelson. Wilmington, ISI Books, 1996, p. 284-97.

[686] No original: *"king Demos"*. O neologismo grego δημοκρατία (demokratía) foi criado a partir da junção das palavras δῆμος (dêmos) e κράτος (krátos), significando literalmente "poder do povo". Dividindo as formas de governo em Aristocracia, Timocracia, Oligarquia, Democracia e Tirania, no Livro VIII da obra *A República* (543a-570c), Platão (427-347 a.C.) afirma ser o governo democrático aquele que, "após a vitória dos pobres, estes matam uns, expulsam outros, e partilham igualmente com os que restam o governo e as magistraturas, e esses cargos são, na maior parte, tirados à sorte" (557a), caracterizando-se, assim, por um aparente excesso de liberdade; no entanto, o filósofo grego adverte que "a liberdade em excesso, portanto, não conduz a mais nada que não seja a escravatura em excesso, quer para o indivíduo, quer para o Estado" (564a). Utilizamos aqui as passagens da seguinte edição: Platão, *A República*. Trad. do grego, intr. e notas de Maria Helena da Rocha Pereira. 7. ed. Lisboa, Fundação Calouste Gulbenkian, 1993. Ao longo dos capítulos II a VII do Livro IV da obra *A Política* (1289b-1294b), Aristóteles (384-322 a.C.) emprega o termo para caracterizar a forma degenerada do "governo constitucional" (πολίτευμα [políteuma] ou πολιτεία [politeía]), advertindo, todavia, que "não se deve, porém, definir a democracia, à maneira de certas pessoas na atualidade, simplesmente como a forma de governo em que as massas são soberanas" (1290b), ressaltando que "há uma democracia quando os homens livres constituem a maioria e detêm o poder soberano" (1291a), existindo quatro diferentes formas de governos democráticos, as três primeiras baseadas na soberania da lei e a última delas fundada na soberania das massas em detrimento da lei, possibilitando aos demagogos assumir o controle político (1291b-1292a). Os trechos aqui citados foram retirados da seguinte tradução da obra: Aristóteles, *Política*. Trad. do grego, introd. e notas de Mário da Gama Kury. Brasília, Editora Universidade de Brasília, 1985. A crítica de Russell Kirk ao problema ideológico da transformação das massas populares num monarca voluntarioso e vaidoso, controlado por astutos demagogos, se fundamenta nesses princípios clássicos do pensamento político platônico e aristotélico, bem como nas análises modernas de Edmund Burke (1729-1797) e Alexis de Tocqueville (1805-1859) e nas reflexões contemporâneas de Irving Babbitt (1865-1933) e T. S. Eliot (1888-1965). Para uma visão sintética do autor sobre a temática, ver o seguinte ensaio: Russell Kirk, "King Demos: The Meaning of Democracy". *The Month*, 14 (November 1955), p. 245-48. Ver também: Irving Babbitt, *Democracia e Liderança*. Pref. Russell Kirk, Trad. Joubert de Oliveira Brízida. Rio de Janeiro, Topbooks, 2003.

687 A relação entre autoridade, governo justo e liberdade ordenada, enfatizando a pluralidade de formas políticas que diferentes sociedades podem adotar, pautadas em experiências históricas e princípios culturais distintos, é o objeto do seguinte ensaio: Russell Kirk, "Authority, Just Government, and Ordered Freedom". In: *Enemies of the Permanent Things: Observations of Abnormity in Literature and Politics*. Peru, Sherwood Sugden & Company, 1984, p. 282-97.

688 A partir da experiência histórica da república norte-americana e dos escritos de Orestes Brownson (1803-1876), o autor reconhece que os Estados Unidos como nação têm a missão de servir como modelo para outros países da possibilidade de se reconciliar com justiça as necessidades sociais de ordem e de liberdade, em contraposição aos projetos utópicos apresentados pelos ideólogos. Tal como expresso nos capítulos 12 ("Os Neoconservadores: Uma Espécie em Extinção", p. 241) e 14 ("Para Uma Política Externa Prudente", p. 271) do presente livro, o autor reconhece, no entanto, que as instituições políticas norte-americanas não podem ser meramente transplantadas em outros ambientes culturais e que os Estados Unidos não devem intervir em outros países para criar artificialmente instituições democráticas, pautando tal ação numa visão humanitária romântica. Ver também: Russell Kirk, "The American Mission". In: *Redeeming the Time*, p. 168-80.

689 Referência à revolta popular ocorrida entre agosto de 1786 e junho de 1787 no estado de Massachusetts, envolvendo mais de quatro mil fazendeiros empobrecidos liderados por Daniel Shays (1747-1825), Job Shattuck (1736-1819) e Luke Day Jr. (1743-1801). O incidente já foi descrito com maiores detalhes na nota 438 (p. 398).

690 A temática é analisada no capítulo XIV do livro *The American Republic* [A República Norte-Americana], publicado originalmente em 1865, disponível na seguinte edição: Orestes A. Brownson. "Political Tendencies". In: *The American Republic: Its Constitution, Tendencies and Destiny*. Intr. Peter Augustine Lawler, Pref. Gregory S. Butler. Wilmington, ISI Books, 2003, p. 221-46. O conceito de "democracia territorial" é recorrente no pensamento kirkeano. Para uma análise sobre o assunto, ver: Gerald J. Russello, "Russell Kirk and Territorial Democracy". *Publius: The Jornal of Federalism*, n. 34, Fall, 2004, p. 109-26.

691 Alexis de Tocqueville, *A Democracia na América*. Pref. Antônio Paim, Trad. e notas de Neil Ribeiro da Silva. Belo Horizonte, Editora Itatiaia, 1987. Livro I, Segunda Parte, Capítulo VIII, p. 225-26.

692 Ibidem, Livro II, Quarta Parte, Capítulo VI, p. 531-32.

693 William Dwight Whitney (Coord.), *The Century Dictionary and Cyclopedia: A Work of Universal Reference in all Departments of Knowledge with a New Atlas of the World in Ten Volumes*. Nova York, The Century Co., 1904, vol. II, p. 1526.

694 No original: *"Rank nor name nor pomp has he / In the grave's democracy"* (John Greenleaf Whittier, "The Grave by the Lake", Versos 59-60). Citado em: William Dwight Whitney (Coord.), *The Century Dictionary and Cyclopedia*. Vol. II, p. 1526.

695 Edward Bulwer-Lytton, "A Speech Delivered in the House of Commons on the 22nd of March 1859". In: *Speeches of Edward Lord Lytton*. Edinburgh / Londres, William Blackwood and Sons, 1874, 2v, vol. 2, p. 122.

696 A experiência do autor como aluno de uma escola elementar antes da introdução das ideias de John Dewey é narrada em: "Liberal Learning, North and South". In: *The Sword of Imagination: Memoirs of a Half-Century of Literary Conflict*. Grand Rapids, William B. Eerdmans Publishing Company, 1995, p. 25-54. O relato autobiográfico compara a educação tradicional recebida por Russell Kirk com o modelo pedagógico deweyano recebido

pela irmã Carolyn, destacando, também, as mudanças vivenciadas por ele durante a escola secundária e o ensino superior, apresentando a forma como tais reformas educacionais, em detrimento de uma formação clássica, pautada na formação intelectual dos alunos, se tornou um instrumento político de uma forma de democratismo baseado na promoção pessoal, no treinamento técnico, na sociabilidade, na socialização e na certificação profissional. Ver também: Russell Kirk, "John Dewey Pragmatically Tested". *National Review*, v. VI, n. 1, June 21, 1958, p. 11-12, 23; Idem, "The Educational Battle in America". *The Mounth*, 22, October, 1959, p. 203-12.

[697] John Dewey, *Democracy and Education: An Introduction to the Philosophy of Education*. Nova York, Macmillan, 1916.

[698] Carl Sandburg, *The People, Yes!* Nova York, Harcourt, Brace & Company, 1936.

[699] No original: *"make the world safe for democracy"*. As palavras foram proferidas pelo presidente Woodrow Wilson em um discurso pronunciado em 2 de abril de 1917, no Congresso dos Estados Unidos, quando apresentou a proposta da declaração de guerra contra o Império Alemão, que ao ser aprovada, quatro dias depois, marcou a entrada oficial dos Estados Unidos na Primeira Guerra Mundial.

[700] Referência à sentença proferida pelo juiz Earl Warren, da Suprema Corte dos Estados Unidos, no caso *Reynolds v. Sims* (377 U.S. 533), em 1964, no qual, a partir de uma contenda no Alabama sobre a disparidade entre o número de eleitores em diferentes distritos, determinou que cada uma dessas zonas eleitorais deveria ser formada por uma quantidade aproximada de eleitores para garantir a equidade no processo de escolha dos membros das assembleias legislativas estaduais.

[701] Para ilustrar a intervenção do judiciário em favor da igualdade nas escolas poderíamos dar os exemplos de dois casos emblemáticos da Suprema Corte durante a presidência do juiz Warren: o caso *Brown v. Board of Education* (347 U.S. 483), de 1954, em que o tribunal decretou inconstitucional as leis estaduais de segregação racial nas escolas públicas como verdadeira violação à *Equal Protection Clause* da décima quarta emenda da Constituição norte-americana e o do caso *Engel v. Vitale* (370 U.S. 421), de 1962, em que foi determinada a inconstitucionalidade da composição de preces oficiais a serem recitadas nas escolas públicas por ferirem a *Establishment Clause* da primeira emenda da Constituição.

[702] Referência ao caso *Smith v. Board of School Commissioners of Mobile County* (827 F.2d 684), de 1987, um processo iniciado por pais de alunos e demais cidadãos contra o conselho escolar da região de Mobile, no Alabama, solicitando que quarenta e quatro livros utilizados no sistema educacional público deixassem de ser adotados por transmitirem a ideologia do "humanismo secular", uma forma de religião ateia. Os cidadãos foram vitoriosos na primeira instância do julgamento realizado pelo judiciário local, no entanto, a Corte Federal de Apelação da comarca deu ganho de causa ao conselho escolar, alegando que os livros em questão promoviam importantes valores seculares para a democracia, tais como a tolerância, a autoestima e a tomada de decisões lógicas.

[703] Edmund Burke, *A Letter to a Member of the National Assembly, in Answer to some Objections to his Book on French Affairs*. In: *The Works of the Right Honorable Edmund Burke*, volume IV. Boston, Little, Brown and Company, 1866, p. 52.

[704] Platão, *A República*, VIII, 557d-563e.

[705] Referência ao fato de inúmeros informativos ou periódicos de diferentes sindicatos e de outras instituições esquerdistas terem manifestado aprovação ao atentado contra o presidente Ronald Reagan, que, em 30 de março de 1981, foi baleado após um almoço formal,

no Washington Hilton Hotel, com líderes sindicais do AFL-CIO. O autor dos disparos, John Hinckley Jr., alegou ter atentado contra a vida do presidente com o objetivo de impressionar a atriz Jodie Foster, pela qual nutria uma obsessão compulsiva (erotomania), fator que o fez ser absolvido da tentativa de assassinado de Reagan e ser internado numa clínica psiquiátrica.

[706] Tal como explicitado na nota 626 (p. 428-29) do presente livro, a National Education Association (NEA) é o maior sindicato de professores dos Estados Unidos, reunindo atualmente mais de três milhões de membros. As críticas do autor à ideologização pedagógica e ao democratismo promovidos pela instituição e por seus membros aparecem nos seguintes artigos da coluna *From the Academy*: Russell Kirk, "The Educationist Book-Burners". *National Review*, v. V, n. 19, May 10, 1958, p. 453; Idem, "The Shaken NEA". *National Review*, v. VI, n. 14, December 6, 1958, p. 374; Idem, "The Educationist Power Elite". *National Review*, v. VII, n. 26, October 10, 1959, p. 395; Idem, "The People vs. Teacher's Association". *National Review*, v. XIV, n. 4, January 29, 1963, p. 160; Idem, "The NEA Plans Our Future". *National Review*, v. XXIX, n. 44, November 11, 1977, p. 1301; Idem, "The NEA Stonewall". *National Review*, v. XXXI, n. 47, November 23, 1979, p. 1500; Idem, "Trouble for the NEA". *National Review*, v. XXXII, n. 21, October 17, 1980, p. 1271. Ver também: Russell Kirk, "Academic Freedom and Teacher's Unions". In: *Decadence and Renewal in the Higher Learning: An Episodic History of American University and College since 1953*. South Bend, Gateway, 1978, p. 178-87.

[707] O processo gradativo de destruição do ensino superior nos Estados Unidos durante as décadas de 1960 e 1970 é descrito pelo autor, a partir da narrativa de certos eventos emblemáticos, no já citado livro *Decadence and Renewal in the Higher Learning*.

[708] T. S. Eliot, *The Idea of a Christian Society*, p. 50.

[709] Tal como explicitado na nota 19, o tema é apresentado de forma mais ampla em: Eric Voegelin, "Gnosticismo: A Natureza da Modernidade". In: *A Nova Ciência da Política*. Trad. de José Viegas Filho. 2. ed. Brasília, Editora Universidade de Brasília, 1982, p. 85-99. Uma análise sistemática do pensamento voegeliano, na perspectiva kirkeana, se encontra em: Russell Kirk, "Eric Voegelin's Normative Labor". In: *Enemies of the Permanent Things*, p. 253-81.

[710] A crítica ao secularismo e a defesa da religião como meio de restauração da sociedade norte-americana é o tema do seguinte ensaio: Russell Kirk, "Civilization without Religion". In: *Redeeming the Time*, p. 3-15.

[711] No original: *"Politics is the preoccupation of the quarter educated"*. Tal ideia é expressa pelo literato inglês George Gissing tanto no romance *New Grub Street* [A Nova Grub Street], publicado originalmente em 1891, quanto em uma carta de 1892 para sua irmã Ellen Gissing (1867-1938).

[712] Referência à chamada *Operation Desert Storm* [Operação Tempestade no Deserto], realizada de 17 de janeiro a 28 de fevereiro de 1991 com o objetivo de libertar o Kuwait da invasão feita pelas tropas do Iraque em 2 de agosto de 1990, dando início à chamada Primeira Guerra do Golfo, tal como explicado na nota 604 (p. 423) do presente livro.

Epílogo

[713] Referência à obra *Oratio de Hominis Dignitate* [Discurso sobre a Dignidade Humana] do humanista cristão italiano Pico della Mirandola, escrita em 1486, na qual é justificada numa perspectiva neoplatônica a importância da busca humana pelo conhecimento e o papel da educação liberal nesse processo, além de defender, em novecentos argumentos, a

noção de que, por ser a mais importante obra de Deus, a criatura humana possui uma dignidade intrínseca e deve ser posta no centro do Universo. Tal discurso acerca da unicidade do ato criador humano influenciou profundamente o pensamento renascentista, a ponto de ser chamado de "O Manifesto do Renascimento", vindo a ser analisado em inúmeros estudos sobre o período, dentre os quais merecem destaque os livros *Individuum und Kosmos in der Philosophie der Renaissance* [Indivíduo e Cosmos na Filosofia do Renascimento], do filósofo neokantiano alemão Ernst Cassirer (1874-1945), e *Pic de la Mirandole: Études et Discussions* [Pico della Mirandola: Estudos e Discussões], do teólogo católico francês cardeal Henri-Marie de Lubac, S.J. (1896-1991). No pensamento kirkeano, a temática foi objeto do seguinte ensaio: Russell Kirk, "Pico della Mirandola and Human Dignity". In: *Beyond the Dreams of Avarice: Essays of Social Critic*. 2. ed. Peru, Sherwood Sugden & Company, 1991, p. 335-39.

[714] No original: *"redeeming the time"*. Utilizada inúmeras vezes pelo autor em diferentes escritos, a sentença aparece originalmente na versão em inglês da seguinte passagem da *Epístola de São Paulo aos Efésios*: "Vede, pois, cuidadosamente como andais: não como tolos, mas como sábios, / remindo o tempo, porque os dias são maus. / Por isso não sejais insensatos, mas procurai conhecer a vontade do Senhor" (Ef 5, 15-17). A expressão bíblica foi utilizada por T. S. Eliot nesta estrofe (Parte IV, versos 140-46) do poema *Ash Wednesday* [Quarta-feira de Cinzas], publicado originalmente em 1930:

Nas brancas dobras de luz que em torno dela se embainham,
Os novos anos se avizinham, revivendo
Através de uma faiscante nuvem de lágrimas, os anos, resgatando
Com um verso novo antigas rimas. Redimem
O tempo, redimem
A indecifrada visão do sonho mais sublime
Enquanto ajaezados unicórnios conduzem a essa de ouro.

A sentença paulina reaparece mais adiante no mesmo poema (Parte IV, versos 151-53) de T. S. Eliot, na seguinte passagem:

Mas a fonte jorrou e rente ao solo o pássaro cantou
Redimem o tempo, redimem o sonho
O início da palavra inaudita, inexpressa

Citamos aqui a versão em português traduzida por Ivan Junqueira e publicada em: T. S. Eliot, *Quarta-Feira de Cinzas*. In: *T. S. Eliot, Obra Completa – Volume I: Poesia*. Trad., intr. e notas Ivan Junqueira. São Paulo. Arx, 2004, p. 196-99. O poeta utiliza a mesma passagem bíblica no ensaio "Thoughts after Lambeth" de 1931. Tal expressão paulina e elioteana foi escolhida pelo autor para o título da seguinte coletânea de artigos: Russell Kirk, *Redeeming the Time*. Ed. e intr. Jeffrey O. Nelson. Wilmington, ISI Books, 1996.

[715] No original: *"time and the timeless intersect"*. Referência à passagem do poema "The Dry Salvages" (Parte V, versos 202-08), o terceiro dos *Four Quartets*, em que o poeta afirma:

A curiosidade humana esquadrinha passado e futuro
E se apega a tal dimensão. Mas apreender
O ponto de interseção entre o atemporal
E o tempo é tarefa para um santo
— Ou nem chega a ser tarefa, mas algo dado
E, tomado, na morte de uma vida vivida em amor,
Fervor, altruísmo e renúncia de si própria.

T. S. Eliot, *Quatro Quartetos*. In: *T. S. Eliot, Obra Completa – Volume I: Poesia*, p. 368-71. De acordo com Russell Kirk, o trecho do poema reflete a crítica de Paul Elmer More

(1864-1937) à preocupação de William James (1842-1910) com o presente, demonstrando que tal momento só é relevante se estiver conectado ao passado e ao futuro. T. S. Eliot rejeitou os conceitos filosóficos de tempo de Immanuel Kant (1724-1804) e de Henri Bergson (1859-1941), adotando a concepção temporal de Santo Agostinho (354-430), em que a salvação oferecida por Jesus Cristo é o centro da história. Tal passagem de "Dry Salvages" demonstra que "somente por intermédio da anunciação e da encarnação a tirania do tempo seria desfeita", pois "nossa esperança não se encontra no momento presente, muito embora a ação correta no presente seja o meio para a imortalidade. Se nos faltar compreensão do passado pessoal e do passado histórico, o presente momento não tem sentido" (Russell Kirk, *A Era de T. S. Eliot: A Imaginação Moral do Século XX*. Trad. Márcia Xavier de Brito. São Paulo, É Realizações, 2011, p. 479-80).

[716] Stefan Andres, *We are God's Utopia*. Trad. Elita Walker Caspari. Los Angeles, Gateway, 1950.

[717] No terceiro capítulo do livro *Orthodoxy* [Ortodoxia], publicado originalmente em 1908, o escritor britânico G. K. Chesterton afirma:
> Nunca pude entender onde os homens foram buscar a ideia de que a democracia se opõe, de certo modo, à tradição. É evidente que a tradição é somente a democracia projetada através dos tempos. É acreditar no consenso de vozes humanas, em vez de acreditar em qualquer documento arbitrário ou isolado. O homem que cita um historiador alemão em oposição à tradição da Igreja Católica, por exemplo, está apelando implicitamente para a aristocracia, pois apela para a superioridade do perito contra a extraordinária autoridade de uma multidão. É perfeitamente compreensível o motivo pelo qual uma lenda é tratada com mais respeito – e assim deve ser – do que um livro de história. A lenda é, geralmente, criada pela maioria das pessoas sãs da cidade, ao passo que o livro é, geralmente, escrito pelo único homem louco dessa mesma cidade. (...) Se damos tanta importância à opinião dos homens comuns quando se trata de assuntos cotidianos, não podemos desprezar essa mesma opinião quando se trata da história e da fábula. A tradição pode ser definida como uma extensão do direito de voto, pois significa, apenas, que concedemos o voto às mais obscuras de todas as classes, ou seja, a dos nossos antepassados. É a democracia dos mortos. A tradição se recusa a submeter-se à pequena e arrogante oligarquia daqueles que parecem estar por aí meramente de passagem (G. K. Chesterton, "A Ética da Terra dos Elfos". In: *Ortodoxia*. Apres., notas e anexo Ives Gandra da Silva Martins Filho, Trad. Cláudia Albuquerque Tavares. São Paulo, Editora LTr, 2001, p. 69).

Pautado na noção de "contrato primitivo da sociedade eterna" defendida por Edmund Burke (1729-1797) para explicar o elo entre o transcendente e o imanente que conecta as diferentes gerações (Edmund Burke, *Reflections on the Revolution in France*. In: *The Works of the Right Honorable Edmund Burke*, volume III. Boston, Little, Brown and Company, 1865, p. 359), a ideia chestertoniana é vista por Russell Kirk como uma aliança que une todos os seres humanos em um pacto imortal "feito entre Deus e a humanidade, e entre as gerações que desapareceram da Terra, a geração que ora vive, e as gerações ainda por chegar" (Russell Kirk, "The Recovery of Norms". In: *Enemies of the Permanent Things: Observations of Abnormity in Literature and Politics*. Peru, Sherwood Sugden & Company, 1984, p. 29).

[718] John Henry Newman, "John Keeble". In: *Selections from the Prose and Writings of John Henry Newman*. Nova York, Henry Holt and Co., 1895, p. 60-61.

[719] No original: *"Redeem the time, redeem the dream"*. (T. S. Eliot, *Ash Wednesday*. Parte IV, verso 152).

[720] Referência ao conto *The Outcasts of Poker Flat* [Os Proscritos de Poker Flat], escrito pelo autor do Oeste Americano, Bret Harte (1836-1902), em que as personagens principais, pessoas

de má reputação na cidade de Poker Flat, revelam, porém, firmeza de caráter e solidariedade mútua em condições adversas.

[721] Cidade ficcional da obra *Gulliver's Travels* [Viagens de Gulliver], de Jonathan Swift (1667-1745), caracterizada por uma pobreza generalizada, habitações e campos em ruínas, por causa dos projetos científicos ambiciosos, porém inúteis, de tal Academia.

[722] Edmund Burke, *Reflections on the Revolution in France*, p. 292.

[723] Referência às *Filípicas* de Demóstenes, uma série de quatro discursos pronunciados, respectivamente, em 351 a.C., em 344 a.C. e, os dois últimos, em 341 a.C., nos quais o orador grego advertiu os atenienses sobre a ameaça representada pelo rei Filipe II (382-336 a.C.) da Macedônia e conclamou os cidadãos da Grécia a arregimentar forças para resistir ao avanço do conquistador estrangeiro antes que fosse tarde demais. Seguindo o estilo de Demóstenes, o estadista romano Marco Túlio Cícero (106-43 a.C.) pronunciou no Senado Romano, entre 2 setembro de 44 a.C. e 21 de abril de 43 a.C., uma série de quatorze discursos, também denominados *Filípicas*, nos quais denunciou a atuação política e os planos de Marco Antônio (83-30 a.C.), acusando o general de conspirar contra a República para implantar uma ditadura tal como Júlio César (100-44 a.C.), ao mesmo tempo que conclamou os cidadãos a se unirem na defesa das instituições republicanas.

[724] Orestes Brownson, "The Scholar's Mission". In: *Brownson's Works – Volume 19: Essays on Modern Popular Literature*. Ed. Henry F Brownson. Detroit, H. F. Brownson, 1888, p. 86.

Anexo 1

RUSSELL KIRK: REDIMINDO O TEMPO
BRUCE FROHNEN

Dr. Russell Kirk (1918-1994) observa no presente livro que "as maiores obras políticas são poéticas".[1] A fórmula racionalista estabelecida pela maioria dos filósofos contemporâneos não durará, pois não é poética; divorciam a política da religião, da literatura imaginativa, da tradição, e, por isso, não falam às almas da própria audiência. De fato, os filósofos contemporâneos divertem-se com a própria irrelevância espiritual. Ocupam-se, alternadamente, de formas crassas de politicagem prática e tecem "novas" teorias que se escondem numa linguagem incompreensível até mesmo para um leitor maduro e inteligente. Por mais de quarenta anos, Kirk se mostrou um poeta-mestre, ao falar aos corações bem como às mentes dos leitores. Ao utilizar parábolas, alegorias e analogias, busca ensinar aos homens "sua verdadeira natureza, sua dignidade e o lugar correto que ocupam no esquema das coisas".[2] Combinou teoria e prática da única maneira, consistente e significativa, possível: ao uni-las e interpretá-las por meio do conhecimento espiritual, da crença e da experiência.

---

[1] Russell Kirk, "Donald Davidson e o Conservadorismo Sulista". In: *A Política da Prudência*, p. 182.

[2] Idem, "The Perversity of Recent Fiction: Reflections on the Moral Imagination". In: *Redeeming the Time*. Ed. e intr. Jeffrey O. Nelson. Wilmington, ISI Books, 1996, p. 73.

A tarefa do poeta é, no fundo, pedagógica. Deve ensinar os leitores a levar uma vida boa ao mostrar-lhes que a felicidade não está nos meros prazeres sensuais, mas, ao contrário, na manutenção prudente de relações e afetos habituais. No livro *A Política da Prudência*, Russell Kirk está em sua melhor forma em termos pedagógicos. Debate tópicos do interesse dos conservadores contemporâneos, desde os "sobreviventes do intrépido bando original dos novos conservadores",[3] atualmente em risco, até a política externa e os perigos da centralização burocrática; e o faz de tal maneira que torna clara a importância de tais assuntos na batalha para manter a imaginação moral.

A intenção clara de Kirk neste livro é oferecer à nova geração e ao leitor em geral orientação e encorajamento na busca por amparo espiritual na terra desolada que é o meio acadêmico contemporâneo. Para isso discute não só os atributos do neoconservadorismo, mas também a política de T. S. Eliot (1888-1965), não só a política prática, mas também os princípios conservadores, assim como as histórias, acontecimentos e personalidades que moldaram a mentalidade conservadora. Também inclui recomendações de leituras adicionais em breves resumos de obras que muitas pessoas supostamente bem-formadas nunca leram. Em suma, o próprio Kirk nos apresenta uma introdução meticulosa à própria obra – e ao conservadorismo em geral.

Com o discernimento de sempre, Kirk analisa as raízes da atual desordem, e da ordem que ainda podemos recuperar. As críticas mais fortes são reservadas àqueles pensadores "científicos" cuja rejeição dos padrões transcendentes os deixaram à mercê das heresias dos determinismos biológico e sociológico darwinianos. Ironicamente, até mesmo os "cientistas" se têm surpreendido com os usos dados às descobertas.

Assim como o otimismo, o materialismo e o humanitarismo do século XVIII foram assentados por Karl Marx (1818-1883) em um sistema

---

[3] Idem, "Os Neoconservadores: Uma Espécie em Extinção". In: *A Política da Prudência*, p. 241.

que teria surpreendido boa parte dos *philosophes*, assim também os conceitos utilitários e manchesterianos do século XIX foram os ancestrais (talvez bastardos) do planejamento social mecanicista. Os antigos jacobinos mal perceberam que suas tendências centralizantes imitavam as das políticas do Antigo Regime; de modo que não é de espantar que os pensadores humanitários e coletivistas mais recentes se tenham esquecido da dívida com Jeremy Bentham. No entanto, as abstrações de Bentham, que reduzem seres humanos a átomos sociais, são a principal fonte dos modernos projetos de alterações sociais por decreto.[4]

Durante os últimos trezentos anos, "o anticulto do cientificismo"[5] destruiu a religião que é a base de nossa civilização. Com o "o falso evangelho do progresso automático e inelutável",[6] o cientificismo liberal promete construir o paraíso na Terra, caso desistamos da crença no mundo que há de vir e, assim, renunciemos à nossa humanidade. Assassino em massa marxista ou engenheiro social humanitarista, o cientista liberal degrada os seres humanos por tratá-los como meras peças da engrenagem na máquina do progresso.

Infelizmente, muitos dos que se opõem ao cientificismo nas formas abertamente coletivistas várias vezes sucumbem à ideologia do progresso. Dessa maneira, observa Kirk, aqueles que buscam tornar o mundo mais seguro para o "capitalismo democrático" cedem à "mais irrealista das visões".[7] "Esperar que todo o mundo deva, e seja obrigado, a adotar instituições políticas características dos Estados

---

[4] Idem, "A Economia Humana de Wilhelm Röpke". In: *A Política da Prudência*, p. 192-93.

[5] Idem, "Foreword: Contending Against Decadence". In: *Beyond the Dreams of Avarice: Essays of Social Critic*. 2. ed. Peru, Sherwood Sugden & Company, 1991, p. xiv; Idem, "Os Conservadores Culturais". In: *A Política da Prudência*, p. 264.

[6] Idem, "Malcolm Muggeridge e o Flagelo do Progressismo". In: *A Política da Prudência*, p. 207.

[7] Idem, "Os Neoconservadores: Uma Espécie em Extinção". In: *A Política da Prudência*, p. 252.

Unidos"[8] é afirmar que alguém descobriu a única e melhor forma de governo. É negar que "a forma de governo mais adequada depende necessariamente da experiência histórica, dos costumes, das crenças, do estado da cultura, da tradição legislativa e das circunstâncias materiais de um povo".[9] É negar a ocorrência de variedade na existência do homem que torna possível a grandeza humana. É negar que a "ciência" seja limitada na capacidade de discernir, sem falar na capacidade de produzir uma vida boa. É também negar que os homens, ao olhar a lei natural por meio da tradição, da *"consagração por usos"* e do discernimento prévio devam ver o bem em vez de cederem ao mercado ou ao "processo político".

Isso não significa dizer que não temos princípios pelos quais ordenar a política. O maior perigo para uma política bem ordenada, contudo, vem daqueles que acreditam que o planejamento centralizado e a regulamentação nos protegem uns dos outros e nos resguardam de nossa própria insensatez. Tais planejadores ampliaram o raio de controle a questões diminutas como detalhes administrativos dos programas estaduais de inspeção de carne bovina. O Departamento de Agricultura, por exemplo, deseja até mesmo obrigar os produtores de carnes bovinas e de aves a instruir os consumidores a como preparar o produto de modo a evitar que as pessoas tenham intoxicação alimentar[10] (surpreendentemente, a resposta seria *cozinhar* as carnes). A ânsia de tornar-nos incapazes de infligir danos a nós mesmos ou aos outros, enfraquece a comunidade e, dessa maneira, o espírito conservador, ao nos tornar, todos, fiscais do governo.

A principal preocupação de Kirk, contudo, não é condenar. Ao contrário, é dar esperança aos que ainda podem "redimir o tempo".

---

[8] Ibidem, p. 251.

[9] Idem, "Governo Popular e Mentes Imoderadas". In: *A Política da Prudência*, p. 333.

[10] Idem, "O Estado Behemoth: Centralização". In: *A Política da Prudência*, p. 290.

Proporciona esperança (bem como dá sutis instruções) ao retratar os conservadores que produzem lembranças afetivas, e talvez, um sentimento de nostalgia dentre os que não estão totalmente corrompidos pela ideologia contemporânea. O apelo, então, é à alma e não à parte calculante da razão:

> A pessoa que se vincula ao conservadorismo popular norte-americano é do tipo que lê *The Reader's Digest*. Prática, não muito imaginativa, patriótica, em geral satisfeita com a sociedade norte-americana, tradicional em moral, defensora da família e da propriedade, esperançosa, aberta a melhorias tecnológicas e materiais, mas desconfiada de arranjos políticos.[11]

Consideremos, também, a discussão de Kirk sobre a economia "humana" de Wilhelm Röpke (1899-1966):

> A melhor categoria de camponeses, artesãos, pequenos comerciantes, pequenos e médios empresários, membros das profissões liberais, funcionários públicos e servidores de confiança da comunidade – esses são os objetos da solicitude de Röpke, pois entre eles a natureza humana tradicional ainda guarda as raízes mais saudáveis, e pelo mundo afora estão esmagados entre a especialização "capitalista" e a concentração "socialista".[12]

Particularmente à luz das pretensões neoaristocráticas de alguns pensadores conservadores (e a grande maioria de suas contrapartes liberais e radicais) Kirk, de modo correto, assinala que o cidadão comum, de ordinário, leva uma vida tão boa ou melhor que a dos "formadores de opinião". Nota que "as fontes da ordem conservadora não são escritos teóricos, mas, em vez disso, o costume, a convenção e a continuidade".[13] O homem de letras, em especial, tem o dever de defender a vida da inteligência e os conhecimentos herdados pelos povos da devastação ideológica. Devemos lembrar, todavia, que

---

[11] Idem, "O Conservadorismo Popular". In: *A Política da Prudência*, p. 224.

[12] Idem, "A Economia Humana de Wilhelm Röpke". In: *A Política da Prudência*, p. 191.

[13] Idem, "Dez Livros Conservadores". In: *A Política da Prudência*, p. 129.

"livros podem trazer comentários sobre os costumes, a convenção e a continuidade; mas não podem criar tais essências sociais e culturais. A sociedade produz os livros; livros não produzem a sociedade".[14]

A vida a que o conservador está propriamente vinculado é a de interação social, tanto ou mais que a de tranquila contemplação, a que os eternos padrões de certo e errado são traduzidos em hábito pelas instituições consuetudinárias, crenças e práticas. Assim, Kirk louva a proposta de Röpke de combate à especialização econômica com o retorno a uma maior autossuficiência local, a uma economia tal como a da Suíça, em que o trabalhador industrial "é capaz de tirar o almoço da própria horta, o jantar de um lago, e pode fazer jus ao suprimento de batatas no outono ao ajudar o irmão a preparar a terra".[15] Um retorno em massa à vida rural, por certo, não é iminente. A Suíça, entretanto, pode nos ensinar que não precisamos sacrificar tudo em busca de um "progresso" que, de fato, nos torna presas dos caprichos de mecanismos econômicos que, muitas vezes, escapam ao nosso controle. A descentralização – um retorno às antigas noções de federalismo e controle local – pode ajudar a encorajar o tipo de autoindependência e de liberdade local que são necessárias para ressuscitar a verdadeira independência e a liberdade ordenada.

Caso fôssemos obrigados a achar algo a criticar neste ótimo livro, poderíamos hesitar diante da aparente confiança de Kirk na decência comum e no bom senso do público em geral. Ao explicar por que os Estados Unidos têm um eleitorado conservador e, ainda assim, continuam a eleger membros liberais para o Congresso, argumenta Kirk que:

> A primeira razão é que os Estados Unidos *não* sofrem hoje em dia do que Alexis de Tocqueville temia, "a tirania da maioria"; ao contrário,

---

[14] Ibidem, p. 131.

[15] Wilhelm Röpke, *A Humane Economy: The Social Framework of the Free Market*. Intr. Dermot Quinn, Trad. Elizabeth Henderson. 3. ed. Wilmington, ISI Books, 1998, p. 226. Citado em: Russell Kirk, "A Economia Humana de Wilhelm Röpke". In: *A Política da Prudência*, p. 196-97.

os Estados Unidos penam sob a tirania das minorias – mas de minorias agressivas, intolerantes, endinheiradas, e gerenciadas com inteligência. Refiro-me à minoria feminista, à minoria militante negra, à minoria dos direitos sociais.[16]

É verdade que a República, tal como almejada pelos Pais Fundadores, em que várias comunidades poderiam coexistir pacificamente, degenerou. Tornou-se um sistema centralizado em que grupos antagônicos lutam pelos despojos da Administração Estatal e do Bem-Estar Social. Tal degeneração, no entanto, foi possibilitada, em grande parte, pela sutil "ideia geral" – para usar uma expressão de Alexis de Tocqueville (1805-1859) – de materialismo igualitário. A crença de que a igualdade material é boa em si mesma se tornou uma opinião majoritária onipresente – um assunto importante que poucos norte-americanos tolerarão discordar. É por isso que o "desejo por equidade" ganhou um poder enorme nas mãos daqueles que buscam dinheiro e influência governamentais. E esse poder é sustentado, em parte, pela ganância do eleitorado. Kirk está correto ao chamar atenção para o fato de políticos esquerdistas muitas vezes enganarem o eleitorado, fazendo-os pensar que tais políticos são, na verdade, conservadores. O eleitorado, contudo, encoraja tal fraude pela relutância em abrir mão dos "benefícios adquiridos". Essa própria cumplicidade brota da crença generalizada (reconhecida por Kirk como a ruína de nossa época) de que o governo é responsável por produzir uma prosperidade material que é mais equitativamente distribuída.

Tais observações não nos detêm por muito tempo. Kirk está plenamente consciente de nossas falhas. Poucos dos que viveram ou viajaram com norte-americanos comuns poderão negar que há um grande suprimento de decência e de boa vontade na nação. Talvez, o

---

[16] Russell Kirk, "O Conservadorismo Popular". In: *A Política da Prudência*, p. 218-19.

poeta também deva deixar de lado a crítica das fragilidades humanas de modo que possa concentrar-se em coisas mais permanentes.

Quanto aos nossos problemas mais práticos, não devemos subestimar ou sobrestimar a dificuldade. Enveredamo-nos por caminhos corruptos, mas ainda podemos redescobrir o caminho correto. Como pergunta Kirk:

> Será tão difícil, no fim das contas, convencer os norte-americanos de que a simplicidade pode ser preferível à complexidade, uma modesta satisfação à sensação sem restrições, uma frugalidade decente à saciedade torpe?[17]

Este livro não é uma lamentação sobre a inveja ou a ganância. É algo muito mais necessário: é um guia para aqueles que buscam desenvolver a própria imaginação moral e que ajudam-na a florescer noutras pessoas.

Bruce Frohnen

É professor de Direito da Ohio Northern University, pesquisador sênior do Russell Kirk Center for Cultural Renewal e editor do periódico *Political Science Reviewer*. Recebeu os títulos de Doutor em Direito pela Emory University e de Doutor em Política pela Cornell University. É autor dos livros *Virtue and the Promise of Conservatism: The Legacy of Burke and Tocqueville* (University Press of Kansas, 1993) e *The New Communitarians and the Crisis of Modern Liberalism* (University Press of Kansas, 1996), editou as seguintes coletâneas de documentos históricos: *The Anti-Federalists: Selected Writings and Speeches* (Gateway, 2001), *The American Republic: Primary Sources* (Liberty Fund, 2002) e *The American Nation: Primary Sources* (Liberty Fund, 2009) e publicou diversos artigos em diferentes coletâneas e periódicos acadêmicos, além de ter organizado e ser coautor das obras *Community and Tradition* (Rowman & Littlefield, 1998), *American Conservatism: An Encyclopedia* (ISI Books, 2006), *Rethinking Rights: Historical, Political, and Philosophical Perspectives* (University of Missouri Press, 2008) e *Defending the Republic: Constitutional Morality in a Time of Crisis* (University of Missouri Press, 2008).

---

[17] Idem, "A Economia Humana de Wilhelm Röpke". In: *A Política da Prudência*, p. 199.

Anexo 2

RUSSELL KIRK E A IDEOLOGIA
GERHART NIEMEYER

"Filosofia" – o amor à sabedoria – é uma palavra que foi usada pela primeira vez por Heráclito (535-475 a.C.).[1] "Sofia", conforme listada no dicionário, significa "conhecimento científico perfeito, sabedoria", mas um "sofista" é "um detalhista, um trapaceiro". Platão (427-347 a.C.) fez uma nítida distinção entre o *sophistes*, o *philosophos* e o *sophos*, sendo o *sophistes* uma pessoa que, afirmando possuir a sabedoria, recebe uma compensação pecuniária para ensiná-la. O *philosophos*, em contraste, sabendo que nada sabe, é aquele que ama a sabedoria por toda a vida, buscando e trabalhando por aquilo cuja plenitude somente é possuída pelos deuses.[2] Aristóteles (384-322 a.C.),

---

[1] "Pois é preciso que de muitas coisas sejam inquiridores os homens amantes da sabedoria [*philosophos*]" (Heráclito de Éfeso, "Fragmento 35". Citado em: Clemente de Alexandria, *Tapeçarias*. V, 141). Utilizamos aqui a seguinte versão em português: Heráclito de Éfeso, *Fragmentos*. Trad. José Cavalcante de Souza. São Paulo, Abril Cultural, 1973. (Coleção "Os Pensadores", Volume I: *Os Pré-Socráticos*), p. 89. (N. T.)

[2] No Livro IX do diálogo *A República*, Platão afirma que são "três as principais espécies de homens, o filósofo [*philosophos*], o ambicioso [*philonikos*], o interesseiro [*philokerdes*]" (581c). "O interesseiro afirmará que, em comparação com o lucro, o prazer das honrarias ou do saber nada vale, se daí não extrair dinheiro", ao passo que o ambicioso "considera o prazer proveniente da riqueza um prazer grosseiro, e o que procede da ciência, se esta não lhe granjear honra, como fumo e frivolidade" (581d-e); no entanto, o amor pela verdade absoluta proporciona ao filósofo não apenas o prazer do conhecimento, mas, também, a possibilidade de julgar melhor os prazeres oriundos

que foi aluno de Platão por vinte anos, distingue o *philosophos* do *philomythos*,[3] ao passo que Platão já havia posto o filósofo, o amante da sabedoria, contra o *filodoxo*, o amigo da opinião.[4] Isso mostra

---

da riqueza e da vitória (581e-587a). No diálogo *Sofista*, Platão adverte que não devemos confundir os verdadeiros filósofos com os sofistas, que não passam de caçadores interesseiros de jovens ricos, são produtores e comerciantes de ciências, algumas delas simples ilusões miméticas. No diálogo *O Banquete*, é feita uma diferenciação entre o filósofo, que busca a sabedoria; o sábio [*sophos*], que não precisa filosofar para ser sábio, "pois já é"; e o ignorante [*amathés*], que não filosofa em busca da sabedoria porque não é capaz sequer de imaginar "ser deficiente naquilo que não pensa lhe ser preciso" (204a). Os três diálogos estão disponíveis em português, entre outras, nas seguintes edições: Platão, *A República*. Trad. do grego, intr. e notas de Maria Helena da Rocha Pereira. 7. ed. Lisboa, Fundação Calouste Gulbenkian, 1993; Idem, *O Banquete*. Trad. José Cavalcante de Souza. São Paulo, Abril Cultural, 1972. (Coleção "Os Pensadores", Volume III: *Platão*), p. 7-59; Idem, *Sofista*. Trad. José Cavalcante de Souza. São Paulo, Abril Cultural, 1972. (Coleção "Os Pensadores", Volume III: *Platão*), p. 135-203. (N. T.)

[3] No livro alpha da *Metafísica*, o estagirita ressalta "que todos os homens, por natureza, tendem ao saber", diferenciando detentores de um saber prático daqueles que possuem um conhecimento teórico, pois enquanto "os empíricos conhecem o puro dado de fato, ao contrário, os outros conhecem o porquê e a causa, em virtude disso são mais sábios que os primeiros", pois "a sapiência é uma ciência acerca de certos princípios e certas causas". Após tratarem das necessidades primárias e do bem-estar, os homens se voltam para a Filosofia. Aristóteles ressalta, no entanto, que "todas as ciências serão mais necessárias que esta, mas nenhuma lhe será superior", pois, ao ter como fim o próprio conhecimento, a Filosofia se caracteriza como a ciência das causas e princípios primeiros. Surgindo de uma admiração e da busca por uma causa que explique as coisas, os amantes da sabedoria [*philosophos*] encontram seus precursores nos amantes dos mitos [*philomythos*], que tentaram explicar a realidade por narrativas mitológicas, ao passo que "é justo chamar a filosofia de ciência da verdade" (980a-993b). Sugerimos a seguinte edição em português da obra: Aristóteles, *Metafísica – Volume II*. Ed., Intr. e notas Giovanni Reale, Trad. Marcelo Perine. São Paulo, Loyola, 2002. (N. T.)

[4] No final do Livro V d'*A República*, Platão defende que as "múltiplas noções da multidão acerca da beleza e das restantes coisas" parecem estar "a rolar entre o Não-ser e o Ser absoluto", fator que leva a afirmar previamente que tal posicionamento está no "domínio da opinião, e não da ciência, pois, como objeto errante no espaço intermédio, é aprendida pela potência

como os gregos preocupavam-se em diferenciar as produções fidedignas da razão e as traiçoeiras. É lamentável que a nossa linguagem não tenha adotado "filodoxo" ao lado do termo aparentado, "filósofo".

Temos a sorte de possuir o termo "ideologia", que nos permite fazer uma distinção semelhante, e importantíssima. Parece que Napoleão Bonaparte (1769-1821) encontrou-se com Antoine-Louis-Claude Destutt de Tracy (1754-1836), que acreditava poder criar uma ciência das ideias como tais, que se chamaria "ideologia".[5] Napoleão rejeitou sarcasticamente tal plano como irreal, bombástico e perigoso, reação que conferiu à "ideologia" um persistente significado negativo. Mais tarde, Karl Marx (1818-1883) dedicou todo um livro ao que chamou de "A Ideologia Alemã",[6] com a intenção de caracterizar a filosofia alemã de seu tempo como um pensamento falso, que ocultava interesses indignos. Quando o comunismo, o fascismo e o nacional-socialismo apareceram no palco global, tínhamos a sorte de possuir essa palavra para distinguir a filosofia do sistema de ideias dos aventureiros políticos. Aventureiros eram todos aqueles que pressupunham que, caso lhes fosse dado o poder político total, seriam capazes de mudar não só as leis e instituições mas, de fato, o próprio ser, incluindo-se aí a natureza e o destino do homem. Assim aprendemos a ver as ideologias de nossa era não como algo que podemos adotar ou largar, mas como um abismo que ameaçava a humanidade com a

---

intermediária", ressalta, ainda, serem tais pessoas "que contemplam a multiplicidade de coisas belas, sem verem a beleza em si, nem serem capazes de seguir outra pessoa que os conduza até junto dela, e sem verem a justiça, e tudo da mesma maneira". Isso é o que permite concluir que essas "têm opiniões sobre tudo, mas não conhecem nada daquilo sobre que as emitem", o que nos permite denominá-las de "amigos da opinião [*filodoxo*] em vez de amigos da sabedoria [*philosophos*]" (479d-480a). (N. T.)

[5] Antoine-Louis-Claude Destutt de Tracy, *Projets d'éléments d'idéologie*. Paris, Editions L'Harmattan, 2005. (N. T.)

[6] Karl Marx e Friedrich Engels, *A Ideologia Alemã*. Intr. Jacob Gorender, Trad. Luis Cláudio de Castro e Costa. São Paulo, Martins Fontes, 2008.

catástrofe total. E isso dá conta do conceito de "ideologia" e de sua especial importância para o nosso tempo.

Nesse contexto, perguntemos o que, precisamente, os conservadores têm contra os esquerdistas. Pode ser dito que as ideias progressistas têm um aspecto caracteristicamente benevolente. Devemos rejeitar a benevolência? Não; mas a benevolência sentimental, sim. Os esquerdistas são apaixonados pelos próprios sentimentos, em lugar da realidade a que a sua benevolência se dirige. Se os conservadores consideram os esquerdistas repugnantes por essa razão, deve ser porque aqueles afirmam a realidade da vida, em vez das próprias emoções. Por conseguinte, o conservadorismo não pode ser uma doutrina, ao passo que o esquerdismo e o socialismo o são. É verdade o que Irving Kristol (1920-2009), dedo em riste, disse sobre o conservadorismo: nunca teve nem tem ideologia.[7] E é verdade o que William F. Buckley Jr. (1925-2008) observou em *The Jeweler's Eye* [O Olho do Joalheiro],[8] que o conservadorismo não pode ser definido porque é, em essência, uma postura. Apenas podemos descrevê-lo empiricamente: "Veja – este é um conservador!".

Os conservadores se reconhecem pela abertura intelectual para a realidade: a realidade imediata das relações sociais, econômicas e políticas, e a realidade divina além e acima deste mundo. Para além dessa abertura, os conservadores não conseguem dizer muita coisa sobre si mesmos. Não fingem possuir um sistema de ideias a respeito dos meios pelos quais devemos lidar com os problemas da vida. Se preferem o conjunto de reações individuais a programas estatais, como resposta às dificuldades de vida, é porque os indivíduos têm experiência concreta do que os aflige, enquanto o Estado, como tal, não tem nenhuma. Por outro lado, os indivíduos, mesmo quando associados em grande

---

[7] Irving Kristol, "The New Republican Party". *Wall Street Journal*, July 17, 1980.

[8] William F. Buckley Jr., *The Jeweler's Eye*. Nova York, G. P. Putnam's Sons, 1968.

número, não são tão capazes como o Estado de conceber e habilitar programas para lidar com essas dificuldades. Por conseguinte, em nossa era moderna não existe nada parecido com doutrinas que sejam ou puramente individualistas, ou puramente coletivistas – essas últimas tendo silenciosamente saído às escondidas desde 1988.

Mesmo assim, ainda não nos livramos das ideologias. As ideologias não apenas nos sobrecarregaram com o Estado total, o que já teria sido suficientemente ruim, como também nos privaram de conceitos adequados sobre a realidade como tal. Primeiro, seduziram-nos a imaginar a realidade sem Deus. Depois, induziram-nos a imaginar a realidade sem o homem. Se nós, no Ocidente, nas democracias ao redor do mundo, tivemos inteligência suficiente para repudiar o esquerdismo e o socialismo como receitas políticas, não fomos, porém, perspicazes o bastante para nos dar conta dos limites conceituais da nossa própria filosofia. Talvez não tenhamos tido perspicácia para perceber que possuíamos uma filosofia, e que ela era central para a nossa existência política, cultural, social e econômica.

A esta altura, devemos lembrar-nos da figura de Edmund Burke (1729-1797), que na hora da crise profunda da ordem política europeia recordou aos europeus de fora da França que partilhavam, junto com a França, de uma filosofia política comum, e que o ataque total àquela filosofia, na França, era um desastre para eles tanto quanto para os franceses.[9] O momento histórico exigia que as pessoas assumissem uma posição, não de modo pretensioso, mas essencial, como seres humanos da variedade europeia. Essa "tomada de posição" não devia ser vista como uma asserção de hostilidade, mas antes como uma confissão pública de uma realidade mais elevada do que a política, uma realidade cuja adoção já fora partilhada, e agora estava parcialmente decapitada, embora não completamente anulada. Edmund

---

[9] Edmund Burke, *Reflections on the Revolution in France*. In: *The Works of the Right Honorable Edmund Burke*, volume III. Boston, Little, Brown and Company, 1865.

Burke foi uma figura singular: era escritor, e não um filósofo, político ativo e não um pensador generalista, memorialista do universal e não um organizador do particular. De seu modo, foi uma realidade tão marcante, tão profunda e importante quanto a Revolução Francesa. Além disso, foi a Inglaterra que produziu essa reação única à Revolução Francesa: Burke não teve similar na própria França. Assim, Burke, esse escritor solitário, foi a causa que impediu que o resto da Europa caísse no abismo revolucionário. Que outros especulem, se assim desejarem, sobre as "causas sociais" que supostamente produzem grandes transformações dos acontecimentos políticos sem o auxílio, e contra, as vontades de homens individuais. São os homens individuais que pensam, e o poder de Burke consistiu na sua habilidade de persuadir as mentes individuais.

Isso nos traz ao objetivo deste ensaio, que é o fenômeno Russell Kirk (1918-1994), nos Estados Unidos do século XX. Não nos esqueçamos, ao fim deste século, que o nosso foi o século do comunismo, do fascismo, do nacional-socialismo, de duas guerras mundiais, de mais de três revoluções (nenhuma das quais capaz de afirmar que representou, de fato, a vontade do povo), da Guerra Fria e da divisão do mundo em dois campos hostis. Se foi o século da riqueza nacional sem precedentes em uma parte do mundo, e de um consequente clima de opinião otimista, foi também um tempo de perigo abismal para toda a cultura humana. O perigo, como um todo, tinha um caráter socialista, pois até mesmo a Alemanha de Adolf Hitler (1889-1945) foi "Nacional-*Socialista*", segundo a própria definição. Acontece que Russell Kirk foi o escritor individual que teve algo a dizer especificamente sobre esse perigo e como enfrentá-lo.

Assim como Edmund Burke, Russell Kirk não se autoproclamou filósofo; fazia referência a si mesmo como um historiador. A categorização não é uma questão de grande importância. O que é importante é a posição que Kirk ocupou, sozinho, com eficácia e grande tenacidade. Não importa do que a quiserem chamar, sua posição permaneceu livre das forças revolucionárias de nosso tempo. Foi a posição do senso comum, da sobriedade, da verdade última. Foi a posição em que prevaleceu o amor pelo ser, o amor pela pátria, o amor de Deus. Foi a posição da continuidade histórica, da lealdade pública, da integridade pessoal. Foi a posição da qual a sanidade do nosso tempo não pôde ser expulsa. Foi a posição que pessoas conservadoras podiam atribuir aos fundamentos, da qual a mente retirava o sustento.

O conservadorismo não pode ser limitado ao princípio de que tudo na vida humana deve ser reduzido à economia de mercado,[10] uma ideia que, em sua pobreza, tem certo parentesco com o materialismo histórico de Karl Marx.[11] Nem faríamos melhor se associássemos

---

[10] Referência à crítica kirkeana apresentada nos capítulos 1 ("Os Erros da Ideologia", p. 91-102), 8 ("A Economia Humana de Wilhelm Röpke", p. 191-200) e 12 ("Os Neoconservadores: Uma Espécie em Extinção", p. 241-56) da presente obra ao "capitalismo democrático" defendido por alguns expoentes do pensamento neoconservador, bem como a rejeição de Russell Kirk às premissas economicistas do pensamento libertário no capítulo 11 ("Uma Avaliação Imparcial dos Libertários", p. 227-40). Para exposições características dessas visões, ver, respectivamente: Michael Novak, *O Espírito do Capitalismo Democrático*. Trad. Hélio Pólvora. Rio de Janeiro, Editorial Nórdica, 1985; Murray N. Rothbard, *A Ética da Liberdade*. Intr. Hans-Hermann Hoppe, Trad. Fernando Fiori Chiocca. São Paulo, Instituto Ludwig von Mises Brasil, 2010. (N. T.)

[11] O materialismo histórico pode ser mais bem caracterizado com a seguinte passagem escrita por Friedrich Engels no prólogo à edição alemã de 1883 do *Manifesto do Partido Comunista*, quando afirma:
> A ideia fundamental que atravessa todo o *Manifesto* – a saber, que em cada época histórica a produção econômica e a estrutura social que dela necessariamente decorre constituem a base da história política e intelectual dessa época; que, consequentemente (desde a dissolução da antiga posse em comum da terra), toda a história tem sido uma história de lutas de classe, de lutas entre classes exploradas e classes exploradoras, entre classes dominadas e classes dominantes, nos diferentes estágios do desenvolvimento social; que essa luta, porém, atingiu atualmente um estágio em que a classe explorada e oprimida (o proletariado) não pode mais se libertar da classe exploradora e opressora (a burguesia) sem libertar ao mesmo tempo e para sempre toda a sociedade da exploração, da opressão e da luta de classes – essa ideia fundamental pertence única e exclusivamente a Marx

o conservadorismo à sociedade individualista de John Stuart Mill (1806-1873),[12] que pode ser comparada a um oceano de ilhas atomizadas sem comunicação entre si. Nem podemos recuar aos direitos humanos de John Locke (1632-1704), a condição em que cada pessoa isolada entra na comunidade humana pela porta do *quid pro quo*.[13] Essas e outras semelhantes visões de mundo não têm nada a dizer sobre a realidade de seres humanos vivos, com corpo e alma, mente e espírito. Foram escoadas de uma consciência deliberadamente separada da realidade da vida, que transpirou realidades abstratas para fora de si. Essa é a mentalidade ideológica construindo sistemas de pensamento ao redor de fantasias utópicas, utilizadas para manipular os seres humanos na direção de falsas esperanças.

(Karl Marx e Friedrich Engels, *Manifesto do Partido Comunista*. Org. e intr. Marco Aurélio Nogueira, Trad. Marco Aurélio Nogueira e Leandro Konder. 15. ed. Petrópolis, Vozes, 2010, p. 45-46).

Ao longo da obra de Karl Marx, a noção de materialismo histórico, termo que não aparece nos escritos de Marx, se manifesta pela ideia de determinação histórica e social, em última instância, por intermédio das forças econômicas e, também, pelos conceitos de "classe social", "luta de classes", "infraestrutura" e "superestrutura", "forças produtivas", "relações de produção", "modo de produção", "meios de produção", "transição" e "revolução". Além dos supracitados *A Ideologia Alemã* e *Manifesto do Partido Comunista*, ver também: Karl Marx, *O Capital: Crítica da Economia Política*. Trad. Reginaldo Sant'Anna. 29. ed. Rio de Janeiro, Civilização Brasileira, 2011, 6v. (N. T.)

[12] Ver John Stuart Mill, *A Liberdade*. In: *A Liberdade / Utilitarismo*. Intr. Isaiah Berlin, Trad. Eunice Ostrensky. São Paulo, Martins Fontes, 2000, p. 1-174.

[13] A expressão latina *quid pro quo* significa literalmente "tomar uma coisa por outra", sendo utilizada em todas as línguas latinas para se referir a uma confusão ou um engano. Nos países de língua inglesa, no entanto, o sentido da expressão difere das raízes medievais, assumindo uma ideia de trocas, que se traduz na noção de "um favor por outro favor". O autor usa aqui a expressão para ressaltar a concepção contratualista lockeana, segundo a qual a origem e a natureza da sociedade civil seriam o interesse individual mútuo de proteção da liberdade e da propriedade. Ver: John Locke, *Dois Tratados sobre o Governo*. Ed., Intr. e notas Peter Laslett, Trad. Julio Fischer. São Paulo, Martins Fontes, 1998. (N. T.)

Não há jeito de debater, ou negociar, com aberrações saídas de mentalidades distorcidas, razão pela qual nenhuma ideologia conservadora pode ser sonhada para tornar-se realidade. O homem que busca o conhecimento em deferência à ordem do ser, que age, cônscio do mistério da vida e do divino mistério que se encontra além, cuja memória de um passado vivente o ensina que os homens não são totalmente maleáveis, mas carregam em si as marcas de séculos de escolhas históricas, feitas ou evitadas – esse homem é, em na própria personalidade, um centro de ordem ao qual o elemento da verdade não é totalmente inaplicável. Pode ter crescido nessa ordem sem a completa consciência de tê-lo feito, mas ele a mantém segura por meio da oração, da disciplina das virtudes, da piedade para com a vida vivida antes do seu tempo e uma preocupação diligente com a vida que seguirá a existir após a própria partida deste mundo. Não há fórmula conceitual capaz de contrair a realidade dessa ordem a um silogismo discursivo. Lembremo-nos de que Platão recusou-se a definir a justiça e o bem. Contudo, para olhos sem antolhos ideológicos, um conservador se reconhece quando encontra outro pela frente. Intuitivamente, preferimos a sua companhia àquela dos esquerdistas, com o característico dogmatismo secular. Apreciamos as diversas facetas de sua personalidade, a generosidade de alma, a gentileza de modos, e, ao buscar olhar através de tudo isso, chegamos a encontrar o centro do segredo, provamos levemente a paz de Deus.

O perigo para a civilização ocidental ainda é grande. Mas, temos o exemplo de Russell Kirk, que por quase meio século nos advertiu sobre a postura de prontidão mental que a nossa situação requer. Suas advertências ainda são necessárias, pois o grande perigo que nos confrontou ontem externamente deslocou-se agora para a nossa capacidade interna de ordem. Ontem, alemães, italianos e russos eram tanto vítimas quanto perpetradores do discurso ideológico. Hoje, somos nós mesmos que nos devemos preocupar com corrupções mentais e espirituais que geram falsas esperanças, pensamentos falaciosos, crenças impermissíveis. Hoje, embora não haja "camisas negras" ou "camisas pardas"[14] vagando pelas nossas ruas, somos nós as vítimas e entre nós vivem os perpetradores da desordem intelectual. Temos todas as razões para agradecer por Russell Kirk.

Gerhart Niemeyer
Nasceu em 15 de fevereiro de 1907 na cidade de Essen no, então, Império Alemão. Cursou os estudos superiores nas universidades de Cambridge, de Munique e de Kiel. Foi professor das universidades de Madri, Princeton, Yale, Columbia, Vanderbilt e Munique, entre outras. É autor dos livros *Law without Force: The Function of Politics in International Law* (Princeton University Press, 1941), *An Inquiry into Soviet Mentality* (F. A. Praeger, 1956), *Facts on Communism: The Communist Ideology* (U.S. Government Printing Office, 1959), *An Outline of Communism* (Ampersand, 1966), *Deceitful Peace: A New Look at the Soviet Threat* (Arlington House, 1971), *Between Nothingness and Paradise* (University of Louisiana Press, 1971), *Aftersight and Foresight* (ISI Books, 1988) e *Within and Above Ourselves* (ISI Books, 1996), bem como de inúmeros artigos publicados nos periódicos *National Review*, *Modern Age* e *The Review of Politics*. Faleceu em 23 de junho de 1997, na cidade de Greenwich, em Connecticut, nos Estados Unidos.

---

[14] Referências ao grupo paramilitar fascista *Camicie nere* [camisa negra], organizado na Itália por Benito Mussolini (1883-1945) e imitado tanto pela *Schutzstaffel* (SS) de Adolf Hitler (1889-1945) quanto pelos *blackshirts* [camisas pretas] da união fascista britânica de Sir Oswald Mosley (1896-1980), e à milícia paramilitar nazista *Sturmabteilung* (SA), organizada na Alemanha por Ernst Röhm (1887-1934), cujo uniforme utilizado era de cor parda. A ideia das camisas com cores específicas caracterizando uma organização ideológica paramilitar foi copiada pelos "camisas verdes" da Ação Integralista Brasileira, de Plínio Salgado (1895-1975) e Gustavo Barroso (1888-1959), no Brasil e por diversos outros grupos em diferentes países. (N. T.)

Anexo 3

RUSSELL KIRK E O APOGEU DO CONSERVADORISMO
EDWARD E. ERICSON JR.

Os maiores acontecimentos de nosso momento histórico ocorreram no antigo império soviético. Tais eventos assinalaram não só o final do século XX – que, ao menos em termos quantitativos, ultrapassou todos os outros em manifestações da desumanidade do homem – mas também marcou o fim de uma era moderna que o Iluminismo oferecera a forma normativa. O que Edmund Burke (1729-1797) censurou há duzentos anos,[1] vemos agora entrar em colapso graças ao próprio peso morto. Os livros de História algum dia irão dizer, creio, que o século XX começou em 1917 (ou talvez em 1914) e terminou em 1991 (ou talvez em 1989). Dirão que a utopia do Iluminismo, que começou com grandes esperanças na doutrina do progresso e na perfectibilidade humana, chegou à ruína final com as brutalidades totalitárias do experimento soviético na sociedade centralmente planejada.

As melhores testemunhas dos grandes acontecimentos de nossos dias podem ser encontradas entre aqueles que experimentaram, em primeira mão, as depredações do comunismo e sobreviveram para contar a história. Igualmente, os intérpretes mais perspicazes acerca da natureza do comunismo e, certamente, do século XX como um todo, devem ser encontrados entre os que emergiram das ruínas. Para

---

[1] Edmund Burke, *Reflections on the Revolution in France*. In: *The Works of the Right Honorable Edmund Burke*, volume III. Boston, Little, Brown and Company, 1865.

mim e para muitos, o maior de todos é Alexsandr Solzhenitsyn (1918-2008). A tal nome acrescentaria o de Václav Havel (1936-2011), o primeiro presidente da República Tcheca após o comunismo.

Ao celebrarmos a vida de Russell Kirk (1918-1994), naturalmente nos voltamos para sua obra seminal, *The Conservative Mind* [A Mentalidade Conservadora][2] e, da longa lista de estadistas e escritores conservadores apresentada no livro, recordamos só algumas das sumidades: Edmund Burke, John Adams (1735-1826), John Randolph de Roanoke (1773-1833), Alexis de Tocqueville (1805-1859), Benjamin Disraeli (1804-1881) e Irving Babbitt (1865-1933). Se Kirk tivesse composto sua lista agora, e não antes, e ido além da Grã-Bretanha e dos Estados Unidos, poderia muito bem ter incluído Solzhenitsyn e Havel. No último livro publicado em vida, *The Politics of Prudence* [A Política da Prudência], Kirk lista no terceiro capítulo dez acontecimentos modernos "nos quais a causa conservadora manteve ou até ganhou algum espaço".[3] Um deles é a mudança de residência de Solzhenitsyn, sobre quem Kirk diz: "Ao denunciar a tirania ideológica, Solzhenitsyn fez mais pela dissipação das ilusões – embora não na consciência de todos – do que qualquer outro escritor de nossa época".[4]

Qual é a qualidade fundamental de Kirk que também encontramos em Solzhenitsyn e Havel? A de que o significado na vida humana

---

[2] O livro foi publicado, originalmente, em 1953, pela Regnery Publishing, com o título *The Conservative Mind: From Burke to Santayana*. A partir da terceira edição norte-americana, publicada em 1960, a obra passou a ter como subtítulo *From Burke to Eliot*. A edição definitiva em inglês é a seguinte: Russell Kirk, *The Conservative Mind: From Burke to Eliot*. 7. ed. rev. Washington, D.C., Regnery Publishing, 1986. Em língua portuguesa, o livro será publicado pela É Realizações, numa tradução da sétima edição, com o título *A Mentalidade Conservadora: De Edmund Burke a T. S. Eliot*. Recentemente, a versão da primeira edição recebeu a seguinte reimpressão: Russell Kirk, *The Conservative Mind*. Miami, BN Publishing, 2008. (N. T.)

[3] Russell Kirk, "A Causa Conservadora: Dez Acontecimentos". In: *A Política da Prudência*, p. 119.

[4] Ibidem, p. 125.

repousa, em última análise, na esfera transcendente, e que compreendemos propriamente a natureza dos seres humanos somente ao situarmos a fonte no transcendente. Na elegante formulação de Kirk, nas páginas iniciais da primeira edição do livro *The Conservative Mind*: os conservadores acreditam "que um intento divino rege a sociedade, bem como a consciência, a forjar cadeias eternas de direitos e deveres que unem poderosos e desconhecidos, vivos e mortos".[5] Mais adiante, no último capítulo desse mesmo livro, ao enumerar os principais problemas enfrentados pelos conservadores, menciona como o primeiro deles: "o problema da regeneração do espírito e do caráter – com a perene problemática da ordem interna da alma, a restauração do discernimento ético e da sanção religiosa que fundamenta qualquer existência digna". "Isso", diz Kirk, "é o apogeu do conservadorismo"...[6]

É pela percepção espiritual, utilizando normalmente as categorias religiosas, que apreendemos o significado transcendente. A religião está decididamente fora de moda entre nossos intelectuais. Em vez disso, dão ênfase ao primado da política e valem-se de categorias de análise

---

[5] Russell Kirk, "The Idea of Conservatism". In: *The Conservative Mind*. Miami, BN Publishing, 2008, p. 7. Trata-se da frase inicial do primeiro cânone da mentalidade conservadora, reformulado pelo autor ao longo das sete edições da obra e assumindo a seguinte versão final: "A crença em uma ordem transcendente, ou corpo de direito natural que rege a sociedade, bem como a consciência. Os problemas políticos, no fundo, são problemas religiosos e morais. Uma racionalidade limitada, aquilo que Coleridge chamou de compreensão, não pode, por si só, satisfazer as necessidades humanas. 'Todo Tory é um realista', diz Keith Feiling: 'sabe que existem grandes forças nos céus e na terra que a filosofia humana não pode sondar ou perscrutar'. A verdadeira política é a arte de compreender e aplicar a justiça que deve triunfar em uma comunidade de almas" (Russell Kirk, "The Idea of Conservatism". In: *The Conservative Mind: From Burke to Eliot*. 7. ed. rev. Washington, D.C., Regnery Publishing, 1986, p. 8). (N. T.)

[6] Russell Kirk, "The Recrudescence of Conservatism". In: *The Conservative Mind*. Miami, BN Publishing, 2008, p. 414. Em um novo contexto, a sentença também é utilizada no último capítulo da sétima edição, tal como pode ser constatado em: Russell Kirk, "Conservatives' Promise" In: *The Conservative Mind: From Burke to Eliot*. 7. ed. rev. Washington, D.C., Regnery Publishing, 1986, p. 472. (N. T.)

sociais, econômicas e políticas imanentes, para dar a palavra final. Os admiradores de raça, classe e gênero, tão estridentes entre nossos líderes culturais, se concentram em contingências da existência a que, inerentemente, os conservadores dão importância secundária. Kirk teria mantido nossos olhos fixos no que une os seres humanos: na comunalidade, na nossa natureza humana invariável e universal.

Solzhenitsyn e Havel compreenderam e partilharam essa visão com Kirk. Os três rejeitaram a ideologia. Hoje, tal palavra é usada de modo muito impreciso para referir-se a qualquer conjunto de ideias que as pessoas tenham. Infelizmente, até mesmo alguns conservadores usam-na para descrever suas posições, mas ao fazê-lo, vendem suas almas. Sempre é meritório usar as palavras com rigor e precisão. Os três pensadores aceitariam a definição de ideologia de Kenneth Minogue como "a propensão a arquitetar explicações estruturais acerca do mundo humano".[7] Minogue usa a palavra ideologia "para denotar qualquer doutrina que apresente uma verdade oculta e salvífica a respeito dos males do mundo em forma de análise social".[8]

Kirk disse exatamente isso há cerca de meio século: "um conservador inteligente percebe que os males do mundo não podem ser curados por qualquer sistema único e engenhoso de improvisação ou por qualquer invenção política solene".[9] O primeiro capítulo de *A Política da Prudência* chama-se "Os Erros da Ideologia". A ideologia é uma religião invertida, "é a doença, não a cura".[10] Assim, especifica, "A ideologia, em suma, é uma fórmula política que promete um paraíso terreno à humanidade; mas, de fato, o que a ideologia criou foi uma série de infernos na Terra".[11]

---

[7] Kenneth Minogue, *Alien Powers: The Pure Theory of Ideology*. 2. ed. Pref. Martyn P. Thompson. New Brunswick, Transaction Publishers, 2007, p. 2.

[8] Ibidem, p. 3.

[9] Russell Kirk, "The Recrudescence of Conservatism" In: *The Conservative Mind. The Conservative Mind*. Miami, BN Publishing, 2008, p. 416.

[10] Idem, "Os Erros da Ideologia". In: *A Política da Prudência*, p. 98.

[11] Ibidem, p. 95.

Havel descreve ideologia como "uma maneira enganadora de se relacionar com o mundo. Dá aos seres humanos a ilusão de uma identidade, de dignidade e de moralidade, ao tornar mais fácil fazê-los desistir disso". Sua "primeira função justificativa é passar a ilusão de que o sistema está em harmonia com a ordem humana e a do universo".[12]

A aversão de Solzhenitsyn à ideologia é expressa com mais força na sua "Carta aos Líderes Soviéticos", de 5 de setembro de 1973:

> Abandonai essa ideologia destruída... Deixai que dispamos e nos livremos todos da camisa imunda e suada da ideologia que, agora, está demasiado suja com o sangue dos sessenta e seis milhões, impedindo o corpo vivo da nação de respirar. Essa ideologia tem total responsabilidade por todo o sangue derramado.[13]

O grande problema com a ideologia é impor às pessoas um sistema erigido, nas palavras de Havel, "sobre mentiras".[14] Lembramos que as palavras finais de Solzhenitsyn a seus compatriotas, quando forçado a ir para o exílio em 1974, foram "Não vivam por mentiras".[15] Numa sociedade anormal em que a falsidade tudo permeia, há, diz Havel, uma única maneira dos indivíduos seguirem normalmente com suas vidas: devem "viver na mentira. Não precisam de aceitar a mentira. Basta aceitarem a vida com a mentira e na mentira".[16] Em tais circunstâncias difíceis, diz Solzhenitsyn, "a tarefa absolutamente

---

[12] Václav Havel, "The Power of the Powerless". In: Václav Havel et al., *The Power of the Powerless: Citizens Against the State in Central-Eastern Europe*. Ed. e Pref. John Keane, Intr. Steven Lukes. Armonk, M. E. Sharpe, 1985, p. 14.

[13] Alexsandr Solzhenitsyn, *Letter to the Soviet Leaders*. Trad. Hilary Sternberg. Londres, Index on Censorship, 1974, p. 46-47.

[14] Václav Havel, "The Power of the Powerless", p. 18.

[15] Referência à carta escrita por Solzhenitsyn, em 12 de fevereiro de 1974, após ser preso no mesmo dia pelas autoridades soviéticas e enviado para o exílio no dia seguinte. A carta está disponível em inglês como: Alexsandr Solzhenitsyn, "Live Not by Lies". In: Edward E. Ericson Jr. e Daniel J. Mahoney (eds.), *The Solzhenitsyn Reader: New and Essential Writings, 1947-2005*. Wilmington, ISI Books, 2009, p. 556-60. (N. T.)

[16] Václav Havel, "The Power of the Powerless", p. 15.

essencial não é a liberação política, mas a libertação de nossas almas, não participando da mentira que nos é imposta".[17]

Em que ponto, no entanto, encontramos a raiz da grande mentira de nossa época? Aí, tanto Havel como Solzhenitsyn se voltam às categorias religiosas, contra os modismos. Para Havel, o marco fundamental do século XX é "o grande afastamento de Deus, sem paralelos na história. Até onde sei, vivemos cercados pela primeira civilização ateia".[18] Solzhenitsyn concorda: "O ateísmo é o cerne de todo o sistema comunista".[19] Recorda os anciãos de sua infância que explicavam "os grandes desastres que se abateram sobre a Russia", simplesmente ao afirmar que "os homens esqueceram-se de Deus; foi por essa razão que tudo aconteceu". Então, prossegue: "E se nos pedissem que identificássemos, rapidamente, o principal traço característico de *todo* o século XX, aí também seríamos incapazes de encontrar algo mais preciso e expressivo que repetir, mais uma vez: 'Os homens esqueceram-se de Deus'". Toda a calamidade do século deriva da "falha de uma consciência em que faltam todas as dimensões divinas".[20]

Se a ideologia é o que nossos três pensadores especialmente rejeitam, aquilo que, com maior ênfase, abraçam é o conceito que, em meu livro, °*Solzhenitsyn and the Modern World* [Solzhenitsyn e o Mundo Moderno],[21] chamei de universo moral. Isso é o que Russell Kirk articula no segundo

---

[17] Alexsandr Solzhenitsyn, "As Breathing and Consciousness Return". In: Alexsandr Solzhenitsyn (Ed.), *From under the Rumble*. Trad. Michael Scammell. Boston, Little, Brown & Co., 1975, p. 25.

[18] Václav Havel, *Disturbing the Peace: A Conversation with Karel Huizdala*. Trad. e Introd. Paul Wilson. Nova York, Alfred A. Knopf, 1990, p. 11.

[19] Alexsandr Solzhenitsyn, *The Oak and the Calf: Sketches of Literary Life in the Soviet Union*. Trad. Harry Willetts. Nova York, Harper Colophon Books, 1981, p. 318.

[20] Idem, "Templeton Lecture: London, Guildhall, May 10, 1983". In: Edward E. Ericson Jr. & Daniel J. Mahoney (Ed.), *The Solzhenitsyn Reader*, p. 577.

[21] Edward E. Ericson Jr., *Solzhenitsyn and the Modern World*. Washington, D.C., Regnery Publishing, 1993.

capítulo do livro *A Política da Prudência* como o primeiro princípio conservador: "*o conservador acredita que há uma ordem moral duradoura. Essa ordem é feita para o homem, e o homem é feito para ela: a natureza humana é uma constante, e as verdades morais são permanentes*".[22]

Solzhenitsyn, cuja fé cristã é, agora, bem conhecida, tem o mesmo ponto de partida. Assim, descreve-se como um autor que "reconhece um poder superior e trabalha, alegremente, como um humilde aprendiz no Paraíso de Deus".[23] Esse tipo de autor subordinará a política ou a economia às questões mais universais e eternas, tais como "as leis da história da humanidade que nasceram nas profundezas dos tempos imemoriais e que deixarão de existir somente quando o sol deixar de brilhar".[24] Ademais, declara que "a estrutura do Estado é de importância secundária. Tanto é assim que o próprio Cristo nos ensina: 'Dai a César o que é de César' – não porque todo César o mereça, mas porque o interesse de César não é com as coisas mais importantes de nossas vidas". E se o Estado exceder os limites? "Quando César, após exigir o que é seu por direito, exige, com insistência ainda maior, que lhe rendamos o que é de Deus – este é um sacrifício que não nos atrevemos a fazer".[25]

"A política é a arte de apreender e aplicar a justiça que está acima da natureza",[26] a ideia de Russell Kirk é ilustrada numa parte do romance *August 1914* [Agosto 1914], de Alexsandr Solzhenitsyn, lançado originalmente em russo no ano de 1971[27] e numa versão

---

[22] Russell Kirk, "Dez Princípios Conservadores". In: *A Política da Prudência*, p. 105.

[23] Alexsandr Solzhenitsyn, "Nobel Lecture". In: Edward E. Ericson Jr. e Daniel J. Mahoney (Ed.), *The Solzhenitsyn Reader*, p. 513.

[24] Idem, "Appendix". In: *Cancer Ward*. Trad. Nicholas Bethell e David Burg. Nova York, Bantam, 1969, p. 555.

[25] Idem, "As Breathing and Consciousness Return", p. 24-25.

[26] Russell Kirk, "The Idea of Conservatism". In: *The Conservative Mind*. Miami, BN Publishing, 2008, p. 8.

[27] A primeira versão do romance foi lançada em língua portuguesa, numa tradução direta do russo, na seguinte edição brasileira: Alexandre Soljenitsine, *Agosto 1914*. Trad. Paulo A. Bezerra. Rio de Janeiro, Editora Bloch, 1973. (N. T.)

ampliada em 1984.²⁸ A personagem Varsonofiev, um velho sábio, fala como o porta-voz do autor ao dizer a alguns jovens alunos: "As leis para construir a melhor ordem social devem ser inerentes à estrutura do mundo como um todo; no intento por trás do universo e no destino do homem". Quando um dos alunos sugere que "a justiça é um princípio adequado para a construção da boa sociedade", Varsonofiev responde: "Sim, certamente!... Mas não a justiça que projetamos para nós mesmos, para criar um confortável paraíso terreno. Um outro tipo de justiça, que existiu antes de nós sem causa aparente". De uma panóplia de princípios morais que são incorporados no universo, a justiça é apenas um deles. É Deus quem fez a ordem moral assim como é; e isso é verdade para todos, quer a reconheçam ou não.

O mais notável é Havel partilhar dessa concepção de universo moral, pois não foi capaz de abraçar sem reservas a fé cristã. Por outro lado, diz: "Posso tentar viver no espírito da moralidade cristã", e admite ter "afinidade com o sentimento cristão" e ficar "feliz que seja identificável".²⁹ O que deixa muito claro é que há uma:

> Responsabilidade maior, que deriva de uma certeza consciente ou subconsciente de que nossa morte não põe fim a nada, pois tudo está, para sempre, sendo gravado e avaliado noutro lugar, nalgum lugar acima de nós mesmos, no que chamei de 'memória do Ser', um aspecto integral da ordem secreta do cosmo, da natureza, e da vida, que os fiéis chamam de Deus e para os quais julgará todas as coisas.³⁰

Assim, quando Havel tenta explicar o núcleo de seu "programa presidencial", diz que é para "levar espiritualidade, responsabilidade

---

[28] A versão final da obra não foi lançada em língua portuguesa, mas pode ser encontrada na seguinte edição em inglês: Aleksandr Solzhenitsyn, *August 1914 – The Red Wheel I: A Narrative in Discret Periods of Time*. Trad. H. T. Willetts. Nova York, Penguin Books, 1990. (N. T.)

[29] Václav Havel, *Summer Meditations*. Trad. Paul Wilson. Nova York, Alfred A. Knopf, 1992, p. 128.

[30] Ibidem, p. 6.

moral, humanidade e humildade para a política e, nesse aspecto, deixar claro que há algo superior ao homem; que nossos feitos não desaparecem no buraco negro do tempo, mas estão gravados em algum lugar e serão julgados".[31] Dificilmente esse é o vocabulário dos políticos, mas está de acordo com Kirk, que escreve: "a Providência é o instrumento apropriado da mudança e o teste do estadista é o reconhecimento da verdadeira tendência das forças sociais providenciais".[32]

Em *A Política da Prudência*, Kirk faz uma citação de Solzhenitsyn que descreve como "a essência do princípio conservador":

> A nossa vida não consiste na busca do sucesso material, mas na procura de um crescimento espiritual digno. Toda a nossa existência terrena não é mais do que um estágio transitório do movimento em direção a uma realidade superior, e não podemos tropeçar ou cair, nem ficar presos, inutilmente, em um degrau da escada (...) As leis da física e da fisiologia nunca revelarão de modo incontestável como o Criador constantemente, dia após dia, participa da vida de cada um de nós, concedendo-nos, sem falhar, o vigor da existência; quando tal auxílio nos deixa, morremos. Na vida de todo o nosso planeta o Espírito Divino se move com a mesma força: é isso que devemos perceber neste nosso terrível momento de escuridão.[33]

---

[31] Václav Havel, "The Future of Central Europe". Speech given by President Havel to the Polish Sejm and Senate on January 21, 1990. *The New York Review*, March 29, 1990, p. 18-19.

[32] Russell Kirk, "The Idea of Conservatism". In: *The Conservative Mind. The Conservative Mind*. Miami, BN Publishing, 2008, p. 8. Essa é a frase final do sexto cânone da mentalidade conservadora, que na sétima edição foi expresso da seguinte forma: "Reconhecimento de que mudança pode não ser uma reforma salutar: a inovação precipitada pode ser uma voraz conflagração em vez de uma tocha do progresso. A sociedade deve modificar-se, visto que a mudança prudente é o meio da preservação, mas o estadista deve levar em conta a Providência, e a principal virtude do político, segundo Platão e Burke, é a prudência" (Russell Kirk, "The Idea of Conservatism". In: *The Conservative Mind: From Burke to Eliot*. 7. ed. rev. Washington, D.C., Regnery Publishing, 1986, p. 9). (N. T.)

[33] Alexsandr Solzhenitsyn, "Templeton Lecture: London, Guildhall, May 10, 1983", p. 584. Citado em: Russell Kirk, "A Causa Conservadora: Dez Acontecimentos". In: *A Política da Prudência*, p. 126.

De todas as linhas do movimento conservador, Kirk está correto em aliar mais intimamente Solzhenitsyn com os conservadores culturais ou tradicionalistas.

Se minha ênfase nas questões espirituais é desconcertante, posso somente reiterar que o cerne da visão de Russell Kirk segue essa via. Caso falte tal realce, até mesmo os conservadores tenderão a uma ideologia programática. Creio que existe uma grande audiência, hoje, para esse tipo de visão, pois é uma visão universal e não algo provinciano dos Estados Unidos. Grande parte dos ávidos ouvintes pode estar naqueles lugares do mundo que suportam toda a carga do terrível século XX. Alexsandr Solzhenitsyn e Václav Havel, embora sejam testemunhas lúcidas, estão longe de estarem sozinhos. De fato, nós, no confortável Ocidente, temos muito a aprender com os do devastado Oriente. Um conservadorismo que os ouça será um conservadorismo enriquecido, que terá futuro. Defenderá com firmeza o que Russell Kirk chamava de "coisas permanentes" e falará aos anseios mais profundos da humanidade.

Edward E. Ericson Jr.
É professor emérito do Calvin College. Foi pesquisador da Hoover Institution on War, Revolution, and Peace na Stanford University e professor do Hope College e do Westmont College. É autor dos livros *Solzhenitsyn: The Moral Vision* (Eerdmans, 1982) e *Solzhenitsyn and the Modern World* (Regnery, 1993), coautor da obra *The Soul and Barbed Wire: An Introduction to Solzhenitsyn* (ISI Books, 2008), coeditor da coletânea *Religion and Modern Literature: Essays in Theory and Criticism* (Eerdmans, 1982) e corganizador da obra *The Solzhenitsyn Reader: New and Essential Writings, 1947-2005* (ISI Books, 2008), tendo, também, publicado diversos artigos em diferentes periódicos acadêmicos.

Índice Remissivo

A

Aborto, 32, 209, 213, 221, 327, 406, 407, 437
Abreu, Capistrano de (1853-1927), 363
Academic Freedom, de Kirk, 33, 362, 415, 426, 428, 429, 442
Ação Humana, de Mises, 40
Adams, Charles Francis (1807-1886), 135, 368
Adams, Henry (1838-1918), 153, 170, 374
Adams, John (1735-1826), 14, 68, 70-71, 93, 135, 153, 171, 293, 351, 368, 369, 399, 421, 466
Adams, John Quincy (1767-1848), 153, 170
Addison, Joseph (1672-1719), 428
Adriano (76-138), imperador romano, 373
Aeschliman, Michael (1948-), 203
Afonso XIII (1886-1941), rei da Espanha, 390
Aftersight and Foresight, de Niemeyer, 249, 352, 408, 464
Against the Tide, de Röpke, 192, 386
Agostinho de Hipona, Santo (354-430), 20, 26, 237, 362, 403-04, 425, 431, 444
Agrarianos Sulistas [Southern Agrarians], 139, 171, 178, 185
"Aims of Education, The", de Eliot, 172, 380
Alencar, José de (1829-1877), 54
Alice Através do Espelho, de Lewis Carroll, 355, 363, 408

Alien Powers: The Pure Theory of Ideology, de Minogue, 351, 468
Almeida Prado O.S.B., Dom Lourenço de (1911-2009), 54
Ambrósio de Milão, Santo (340-397), 156
American Cause, The, de Kirk, 17, 32, 45, 353, 359, 411
"American Conservative Character, The", de Kirk, 164, 379
American Democrat, The, de Cooper, 136, 140, 369
American Federation of Labor and Congress of Industrial Organizations (AFL-CIO), 421
Americanismo, 97, 352
American Political Tradition and the Men Who Made It, The, de Hofstadter, 154, 376
American Republic, The, de Brownson, 137, 140, 369, 440, 454
America's British Culture, de Kirk, 18, 46, 411, 432
Ancestral Shadows, de Kirk, 411
Andres, Stefan (1906-1970), 345, 444
Andropov, Yuri (1914-1984), 419
Angola, 283, 422
Anne (1665-1714), rainha da Grã-Bretanha, 427
Annunziata, Frank, 243, 406
Anticristo, 126

Antiquary, The, de Scott, 151, 374
Antonino Pio (86-161), imperador romano, 373
Apolodoro de Atenas (180-120 a.C.), 419
Apologia pro Vita Sua, de Newman, 206, 391
Appeal from the New to the Old Whigs, An, de Burke, 44, 354, 360, 367, 410
Appleton, Thomas Gold (1812-1884), 377
Arábia Saudita, 253
Araripe Júnior, Tristão de Alencar (1848-1911), 363
Arcaísmo, 63, 183
Arendt, Hannah (1906-1975), 66, 94, 351, 362, 402
Aristocracy and Justice, de More, 138, 365, 370
Aristófanes (447-385 a.C.), 202, 372
Aristóteles (384-322 a.C.), 130, 237, 403, 425, 431, 439, 455
Aron, Raymond (1905-1983), 94-95, 351-52
Ash Wednesday [Quarta-feira de Cinzas], de Eliot, 376, 443, 444
Atlas Shrugged [A Revolta de Atlas], de Rand, 405
Atos de Prova, 104, 358
Attack on Leviathan, The, de Davidson, 41-42, 139, 141, 178, 180, 370-71, 382, 385
August 1914 [Agosto 1914], de Solzhenitsyn, 472
Augusto (63 a.C.-14 A.D.), imperador romano, 371, 427
Auxílio a crianças dependentes, programas de, 319
Averno, 186, 213, 215, 237, 384, 392
Aves, As, de Aristófanes, 372

B
Babbit, Irving (1865-1933), 14, 51, 55, 68, 134, 138, 141, 164, 171, 370, 380, 400, 429, 439, 466
Babbitt, de Sinclair Lewis, 14, 51, 55, 68, 134, 138, 141, 164, 171, 370, 380, 382, 400, 429, 439, 466
Babbitt, George F., personagem do romance Babbitt de Sinclair Lewis, 382

Bagehot, Walter (1826-1877), 47, 216, 360, 392
Bakunin, Mikhail (1814-1876), 397
Baldwin, Stanley (1867-1947), 163, 173, 364
Band of Prophets, A, de Havard e Sullivan, 139, 370
Barbusse, Henri (1873-1935), 204
Barroso, Gustavo (1888-1959), 464
Barry, Marion (1936-), 328, 437-38
Barth, Hans (1904-1965), 94, 96, 352
Behemoth, criatura bíblica, 424
Behemoth, de Thomas Hobbes, 424
Behemoth, universidade, 427
Beilenson, Laurence W. (1899-1988), 222, 393
Bell, Bernard Iddings (1886-1958), 134, 164
Bell, Daniel (1919-2011), 64
Belloc, Hilaire (1870-1953), 380
Bell, Terrel Howard (1921-1996), 428
Benthamismo, 331
Bentham, Jeremy (1748-1832), 36, 67, 192, 193, 281, 310-11, 368, 421, 431, 449
Bentley, Phyllis (1894-1977), 147, 372
Bentsen, Lloyd (1921-2003), senador, 215, 392
Berger, Brigitte (1928-), 244
Berger, Peter L. (1929-), 217, 392
Bergson, Henri (1859-1941), 444
Bergstresser, Charles (1858-1923), 394
Berkeley, George (1685-1753), 352, 389, 428
Bestor, Arthur (1908-1994), 301, 312, 427
Between Nothingness and Paradise, de Niemeyer, 352, 464
Beyond the Dreams of Avarice, de Kirk, 16, 36, 357, 411, 443, 449
Bíblia, 86, 123, 131, 209, 346
Bibliolatria, 131-32
Bill of Rights [Declaração de Direitos] da Constituição dos Estados Unidos, 413
Billy Budd, de Melville, 374
Bishop, Maurice (1944-1983), 418
Bismarck, Otto von (1815-1898), 351, 382
Black Jack, batalha de, 374
Blake, William (1757-1827), 202, 389
Blithedale Romance, The, de Hawthorne, 153, 375

Bloomsbury, grupo de, 379
Bob Jones University, 293, 425
Bolingbroke, Henry St. John (1678-1751), 1º Visconde, 37, 133-34, 173
Bolívar, Simón (1783-1830), 155
Bonald, Louis de. Ver De Bonald, Louis
Bonaparte, José (1768-1844), 389
Bonaparte, Napoleão 92, 159, 314, 351, 426, 457.
Boorstin, Daniel J. (1914-2004), 241, 251, 409
Boswell, James (1740-1795), 373, 390-91, 429
Bowdoin II, James (1726-1790), 398
Bowles, Chester Bliss (1901-1986), 283, 422
Bradbury, Ray (1920-2012), 13
Bramhall, John (1594-1663), 163, 379, 381
Brasil, 2, 18, 35, 39-40, 57, 333, 351, 369, 371, 376, 386, 390, 393, 398, 414, 432, 461, 464, 496
Brejnev, Leonid (1906-1982), 419
Brigadas Vermelhas, 235
Broglie, Victor de (1785-1870), 390
Brooks, Cleanth (1906-1994), 141
Brown, John (1800-1859), de Osawatomie, 153, 374, 385-86
Brownson, Orestes (1803-1876), 29, 123-24, 137, 141, 334, 350, 358, 365, 369, 424, 440, 445
Buchanan, Patrick (1938-), 31
Buchman, Frank (1878-1961), 355
Buckle, Henry Thomas (1821-1862), 118, 363
Buckley Jr., William F. (1925-2008), 24, 40, 352, 394, 408, 420, 458
Bulwer-Lytton, Edward (1803-1873), primeiro barão de Lytton, 335, 440
Bunyan, John (1628-1688), 61
Burckhardt, Jacob (1818-1897), 227, 251, 396, 409
Burguês, 382
Burke, Edmund (1729-1797), 13-15, 21, 23, 37-38, 44, 48-49, 51, 55, 61, 68-69, 71, 73-76, 79, 82-83, 98, 102, 104, 117, 121, 129, 133, 135, 140, 146, 150, 152, 162, 173, 192, 227-28, 237, 239, 247, 255, 275, 337, 349, 354, 356-65, 367-68, 372-73, 380, 386, 396-97, 400-01, 403-05, 407, 410, 420, 422, 439, 441, 444-45, 459, 460, 465, 466
Burnham, James (1905-1987), 40
"Burnt Norton" [Four Quartets], de Eliot, 355, 381
Bush, George H. W. (1924-), 30-31, 200, 221, 250, 255, 285, 353, 388, 392, 408, 417-18
Bush, George W. (1946-), 30, 418, 425
Butler, Joseph (1692-1752), 428
Butler, Richard Austen (1902-1982), 351, 382
Byron, George Gordon (1788-1824), Lorde, 206

C

Cairu, José da Silva Lisboa (1756-1835), visconde de, 54
Calhoun, John C. (1782-1850), 68, 136, 194, 358, 369
Camboja. Ver Kampuchea
Cambridge [Universidade], 39, 83, 256, 303, 375, 430, 464
Canavan S.J., padre Francis (1917-2009), 372
Cancer Ward, de Solzhenitsyn, 471
Cândido, de Voltaire, 150
Canning, George (1770-1827), 357
Cânone Ocidental, O, de Harold Bloom, 429
Capitalismo Democrático, 97-98, 225, 250, 253, 276-77, 279-80, 284, 449, 461
Capitalismo, 97, 194-97, 250-53
Capitalismo e Liberdade, de Friedman, 438
Capital, O [Kapital, Das], de Marx, 462
Capone, Al (1899-1947), 426
Carlos X (1757-1836), rei da França, 390
Carter, Jimmy (1924-), 31, 356
Cary, Lucius (1610-1643), Lorde Falkland, 149
Case for Conservatism, The, de Hogg, 134, 368
Case for Conservatism, The, de Wilson, 134, 368
Cassirer, Ernst (1874-1945), 443

Catedral de York, 260, 261
Catharino, Alex (1974-), 2, 11, 18, 23, 26, 35-36, 44, 51-52, 57, 71, 86-88, 366, 371-72, 377, 411, 413, 416, 425, 496
Catilina, Lúcio Sérgio (108-62 a.C.), 120
Catolicismo, 25
Céline, Louis-Ferdinand (1894-1961), 198, 388
Celtic Twilight, The, de Yeats, 363, 385
Central Intelligence Agency (CIA), 282, 409, 423
Centralização, 287, 382, 406, 450
Century Dictionary and Cyclopedia, The, 86, 262, 334-35, 389, 412, 440
César, Júlio (100-44 a.C.), imperador romano, 147, 314, 406, 445
Cesarismo, 406
Chafets, Zev (1947-), 317, 434
Chamberlin, William Henry (1897-1969), 40, 203
Chambers, Whittaker (1901-1961), 40, 275, 402, 420
Chaplin, Charlie (1889-1977), 380
Chateaubriand, François-René de (1768-1848), 267, 357, 414
Chaucer, Geoffrey (1343-1400), 170
Chernenko, Konstantin (1911-1985), 419
Chesterton, G. K. (1874-1936), 23, 51, 232-33, 238, 266, 346, 359, 380, 400, 401, 403, 413, 444
Chicago Institute of Art, 265
"Chiefly about War Matters by a Peaceable Man", de Hawthorne, 375
Child's History of England, A, de Dickens, 146, 372
China, 265, 273, 276
"Choice and Toleration", de Stark, 158
Chomsky, Noam (1928-), 422
Chronicles of Wasted Time, de Muggeridge, 201, 389, 391
Chubb, John E., 307, 431, 438
Churba, Joseph (1934-1996), 422
Churchill, Winston (1874-1965), 125, 159
Cícero, Marco Túlio (106-43 a.C.), 20, 120, 147, 256, 403, 431, 445

Cientificismo, 207-08, 268
Civitate Dei, De [Cidade de Deus, A], de Agostinho, 403
Clarissa, de Richardson, 59
Clark, Colin (1905-1989), 200, 316, 434
Clark, George Rogers (1752-1818), 154, 375
Classe do conhecimento, 217
Classes vs. elites, por Eliot, 173-74
Closing of American Mind, The, de Allan Bloom, 429
Clough, Arthur Hugh (1819-1861), 430
Colchões, regulação de, 291
Coleridge, Samuel Taylor (1772-1834), 14, 68, 111, 133, 166, 173, 358, 362
Coletivismo, 194-95
Coming up for Air [Um Pouco de Ar, Por Favor!], de Orwell, 408
Commentary, 246, 378, 381, 384, 407
Cômodo (161-192), imperador romano, 373
Como Ler Livros, de Adler e Van Doren, 430
Comte, Auguste (1798-1857), 363
Comunidade, 109-10
Comunismo, 202-04
Conceived in Liberty, de Rothbard, 399
Condillac, Étienne Bonnot de (1715-1780), 92
Condorcet, Marie Jean Antoine Nicolas de Caritat (1743-1794), marquês de, 67
Confessions of a Bohemian Tory, de Kirk, 20-21, 31, 82, 373, 388, 405, 427, 433
Confessions of a Twentieth-Century Pilgrim, de Muggeridge, 201, 211, 389
Confissões, de Rousseau, 74
Congo. *Ver* Zaire
Conrad, Joseph (1857-1924), 133, 155, 376
Consagração pelo uso, princípio da, 106-07, 230, 271, 397
Conservadores,
  americanos, 99-102, 219-21
  culturais, 257-70
  exemplares, 145-60
Conservadorismo
  Cultural, 257-70
  Popular, 215-26

Conservatism: Dream and Reality, de Nisbet, 134, 368
Conservative Constitution, The, de Kirk, 17, 32, 364, 367, 399, 413
Conservative Intellectual Movement in America, The, de Nash, 14-15, 38, 40-41, 63, 355, 358, 376, 391, 393, 402, 405, 410
Conservative Mind, The, [Mentalidade Conservadora, A], de Kirk, 13-15, 21, 24-25, 33-34, 38, 41-42, 46, 48, 51, 55, 61-65, 67, 69-73, 78-80, 104, 117, 134, 146, 162, 173, 358, 360-61, 363, 365, 368, 372-74, 377, 380, 391, 394, 397, 399, 402, 427, 432, 466-68, 471, 473
Conservative Revolution, The, de Edwards, 14-15, 355, 395
Constituição dos Estados Unidos, 17, 120-21, 130, 217, 220, 228, 231, 251, 293, 298, 333, 359, 398-99, 413-14, 424
Constituição romana, 148
Constitution of Church and State According the Idea of Each, On the, de Coleridge, 362
Continuidade, 131
   Ver, também, Convenção e Costumes, 105-06, 131-32
Contrato Social, 130
Contrato Social, Do, de Rousseau, 74, 399
Convenção, 105-06, 131-32
Convenção Constitucional de 1787, 130
Convenção da Virgínia de 1829-30, 152
Cooper, James Fenimore (1789-1851), 14, 136, 140, 194, 369
Corção, Gustavo (1896-1978), 54
"Coriolan" [Coriolano], de Eliot, 163, 378
Costumes, 105-06, 131-32
Crawford, Francis Marion (1854-1909), 372
Crédito Social, 170, 380
Creighton, Mandell (1843-1901), 391
Crisis of Western Education, The, de Dawson, 415
Cristianismo, 175-76, 207-10, 259-60, 264-69, 327, 335

Criterion, The, de Eliot, 162, 166-67, 169, 171, 174, 377-81, 384
Crítica da Filosofia do Direito de Hegel, de Marx, 420
Critical Examination of Socialism, de Mallock, 138, 370
Croce, Benedetto (1866-1952), 434
Croker, John Wilson (1780-1857), 357
Cronos, 349
Crowd, The, de Le Bon, 432
Culto, religioso, 411
Cultura, definição, 257-60
Cunha, Euclides da (1866-1909), 363
Currículo, universidade, 309
Custis, Dandridge (1731-1802), 277

D

Dalberg-Acton, John Emerich Edward (1834-1902), Lorde, 391
Dante Alighieri (1265-1321), 18
Darwin, Charles (1809-1882), 207
Darwinismo, 183
Davidson, Donald (1893-1968), 13, 42, 139, 141, 177-88, 190, 208, 370-71, 380, 38-83, 384-85, 391, 447
Dawson, Christopher (1889-1970), 55, 264, 267-68, 413-15
Day Jr., Luke (1743-1801), 398, 440
De Bonald, Louis (1754-1840), 357
Decadence and Renewal in the Higher Learning, de Kirk, 33, 362, 415, 426, 428-29, 442
Decadence: A Philosophical Inquiry, de Joad, 262, 412
Decadência, 261-64
Décima Oitava Emenda da Constituição dos Estados Unidos, 298
Decline of Intelectual, The de Molnar, 351
Defoe, Daniel (1660-1731), 59, 390, 428
Déjacque, Joseph (1821-1864), 395
De Maistre, Joseph (1753-1821), 357
Democracia, 110, 167, 250-53, 331-32, 337-50
   definição, 334-36
   global, 95-98, 280-81

plebiscitária, 332, 334
territorial, 332, 334
Democracy and Education, de Dewey, 441
Democracy and Leadership [Democracia e Liderança], de Babbitt, 51, 138, 370
Democracy and Liberty, de Lecky, 137, 369
Démocratie en Amérique, De la [Democracia na América, A], de Tocqueville, 136, 288
Democratismo, 167, 250-53, 259-60, 277-81, 332-34, 337-43
Demócrito (460-370 a.C.), 214
Demônios, Os, de Dostoiévski, 399
Dennison, Tom (1858-1934), 426
Despotismo democrático, 178, 228, 288, 334, 335
Destutt de Tracy, Antoine-Louis-Claude (1754-1836), 92, 351, 457
Detroit, Michigan, 197-99, 315, 316-28
Devil's Night and Other True Tales of Detroit, de Chafets, 317, 434
Dewey, John (1859-1952), 36, 190, 267, 311, 335, 357, 440, 441
Dicey, A. V. (1835-1922), 144
Dickens, Charles (1812-1870), 146, 372, 382
Diêm, Ngô Dình (1901-1963), 281, 409
Dimensão humana na educação, 308
Dinâmicas da História do Mundo, de Dawson, 415
Diplomacia, de Kissinger, 420
Direitos do Homem, Os, de Paine. *Ver Rights of Man, The*, de Paine
Discourse on the Constitution, A, de Calhoun, 136, 369
Discurso sobre a Dignidade Humana [Oratio de Hominis Dignitate], de Pico della Mirandola, 442
Discurso sobre a Origem e os Fundamentos da Desigualdade entre os Homens, de Rousseau, 399
Disquisition on Government, A, de Calhoun, 136, 369
Disraeli, Benjamin (1804-1881), 14, 68, 124, 133, 172, 173, 407, 466

Distrito de Colúmbia. *Ver* Washington, D.C.
Disturbing the Peace, de Havel, 470
Dividing of Christendom, The [Divisão da Cristandade, A], de Dawson, 414
Dixie, 187-88, 318
Dixieland, 383
Dixon, Jeremiah (1733-1779), 383, 384, 435
Dois Tratados sobre o Governo, de Locke, 356, 367, 462
Domiciano (51-96), imperador romano, 373
Dostoiévski, Fiódor (1821-1881), 231, 234, 399, 405
Douglas, C. H. (1879-1952), 380
Dow, Charles (1851-1902), 394
"Dry Salvages, The" [Four Quartets], de Eliot, 381, 443, 444
Ducos, Roger (1747-1816), 426
Dukakis, Michael (1933-), governador, 215, 392
Dumas, Alexandre (1802-1870), 434

E

"Earth's Holocaust", de Hawthorne, 153, 375
"East Coker" [Four Quartets], de Eliot, 176, 381
East, John P. (1931-1986), 34, 142, 376
Eastman, Max (1883-1969), 40
Economia, 191-94
Economia numa Única Lição, de Hazlitt, 39
Economic Role of the State, The, de Orton, 198, 388
Economics of the Free Society, de Röpke, 191, 386
Edmund Burke: A Genius Reconsidered, de Kirk, 15, 372, 401
Educação, 301-12
  clássica, 33
  liberal, 33, 51, 52, 54, 429-31, 438, 443
Educational Wastelands, de Bestor, 301, 427
Edwards, Kate Lucy. *Ver* Swayze, Kate Lucy
Edwards, Lee, 14-15, 19, 28, 355, 395
Eficiência, 191-94
Elements d'Idéologie, Les [Elementos da Ideologia, Os] de Destutt de Tracy, 92

Eliade, Mircea (1907-1986), 267
Eliot and His Age, de Kirk. Ver *Era de T. S. Eliot, A*, de Kirk
Eliot, T. S. (1888-1965), 12-14, 18, 23, 27, 33, 50-52, 55, 57, 61, 63, 68, 71, 88, 100, 123, 133, 140-41, 146, 153, 161-62, 170-71, 174-77, 182, 208, 212, 232, 248, 259, 305, 331, 341, 345, 355, 358, 359, 365-66, 368, 371-72, 375-84, 391, 400, 403, 408, 411, 413, 415-16, 425-26, 430, 432, 439, 442-44, 448, 466
Eliot, William Greenleaf (1811-1887), 161, 170
Elites, 305-06
Emerson, Ralph Waldo (1803-1882), 67, 179, 277, 374, 375
Emílio, ou Da Educação, de Rousseau, 74, 399, 400
End of Ideology, The [Fim da Ideologia, O], de Bell, 64
Enemies of the Permanent Things, de Kirk, 16, 36, 351-52, 357, 359, 388, 403, 405, 413, 424, 430, 438, 440, 442, 444
Engels, Friedrich (1820-1895), 77, 93, 123, 137, 351, 365, 369, 397, 432, 457, 461
English Literature in the Sixteenth Century Excluding Drama, de Lewis, 354
Era Augustana para os Estados Unidos, 301-02, 427-28
Era de T. S. Eliot, A, de Kirk, 18, 23, 33, 50, 57, 71, 88, 366, 372, 377, 378-81, 384, 411, 413, 415-16, 425-26, 430, 432, 444
Erasmo de Roterdã (1466-1536), 354
Eslovênia, 274, 419
Esopo (620-564 a.C.), 387, 423
Especialização, 196, 451, 452
Espírito do Capitalismo Democrático, O [Spirit of Democratic Capitalism, The], de Novak, 352, 394, 409, 461
Esprit des Lois, L' [Espírito das Leis, O], de Montesquieu, 130
Esquerdismo, 143, 205-06, 223, 226, 243, 389, 458, 459. Ver também Progressismo e Liberalismo

Ésquilo (525-456 a.C.), 352, 419
Estadista, 15, 48, 71, 98, 107, 130, 135, 222, 255, 351, 356, 362, 365, 368, 374, 432, 445, 473
Estado de Bem-Estar Social, 65-66, 181, 187, 238, 254, 406
Estoicos, 346
Ethics of Rhetoric, The, de Weaver, 157, 377
Ética a Nicômacos, de Aristóteles, 367, 403, 425
Ética da Liberdade, A [Ethics of Liberty, The], de Rothbard, 398, 400, 403, 405, 461
Eurípides (480-406 a.C.), 49, 419

F

Fabianos, 174, 204, 357
Falkland, Lorde. Ver Cary, Lucius
Família, 224
Farragut, almirante David (1801-1870), 154, 375
Fascismo, 94, 167, 170, 457, 460
Faure, Sébastien (1858-1942), 395
Fausto, de Goethe, 388
Federal Bureau of Investigation (FBI), 298, 438
Federal Department of Housing and Urban Development (HUD), 436
Feiling, Keith (1884-1977), 47, 358, 467
Fernando I (1751-1825), rei das Duas Sicílias, 434
Fernando VII (1784-1833), rei da Espanha, 389
Feuer, Lewis (1912-2002), 94, 352
Fielding, Henry (1707-1754), 428
Filipe II (382-336 a.C.), rei da Macedônia, 445
Flaco (55 a.C.-20 A.D.), 427
Fletcher, John Gould (1886-1950), 188, 370, 385
Ford, Gerald (1913-2006), 30, 356, 393, 420
Ford, Henry (1863-1947), 319
Ford Motor Company, 318

Formation of Christendom, The [Formação da Cristandade, A] de Dawson, 414
Fountainhead, The [Nascente, A], de Rand, 405
Four Quartets [Quatro Quartetos], de Eliot, 27, 63, 355, 365, 381, 443
Franco, Francisco (1892-1975), 210
Freedom, Farewell, de Bentley, 147, 372
Freud, Sigmund (1856-1939), 165, 207
Freudianismo, 179, 207
Freyre, Gilberto (1900-1987), 54, 371
Friedman, Milton (1912-2006), 438, 439
Frohnen, Bruce, 11, 15, 35, 87, 447, 454, 496
Frost, Robert (1874-1963), 49, 315
Fukuyama, Francis (1952-), 64
Fundamentos da Liberdade, Os, de Hayek, 369
"Future of Central Europe, The", de Havel, 473
Futurismo, 183

G

Gaddafi, Muammar (1942-2011), 418
Galbraith, John Kenneth (1908-2006), 422
Galeano, Eduardo (1940-), 422
Garibaldi, Giuseppe (1807-1887), 434
Gay, John (1685-1732), 428
General Motors, 326
Génie du Christianisme, Le [Gênio do Cristianismo, O], de Chateaubriand, 267
Genius of American Politics, The, de Boorstin, 409
George I (1660-1727), rei da Grã-Bretanha, 427
George II (1683-1760), rei da da Grã-Bretanha, 427
Geração Emergente, 82, 91, 122, 183, 187, 269, 299, 305, 309, 349, 350
German Question, The, de Röpke, 192, 386
Gerry, Elbridge (1744-1814), 421
Gide, André (1869-1951), 204
Gilder, George (1939-), 243, 406
Gilson, Etienne (1884-1978), 310, 372, 431

Gissing, George (1857-1903), 28, 343, 382, 442
Gladstone, William (1809-1898), 390
Glazer, Nathan (1923-), 244
Gods of the Copybook Headings, The, de Kipling, 363
Goethe, de Johann Wolfgang von (1749-1832), 277, 388, 434
Goldsmith, Oliver (1730-1774), 427
Goldwater, Barry (1909-1998), 29, 120, 363, 364, 393
Gorbachev, Mikhail (1931-), 221-22, 271, 272, 353, 416
Gordon, general Charles George (1833-1885), 148
Governo Civil, de Locke. *Ver Dois Tratados sobre o Governo*, de Locke
Governo e Mercado [Power and Market], de Rothbard, 398
Governo Popular, 137, 331, 450
Governo Representativo, 119, 252, 336
Governo Representativo, O, de Mill, 407
Graham, Robert (1938-2008), 317
Granada, 223, 272, 418, 419
Grapes of Wrath, The [Vinhas da Ira, As], de Steinbeck, 395
"Grave by the Lake, The", de Whittier, 335, 440
Graves, Robert (1895-1985), 47, 208, 360
"Great Liberal Death Wish, The", de Muggeridge, 207-08, 389, 391
Great Society, programa da administração Johnson, 364, 381, 406, 436
Green Stick, The, de Mudderidge, 201, 204, 207, 214, 389, 391
Green, Thomas Hill (1836-1882), 36, 357
Grigsby, Hugh Blair, 152, 374
Guerra da Coreia, 284, 423
Guerra da Indochina, 423
Guerra do Golfo, 30, 423, 442
Guerra Hispano-Americana, 284, 423
Guizot, François (1787-1874), 357, 390
Gulliver's Travels, de Swift. *Ver Viagens de Gulliver*, de Swift

H

Haag, Ernest van den (1914-2002), 232, 400
Halifax, Edward Frederick Lindley Wood (1881-1959), Lorde, 173
Hamilton, Alexander (1755-1804), 70, 130, 231, 389, 399
Hannah, John A. (1902-1992), 66, 94, 351, 362, 373, 402, 427
Hare, Augustus (1834-1903), 124
Harrington, Michael (1920-1989), 243, 245, 406
Harte, Bret (1836-1902), 445
Hart, Jeffrey P. (1930-), 25, 394
Hartz, Louis (1919-1986), 64
Harvard [Universidade], 39, 64, 83, 141, 171, 304, 368
Hastings, Warren (1732-1818), 122, 364
Havel, Václav (1936-2011), 466, 469, 470, 472-74
Hawthorne, Nathaniel (1804-1864), 14, 133, 153, 375, 377
Hayden, Tom (1939-), 31
Hayek, Friedrich A. (1899-1992), 39, 136, 193, 227, 369, 386, 402
Hazlitt, Henry (1894-1993), 39, 400
Hearnshaw, F. J. C. (1869-1946), 80, 132, 367
Heath, Edward (1916-2005), 119, 363
Hegel, Georg Wilhelm Friedrich (1770-1831), 72, 420
Henrie, Mark C., 11, 15, 59, 83, 87, 496
Henri-Marie de Lubac, 443
Henry, Patrick (1736-1799), 99, 354
Henry Regnery, 14-15, 21, 24-25, 33-34, 54-55, 61, 117, 363, 368, 372, 374, 377, 386
Heráclito de Éfeso (535-475 a.C.), 455
Heritage Foundation, 9, 11, 19, 23, 53, 62, 78, 243, 248, 328, 359, 368, 386, 387, 391, 401, 406, 419, 428, 434
Hero Tales from American History, de Roosevelt e Lodge, 154, 375
Higino (64-17 a.C.), 427
Himmelfarb, Dan, 246, 407
Himmler, Heinrich (1900-1945), 355
Hiss, Alger (1904-1996), 40
História das Crenças e das Ideias Religiosas, de Eliade, 414
História romana, 158
Historian's Approach to Religion, An, de Toynbee, 413
History of Civilization in England, de Buckle, 363
History of United States of America during the Administrations of Jefferson and Madison, de Henry Adams, 374
Hitler, Adolf (1889-1945), 168, 194, 353, 460, 463
Hitler e os Alemães, de Voegelin, 352
Hobbes, Thomas (1588-1679), 165, 177, 237, 381, 403, 404, 424, 431
Hobhouse, Leonard T. (1864-1929), 36, 357
Hobsbawm, Eric (1917-2012), 12
Hobson, John (1858-1940), 36, 357
Hofstadter, Richard (1916-1970), 154-55, 376
Hogg, Quintin (1907-2001), 134, 368
Hollow Men, The [Homens Ocos, Os], de Eliot, 381, 383, 432
Home Owners' Loan Corporation (HOLC), 318, 435
Homero, 185, 419
Homossexuais, 232, 392
Hoover, Herbert (1874-1964), 29, 34, 139, 318, 474
Horácio (65-8 a.C.), 427
Hours in a Library, de Stephen, 374
House of the Seven Gables, The [Casa das Sete Torres, A], de Hawthorne, 375
Hughes, Henry Stuart (1916-1999), 43, 91, 351
Hugo, Victor (1802-1885), 374, 405
Humane Economy, A, de Röpke, 192, 371, 385, 386, 452
Humanismo secular, 268, 274, 441
Hume, David (1711-1776), 72, 165, 361, 428
Humphrey, Hubert (1911-1978), 29, 356, 393
Hungria, 35, 274, 282

Hunter, Ian (1945-), 212, 389, 391
Hutcheson, Francis (1694-1746), 428
Hutchins, Robert (1899-1977), 172, 380
Huxley, Aldous (1894-1963), 380
Huxley, Julian (1887-1975), 204
Huxley, Thomas H. (1825-1895), 208

I

Idea of a Christian Society, The, de Eliot, 12, 140, 163, 167, 331, 355, 371, 378-79, 416, 439, 442
Idea of a University, The, de Newman, 429
Ideas Have Consequences [Ideias Têm Consequências, As], de Weaver, 42, 133, 156, 376
Ideologia, 99-102, 134, 166, 239-40, 248-53, 273-74, 275-76, 331-12, 336-37, 338, 341-43
Ideologia Alemã, A, de Marx e Engels, 351, 457, 462
Ideology and the Ideologists, de Feuer, 352
Igreja Anglicana, 173, 414
Igreja do Messias, 161
I'll Take My Stand, dos Agrarianos Sulistas, 139, 185-86, 189, 370, 383, 384, 385
Imagem de Jesus ao Longo dos Séculos, A, de Pelikan, 415
Imaginação
    diabólica, 52
    Idílica, 51, 82
    moral, 51, 54, 74, 76, 78, 81, 126, 164, 217, 269, 307, 328, 345
Imperfectibilidade, princípio de, 108
Industrialismo, 118, 179, 370
"Informer, The" [O Informante], de Conrad, 155, 376, 377
Iniciativa Estratégica de Defesa.
    Ver Strategic Defense Initiative (SDI)
Inland Revenue, 169, 380
Institute for Cultural Conservatism, 258, 411
Inspeção de carnes, 290
Instrumentalismo educacional, 147
Intelectuais, 168-69, 179-80, 216, 243-44, 255-56

Intelligent Woman's Guide to Conservatism, The, de Kirk, 16, 157, 377
Intemperate Professor and Others Cultural Splenetics, The, de Kirk, 33, 362, 415, 426
Intercollegiate Studies Institute (ISI), 11, 18, 28, 83, 211
Internal Revenue Service (IRS), 393
International Security Council (ICS), 422
Introdução aos Princípios da Moral e da Legislação, Uma, de Bentham, 421
Irã, 30, 158, 193, 223, 386, 417
Iraque, 30, 285, 423, 442
Irlanda, 73, 274
Ironside, Edmund (1880-1959), 416
Is Life Worth Living?, de Mallock, 26, 81, 138, 141, 370, 415
Israel, 17, 30, 44, 253, 352, 354, 359, 400, 407, 410, 413, 417
Iugoslávia, 210, 419
Ivanhoe, de Scott, 374

J

Jackson, Andrew (1767-1845), 170, 334
Jackson, Jesse (1941-), 217, 392
Jackson, Thomas Jonathan "Stonewall" (1824-1863), general, 154
Jacobinos, 118, 193, 247, 426, 434, 449
James, Henry (1843-1916), 375
James, William (1842-1910), 444
Jefferson, Thomas (1743-1826), 67, 151, 180, 293, 314, 327, 334, 432, 433
"Jerusalém", de Blake, 86, 202, 258, 359
Jeweler's Eye, The, de Buckley Jr., 458
Joad, C. E. M. (1891-1953), 262-63, 412
João Paulo II, papa [Karol Wojtyla (1920-2005)], 126, 366
John Randolph. *Ver também* John Randolph of Roanoke: A Study in American Politics, de Kirk
John Randolph of Roanoke: A Study in American Politics, de Kirk, 24, 107, 151-52, 360, 365, 374, 401
Johnson, Amos S. (1847-1900), 433
Johnson, Estella Russell (1848-1936), 23

Johnson, Lyndon B. (1908-1973), 30, 177, 246, 272, 290, 320, 406, 423, 425
Johnson, Paul (1928-), 12, 13, 39, 366, 432
Johnson, Samuel (1709-1784), 37, 86, 149, 206, 302, 373, 377, 383, 390-91, 428-29
Jones, Bob (1883-1968), 293, 425
Jones, Edward Davis (1856-1920), 394
Jonson, Ben (1572-1637), 202, 389, 410
Jordan, Camille de (1771-1824), 390
Joseph R. McCarthy, 30
Journal of a Tour to the Hebrides with Samuel Johnson LL.D., The, de Boswell, 390-91
Joyce, James (1882-1941), 59
Juvenal (55-127), 202

K

Kampuchea, 92
Kampuchea [Camboja], 92
Kant, Immanuel (1724-1804), 444
Keble, John (1792-1866), 355
Kelsen, Hans (1881-1973), 36, 357
Kendall, Willmoore (1909-1968), 142
Kennedy, John F. (1917-1963), 29, 281, 369, 406, 409, 423
Kerner Jr., Otto (1908-1976), 436
Kerr, Robert S. (1896-1963), 250
Keynes, John Maynard (1883-1946), 36, 357, 379
Khrushchov, Nikita (1894-1971), 419
King Jr., Martin Luther (1929-1968), 422
Kipling, Rudyard (1865-1936), 133, 363
Kirk, Andrea (1975-), 384
Kirk, Annette (1940-), 22, 26, 28, 32, 428, 433, 437
Kirk, Cecilia (1967-), 23
Kirk, Felicia (1970-), 26
Kirk, Marjorie Rachel Pierce (1895-1943), 23
Kirk, Monica (1968-), 26
Kirkpatrick, Jeane (1926-2006), 252
Kirk, Russell Amos (1918-1994), 23
Kirk, Russell Andrew (1897-1981), 23
Kissinger, Henry (1923-), 275, 353, 418, 420
Kline, Henry Blue (1905-1951), 188, 370, 385

Koestler, Arthur (1905-1983), 268, 415
Kristol, Irving (1920-2009), 242, 245, 248, 255, 406, 408, 410, 458
Kuwait, 284, 423, 442

L

La Follette, Robert M. (1855-1925), 422
La Mothe, Antoine Laumet de (1658-1730), 435
Lancelot Andrewes, For, de Eliot, 379
Lanier, Lyle H. (1903-1988), 188, 370, 385
Laski, Harold (1893-1950), 96, 135, 204, 368
Last Puritan, The, de Santayana, 277, 421
Law of Longer Life, The, de Parkinson e Lecompte, 263, 294, 413, 426
Lazzaroni, 316, 434
Lear, Norman (1922-), 267, 414
Le Bon, Gustave (1841-1931), 312, 432
Lecky, William E. H. (1838-1903), 137, 369
Lee, general Robert E. (1807-1870), 374
Leme, Og Francisco (1922-2004), 56
Lênin, Vladimir Ilyich (1870-1924), 203
Letter on a Regicide Peace, de Burke, 275
Letter to the Soviet Leaders, de Solzhenitsyn, 469
Leviatã, criatura bíblica, 42, 47, 109, 139, 177-78, 185, 188-90, 257, 361, 381, 403-04, 424
Leviatã, de Hobbes, 42, 47, 109, 139, 177-78, 185, 188-90, 257, 361, 381, 403-04, 424
Lewis, C. S. (1898-1963), 51, 354, 430
Lewis, Sinclair (1885-1951), 382
Líbano, 30, 223, 272, 417
Liberal Imagination, The, de Trilling, 36, 64, 372, 384
Liberal Tradition in America, The, de Hartz, 64
Liberdade, 108-09, 230
Liberdade de Escolher, de Friedman e Friedman, 439
Libertarianismo, 136, 227-40
Libertarian Manifesto. Ver For a New Liberty, de Rothbard
Libertário, 227-40

Liberalismo *Ver, também,* Esquerdismo e Progressismo, 36, 42, 62-63, 65-70, 77, 155, 168, 176, 206-09, 256, 356, 388
Libertinismo, 232
Liberty, Equality, Fraternity, de Stephens, 137, 141, 369, 400
Liberty Fund, 24, 136, 138, 152, 360, 364, 365, 369, 370, 374, 396, 400-01, 409, 454
Liberty, On [Liberdade, A], de Stuart Mill, 137
Líbia, 213, 223, 272, 418
Lichenstein, Charles (1926-2002), 422
Life of Johnson, de Boswell, 373, 390, 429
Lincoln, Abraham (1809-1865), 157, 217, 374, 392
Lincoln, Benjamin (1733-1810), 399
Lindbom, Tage (1909-2001), 141, 371
"Literature of Fascism, The", de Eliot, 167, 379
"Little Conservative, A", de Nock, 373
"Little Gidding" [Four Quartets], de Eliot, 27, 63, 176, 365, 381
Lituânia, 274, 420
"Live Not by Lies", de Solzhenitsyn, 469
Livro Negro do Comunismo, O, de Courtois et alli, 432
Livros conservadores, 26, 81, 146, 415, 451
Livros,
  resenhas de, 142-43
  publicação de, 142-44, 155-56
Livros-texto, 153, 336, 337
Locke, John (1632-1704), 65, 71, 78, 92, 130, 264, 356, 367, 389, 390, 462
Lodge, Henry Cabot (1850-1824), 154, 281, 375, 409
Lodge Jr., Henry Cabot (1902-1985), 281, 409
Lógica, 156
London, Jack (1876-1916), 324, 422
Londres, 12, 50, 59, 80, 124, 133, 161-63, 169, 173, 197, 213, 263, 295, 355, 359, 364-67, 370-71, 373-74, 377-80, 386, 389-92, 412, 416, 422, 425, 429, 431, 439, 440, 469
"Long Street, The", de Davidson, 382

Lorimer, George Horace (1867-1937), 394
Louis, Joe (1914-1981), 317
Lowell, James Russell (1819-1891), 374, 375
Luce, Henry (1898-1967), 276
Luis Filipe (1773-1850), rei dos franceses, 390
Lukacs, John (1924-), 274
Lumumba, Patrice (1925-1961), 421
Lyons, Eugene (1898-1985), 40
Lytle, Andrew N. (1902-1995), 185

M

MacArthur, Douglas (1880-1964), 423
MacDiarmid, Hugh (1892-1978), 380
Macedo, Ubiratan Borges de (1937-2007), 56
Madison, James (1751-1836), 130, 151-52, 399, 432
Maine de Biran, Pierre (1766-1824), 390
Maine, Sir Henry (1822-1888), 109, 114, 121, 137
Maistre, Joseph de. *Ver* De Maistre, Joseph
Malcolm Muggeridge: A Life, Hunter, 389, 391
Malcolm X (1925-1965), 31
Mallock, W. H. (1849-1823), 26, 81, 137, 141, 370, 415
Manchester Guardian, 203, 205
Mandeville, Bernard (1670-1733), 428
Manifesto do Partido Comunista, de Marx e Engels, 77, 123, 137, 365, 369, 387, 397, 432, 461, 462
Mannheim, Karl (1893-1947), 165, 175, 411
Maquiavel, Nicolau (1469-1527), 75, 163, 255
Marco Antônio (83-30 a.C.), 445
Marco Aurélio (121-180), imperador romano, 148, 238
Martin, Luther (1748-1826), 367
Marxismo, 93-94, 123, 125, 162, 169, 179, 218, 234-43, 250, 271, 273, 397
"Marxist Literary Criticism", de Eliot, 379-80
Marx, Karl (1818-1883), 65, 77, 93, 123, 129, 137, 165, 192, 207, 230, 236, 251, 274, 314, 348, 351, 365, 367, 369, 387, 397, 409, 420, 432, 448, 457, 461, 462

Mason, Charles (1728-1786), 383-84, 435
Mason, George (1725-1792), 151
Massinger, Philip (1583-1640), 410
McCarthy, Eugene (1916-2005), 103, 356
McDonald, W. Wesley (1946-), 15, 33-35, 358, 427
McKinley (1843-1901), William, 423
Measure, 43, 172, 351
Mecosta, Michigan, 34, 88, 369, 378, 383, 395, 401
Meditações, de Marco Aurélio, 148-49, 372-73, 405
Melville, Herman (1819-1891), 374
Mencken, H. L. (1880-1956), 369, 396, 405
Metternich, Klemens von (1773-1859), 173
Meyer, Frank S. (1909-1972), 142, 402
Michel, Louise (1830-1905), 395
Michigan State University, 24, 150, 373, 427, 431
Mickiewicz, Adam (1798-1855), 260, 411
"Military Operations in Low Intensity Conflict", documento militar, 282
Miller, Yevgeny (1867-1939), 416
Mill, James (1773-1836), 67
Mill, John Stuart (1806-1873), 36, 67, 79, 137, 247, 356, 363, 370, 407, 421, 431, 462
Milošević, Slobodan (1941-2006), 419
Milton, John (1608-1974), 358, 388, 390, 396, 432
Minogue, Kenneth (1930-), 94, 351, 468
Minorias, tirania das, 219, 452
Misérables, Les [*Miseráveis, Os*], de Hugo, 374
Miséria da Filosofia, de Marx, 351
Mises, Ludwig von (1881-1973), 39-40, 142, 371, 385-86, 398-99, 405, 461
Mito da Democracia, O, de Lindbom, 371
Mobutu, Joseph-Desiré (1930-1997), 282, 421
Moçambique, 283, 422
Moe, Terry M., 307, 431, 438
Molnar, Thomas (1921-2010), 94, 351
Monarquia, 69, 110, 333, 364, 386, 434
Monroe, James (1758-1831), 151-52
Montesquieu, Charles Louis de Secondat, barão de (1689-1755), 130, 356, 367, 412

Montgomery, Marion (1925-2011), 234-35, 352, 401
Moral Foundations of Civil Society, The, de Röpke, 191, 371, 385-87, 396
Moral Life and the Ethical Life, The, de Vivas, 416
More, Paul Elmer (1864-1937), 14, 55, 68, 134, 138, 164, 171, 365, 370, 380, 443
More, Thomas (1478-1535), 35, 354, 366
Morris, Gouverneur (1752-1816), 120
Moscou, 125, 197, 203-05, 207, 221, 271-72, 275, 297, 416, 420
Mosley, Sir Oswald (1896-1980), 463
Mos maiorum, 372
Moynihan, Daniel Patrick (1927-2003), 436
Mudança, 16, 37, 48-50, 79, 104, 106, 111-12, 114, 118, 122, 125, 151-52, 161, 178, 186-87, 196, 214, 259, 275, 319, 350
Muggeridge, Katherine "Kitty" [Dobbs] (1903-1994), 203
Muggeridge, Malcolm (1903-1990), 13, 65, 201-03, 205, 208, 211-12, 214, 389, 391, 449
Mundo antagonista, 13, 102, 117-19, 125-27
Mussolini, Benito (1883-1945), 463

N

Nabuco, Joaquim (1849-1910), 54
Nadyozhny, Dmitry Nikolayevich (1873-1945), 416
Napoleão III (1808-1873), 390
Nashville, 181, 184, 187, 383
National Commission on Excellence in Education, 428
National Education Association (NEA), 428, 442
National Humanities Institute, 138, 370, 429
National Review, 22, 24-25, 40, 142, 224, 225, 232, 243, 362, 376, 394, 400, 406, 426, 429, 441-42, 464
National Security Council (NSC), 422
Nation at Risk, A, relatório sobre educação, 301, 428

Nazistas, 125, 192, 355, 366
Necker, Jacques (1732-1804), 388
Nelson, Jeffrey O., 11, 15, 20, 26, 35, 77, 359, 368, 372, 373, 380, 382, 396, 400-01, 406, 414, 423-24, 438-39, 443, 447
Neoconservadores, 37, 41, 228, 242-52, 254-56, 353, 361, 393, 407
Neoconservatism, de Kristol, 406
Neoconservatives, The, de Steinfels, 243, 406
Nerva (30-98), imperador romano, 373
"New American Revolution, The", de Williams, 277
Newark, New Jersey, 199, 327
Newman, John Henry (1801-1890), 14, 51, 55, 68, 126, 166, 206, 303, 346, 355, 361, 366, 391, 425, 429, 444
New Republic, The, de Mallock, 138, 370
New Yorker, revista, 435
New York Review of Books, 142, 186, 384
New York Times, 29, 114, 142, 244, 388
Nhu, Madame [Trân Lê Xuân (1924-2011)], 253, 409
Niemeyer, Gerhart (1907-1997), 11, 20, 87, 94, 249, 352, 408, 455, 464
Nietzsche, Friedrich (1844-1900), 256, 405
Nisbet, Robert A. (1913-1996), 13, 42, 134, 241, 361
Nixon, Herman Clarence (1886-1967), 370, 385
Nixon, Richard (1913-1994), 140, 175, 216, 243, 276, 279, 356, 393, 406, 420, 422
"Nobel Lecture", Solzhenitsyn, 471
Nock, Albert Jay (1870-1945), 38, 148, 372-73, 396
Nolan, David (1943-2010), 401
Nostromo, de Conrad, 155, 376
Notes on Some Figures Behind T. S. Eliot, de Howarth, 378, 380
Notes Towards a Definition of Culture [Notas para a Definição da Cultura], de Eliot, 140, 162
"Not in Memoriam, But in Defense", de Young, 186, 384, 385

Nova Ciência da Política, A, de Voegelin, 42, 46, 352, 442
Novak, Michael (1933-), 244, 246, 249, 250, 352, 394, 408, 409, 461
Nova Ordem Mundial, 97, 276, 285, 352, 353
Nova York, NY, 14, 16, 21-22, 26-27, 34, 36, 49, 63-64, 66, 78, 82, 86, 141, 154, 169, 179-81, 185, 243, 255, 275, 282, 319, 328, 350, 355, 358, 368, 372, 373-77, 379, 381, 384, 388-89, 392-93, 395-96, 405-06, 408, 412-13, 421, 427, 429, 431-34, 439-41, 444, 458, 470-72

O

Oak and the Calf, The, de Solzhenitsyn, 470
O'Connor, Flannery (1925-1964), 13, 186, 384
Odoacro (434-493), 412
Office of Price Administration (OPA), 422
Off the Sand Road, de Kirk, 411
Opium des Intellectuels, L' [O Ópio dos Intelectuais], de Aron, 94
Ordem
  moral, 12, 46, 105, 115, 140, 220, 228, 232, 236, 239, 254, 258, 266, 269, 359, 471
  da alma, 45-46, 359
  da comunidade, 46, 359
Ordem e História, de Voegelin, 44, 352, 413
Organização das Nações Unidas (ONU), 273, 352, 417, 419, 423
Origens do Totalitarismo, As, de Arendt, 66, 351, 362, 402
Origins of Totalitarian Democracy, The, de Talmon, 351
Orthodoxy [Ortodoxia], de Chesterton, 444
Orton, William A. (1889-1952), 193, 200, 388
Orwell, George [Eric Arthur Blair (1903-1950)], 162, 209, 248, 355, 356, 378, 391, 408, 410, 422
Osawatomie, batalha de, 153, 374
Osawatomie Brown, de Edwards e Swayze, 374
Otto, Rudolf (1869-1937), 267, 415

Ovídio (43 a.C.-18 A.D.), 427
Owsley, Frank L. (1890-1956), 188, 385
Oxford [Universidade], 101, 256, 303, 316, 354, 355, 373, 390-91, 409, 413-14, 429-30, 432

P

Pafford, John M., 34, 358
Page, Thomas Nelson (1853-1922), 392
Pahlavi, xá Mohammad Reza (1919-1980), 193, 386
Paine, Thomas (1737-1809), 37, 67, 122, 230, 364, 397
Paixões, 33, 60, 110, 124, 162, 230, 237-38, 337, 361
Panichas, George A. (1932-2010), 376
Paradise Lost [Paraíso Perdido], de Milton, 358, 432
Parkinson, C. Northcote (1909-1993), 263, 294-95, 413, 425-26
Parsky, Dmitri (1866-1921), 416
Partido Conservador, britânico, 122, 162-63, 173-74, 228, 363
Partido Democrata, 29, 215, 226, 245, 284, 356, 359, 363, 369, 392, 394, 428, 437-38
Partido Democrata-Republicano, 293
Partido Federalista, 170, 293
Partido Libertário, 235, 401-02
Partido Republicano, 31, 284-85, 363, 380, 393-94, 406
Partido Tory, 124
Partido Trabalhista, 174, 303, 363
Partido Whig, 173, 390
Paterson, Isabel (1886-1961), 39, 405
"Patristical Idea of Antichrist, The", de Newman, 366
Paulo (de Tarso), São, 268
Peek Jr., George A. (1918-2002), 135, 369
Peel, Sir Robert (1788 1850), 172, 358, 390
Pelikan, Jaroslav (1923-2006), 267, 415
Pendergast, Tom (1873-1945), 426
People, Yes!, The, de Sandburg, 335, 441
Percy, Walker (1916-1990), 186

Permanência, 16, 79, 98, 111-12, 114, 123, 145
Perseus in the Wind, de Stark, 158, 377
Person Jr., James E. (1955-), 13, 20, 33-34, 358, 413, 427
Philips, Ambrose (1674-1749), 428
Pico della Mirandola (1463-1494), 345, 442-43
Piedade, 95, 198, 313, 463
Pierce, Eva Johnson (1871-1953), 23
Pierce, Frank H. (1867-1931), 23, 145, 154
Pietas, 238
Piety Hill, 22, 27-29, 35, 155, 211, 349, 369, 376, 395
Pijamas, regulação dos, 292
Pitt, William (1759-1806), 159, 284
Platão (427-347 a.C.), 48-49, 98, 105, 107, 157, 182, 255, 338, 347, 352-54, 362, 395, 403, 410, 425, 431, 439, 441, 455-56, 463, 473
Plutarco (46-120), 147, 372, 379
Poder, 16, 43, 48, 56, 65, 69, 76, 96, 101, 106, 110-11, 118, 126, 150, 174, 178, 188, 207, 212-13, 219, 222, 233, 258, 275, 287, 290, 294, 297, 299 311, 314, 331, 334, 337
Poet and the Lunatics, The, de Chesterton, 400-01
Poetas, 71
Policy Review, 139, 371, 409
Política da Prudência, 11, 13, 18-19, 53, 56-57, 85-88, 447-54, 466, 468, 471, 473-74
Política, de Aristóteles, 130
Política externa, 92, 223, 225, 228, 247-48, 252-53, 272, 275, 280, 284, 285, 353, 420, 423, 448
Political Principles of Robert A. Taft, The, de Kirk e McClellan, 380, 396, 423
Political Thought in England from Locke to Bentham, de Laski, 368
Political Writings of John Adams, The, de Peek Jr., 135, 369
Politics, Markets, and America's Schools, de Chubb e Moe, 307, 431, 438

Polônia, 22, 35, 274, 282
Pol Pot (1928-1998), 92
Pope, Alexander (1688-1744), 427-28
Popular Government, de Maine, 137
Populismo, 216-17
Portable Conservative Reader, The, de Kirk, 78, 104, 134, 155, 158, 163, 207, 358, 368, 376-77, 379-80, 389
Portugal, 57, 422
Postmodern Imagination of Russell Kirk, The, de Russello, 34, 358
Positivismo, 258, 309-10, 363
Pottawatomie, Massacre de, 374
Pound, Ezra (1885-1972), 170, 380
Primeira Emenda da Constituição dos Estados Unidos, 413-14
Primeira Guerra Mundial, 12, 125, 284, 314, 366, 415-16, 423, 441
Primo de Rivera, Miguel (1870-1930), 390
Princípios conservadores, 65, 79, 103, 471
Proceedings and Debates of the Virginia State Convention of 1829-1830, 374
Produto Interno Bruto (PIB), 189, 197, 254
Program for Conservatives, A, de Kirk, 15-16, 48-49, 361
Progressão, 111-12
Progressismo, 37, 53, 65, 201-14
Progressive, The, 282, 422
Progresso e Religião, de Dawson, 415
Proletariado e proletarianização, 53, 139, 194, 196, 313-29, 359, 433, 434
Propércio (43 a.C.-17 A.D.), 427
Propriedade privada, 16, 38, 62, 109, 119, 220, 230, 239, 251, 258, 395, 398-400, 402, 405
Prospects for Conservatives, de Kirk, 16, 50, 361-62, 419, 430
Protestantismo, 113, 208, 242, 274, 327, 358
Proudhon, Pierre-Joseph (1809-1865), 395, 397
Prudência, virtude da, 37, 255, 305
Prudência, princípio da política da, 113, 208, 242, 274, 327, 358
Pusey, Edward Bouverie (1800-1882), 355

Q

Quarta-feira de Cinzas, de Eliot. Ver Ash Wednesday, de Eliot
Quatro Quartetos, de Eliot. Ver Four Quartets, de Eliot
Queen's Quarterly, 118, 363

R

Rabelais, François (1483-1553), 202
Rand, Ayn (1905-1982), 31, 40, 229, 388, 405
Randolph, John, de Roanoke (1773-1833), 14, 24, 68, 107, 122, 151-52, 360, 365, 374, 401, 466
Ransom, John Crowe (1888-1974), 185, 188, 370-71, 384
Ransom, John James (1853-1934), 371
Rasselas, de Johnson, 373
Ravitch, Diane (1938-), 244
Rawls, John (1921-2002), 36, 357
Reader's Digest, 224, 225, 393, 451
Read, Herbert (1893-1968), 380
Read, Leonard (1898-1983), 39
Reagan, Ronald (1911-2004), 30, 35, 100, 126, 127, 221-23, 243, 271, 272, 338, 356, 366, 392, 393, 416-18, 424, 428, 441
Rearmamento Moral, 100, 355
Rebelião de Shays, 334, 398
Reclaiming a Patrimony, de Kirk, 368, 401
Redeeming the Time, de Kirk, 11, 13, 18-19, 26, 32-33, 37, 46, 53-54, 77, 83, 87, 359, 362, 368, 373, 382, 400-401, 406, 414-15, 424, 426, 428-29, 431, 438-39, 440, 442-43, 447
Reflections of a Neoconservative, de Kristol, 406
Reflections on the Revolution in France [Reflexões sobre a Revolução em França], de Burke, 13, 21, 23, 68, 71
Reform Act, de 1867, 124
Regionalism and Nationalism in the United States, de Davidson. Ver Attack on Leviathan, The, de Davidson
Regnery Gateway, 15, 17, 142

Regulações hoteleiras, 287-88
Regnery, Henry (1912-1996), 14-15, 21, 24, 25, 33-34, 54-55, 61, 117, 363, 368, 372, 374, 377, 386
Reid, John W. (1821-1881), 374
Religion and Culture, Dawson, 413
Rémusat, Charles de (1797-1875), 390
Renovação urbana, 320-23, 436
Representação, 62, 356, 390
República, A, de Platão, 137, 353-54, 410, 425, 439-40, 441, 455-56
República Tcheca, 35, 466. *Ver também* Tchecoslováquia
Resenhas de livros. *Ver* Livros, resenhas de; *Ver* Livros, resenhas de *Revolução dos Bichos, A* [Animal Farm], de Orwel
Revolução Francesa, 65-66, 121, 137, 231, 357, 364, 388, 390, 397, 401, 426, 460
Revolução Norte-Americana, 277-78
Richardson, Samuel (1689-1761), 59
Rights and Duties, de Kirk, 17, 32, 364
Rights of Man, The, de Paine, 364, 397
Rights of Man, The [Direitos do Homem, Os], de Paine, 364, 397
Rio Tennes, 184
Road to Serfdom, The [Caminho da Servidão, O], de Hayek, 39, 402
Robinson Crusoe, de Defoe, 59
Rob Roy, de Scott, 374
Rockefeller, Nelson (1908-1979), 393
Rock, The [A Rocha], de Eliot, 248, 408, 430
Röhm, Ernst (1887-1934), 464
Roma, 126, 132, 143, 147-49, 158, 213, 238, 262-63, 266, 274, 295, 313-14, 343, 346, 359, 371-72, 379
Roma Immortalis, 372
Romênia, 274
Rome on the Euphrates, de Stark, 158, 377
Romero, Sílvio (1851-1914), 363
Romney, George (1907-1995), 323
Rômulo Augusto (460-478/488?), 412
Roosevelt, Franklin Delano (1882-1945), 36, 39, 119, 171, 178, 226, 353, 357, 363, 380, 383, 388, 395, 406, 422-23, 425, 434-35

Roosevelt, Theodore (1858-1919), 144, 154, 155, 159, 375, 376
Roots of American Order, The, Kirk, 17, 359, 367, 403, 408, 410-12
Roots of Coincidence, The [Razões da Coincidência, As], de Koestler, 268
Röpke, Wilhelm (1899-1966), 139, 141, 174, 191-94, 200, 229, 361, 371, 381, 385-87, 396, 449, 451-52, 454, 461
Rorty, Richard (1931-2007), 36, 357
Rossiter, Clinton (1917-1970), 241
Rostow, Eugene (1913-2002), 422
Rothbard, Murray N. (1926-1995), 39, 229, 398-400, 402-03, 461
Rousseau, Jean-Jacques (1712-1778), 36, 65, 67, 74-76, 78, 231, 253, 332, 390, 399, 400
Royer-Collard, Pierre-Paul (1763-1845), 390
Rubin Jr., Louis D. (1923-), 186, 370, 383, 384
Rush, Benjamin (1746-1813), 433
Russell, Bertrand (1872-1970), 96
Russell, John (1792-1878), o primeiro Conde Russell, 390
Russell Kirk: A Critical Biography of a Conservative Mind, de Person Jr., 33, 34, 358, 427
Russell Kirk and the Age of Ideology, de McDonald, 33-34, 358, 427
Russell Kirk, de Pafford, 34, 358
Russello, Gerald J. (1971-), 15, 34, 70, 358, 405, 440
Rússia, 35, 125, 203, 264, 271-74, 276, 340, 416
Ryan, William A. (1919-2001), 327

S

Sagrado e o Profano, O, de Eliade, 414
Sagrado, O, de Otto, 415
Said, Edward (1935-2003), 422
Salgado, Plínio (1895-1975), 464
Samoilo, Aleksandr (1869-1963), 416
Sandburg, Carl (1878-1967), 335, 441
Santayana, George (1863-1952), 13-14, 54, 61, 68, 246, 277, 358, 407, 421, 466

São Vicente, José Antônio Pimenta Bueno (1803-1878), marquês de, 54
Sátira, 49, 202-03, 354
Saturday Evening Post, The, 224, 393-94
Scarlet Letter, The [Letra Escarlate, A], de Hawthorne, 375
Schlafly, Phyllis (1924-), 243, 406
Schlesinger Jr., Arthur M. (1917-2007), 29, 36, 123, 137, 226, 357, 365-69, 395
"Scholar's Mission, The", de Brownson, 350, 445
Scott, Sir Walter (1771-1832), 14, 68, 150, 374
Scudder Homes, Newark, 199
Second Coming, The, de Yeats, 361, 414
Secret Agent, The [Agente Secreto, O], de Conrad, 155
Segar, E. C. (1894-1938), 21
Segunda Guerra Mundial, 14, 24, 30, 36, 38, 66, 91, 94, 100, 125, 144, 163, 191-93, 260, 277, 280, 284, 303, 304, 314, 316, 319, 331, 353, 355, 358, 387, 388, 391, 396, 402, 405, 420, 422-23, 433-34
Segundo Tratado sobre o Governo Civil, de Locke. Ver *Dois Tratados sobre o Governo*, de Locke
Serre, Hercule de (1776-1824), 390
Sérvia, 273, 419
Seward, Thomas (1708-1790), 383
Shakespeare, William (1564-1616), 18, 212, 379, 391, 412
Shattuck, Job (1736-1819), 398, 440
Shaw, George Bernard (1856-1950), 165, 204
Shays, Daniel (1747-1825), 231, 398, 440
Shepard, William (1737-1817), 399
Sião, 98, 128, 133, 242, 354, 392, 405
Sieyès, Emmanuel-Joseph (1748-1836), 426
Smith, Adam (1723-1790), 37, 356-57, 373, 389, 409, 428
Smith, capitão John (1580-1631), 148
Smith, cônego Basil A. (1908-1969), 411
Snow-Bound, de Whittier, 211, 391
Sobran, Joseph (1946-2010), 243, 406

Social and Political Idea of Some Representative Thinkers of the Revolutionary Era, The, de Hearnshaw, 80, 367
Social Crisis of our Time, The, de Röpke, 139, 140-41, 191, 194-95, 371, 385-87
"Socialism and the Church", de Brownson, 123, 365
Socialismo, 123-25, 194-96, 198
Sociedade, Cultura e Personalidade, de Sorokin, 412
Sociedade da informação, 306
Sófocles (497-406 a.C.), 199
Soljenitsine, Alexandre. Ver Solzhenitsyn, Alexsandr
Solzhenitsyn, Alexsandr (1918-2008), 466, 469, 470, 471, 472, 474
Solzhenitsyn Reader, The, de Ericson Jr. e Mahoney, 366, 413, 469, 470, 471, 474
Somervell, D.C. (1885-1965), 151, 374
Sorokin, Pitirim (1889-1968), 208
Southern Agrarians. Ver Agrarianos Sulistas
Sousa, José Pedro Galvão de (1912-1992), 54
Spencer, Herbert (1820-1903), 208
Stálin, Josef (1879-1953), 159, 204, 419
Stark, Freya (1893-1993), 158, 159, 377
Steinbeck, John (1902-1968), 395
Steinfels, Peter (1941-), 243, 406
Stephen, James Fitzjames (1829-1894), 137, 141, 151, 232, 369, 374, 400
Stevenson, Robert Louis (1850-1894), 133
Stewart, George Evans (1872-1946), 416
Still Rebels, Still Yankees, and Other Essays, de Davidson, 382
St. Louis, Missouri, 161
Strategic Defense Initiative (SDI), 418
Strauss, Leo (1899-1973), 13, 142
Study of History, A [Estudo da História, Um], de Toynbee, 12, 366, 413, 415, 432
Suassuna, Ariano (1927-), 54
Sugden, Sherwood, 16, 18, 20, 33, 143, 351, 357, 388, 403, 405, 411, 413, 415, 424, 426, 430, 438, 440, 443, 444, 449
Suíça, 174, 193, 194, 196, 197, 205, 253, 333, 416, 452

Summer Meditations, de Havel, 472
Swayze, Jason Clarke (1833-1877), 374
Swayze, Kate Lucy (1834-1862), 374
Swift, Jonathan (1667-1745), 202, 372, 428, 445
Sybil, de Disraeli, 124

T

Taft, Robert A. (1889-1953), 171, 228, 380, 393, 396, 423
"Tall Men, The", de Davidson, 181
Talmon, 94, 351
Taylor, John (1578-1653), 205, 389
Tchecoslováquia, 22, 282.
    Ver também República Tcheca
Tel Aviv, 248
Televisão, 224
"Templeton Lecture", de Solzhenitsyn, 366, 413, 470, 474
Templeton, Prêmio, 126, 264
Tempos Modernos, de Paul Johnson, 13, 39, 366, 432
Tennessee, 177, 180, 184
Tennessee, *The*, Donald Davidson, 184, 383
Teologia da Libertação, 124
Terra Desolada, A, de Eliot. Ver *Waste Land, The*, de Eliot
Thatcher, Margaret (1925-2013), 256
Thomas Babington Macaulay, 68, 314, 433
Thomas, Norman (1884-1968), 29
Thomist, The, 172, 380
Thoreau, Henry David (1817-1862), 374, 375
Through the Brazilian Wilderness [Nas Selvas do Brasil], de Roosevelt, 375
Tibério (42 a.C.-37 A.D.), imperador romano, 132, 367
Tibulo (54-19 a.C.), 427
Tito (39-81), imperador romano, 373
Tito, Josip Broz (1892-1980), 210
Tito Lívio (59 a.C.-17 A.D.), 143, 371, 379, 427
Tocqueville, Alexis de (1805-1859), 14, 55, 68, 78-79, 136, 140, 178, 216, 218, 227, 258, 271, 283, 288-89, 293, 299, 332, 334-35, 338, 342, 356-57, 361, 369, 382, 392, 400, 410, 416-17, 422, 424, 439, 440, 452, 453, 454, 466
To Criticize the Critic, de Eliot, 164, 172, 379, 380
Tolkien, J. R. R. (1892-1973), 22, 366
Torres, João Camilo de Oliveira (1915-1973), 54
Tory, 20-21, 31, 61, 69, 73, 82, 124, 150, 163, 172, 357-58, 373, 388, 405, 413, 427, 433, 467
Toynbee, Arnold J. (1889-1975), 12, 33, 127, 183, 264, 271, 313, 366, 383, 413, 415, 432
Tradição, 183
Trajano (53-117), imperador romano, 373
Transaction Publishers, 18, 25, 42, 51, 138, 139, 351, 370-71, 376, 380, 382, 386, 396, 409, 411, 423, 432, 468
Tratado de História das Religiões, de Eliade, 414
Treaty Trap, The, de Beilenson, 222, 393
Tributação, 42, 263, 295-96, 338
Trilling, Lionel (1905-1975), 36, 63, 64, 144, 186, 357, 372, 384
Trinta e Nove Artigos, 104, 132, 358
Truman, Harry S. (1884-1972), 353, 423
Truth and Ideology, de Barth, 352
Tshombe, Moïse (1919-1969), 421
Turgot, Anne Robert Jacques (1727 1781), barão de l'Aulne, 67, 388
Tutu, Desmond, arcebispo, 283
Twain, Mark [Samuel Langhorne Clemens (1835-1910)], 216, 409
Twentieth Century, The, 18, 71, 277

U

Ulpiano (150-223), 367
Under Western Eyes [Sob os Olhos do Ocidente], de Conrad, 155
União Soviética, 12, 123, 141, 203, 213, 247, 272, 274-76, 363, 416-20, 422.
    Ver também Rússia
United States Chamber of Commerce (USCC), 279

Unity of Philosophical Experience, The, de Gilson, 431
Universidades, objetivos das, 304-08
Uruguai, Paulino José Soares de Sousa (1807-1866), visconde de, 54
Utilitarismo, 36, 192, 254, 260
Utley, Freda (1898-1978), 40
Utopia, 91, 98, 108, 189, 237, 251, 342, 345, 354, 465
Utopia, de More, 354
Utopia, the Perennial Heresy, de Molnar, 351

V

Valores na educação superior, 308-12
"Value of Useless Knowledge, The" de Nock, 148, 372, 373
Van den Haag, Ernest. *Ver* Haag, Ernest van den
Vanderbilt [Universidade], 139, 181, 184, 370, 464
Variedade, princípio da, 107
Verdade na educação, 309-12
Veríssimo, José (1857-1916), 363
Viagens de Gulliver, de Swift, 372, 445
Victor Emmanuel II (1820-1878), rei da Itália, 434
Vida Intelectual, A, de Sertillanges, 429
Viereck, Peter (1916-2006), 241
Village-Communities in the East and West, de Maine, 109, 361
Vinhas da Ira, As, de Steinbeck. *Ver* Grapes of Wrath, The, de Steinbeck
Virgílio (70-19 a.C.), 18, 80, 419, 427
Virgínia, 148, 152-53, 158, 354, 374, 379, 383
Virginia Convention of 1829-30, The, de Grigsby, 374
Virtude, 37, 48, 52, 54, 59, 74, 77, 98, 107, 117, 148, 151, 156, 200, 202, 237, 255, 299, 305, 307, 309-10, 328, 346, 360, 405, 407, 433
Virtude do Egoísmo, A, de Rand, 405
Visions of Order, de Weaver, 377
Vitrúvio (80-15 a.C.), 427

Vivas, Eliseo (1901-1993), 141, 271, 416
Voegelin, Eric (1901-1985), 13, 42, 44, 46, 55, 94, 115, 142, 208, 218, 236, 264, 341, 352, 362, 402, 413, 415, 420, 442
Volstead Act, 426
Voltaire (1694-1778), François Marie Arouet, 67, 150, 427
Voyage au bout de la nuit [Viagem ao Fim da Noite], de Céline, 198

W

Wade, John Donald (1892-1963), 188, 370, 385
Wallace, DeWitt (1889-1981), 393
Wallace, Lila Bell (1889-1984), 393
Wall Street Journal, 142, 224, 255, 290, 394, 408, 410, 458
Warren, Earl (1891-1974), 281, 336, 421, 441
Warren, Robert Penn (1905-1989), 185, 188, 370, 384
Washington, D.C., 9, 62, 339, 434, 435, 437, 438
Washington, George (1732-1799), 151, 277, 424
Waste Land, The [Terra Desolada, A], de Eliot, 176, 381
Waverley, de Scott, 150, 374
We are God's Utopia, de Andres, 444
Weaver, Richard M. (1910-1963), 13, 42, 133, 142, 156-57, 159, 177, 367, 376-77, 402
Webb, Beatrice (1858-1943), 204
Webb, Sidney (1859-1947), 204
Webster, Daniel (1782-1852), 101, 358
Weil, Simone (1903-1943), 403
Weinberger, Caspar (1917-2006), 417
Welfare, Freedom, and Inflation, de Röpke, 192, 386
Weller, Charles Edward (1840-1925), 410
Wells, H. G. (1866-1946), 165-66, 208
Wesley, John (1703-1791), 15, 33-35, 358, 414, 427
Whibley, Charles (1859-1930), 163, 173, 379

Whig, 69, 71, 136, 150
Whitman, Walt (1819-1892), 153, 336
Whittier, John Greenleaf (1807-1892), 211,
    335, 391, 440
Whittle, Cyrus P., personagem do romance
    The Last Puritan, de Santayana, 277, 279
Williams, David C., 277, 279
Williams, William Carlos (1883-1963), 380
Willkie, Wendell (1892-1944), 119, 363
Wilson, Francis Graham (1901-1976), 134,
    368
Wilson, Woodrow (1856-1924), 36, 245,
    249, 271, 336, 353, 357, 423, 441
Winter in Moscow, de Mudderidge, 203, 389
*Wise Men Know What Wicked Things Are
    Written on the Sky, The*, de Kirk, 83, 368
Within and Above Ourselves, de Niemeyer,
    352, 464
*Works of the Right Honorable Edmund
    Burke, The*, de Burke, 13, 44, 68, 75,
    354, 356, 358, 360, 363, 364, 365, 367,
    386, 396, 403, 405, 407, 410, 420, 441,
    444, 459, 465

Y

Yeats, William Butler (1865-1939), 223,
    361, 363, 385, 393, 414
"Yellow Bird, The" [Pássaro Amarelo, O],
    de Chesterton, 233, 238, 400
Young, Coleman (1918-1997), 434, 436
Young, Stark (1881-1963), 186, 188, 370,
    384-85

Z

Zaire [Congo], 282, 421
Zenão I (425-491), imperador, 412
    bizantino (império romano do oriente),
    412

Você também pode interessar-se por:

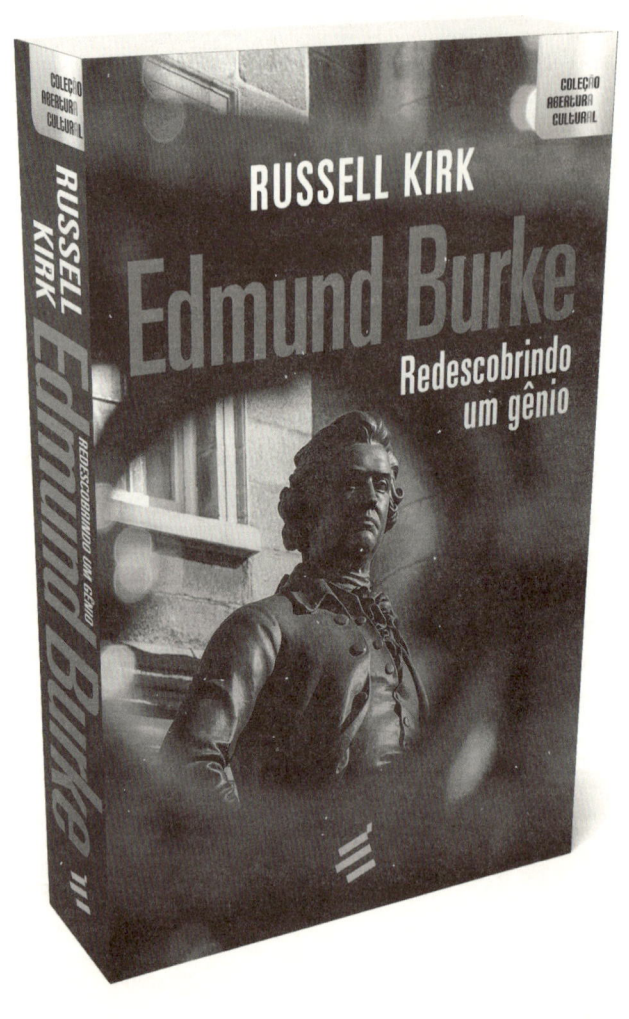

A mais completa biografia da vida, obra e pensamento de Edmund Burke. Neste incrível volume, com textos inéditos, e especialmente elaborados para a versão brasileira do livro de Russell Kirk, os leitores descobrirão que Burke foi "o primeiro estadista a reconhecer que não há resposta coerente ao iluminismo além do conservadorismo social e político". Um livro para todos que se interessam pelo pensamento burkeano, escrito por seu mais original discípulo norte-americano.

facebook.com/erealizacoeseditora   twitter.com/erealizacoes   instagram.com/erealizacoes   youtube.com/editorae

issuu.com/editora_e   erealizacoes.com.br   atendimento@erealizacoes.com.br